反洗钱和反恐怖融资法律制度实用手册

（2024）

本书编委会◎编

中国商业出版社

图书在版编目（CIP）数据

反洗钱和反恐怖融资法律制度实用手册. 2024 / 《反洗钱和反恐怖融资法律制度实用手册（2024）》编委会编. -- 北京 : 中国商业出版社, 2024. 6. -- ISBN 978-7-5208-2955-7

Ⅰ. D922.28-62

中国国家版本馆 CIP 数据核字第 2024HV9330 号

责任编辑：陈　皓
策划编辑：常　松

中国商业出版社出版发行
（www.zgsycb.com 100053　北京广安门内报国寺 1 号）
总编室：010-63180647　编辑室：010-83114579
发行部：010-83120835/8286
新华书店经销
天津睿意佳彩印刷有限公司印刷
*
787 毫米 ×1092 毫米　16 开　39.75 印张　1100 千字
2024 年 6 月第 1 版　2024 年 6 月第 1 次印刷
定价：89.00 元
* * * * *
（如有印装质量问题可更换）

目录

第一部分　国际规范

第二部分　法律法规

第三部分　规范性文件

第四部分　反洗钱局发文

第五部分　其他文件

第一部分

国 际 规 范

联合国禁止非法贩运麻醉药品和精神药物公约（1988）（节选）

（联合国禁止非法贩运麻醉药品和精神药物公约会议 1988 年 12 月 20 日通过并开放给各国签字、批准和加入，于 1990 年 11 月 11 日生效）

第3条　犯罪和制裁

1．各缔约国应采取可能必要的措施将下列故意行为确定为其国内法中的刑事犯罪：

(a) ㈠ 违反《1961年公约》、经修正的《1961年公约》或《1971年公约》的各项规定，生产、制造、提炼、配制、提供、兜售、分销、出售、以任何条件交付、经纪、发送、过境发送、运输、进口或出口任何麻醉药品或精神药物；

㈡ 违反《1961年公约》和经修正的《1961年公约》的各项规定，为生产麻醉药品而种植罂粟、古柯或大麻植物；

㈢ 为了进行上述㈠目所列的任何活动，占有或购买任何麻醉药品或精神药物；

㈣ 明知其用途或目的是非法种植、生产或制造麻醉药品或精神药物而制造、运输或分销设备、材料或表一和表二所列物质；

㈤ 组织、管理或资助上述㈠、㈡、㈢或㈣目所列的任何犯罪；

(b) ㈠ 明知财产得自按本款(a)项确定的任何犯罪或参与此种犯罪的行为，为了隐瞒或掩饰该财产的非法来源，或为了协助任何涉及此种犯罪的人逃避其行为的法律后果而转换或转让该财产；

㈡ 明知财产得自按本款(a)项确定的犯罪或参与此种犯罪的行为，隐瞒或掩饰该财产的真实性质、来源、所在地、处置、转移、相关的权利或所有权；

(c) 在不违背其宪法原则及其法律制度基本概念的前提下：

㈠ 在收取财产时明知财产得自按本款(a)项确定的犯罪或参与此种犯罪的行为而获取、占有或使用该财产；

㈡ 明知其被用于或将用于非法种植、生产或制造麻醉药品或精神药物而占有设备、材料或表一和表二所列物质；

㈢ 以任何手段公开鼓动或引诱他人去犯按照本条确定的任何罪行或非法使用麻醉药品或精神药物；

㈣ 参与进行，合伙或共谋进行，进行未遂，以及帮助、教唆、便利和参谋进行按本条确定的任何犯罪。

2． 各缔约国应在不违背其宪法原则和法律制度基本概念的前提下，采取可能必要的措

施，在其国内法中将违反《1961年公约》、经修正的《1961年公约》或《1971年公约》的各项规定，故意占有、购买或种植麻醉药品或精神药物以供个人消费的行为，确定为刑事犯罪。

3. 构成本条第1款所列罪行的知情、故意或目的等要素，可根据客观事实情况加以判断。

4. (a) 各缔约国应使按本条第1款确定的犯罪受到充分顾及这些罪行的严重性质的制裁，诸如监禁或以其他形式剥夺自由，罚款和没收。

(b) 缔约国还可规定除进行定罪或惩罚外，对犯有按本条第1款确定的罪行的罪犯采取治疗、教育、善后护理、康复或回归社会等措施。

(c) 尽管有以上各项规定，在性质轻微的适当案件中，缔约国可规定作为定罪或惩罚的替代办法，采取诸如教育、康复或回归社会等措施，如罪犯为嗜毒者，还可采取治疗或善后护理等措施。

(d) 缔约国对于按本条第2款确定的犯罪，可以规定对罪犯采取治疗、教育、善后护理、康复或回归社会的措施，以作为定罪或惩罚的替代办法，或作为定罪或惩罚的补充。

5. 缔约国应确保其法院和拥有管辖权的其他主管当局能够考虑使按照第1款所确定的犯罪构成特别严重犯罪的事实情况，例如：

(a) 罪犯所属的有组织的犯罪集团涉及该项犯罪；

(b) 罪犯涉及其他国际上有组织的犯罪活动；

(c) 罪犯涉及由此项犯罪所便利的其他非法活动；

(d) 罪犯使用暴力或武器；

(e) 罪犯担任公职，且其所犯罪行与该公职有关；

(f) 危害或利用未成年人；

(g) 犯罪发生在监禁管教场所，或教育机构或社会服务场所，或在紧邻这些场所的地方，或在学童和学生进行教育、体育或社会活动的其他地方；

(h) 以前在国外或国内曾被判罪，特别是类似的犯罪，但以缔约国国内法所允许的程度为限。

6. 缔约国为起诉犯有按本条确定的罪行的人而行使其国内法规定的法律裁量权时，应努力确保对这些罪行的执法措施取得最大成效，并适当考虑到需要对此种犯罪起到威慑作用。

7. 缔约国应确保其法院或其他主管当局对于已判定犯有本条第1款所列罪行的人，在考虑其将来可能的早释或假释时，顾及这种罪行的严重性质和本条第5款所列的情况。

8. 各缔约国应酌情在其国内法中对于按本条第1款确定的任何犯罪，规定一个长的追诉时效期限，当被指称的罪犯已逃避司法处置时，期限应更长。

9. 各缔约国应采取符合其法律制度的适当措施，确保在其领土内发现的被指控或被判定犯有按本条第1款确定的罪行的人，能在必要的刑事诉讼中出庭。

10. 为了缔约国之间根据本公约进行合作，特别包括根据第5、6、7条和第9条进行合作，在不影响缔约国的宪法限制和基本的国内法的情况下，凡依照本条确定的犯罪均不得视为经济犯罪或政治犯罪或认为是出于政治动机。

11. 本条规定不得影响其所述犯罪和有关的法律辩护理由只应由缔约国的国内法加以阐明以及此种犯罪应依该法予以起诉和惩罚的原则。

制止向恐怖主义提供资助的国际公约（1999）（节选）

（联合国大会1999年12月9日第54/109号决议通过并发放给各国签字、批准和加入，于2002年4月10日生效）

第1条

1.“资金”系指所有各种资产，不论是有形或无形资产、是动产还是不动产、不论以何种方式取得，和以任何形式，包括电子或数字形式证明这种资产的产权或权益的法律文件或证书，包括但不限于银行贷记、旅行支票、银行支票、邮政汇票、股票、证券、债券、汇票和信用证。

2.“国家或政府设施”系指一国代表、政府成员、立法机关或司法机关，或一国或任何其他公共当局或实体的官员或雇员，或一个政府间组织的雇员或官员因公务使用或占用的任何长期或临时设施或交通工具。

3.“收益”系指通过实施第2条所述罪行直接或间接取得或获得的任何资金。

第2条

为本公约的目的：

1.本公约所称的犯罪，是指任何人以任何手段，直接或间接地非法和故意地提供或募集资金，其意图是将全部或部分资金用于，或者明知全部或部分资金将用于实施：

(a)属附件所列条约之一的范围并经其定义为犯罪的一项行为；或

(b)意图致使平民或在武装冲突情势中未积极参与敌对行动的任何其他人死亡或重伤的任何其他行为，如这些行为因其性质或相关情况旨在恐吓人口，或迫使一国政府或一个国际组织采取或不采取任何行动。

2.(a) 非附件所列条约缔约国的国家在交存其批准书、接受书或加入书时得声明，对该缔约国适用本公约时，应视该条约为不属第1款(a)项所述附件所开列的条约之一。一旦该条约对该缔约国生效，此一声明即告无效，而该缔约国应就此通知保存人；

(b)如一国不再是附件所列某一条约之缔约国，得按本条的规定，就该条约发表一项声明。

3.就一项行为构成第1款所述罪行而言，有关资金不需实际用于实施第1款(a)或(b)项所述的罪行。

4.任何人如试图实施本条第1款所述罪行，也构成犯罪。

5.任何人如有以下行为，也构成犯罪：

(a)以共犯身份参加本条第1或第4款所述罪行；

(b) 组织或指使他人实施本条第 1 或第 4 款所述罪行 ；

(c) 协助以共同目的行事的一伙人实施本条第 1 款或第 4 款所列的一种或多种罪行；这种协助应当是故意的，或是：

㈠ 为了促进该团伙犯罪活动或犯罪目的，而此种活动或目的涉及实施本条第 1 款所述的罪行；或

㈡ 明知该团伙意图实施本条第 1 款所述的一项罪行。

第 18 条

1. 缔约国应合作防止发生第 2 条所述罪行，采取一切切实可行的措施，除其他外包括在必要时修改其国内立法，防止和遏制在其境内为在其境内或境外实施这些罪行进行准备工作，包括：

(a) 采取措施禁止蓄意鼓励、怂恿、组织或从事实施第 2 条所述罪行的人和组织在其境内进行非法活动 ；

(b) 采取措施规定金融机构和从事金融交易的其他行业使用现行效率最高的措施查证其惯常客户或临时客户，以及由他人代其开立账户的客户的身份，并特别注意不寻常的或可疑的交易情况和报告怀疑为源自犯罪活动的交易。为此目的，缔约国应考虑：

㈠ 订立条例禁止开立持有人或受益人身份不明或无法查证的账户，并采取措施确保此类机构核实此类交易真实拥有人的身份 ；

㈡ 在法律实体的查证方面，规定金融机构在必要时采取措施，从公共登记册或客户，或从两者处取得成立公司的证明，包括客户的名称、法律形式、地址、董事会成员以及规定实体立约权力的章程等资料，以核实客户的合法存在和结构 ；

㈢ 制定条例迫使金融机构承担义务向主管当局迅速报告所有并无任何明显的经济目的或显而易见的合法目的的、复杂、不寻常的巨额交易以及不寻常的交易方式，无须担心因诚意告发而承担违反披露资料限制的刑事或民事责任 ；

㈣ 规定各金融机构将有关国内和国际交易的一切必要记录至少保存五年 ；

2. 缔约国应进一步合作，通过考虑下列手段，防止发生第 2 条所述的罪行：

(a) 采取措施监督所有汇款机构，包括例如审批其营业执照 ；

(b) 采取可行措施，以发现或监测现金和无记名可转让票据的实际越境交送，但须有严格保障措施，以确保情报使用得当和资本的自由流通不受任何阻碍。

3. 缔约国应进一步合作，防止发生第 2 条所述罪行，按照其国内法交换经核实的准确情报，并协调为防止实施第 2 条所述罪行而酌情采取的行政及其他措施，特别是：

(a) 在各主管机构和厅处之间建立和维持联系渠道，以便就第 2 条所述罪行的所有方面安全、迅速交换资料 ；

(b) 相互合作就第 2 条所述罪行的下列方面进行调查：

㈠ 有理由怀疑是参与了这类犯罪的人的身份、行踪和活动 ；

㈡ 同这类犯罪有关的资金的流动情况。

4. 缔约国可通过国际刑事警察组织（刑警组织）交换情报。

联合国打击跨国有组织犯罪公约（2000）（节选）

（联合国大会2000年11月15日第55/25号决议通过并开放给各国签字、批准和加入，于2003年9月29日生效）

第2条　术语的使用

在本公约中：

(a) “有组织犯罪集团”系指由三人或多人所组成的、在一定时期内存在的、为了实施一项或多项严重犯罪或根据本公约确立的犯罪以直接或间接获得金钱或其他物质利益而一致行动的有组织结构的集团；

(b) “严重犯罪”系指构成可受到最高刑至少四年的剥夺自由或更严厉处罚的犯罪的行为；

(c) “有组织结构的集团”系指并非为了立即实施一项犯罪而随意组成的集团，但不必要求确定成员职责，也不必要求成员的连续性或完善的组织结构；

(d) “财产”系指各种资产，不论其为物质的或非物质的、动产或不动产、有形的或无形的，以及证明对这些资产所有权或权益的法律文件或文书；

(e) “犯罪所得”系指直接或间接地通过犯罪而产生或获得的任何财产；

(f) “冻结”或“扣押”系指根据法院或其他主管当局的命令暂时禁止财产转移、转换、处置或移动或对之实行暂时性扣留或控制；

(g) “没收”，在适用情况下还包括“充公”，系指根据法院或其他主管当局的命令对财产实行永久剥夺；

(h) “上游犯罪”系指由其产生的所得可能成为本公约第6条所定义的犯罪的对象的任何犯罪；

(i) “控制下交付”系指在主管当局知情并由其进行监测的情况下允许非法或可疑货物运出、通过或运入一国或多国领土的一种做法，其目的在于侦查某项犯罪并辨认参与该项犯罪的人员；

(j) “区域经济一体化组织”系指由某一区域的一些主权国家组成的组织，其成员国已将处理本公约范围内事务的权限转交该组织，而且该组织已按照其内部程序获得签署、批准、接受、核准或加入本公约的正式授权；本公约所述“缔约国”应在这类组织的权限范围内适用于这些组织。

第6条　洗钱行为的刑事定罪

1. 各缔约国均应依照其本国法律基本原则采取必要的立法及其他措施，将下列故意行为规定为刑事犯罪：

(a) 明知财产为犯罪所得，为隐瞒或掩饰该财产的非法来源，或为协助任何参与实施上游犯罪者逃避其行为的法律后果而转换或转让财产；

明知财产为犯罪所得而隐瞒或掩饰该财产的真实性质、来源、所在地、处置、转移、所有权或有关的权利；

(b) 在符合其本国法律制度基本概念的情况下：

在得到财产时，明知其为犯罪所得而仍获取、占有或使用；

参与、合伙或共谋实施，实施未遂，以及协助、教唆、便利和参谋实施本条所确立的任何犯罪。

2. 为实施或适用本条第 1 款：

(a) 各缔约国均应寻求将本条第 1 款适用于范围最为广泛的上游犯罪；

(b) 各缔约国均应将本公约第 2 条所界定的所有严重犯罪和根据本公约第 5 条、第 8 条和第 23 条确立的犯罪列为上游犯罪。缔约国立法中如果明确列出上游犯罪清单，则至少应在这类清单中列出与有组织犯罪集团有关的范围广泛的各种犯罪；

(c) 就 (b) 项而言，上游犯罪应包括在有关缔约国刑事管辖权范围之内和之外发生的犯罪。但是如果犯罪发生在一缔约国刑事管辖权范围以外，则只有该行为根据其发生时所在国本国法律为刑事犯罪，而且若发生在实施或适用本条的缔约国根据该国法律也构成刑事犯罪时才构成上游犯罪；

(d) 各缔约国均应向联合国秘书长提供其实施本条的法律以及这类法律随后的任何修改的副本或说明；

(e) 如果缔约国本国法律基本原则要求，则可以规定本条第 1 款所列犯罪不适用于实施上游犯罪的人；

(f) 本条第 1 款所规定的作为犯罪要素的明知、故意或目的可根据客观实际情况推定。

第 7 条　打击洗钱活动的措施

1. 各缔约国均应：

(a) 在其力所能及的范围内，建立对银行和非银行金融机构及在适当情况下对其他特别易被用于洗钱的机构的综合性国内管理和监督制度，以便制止并查明各种形式的洗钱。这种制度应强调验证客户身份、保持记录和报告可疑的交易等项规定。

(b) 在不影响本公约第 18 条和第 27 条的情况下，确保行政、管理、执法和其他负责打击洗钱的当局（本国法律许可时可包括司法当局）能够根据其本国法律规定的条件，在国家和国际一级开展合作和交换信息，并应为此目的考虑建立作为国家级中心的金融情报机构，以收集、分析和传播有关潜在的洗钱活动的信息。

2. 缔约国应考虑采取切实可行的措施调查和监督现金和有关流通票据出入本国国境的情况，但须有保障措施以确保情报的妥善使用且不致以任何方式妨碍合法资本的流动。这类措施可包括要求个人和企业报告大额现金和有关流通票据的跨境划拨。

3. 在建立本条所规定的国内管理和监督制度时，吁请缔约国在不影响本公约的任何其他条款的情况下将各种区域、区域间和多边组织的有关反洗钱倡议作为指南。

4. 缔约国应努力为打击洗钱而发展和促进司法、执法和金融管理当局间的全球、区域、分区域和双边合作。

联合国反腐败公约（2003）（节选）

（联合国大会2003年3月8日第58/4号决议通过并开放给各国签字、批准和加入，于2005年12月14日生效）

第十四条　预防洗钱的措施

1. 各缔约国均应当：

（a）在其权限范围内，对银行和非银行金融机构，包括对办理资金或者价值转移正规或非正规业务的自然人或者法人，并在适当情况下对特别易于涉及洗钱的其他机构，建立全面的国内管理和监督制度，以便遏制并监测各种形式的洗钱，这种制度应当着重就验证客户身份和视情况验证实际受益人身份、保持记录和报告可疑交易作出规定；

（b）在不影响本公约第四十六条的情况下，确保行政、管理、执法和专门打击洗钱的其他机关（在本国法律许可时可以包括司法机关）能够根据本国法律规定的条件，在国家和国际一级开展合作和交换信息，并应当为此目的考虑建立金融情报机构，作为国家中心收集、分析和传递关于潜在洗钱活动的信息。

2. 缔约国应当考虑实施可行的措施，监测和跟踪现金和有关流通票据跨境转移的情况，但必须有保障措施，以确保信息的正当使用而且不致以任何方式妨碍合法资本的移动。这类措施可以包括要求个人和企业报告大额现金和有关流通票据的跨境转移。

3. 缔约国应当考虑实施适当而可行的措施，要求包括汇款业务机构在内的金融机构：

（a）在电子资金划拨单和相关电文中列入关于发端人的准确而有用的信息；

（b）在整个支付过程中保留这种信息；

（c）对发端人信息不完整的资金转移加强审查。

4. 吁请缔约国在建立本条所规定的国内管理和监督制度时，在不影响本公约其他任何条款的情况下将区域、区域间和多边组织的有关反洗钱举措作为指南。

5. 缔约国应当努力为打击洗钱而在司法机关、执法机关和金融监管机关之间开展和促进全球、区域、分区域及双边合作。

第二十三条　对犯罪所得的洗钱行为

1. 各缔约国均应当根据本国法律的基本原则采取必要的立法和其他措施，将下列故意实施的行为规定为犯罪：

(a) ㈠ 明知财产为犯罪所得，为隐瞒或者掩饰该财产的非法来源，或者为协助任何参与实施上游犯罪者逃避其行为的法律后果而转换或者转移该财产；

㈡ 明知财产为犯罪所得而隐瞒或者掩饰该财产的真实性质、来源、所在地、处分、转移、所有权或者有关的权利；

(b) 在符合本国法律制度基本概念的情况下：

㈠ 在得到财产时，明知其为犯罪所得而仍获取、占有或者使用；

㈡ 对本条所确立的任何犯罪的参与、协同或者共谋实施、实施未遂以及协助、教唆、便利和参谋实施。

2．为实施或者适用本条第一款：

(a) 各缔约国均应当寻求将本条第一款适用于范围最为广泛的上游犯罪；

(b) 各缔约国均应当至少将其根据本公约确立的各类犯罪列为上游犯罪；

(c) 就上文第 (b) 项而言，上游犯罪应当包括在有关缔约国管辖范围之内和之外实施的犯罪，但是，如果犯罪发生在一缔约国管辖权范围之外，则只有当该行为根据其发生地所在国法律为犯罪，而且根据实施或者适用本条的缔约国的法律该行为若发生在该国也为犯罪时，才构成上游犯罪；

(d) 各缔约国均应当向联合国秘书长提供其实施本条的法律以及这类法律随后的任何修改的副本或说明；

(e) 在缔约国本国法律基本原则要求的情况下，可以规定本条第一款所列犯罪不适用于实施上游犯罪的人。

第五十八条　金融情报机构

缔约国应当相互合作，以预防和打击根据本公约确立的犯罪而产生的所得的转移，并推广追回这类所得的方式方法。为此，缔约国应当考虑设立金融情报机构，由其负责接收、分析和向主管机关转递可疑金融交易的报告。

联合国安理会第 1267（1999）号决议

（1999 年 10 月 15 日安全理事会第 4051 次会议一致通过）

安全理事会重申其以前关于阿富汗局势的各项决议，特别是 1998 年 8 月 13 日第 1189(1998) 号、1998 年 8 月 28 日第 1193(1998) 号和 1998 年 12 月 8 日第 1214(1998) 号决议，以及各项主席声明，重申对阿富汗主权、独立、领土完整和国家统一的坚定承诺和对阿富汗文化和历史遗产的尊重，重申深切关注继续发生违反国际人道主义法和侵犯人权的行为，特别是歧视妇女和女童，和鸦片非法生产大增，并强调塔利班在马扎里沙里夫占领伊朗伊斯兰共和国总领事馆、杀害伊朗外交官和一名记者的行为是公然违反公认国际法，

回顾有关的国际反恐怖主义公约，特别是这些公约规定缔约国有义务引渡或起诉恐怖分子，强烈谴责继续利用阿富汗领土，尤其是塔利班控制区来窝藏和训练恐怖分子，策划恐怖分子行为，并重申坚信打击国际恐怖主义对于维护国际和平与安全至关重要，痛惜塔利班继续庇护乌萨马·本·拉丹，允许他及其同伙从塔利班控制区操办一个恐怖分子训练营网络，并利用阿富汗作为基地发动国际恐怖分子行动，注意到美利坚合众国已对乌萨马·本·拉丹及其同伙起诉，主要罪行是 1998 年 8 月 7 日炸毁美国驻肯尼亚内罗毕使馆和驻坦桑尼亚达累斯萨拉姆使馆，以及阴谋在美国国外杀害美国国民，并注意到美利坚合众国要求塔利班将他们交出受审，认定塔利班当局不遵从第 1214(1998) 号决议第 13 段的要求，对国际和平与安全构成威胁，强调决心确保其决议受到尊重，

根据《联合国宪章》第七章采取行动，

1. 坚决要求自称为阿富汗伊斯兰酋长国的阿富汗派系塔利班迅速遵守安理会以前各项决议，特别是停止庇护和训练国际恐怖分子及其组织，采取适当有效措施确保其所控制的领土不被用来设立恐怖分子的设施和营地，或者策划或组织针对其他国家或其公民的恐怖分子行为，并协助将被起诉的恐怖分子绳之以法；

2. 要求塔利班不再拖延地将乌萨马·本·拉丹送交已对他起诉的国家的有关当局，或会将他移送起诉国的另一国家有关当局，或会将他逮捕并有效绳之以法的国家的有关当局；

3. 决定在 1999 年 11 月 14 日，所有国家均应采取下文第 4 段规定的措施，除非在此之前安理会已根据秘书长的报告作出决定，认为塔利班已全面遵守上文第 2 段规定的义务；

4. 还决定为了执行上文第 2 段，所有国家均应：

(a) 拒绝准许经下文第 6 段所设委员会指定的塔利班本身或代表塔利班拥有、租借或营运的任何飞机在本国领土起飞或降落，除非委员会以人道主义需要、包括诸如朝圣之类宗教义务为由事先批准该次飞行；

(b) 冻结经下文第 6 段所设委员会指定的资金和其他财政资源，包括由塔利班本身、或是由塔利班拥有或控制的企业，所拥有或直接间接控制的财产所衍生或产生的资金，并确保本国国民

或本国境内的任何人，均不为塔利班的利益、或为塔利班拥有或直接间接控制的任何企业的利益，提供这些、或如此指定的任何其他资金或财政资源，但委员会以人道主义需要为由而逐案核准者除外；

5. 敦促所有国家合作努力，实现上文第 2 段提出的要求，并考虑对乌萨马·本·拉丹及其同伙采取进一步措施；

6. 决定根据暂行议事规则第 28 条设立安全理事会的一个委员会，由安理会全体成员组成，负责执行下列任务，并向安理会报告工作和提出意见和建议：

(a) 向所有国家索取进一步资料，以了解为有效执行上文第 4 段所定措施而采取的行动；

(b) 审议各国就违反上文第 4 段所定措施的事件提请它注意的资料，并为应付违规行为建议适当的措施；

(c) 定期向安理会报告上文第 4 段所定措施的效果，包括人道主义影响；

(d) 定期向安理会报告其收到的有关涉嫌违反上文第 4 段所定措施的事件的资料，尽可能指明据报参与这类违规行为的人或实体；

(e) 指定上文第 4 段所指的飞机、资金或其他财政资源，以便执行该段所定措施；

(f) 审议按上文第 4 段的规定豁免该段所定措施的请求，并就国际航空运输协会（空运协会）代表各国际航空公司向阿富汗航空当局支付空中交通管制服务费用方面准予豁免这些措施作出决定；

(g) 审查按照下文第 9 段提出的报告；

7. 呼吁所有国家，无论有任何国际协定，或在上文第 4 段所定措施生效之日以前签订的任何合同或颁发的任何执照或许可证所赋予的任何权利或规定的任何义务，仍应严格按照本决议的规定行事；

8. 要求各国对在其管辖下违反上文第 4 段所定措施的人和实体提出控诉，并施以适当处罚；

9. 要求所有国家同上文第 6 段所设委员会在履行其任务方面充分合作，包括提供委员会根据本决议可能索取的资料；

10. 请所有国家在上文第 4 段所定措施生效后 30 天内向上文第 6 段所设委员会报告本国为有效执行上文第 4 段而采取的步骤；

11. 请秘书长向上文第 6 段所设委员会提供一切必要协助，并为此目的在秘书处内作出必要安排；

12. 请上文第 6 段所设委员会根据秘书处的建议，确定与主管国际组织、各邻国和其他国家以及有关各方的适当安排，以改进对上文第 4 段所定措施执行情况的监测；

13. 请秘书处提交从各国政府和公共来源收到的关于可能违反上文第 4 段所定措施的行为的资料，以供上文第 6 段所设委员会审议；

14. 决定一俟秘书长向安全理事会报告说，塔利班已经履行上文第 2 段规定的义务，即终止上文第 4 段所定措施；

15. 表示准备根据《联合国宪章》赋予的职责，考虑采取进一步措施以使本决议得到充分执行；

16. 决定继续积极处理此案。

联合国安理会第1373（2001）号决议

（2001年9月28日安全理事会第4385次会议一致通过）

安全理事会重申其1999年10月19日第1269（1999）号和2001年9月12日第1368（2001）号决议，又重申断然谴责2001年9月11日在纽约、华盛顿特区和宾夕法尼亚州发生的恐怖主义攻击，并表示决心防止一切此种行为，还重申这种行为，如同任何国际恐怖主义行为，对国际和平与安全构成威胁，再次申明《联合国宪章》所确认并经第1368（2001）号决议重申的单独或集体自卫的固有权利，重申必须根据《联合国宪章》以一切手段打击恐怖主义行为对国际和平与安全造成的威胁，深为关切在世界各地区，以不容忍或极端主义为动机的恐怖主义行为有所增加，呼吁各国紧急合作，防止和制止恐怖主义行为，包括通过加强合作和充分执行关于恐怖主义的各项国际公约，确认各国为补充国际合作，有必要在其领土内通过一切合法手段采取更多措施，防止和制止资助和筹备任何恐怖主义行为，重申大会1970年10月的宣言〔第2625（XXV）号决议〕所确定并经安全理事会1998年8月13日第1189（1998）号决议重申的原则，即每个国家都有义务不在另一国家组织、煽动、协助或参加恐怖主义行为，或默许在本国境内为犯下这种行为而进行有组织的活动。

根据《联合国宪章》第七章采取行动，

1．决定所有国家应：

(a) 防止和制止资助恐怖主义行为；

(b) 将下述行为定为犯罪：本国国民或在本国领土内，以任何手段直接间接和故意提供或筹集资金，意图将这些资金用于恐怖主义行为或知晓资金将用于此种行为；

(c) 毫不拖延地冻结犯下或企图犯下恐怖主义行为或参与或协助犯下恐怖主义行为的个人、这种人拥有或直接间接控制的实体以及代表这种人和实体或按其指示行事的个人和实体的资金和其他金融资产或经济资源，包括由这种人及有关个人和实体拥有或直接间接控制的财产所衍生或产生的资金；

(d) 禁止本国国民或本国领土内任何个人和实体直接间接为犯下或企图犯下或协助或参与犯下恐怖主义行为的个人、这种人直接间接拥有或控制的实体以及代表这种人或按其指示行事的个人和实体提供任何资金、金融资产或经济资源或金融或其他有关服务；

2．还决定所有国家应：

(a) 不向参与恐怖主义行为的实体或个人主动或被动提供任何形式的支持，包括制止恐怖主义集团招募成员和消除向恐怖分子供应武器；

(b) 采取必要步骤，防止犯下恐怖主义行为，包括通过交流情报向其他国家提供预警；

(c) 对于资助、计划、支持或犯下恐怖主义行为或提供安全庇护所的人拒绝给予安全庇护；

(d) 防止资助、计划、协助或犯下恐怖主义行为的人为敌对其他国家或其公民的目的利用本国领土；

(e) 确保把参与资助、计划、筹备或犯下恐怖主义行为或参与支持恐怖主义行为的任何人绳之以法，确保除其他惩治措施以外，在国内法规中确定此种恐怖主义行为是严重刑事罪行，并确保惩罚充分反映此种恐怖主义行为的严重性；

(f) 在涉及资助或支持恐怖主义行为的刑事调查或刑事诉讼中互相给予最大程度的协助，包括协助取得本国掌握的、诉讼所必需的证据；

(g) 通过有效的边界管制和对签发身份证和旅行证件的控制，并通过防止假造、伪造或冒用身份证和旅行证件，防止恐怖分子和恐怖主义集团的移动；

3. 呼吁所有国家：

(a) 找出办法加紧和加速交流行动情报，尤其是下列情报：恐怖主义分子或网络的行动或移动；伪造或变造的旅行证件；贩运军火、爆炸物或敏感材料；恐怖主义集团使用通讯技术；以及恐怖主义集团拥有大规模毁灭性武器所造成的威胁；

(b) 按照国际和国内法交流情报，并在行政和司法事项上合作，以防止犯下恐怖主义行为；

(c) 特别是通过双边和多边安排和协议，合作防止和制止恐怖主义攻击并采取行动对付犯下此种行为者；

(d) 尽快成为关于恐怖主义的国际公约和议定书、包括 1999 年 12 月 9 日《制止资助恐怖主义的国际公约》的缔约国；

(e) 加强合作，全面执行关于恐怖主义的国际公约和议定书以及安全理事会第 1269（1999）号和第 1368（2001）号决议；

(f) 在给予难民地位前，依照本国法律和国际法的有关规定、包括国际人权标准采取适当措施，以确保寻求庇护者未曾计划、协助或参与犯下恐怖主义行为；

(g) 依照国际法，确保难民地位不被犯下、组织或协助恐怖主义行为者滥用，并且不承认以出于政治动机的主张为理由而拒绝引渡被指控的恐怖分子的请求；

4. 关切地注意到国际恐怖主义与跨国有组织犯罪、非法药物、洗钱、非法贩运军火、非法运送核、化学、生物和其他潜在致命材料之间的密切联系，在这方面并强调必须加紧协调国家、分区域、区域和国际各级的努力，以加强对国际安全所受到的这一严重挑战和威胁的全球反应；

5. 宣布恐怖主义行为、方法和做法违反联合国宗旨和原则，知情地资助、规划和煽动恐怖主义行为也违反联合国的宗旨和原则；

6. 决定按照其暂行议事规则第 28 条设立一个由安理会全体成员组成的安全理事会委员会，在适当专家的协助下监测本决议的执行情况，吁请所有国家至迟于本决议通过之日后 90 天，并于以后按照委员会提出的时间表，向委员会报告本国为执行本决议而采取的步骤；

7. 指示委员会与秘书长协商，界定其任务，在本决议通过后 30 天内提出一项工作方案，并考虑其所需资助；

8. 表示决心按照《宪章》规定的职责采取一切必要步骤，以确保本决议得到全面执行；

9. 决定继续处理此案。

联合国安理会第1540（2004）号决议

（2004年4月28日安全理事会第4956次会议通过）

安全理事会申明核武器、化学武器和生物武器及其运载工具的扩散对国际和平与安全构成威胁，鉴此重申1992年1月31日在安理会国家元首和政府首脑级会议上通过的主席声明（S/23500），包括全体会员国都必须履行有关军控和裁军及防止所有大规模毁灭性武器在所有方面的扩散的义务，还回顾该声明强调全体会员国都必须根据《联合国宪章》，以和平方式解决在这方面对维持区域和全球稳定具有威胁或破坏作用的任何问题，申明决心履行《联合国宪章》赋予安理会的首要责任，采取适当、有效的行动，应对核生化武器及其运载工具的扩散对国际和平与安全所造成的威胁，申明支持旨在消除或防止核生化武器扩散的各项多边条约，并申明这些条约的所有缔约国全面履行条约以促进国际稳定的重要性，欢迎多边安排在这方面所作的有助于不扩散的努力，申明防止核生化武器扩散不得妨碍为和平目的而在材料、设备和技术方面进行的国际合作，与此同时，不得以和平利用的目标来掩护扩散，严重关注恐怖主义的威胁，以及非国家行为者，例如安全理事会第1267号决议所设委员会制定和保持的联合国名单所列的和第1373号决议适用的非国家行为者可能获取、开发、贩运或使用核生化武器及其运载工具的危险，严重关注非法贩运核生化武器及其运载工具和相关材料所造成的威胁，这给此种武器的扩散问题增加了新的层面，也对国际和平与安全构成威胁，确认需要进一步协调国家、次区域、区域和国际各层面的努力，以便加强全球对这一严重挑战及其对国际安全的威胁作出的反应，确认多数国家根据其为缔约方的条约承担了具有约束力的法律义务或作出了其他承诺，以防止核生化武器扩散并已采取有效措施，例如《核材料实物保护公约》所要求的和原子能机构《放射源安全和保安行为准则》所建议的措施，对敏感材料进行衡算、保安和实物保护，还确认所有国家亟须采取更多有效措施，防止核生化武器及其运载工具的扩散，鼓励全体会员国全面执行其为缔约方的裁军条约和协定，重申需要根据《联合国宪章》，采取一切手段，应对恐怖行为对国际和平与安全造成的威胁，决心在今后促进在不扩散领域对全球威胁做出有效应对，根据《联合国宪章》第七章采取行动：

1. 决定各国应不向企图开发、获取、制造、拥有、运输、转移或使用核生化武器及其运载工具的非国家行为者提供任何形式的支持；

2. 又决定各国应按照本国程序，通过和实施适当、有效的法律，禁止任何非国家行为者，尤其是为恐怖主义目的而制造、获取、拥有、开发、运输、转移或使用核生化武器及其运载工具，以及禁止企图从事上述任何活动、作为共犯参与这些活动、协助或资助这些活动的图谋；

3. 还决定各国应采取和实施有效措施，建立国内管制，以防止核生化武器及其运载工具的扩散，包括对相关材料建立适当管制，并为此目的应：

（a）制定和保持适当、有效的措施，对生产、使用、储存或运输中的这种物项进行衡算和保安；

(b) 制定和保持适当、有效的实物保护措施；

(c) 制定和保持适当、有效的边境管制和执法努力，以便按照本国法律授权和立法，并遵循国际法，包括必要时通过国际合作，查明、阻止、防止和打击这种物项的非法贩运和中间商交易；

(d) 对这些物项的出口和转口建立、制定、审查和保持适当、有效的国家管制，包括适当的法律和条例，以管制其出口、过境、转口和再出口，管制为这种出口和转口提供资金和服务，例如有助于扩散的融资和运输，以及建立最终用户管制，并对违反这种出口管制法律和条例的行为制定和实施适当的刑事或民事惩罚；

4. 决定根据暂行议事规则第28条，设立一个安全理事会的委员会，由安理会全体成员组成，任期不超过两年，该委员会酌情借助其他专门知识，向安理会报告本决议的执行情况以供审查，并为此目的吁请各国从本决议通过之日起至迟六个月向该委员会提交第一份报告，说明为执行本决议所采取或准备采取的步骤；

5. 决定对本决议所规定任何义务的解释均不得抵触或改变《核不扩散条约》、《化学武器公约》及《生物和毒素武器公约》缔约国的权利和义务，或者改变国际原子能机构或禁止化学武器组织的责任；

6. 确认有效的国家管制清单对执行本决议的作用，呼吁所有会员国必要时尽早拟订此种清单；

7. 确认有些国家为在其境内执行本决议的规定可能需要援助，请有此能力的国家根据那些缺乏执行上述规定所需的法律和管制基础结构、执行经验和（或）资源的国家提出的具体请求酌情提供协助；

8. 吁请所有国家：

(a) 促进普遍批准、全面执行以及必要时加强旨在防止核生化武器扩散的其为缔约方的各项多边条约；

(b) 如果尚未颁布国家规章和条例，则应颁布这种规章和条例，以确保遵守主要的多边不扩散条约所规定的义务；

(c) 重申和履行进行多边合作的承诺，尤其是在国际原子能机构、禁止化学武器组织及《生物和毒素武器公约》的框架内，这是谋求和实现不扩散领域内共同目标和促进为和平目的开展国际合作的重要途径；

(d) 拟定适当的方式同产业界和公众一道努力，并周知它们本国根据此种法律承担的义务；

9. 吁请所有国家促进关于不扩散的对话与合作，以应对核生化武器及其运载工具的扩散所构成的威胁；

10. 为进一步应对这种威胁，吁请所有国家按照本国法律授权和立法，并遵循国际法，采取合作行动，防止非法贩运核生化武器及其运载工具和相关材料；

11. 表示将密切监督本决议的执行情况，并在适当级别为此目的作出可能需要的进一步决定；

12. 决定继续处理此案。

联合国安理会第1718（2006）号决议

（2006年10月14日安全理事会第5551次会议通过）

安全理事会回顾其以往各项相关决议，包括第825（1993）号决议、第1540（2004）号决议、尤其是第1695（2006）号决议，以及2006年10月6日的主席声明（S/PRST/2006/41），重申核、生物和化学武器及其运载工具的扩散对国际和平与安全构成威胁，严重关切朝鲜民主主义人民共和国（朝鲜）声称已于2006年10月9日进行一次核武器试验，这一试验对《不扩散核武器条约》和旨在加强防止核武器扩散全球机制的国际努力构成的挑战，以及对该区域内外的和平与稳定造成的危险，表示坚信应该维护防止核武器扩散的国际机制，并回顾，根据《不扩散核武器条约》，朝鲜不能具有核武器国家的地位，痛惜朝鲜宣布退出《不扩散核武器条约》并谋求发展核武器，还痛惜朝鲜已拒绝无条件地重返六方会谈，认可中国、朝鲜、日本、大韩民国、俄罗斯联邦和美国于2005年9月19日发表的《共同声明》，强调朝鲜回应国际社会的其他安全和人道主义关切的重要性，表示深为关切朝鲜声称进行的试验已加剧该区域内外的紧张局势，认定因此存在对国际和平与安全的明显威胁，根据《联合国宪章》第七章采取行动，并根据第四十一条采取措施，

1.谴责朝鲜声称于2006年10月9日进行的核试验，公然无视安理会各项相关决议，尤其是第1695（2006）号决议和2006年10月6日的主席声明（S/PRST/2006/41），其中包括这一试验将招致国际社会的普遍谴责并将明显威胁国际和平与安全；

2.要求朝鲜不再进行任何核试验或发射弹道导弹；

3.要求朝鲜立即收回其退出《不扩散核武器条约》的宣告；

4.还要求朝鲜重返《不扩散核武器条约》和国际原子能机构（原子能机构）的保障监督，并强调《不扩散核武器条约》所有缔约国都需要继续履行其条约义务；

5.决定朝鲜应暂停所有与弹道导弹计划相关的活动，并就此重新作出其原先关于暂停发射导弹的承诺；

6.决定朝鲜应以完全、可核查和不可逆的方式放弃所有核武器和现有核计划，严格按照《不扩散核武器条约》对缔约方适用的义务和国际原子能机构（原子能机构）保障监督协定的条款和条件（IAEA INFCIRC/403）行事，并向原子能机构提供超出这些规定范围的透明措施，包括让原子能机构接触它要求和认为需要接触的人员、文件、设备和设施；

7.又决定朝鲜应以完全、可核查和不可逆的方式放弃现有的其他所有大规模杀伤性武器和弹道导弹计划；

8.决定：

(a)所有会员国应防止经由本国领土或本国国民，或使用悬挂本国国旗的船只或飞机，直接或间接向朝鲜提供、销售或转让下列物项，不论它们是否源于本国领土：

㈠《联合国常规武器登记册》所界定的任何作战坦克、装甲战斗车、大口径火炮系统、作战飞机、攻击直升机、军舰、导弹或导弹系统，或包括零部件在内的相关材料，或由安全理事会或下文第12段设立的委员会（委员会）认定的物项；

㈡ S/2006/814号和S/2006/815号文件清单列出的所有物项、材料、设备、货物和技术，除非委员会在本决议通过14天内，在同时考虑到S/2006/816号文件清单的情况下修订或完成其规定，以及安全理事会或委员会认定的可能有助于朝鲜的核相关、弹道导弹相关或其他大规模杀伤性武器相关计划的其他物项、材料、设备、货物和技术；

㈢ 奢侈品；

(b) 朝鲜应停止出口上文 (a) ㈠ 项和 (a) ㈡ 项所述的一切物项，所有会员国应禁止本国国民从朝鲜，或使用悬挂本国国旗的船只或飞机，采购此类物项，不论其是否源于朝鲜领土；

(c) 所有会员国应防止本国国民，或从本国领土向朝鲜转让，或从朝鲜国民或其领土接受转让，任何与提供、制造、维修或使用上文 (a) ㈠ 项和 (a) ㈡ 项所述物项相关的技术培训、咨询、服务或援助；

(d) 所有会员国都应根据其各自法律程序，立即冻结本决议通过之日或其后任何时间，在本国领土内的，由委员会或安全理事会指认参与或包括用其他非法手段支持朝鲜核相关、其他大规模杀伤性武器相关和弹道导弹相关计划的人或实体，或代表其行事或按其指示行事的人或实体，直接或间接拥有或控制的资金、其他金融资产和经济资源，并确保本国国民或本国领土内的任何人或实体不向此类人员或实体提供或为其利益而提供任何资金、金融资产或经济资源；

(e) 所有会员国都应采取必要措施，防止委员会或安全理事会指认的对朝鲜的核相关、弹道导弹相关和其他大规模杀伤性武器相关计划的政策负责，包括支持或推动这些政策的人及其家属，入境或过境，但本段的规定绝不强迫一国拒绝本国国民入境；

(f) 为确保本段的要求得到遵守进而防止非法贩运核、生物或化学武器及其运载工具和相关材料，呼吁所有会员国根据本国当局和立法的规定并遵循国际法采取合作行动，包括需要时对进出朝鲜的货物进行检查；

9.决定上文第8段 (d) 项的规定不适用于经相关国家认定的下列金融或其他资产或资源：

(a) 基本开支所必需，包括用于支付食品、房租或抵押贷款、药品和医疗、税款、保险费及水电费，或专门用于支付合理的专业服务费和偿付与提供法律服务有关的费用，或国家法律规定的按惯例置存或保管冻结的资金、其他金融资产和经济资源应收取的费用或服务费，但相关国家须先将酌情授权动用这类资金、其他金融资产和经济资源的意向通知委员会，且委员会在收到该通知后五个工作日内未作出反对的决定；

(b) 非常开支所必需，但条件是相关国家已先将这一认定通知委员会并得到了委员会的批准，或 (c) 司法、行政、仲裁留置或裁决的对象，在此情况下，这些资金、其他金融资产和经济资源可用来执行留置或裁决，但该留置或裁决须是在本决议通过之日前作出的，受益人不是上文第8段 (d) 项所述人员或安全理事会或有关委员会指明的人或实体，且相关国家已将其通报了委员会；

10.决定上文第8段 (e) 项规定的措施不适用于以下情况：委员会逐案认定，出于人道主义需要，包括为履行宗教义务之目的，此类旅行是合理的，或委员会认为给予豁免将推进本决议的目标；

11.吁请所有会员国自本决议通过之日起三十天内向安全理事会报告为有效执行上文第8段

规定而采取的步骤；

12.决定根据其暂行议事规则第二十八条，成立一个由安理会全体成员组成的安全理事会委员会，以开展下列工作：

（a）设法向所有国家，尤其是生产或拥有上文第8段（a）项所述物项、材料、设备、货物和技术的国家，索取关于它们为有效执行本决议第8段规定的措施采取行动的信息，以及安理会在这方面可能认为有用的其他任何信息；

（b）审查据称违反本决议第8段规定的措施的信息，并采取适当行动；

（c）审议要求享受上文第9和第10段规定豁免的申请，并作出决定；

（d）确定为上文第8段（a）㈠和第8段（a）㈡项之目的，需要列入的其他物项、材料、设备、货物和技术；

（e）指认受上文第8段（d）项和第8段（e）项规定措施约束的其他个人和实体；

（f）颁布必要的准则，以协助执行本决议规定的措施；

（g）至少每90天向安全理事会报告工作，并提出意见和建议，特别是关于如何加强上文第8段规定措施的效力；

13.欢迎和进一步鼓励所有有关国家作出努力，加紧外交努力，不采取任何可能加剧紧张局势的行动，推动早日恢复六方会谈，以期迅速落实中国、朝鲜、日本、大韩民国、俄罗斯联邦和美国于2005年9月19日发表的《共同声明》，实现可核查的朝鲜半岛无核化，维护朝鲜半岛及东北亚的和平与稳定；

14.吁请朝鲜立即无条件地重返六方会谈，努力迅速落实中国、朝鲜、日本、大韩民国、俄罗斯联邦和美国于2005年9月19日发表的《共同声明》；

15.申明安理会将不断审议朝鲜的行动，并准备审议上文第8段所列措施是否适当，包括届时视朝鲜遵守本决议各项规定的情况，根据需要，加强、修改、中止或解除这些措施；

16.强调，如果有必要采取补充措施，则须进一步作出决定；

17.决定继续积极处理此案。

联合国安理会第1977（2011）号决议

（2011年4月20日安全理事会第6517次会议通过）

安全理事会重申其2004年4月28日第1540（2004）号、2006年4月27日第1673（2006）号和2008年4月25日第1810（2008）号决议。

重申核武器、化学武器和生物武器及其运载工具的扩散对国际和平与安全构成威胁。

重申所有会员国都需要在军备控制、裁军和在所有方面不扩散大规模毁灭性武器及其运载工具方面充分遵守义务和履行承诺。

重申防止核生化武器扩散不得妨碍为和平目的在材料、设备和技术方面进行的国际合作，与此同时，不得为扩散目的滥用和平利用的目标，仍然严重关切恐怖主义的威胁和非国家行为者有可能获得、开发、贩运或使用核生化武器及其运载工具。

重申决心根据《联合国宪章》为其规定的首要职责，采取适当、有效的行动，应对核生化武器及其运载工具的扩散给国际和平与安全带来的任何威胁。

重申安理会决定，对第1540（2004）号决议所述任何义务的解释均不得抵触或改变《不扩散核武器条约》《化学武器公约》和《生物和毒素武器公约》缔约国的权利和义务，也不得改变国际原子能机构或禁止化学武器组织的责任，指出在打击非国家行为者非法贩运核生化武器、其运载工具和相关材料的活动方面，各国间需按照国际法开展国际合作，确认需要酌情加强对国家、区域、次区域和国际努力的协调，以加强全球对策，应对大规模毁灭性武器及其运载工具的扩散对国际和平与安全构成的严重挑战和威胁，强调各国需要根据本国授权和立法，依照国际法采取所有适当的国家措施，加强出口管制，控制可用于大规模毁灭性武器及其运载工具的技术的无形转让和信息的获取，防止为扩散提供资金和运输扩散物资，保护敏感材料的安全。

认可第1540（2004）号决议所设委员会（下称“1540委员会”）已按照其工作方案开展的工作，包括为促进工作方案的执行而设立工作组，确认各国在执行第1540（2004）号决议方面取得的进展，同时注意到，各国在决议所涉某些方面采取的措施有所减少，又认可1540委员会与相关国际、区域和次区域组织开展的宝贵活动。

注意到国际社会为充分执行第1540（2004）号决议，包括为防止资助扩散活动，做出的努力，并考虑到反洗钱金融行动任务组的框架所提供的指导，注意到并非所有国家都已向1540委员会提交关于第1540（2004）号决议执行情况的国家报告，还注意到所有国家全面执行第1540（2004）号决议，包括颁布国家法律和确保执行这些法律的措施，是一项长期任务，需要在国家、区域和国际各级不断做出努力，为此确认1540委员会和会员国之间进行对话的重要性，强调直接接触是这种对话的一个有效途径。

确认很多国家在执行第1540（2004）号决议方面仍需要援助，强调必须应各国请求向其提供适合其需要的有效援助，并欢迎1540委员会在这方面发挥协调和促进作用，为此强调，必须加强各国之间、1540 委员会与各国之间以及 1540 委员会与相关国际、区域和次区域组织之间的相互协助及合作，以帮助各国执行第 1540（2004）号决议。

确认必须在实现 2010 年核安全问题首脑会议的总体目标和具体目标方面取得进展，以此协助有效地执行安全理事会第 1540（2004）号决议。

呼吁各国紧急携手努力，防止和打击核恐怖主义行径，包括增加合作和充分执行相关国际公约，并采取适当措施加强现有的法律框架，以保证切实追究犯有核恐怖主义罪行者的责任，认可 2009 年对第 1540（2004）号决议执行情况的全面审查，注意到审查的最后文件中的结论和建议，根据《联合国宪章》第七章采取行动：

1. 重申第 1540（2004）号决议的各项决定和要求，再次强调所有国家全面执行该项决议的重要性；

2. 决定把 1540 委员会的任务期限延长 10 年，直至 2021 年 4 月 25 日；

3. 决定，1540 委员会在五年后并在延长其任务期限前，分别对第 1540（2004）号决议的执行情况进行一次全面审查，包括在必要时对任务的调整提出建议，并向安全理事会提交一份阐述这些审查结论的报告，亦为此决定，第一次审查应在 2016 年 12 月之前举行；

4. 又决定 1540 委员会应在每年 5 月底之前向安全理事会提交年度工作方案，并决定应在 2011 年 5 月 31 日之前编制出下一份工作方案；

5. 决定继续向 1540 委员会提供专家协助，为此目的：

(a) 请秘书长与 1540 委员会协商，建立一个最多由八名专家组成的小组（“专家组”），在委员会指导和监督下开展工作，成员应拥有适当经验和知识，以便向委员会提供专业意见，协助委员会执行第 1540（2004）号、第 1673（2006）号和第 1810（2008）号决议及本决议为其规定的任务，包括协助为更好地执行第 1540（2004）号决议提供帮助；

(b) 在这方面请 1540 委员会考虑提交给委员会和专家组的有关所需专长、广泛的地域代表性、工作方法、模式和结构的建议，包括考虑是否可在专家组内设立一个负责协调和领导的职位，并最迟在 2011 年 8 月 3 日向安全理事会提交这些建议；

执行

6. 再次呼吁所有尚未提交关于本国为执行第 1540（2004）号决议采取或打算采取的步骤的第一次报告的国家，毫不拖延地向 1540 委员会提交此报告；

7. 再次鼓励所有已经提交报告的国家酌情或在接获 1540 委员会要求时提供补充资料，说明本国执行第 1540（2004）号决议的情况，包括自愿说明本国的有效做法；

8. 鼓励所有国家在 1540 委员会酌情协助下，自愿编制本国的执行行动计划，提出执行第 1540（2004）号决议各项重要规定的重点和计划，并向 1540 委员会提交这些计划；

9. 决定 1540 委员会应继续加紧努力，通过它的工作方案，推动所有国家全面执行第 1540（2004）号决议，工作方案应包括汇编和全面审查有关各国执行第 1540（2004）号决议的情况以及各国在外联、对话、援助和合作方面的努力，尤其应列入该决议第 1、2 和 3 段所涉及的所有方面，涵盖：(a) 衡算，(b) 实物保护，(c) 边境管制和执法努力，(d) 国家对出口和转口实行的管制，包括对为此种出口和转运提供的资金和筹资等服务，实施管制，必要时列入小组工作的具体重点，同时考虑到每年 12 月底前在专家组协助下编写的第 1540（2004）号决议执行情况年度审查报告；

10. 促请 1540 委员会继续积极同各国及相关国际、区域和次区域组织接触，推动交流第

1540（2004）号决议所涉领域中的经验、教训和有效做法，尤其是借鉴各国提供的信息和成功提供援助的例子，并就有无可能有助于执行第1540（2004）号决议的方案相互进行联系，同时铭记按具体情况提供援助有益于在国家一级有效执行第 1540（2004）号决议；

11. 为此鼓励1540委员会在必要的相关专业人员支持下，就第1540（2004）号决议的执行积极与各国进行对话，包括应邀访问各国；

12. 请1540委员会在专家组支持下，确定有效的做法、模板和准则，以整理一个关于第1540（2004）号决议的汇编并考虑制定一个关于该决议的技术参考指南，供各国自愿在执行第1540（2004）号决议过程中使用，并在这方面鼓励1540委员会在酌情征得有关国家同意后，也斟酌利用相关专门人员，包括民间社会和私营部门的专门人员；

援助

13. 鼓励请求援助的国家向1540委员会提出它们的请求，并鼓励它们利用委员会这方面的援助模板；

14. 敦促各国和有关国际、区域和次区域组织，酌情向委员会通报它们能够在哪些领域提供援助，并呼吁以前尚未向1540委员会提交援助联络机构的国家和组织，在2011年8月31日前提交联络机构；

15. 敦促1540委员会继续加强其作用，协助提供技术援助以促进执行第1540（2004）号决议，特别是在专家组支持下，通过应有关国家邀请进行访问、援助模板、行动计划或提交给1540委员会的其他信息等途径，积极开展工作，使提供的援助与申请的援助相匹配；

16. 支持1540委员会继续做出努力，确保有一个协调一致的透明援助程序，及时为寻求援助的国家和准备提供援助的国家提供随时可取的信息；

17. 鼓励准备提供援助的国家、申请援助的国家、其他有关国家和有关国际、区域和次区域组织召开有1540委员会参加的关于援助问题的会议；

与国际、区域和次区域组织的合作

18. 吁请有关国际、区域和次区域组织至迟在2011年8月31日指定并向1540委员会提供执行第1540（2004）号决议的联络或协调机构；并鼓励它们就执行第1540（2004）号决议的技术援助和其他所有相关问题，与1540委员会加强合作和分享信息；

19. 重申需要继续加强1540委员会、安全理事会关于基地组织和塔利班及有关个人和实体的第1267（1999）号决议所设委员会和安全理事会关于反恐怖主义的第1373（2001）号决议所设委员会之间目前正在进行的合作，包括酌情加强信息交流，在各自任务授权范围内协调对各国的考察，提供技术援助以及处理与所有三个委员会都有关的其他问题，并表示打算就共同关心的领域向各委员会提供指导，以便更好地协调它们的努力；

透明度和外联

20. 请1540委员会除其他外，尽可能充分地利用委员会的网站，继续实行增加透明的措施和活动，敦促委员会在专家组参与下，定期召开对所有会员国开放的会议，介绍委员会和专家组就上述目标开展的活动；

21. 请1540委员会在国际、区域、次区域一级和酌情在国家一级继续安排和参加关于执行第1540（2004）号决议的外联活动，推动改进这些外联工作，把重点放在与执行工作有关的具体专题和区域问题上；

行政及资源

22. 认识到 1540 委员会执行任务需要不断得到支持和有充足的资源，为此：

(a) 联合国裁军事务厅向 1540 委员会提供的现有行政和后勤资助，并决定该委员会至迟在 2012 年 1 月向安理会报告能否加强这种资助，包括通过加强裁军事务厅的区域能力，以支持区域、次区域和国家各级的决议执行工作；

(b) 吁请秘书处提供并维持足够的专业人员，以支持本决议概述的 1540 委员会的活动；

(c) 鼓励有能力向裁军事务厅提供资源的国家提供资源，以协助各国履行第 1540（2004）号决议规定的义务，并向 1540 委员会提供“实物”捐助或免费培训和专业人员，以帮助专家组及时和有效地满足援助申请；

(d) 请 1540 委员会与有关国际、区域和次区域组织和联合国其他机构密切合作，考虑如何利用和保留专业人员，包括专家组的前任专家，从而可以在执行第 1540（2004）号决议方面，将其用于执行具体任务和满足援助需求；

(e) 促请 1540 委员会继续鼓励和充分利用自愿财政捐款，以协助各国确定和满足它们在执行第 1540（2004）号决议方面的需要，并请 1540 委员会斟酌促进，高效和有效地利用联合国系统内现有的筹资机制 ；

23. 决定继续处理此案。

联合国安理会第 2231(2015) 号决议

(2015 年 7 月 20 日安全理事会第 7488 次会议通过)

安全理事会回顾安理会主席声明(S/PRST/2006/15)和第 1696(2006)、第 1737(2006)、第 1747(2007)、第 1803(2008)、第 1835(2008)和第 1929(2010)号决议，

重申对《不扩散核武器条约》的承诺和该条约所有缔约国全面遵守义务的必要性，回顾缔约国有权按照该条约第一条和第二条的规定，不受歧视地为和平目的进行核能的研究、生产和利用，

强调必须做出政治和外交努力，通过谈判找到解决办法，保证伊朗的核计划完全用于和平目的，注意到这种解决办法有利于核不扩散，

欢迎中国、法国、德国、俄罗斯联邦、联合王国、美国、欧洲联盟外交事务和安全政策高级代表和伊朗为长期全面妥善解决伊朗核问题，做出外交努力，最后在 2015 年 7 月 14 日达成了《联合全面行动计划》《全面行动计划》(S/2015/544，见本决议附件 A)，并成立了联合委员会，

欢迎伊朗在《全面行动计划》中重申，它在任何情况下都不会寻求、发展或获取核武器，

注意到中国、法国、德国、俄罗斯联邦、联合王国、美国和欧洲联盟 2015 年 7 月 14 日发表声明(S/2015/545，见本决议附件 B)，以便提高透明度，为充分执行《全面行动计划》创造有利的气氛，

申明达成《全面行动计划》表明安理会对这一问题的审议有重大转变，并表示希望在执行《全面行动计划》的基础上与伊朗建立新关系，圆满结束对这一问题的审议，

申明全面执行《全面行动计划》将有助于建立伊朗核计划只用于和平目的的信心，

强烈支持国际原子能机构(原子能机构)发挥必不可少的独立作用，核查保障监督协定的遵守情况，包括查明未将已申报的核材料转用于未申报的用途，没有未申报的核材料和核活动，并在这方面通过执行伊朗与原子能机构 2013 年 11 月 11 日商定的“合作框架”和“澄清以往和现有未决问题的路线图”，确保伊朗的核计划只用于和平目的，同时认识到原子能机构在协助全面执行《全面行动计划》方面的重要作用，

申明原子能机构的保障监督措施是核不扩散的重要组成部分，通过确保各国遵守相关保障监督协定规定的义务等方式增进各国之间的信任，帮助加强它们的集体安全，有助于创建一个有利于核合作的环境，还认识到要高成效、高效率地实施保障监督，原子能机构就要与各国开展合作，原子能机构秘书处将继续就保障监督问题与各国进行公开对话以提高透明度和建立信任，就保障监督的实施同各国交换意见，并在这方面避免阻碍伊朗的经济和技术发展或和平核活动领域中的国际合作；尊重现行的保健、安全、实物保护和其他安保规定以及个人的权利；采取一切预防措施保护商业、技术和工业机密以及它所掌握的其他保密信息，

鼓励会员国在和平利用核能领域中，在《全面行动计划》的框架内，同伊朗开展合作，包括采用原子能机构参与的方式，并依照《全面行动计划》附件三参与共同确定的民用核合作项目，

注意到以往各项决议的规定和本决议预计会提出的其他措施将被终止，请会员国适当考虑到这些变化，

强调《全面行动计划》有利于推动和促进与伊朗发展正常的经济和贸易联系及合作，同时考虑到各国在国际贸易方面的权利与义务，

着重指出《联合国宪章》第二十五条规定，会员国有义务接受和执行安全理事会的决定，

1. 赞同《全面行动计划》，敦促按照《全面行动计划》中规定的时间表全面执行该计划；

2. 促请所有会员国、区域组织和国际组织采取适当行动支持执行《全面行动计划》，包括采取与《全面行动计划》和本决议提出的实施计划相应的行动，不采取不利于履行根据《全面行动计划》作出的承诺的行动；

3. 请原子能机构总干事根据《全面行动计划》，在伊朗的核相关承诺的整个有效期内对这些承诺进行必要的核查和监测，重申伊朗在原子能机构提出要求时全面予以配合才能解决原子能机构报告提出的所有未决问题；

4. 请原子能机构总干事定期向原子能机构理事会报告伊朗履行它根据《全面行动计划》作出的承诺的最新情况，并酌情同时向安全理事会通报情况，还请总干事在他有合理理由认为发生直接影响履行根据《全面行动计划》作出的承诺的问题时，随时向原子能机构理事会报告情况，并同时向安全理事会报告；

终止

5. 请原子能机构总干事在原子能机构核实伊朗已采取《全面行动计划》附件五第 15.1 至 15.11 段规定的行动时，立即向原子能机构理事会提交报告，确认这一事实，同时将报告提交安全理事会；

6. 还请原子能机构总干事在原子能机构达成总体结论，认定伊朗境内的所有核材料仍用于和平活动时，立即向原子能机构理事会提交报告，确认这一结论，同时将报告提交安全理事会；

7. 依照《联合国宪章》第四十一条决定，在安全理事会收到第 5 段所述原子能机构的报告时：

(a) 终止第 1696(2006)、第 1737(2006)、第 1747(2007)、第 1803(2008)、第 1835(2008)、第 1929(2010) 和第 2224(2015) 号决议的规定；

(b) 各国应在附件 B 第 1、2、4 和 5 段以及第 6 段 (a) 至 (f) 分段各自规定的期限内，遵守每段和每个分段的规定，促请各国遵守附件 B 的第 3 和第 7 段；

8. 依照《联合国宪章》第四十一条决定，在《全面行动计划》规定的生效日 10 年后的同一天，终止本决议的所有规定，且第 7(a) 段所述的以往各项决议都不再适用，安全理事会届时将结束对伊朗核问题的审议，并从安理会处理中的事项清单中删除“不扩散”项目；

9. 依照《联合国宪章》第四十一条决定，如果根据第 12 段适用了以往决议的规定，将不会发生附件 B 和本决议第 8 段所述的终止；

以往各项决议的规定的适用

10. 鼓励中国、法国、德国、俄罗斯联邦、联合王国、美国、欧洲联盟（欧盟）和伊朗（《全面行动计划》参与方）通过《全面行动计划》规定的程序解决在履行根据该计划作出的承诺过程中出现的任何问题，表示打算处理《全面行动计划》参与方可能对另一参与方严重不履行承诺行为提出的投诉；

11. 依照《联合国宪章》第四十一条决定，如收到某个《全面行动计划》参与国的通知，内称它认为有严重不履行根据《全面行动计划》作出的承诺的问题，则安理会将在 30 天内对一项

让本决议第 7(a) 段所述的终止继续生效的决议草案进行表决，还决定，如在收到上述通知后 10 天内没有安全理事会成员提交这一决议草案以供表决，安全理事会主席将提出该决议草案，并在收到上文所述通知 30 天内将其付诸表决，表示打算考虑有关问题所涉国家的意见和《全面行动计划》设立的咨询委员会对有关问题的看法；

12. 依照《联合国宪章》第四十一条决定，如果安全理事会未通过第 11 段所述决议，让第 7(a) 段所述的终止继续生效，则从收到第 11 段所述向安全理事会发出的通知第三十天后的格林尼治标准时间午夜起，再度适用根据第 7(a) 段终止的第 1696(2006)、第 1737(2006)、第 1747(2007)、第 1803(2008)、第 1835(2008) 和第 1929(2010) 号决议的全部规定，适用方式与本决议通过前的方式相同，并终止本决议第 7、8 和 16 至 20 段规定的措施，除非安全理事会另有决定；

13. 强调，一旦安全理事会收到第 11 段所述通知，伊朗和其他《全面行动计划》参与方应努力解决有关问题，表示打算在导致发出通知的问题得到解决的情况下，防止再度适用这些规定，依照《联合国宪章》第四十一条决定，如发出通知的《全面行动计划》参与国向安全理事会通报，这一问题已在上文第 12 段规定的 30 天期限结束前得到解决，那么尽管有上文第 12 段的规定，本决议的各项规定，包括上文第 7(a) 段中的终止规定，应继续生效，注意到伊朗声明，如果根据第 12 段全部或部分再度适用以往决议的规定，伊朗会将此视为停止履行它根据《全面行动计划》作出的承诺的理由；

14. 申明在根据第 12 段适用以往各项决议的规定时，不追溯适用任何一方与伊朗或伊朗个人和实体在适用日期之前签订的合同，但条件是，此类合同预定开展的活动和合同的履行符合《全面行动计划》、本决议以及以往各项决议；

15. 申明，根据第 12 段适用以往决议的规定并不是要伤害那些在适用这些规定前以符合《全面行动计划》和本决议的方式与伊朗或伊朗个人和实体有商业往来的个人和实体，鼓励会员国相互就这种伤害进行协商，采取行动减轻对这些个人和实体造成的这种意外伤害，决定在根据第 12 段适用以往各项决议的规定时，不对在适用这些规定前以符合《全面行动计划》、本决议和以往各项决议的方式与伊朗进行商业活动的个人和实体，追溯适用这些措施；

执行《全面行动计划》

16. 依照《联合国宪章》第四十一条决定，审查联合委员会对各国参加或允许开展附件 B 第 2 段规定的核活动的提案提出的建议，并决定，除非安全理事会在收到建议的五个工作日内通过决议，拒绝联合委员会的建议，否则应视这些建议获得批准；

17. 请寻求参加或允许开展附件 B 第 2 段规定活动的会员国向安全理事会提交提案，表示安理会打算把这些提案提交《全面行动计划》设立的联合委员会审查，请安全理事会成员提供这些提案的相关信息并对其发表意见，鼓励联合委员会适当考虑这些信息和意见，请联合委员会在二十个工作日内（或者在延期时，在三十个工作日内）向安全理事会提出它对这些提案的建议；

18. 请秘书长为支持执行《全面行动计划》采取必要的行政措施，通过商定的实际可行安排，促进与会员国的沟通以及安全理事会与联合委员会之间的沟通；

19. 请原子能机构和联合委员会按照《全面行动计划》的规定，酌情进行协商和信息交流，还请出口国按照《全面行动计划》附件四与联合委员会合作；

20. 请联合委员会审查有关附件 B 第 2 段所述转让和活动的提案，以便在符合本决议和《全面行动计划》的规定和目标的情况下，建议批准向伊朗转让它根据《全面行动计划》开展的核活动所需要的物项、材料、设备、货物和技术，鼓励联合委员会制定程序，确保详细和深入审查所有此类提案；

豁免

21. 依照《联合国宪章》第四十一条决定，第1696(2006)、第1737(2006)、第1747(2007)、第1803(2008)、第1835(2008)和第1929(2010)号决议规定的措施不适用于《全面行动计划》参与国或同它们协调采取行动的会员国供应、销售或转让直接涉及以下事项的物项、材料、设备、货物和技术，也不适用于这些国家提供任何相关技术援助、训练、财务援助、投资、中介服务或其他服务：(a)改装福尔多设施的两个级联，以便稳定地生产同位素；(b)出口多于300公斤定量的伊朗浓缩铀，以换取天然铀；(c)按商定的概念设计并在其后按商定的这类反应堆的最后设计，实现阿拉卡反应堆的现代化；

22. 依照《联合国宪章》第四十一条决定，从事第21段允许的活动的会员国应确保：(a)所这些活动都严格按照《全面行动计划》开展；(b)它们在开展这些活动时提前10天通知第1737(2006)号决议所设委员会，并在联合委员会已经设立时，提前10天通知该委员会；(c)第1737(2006)号决议所述原子能机构信息公报的最新版本提出的准则中的要求得到适当满足；(d)它们有权核实所提供的任何物项的最终用途和最终使用地点，并能有效地行使这一权利；(e)如向伊朗供应第1737(2006)号决议所述原子能机构信息公报最新版本所列物项、材料、设备、货物和技术，在提供、销售或转让的10日内通知原子能机构；

23. 又依照《联合国宪章》第四十一条决定，在必要时，第1696(2006)、第1737(2006)、第1747(2007)、第1803(2008)、第1835(2008)和第1929(2010)号决议规定的措施不应适用于事先得到第1737(2006)号决议所设委员会逐案批准的以下转让和活动：

(a)与执行《全面行动计划》附件五第15.1-15.11段所述核行动直接相关；

(b)为筹备实施《全面行动计划》所需；或

(c)经委员会认定，符合本决议目标；

24. 注意到，如果根据第12段适用以往各项决议的规定，则第21、22、23和27段的规定继续有效；

其他事项

25. 决定作出必要的实际可行安排，直接开展与执行本决议有关的各项工作，包括开展附件B规定的工作和公布指南；

26. 敦促所有国家、联合国相关机构和其他有关各方在安全理事会开展与本决议有关的工作时与安理会充分合作，尤其是提供它们掌握的本决议中各项措施执行情况的信息；

27. 决定《全面行动计划》中的所有规定仅为欧洲三国／欧盟+3与伊朗之间执行本计划所用，不应认为它们是在为其他国家或者为国际法基本原则和《不扩散条约》及其他相关文书规定的权利和义务，以及为国际公认的原则和惯例，确立先例；

28. 回顾第1737(2006)号决议第12段规定的措施不应阻止被指认的个人或实体根据在这一个人或实体被列名前签订的合同付款，前提是该决议第15段规定的条件得到满足，强调，如果根据本决议第12段再度适用以往各项决议的规定，则本规定将适用；

29. 强调所有国家都必须采取必要措施，确保不得应伊朗政府，或伊朗境内任何人或实体，或按第1737(2006)号决议和有关决议指认的人或实体，或任何通过或者为这些人或实体提出索赔的人的请求，对因适用第1737(2006)、第1747(2007)、第1803(2008)、第1929(2010)号决议和本决议的规定而无法执行的合同或其他交易提出索赔；

30. 决定继续处理此案，直至根据第 8 段终止本决议各项规定。

附件：略
附件：略

FATF《打击洗钱、恐怖融资与扩散融资的国际标准：FATF 建议（2012—2023）》[1]

（2012 年 2 月 FATF 全会通过，2023 年 2 月更新）

面对洗钱、恐怖融资的国际化问题，联合国、国际货币基金组织、世界银行、亚太经济合作组织、金融行动特别工作组、国际金融监管机构等国际组织采取行动共同打击。在国际反洗钱和反恐怖融资的长期发展进程中，联合国、金融行动特别工作组、埃格蒙特集团、沃尔夫斯堡集团和国际金融监管机构等国际组织发布了一系列的决议、国际公约、建议和标准，逐步形成了较为完整的国际反洗钱和反恐怖融资法律标准体系，对各国反洗钱和反恐怖融资进行指导和制约。FATF《打击洗钱、恐怖融资与扩散融资的国际标准：FATF 建议》（以下简称 FATF《40 项标准建议》）成为国际社会公认的反洗钱和反恐怖融资的国际标准和规范，作为打击洗钱和恐怖融资的国际标准，已得到全球 200 多个国家和地区承诺执行，被国际货币基金组织和世界银行认可，运用到对各国的金融稳定评估规划中。

FATF《40 项标准建议》为各国打击洗钱、恐怖融资和扩散融资设定了全面、完整的措施框架。各国的法律体系、行政管理、执行框架以及金融体系各不相同，难以采取完全相同的威胁应对措施。因此，各国应根据本国国情，制定相应措施执行 FATF 标准建议。FATF 标准建议规定了各国应当建立的基本措施：识别风险、制定政策和国内协调；打击洗钱、恐怖融资及扩散融资；在金融领域和其他特定领域实施预防措施；规定主管部门（调查、执法和监管部门）的权力与职责范围及其他制度性措施；提高法人和法律安排的受益所有权信息的透明度和可获得性；推动国际合作。

FATF 最初的 40 项标准建议颁布于 1990 年，旨在打击滥用金融体系清洗毒品资金。1996 年，为应对不断变化更新的洗钱趋势和手段，FATF 第一次对建议进行了修订，将打击范围扩大到清洗毒资外的其他犯罪领域。2001 年 10 月，FATF 进一步将其职责扩大到打击恐怖融资领域，并制定了反恐怖融资 8 项特别建议（之后扩充为 9 项）。2003 年，FATF 建议进行了第二次修订。

在完成对成员的第三轮互评估后，2012 年，FATF 与区域性反洗钱和反恐怖融资组织、以及包括国际货币基金组织、世界银行和联合国在内的观察员密切合作，共同对 FATF 建议进行了修订及更新。修订后的建议在保持稳定和严谨的同时，致力于应对新出现的威胁，明确并强化

1 反洗钱是一项国家职责，也是国际义务。我国是金融行动特别工作组（Financial Action Task Force on Money Laundering，简称 FATF）成员，必须贯彻落实 FATF 的标准建议，FATF 标准建议是 FATF 对成员国互评估的标准文件。我国的反洗钱和反恐怖融资法律制度大部分是 FATF 标准建议的本土化。不管是反洗钱理论研究人员、政策制定者、监管人员还是金融机构反洗钱从业人员，都应该掌握 FATF 标准，以便从国际视野更好地把握我国反洗钱和反恐怖融资法律制度的渊源，更好地理解和落实我国各项反洗钱和反恐怖融资法律制度。特将 FATF 标准建议收入本手册。篇幅所限，标准建议释义的内容未收入，详细内容请参考 FATF (2012-2023), International Standards on Combating Money Laundering and the Financing of Terrorism & Proliferation, FATF, Paris, France. https://www.fatf-gafi.org/recommendations.html.

了许多现有义务。此次修订强调风险为本反洗钱原则的贯彻实施，要求各国在FATF要求框架下，采取更加灵活的措施，以有效地分配资源、实施与风险相适应的预防措施，最大限度地提升反洗钱有效性。各国首先应识别、评估、了解面临的洗钱及恐怖融资风险，然后制定降低风险的适当措施。强化对高风险情况的要求，对高风险领域采取更加有针对性的措施，或强化有关标准的实施。

打击恐怖融资是一项严峻的挑战，有效的反洗钱和反恐怖融资体系对于打击恐怖融资十分重要。2012年FATF标准的修改对之前针对恐怖融资的大多数措施进行了整合，包括：建议5（恐怖融资刑罚化）、建议6（与恐怖主义及恐怖融资相关的定向金融制裁）、建议8（防止滥用非营利性组织的相关措施）。2008年，FATF将职责范围扩大到防范扩散融资，2012年的标准建议增加了一条新建议（建议7　与大规模杀伤性武器扩散及扩散融资相关的定向金融制裁），旨在确保有效实施定向金融制裁，与联合国安理会有关要求保持一致。

FATF《40项标准建议》包括建议本身、释义以及术语表中的定义。所有FATF成员及区域性反洗钱和反恐怖融资组织成员必须执行FATF标准，并按照FATF通用的评估方法，通过FATF互评估程序或国际货币基金组织和世界银行的评估程序，对各成员的执行情况进行严格评估。释义及术语表中的定义包括如何实施标准的举例。这些举例不是强制性要求，主要起指引作用。

FATF还制定了很多指引、最佳实践文件等，以帮助各国执行FATF标准，供各国在考虑如何有效执行FATF标准时参考。FATF致力于与私营部门、社会团体及其他感兴趣各方保持密切的、建设性的对话，他们是维护金融体系完整的重要伙伴。FATF《40项标准建议》是国际反洗钱和反恐怖融资的指导性文件，是FATF互评估的标准，引领国际反洗钱和反恐怖融资的发展方向，是反洗钱和反恐怖融资从业人员、反洗钱监管人员和反洗钱研究人员应该掌握的基础性文件。

建议1　评估风险与适用风险为本的方法

为确保有效控制风险，各国应当识别、评估和了解本国的洗钱与恐怖融资风险，并采取相应措施，包括指定某一部门或建立相关机制负责统筹风险评估、配置资源，有效降低风险。在风险评估的基础上，各国应当采取风险为本的方法以确保防范和降低洗钱与恐怖融资风险的措施与已识别的风险相匹配。风险为本方法应当作为在反洗钱与反恐怖融资机制内有效配置资源、实施FATF各项建议中风险为本措施的基础性原则。在识别为较高风险的领域，各国应确保其反洗钱机制有效应对该高风险；在识别为较低风险的领域，各国可决定在满足一定条件时，对某些FATF建议采取简化措施。

各国还应识别、评估和了解国家扩散融资风险。在建议1中，“扩散融资风险”严格指仅限于潜在的违反、不执行或逃避建议7中提到的定向金融制裁义务。各国应采取相应行动旨在确保这些风险得到有效缓解，包括指定一个机构或建立相关机制负责统筹风险评估、配置资源，有效降低风险。在识别为较高风险的领域，各国应确保其反洗钱机制有效应对该高风险；在识别为较低风险的领域，各国可决定在满足一定条件时，对某些FATF建议采取简化措施，但仍确保充分按照建议7的要求实施有针对性的金融制裁措施。

各国应要求金融机构和特定非金融行业与职业（DNFBPs）识别、评估并采取有效措施以降低其洗钱、恐怖融资和扩散融资风险。

建议2　国家层面的合作与协调

各国应根据已识别的风险，制定并定期审查国家反洗钱、反恐怖和反扩散融资政策，指定某一部门或者建立某种协调或类似机制，负责该政策的制定实施。各国应当确保政策制定部门、金融情报中心（FIU）、执法部门、监管机构和其他相关主管部门在政策制定和执行层面建立有效机制，以便各部门之间在政策的制定、实施和打击洗钱、恐怖融资和大规模杀伤性武器扩散融资的行动方面实现合作，并在适当情况下进行协调和国内信息共享。这一机制应当包括相关主管部门间的合作和协调，以确保反洗钱、反恐怖融资和反扩散融资要求符合数据保护与隐私规定及其他类似条款（例如数据安全和数据本地化）的要求。

建议 3 洗钱犯罪

各国应当根据《维也纳公约》《巴勒莫公约》，将洗钱行为规定为犯罪。各国应当将洗钱罪适用于所有的严重罪行，以涵盖最广泛的上游犯罪。

建议 4 没收与临时措施

各国应当采取类似于《维也纳公约》《巴勒莫公约》和《联合国制止向恐怖主义提供资助的国际公约》规定的措施，包括立法，使主管部门能够在不损害无过错第三方合法权益的情况下，冻结、扣押或没收以下财产：①被清洗的财产；②来自洗钱或上游犯罪的收益，用于或企图用于洗钱或上游犯罪的工具；③属于犯罪收益的财产，或用于、企图用于、调拨用于资助恐怖主义、恐怖行为、恐怖组织的财产；④或者相应价值的财产。

这些措施应当包括授权有关部门：①识别、追查和评估应予没收的财产；②采取冻结、扣押等临时措施，防止该财产被出售、转移或处置；③采取措施，防止或避免可能有损国家冻结、没收或追回应予没收的财产能力的行为；④采取其他适当的调查措施。

各国应当考虑采取措施，允许不经过刑事定罪判决即可没收此类财产或工具（不以刑事判决为基础的没收），或者在符合本国法律原则的范围内要求违法者证明应被没收财产的合法来源。

建议 5 恐怖融资刑罚化

各国应当以《联合国制止向恐怖主义提供资助的国际公约》为基础，将恐怖融资行为规定为刑事犯罪，不仅应当将资助恐怖活动的行为规定为刑事犯罪，而且也应当将资助恐怖组织和恐怖分子的行为规定为刑事犯罪，即使该行为并未与特定的恐怖活动相联系。各国应当确保将这些犯罪行为规定为洗钱犯罪的上游犯罪。

建议 6 与恐怖主义及恐怖融资相关的定向金融制裁

各国应当建立定向金融制裁机制，以遵守联合国安理会关于防范和制止恐怖主义和恐怖融资的决议。这些决议要求各国毫不迟延地冻结被指定个人或实体的资金或其他资产，并确保没有任何资金或其他资产，直接或间接地提供给被指定的个人或实体或者使其受益，包括：①根据《联合国宪章》第七章，由联合国安理会指定，或者由其授权指定的个人或实体，包括第 1267（1999）号决议及其后续决议；②根据第 1373（2001）号决议由该国指定的个人或实体。

建议 7 与大规模杀伤性武器扩散及扩散融资相关的定向金融制裁

各国应当执行定向金融制裁，以遵守联合国安理会关于防范、制止、瓦解大规模杀伤性武器扩散及扩散融资的决议。这些决议要求各国毫不迟延地冻结被指定个人或实体的资金或其他资产，并确保没有任何资金或其他资产，直接或间接地提供给被指定的个人或实体，或者使其受益。根据《联合国宪章》第七章，这些个人或实体由联合国安理会列明或由其授权列明。

建议 8 防止滥用非营利性组织的相关措施

各国应当审查有关非营利性组织容易被恐怖融资所滥用的法律法规是否完备。各国应当按照风险为本的方法，采取重点突出、相称的措施，确保非营利性组织不会以下列方式被滥用：

（1）被伪装成合法实体的恐怖组织滥用；

（2）利用合法实体作为恐怖融资的渠道，包括以逃避资产冻结措施为目的；

（3）通过隐藏或混淆等方式，将原本用于合法目的的资金秘密转移至恐怖组织。

建议9 金融机构保密法

各国应当确保金融机构保密法不妨碍FATF建议的实施。

建议10 客户尽职调查

各国应当禁止金融机构保持匿名账户或明显以假名开立的账户。各国应当要求金融机构在出现下列情形时，采取客户尽职调查（CDD）措施：

（1）建立业务关系；

（2）进行一次性交易：超过适用的规定限额（15000美元/欧元）；或者建议16释义规定的特定情况下的电汇；

（3）有洗钱或恐怖融资嫌疑；

（4）金融机构怀疑先前获得的客户身份数据的真实性或完整性。

金融机构实施客户尽职调查的原则应由法律做出规定。各国可以决定如何通过法律或强制性措施设定具体的客户尽职调查义务。可采取的客户尽职调查措施如下：

①识别客户身份，并利用可靠的、独立来源的文件、数据或信息核实客户身份；

②识别受益所有人身份，并采取合理措施核实受益所有人身份，以使金融机构确信了解其受益所有人；对于法人和法律安排，金融机构应当了解其所有权和控制权结构；

③了解并在适当情形下获取关于业务关系目的和意图的信息；

④对业务关系采取持续的尽职调查，对整个业务关系期间发生的交易进行详细审查，以确保正在进行的交易与金融机构所掌握的客户资料、客户业务、风险状况（必要时，包括资金来源）等信息吻合。

金融机构应当采取上述客户尽职调查措施，但应当根据建议 1 的释义，使用风险为本的方法，决定采取上述各项措施的程度。

金融机构应当在建立业务关系之前、业务关系存续期间或者与一次性交易客户进行交易时，核实客户和受益所有人身份。在洗钱与恐怖融资风险得到有效管理的前提下，为避免身份核实打断正常交易，各国可以允许金融机构在建立业务关系之后，尽快完成身份核实。

如果金融机构无法遵循上述规定的客户尽职调查措施（已根据风险为本的方法对措施进行了适当调整），则不应开立账户、建立业务关系或进行交易；或者应当终止业务关系；并考虑提交有关客户的可疑交易报告。

尽管这些措施适用于所有新客户，但金融机构也应当对现有客户适用本建议，并根据重要性和风险程度，适时对存量客户进行尽职调查。

建议 11 记录保存

各国应当要求金融机构将所有必要的国内和国际交易记录至少保存五年，以使其能迅速提供主管部门所要求的信息。这些信息必须足以重现每一笔交易的实际情况（包括所涉金额和币种），以便在必要时提供起诉犯罪活动的证据。

各国应当要求金融机构在业务关系终止后，或者一次性交易之日起至少五年内，继续保留通过客户尽职调查措施获得的所有记录（如护照、身份证、驾驶执照等官方身份证明文件或类似文件的副本或记录），账户档案和业务往来信函，以及分析结论（如关于复杂的异常大额交易的背景和目的的调查函）。

法律应当要求金融机构保存交易记录和通过客户尽职调查措施获取的信息记录。

在职权范围内，本国主管部门可以查阅、使用交易记录和通过客户尽职调查措施获取的信息记录。

建议 12 政治公众人物

对于外国的政治公众人物（作为客户或受益所有人），除采取正常的客户尽职调查措施外，各国还应当要求金融机构：

（1）建立适当的风险管理系统，以确定客户或受益所有人是否为政治公众人物；

（2）获得高级管理层的批准方可建立（或维持现有）业务关系；

（3）采取合理措施确定其财产和资金来源；

（4）对业务关系进行强化的持续监测。

金融机构应当采取合理措施，确定客户或受益所有人是否为本国的政治公众人物，或者在国际组织担任或曾经担任重要公职的人员。如果与这些人的业务关系出现较高风险，金融机构应当采取（2）至（4）项规定的措施。

对所有类型的政治公众人物的要求，也应当适用于其家庭成员或关系密切的人。

建议 13 代理行业务

对于跨境代理行及其他类似的业务关系，除采取正常的客户尽职调查措施外，各国还应当要求金融机构：

（1）收集代理机构的充分信息，以全面了解代理机构的业务性质，并通过公开信息判断代理机构的信誉和监管质量，包括是否因洗钱或恐怖融资遭受调查或监管；

（2）评估代理机构的反洗钱和反恐怖融资控制制度；

（3）在建立新的代理业务关系之前，获得高级管理层的批准；

（4）明确规定每个机构的相应职责；

（5）对于“过路账户”[2]（payable-through accounts，又称通汇账户），应确信委托行已对可以直接使用代理行账户的客户实施客户尽职调查，确信代理行能够应委托行要求提供其通过客户尽职调查获取的有关信息。

各国应当禁止金融机构与空壳银行建立或维持代理行业务关系，并要求金融机构保证其委托机构禁止空壳银行使用其账户。

建议 14 资金或价值转移服务

各国应采取措施，确保本国提供资金或价值转移服务的自然人或法人获得许可或已登记注册，受到有效系统的监测，并符合 FATF 建议相关措施的要求。各国应当采取行动，发现未经许可或登记注册而提供资金或价值转移服务的自然人和法人，并给予适当处罚。

作为资金或价值转移服务代理商的任何自然人或法人，也必须获得主管部门的许可或登记注册；资金或价值转移服务提供商必须保存一份可以随时供相关主管部门查阅的代理商清单。各国应采取措施确保资金或价值转移服务提供商将其代理商纳入自身反洗钱与反恐怖融资机制安排，并对其合规情况进行监测。

---

2 按照标准释义，过路账户指直接由第三方以自己的名义进行交易的代理账户（The term payable-through accounts refers to correspondent accounts that are used directly by third parties to transact business on their own behalf）。

建议 15 新技术

各国和金融机构应当识别、评估可能由下列情形带来的洗钱与恐怖融资风险：

（1）新产品、新业务以及新交割机制的发展；

（2）新产品、现有产品中新技术或研发中技术的应用。

金融机构应当在启用新产品、开展新业务以及应用新技术（或正在研发的技术）前进行风险评估，金融机构应采取适当措施管理和降低此类风险。

对于虚拟资产服务提供商，为了管理和降低虚拟资产带来的风险，各国应确保其受到反洗钱与反恐怖融资监管，应当确保对其进行审批或登记注册，建立有效的体系以监控和确保其遵守FATF 建议要求的相关措施。

建议 16 电汇

各国应当确保金融机构在办理电汇和处理相关报文时，填写规定的、准确的汇款人信息以及规定的受益人信息，并确保这些信息保留在支付链条的每一个环节。

各国应当确保金融机构对电汇进行监控，以发现电汇交易中是否缺乏汇款人和受益人信息，并采取适当的措施。

各国应当确保金融机构在处理电汇过程中，按照联合国安理会第 1267（1999）号决议及其后续决议，和第 1373（2001）号决议中有关防范、打击恐怖主义和恐怖融资的规定，采取冻结措施，禁止与指定个人和实体进行交易。

建议 17 依托第三方的尽职调查

各国可允许金融机构依托第三方实施建议 10 的（1）—（3）的客户尽职调查措施或引荐业务，但应确保满足以下四项标准。如允许由第三方实施客户尽职调查，客户尽职调查的最终责任仍由依托第三方的金融机构承担。

（1）依托第三方的金融机构应可以立即获得建议10的（1）—（3）的客户尽职调查措施取得的必要信息；

（2）金融机构应当采取适当措施，确保可在需要时立即获得第三方实施客户尽职调查时取得的身份证明和其他资料复印件；

（3）金融机构应当确信第三方机构受到监督、管理或监测，采取措施遵守建议10和建议11要求的客户尽职调查和资料保存方面要求；

（4）当决定哪些国家的第三方机构可依托时，各国应当参考可以获得的国家风险等级信息。

如果金融机构与所依托的第三方机构属于同一金融集团，同时，①该集团已按照建议10、11、12的要求采取客户尽职调查和资料保存措施，按照建议18的要求实施反洗钱和反恐怖融资计划；②当主管部门在集团层面上对其反洗钱和反恐怖融资相关措施有效性进行监管时，主管部门可以认为金融机构已通过其集团开展上述（2）和（3）的客户尽职调查措施；当该集团采取的反洗钱和反恐怖融资措施已显著降低原本较高的国家风险时，则可以不作为依托第三方开展客户身份识别的必要前提。

建议 18 内部控制、境外分支机构和附属机构

各国应当要求金融机构实施反洗钱与反恐怖融资机制安排。同时，各国应当要求金融集团在集团层面实施反洗钱与反恐怖融资机制安排，包括在集团内部共享反洗钱与反恐怖融资信息的政策和程序。各国应当要求金融机构确保其境外分支机构和控股附属机构通过实施金融集团反洗钱与反恐怖融资机制安排，从而执行与母国落实 FATF 建议相一致的反洗钱与反恐怖融资要求。

建议 19 高风险国家

各国应当要求金融机构在与自然人、法人、其他金融机构建立业务关系或交易时，如其来自FATF 要求采取强化客户尽职调查措施的国家，则应对其采取强化的客户尽职调查措施。所采取的强化措施应有效并与风险相匹配。

各国应当有能力应 FATF 要求，运用适当的反制措施。各国也应当有能力应 FATF 要求，独立运用反制措施。各国采取的反制措施应有效并与风险相匹配。

建议 20 可疑交易报告

如果金融机构怀疑或有合理理由怀疑资金为犯罪收益，或与恐怖融资有关，金融机构应当依据法律要求，立即向金融情报中心报告。

建议 21 泄密与保密

金融机构及其董事、管理人员和雇员应当：

（1）出于正当目的依法向金融情报中心报告可疑交易时受到法律保护，即便无法确定是何种犯罪以及犯罪活动是否实际发生，也不会因未遵守合同、法律、法规或行政性规定关于信息披露的限制，而承担民事或刑事责任。

（2）依法禁止泄露向金融情报中心报告可疑交易或相关信息的事实。这并非旨在禁止建议18规定的信息共享。

建议22 特定非金融行业或职业：客户尽职调查

建议10、11、12、15、17中规定的客户尽职调查和交易记录保存要求适用于以下特定非金融行业和职业[3]：

（1）赌场：当客户从事规定金额及以上的交易时；

（2）不动产中介：为其客户从事不动产买卖交易；

（3）贵金属和珠宝交易商：当客户从事规定金额及以上的现金交易时；

（4）律师、公证人、其他独立法律专业人士及会计师：在为客户准备或实施与下列活动相关的交易时：①买卖不动产；②管理客户资金、证券或其他财产；③管理银行账户、储蓄或证券账户；④为公司设立、运营或管理的相关筹资活动；⑤法人或法律安排的设立、运营或管理，以及经营性实体买卖。

（5）信托和公司服务提供商在为客户准备或实施与下列活动相关的交易时：①担任法人设立的代理人；②担任（或安排其他人担任）公司董事、董事会秘书、合伙人或其他法人单位中同级别的职务时；③为公司、合伙或其他法人或法律安排提供注册地址、公司地址或办公场所、通信方式或办公地址的；④担任（或安排他人担任）书面信托的受托人或在其他法律安排中承担同样职能的；⑤担任（或安排他人担任）他人的名义持股人。

建议23 特定非金融行业和职业：其他措施

建议18至21规定的内控、高风险国家、保密和可疑交易报告要求适用于所有特定非金融行业和职业。

（1）各国应当要求律师、公证人、其他独立法律专业人士和会计师在代表客户（或为客户）进行建议22第（4）所列的交易时，报告可疑交易。强烈鼓励各国将报告要求扩展到包括审计在内的会计师的其他专业活动。

3　目前，在我国“特定非金融行业和职业”在有关制度中一般称“特定非金融机构”。

（2）当贵金属和珠宝交易商从事规定金额及以上的现金交易时，应当报告可疑交易。

（3）当信托与公司服务提供商在代表客户（或为客户）进行建议22第（5）所列的交易时，应当报告可疑交易。

建议 24 法人的透明度和受益所有权

各国应评估滥用法人洗钱或恐怖融资的风险，并采取措施防止此类滥用。各国应确保通过主管部门对受益所有权进行登记或其他机制，充足、准确和最新的关于法人受益所有权和控制权的信息可以快速有效地获取。各国不应允许法人发行新的无记名股票或无记名股权证，并采取措施防止滥用现有的无记名股票和无记名股权证。各国应采取有效措施，确保被提名股东和董事不被滥用于洗钱或恐怖融资。各国应考虑通过金融机构和特定非金融行业和职业人员促进受益所有权和控制权信息的获取，以满足建议 10 客户尽职调查和建议 22 特定非金融行业和职业：客户尽职调查所规定的要求[4]。

建议 25 法律安排的透明度和受益所有权

各国应当评估法律安排被洗钱和恐怖融资活动滥用的风险，并采取措施防止法律安排被洗钱和恐怖融资活动滥用。特别是，各国应当确保主管部门能及时有效掌握或获取关于书面信托（包括委托人、受托人和受益人）的充足、准确和及时信息。各国应考虑采取措施，使金融机构以及特定非金融行业和职业可以便利地获取受益所有权及控制权信息，以便执行建议 10 和建议 22 的要求。

建议 26 对金融机构的监督和管理

各国应当确保金融机构受到充分的监督和管理，并且有效地执行 FATF 建议。主管部门或金融监管部门应当采取必要的法律或监管措施，防止犯罪分子或其同伙持有金融机构的重要或多数股权，或成为金融机构重要或多数股权的受益所有人，或掌握金融机构实际管理权。各国不应当批准设立空壳银行或允许其持续运营。

对于受《有效银行监管核心原则》约束的金融机构，出于审慎目的的监管措施若与洗钱、恐怖融资相关，应当同样适用于反洗钱与反恐怖融资目的。对并表集团（Consolidated Group）的监管也应当适用于反洗钱与反恐怖融资目的。

各国应当对其他类别的金融机构实施审批许可或登记注册，进行充分管理，并根据该行业的洗钱和恐怖融资风险实施监管或监测。各国至少应当对提供资金或价值转移或货币兑换服务的金融机构实施审批许可或登记注册，使其受到有效监测，以确保符合国家反洗钱与反恐怖融资要求。

建议 27 监管机构的权力

监管机构应当拥有足够的权力监管、监测金融机构，包括实施检查，确保金融机构遵守反洗钱与反恐怖融资要求。监管机构应当有权要求金融机构提交任何与合规监管有关的信息，并根据建议 35，对不遵守要求的情形实施处罚。监管机构应当有实施一系列纪律惩戒和经济处罚的权力，包括在适当情形下吊销、限制或中止金融机构执照的权力。

建议 28 对特定非金融行业和职业的监管

对特定非金融行业和职业，应当采取下列监督管理措施：

（1）对赌博业应当采取全面的监督管理制度，确保其有效实施必要的反洗钱和反恐怖融资措

4　2023 年 3 月 10 日，FATF 发布《法人受益所有权指南》，用于帮助各国实施修订后的建议 24。
FATF (2023), Guidance on Beneficial Ownership for Legal Persons, FATF, Paris,
http://www.fatf-gafi.org/publications/FATFrecommendations/guidance-beneficial-ownership-legalpersons.html.

施。至少应做到：①赌场应当经过许可；②主管部门应当采取适当的法律或监管措施，防止犯罪分子或同伙持有重要或多数股权，或成为重要或多数股权的受益所有人，或担任管理职务，或成为运营者；③主管部门应当确保赌场受到有效的反洗钱和反恐怖融资监管。

（2）各国应当根据行业和职业风险敏感性，对其他类型的特定非金融行业和职业建立有效的监测体系，并确保其符合反洗钱和反恐怖融资合规要求。监测可由：①监管机构执行；②如能确保其成员履行反洗钱与反恐怖融资义务，也可由行业自律组织执行。

监管机构或行业自律机构还应该：①采取必要措施，例如采用资格审查，防止犯罪分子及其同伙获得专业认证，或持有重要或多数股权，或成为重要或多数股权的受益所有人，或担任管理职务；②如未遵守反洗钱和反恐怖融资要求，应按照建议35要求，实施有效、适当和劝诫性的处罚。

建议 29 金融情报中心

各国应当建立金融情报中心（FIU），作为全国性中心，负责接受和分析可疑交易报告、其他洗钱、相关上游犯罪和恐怖融资相关的信息，并负责分发分析结果。金融情报中心应当能够从报告实体获取额外信息，并能够及时获得其恰当履职所需要的金融、管理和执法信息。

建议 30 执法和调查部门职责

各国应当确保指定的执法部门有权在国家反洗钱与反恐怖融资政策框架内调查洗钱和恐怖融资的职责。至少在涉及较大犯罪收益的所有案件中，指定的执法部门应主动开展并行的金融调查以追查洗钱、恐怖融资或上游犯罪。调查范围应包括发生在执法部门所属司法辖区以外的上游犯罪案件。各国应当确保主管部门有责任立即识别、追踪并采取行动冻结和扣押应被没收资产或可能属于没收范围的资产，或被怀疑为犯罪所得的资产。各国还应当能够在必要时利用专门从事金融或资产调查的常设或临时性多功能小组来开展调查。各国应当确保必要时能够与其他国家对口主管部门开展合作调查。

建议 31 执法和调查部门权力

在对洗钱、相关上游犯罪和恐怖融资调查的过程中，主管部门应当有权力获取与调查、起诉和相关行动有关的必要文件和信息。这些权力应包括采取强制措施从金融机构、特定非金融行业和职业、其他法人或自然人获取相关记录，搜查个人和场所，采集证人证言，以及搜集证据。

各国应当确保主管部门有能力运用一系列适用于洗钱、相关上游犯罪和恐怖融资的调查方法。这些调查方法包括：卧底行动、通信窃听、侵入计算机系统和控制下交付。此外，各国应当建立有效机制，及时识别自然人或法人是否持有或控制账户。各国还应当建立相应机制，确保主管部门能在不事先通知资产所有人的情况下对资产进行识别判断。在针对洗钱、相关上游犯罪和恐怖融资开展调查时，主管部门应当能够要求金融情报中心提供所有相关信息。

建议 32 现金跨境运送

各国应当采取措施，包括通过申报或披露制度，监测现金和不记名可转让金融工具的跨境运送活动。

如果怀疑现金或不记名可转让金融工具与恐怖融资、洗钱或上游犯罪有关，或者查出属于虚假申报或披露，各国应当确保主管部门拥有阻止或限制这些现金或不记名可转让金融工具跨境运送的法定权力。

各国应当确保能对虚假申报或披露的个人采取有效、适当和劝诫性的处罚措施。对查处的与恐怖融资、洗钱或上游犯罪有关的现金或不记名可转让金融工具，各国应当采取措施，包括与建议4规定相一致的法律措施，没收相关现金或不记名可转让金融工具。

建议 33 数据统计

各国应当对本国反洗钱与反恐怖融资体系有效性和效率相关的数据进行持续性的全面统计。其中应包括接收与移送的可疑交易报告数据；洗钱和恐怖融资调查、起诉与判决数据；财产冻结、扣押和没收数据；以及双边司法协助或其他国际合作请求的数据。

建议 34 指引与反馈

主管部门、监管机构和行业自律组织应当制定指引并提供反馈，帮助金融机构以及特定非金融行业和职业落实国家反洗钱与反恐怖融资措施，特别是发现和报告可疑交易。

建议 35 处罚

各国应当确保对建议 6、8、23 中涵盖的、未能遵守反洗钱与反恐怖融资要求的自然人和法人，实施一系列有效、适当和劝诫性的处罚，包括刑事、民事或行政处罚。处罚应当不仅适用于金融机构以及特定非金融行业和职业，也适用于其负责人和高级管理人员。

建议 36 国际公约

各国应当立即采取行动，加入并全面实施《维也纳公约》（1988 年），《巴勒莫公约》（2000 年），《联合国反腐败公约》（2003 年）和《反恐怖融资公约》（1999 年）。在适当情况下，鼓励各国批准并实施其他有关国际公约，如《欧洲委员会打击网络犯罪公约》（2001 年），《泛美反恐公约》（2002 年），《欧洲委员会关于打击洗钱，调查、扣押和没收犯罪收益及打击恐怖融资公约》（2005 年）。

建议 37 双边司法协助

在涉及洗钱、相关上游犯罪以及恐怖融资调查、起诉和有关诉讼过程中，各国应当迅速有效并建设性地提供尽可能多的双边司法协助。在提供司法协助方面，各国还应拥有完备的法律基础，并适时签订公约、协定或制定其他机制，以强化合作。各国尤其应做到以下几点：

（1）不应禁止提供司法协助或者为提供司法协助设置不合理或过分的限制条件。

（2）应当确保具有明确有效的程序，以及时优先考虑和处理双边司法协助请求。应当通过某一中央机关或现有其他官方机制有效传递和处理这些请求。应当建立一套案件管理系统，以跟踪请求处理的进展情况。

（3）不应仅以犯罪涉及财政问题为由拒绝执行协助请求。

（4）不应以法律要求金融机构对客户资料保密为由拒绝执行协助请求（相关信息受法律专业保密特权保护的除外）。

（5）对收到的司法协助请求及其所包含的信息，应当按照本国法律基本原则的要求进行保密，以保护调查不受干扰。如果被请求国无法遵守保密要求，应当及时告知请求国。

如果协助不涉及强制行动，即使不构成双重犯罪，各国也应当提供司法协助。各国应当考虑采取必要措施，在不构成双重犯罪时，尽可能提供广泛的协助。

如果一国将双重犯罪作为提供协助的必要条件，则不论两国是否将此犯罪纳入同一类罪，或规定为同一罪名，只要两国均将该行为规定为犯罪，即可视为满足该条件。

各国应当确保主管部门拥有建议 31 所要求的权力和调查手段，以及任何其他权力和调查手段：①所有向金融机构、其他个人以及采取证人证言获取、搜查和扣押信息、资料或证据（包括财务记录）；②范围广泛的其他权力和调查手段。以上权力和调查手段也能用于执行双边司法协助请求，并且在不违背本国法律框架的情况下，还可以用于境外司法或执法部门对本国对口部门的直接调查请求。

如果被告面临多国起诉，为避免管辖权冲突，应建立并使用相关机制，在不影响司法公正的情况下选择最佳起诉地点。

各国在发起司法协助请求时，应尽最大可能提供真实、完整、合法的信息，便于被请求国及时有效地处理协查请求。如有紧急需求，应通过快速有效的方式发起请求。在发起请求前，应当尽可能了解被请求国的法律要求和法定程序。

各国应为负责司法协助的主管部门（如中央机关）提供充足的财力、人力和技术支持，且应具备相关程序，确保主管部门工作人员维持较高的专业水准，遵守保密要求，拥有较高的道德素养及适当的工作技能。

建议 38 双边司法协助：冻结和没收

各国应确保有权应外国请求采取迅速行动：识别、冻结、扣押和没收清洗的资产；来自洗钱、上游犯罪及恐怖融资的收益；犯罪工具或计划用于实施犯罪的工具；或相当价值的财产，包括回应不以刑事判决为基础的收益，没收请求和基于相关临时措施的请求，除非与被请求国国内法律基本原则不一致。各国还应建立有效机制，用于管理上述财产、工具或相当价值的财产，并就资产查封和没收，包括没收资产的共享作出安排。

建议 39 引渡

各国应积极有效、建设性地处理与洗钱和恐怖融资相关的引渡请求，无正当理由不得延迟。各国还应尽可能采取措施，不为被控参与恐怖融资、恐怖活动或恐怖组织的个人提供庇护，尤其应：

（1）确保洗钱和恐怖融资是可引渡的犯罪行为；

（2）制定明确而有效的引渡程序（包括适时优先处理程序），及时处理引渡请求；设立一套案件管理系统，跟踪执行请求的进展情况；

（3）不对引渡请求设置不合理或过分严格的条件；

（4）确保建立实施引渡的充分法律框架。

各国应允许引渡本国国民。如果仅出于国籍原因而拒绝引渡，需应请求国要求，将案件无不当延迟地移交本国主管部门，进而对请求中所列的罪行进行检控。主管部门应根据本国法律所规定的与其他严重犯罪相同的处理方式作出决定并开展诉讼。相关国家应在司法程序和获取证据等方面互相合作，确保提高检控效率。

如果一国将双重犯罪作为引渡的必要条件，则不论两国是否将某项犯罪纳入同一类罪或定为同一罪名，只要两国均对其定罪，即可视为满足该条件。

在符合本国法律基本原则的情况下，各国应制定简化的引渡机制，如允许对口部门直接提交临时逮捕请求，仅凭逮捕或判决文书便可执行引渡，或在当事人自愿放弃正式引渡时执行简化引渡程序。各国应为负责引渡的部门提供充分的财力、人力和技术支持，并建立相关程序确保这些部门的工作人员维持较高的专业水准，遵守保密要求，拥有较高的道德素养及适当的工作技能。

建议 40 其他形式的国际合作

各国应确保主管部门可以主动地或应他国要求，在洗钱、上游犯罪和恐怖融资方面迅速有效、建设性地提供最广泛的国际合作，且应具备提供合作的法律基础。

各国应授权主管部门通过最有效的方式开展合作。如果主管部门需签订谅解备忘录等双边、多边协定和安排，应及时与尽可能多的境外对口部门协商签订。

主管部门应通过明确的渠道或机制，有效传递并执行信息交换等请求，应制定明确有效的程序，按照优先顺序及时处理协助请求，并保障信息安全。

第二部分

法 律 法 规

中华人民共和国中国人民银行法（节选）

（1995 年 3 月 18 日第八届全国人民代表大会第三次会议通过，根据 2003 年 12 月 27 日第十届全国人民代表大会常务委员会第六次会议《关于修改〈中华人民共和国中国人民银行法〉的决定》修正）

目 录

第一章 总 则

第一条 为了确立中国人民银行的地位，明确其职责，保证国家货币政策的正确制定和执行，建立和完善中央银行宏观调控体系，维护金融稳定，制定本法。

第二条 中国人民银行是中华人民共和国的中央银行。

中国人民银行在国务院领导下，制定和执行货币政策，防范和化解金融风险，维护金融稳定。

第三条 货币政策目标是保持货币币值的稳定，并以此促进经济增长。

第四条 中国人民银行履行下列职责：

（一）发布与履行其职责有关的命令和规章；

（二）依法制定和执行货币政策；

（三）发行人民币，管理人民币流通；

（四）监督管理银行间同业拆借市场和银行间债券市场；

（五）实施外汇管理，监督管理银行间外汇市场；

（六）监督管理黄金市场；

（七）持有、管理、经营国家外汇储备、黄金储备；

（八）经理国库；

（九）维护支付、清算系统的正常运行；

（十）指导、部署金融业反洗钱工作，负责反洗钱的资金监测；

（十一）负责金融业的统计、调查、分析和预测；

（十二）作为国家的中央银行，从事有关的国际金融活动；

（十三）国务院规定的其他职责。

中国人民银行为执行货币政策，可以依照本法第四章的有关规定从事金融业务活动。

第五章 金融监督管理

第三十二条 中国人民银行有权对金融机构以及其他单位和个人的下列行为进行检查监督：

（一）执行有关存款准备金管理规定的行为；

（二）与中国人民银行特种贷款有关的行为；

（三）执行有关人民币管理规定的行为；

（四）执行有关银行间同业拆借市场、银行间债券市场管理规定的行为；

（五）执行有关外汇管理规定的行为；

（六）执行有关黄金管理规定的行为；

（七）代理中国人民银行经理国库的行为；

（八）执行有关清算管理规定的行为；

（九）执行有关反洗钱规定的行为。

前款所称中国人民银行特种贷款，是指国务院决定的由中国人民银行向金融机构发放的用于特定目的的贷款。

第三十五条 中国人民银行根据履行职责的需要，有权要求银行业金融机构报送必要的资产负债表、利润表以及其他财务会计、统计报表和资料。

中国人民银行应当和国务院银行业监督管理机构、国务院其他金融监督管理机构建立监督管理信息共享机制。

第七章 法律责任

第四十六条 本法第三十二条所列行为违反有关规定，有关法律、行政法规有处罚规定的，依照其规定给予处罚；有关法律、行政法规未作处罚规定的，由中国人民银行区别不同情形给予警告，没收违法所得，违法所得五十万元以上的，并处违法所得一倍以上五倍以下罚款；没有违法所得或者违法所得不足五十万元的，处五十万元以上二百万元以下罚款；对负有直接责任的董事、高级管理人员和其他直接责任人员给予警告，处五万元以上五十万元以下罚款；构成犯罪的，依法追究刑事责任。[1]

第四十七条 当事人对行政处罚不服的，可以依照《中华人民共和国行政诉讼法》的规定提起行政诉讼。

---

1 《中国人民银行办公厅关于加强特定非金融机构反洗钱监管工作的通知》（银办发〔2018〕120号）第四款规定：对于未按照有关规定开展反洗钱和反恐怖融资工作的特定非金融机构，中国人民银行及其分支机构或特定非金融机构的行业主管部门应依法对其采取监管措施或实施行政处罚。有关法律法规有处罚规定的，依照规定给予处罚；有关法律法规未作处罚规定的，由中国人民银行及其分支机构按照《中华人民共和国中国人民银行法》第四十六条进行处罚。

中华人民共和国反洗钱法

（2006 年 10 月 31 日第十届全国人民代表大会常务委员会第二十四次会议通过）

目　录

第一章　总　则

第一条 为了预防洗钱活动，维护金融秩序，遏制洗钱犯罪及相关犯罪，制定本法。

第二条 本法所称反洗钱，是指为了预防通过各种方式掩饰、隐瞒毒品犯罪、黑社会性质的组织犯罪、恐怖活动犯罪、走私犯罪、贪污贿赂犯罪、破坏金融管理秩序犯罪、金融诈骗犯罪等犯罪所得及其收益的来源和性质的洗钱活动，依照本法规定采取相关措施的行为。

第三条 在中华人民共和国境内设立的金融机构和按照规定应当履行反洗钱义务的特定非金融机构，应当依法采取预防、监控措施，建立健全客户身份识别制度、客户身份资料和交易记录保存制度、大额交易和可疑交易报告制度，履行反洗钱义务。

第四条 国务院反洗钱行政主管部门负责全国的反洗钱监督管理工作。国务院有关部门、机构在各自的职责范围内履行反洗钱监督管理职责。

国务院反洗钱行政主管部门、国务院有关部门、机构和司法机关在反洗钱工作中应当相互配合。

第五条 对依法履行反洗钱职责或者义务获得的客户身份资料和交易信息，应当予以保密；非依法律规定，不得向任何单位和个人提供。

反洗钱行政主管部门和其他依法负有反洗钱监督管理职责的部门、机构履行反洗钱职责获得的客户身份资料和交易信息，只能用于反洗钱行政调查。

司法机关依照本法获得的客户身份资料和交易信息，只能用于反洗钱刑事诉讼。

第六条 履行反洗钱义务的机构及其工作人员依法提交大额交易和可疑交易报告，受法律保护。

第七条 任何单位和个人发现洗钱活动，有权向反洗钱行政主管部门或者公安机关举报。接受举报的机关应当对举报人和举报内容保密。

第二章　反洗钱监督管理

第八条 国务院反洗钱行政主管部门组织、协调全国的反洗钱工作，负责反洗钱的资金监测，制定或者会同国务院有关金融监督管理机构制定金融机构反洗钱规章，监督、检查金融机构履行反洗钱义务的情况，在职责范围内调查可疑交易活动，履行法律和国务院规定的有关反洗钱的其他职责。

国务院反洗钱行政主管部门的派出机构在国务院反洗钱行政主管部门的授权范围内，对金融机构履行反洗钱义务的情况进行监督、检查。

第九条 国务院有关金融监督管理机构参与制定所监督管理的金融机构反洗钱规章，对所监督管理的金融机构提出按照规定建立健全反洗钱内部控制制度的要求，履行法律和国务院规定的有关反洗钱的其他职责。

第十条 国务院反洗钱行政主管部门设立反洗钱信息中心，负责大额交易和可疑交易报告的接收、分析，并按照规定向国务院反洗钱行政主管部门报告分析结果，履行国务院反洗钱行政主管部门规定的其他职责。

第十一条 国务院反洗钱行政主管部门为履行反洗钱资金监测职责，可以从国务院有关部门、机构获取所必需的信息，国务院有关部门、机构应当提供。

国务院反洗钱行政主管部门应当向国务院有关部门、机构定期通报反洗钱工作情况。

第十二条 海关发现个人出入境携带的现金、无记名有价证券超过规定金额的，应当及时向反洗钱行政主管部门通报。

前款应当通报的金额标准由国务院反洗钱行政主管部门会同海关总署规定。

第十三条 反洗钱行政主管部门和其他依法负有反洗钱监督管理职责的部门、机构发现涉嫌洗钱犯罪的交易活动，应当及时向侦查机关报告。

第十四条 国务院有关金融监督管理机构审批新设金融机构或者金融机构增设分支机构时，应当审查新机构反洗钱内部控制制度的方案；对于不符合本法规定的设立申请，不予批准。

第三章　金融机构反洗钱义务

第十五条 金融机构应当依照本法规定建立健全反洗钱内部控制制度，金融机构的负责人应当对反洗钱内部控制制度的有效实施负责。

金融机构应当设立反洗钱专门机构或者指定内设机构负责反洗钱工作。

第十六条 金融机构应当按照规定建立客户身份识别制度。

金融机构在与客户建立业务关系或者为客户提供规定金额以上的现金汇款、现钞兑换、票据兑付等一次性金融服务时，应当要求客户出示真实有效的身份证件或者其他身份证明文件，进行核对并登记。

客户由他人代理办理业务的，金融机构应当同时对代理人和被代理人的身份证件或者其他身份证明文件进行核对并登记。

与客户建立人身保险、信托等业务关系，合同的受益人不是客户本人的，金融机构还应当对受益人的身份证件或者其他身份证明文件进行核对并登记。

金融机构不得为身份不明的客户提供服务或者与其进行交易，不得为客户开立匿名账户或者假名账户。

金融机构对先前获得的客户身份资料的真实性、有效性或者完整性有疑问的，应当重新识别客户身份。

任何单位和个人在与金融机构建立业务关系或者要求金融机构为其提供一次性金融服务时，都应当提供真实有效的身份证件或者其他身份证明文件。

第十七条 金融机构通过第三方识别客户身份的，应当确保第三方已经采取符合本法要求的客户身份识别措施；第三方未采取符合本法要求的客户身份识别措施的，由该金融机构承担未履行客户身份识别义务的责任。

第十八条 金融机构进行客户身份识别，认为必要时，可以向公安、工商行政管理等部门核实客户的有关身份信息。

第十九条 金融机构应当按照规定建立客户身份资料和交易记录保存制度。

在业务关系存续期间，客户身份资料发生变更的，应当及时更新客户身份资料。

客户身份资料在业务关系结束后、客户交易信息在交易结束后，应当至少保存五年。

金融机构破产和解散时，应当将客户身份资料和客户交易信息移交国务院有关部门指定的机构。

第二十条 金融机构应当按照规定执行大额交易和可疑交易报告制度。

金融机构办理的单笔交易或者在规定期限内的累计交易超过规定金额或者发现可疑交易的，应当及时向反洗钱信息中心报告。

第二十一条 金融机构建立客户身份识别制度、客户身份资料和交易记录保存制度的具体办法，由国务院反洗钱行政主管部门会同国务院有关金融监督管理机构制定。金融机构大额交易和可疑交易报告的具体办法，由国务院反洗钱行政主管部门制定。

第二十二条 金融机构应当按照反洗钱预防、监控制度的要求，开展反洗钱培训和宣传工作。

第四章　反洗钱调查

第二十三条 国务院反洗钱行政主管部门或者其省一级派出机构发现可疑交易活动，需要调查核实的，可以向金融机构进行调查，金融机构应当予以配合，如实提供有关文件和资料。

调查可疑交易活动时，调查人员不得少于二人，并出示合法证件和国务院反洗钱行政主管部门或者其省一级派出机构出具的调查通知书。调查人员少于二人或者未出示合法证件和调查通知书的，金融机构有权拒绝调查。

第二十四条 调查可疑交易活动，可以询问金融机构有关人员，要求其说明情况。

询问应当制作询问笔录。询问笔录应当交被询问人核对。记载有遗漏或者差错的，被询问人可以要求补充或者更正。被询问人确认笔录无误后，应当签名或者盖章；调查人员也应当在笔录上签名。

第二十五条 调查中需要进一步核查的，经国务院反洗钱行政主管部门或者其省一级派出机构的负责人批准，可以查阅、复制被调查对象的账户信息、交易记录和其他有关资料；对可能被转移、隐藏、篡改或者毁损的文件、资料，可以予以封存。

调查人员封存文件、资料，应当会同在场的金融机构工作人员查点清楚，当场开列清单一式二份，由调查人员和在场的金融机构工作人员签名或者盖章，一份交金融机构，一份附卷备查。

第二十六条 经调查仍不能排除洗钱嫌疑的，应当立即向有管辖权的侦查机关报案。客户要求将调查所涉及的账户资金转往境外的，经国务院反洗钱行政主管部门负责人批准，可以采取临时冻结措施。

侦查机关接到报案后，对已依照前款规定临时冻结的资金，应当及时决定是否继续冻结。侦查机关认为需要继续冻结的，依照刑事诉讼法的规定采取冻结措施；认为不需要继续冻结的，应当立即通知国务院反洗钱行政主管部门，国务院反洗钱行政主管部门应当立即通知金融机构解除冻结。

临时冻结不得超过四十八小时。金融机构在按照国务院反洗钱行政主管部门的要求采取临时冻结措施后四十八小时内，未接到侦查机关继续冻结通知的，应当立即解除冻结。

第五章　反洗钱国际合作

第二十七条 中华人民共和国根据缔结或者参加的国际条约，或者按照平等互惠原则，开展反洗钱国际合作。

第二十八条 国务院反洗钱行政主管部门根据国务院授权，代表中国政府与外国政府和有关国际组织开展反洗钱合作，依法与境外反洗钱机构交换与反洗钱有关的信息和资料。

第二十九条 涉及追究洗钱犯罪的司法协助，由司法机关依照有关法律的规定办理。

第六章　法律责任

第三十条 反洗钱行政主管部门和其他依法负有反洗钱监督管理职责的部门、机构从事反洗钱工作的人员有下列行为之一的，依法给予行政处分：

（一）违反规定进行检查、调查或者采取临时冻结措施的；

（二）泄露因反洗钱知悉的国家秘密、商业秘密或者个人隐私的；

（三）违反规定对有关机构和人员实施行政处罚的；

（四）其他不依法履行职责的行为。

第三十一条 金融机构有下列行为之一的，由国务院反洗钱行政主管部门或者其授权的设区的市一级以上派出机构责令限期改正；情节严重的，建议有关金融监督管理机构依法责令金融机构对直接负责的董事、高级管理人员和其他直接责任人员给予纪律处分：

（一）未按照规定建立反洗钱内部控制制度的；

（二）未按照规定设立反洗钱专门机构或者指定内设机构负责反洗钱工作的；

（三）未按照规定对职工进行反洗钱培训的。

第三十二条 金融机构有下列行为之一的，由国务院反洗钱行政主管部门或者其授权的设区的市一级以上派出机构责令限期改正；情节严重的，处二十万元以上五十万元以下罚款，并对直接负责的董事、高级管理人员和其他直接责任人员，处一万元以上五万元以下罚款：

（一）未按照规定履行客户身份识别义务的；

（二）未按照规定保存客户身份资料和交易记录的；

（三）未按照规定报送大额交易报告或者可疑交易报告的；

（四）与身份不明的客户进行交易或者为客户开立匿名账户、假名账户的；

（五）违反保密规定，泄露有关信息的；

（六）拒绝、阻碍反洗钱检查、调查的；

（七）拒绝提供调查材料或者故意提供虚假材料的。

金融机构有前款行为，致使洗钱后果发生的，处五十万元以上五百万元以下罚款，并对直接负责的董事、高级管理人员和其他直接责任人员处五万元以上五十万元以下罚款；情节特别严重的，反洗钱行政主管部门可以建议有关金融监督管理机构责令停业整顿或者吊销其经营许可证。

对有前两款规定情形的金融机构直接负责的董事、高级管理人员和其他直接责任人员，反洗钱行政主管部门可以建议有关金融监督管理机构依法责令金融机构给予纪律处分，或者建议依法取消其任职资格、禁止其从事有关金融行业工作。

第三十三条 违反本法规定，构成犯罪的，依法追究刑事责任。

第七章　附　则

第三十四条 本法所称金融机构，是指依法设立的从事金融业务的政策性银行、商业银行、信用合作社、邮政储汇机构、信托投资公司、证券公司、期货经纪公司、保险公司以及国务院反洗钱行政主管部门确定并公布的从事金融业务的其他机构。

第三十五条 应当履行反洗钱义务的特定非金融机构的范围、其履行反洗钱义务和对其监督管理的具体办法，由国务院反洗钱行政主管部门会同国务院有关部门制定。

第三十六条 对涉嫌恐怖活动资金的监控适用本法；其他法律另有规定的，适用其规定。

第三十七条 本法自 2007 年 1 月 1 日起施行。

中华人民共和国反恐怖主义法（节选）

（2015 年 12 月 27 日第十二届全国人民代表大会常务委员会第十八次会议通过，2016 年 1 月 1 日起施行。根据 2018 年 4 月 27 日第十三届全国人民代表大会常务委员会第二次会议《关于修改〈中华人民共和国国境卫生检疫法〉等六部法律的决定》修正）

目 录

第一章 总 则

第一条 为了防范和惩治恐怖活动，加强反恐怖主义工作，维护国家安全、公共安全和人民生命财产安全，根据宪法，制定本法。

第二条 国家反对一切形式的恐怖主义，依法取缔恐怖活动组织，对任何组织、策划、准备实施、实施恐怖活动，宣扬恐怖主义，煽动实施恐怖活动，组织、领导、参加恐怖活动组织，为恐怖活动提供帮助的，依法追究法律责任。

国家不向任何恐怖活动组织和人员作出妥协，不向任何恐怖活动人员提供庇护或者给予难民地位。

第三条 本法所称恐怖主义，是指通过暴力、破坏、恐吓等手段，制造社会恐慌、危害公共安全、侵犯人身财产，或者胁迫国家机关、国际组织，以实现其政治、意识形态等目的的主张和行为。

本法所称恐怖活动，是指恐怖主义性质的下列行为：

（一）组织、策划、准备实施、实施造成或者意图造成人员伤亡、重大财产损失、公共设施损坏、社会秩序混乱等严重社会危害的活动的；

（二）宣扬恐怖主义，煽动实施恐怖活动，或者非法持有宣扬恐怖主义的物品，强制他人在公共场所穿戴宣扬恐怖主义的服饰、标志的；

（三）组织、领导、参加恐怖活动组织的；

（四）为恐怖活动组织、恐怖活动人员、实施恐怖活动或者恐怖活动培训提供信息、资金、物资、劳务、技术、场所等支持、协助、便利的；

（五）其他恐怖活动。

本法所称恐怖活动组织，是指三人以上为实施恐怖活动而组成的犯罪组织。

本法所称恐怖活动人员，是指实施恐怖活动的人和恐怖活动组织的成员。

本法所称恐怖事件，是指正在发生或者已经发生的造成或者可能造成重大社会危害的恐怖活动。

第二章　恐怖活动组织和人员的认定

第十四条 金融机构和特定非金融机构对国家反恐怖主义工作领导机构的办事机构公告的恐怖活动组织和人员的资金或者其他资产，应当立即予以冻结，并按照规定及时向国务院公安部门、国家安全部门和反洗钱行政主管部门报告。

第十五条 被认定的恐怖活动组织和人员对认定不服的，可以通过国家反恐怖主义工作领导机构的办事机构申请复核。国家反恐怖主义工作领导机构应当及时进行复核，作出维持或者撤销认定的决定。复核决定为最终决定。

国家反恐怖主义工作领导机构作出撤销认定的决定的，由国家反恐怖主义工作领导机构的办事机构予以公告；资金、资产已被冻结的，应当解除冻结。

第三章　安全防范

第二十一条 电信、互联网、金融、住宿、长途客运、机动车租赁等业务经营者、服务提供者，应当对客户身份进行查验。对身份不明或者拒绝身份查验的，不得提供服务。

第二十四条 国务院反洗钱行政主管部门、国务院有关部门、机构依法对金融机构和特定非金融机构履行反恐怖主义融资义务的情况进行监督管理。

国务院反洗钱行政主管部门发现涉嫌恐怖主义融资的，可以依法进行调查，采取临时冻结措施。

第二十五条 审计、财政、税务等部门在依照法律、行政法规的规定对有关单位实施监督检查的过程中，发现资金流入流出涉嫌恐怖主义融资的，应当及时通报公安机关。

第二十六条 海关在对进出境人员携带现金和无记名有价证券实施监管的过程中，发现涉嫌恐怖主义融资的，应当立即通报国务院反洗钱行政主管部门和有管辖权的公安机关。

第五章　调　查

第五十二条 公安机关调查恐怖活动嫌疑，经县级以上公安机关负责人批准，可以查询嫌疑人员的存款、汇款、债券、股票、基金份额等财产，可以采取查封、扣押、冻结措施。查封、扣押、冻结的期限不得超过二个月，情况复杂的，可以经上一级公安机关负责人批准延长一个月。

第七章　国际合作

第六十九条　国务院有关部门根据国务院授权，代表中国政府与外国政府和有关国际组织开展反恐怖主义政策对话、情报信息交流、执法合作和国际资金监管合作。

在不违背我国法律的前提下，边境地区的县级以上地方人民政府及其主管部门，经国务院或者中央有关部门批准，可以与相邻国家或者地区开展反恐怖主义情报信息交流、执法合作和国际资金监管合作。

第九章　法律责任

第八十三条　金融机构和特定非金融机构对国家反恐怖主义工作领导机构的办事机构公告的恐怖活动组织及恐怖活动人员的资金或者其他资产，未立即予以冻结的，由公安机关处二十万元以上五十万元以下罚款，并对直接负责的董事、高级管理人员和其他直接责任人员处十万元以下罚款；情节严重的，处五十万元以上罚款，并对直接负责的董事、高级管理人员和其他直接责任人员，处十万元以上五十万元以下罚款，可以并处五日以上十五日以下拘留。

第八十六条　电信、互联网、金融业务经营者、服务提供者未按规定对客户身份进行查验，或者对身份不明、拒绝身份查验的客户提供服务的，主管部门应当责令改正；拒不改正的，处二十万元以上五十万元以下罚款，并对其直接负责的主管人员和其他直接责任人员处十万元以下罚款；情节严重的，处五十万元以上罚款，并对其直接负责的主管人员和其他直接责任人员，处十万元以上五十万元以下罚款。

第九十五条　对依照本法规定查封、扣押、冻结、扣留、收缴的物品、资金等，经审查发现与恐怖主义无关的，应当及时解除有关措施，予以退还。

第十章　附　则

第九十七条　本法自2016年1月1日起施行。2011年10月29日第十一届全国人民代表大会常务委员会第二十三次会议通过的《全国人民代表大会常务委员会关于加强反恐怖工作有关问题的决定》同时废止。

中华人民共和国反有组织犯罪法（节选）

（2021 年 12 月 24 日，中华人民共和国第十三届全国人民代表大会常务委员会第三十二次会议通过，自 2022 年 5 月 1 日起施行）

目 录

第一章　总　则

第一条　为了预防和惩治有组织犯罪，加强和规范反有组织犯罪工作，维护国家安全、社会秩序、经济秩序，保护公民和组织的合法权益，根据宪法，制定本法。

第二条　本法所称有组织犯罪，是指《中华人民共和国刑法》第二百九十四条规定的组织、领导、参加黑社会性质组织犯罪，以及黑社会性质组织、恶势力组织实施的犯罪。

本法所称恶势力组织，是指经常纠集在一起，以暴力、威胁或者其他手段，在一定区域或者行业领域内多次实施违法犯罪活动，为非作恶，欺压群众，扰乱社会秩序、经济秩序，造成较为恶劣的社会影响，但尚未形成黑社会性质组织的犯罪组织。

境外的黑社会组织到中华人民共和国境内发展组织成员、实施犯罪，以及在境外对中华人民共和国国家或者公民犯罪的，适用本法。

第二章　预防和治理

第十三条　市场监管、金融监管、自然资源、交通运输等行业主管部门应当会同公安机关，建立健全行业有组织犯罪预防和治理长效机制，对相关行业领域内有组织犯罪情况进行监测分析，对有组织犯罪易发的行业领域加强监督管理。

第十七条 国务院反洗钱行政主管部门、国务院其他有关部门、机构应当督促金融机构和特定非金融机构履行反洗钱义务。发现与有组织犯罪有关的可疑交易活动的，有关主管部门可以依法进行调查，经调查不能排除洗钱嫌疑的，应当及时向公安机关报案。

第三章 案件办理

第二十七条 公安机关核查有组织犯罪线索，经县级以上公安机关负责人批准，可以查询嫌疑人员的存款、汇款、债券、股票、基金份额等财产信息。

公安机关核查黑社会性质组织犯罪线索，发现涉案财产有灭失、转移的紧急风险的，经设区的市级以上公安机关负责人批准，可以对有关涉案财产采取紧急止付或者临时冻结、临时扣押的紧急措施，期限不得超过四十八小时。期限届满或者适用紧急措施的情形消失的，应当立即解除紧急措施。

第四章 涉案财产认定和处置

第三十九条 办理有组织犯罪案件中发现的可用以证明犯罪嫌疑人、被告人有罪或者无罪的各种财物、文件，应当依法查封、扣押。

公安机关、人民检察院、人民法院可以依照《中华人民共和国刑事诉讼法》的规定查询、冻结犯罪嫌疑人、被告人的存款、汇款、债券、股票、基金份额等财产。有关单位和个人应当配合。

第四十条 公安机关、人民检察院、人民法院根据办理有组织犯罪案件的需要，可以全面调查涉嫌有组织犯罪的组织及其成员的财产状况。

第四十一条 查封、扣押、冻结、处置涉案财物，应当严格依照法定条件和程序进行，依法保护公民和组织的合法财产权益，严格区分违法所得与合法财产、本人财产与其家属的财产，减少对企业正常经营活动的不利影响。不得查封、扣押、冻结与案件无关的财物。经查明确实与案件无关的财物，应当在三日以内解除查封、扣押、冻结，予以退还。对被害人的合法财产，应当及时返还。

查封、扣押、冻结涉案财物，应当为犯罪嫌疑人、被告人及其扶养的家属保留必需的生活费用和物品。

第四十二条 公安机关可以向反洗钱行政主管部门查询与有组织犯罪相关的信息数据，提请协查与有组织犯罪相关的可疑交易活动，反洗钱行政主管部门应当予以配合并及时回复。

第四十三条 对下列财产，经县级以上公安机关、人民检察院或者人民法院主要负责人批准，可以依法先行出售、变现或者变卖、拍卖，所得价款由扣押、冻结机关保管，并及时告知犯罪嫌疑人、被告人或者其近亲属：

（一）易损毁、灭失、变质等不宜长期保存的物品；

（二）有效期即将届满的汇票、本票、支票等；

（三）债券、股票、基金份额等财产，经权利人申请，出售不损害国家利益、被害人利益，不影响诉讼正常进行的。

第四十四条 公安机关、人民检察院应当对涉案财产审查甄别。在移送审查起诉、提起公诉时，应当对涉案财产提出处理意见。

在审理有组织犯罪案件过程中，应当对与涉案财产的性质、权属有关的事实、证据进行法庭调查、辩论。人民法院应当依法作出判决，对涉案财产作出处理。

第四十五条 有组织犯罪组织及其成员违法所得的一切财物及其孳息、收益，违禁品和供犯罪所用的本人财物，应当依法予以追缴、没收或者责令退赔。

依法应当追缴、没收的涉案财产无法找到、灭失或者与其他合法财产混合且不可分割的，可以追缴、没收其他等值财产或者混合财产中的等值部分。

被告人实施黑社会性质组织犯罪的定罪量刑事实已经查清，有证据证明其在犯罪期间获得的财产高度可能属于黑社会性质组织犯罪的违法所得及其孳息、收益，被告人不能说明财产合法来源的，应当依法予以追缴、没收。

第四十六条 涉案财产符合下列情形之一的，应当依法予以追缴、没收：

（一）为支持或者资助有组织犯罪活动而提供给有组织犯罪组织及其成员的财产；

（二）有组织犯罪组织成员的家庭财产中实际用于支持有组织犯罪活动的部分；

（三）利用有组织犯罪组织及其成员的违法犯罪活动获得的财产及其孳息、收益。

第八章　法律责任

第七十一条 金融机构等相关单位未依照本法第二十七条规定协助公安机关采取紧急止付、临时冻结措施的，由公安机关责令改正；拒不改正的，由公安机关处五万元以上二十万元以下罚款，并对直接负责的主管人员和其他直接责任人员处五万元以下罚款；情节严重的，公安机关可以建议有关主管部门对直接负责的主管人员和其他直接责任人员依法给予处分。

第九章　附　则

第七十七条 本法自 2022 年 5 月 1 日起施行。

中华人民共和国反电信网络诈骗法（节选）

（2022 年 9 月 2 日，于中华人民共和国第十三届全国人民代表大会常务委员会第三十六次会议通过，自 2022 年 12 月 1 日起施行）

目　录

第一章　总　则

第一条　为了预防、遏制和惩治电信网络诈骗活动，加强反电信网络诈骗工作，保护公民和组织的合法权益，维护社会稳定和国家安全，根据宪法，制定本法。

第二条　本法所称电信网络诈骗，是指以非法占有为目的，利用电信网络技术手段，通过远程、非接触等方式，诈骗公私财物的行为。

第三条　打击治理在中华人民共和国境内实施的电信网络诈骗活动或者中华人民共和国公民在境外实施的电信网络诈骗活动，适用本法。

境外的组织、个人针对中华人民共和国境内实施电信网络诈骗活动的，或者为他人针对境内实施电信网络诈骗活动提供产品、服务等帮助的，依照本法有关规定处理和追究责任。

第四条　反电信网络诈骗工作坚持以人民为中心，统筹发展和安全；坚持系统观念、法治思维，注重源头治理、综合治理；坚持齐抓共管、群防群治，全面落实打防管控各项措施，加强社会宣传教育防范；坚持精准防治，保障正常生产经营活动和群众生活便利。

第五条　反电信网络诈骗工作应当依法进行，维护公民和组织的合法权益。

有关部门和单位、个人应当对在反电信网络诈骗工作过程中知悉的国家秘密、商业秘密和个人隐私、个人信息予以保密。

第六条　国务院建立反电信网络诈骗工作机制，统筹协调打击治理工作。

地方各级人民政府组织领导本行政区域内反电信网络诈骗工作，确定反电信网络诈骗目标任务和工作机制，开展综合治理。

公安机关牵头负责反电信网络诈骗工作，金融、电信、网信、市场监管等有关部门依照职责履行监管主体责任，负责本行业领域反电信网络诈骗工作。

人民法院、人民检察院发挥审判、检察职能作用，依法防范、惩治电信网络诈骗活动。

电信业务经营者、银行业金融机构、非银行支付机构、互联网服务提供者承担风险防控责任，建立反电信网络诈骗内部控制机制和安全责任制度，加强新业务涉诈风险安全评估。

第七条 有关部门、单位在反电信网络诈骗工作中应当密切协作，实现跨行业、跨地域协同配合、快速联动，加强专业队伍建设，有效打击治理电信网络诈骗活动。

第八条 各级人民政府和有关部门应当加强反电信网络诈骗宣传，普及相关法律和知识，提高公众对各类电信网络诈骗方式的防骗意识和识骗能力。

教育行政、市场监管、民政等有关部门和村民委员会、居民委员会，应当结合电信网络诈骗受害群体的分布等特征，加强对老年人、青少年等群体的宣传教育，增强反电信网络诈骗宣传教育的针对性、精准性，开展反电信网络诈骗宣传教育进学校、进企业、进社区、进农村、进家庭等活动。

各单位应当加强内部防范电信网络诈骗工作，对工作人员开展防范电信网络诈骗教育；个人应当加强电信网络诈骗防范意识。单位、个人应当协助、配合有关部门依照本法规定开展反电信网络诈骗工作。

第三章　金融治理

第十五条 银行业金融机构、非银行支付机构为客户开立银行账户、支付账户及提供支付结算服务，和与客户业务关系存续期间，应当建立客户尽职调查制度，依法识别受益所有人，采取相应风险管理措施，防范银行账户、支付账户等被用于电信网络诈骗活动。

第十六条 开立银行账户、支付账户不得超出国家有关规定限制的数量。

对经识别存在异常开户情形的，银行业金融机构、非银行支付机构有权加强核查或者拒绝开户。

中国人民银行、国务院银行业监督管理机构组织有关清算机构建立跨机构开户数量核验机制和风险信息共享机制，并为客户提供查询名下银行账户、支付账户的便捷渠道。银行业金融机构、非银行支付机构应当按照国家有关规定提供开户情况和有关风险信息。相关信息不得用于反电信网络诈骗以外的其他用途。

第十七条 银行业金融机构、非银行支付机构应当建立开立企业账户异常情形的风险防控机制。金融、电信、市场监管、税务等有关部门建立开立企业账户相关信息共享查询系统，提供联网核查服务。

市场主体登记机关应当依法对企业实名登记履行身份信息核验职责；依照规定对登记事项进行监督检查，对可能存在虚假登记、涉诈异常的企业重点监督检查，依法撤销登记的，依照前款的规定及时共享信息；为银行业金融机构、非银行支付机构进行客户尽职调查和依法识别受益所有人提供便利。

第十八条 银行业金融机构、非银行支付机构应当对银行账户、支付账户及支付结算服务加强监测，建立完善符合电信网络诈骗活动特征的异常账户和可疑交易监测机制。

中国人民银行统筹建立跨银行业金融机构、非银行支付机构的反洗钱统一监测系统，会同国务院公安部门完善与电信网络诈骗犯罪资金流转特点相适应的反洗钱可疑交易报告制度。

对监测识别的异常账户和可疑交易，银行业金融机构、非银行支付机构应当根据风险情况，采取核实交易情况、重新核验身份、延迟支付结算、限制或者中止有关业务等必要的防范措施。

银行业金融机构、非银行支付机构依照第一款规定开展异常账户和可疑交易监测时，可以收集异常客户互联网协议地址、网卡地址、支付受理终端信息等必要的交易信息、设备位置信息。上述信息未经客户授权，不得用于反电信网络诈骗以外的其他用途。

第十九条　银行业金融机构、非银行支付机构应当按照国家有关规定，完整、准确传输直接提供商品或者服务的商户名称、收付款客户名称及账号等交易信息，保证交易信息的真实、完整和支付全流程中的一致性。

第二十条　国务院公安部门会同有关部门建立完善电信网络诈骗涉案资金即时查询、紧急止付、快速冻结、及时解冻和资金返还制度，明确有关条件、程序和救济措施。

公安机关依法决定采取上述措施的，银行业金融机构、非银行支付机构应当予以配合。

第五章　综合措施

第二十八条　金融、电信、网信部门依照职责对银行业金融机构、非银行支付机构、电信业务经营者、互联网服务提供者落实本法规定情况进行监督检查。有关监督检查活动应当依法规范开展。

第二十九条　个人信息处理者应当依照《中华人民共和国个人信息保护法》等法律规定，规范个人信息处理，加强个人信息保护，建立个人信息被用于电信网络诈骗的防范机制。

履行个人信息保护职责的部门、单位对可能被电信网络诈骗利用的物流信息、交易信息、贷款信息、医疗信息、婚介信息等实施重点保护。公安机关办理电信网络诈骗案件，应当同时查证犯罪所利用的个人信息来源，依法追究相关人员和单位责任。

第三十条　电信业务经营者、银行业金融机构、非银行支付机构、互联网服务提供者应当对从业人员和用户开展反电信网络诈骗宣传，在有关业务活动中对防范电信网络诈骗作出提示，对本领域新出现的电信网络诈骗手段及时向用户作出提醒，对非法买卖、出租、出借本人有关卡、账户、账号等被用于电信网络诈骗的法律责任作出警示。

新闻、广播、电视、文化、互联网信息服务等单位，应当面向社会有针对性地开展反电信网络诈骗宣传教育。

任何单位和个人有权举报电信网络诈骗活动，有关部门应当依法及时处理，对提供有效信息的举报人依照规定给予奖励和保护。

第三十一条　任何单位和个人不得非法买卖、出租、出借电话卡、物联网卡、电信线路、短信端口、银行账户、支付账户、互联网账号等，不得提供实名核验帮助；不得假冒他人身份或者虚构代理关系开立上述卡、账户、账号等。

对经设区的市级以上公安机关认定的实施前款行为的单位、个人和相关组织者，以及因从事电信网络诈骗活动或者关联犯罪受过刑事处罚的人员，可以按照国家有关规定记入信用记录，采取限制其有关卡、账户、账号等功能和停止非柜面业务、暂停新业务、限制入网等措施。对上述认定和措施有异议的，可以提出申诉，有关部门应当建立健全申诉渠道、信用修复和救济制度。具体办法由国务院公安部门会同有关主管部门规定。

第三十二条 国家支持电信业务经营者、银行业金融机构、非银行支付机构、互联网服务提供者研究开发有关电信网络诈骗反制技术，用于监测识别、动态封堵和处置涉诈异常信息、活动。

国务院公安部门、金融管理部门、电信主管部门和国家网信部门等应当统筹负责本行业领域反制技术措施建设，推进涉电信网络诈骗样本信息数据共享，加强涉诈用户信息交叉核验，建立有关涉诈异常信息、活动的监测识别、动态封堵和处置机制。

依据本法第十一条、第十二条、第十八条、第二十二条和前款规定，对涉诈异常情形采取限制、暂停服务等处置措施的，应当告知处置原因、救济渠道及需要提交的资料等事项，被处置对象可以向作出决定或者采取措施的部门、单位提出申诉。作出决定的部门、单位应当建立完善申诉渠道，及时受理申诉并核查，核查通过的，应当即时解除有关措施。

第三十三条 国家推进网络身份认证公共服务建设，支持个人、企业自愿使用，电信业务经营者、银行业金融机构、非银行支付机构、互联网服务提供者对存在涉诈异常的电话卡、银行账户、支付账户、互联网账号，可以通过国家网络身份认证公共服务对用户身份重新进行核验。

第三十四条 公安机关应当会同金融、电信、网信部门组织银行业金融机构、非银行支付机构、电信业务经营者、互联网服务提供者等建立预警劝阻系统，对预警发现的潜在被害人，根据情况及时采取相应劝阻措施。对电信网络诈骗案件应当加强追赃挽损，完善涉案资金处置制度，及时返还被害人的合法财产。对遭受重大生活困难的被害人，符合国家有关救助条件的，有关方面依照规定给予救助。

第六章　法律责任

第四十条 银行业金融机构、非银行支付机构违反本法规定，有下列情形之一的，由有关主管部门责令改正，情节较轻的，给予警告、通报批评，或者处五万元以上五十万元以下罚款；情节严重的，处五十万元以上五百万元以下罚款，并可以由有关主管部门责令停止新增业务、缩减业务类型或者业务范围、暂停相关业务、停业整顿、吊销相关业务许可证或者吊销营业执照，对其直接负责的主管人员和其他直接责任人员，处一万元以上二十万元以下罚款：

（一）未落实国家有关规定确定的反电信网络诈骗内部控制机制的；

（二）未履行尽职调查义务和有关风险管理措施的；

（三）未履行对异常账户、可疑交易的风险监测和相关处置义务的；

（四）未按照规定完整、准确传输有关交易信息的。

第四十六条 组织、策划、实施、参与电信网络诈骗活动或者为电信网络诈骗活动提供相关帮助的违法犯罪人员，除依法承担刑事责任、行政责任以外，造成他人损害的，依照《中华人民共和国民法典》等法律的规定承担民事责任。

电信业务经营者、银行业金融机构、非银行支付机构、互联网服务提供者等违反本法规定，造成他人损害的，依照《中华人民共和国民法典》等法律的规定承担民事责任。

第七章　附　则

第四十九条　反电信网络诈骗工作涉及的有关管理和责任制度，本法没有规定的，适用《中华人民共和国网络安全法》、《中华人民共和国个人信息保护法》、《中华人民共和国反洗钱法》等相关法律规定。

第五十条　本法自 2022 年 12 月 1 日起施行。

中华人民共和国反外国制裁法

（2021 年 6 月 10 日中华人民共和国第十三届全国人民代表大会常务委员会第二十九次会议通过，2021 年 6 月 10 日公布施行）

第一条 为了维护国家主权、安全、发展利益，保护我国公民、组织的合法权益，根据宪法，制定本法。

第二条 中华人民共和国坚持独立自主的和平外交政策，坚持互相尊重主权和领土完整、互不侵犯、互不干涉内政、平等互利、和平共处的五项原则，维护以联合国为核心的国际体系和以国际法为基础的国际秩序，发展同世界各国的友好合作，推动构建人类命运共同体。

第三条 中华人民共和国反对霸权主义和强权政治，反对任何国家以任何借口、任何方式干涉中国内政。

外国国家违反国际法和国际关系基本准则，以各种借口或者依据其本国法律对我国进行遏制、打压，对我国公民、组织采取歧视性限制措施，干涉我国内政的，我国有权采取相应反制措施。

第四条 国务院有关部门可以决定将直接或者间接参与制定、决定、实施本法第三条规定的歧视性限制措施的个人、组织列入反制清单。

第五条 除根据本法第四条规定列入反制清单的个人、组织以外，国务院有关部门还可以决定对下列个人、组织采取反制措施：

（一）列入反制清单个人的配偶和直系亲属；

（二）列入反制清单组织的高级管理人员或者实际控制人；

（三）由列入反制清单个人担任高级管理人员的组织；

（四）由列入反制清单个人和组织实际控制或者参与设立、运营的组织。

第六条 国务院有关部门可以按照各自职责和任务分工，对本法第四条、第五条规定的个人、组织，根据实际情况决定采取下列一种或者几种措施：

（一）不予签发签证、不准入境、注销签证或者驱逐出境；

（二）查封、扣押、冻结在我国境内的动产、不动产和其他各类财产；

（三）禁止或者限制我国境内的组织、个人与其进行有关交易、合作等活动；

（四）其他必要措施。

第七条 国务院有关部门依据本法第四条至第六条规定作出的决定为最终决定。

第八条 采取反制措施所依据的情形发生变化的，国务院有关部门可以暂停、变更或者取消有关反制措施。

第九条 反制清单和反制措施的确定、暂停、变更或者取消，由外交部或者国务院其他有关部门发布命令予以公布。

第十条 国家设立反外国制裁工作协调机制，负责统筹协调相关工作。

国务院有关部门应当加强协同配合和信息共享，按照各自职责和任务分工确定和实施有关反制措施。

第十一条　我国境内的组织和个人应当执行国务院有关部门采取的反制措施。

对违反前款规定的组织和个人，国务院有关部门依法予以处理，限制或者禁止其从事相关活动。

第十二条　任何组织和个人均不得执行或者协助执行外国国家对我国公民、组织采取的歧视性限制措施。

组织和个人违反前款规定，侵害我国公民、组织合法权益的，我国公民、组织可以依法向人民法院提起诉讼，要求其停止侵害、赔偿损失。

第十三条　对于危害我国主权、安全、发展利益的行为，除本法规定外，有关法律、行政法规、部门规章可以规定采取其他必要的反制措施。

第十四条　任何组织和个人不执行、不配合实施反制措施的，依法追究法律责任。

第十五条　对于外国国家、组织或者个人实施、协助、支持危害我国主权、安全、发展利益的行为，需要采取必要反制措施的，参照本法有关规定执行。

第十六条　本法自公布之日起施行。

中华人民共和国行政处罚法（节选）

（1996 年 3 月 17 日第八届全国人民代表大会第四次会议通过，自 1996 年 10 月 1 日起施行。根据 2021 年 1 月 22 日第十三届全国人民代表大会常务委员会第二十五次会议修订）

目 录

第一章　总　则

第一条　为了规范行政处罚的设定和实施，保障和监督行政机关有效实施行政管理，维护公共利益和社会秩序，保护公民、法人或者其他组织的合法权益，根据宪法，制定本法。

第二条　行政处罚是指行政机关依法对违反行政管理秩序的公民、法人或者其他组织，以减损权益或者增加义务的方式予以惩戒的行为。

第三条　行政处罚的设定和实施，适用本法。

第四条　公民、法人或者其他组织违反行政管理秩序的行为，应当给予行政处罚的，依照本法由法律、法规、规章规定，并由行政机关依照本法规定的程序实施。

第五条　行政处罚遵循公正、公开的原则。

设定和实施行政处罚必须以事实为依据，与违法行为的事实、性质、情节以及社会危害程度相当。

对违法行为给予行政处罚的规定必须公布；未经公布的，不得作为行政处罚的依据。

第六条　实施行政处罚，纠正违法行为，应当坚持处罚与教育相结合，教育公民、法人或者其他组织自觉守法。

第七条　公民、法人或者其他组织对行政机关所给予的行政处罚，享有陈述权、申辩权；对行政处罚不服的，有权依法申请行政复议或者提起行政诉讼。

公民、法人或者其他组织因行政机关违法给予行政处罚受到损害的，有权依法提出赔偿要求。

第八条　公民、法人或者其他组织因违法行为受到行政处罚，其违法行为对他人造成损害的，应当依法承担民事责任。

违法行为构成犯罪，应当依法追究刑事责任的，不得以行政处罚代替刑事处罚。

第二章　行政处罚的种类和设定

第九条　行政处罚的种类：

（一）警告、通报批评；

（二）罚款、没收违法所得、没收非法财物；

（三）暂扣许可证件、降低资质等级、吊销许可证件；

（四）限制开展生产经营活动、责令停产停业、责令关闭、限制从业；

（五）行政拘留；

（六）法律、行政法规规定的其他行政处罚。

第十三条　国务院部门规章可以在法律、行政法规规定的给予行政处罚的行为、种类和幅度的范围内作出具体规定。

尚未制定法律、行政法规的，国务院部门规章对违反行政管理秩序的行为，可以设定警告、通报批评或者一定数额罚款的行政处罚。罚款的限额由国务院规定。

第十四条　地方政府规章可以在法律、法规规定的给予行政处罚的行为、种类和幅度的范围内作出具体规定。

尚未制定法律、法规的，地方政府规章对违反行政管理秩序的行为，可以设定警告、通报批评或者一定数额罚款的行政处罚。罚款的限额由省、自治区、直辖市人民代表大会常务委员会规定。

第十五条　国务院部门和省、自治区、直辖市人民政府及其有关部门应当定期组织评估行政处罚的实施情况和必要性，对不适当的行政处罚事项及种类、罚款数额等，应当提出修改或者废止的建议。

第十六条　除法律、法规、规章外，其他规范性文件不得设定行政处罚。

第三章　行政处罚的实施机关

第十七条　行政处罚由具有行政处罚权的行政机关在法定职权范围内实施。

第四章　行政处罚的管辖和适用

第二十二条　行政处罚由违法行为发生地的行政机关管辖。法律、行政法规、部门规章另有规定的，从其规定。

第三十四条　行政机关可以依法制定行政处罚裁量基准，规范行使行政处罚裁量权。行政处罚裁量基准应当向社会公布。

第三十七条　实施行政处罚，适用违法行为发生时的法律、法规、规章的规定。但是，作出行政处罚决定时，法律、法规、规章已被修改或者废止，且新的规定处罚较轻或者不认为是违法的，适用新的规定。

第三十八条 行政处罚没有依据或者实施主体不具有行政主体资格的，行政处罚无效。

违反法定程序构成重大且明显违法的，行政处罚无效。

第五章 行政处罚的决定

第一节 一般规定

第三十九条 行政处罚的实施机关、立案依据、实施程序和救济渠道等信息应当公示。

第四十条 公民、法人或者其他组织违反行政管理秩序的行为，依法应当给予行政处罚的，行政机关必须查明事实；违法事实不清、证据不足的，不得给予行政处罚。

第四十一条 行政机关依照法律、行政法规规定利用电子技术监控设备收集、固定违法事实的，应当经过法制和技术审核，确保电子技术监控设备符合标准、设置合理、标志明显，设置地点应当向社会公布。

电子技术监控设备记录违法事实应当真实、清晰、完整、准确。行政机关应当审核记录内容是否符合要求；未经审核或者经审核不符合要求的，不得作为行政处罚的证据。

行政机关应当及时告知当事人违法事实，并采取信息化手段或者其他措施，为当事人查询、陈述和申辩提供便利。不得限制或者变相限制当事人享有的陈述权、申辩权。

第四十二条 行政处罚应当由具有行政执法资格的执法人员实施。执法人员不得少于两人，法律另有规定的除外。

执法人员应当文明执法，尊重和保护当事人合法权益。

第四十三条 执法人员与案件有直接利害关系或者有其他关系可能影响公正执法的，应当回避。

当事人认为执法人员与案件有直接利害关系或者有其他关系可能影响公正执法的，有权申请回避。

当事人提出回避申请的，行政机关应当依法审查，由行政机关负责人决定。决定作出之前，不停止调查。

第四十四条 行政机关在作出行政处罚决定之前，应当告知当事人拟作出的行政处罚内容及事实、理由、依据，并告知当事人依法享有的陈述、申辩、要求听证等权利。

第四十五条 当事人有权进行陈述和申辩。行政机关必须充分听取当事人的意见，对当事人提出的事实、理由和证据，应当进行复核；当事人提出的事实、理由或者证据成立的，行政机关应当采纳。

行政机关不得因当事人陈述、申辩而给予更重的处罚。

第四十六条 证据包括：

（一）书证；

（二）物证；

（三）视听资料；

（四）电子数据；

（五）证人证言；

（六）当事人的陈述；

（七）鉴定意见；

（八）勘验笔录、现场笔录。

证据必须经查证属实，方可作为认定案件事实的根据。

以非法手段取得的证据，不得作为认定案件事实的根据。

第四十七条　行政机关应当依法以文字、音像等形式，对行政处罚的启动、调查取证、审核、决定、送达、执行等进行全过程记录，归档保存。

第四十八条　具有一定社会影响的行政处罚决定应当依法公开。

公开的行政处罚决定被依法变更、撤销、确认违法或者确认无效的，行政机关应当在三日内撤回行政处罚决定信息并公开说明理由。

第四十九条　发生重大传染病疫情等突发事件，为了控制、减轻和消除突发事件引起的社会危害，行政机关对违反突发事件应对措施的行为，依法快速、从重处罚。

第五十条　行政机关及其工作人员对实施行政处罚过程中知悉的国家秘密、商业秘密或者个人隐私，应当依法予以保密。

第二节　简易程序

第五十一条　违法事实确凿并有法定依据，对公民处以二百元以下、对法人或者其他组织处以三千元以下罚款或者警告的行政处罚的，可以当场作出行政处罚决定。法律另有规定的，从其规定。

第五十二条　执法人员当场作出行政处罚决定的，应当向当事人出示执法证件，填写预定格式、编有号码的行政处罚决定书，并当场交付当事人。当事人拒绝签收的，应当在行政处罚决定书上注明。

前款规定的行政处罚决定书应当载明当事人的违法行为，行政处罚的种类和依据、罚款数额、时间、地点，申请行政复议、提起行政诉讼的途径和期限以及行政机关名称，并由执法人员签名或者盖章。

执法人员当场作出的行政处罚决定，应当报所属行政机关备案。

第五十三条　对当场作出的行政处罚决定，当事人应当依照本法第六十七条至第六十九条的规定履行。

第三节　普通程序

第五十四条　除本法第五十一条规定的可以当场作出的行政处罚外，行政机关发现公民、法人或者其他组织有依法应当给予行政处罚的行为的，必须全面、客观、公正地调查，收集有关证据；必要时，依照法律、法规的规定，可以进行检查。

符合立案标准的，行政机关应当及时立案。

第五十五条　执法人员在调查或者进行检查时，应当主动向当事人或者有关人员出示执法证件。当事人或者有关人员有权要求执法人员出示执法证件。执法人员不出示执法证件的，当事人或者有关人员有权拒绝接受调查或者检查。

当事人或者有关人员应当如实回答询问，并协助调查或者检查，不得拒绝或者阻挠。询问或者检查应当制作笔录。

第五十六条　行政机关在收集证据时，可以采取抽样取证的方法；在证据可能灭失或者以后难以取得的情况下，经行政机关负责人批准，可以先行登记保存，并应当在七日内及时作出处理决定，在此期间，当事人或者有关人员不得销毁或者转移证据。

第五十七条 调查终结，行政机关负责人应当对调查结果进行审查，根据不同情况，分别作出如下决定：

（一）确有应受行政处罚的违法行为的，根据情节轻重及具体情况，作出行政处罚决定；

（二）违法行为轻微，依法可以不予行政处罚的，不予行政处罚；

（三）违法事实不能成立的，不予行政处罚；

（四）违法行为涉嫌犯罪的，移送司法机关。

对情节复杂或者重大违法行为给予行政处罚，行政机关负责人应当集体讨论决定。

第五十八条 有下列情形之一，在行政机关负责人作出行政处罚的决定之前，应当由从事行政处罚决定法制审核的人员进行法制审核；未经法制审核或者审核未通过的，不得作出决定：

（一）涉及重大公共利益的；

（二）直接关系当事人或者第三人重大权益，经过听证程序的；

（三）案件情况疑难复杂、涉及多个法律关系的；

（四）法律、法规规定应当进行法制审核的其他情形。

行政机关中初次从事行政处罚决定法制审核的人员，应当通过国家统一法律职业资格考试取得法律职业资格。

第五十九条 行政机关依照本法第五十七条的规定给予行政处罚，应当制作行政处罚决定书。行政处罚决定书应当载明下列事项：

（一）当事人的姓名或者名称、地址；

（二）违反法律、法规、规章的事实和证据；

（三）行政处罚的种类和依据；

（四）行政处罚的履行方式和期限；

（五）申请行政复议、提起行政诉讼的途径和期限；

（六）作出行政处罚决定的行政机关名称和作出决定的日期。

行政处罚决定书必须盖有作出行政处罚决定的行政机关的印章。

第六十条 行政机关应当自行政处罚案件立案之日起九十日内作出行政处罚决定。法律、法规、规章另有规定的，从其规定。

第六十一条 行政处罚决定书应当在宣告后当场交付当事人；当事人不在场的，行政机关应当在七日内依照《中华人民共和国民事诉讼法》的有关规定，将行政处罚决定书送达当事人。

当事人同意并签订确认书的，行政机关可以采用传真、电子邮件等方式，将行政处罚决定书等送达当事人。

第六十二条 行政机关及其执法人员在作出行政处罚决定之前，未依照本法第四十四条、第四十五条的规定向当事人告知拟作出的行政处罚内容及事实、理由、依据，或者拒绝听取当事人的陈述、申辩，不得作出行政处罚决定；当事人明确放弃陈述或者申辩权利的除外。

第四节 听证程序

第六十三条 行政机关拟作出下列行政处罚决定，应当告知当事人有要求听证的权利，当事人要求听证的，行政机关应当组织听证：

（一）较大数额罚款；

（二）没收较大数额违法所得、没收较大价值非法财物；

（三）降低资质等级、吊销许可证件；

（四）责令停产停业、责令关闭、限制从业；

（五）其他较重的行政处罚；

（六）法律、法规、规章规定的其他情形。

当事人不承担行政机关组织听证的费用。

第六十四条　听证应当依照以下程序组织：

（一）当事人要求听证的，应当在行政机关告知后五日内提出；

（二）行政机关应当在举行听证的七日前，通知当事人及有关人员听证的时间、地点；

（三）除涉及国家秘密、商业秘密或者个人隐私依法予以保密外，听证公开举行；

（四）听证由行政机关指定的非本案调查人员主持；当事人认为主持人与本案有直接利害关系的，有权申请回避；

（五）当事人可以亲自参加听证，也可以委托一至二人代理；

（六）当事人及其代理人无正当理由拒不出席听证或者未经许可中途退出听证的，视为放弃听证权利，行政机关终止听证；

（七）举行听证时，调查人员提出当事人违法的事实、证据和行政处罚建议，当事人进行申辩和质证；

（八）听证应当制作笔录。笔录应当交当事人或者其代理人核对无误后签字或者盖章。当事人或者其代理人拒绝签字或者盖章的，由听证主持人在笔录中注明。

第六十五条　听证结束后，行政机关应当根据听证笔录，依照本法第五十七条的规定，作出决定。

第六章　行政处罚的执行

第六十六条　行政处罚决定依法作出后，当事人应当在行政处罚决定书载明的期限内，予以履行。

当事人确有经济困难，需要延期或者分期缴纳罚款的，经当事人申请和行政机关批准，可以暂缓或者分期缴纳。

第六十七条　作出罚款决定的行政机关应当与收缴罚款的机构分离。

除依照本法第六十八条、第六十九条的规定当场收缴的罚款外，作出行政处罚决定的行政机关及其执法人员不得自行收缴罚款。

当事人应当自收到行政处罚决定书之日起十五日内，到指定的银行或者通过电子支付系统缴纳罚款。银行应当收受罚款，并将罚款直接上缴国库。

第六十八条　依照本法第五十一条的规定当场作出行政处罚决定，有下列情形之一，执法人员可以当场收缴罚款：

（一）依法给予一百元以下罚款的；

（二）不当场收缴事后难以执行的。

第六十九条　在边远、水上、交通不便地区，行政机关及其执法人员依照本法第五十一条、第五十七条的规定作出罚款决定后，当事人到指定的银行或者通过电子支付系统缴纳罚款确有困难，经当事人提出，行政机关及其执法人员可以当场收缴罚款。

第七十条　行政机关及其执法人员当场收缴罚款的，必须向当事人出具国务院财政部门或者省、自治区、直辖市人民政府财政部门统一制发的专用票据；不出具财政部门统一制发的专用票据的，当事人有权拒绝缴纳罚款。

第七十一条 执法人员当场收缴的罚款，应当自收缴罚款之日起二日内，交至行政机关；在水上当场收缴的罚款，应当自抵岸之日起二日内交至行政机关；行政机关应当在二日内将罚款缴付指定的银行。

第七十二条 当事人逾期不履行行政处罚决定的，作出行政处罚决定的行政机关可以采取下列措施：

（一）到期不缴纳罚款的，每日按罚款数额的百分之三加处罚款，加处罚款的数额不得超出罚款的数额；

（二）根据法律规定，将查封、扣押的财物拍卖、依法处理或者将冻结的存款、汇款划拨抵缴罚款；

（三）根据法律规定，采取其他行政强制执行方式；

（四）依照《中华人民共和国行政强制法》的规定申请人民法院强制执行。

行政机关批准延期、分期缴纳罚款的，申请人民法院强制执行的期限，自暂缓或者分期缴纳罚款期限结束之日起计算。

第七十三条 当事人对行政处罚决定不服，申请行政复议或者提起行政诉讼的，行政处罚不停止执行，法律另有规定的除外。

当事人对限制人身自由的行政处罚决定不服，申请行政复议或者提起行政诉讼的，可以向作出决定的机关提出暂缓执行申请。符合法律规定情形的，应当暂缓执行。

当事人申请行政复议或者提起行政诉讼的，加处罚款的数额在行政复议或者行政诉讼期间不予计算。

第七十四条 除依法应当予以销毁的物品外，依法没收的非法财物必须按照国家规定公开拍卖或者按照国家有关规定处理。

罚款、没收的违法所得或者没收非法财物拍卖的款项，必须全部上缴国库，任何行政机关或者个人不得以任何形式截留、私分或者变相私分。

罚款、没收的违法所得或者没收非法财物拍卖的款项，不得同作出行政处罚决定的行政机关及其工作人员的考核、考评直接或者变相挂钩。除依法应当退还、退赔的外，财政部门不得以任何形式向作出行政处罚决定的行政机关返还罚款、没收的违法所得或者没收非法财物拍卖的款项。

第七十五条 行政机关应当建立健全对行政处罚的监督制度。县级以上人民政府应当定期组织开展行政执法评议、考核，加强对行政处罚的监督检查，规范和保障行政处罚的实施。

行政机关实施行政处罚应当接受社会监督。公民、法人或者其他组织对行政机关实施行政处罚的行为，有权申诉或者检举；行政机关应当认真审查，发现有错误的，应当主动改正。

第七章 法律责任

第七十六条 行政机关实施行政处罚，有下列情形之一，由上级行政机关或者有关机关责令改正，对直接负责的主管人员和其他直接责任人员依法给予处分：

（一）没有法定的行政处罚依据的；

（二）擅自改变行政处罚种类、幅度的；

（三）违反法定的行政处罚程序的；

（四）违反本法第二十条关于委托处罚的规定的；

（五）执法人员未取得执法证件的。

行政机关对符合立案标准的案件不及时立案的，依照前款规定予以处理。

第七十七条　行政机关对当事人进行处罚不使用罚款、没收财物单据或者使用非法定部门制发的罚款、没收财物单据的，当事人有权拒绝，并有权予以检举，由上级行政机关或者有关机关对使用的非法单据予以收缴销毁，对直接负责的主管人员和其他直接责任人员依法给予处分。

第七十八条　行政机关违反本法第六十七条的规定自行收缴罚款的，财政部门违反本法第七十四条的规定向行政机关返还罚款、没收的违法所得或者拍卖款项的，由上级行政机关或者有关机关责令改正，对直接负责的主管人员和其他直接责任人员依法给予处分。

第七十九条　行政机关截留、私分或者变相私分罚款、没收的违法所得或者财物的，由财政部门或者有关机关予以追缴，对直接负责的主管人员和其他直接责任人员依法给予处分；情节严重构成犯罪的，依法追究刑事责任。

执法人员利用职务上的便利，索取或者收受他人财物、将收缴罚款据为己有，构成犯罪的，依法追究刑事责任；情节轻微不构成犯罪的，依法给予处分。

第八十条　行政机关使用或者损毁查封、扣押的财物，对当事人造成损失的，应当依法予以赔偿，对直接负责的主管人员和其他直接责任人员依法给予处分。

第八十一条　行政机关违法实施检查措施或者执行措施，给公民人身或者财产造成损害、给法人或者其他组织造成损失的，应当依法予以赔偿，对直接负责的主管人员和其他直接责任人员依法给予处分；情节严重构成犯罪的，依法追究刑事责任。

第八十二条　行政机关对应当依法移交司法机关追究刑事责任的案件不移交，以行政处罚代替刑事处罚，由上级行政机关或者有关机关责令改正，对直接负责的主管人员和其他直接责任人员依法给予处分；情节严重构成犯罪的，依法追究刑事责任。

第八十三条　行政机关对应当予以制止和处罚的违法行为不予制止、处罚，致使公民、法人或者其他组织的合法权益、公共利益和社会秩序遭受损害的，对直接负责的主管人员和其他直接责任人员依法给予处分；情节严重构成犯罪的，依法追究刑事责任。

第八章　附　则

第八十四条　外国人、无国籍人、外国组织在中华人民共和国领域内有违法行为，应当给予行政处罚的，适用本法，法律另有规定的除外。

第八十五条　本法中“二日”“三日”“五日”“七日”的规定是指工作日，不含法定节假日。

第八十六条　本法自 2021 年 7 月 15 日起施行。

中华人民共和国刑法〔含刑法修正案（十一）〕（节选）

（2020 年 12 月 26 日，中华人民共和国刑法修正案（十一）由中华人民共和国第十三届全国人大常委会第二十四次会议通过，自 2021 年 3 月 1 日起施行）

第一百二十条之一　资助恐怖活动组织、实施恐怖活动的个人的，或者资助恐怖活动培训的，处五年以下有期徒刑、拘役、管制或者剥夺政治权利，并处罚金；情节严重的，处五年以上有期徒刑，并处罚金或者没收财产。

为恐怖活动组织、实施恐怖活动或者恐怖活动培训招募、运送人员的，依照前款的规定处罚。

单位犯前两款罪的，对单位判处罚金，并对其直接负责的主管人员和其他直接责任人员，依照第一款的规定处罚。

第一百九十一条　为掩饰、隐瞒毒品犯罪、黑社会性质的组织犯罪、恐怖活动犯罪、走私犯罪、贪污贿赂犯罪、破坏金融管理秩序犯罪、金融诈骗犯罪的所得及其产生的收益的来源和性质，有下列行为之一的，没收实施以上犯罪的所得及其产生的收益，处五年以下有期徒刑或者拘役，并处或者单处罚金；情节严重的，处五年以上十年以下有期徒刑，并处罚金：

（一）提供资金账户的；

（二）将财产转换为现金、金融票据、有价证券的；

（三）通过转账或者其他支付结算方式转移资金的；

（四）跨境转移资产的；

（五）以其他方法掩饰、隐瞒犯罪所得及其收益的来源和性质的。

单位犯前款罪的，对单位判处罚金，并对其直接负责的主管人员和其他直接责任人员，依照前款的规定处罚。

第三百一十二条　明知是犯罪所得及其产生的收益而予以窝藏、转移、收购、代为销售或者以其他方法掩饰、隐瞒的，处三年以下有期徒刑、拘役或者管制，并处或者单处罚金；情节严重的，处三年以上七年以下有期徒刑，并处罚金。

单位犯前款罪的，对单位判处罚金，并对其直接负责的主管人员和其他直接责任人员，依照前款的规定处罚。

第三百四十九条　包庇走私、贩卖、运输、制造毒品的犯罪分子的，为犯罪分子窝藏、转移、隐瞒毒品或者犯罪所得的财物的，处三年以下有期徒刑、拘役或者管制；情节严重的，处三年以上十年以下有期徒刑。

缉毒人员或者其他国家机关工作人员掩护、包庇走私、贩卖、运输、制造毒品的犯罪分子的，依照前款的规定从重处罚。

犯前两款罪，事先通谋的，以走私、贩卖、运输、制造毒品罪的共犯论处。

中华人民共和国外汇管理条例

（1996 年 1 月 29 日中华人民共和国国务院令第 193 号发布，2008 年 8 月 1 日国务院第 20 次常务会议修订通过《中华人民共和国外汇管理条例》，自公布之日 2008 年 8 月 5 日起施行）

第一章　总　则

第一条 为了加强外汇管理，促进国际收支平衡，促进国民经济健康发展，制定本条例。

第二条 国务院外汇管理部门及其分支机构（以下统称外汇管理机关）依法履行外汇管理职责，负责本条例的实施。

第三条 本条例所称外汇，是指下列以外币表示的可以用作国际清偿的支付手段和资产：

（一）外币现钞，包括纸币、铸币；

（二）外币支付凭证或者支付工具，包括票据、银行存款凭证、银行卡等；

（三）外币有价证券，包括债券、股票等；

（四）特别提款权；

（五）其他外汇资产。

第四条 境内机构、境内个人的外汇收支或者外汇经营活动，以及境外机构、境外个人在境内的外汇收支或者外汇经营活动，适用本条例。

第五条 国家对经常性国际支付和转移不予限制。

第六条 国家实行国际收支统计申报制度。

国务院外汇管理部门应当对国际收支进行统计、监测，定期公布国际收支状况。

第七条 经营外汇业务的金融机构应当按照国务院外汇管理部门的规定为客户开立外汇账户，并通过外汇账户办理外汇业务。

经营外汇业务的金融机构应当依法向外汇管理机关报送客户的外汇收支及账户变动情况。

第八条 中华人民共和国境内禁止外币流通，并不得以外币计价结算，但国家另有规定的除外。

第九条 境内机构、境内个人的外汇收入可以调回境内或者存放境外；调回境内或者存放境外的条件、期限等，由国务院外汇管理部门根据国际收支状况和外汇管理的需要作出规定。

第十条 国务院外汇管理部门依法持有、管理、经营国家外汇储备，遵循安全、流动、增值的原则。

第十一条 国际收支出现或者可能出现严重失衡，以及国民经济出现或者可能出现严重危机时，国家可以对国际收支采取必要的保障、控制等措施。

第二章　经常项目外汇管理

第十二条　经常项目外汇收支应当具有真实、合法的交易基础。经营结汇、售汇业务的金融机构应当按照国务院外汇管理部门的规定，对交易单证的真实性及其与外汇收支的一致性进行合理审查。

外汇管理机关有权对前款规定事项进行监督检查。

第十三条　经常项目外汇收入，可以按照国家有关规定保留或者卖给经营结汇、售汇业务的金融机构。

第十四条　经常项目外汇支出，应当按照国务院外汇管理部门关于付汇与购汇的管理规定，凭有效单证以自有外汇支付或者向经营结汇、售汇业务的金融机构购汇支付。

第十五条　携带、申报外币现钞出入境的限额，由国务院外汇管理部门规定。

第三章　资本项目外汇管理

第十六条　境外机构、境外个人在境内直接投资，经有关主管部门批准后，应当到外汇管理机关办理登记。

境外机构、境外个人在境内从事有价证券或者衍生产品发行、交易，应当遵守国家关于市场准入的规定，并按照国务院外汇管理部门的规定办理登记。

第十七条　境内机构、境内个人向境外直接投资或者从事境外有价证券、衍生产品发行、交易，应当按照国务院外汇管理部门的规定办理登记。国家规定需要事先经有关主管部门批准或者备案的，应当在外汇登记前办理批准或者备案手续。

第十八条　国家对外债实行规模管理。借用外债应当按照国家有关规定办理，并到外汇管理机关办理外债登记。

国务院外汇管理部门负责全国的外债统计与监测，并定期公布外债情况。

第十九条　提供对外担保，应当向外汇管理机关提出申请，由外汇管理机关根据申请人的资产负债等情况作出批准或者不批准的决定；国家规定其经营范围需经有关主管部门批准的，应当在向外汇管理机关提出申请前办理批准手续。申请人签订对外担保合同后，应当到外汇管理机关办理对外担保登记。

经国务院批准为使用外国政府或者国际金融组织贷款进行转贷提供对外担保的，不适用前款规定。

第二十条　银行业金融机构在经批准的经营范围内可以直接向境外提供商业贷款。其他境内机构向境外提供商业贷款，应当向外汇管理机关提出申请，外汇管理机关根据申请人的资产负债等情况作出批准或者不批准的决定；国家规定其经营范围需经有关主管部门批准的，应当在向外汇管理机关提出申请前办理批准手续。

向境外提供商业贷款，应当按照国务院外汇管理部门的规定办理登记。

第二十一条　资本项目外汇收入保留或者卖给经营结汇、售汇业务的金融机构，应当经外汇管理机关批准，但国家规定无需批准的除外。

第二十二条　资本项目外汇支出，应当按照国务院外汇管理部门关于付汇与购汇的管理规定，凭有效单证以自有外汇支付或者向经营结汇、售汇业务的金融机构购汇支付。国家规定应当经外汇管理机关批准的，应当在外汇支付前办理批准手续。

依法终止的外商投资企业，按照国家有关规定进行清算、纳税后，属于外方投资者所有的人民币，可以向经营结汇、售汇业务的金融机构购汇汇出。

第二十三条 资本项目外汇及结汇资金，应当按照有关主管部门及外汇管理机关批准的用途使用。外汇管理机关有权对资本项目外汇及结汇资金使用和账户变动情况进行监督检查。

第四章　金融机构外汇业务管理

第二十四条 金融机构经营或者终止经营结汇、售汇业务，应当经外汇管理机关批准；经营或者终止经营其他外汇业务，应当按照职责分工经外汇管理机关或者金融业监督管理机构批准。

第二十五条 外汇管理机关对金融机构外汇业务实行综合头寸管理，具体办法由国务院外汇管理部门制定。

第二十六条 金融机构的资本金、利润以及因本外币资产不匹配需要进行人民币与外币间转换的，应当经外汇管理机关批准。

第五章　人民币汇率和外汇市场管理

第二十七条 人民币汇率实行以市场供求为基础的、有管理的浮动汇率制度。

第二十八条 经营结汇、售汇业务的金融机构和符合国务院外汇管理部门规定条件的其他机构，可以按照国务院外汇管理部门的规定在银行间外汇市场进行外汇交易。

第二十九条 外汇市场交易应当遵循公开、公平、公正和诚实信用的原则。

第三十条 外汇市场交易的币种和形式由国务院外汇管理部门规定。

第三十一条 国务院外汇管理部门依法监督管理全国的外汇市场。

第三十二条 国务院外汇管理部门可以根据外汇市场的变化和货币政策的要求，依法对外汇市场进行调节。

第六章　监督管理

第三十三条 外汇管理机关依法履行职责，有权采取下列措施：

（一）对经营外汇业务的金融机构进行现场检查；

（二）进入涉嫌外汇违法行为发生场所调查取证；

（三）询问有外汇收支或者外汇经营活动的机构和个人，要求其对与被调查外汇违法事件直接有关的事项作出说明；

（四）查阅、复制与被调查外汇违法事件直接有关的交易单证等资料；

（五）查阅、复制被调查外汇违法事件的当事人和直接有关的单位、个人的财务会计资料及相关文件，对可能被转移、隐匿或者毁损的文件和资料，可以予以封存；

（六）经国务院外汇管理部门或者省级外汇管理机关负责人批准，查询被调查外汇违法事件的当事人和直接有关的单位、个人的账户，但个人储蓄存款账户除外；

（七）对有证据证明已经或者可能转移、隐匿违法资金等涉案财产或者隐匿、伪造、毁损重要证据的，可以申请人民法院冻结或者查封。

有关单位和个人应当配合外汇管理机关的监督检查，如实说明有关情况并提供有关文件、资料，不得拒绝、阻碍和隐瞒。

第三十四条 外汇管理机关依法进行监督检查或者调查，监督检查或者调查的人员不得少于2人，并应当出示证件。监督检查、调查的人员少于2人或者未出示证件的，被监督检查、调查的单位和个人有权拒绝。

第三十五条 有外汇经营活动的境内机构，应当按照国务院外汇管理部门的规定报送财务会计报告、统计报表等资料。

第三十六条 经营外汇业务的金融机构发现客户有外汇违法行为的，应当及时向外汇管理机关报告。

第三十七条 国务院外汇管理部门为履行外汇管理职责，可以从国务院有关部门、机构获取所必需的信息，国务院有关部门、机构应当提供。

国务院外汇管理部门应当向国务院有关部门、机构通报外汇管理工作情况。

第三十八条 任何单位和个人都有权举报外汇违法行为。

外汇管理机关应当为举报人保密，并按照规定对举报人或者协助查处外汇违法行为有功的单位和个人给予奖励。

第七章　法律责任

第三十九条 有违反规定将境内外汇转移境外，或者以欺骗手段将境内资本转移境外等逃汇行为的，由外汇管理机关责令限期调回外汇，处逃汇金额30%以下的罚款；情节严重的，处逃汇金额30%以上等值以下的罚款；构成犯罪的，依法追究刑事责任。

第四十条 有违反规定以外汇收付应当以人民币收付的款项，或者以虚假、无效的交易单证等向经营结汇、售汇业务的金融机构骗购外汇等非法套汇行为的，由外汇管理机关责令对非法套汇资金予以回兑，处非法套汇金额30%以下的罚款；情节严重的，处非法套汇金额30%以上等值以下的罚款；构成犯罪的，依法追究刑事责任。

第四十一条 违反规定将外汇汇入境内的，由外汇管理机关责令改正，处违法金额30%以下的罚款；情节严重的，处违法金额30%以上等值以下的罚款。

非法结汇的，由外汇管理机关责令对非法结汇资金予以回兑，处违法金额30%以下的罚款。

第四十二条 违反规定携带外汇出入境的，由外汇管理机关给予警告，可以处违法金额20%以下的罚款。法律、行政法规规定由海关予以处罚的，从其规定。

第四十三条 有擅自对外借款、在境外发行债券或者提供对外担保等违反外债管理行为的，由外汇管理机关给予警告，处违法金额30%以下的罚款。

第四十四条 违反规定，擅自改变外汇或者结汇资金用途的，由外汇管理机关责令改正，没收违法所得，处违法金额30%以下的罚款；情节严重的，处违法金额30%以上等值以下的罚款。

有违反规定以外币在境内计价结算或者划转外汇等非法使用外汇行为的，由外汇管理机关责令改正，给予警告，可以处违法金额30%以下的罚款。

第四十五条 私自买卖外汇、变相买卖外汇、倒买倒卖外汇或者非法介绍买卖外汇数额较大的，由外汇管理机关给予警告，没收违法所得，处违法金额 30% 以下的罚款；情节严重的，处违法金额 30% 以上等值以下的罚款；构成犯罪的，依法追究刑事责任。

第四十六条 未经批准擅自经营结汇、售汇业务的，由外汇管理机关责令改正，有违法所得的，没收违法所得，违法所得 50 万元以上的，并处违法所得 1 倍以上 5 倍以下的罚款；没有违法所得或者违法所得不足 50 万元的，处 50 万元以上 200 万元以下的罚款；情节严重的，由有关主管部门责令停业整顿或者吊销业务许可证；构成犯罪的，依法追究刑事责任。

未经批准经营结汇、售汇业务以外的其他外汇业务的，由外汇管理机关或者金融业监督管理机构依照前款规定予以处罚。

第四十七条 金融机构有下列情形之一的，由外汇管理机关责令限期改正，没收违法所得，并处 20 万元以上 100 万元以下的罚款；情节严重或者逾期不改正的，由外汇管理机关责令停止经营相关业务：

（一）办理经常项目资金收付，未对交易单证的真实性及其与外汇收支的一致性进行合理审查的；

（二）违反规定办理资本项目资金收付的；

（三）违反规定办理结汇、售汇业务的；

（四）违反外汇业务综合头寸管理的；

（五）违反外汇市场交易管理的。

第四十八条 有下列情形之一的，由外汇管理机关责令改正，给予警告，对机构可以处 30 万元以下的罚款，对个人可以处 5 万元以下的罚款：

（一）未按照规定进行国际收支统计申报的；

（二）未按照规定报送财务会计报告、统计报表等资料的；

（三）未按照规定提交有效单证或者提交的单证不真实的；

（四）违反外汇账户管理规定的；

（五）违反外汇登记管理规定的；

（六）拒绝、阻碍外汇管理机关依法进行监督检查或者调查的。

第四十九条 境内机构违反外汇管理规定的，除依照本条例给予处罚外，对直接负责的主管人员和其他直接责任人员，应当给予处分；对金融机构负有直接责任的董事、监事、高级管理人员和其他直接责任人员给予警告，处 5 万元以上 50 万元以下的罚款；构成犯罪的，依法追究刑事责任。

第五十条 外汇管理机关工作人员徇私舞弊、滥用职权、玩忽职守，构成犯罪的，依法追究刑事责任；尚不构成犯罪的，依法给予处分。

第五十一条 当事人对外汇管理机关作出的具体行政行为不服的，可以依法申请行政复议；对行政复议决定仍不服的，可以依法向人民法院提起行政诉讼。

第八章　附　则

第五十二条 本条例下列用语的含义：

（一）境内机构，是指中华人民共和国境内的国家机关、企业、事业单位、社会团体、部队等，外国驻华外交领事机构和国际组织驻华代表机构除外。

（二）境内个人，是指中国公民和在中华人民共和国境内连续居住满1年的外国人，外国驻华外交人员和国际组织驻华代表除外。

（三）经常项目，是指国际收支中涉及货物、服务、收益及经常转移的交易项目等。

（四）资本项目，是指国际收支中引起对外资产和负债水平发生变化的交易项目，包括资本转移、直接投资、证券投资、衍生产品及贷款等。

第五十三条 非金融机构经营结汇、售汇业务，应当由国务院外汇管理部门批准，具体管理办法由国务院外汇管理部门另行制定。

第五十四条 本条例自公布之日起施行。

个人存款账户实名制规定

（中华人民共和国国务院令第285号，于2000年3月20日公布，2000年4月1日起施行）

第一条　为了保证个人存款账户的真实性，维护存款人的合法权益，制定本规定。

第二条　中华人民共和国境内的金融机构和在金融机构开立个人存款账户的个人，应当遵守本规定。

第三条　本规定所称金融机构，是指在境内依法设立和经营个人存款业务的机构。

第四条　本规定所称个人存款账户，是指个人在金融机构开立的人民币、外币存款账户，包括活期存款账户、定期存款账户、定活两便存款账户、通知存款账户以及其他形式的个人存款账户。

第五条　本规定所称实名，是指符合法律、行政法规和国家有关规定的身份证件上使用的姓名。

下列身份证件为实名证件：

（一）居住在境内的中国公民，为居民身份证或者临时居民身份证；

（二）居住在境内的16周岁以下的中国公民，为户口簿；

（三）中国人民解放军军人，为军人身份证件；中国人民武装警察，为武装警察身份证件；

（四）香港、澳门居民，为港澳居民往来内地通行证；台湾居民，为台湾居民来往大陆通行证或者其他有效旅行证件；

（五）外国公民，为护照。

前款未作规定的，依照有关法律、行政法规和国家有关规定执行。

第六条　个人在金融机构开立个人存款账户时，应当出示本人身份证件，使用实名。

代理他人在金融机构开立个人存款账户的，代理人应当出示被代理人和代理人的身份证件。

第七条　在金融机构开立个人存款账户的，金融机构应当要求其出示本人身份证件，进行核对，并登记其身份证件上的姓名和号码。代理他人在金融机构开立个人存款账户的，金融机构应当要求其出示被代理人和代理人的身份证件，进行核对，并登记被代理人和代理人的身份证件上的姓名和号码。

不出示本人身份证件或者不使用本人身份证件上的姓名的，金融机构不得为其开立个人存款账户。

第八条　金融机构及其工作人员负有为个人存款账户的情况保守秘密的责任。

金融机构不得向任何单位或者个人提供有关个人存款账户的情况，并有权拒绝任何单位或者个人查询、冻结、扣划个人在金融机构的款项；但是，法律另有规定的除外。

第九条　金融机构违反本规定第七条规定的，由中国人民银行给予警告，可以处1000元以上5000元以下的罚款；情节严重的，可以并处责令停业整顿，对直接负责的主管人员和其他直接责任人员依法给予纪律处分；构成犯罪的，依法追究刑事责任。

第十条 本规定施行前，已经在金融机构开立的个人存款账户，按照本规定施行前国家有关规定执行；本规定施行后，在原账户办理第一笔个人存款时，原账户没有使用实名的，应当依照本规定使用实名。

第十一条 本规定由中国人民银行组织实施。

第十二条 本规定自2000年4月1日起施行。

非银行支付机构监督管理条例（节选）

（2023 年 11 月 24 日国务院第 19 次常务会议通过，2023 年 12 月 9 日中华人民共和国国务院令第 768 号公布，自 2024 年 5 月 1 日起施行）

第一章　总　则

第一条　为了规范非银行支付机构行为，保护当事人合法权益，防范化解风险，促进非银行支付行业健康发展，根据《中华人民共和国中国人民银行法》、《中华人民共和国电子商务法》等法律，制定本条例。

第二条　本条例所称非银行支付机构，是指在中华人民共和国境内（以下简称境内）依法设立，除银行业金融机构外，取得支付业务许可，从事根据收款人或者付款人（以下统称用户）提交的电子支付指令转移货币资金等支付业务的有限责任公司或者股份有限公司。

中华人民共和国境外（以下简称境外）的非银行机构拟为境内用户提供跨境支付服务的，应当依照本条例规定在境内设立非银行支付机构，国家另有规定的除外。

第三条　非银行支付机构开展业务，应当遵守法律、行政法规的规定，遵循安全、高效、诚信和公平竞争的原则，以提供小额、便民支付服务为宗旨，维护国家金融安全，不得损害国家利益、社会公共利益和他人合法权益。

第四条　非银行支付机构的监督管理，应当贯彻落实党和国家路线方针政策、决策部署，围绕服务实体经济，统筹发展和安全，维护公平竞争秩序。

中国人民银行依法对非银行支付机构实施监督管理。中国人民银行的分支机构根据中国人民银行的授权，履行监督管理职责。

第五条　非银行支付机构应当遵守反洗钱和反恐怖主义融资、反电信网络诈骗、防范和处置非法集资、打击赌博等规定，采取必要措施防范违法犯罪活动。

第二章　设立、变更与终止

第六条　设立非银行支付机构，应当经中国人民银行批准，取得支付业务许可。非银行支付机构的名称中应当标明“支付”字样。

未经依法批准，任何单位和个人不得从事或者变相从事支付业务，不得在单位名称和经营范围中使用“支付”字样，法律、行政法规和国家另有规定的除外。支付业务许可被依法注销后，该机构名称和经营范围中不得继续使用“支付”字样。

第七条　设立非银行支付机构，应当符合《中华人民共和国公司法》的规定，并具备以下条件：

（一）有符合本条例规定的注册资本；

（二）主要股东、实际控制人财务状况和诚信记录良好，最近 3 年无重大违法违规记录；主要股东、实际控制人为公司的，其股权结构应当清晰透明，不存在权属纠纷；

（三）拟任董事、监事和高级管理人员熟悉相关法律法规，具有履行职责所需的经营管理能力，最近 3 年无重大违法违规记录；

（四）有符合规定的经营场所、安全保障措施以及业务系统、设施和技术；

（五）有健全的公司治理结构、内部控制和风险管理制度、退出预案以及用户权益保障机制；

（六）法律、行政法规以及中国人民银行规章规定的其他审慎性条件。

第八条　设立非银行支付机构的注册资本最低限额为人民币 1 亿元，且应当为实缴货币资本。

中国人民银行根据非银行支付机构的业务类型、经营地域范围和业务规模等因素，可以提高前款规定的注册资本最低限额。

非银行支付机构的股东应当以自有资金出资，不得以委托资金、债务资金等非自有资金出资。

第三章　支付业务规则

第二十一条　非银行支付机构应当建立持续有效的用户尽职调查制度，按照规定识别并核实用户身份，了解用户交易背景和风险状况，并采取相应的风险管理措施。

非银行支付机构不得将涉及资金安全、信息安全等的核心业务和技术服务委托第三方处理。

第二十三条　从事储值账户运营业务的非银行支付机构为用户开立支付账户的，应当遵守法律、行政法规以及中国人民银行关于支付账户管理的规定。国家引导、鼓励非银行支付机构与商业银行开展合作，通过银行账户为单位用户提供支付服务。

前款规定的非银行支付机构应当建立健全支付账户开立、使用、变更和撤销等业务管理和风险管理制度，防止开立匿名、假名支付账户，并采取有效措施保障支付账户安全，开展异常账户风险监测，防范支付账户被用于违法犯罪活动。

本条例所称支付账户，是指根据用户真实意愿为其开立的，用于发起支付指令、反映交易明细、记录资金余额的电子簿记载体。支付账户应当以用户实名开立。

任何单位和个人不得非法买卖、出租、出借支付账户。

第三十一条　非银行支付机构应当妥善保存用户资料和交易记录。有关机关依照法律、行政法规的规定，查询用户资料、交易记录及其持有的支付账户余额或者预付资金余额，或者冻结、扣划用户资金的，非银行支付机构应当予以配合。

第四章　监督管理

第三十八条　中国人民银行按照规定对非银行支付机构进行分类评级，并根据分类评级结果实施分类监督管理。

中国人民银行依法制定系统重要性非银行支付机构的认定标准和监督管理规则。

第三十九条　中国人民银行依法履行职责，有权采取下列措施：

（一）对非银行支付机构进行现场检查和非现场监督管理；

（二）进入涉嫌违法违规行为发生场所调查取证；

（三）询问当事人和与被调查事件有关的单位和个人，要求其对与被调查事件有关的事项作出说明；

（四）查阅、复制当事人和与被调查事件有关的单位和个人的相关文件、资料和业务系统；对可能被转移、隐匿或者毁损的文件、资料和业务系统，可以予以封存、扣押；

（五）经中国人民银行或者其省一级派出机构负责人批准，查询当事人和与被调查事件有关的单位账户信息。

为防范风险、维护市场秩序，中国人民银行可以采取责令改正、监管谈话、出具警示函、向社会发布风险提示等措施。

第五章　法律责任

第五十三条　非银行支付机构未按照规定建立用户尽职调查制度，履行相关义务，或者存在外汇、价格违法行为的，以及任何单位和个人非法买卖、出租、出借支付账户的，由有关主管部门依照有关法律、行政法规进行处罚。

非银行支付机构未经批准从事依法需经批准的其他业务的，依照有关法律、行政法规进行处罚。

第六章　附　则

第五十八条　支付清算行业自律组织依法开展行业自律管理活动，接受中国人民银行的指导和监督。

支付清算行业自律组织可以制定非银行支付机构行业自律规范。

第五十九条　本条例施行前已按照有关规定设立的非银行支付机构的过渡办法，由中国人民银行规定。

第六十条　本条例自 2024 年 5 月 1 日起施行。

国务院办公厅关于完善反洗钱、反恐怖融资、反逃税监管体制机制的意见

（国办函〔2017〕84 号）

反洗钱工作部际联席会议各成员单位：

反洗钱、反恐怖融资、反逃税（以下统称“三反”）监管体制机制是建设中国特色社会主义法治体系和现代金融监管体系的重要内容，是推进国家治理体系和治理能力现代化、维护经济社会安全稳定的重要保障，是参与全球治理、扩大金融业双向开放的重要手段。反洗钱法公布实施以来，我国“三反”监管体制机制建设取得重大进展，工作成效明显，与国际通行标准基本保持一致。同时也要看到，相关领域仍然存在一些突出矛盾和问题，主要是监管制度尚不健全、协调合作机制仍不顺畅、跨部门数据信息共享程度不高、履行反洗钱义务的机构（以下简称反洗钱义务机构）履职能力不足、国际参与度和话语权与我国国际地位不相称等。为深入持久推进“三反”监管体制机制建设，完善“三反”监管措施，经国务院同意，现提出如下意见。

一、总体要求

（一）指导思想。

全面贯彻党的十八大和十八届三中、四中、五中、六中全会精神，以邓小平理论、“三个代表”重要思想、科学发展观为指导，深入贯彻习近平总书记系列重要讲话精神和治国理政新理念新思想新战略，认真落实党中央、国务院决策部署，坚持总体国家安全观，遵循推进国家治理体系和治理能力现代化的要求，完善“三反”监管体制机制。

（二）基本原则。

坚持问题导向，发挥工作合力。进一步解放思想，从基本国情和实际工作需要出发，深入研究、有效解决“三反”监管体制机制存在的问题。反洗钱行政主管部门、税务机关、公安机关要切实履职，国务院银行业、证券、保险监督管理机构及其他相关单位要发挥工作积极性，形成“三反”合力。探索建立以金融情报为纽带、以资金监测为手段、以数据信息共享为基础、符合国家治理需要的“三反”监管体制机制。

坚持防控为本，有效化解风险。开展全面科学的风险评估，根据风险水平和分布进一步优化监管资源配置，强化高风险领域监管。同时，不断优化风险评估机制和监测分析系统，健全风险预防体系，有效防控洗钱、恐怖融资和逃税风险。

坚持立足国情，为双向开放提供服务保障。根据国内洗钱、恐怖融资和逃税风险实际情况，逐步建立健全“三反”法律制度和监管规则。根据有关国际条约或者按照平等互利原则开展国际合作。忠实履行我国应当承担的国际义务，严格执行国际标准，加强跨境监管合作，切实维护我国金融机构合法权益，为金融业双向开放保驾护航。

坚持依法行政，充分发挥反洗钱义务机构主体作用。依法确定相关单位职责，确保各司其职，主动作为，严控风险。重视和发挥反洗钱义务机构在预防洗钱、恐怖融资和逃税方面的“第一道

防线”作用。

（三）目标要求。

到 2020 年，初步形成适应社会主义市场经济要求、适合中国国情、符合国际标准的“三反”法律法规体系，建立职责清晰、权责对等、配合有力的“三反”监管协调合作机制，有效防控洗钱、恐怖融资和逃税风险。

二、健全工作机制

（四）加强统筹协调，完善组织机制。进一步完善反洗钱工作部际联席会议制度，统筹“三反”监管工作。以反洗钱工作部际联席会议为依托，强化部门间“三反”工作组织协调机制，制定整体战略、重要政策和措施，推动贯彻落实，指导“三反”领域国际合作，加强监管合作。

（五）研究设计洗钱和恐怖融资风险评估体系，建立反洗钱和反恐怖融资战略形成机制。积极发挥风险评估在发现问题、完善体制机制、配置资源方面的基础性作用，开展风险导向的反洗钱和反恐怖融资战略研究。建立国家层面的洗钱和恐怖融资风险评估指标体系和评估机制，成立由反洗钱行政主管部门、税务机关、公安机关、国家安全机关、司法机关以及国务院银行业、证券、保险监督管理机构和其他行政机关组成的洗钱和恐怖融资风险评估工作组，定期开展洗钱和恐怖融资风险评估工作。以风险评估发现的问题为导向，制定并定期更新反洗钱和反恐怖融资战略，确定反洗钱和反恐怖融资工作的阶段性目标、主要任务和重大举措，明确任务分工，加大高风险领域反洗钱监管力度。建立多层次评估结果运用机制，由相关单位和反洗钱义务机构根据评估结果有针对性地完善反洗钱和反恐怖融资工作，提升资源配置效率，提高风险防控有效性。

（六）强化线索移送和案件协查，优化打击犯罪合作机制。加强反洗钱行政主管部门、税务机关与监察机关、侦查机关、行政执法机关间的沟通协调，进一步完善可疑交易线索合作机制，加强情报会商和信息反馈机制，分析洗钱、恐怖融资和逃税的形势与趋势，不断优化反洗钱调查的策略、方法和技术。反洗钱行政主管部门要加强可疑交易线索移送和案件协查工作，相关单位要加强对线索使用查处情况的及时反馈，形成打击洗钱、恐怖融资和逃税的合力，维护金融秩序和社会稳定。

（七）加强监管协调，健全监管合作机制。在行业监管规则中嵌入反洗钱监管要求，构建涵盖事前、事中、事后的完整监管链条。充分发挥反洗钱工作部际联席会议作用，加强反洗钱行政主管部门和金融监管部门之间的协调，完善监管制度、政策和措施，开展联合监管行动，共享监管信息，协调跨境监管合作。

（八）依法使用政务数据，健全数据信息共享机制。以依法合规为前提、资源整合为目标，探索研究“三反”数据信息共享标准和统计指标体系，明确相关单位的数据提供责任和数据使用权限。稳步推进数据信息共享机制建设，既要严格依法行政，保护商业秘密和个人隐私，又要推进相关数据库建设，鼓励各方参与共享。建立相关单位间的电子化网络，为实现安全、高效的数据信息共享提供支撑。

（九）优化监管资源配置，研究完善监管资源保障机制。按照金融领域全覆盖、特定非金融行业高风险领域重点监管的目标，适时扩大反洗钱、反恐怖融资监管范围。优化监管资源配置与使用，统筹考虑“三反”监管资源保障问题，为“三反”监管提供充足人力物力。

三、完善法律制度

（十）推动研究完善相关刑事立法，修改惩治洗钱犯罪和恐怖融资犯罪相关规定。按照我国参加的国际公约和明确承诺执行的国际标准要求，研究扩大洗钱罪的上游犯罪范围，将上游犯罪本犯纳入洗钱罪的主体范围。对照国际公约要求，根据我国反恐实际需要，推动逐步完善有关恐怖融资犯罪的刑事立法，加强司法解释工作。研究建立相关司法工作激励机制，提升反洗钱工作追偿效果。

（十一）明确执行联合国安理会反恐怖融资相关决议的程序。建立定向金融制裁名单的认定发布制度，明确相关单位在名单提交、审议、发布、监督执行、除名等方面的职责分工。完善和细化各行政主管部门、金融监管部门和反洗钱义务机构执行联合国安理会反恐怖融资决议要求的程序规定和监管措施，进一步明确资产冻结时效、范围、程序、善意第三人保护及相关法律责任，保证联合国安理会相关决议执行时效。

（十二）加强特定非金融机构风险监测，探索建立特定非金融机构反洗钱和反恐怖融资监管制度。加强反洗钱行政主管部门、税务机关与特定非金融行业主管部门间的协调配合，密切关注非金融领域的洗钱、恐怖融资和逃税风险变化情况，对高风险行业开展风险评估，研究分析行业洗钱、恐怖融资和逃税风险分布及发展趋势，提出“三反”监管政策建议。对于反洗钱国际标准明确提出要求的房地产中介、贵金属和珠宝玉石销售、公司服务等行业及其他存在较高风险的特定非金融行业，逐步建立反洗钱和反恐怖融资监管制度。按照“一业一策”原则，由反洗钱行政主管部门会同特定非金融行业主管部门发布特定行业的反洗钱和反恐怖融资监管制度，根据行业监管现状、被监管机构经营特点等确定行业反洗钱和反恐怖融资监管模式。积极发挥行业协会和自律组织的作用，指导行业协会制定本行业反洗钱和反恐怖融资工作指引。

（十三）加强监管政策配套，健全风险防控制度。研究建立各监管部门对新成立反洗钱义务机构、非营利组织及其董事、监事和高级管理人员的反洗钱背景审查制度，严格审核发起人、股东、实际控制人、最终受益人和董事、监事、高级管理人员背景，审查资金来源和渠道，从源头上防止不法分子通过创设组织机构进行洗钱、恐怖融资和逃税活动。研究各类无记名可转让有价证券的洗钱风险以及需纳入监管的重点，研究无记名可转让有价证券价值甄别和真伪核验技术，明确反洗钱行政主管部门与海关监管分工，推动对跨境携带无记名可转让有价证券的监管及通报制度尽快出台。制定海关向反洗钱行政主管部门、公安机关、国家安全机关通报跨境携带现金信息的具体程序，完善跨境异常资金监测制度。

四、健全预防措施

（十四）建立健全防控风险为本的监管机制，引导反洗钱义务机构有效化解风险。以有效防控风险为目标，持续优化反洗钱监管政策框架，合理确定反洗钱监管风险容忍度，建立健全监管政策传导机制，督促、引导、激励反洗钱义务机构积极主动加强洗钱和恐怖融资风险管理，充分发挥其在预防洗钱、恐怖融资和逃税方面的“第一道防线”作用。综合运用反洗钱监管政策工具，推行分类监管，完善风险预警和应急处置机制，切实强化对高风险市场、高风险业务和高风险机构的反洗钱监管。

（十五）强化法人监管措施，提升监管工作效率。反洗钱行政主管部门和国务院银行业、证券、保险监督管理机构要加强反洗钱监管，以促进反洗钱义务机构自我管理、自主管理风险为目标，逐步建立健全法人监管框架。围绕法人机构和分支机构、集团公司和子公司在风险管理中的不同定位和功能，对反洗钱监管政策适度分层分类。加强反洗钱义务机构总部内控机制要求，强化董事、监事和高级管理人员责任，督促反洗钱义务机构提高履行反洗钱义务的执行力。探索建立与法人监管相适应的监管分工合作机制，搭建满足法人监管需要的技术平台，逐步实现反洗钱监管信息跨区域共享。在严格遵守保密规定的前提下，研究建立反洗钱义务机构之间的反洗钱工作信息交流平台和交流机制。

（十六）健全监测分析体系，提升监测分析水平。不断拓宽反洗钱监测分析数据信息来源，依法推动数据信息在相关单位间的双向流动和共享。强化反洗钱监测分析工作的组织协调，有针对性地做好对重点领域、重点地区、重点人群的监测分析工作。不断延伸反洗钱监管触角，将相关单位关于可疑交易报告信息使用情况的反馈信息和评价意见，作为反洗钱行政主管部门开展反洗钱义务机构可疑交易报告评价工作的重要依据。丰富非现场监管政策工具，弥补书面审查工作的不足。发挥会计师事务所、律师事务所等专业服务机构在反洗钱监测预警和依法处置中的积极作用，研究专业服务机构有关反洗钱的制度措施。

（十七）鼓励创新和坚守底线并重，妥善应对伴随新业务和新业态出现的风险。建立健全反洗钱义务机构洗钱和恐怖融资风险自评估制度，对新产品、新业务、新技术、新渠道产生的洗钱和恐怖融资风险自主进行持续识别和评估，动态监测市场风险变化，完善有关反洗钱监管要求。强化反洗钱义务机构自主管理风险的责任，反洗钱义务机构推出新产品、新业务前，须开展洗钱和恐怖融资风险自评估，并按照风险评估结果采取有效的风险防控措施。鼓励反洗钱义务机构利用大数据、云计算等新技术提升反洗钱和反恐怖融资工作有效性。

（十八）完善跨境异常资金监控机制，预防打击跨境金融犯罪活动。以加强异常交易监测为切入点，综合运用外汇交易监测、跨境人民币交易监测和反洗钱资金交易监测等信息，及时发现跨境洗钱和恐怖融资风险。遵循反洗钱国际标准有关支付清算透明度的要求，指导金融机构加强风险管理，增强跨境人民币清算体系的“三反”监测预警功能，维护人民币支付清算体系的良好声誉，降低金融机构跨境业务风险。

（十九）建立健全培训教育机制，培养建设专业人才队伍。建立全面覆盖各类反洗钱义务机构的反洗钱培训教育机制，提升相关人员反洗钱工作水平。积极鼓励创新反洗钱培训教育形式，充分利用现代科技手段扩大受众范围，加大对基层人员的教育培训力度。

五、严惩违法犯罪活动

（二十）有效整合稽查资源，严厉打击涉税违法犯罪。建立健全随机抽查制度和案源管理制度，增强稽查质效。推行风险管理导向下的定向稽查模式，增强稽查的精准性和震慑力。防范和打击税基侵蚀及利润转移。在全国范围内开展跨部门、跨区域专项打击行动，联合查处一批骗取出口退税和虚开增值税专用发票重大案件，摧毁一批职业化犯罪团伙和网络，严惩一批违法犯罪企业和人员，挽回国家税款损失，有效遏制骗取出口退税和虚开增值税专用发票违法犯罪活动高发多发势头，维护国家税收秩序和税收安全。

（二十一）建立打击关税违法犯罪活动合作机制。加强反洗钱行政主管部门与海关缉私部门的协作配合，合力打击偷逃关税违法犯罪活动。反洗钱行政主管部门要与海关缉私部门联合开展有关偷逃关税非法资金流动特征模型的研究，提升对偷逃关税违法犯罪资金线索的监测分析能力，及时向海关缉私部门通报；会同国务院银行业监督管理机构积极协助海关缉私部门打击偷逃关税违法犯罪活动资金交易，扩大打击偷逃关税违法犯罪活动成果，形成打击合力。海关缉私部门要及时将工作中发现的洗钱活动线索通报反洗钱行政主管部门及相关有权机关，积极协助反洗钱行政主管部门及相关有权机关开展工作。

（二十二）加大反洗钱调查工作力度，建立健全洗钱类型分析工作机制。进一步规范反洗钱调查工作程序，完善反洗钱调查流程，优化调查手段，加强可疑交易线索分析研判，加强反洗钱调查和线索移送，积极配合有权机关的协查请求，不断增强反洗钱调查工作实效。加强洗钱类型分析和风险提示，指导反洗钱义务机构开展洗钱类型分析，及时向反洗钱义务机构发布洗钱风险提示，督促反洗钱义务机构加强风险预警。

六、深化国际合作

（二十三）做好反洗钱和反恐怖融资互评估，树立良好国际形象。切实履行成员义务，积极做好金融行动特别工作组（FATF）反洗钱和反恐怖融资互评估。将国际组织评估作为完善和改进反洗钱工作的重要契机，组织动员相关单位和反洗钱义务机构，严格对照反洗钱国际标准，结合我国实际情况，切实提高反洗钱工作合规性和有效性。

（二十四）深化反洗钱国际合作，促进我国总体战略部署顺利实施。进一步深入参与反洗钱国际标准研究、制定和监督执行，积极参与反洗钱国际（区域）组织内部治理改革和重大决策，提升我国在反洗钱国际（区域）组织中的话语权和影响力。继续加强反洗钱双边交流与合作，推进中美反洗钱和反恐怖融资监管合作。建立与部分重点国家（地区）的反洗钱监管合作机制，督促指导中资金融机构及其海外分支机构提升反洗钱工作意识和水平，维护其合法权益。配合“一带一路”倡议，做好与周边国家（地区）的反洗钱交流与合作。加强沟通协调，稳步推进加入埃格蒙特集团相关工作。利用国际金融情报交流平台，拓展反洗钱情报渠道。

（二十五）深化反逃税国际合作，维护我国税收权益。深度参与二十国集团税制改革成果转化，积极参与国际税收规则制定，积极发出中国声音，提出中国方案，贡献中国智慧，切实提升中国税务话语权。加强双多边税收合作，充分发挥国际税收信息交换的作用，提高税收透明度，严厉打击国际逃避税，充分发挥反逃避税对反洗钱的积极作用，同时运用好反洗钱机制，不断提高反逃避税的精准度。

七、创造良好社会氛围

（二十六）加强自律管理，充分发挥自律组织积极作用。各主管部门要指导相关行业协会积极参与“三反”工作，制定反洗钱自律规则和工作指引，加强自律管理，强化反洗钱义务机构守法、诚信、自律意识，推动反洗钱义务机构积极参与和配合“三反”工作，促进反洗钱义务机构之间交流信息和经验，营造积极健康的反洗钱合规环境。

（二十七）持续开展宣传教育，提升社会公众参与配合意识。建立常态化的“三反”宣传教育机制，向社会公众普及“三反”基本常识，提示风险，提高社会公众自我保护能力。采取灵活多样的形式开展宣传教育，提升社会公众“三反”意识，增强其主动配合“三反”工作的意愿，为开展“三反”工作营造良好氛围。

国务院办公厅

2017 年 8 月 29 日

最高人民法院关于审理洗钱等刑事案件具体应用法律若干问题的解释

（法释〔2009〕15 号）

为依法惩治洗钱，掩饰、隐瞒犯罪所得、犯罪所得收益，资助恐怖活动等犯罪活动，根据刑法有关规定，现就审理此类刑事案件具体应用法律的若干问题解释如下：

第一条 刑法第一百九十一条、第三百一十二条规定的“明知”，应当结合被告人的认知能力，接触他人犯罪所得及其收益的情况，犯罪所得及其收益的种类、数额，犯罪所得及其收益的转换、转移方式以及被告人的供述等主、客观因素进行认定。

具有下列情形之一的，可以认定被告人明知系犯罪所得及其收益，但有证据证明确实不知道的除外：

（一）知道他人从事犯罪活动，协助转换或者转移财物的；

（二）没有正当理由，通过非法途径协助转换或者转移财物的；

（三）没有正当理由，以明显低于市场的价格收购财物的；

（四）没有正当理由，协助转换或者转移财物，收取明显高于市场的“手续费”的；

（五）没有正当理由，协助他人将巨额现金散存于多个银行账户或者在不同银行账户之间频繁划转的；

（六）协助近亲属或者其他关系密切的人转换或者转移与其职业或者财产状况明显不符的财物的；

（七）其他可以认定行为人明知的情形。

被告人将刑法第一百九十一条规定的某一上游犯罪的犯罪所得及其收益误认为刑法第一百九十一条规定的上游犯罪范围内的其他犯罪所得及其收益的，不影响刑法第一百九十一条规定的“明知”的认定。

第二条 具有下列情形之一的，可以认定为刑法第一百九十一条第一款第（五）项规定的“以其他方法掩饰、隐瞒犯罪所得及其收益的来源和性质”：

（一）通过典当、租赁、买卖、投资等方式，协助转移、转换犯罪所得及其收益的；

（二）通过与商场、饭店、娱乐场所等现金密集型场所的经营收入相混合的方式，协助转移、转换犯罪所得及其收益的；

（三）通过虚构交易、虚设债权债务、虚假担保、虚报收入等方式，协助将犯罪所得及其收益转换为“合法”财物的；

（四）通过买卖彩票、奖券等方式，协助转换犯罪所得及其收益的；

（五）通过赌博方式，协助将犯罪所得及其收益转换为赌博收益的；

（六）协助将犯罪所得及其收益携带、运输或者邮寄出入境的；

（七）通过前述规定以外的方式协助转移、转换犯罪所得及其收益的。

第三条 明知是犯罪所得及其产生的收益而予以掩饰、隐瞒，构成刑法第三百一十二条规定的犯罪，同时又构成刑法第一百九十一条或者第三百四十九条规定的犯罪的，依照处罚较重的规定定罪处罚。

第四条 刑法第一百九十一条、第三百一十二条、第三百四十九条规定的犯罪，应当以上游犯罪事实成立为认定前提。上游犯罪尚未依法裁判，但查证属实的，不影响刑法第一百九十一条、第三百一十二条、第三百四十九条规定的犯罪的审判。

上游犯罪事实可以确认，因行为人死亡等原因依法不予追究刑事责任的，不影响刑法第一百九十一条、第三百一十二条、第三百四十九条规定的犯罪的认定。

上游犯罪事实可以确认，依法以其他罪名定罪处罚的，不影响刑法第一百九十一条、第三百一十二条、第三百四十九条规定的犯罪的认定。

本条所称"上游犯罪"，是指产生刑法第一百九十一条、第三百一十二条、第三百四十九条规定的犯罪所得及其收益的各种犯罪行为。

第五条 刑法第一百二十条之一规定的"资助"，是指为恐怖活动组织或者实施恐怖活动的个人筹集、提供经费、物资或者提供场所以及其他物质便利的行为。

刑法第一百二十条之一规定的"实施恐怖活动的个人"，包括预谋实施、准备实施和实际实施恐怖活动的个人。

最高人民法院、最高人民检察院、公安部关于办理洗钱刑事案件若干问题的意见

（法发〔2020〕41号）

为依法惩治洗钱犯罪活动，维护金融管理秩序和国家经济金融安全，根据刑法、刑事诉讼法及有关司法解释等规定，现就办理洗钱刑事案件若干问题提出如下意见。

一、办理洗钱刑事案件的总体要求

1. 充分认识依法严惩洗钱犯罪的重大意义。洗钱犯罪严重破坏金融管理秩序，严重危害国家经济金融安全。当前，我国反洗钱工作面临艰巨任务。党中央、国务院高度重视反洗钱工作。各级人民法院、人民检察院、公安机关要进一步提高政治站位，从维护国家经济金融安全、推进国家治理体系和治理能力现代化、参与全球治理的高度，深刻认识加强反洗钱工作，依法严惩洗钱犯罪的重大意义，把思想和行动统一到党中央的决策部署上来，依法从严惩处洗钱犯罪，切实维护金融管理秩序，更好服务保障金融安全和经济发展，发挥我国在参与国际反洗钱治理、惩治洗钱犯罪方面的积极作用。

2. 坚持以事实为根据，以法律为准绳。人民法院、人民检察院、公安机关办理洗钱刑事案件，必须坚持以事实为根据，以法律为准绳，正确区分罪与非罪、此罪与彼罪的界限，确保每一起洗钱刑事案件事实清楚，证据确实、充分，定罪准确，量刑适当。要坚持证据裁判和疑罪从无原则，严格按照证据裁判标准和要求，全面收集、固定、审查和认定证据，依法排除非法证据，确保洗钱刑事案件办案质量。要切实贯彻宽严相济的刑事政策，依法从严惩处洗钱犯罪，加大财产刑力度，严格控制缓刑适用，同时对具有法定从宽处罚情节的要依法体现政策，做到罪责刑相适应，确保法律效果、政治效果和社会效果的统一。

3. 坚持分工负责、互相配合、互相制约。人民法院、人民检察院、公安机关要切实改变“重上游犯罪、轻洗钱犯罪”的倾向，充分发挥职能作用，切实强化洗钱刑事案件的侦查、起诉和审判工作。要加强工作协调配合，健全完善工作机制，形成工作合力，依法、及时、有效惩治洗钱犯罪。要坚持以审判为中心，按照刑事诉讼制度改革要求，不断强化证据意识和程序意识，充分发挥庭审在查明事实、认定证据、保护诉权、公正裁判中的决定性作用，有效加强法律监督，确保严格执法、公正司法。

二、依法准确认定洗钱犯罪

4. 刑法第一百九十一条规定的洗钱罪与刑法第三百一十二条规定的掩饰、隐瞒犯罪所得、犯罪所得收益罪是刑法特别规定与一般规定的关系。掩饰、隐瞒犯罪所得、犯罪所得收益罪包含传统的窝藏犯罪和普通的洗钱犯罪，洗钱罪是针对毒品犯罪、黑社会性质的组织犯罪、恐怖活动犯罪、走私犯罪、贪污贿赂犯罪、破坏金融管理秩序犯罪、金融诈骗犯罪等严重犯罪而为其洗钱的行为所作的特别规定。同时符合刑法第一百九十一条和第三百一十二条规定的，优先适用第一百九十一条特别规定。

5. 刑法第一百九十一条规定的“黑社会性质的组织犯罪所得及其产生的收益”，是指黑社会性质组织及其成员实施的各种犯罪所得及其产生的收益，包括黑社会性质组织的形成、发展过程中，该组织及组织成员通过违法犯罪活动或其他不正当手段聚敛的全部财物、财产性权益及其孳息、收益。

6. 主观上认识到是刑法第一百九十一条规定的上游犯罪的所得及其产生的收益，并实施该条第一款规定的洗钱行为的，可以认定其具有掩饰、隐瞒犯罪所得及其收益的来源和性质的目的，但有证据证明不是为掩饰、隐瞒犯罪所得及其收益的来源和性质的除外。

7. 刑法第一百九十一条规定的洗钱罪，应当以上游犯罪事实成立为认定前提。上游犯罪是否既遂，不影响洗钱罪的认定。上游犯罪尚未依法裁判，但查证属实的，不影响洗钱罪的认定。上游犯罪事实经查证属实，因行为人死亡、未达到刑事责任年龄等原因依法不予追究刑事责任的，不影响洗钱罪的认定。

8. 主观上认识到是刑法第一百九十一条规定的上游犯罪的所得及其产生的收益，包括知道或者应当知道。其中：“知道”是指根据犯罪嫌疑人、被告人的供述、证人证言等证据，可以直接证明犯罪嫌疑人、被告人知悉、了解其所掩饰、隐瞒的是刑法第一百九十一条规定的上游犯罪的所得及其产生的收益；“应当知道”是指结合查证的主、客观证据，可以证明犯罪嫌疑人、被告人知悉、了解其所掩饰、隐瞒的是刑法第一百九十一条规定的上游犯罪的所得及其产生的收益。

认定主观认知，应当结合犯罪嫌疑人、被告人的身份背景、职业经历、认知能力及其所接触、接收的信息，与上游犯罪嫌疑人、被告人的亲属关系、上下级关系、交往情况、了解程度、信任程度，接触、接收他人犯罪所得及其收益的情况，犯罪所得及其收益的种类、数额，犯罪所得及其收益的转换、转移方式，交易行为、资金账户的异常情况，以及犯罪嫌疑人、被告人的供述及证人证言等主、客观因素，进行综合分析判断。对于犯罪嫌疑人、被告人的供述和辩解，要结合全案证据进行审查判断。

9. 主观上认识到是刑法第一百九十一条规定的上游犯罪的所得及其产生的收益，是指对上游犯罪客观事实的认识，而非对行为性质的认识。将某一上游犯罪的所得及其产生的收益认为是该条规定的其他上游犯罪的所得及其产生的收益的，不影响主观认知的认定。

10. 实施刑法第一百九十一条规定的洗钱行为，构成洗钱罪的同时，又构成刑法第三百四十九条规定的窝藏、转移、隐瞒毒赃罪，刑法第一百二十条之一规定的帮助恐怖活动罪，或者刑法第二百二十五条规定的非法经营罪的，依照处罚较重的规定定罪处罚。法律和司法解释另有规定的除外。

具有刑法第一百九十一条规定的上游犯罪的犯罪事实，又具有为其他不是同一事实的上游犯罪洗钱的犯罪事实的，分别以上游犯罪、洗钱罪定罪处罚，依法实行数罪并罚。

三、依法从严惩处洗钱犯罪

11. 行为人主观上认识到是刑法第一百九十一条规定的七类上游犯罪的所得及其产生的收益，并实施该条第一款规定的洗钱行为，从而掩饰、隐瞒犯罪所得及其收益的来源和性质，构成犯罪的，应依法以洗钱罪定罪处罚。

12. 洗钱数额在十万元以上的，或者洗钱数额在五万元以上，且具有下列情形之一的，可以认定为“情节严重”：

(1) 多次实施洗钱行为的；

(2) 曾因洗钱行为受过刑事追究的；

(3) 拒不交代涉案资金去向或者拒不配合追缴工作，致使赃款无法追缴的；

(4) 造成重大损失或者其他严重后果的。

二次以上实施洗钱犯罪行为，依法应予刑事处理而未经处理的，洗钱数额累计计算。

13. 地下钱庄实施洗钱犯罪的，或者金融机构及其从业人员实施洗钱犯罪的，可以依法从重处罚。

14. 单位实施洗钱犯罪行为的，与自然人犯罪的定罪量刑标准相同，对单位判处罚金，并依法对其直接负责的主管人员和其他直接责任人员定罪处罚。

15. 要依法用足用好财产刑，从经济上最大限度制裁洗钱犯罪分子。对洗钱犯罪判处罚金，应当根据被告人的犯罪情节，在法律规定的数额幅度内决定罚金数额，充分体现从重处罚的政策精神。对于自然人洗钱犯罪“情节严重”的，一般可并处洗钱数额百分之十以上百分之二十以下罚金。对单位犯罪，一般可判处洗钱数额百分之十以上罚金。

16. 对于行为人如实供述犯罪事实，认罪悔罪，并如实交代涉案资金去向，积极配合调查和追缴工作，符合刑事诉讼法规定的认罪认罚从宽适用范围和条件的，可以依法从宽处理。

17. 要从严掌握洗钱犯罪的缓刑适用。适用缓刑，应当综合考虑犯罪情节、悔罪表现、再犯罪的危险以及宣告缓刑对所居住社区的影响，依法作出决定。对于地下钱庄犯罪分子，以洗钱为业，多次实施洗钱行为，或者拒不交代涉案资金去向的，一般不适用缓刑。

四、强化洗钱刑事案件证据的收集、审查和运用

18. 人民法院、人民检察院、公安机关在办理毒品犯罪、黑社会性质的组织犯罪、恐怖活动犯罪、走私犯罪、贪污贿赂犯罪、破坏金融管理秩序犯罪、金融诈骗犯罪案件过程中，要以“追踪资金”为重点，深挖洗钱犯罪线索，依法惩治洗钱犯罪和上游犯罪。进一步加大对涉地下钱庄洗钱犯罪的惩治力度，在办理地下钱庄犯罪案件中，深挖洗钱犯罪和上游犯罪线索，坚决遏制职业化、专业化、组织化的洗钱犯罪活动。

19. 公安机关要加强对洗钱刑事案件的侦查取证工作，深入查明犯罪事实。对刑法第一百九十一条规定的上游犯罪开展“一案双查”，发现涉嫌洗钱犯罪的，依法立案侦查。在侦查工作中，紧紧围绕洗钱犯罪的犯罪构成事实，就行为人主观上是否认识到是洗钱罪的上游犯罪的所得及其产生的收益，是否具有掩饰、隐瞒犯罪所得及其收益的来源和性质的目的，以及实施的具体洗钱行为等进行调查取证，及时收集固定证据，依法移送起诉。对跨境、跨区域或重大、复杂的洗钱刑事案件，及时与人民检察院沟通，必要时可以商请人民检察院适时介入侦查活动，提供指导。

20. 人民检察院要积极履行在刑事诉讼中指控证明犯罪的主导责任，加强对洗钱刑事案件证据的审查，对审查发现可能影响洗钱罪认定的事实证据问题，要引导公安机关按照洗钱罪的构成要件及时补充侦查、完善证据。要注重从上游犯罪的事实证据中挖掘、发现洗钱犯罪线索，办理刑法第一百九十一条规定的上游犯罪案件时，同步审查是否涉嫌洗钱罪，审查发现洗钱犯罪线索的，及时要求公安机关开展侦查，引导侦查人员收集完善证据，会同相关部门加大对洗钱犯罪的查处力度。

21. 人民法院要强化对洗钱刑事案件证据的审查、判断，综合运用证据，就行为人主观上是否认识到是洗钱罪的七类上游犯罪的所得及其产生的收益，是否通过实施洗钱行为掩饰、隐瞒犯罪所得及其收益的来源和性质等犯罪事实进行审查、认定，确保案件事实清楚，证据确实、充分。同时要注重从上游犯罪的事实证据中挖掘洗钱犯罪线索，发现洗钱犯罪线索或者新的洗钱犯罪事实的，应当及时将有关材料移送公安机关，或者建议人民检察院补充、追加或者变更起诉。

22. 公安机关对人民法院、人民检察院、监察机关、中国人民银行等相关部门移送的洗钱犯罪线索，要及时进行调查，对涉嫌洗钱、犯罪的要及时立案侦查，必要时可请相关部门予以协助并提供相关证据材料。人民检察院要加强刑事立案监督、侦查活动监督工作，督促公安机关利用反洗钱工具和措施进行追踪、监测，对洗钱犯罪行为及时依法追诉。

23. 人民法院、人民检察院、公安机关办理洗钱刑事案件，应当依法查询、查封、扣押、冻结全部涉案财产。对于依法查封、扣押、冻结的涉案财产，应当全面收集、审查证明其来源、性质、用途、权属及价值大小等有关证据。对于涉及洗钱犯罪及其上游犯罪的违法所得及其产生的收益，应当依法追缴、没收。依法应当追缴、没收的财产无法找到、价值灭失或者与其他合法财产混合且不可分割的，可以追缴、没收洗钱犯罪行为人的其他等值财产。人民法院可以依法判决责令行为人以其他等值财产在违法所得范围内退赔。对于依法查封、扣押、冻结的涉案财产，有证据证明确属被害人合法财产，或者确与行为人及其犯罪活动无关的，应予返还。

五、合力预防和惩治洗钱犯罪

24. 人民法院、人民检察院、公安机关要健全完善洗钱刑事案件立案侦查、审查起诉、审判执行等相关工作机制，建立健全专业化、一体化、规范化执法司法协作工作机制，形成工作合力，规范调查取证、审查起诉、审判执行工作，及时立案侦查、审查起诉、审判执行，确保办案质量、办案效率和办案效果。办案中遇到重大争议问题，及时层报最高人民法院、最高人民检察院、公安部。

25. 人民法院、人民检察院、公安机关要加强与中国人民银行等相关部门协作配合，充分发挥反洗钱工作联席会议机制，健全完善情报会商、信息交流、数据共享、案件反馈机制，加强对洗钱犯罪线索的分析研判，建立健全可疑交易线索移交合作机制，及时发现、有效预防和惩治洗钱犯罪。对于案情复杂、性质认定疑难案件，必要时可以听取中国人民银行等相关部门的意见，并根据案件事实和法律规定作出认定。

26. 人民法院、人民检察院、公安机关要加强洗钱刑事案件的国际合作，完善刑事司法协助、引渡、警务合作制度机制和工作程序，强化打击跨国（境）洗钱犯罪，提升惩治跨国（境）洗钱犯罪效能。要规范跨国（境）刑事案件证据收集、移交、审查工作，依照国际条约或者互惠原则，提请证据材料所在地司法机关收集，或通过国际警务合作、国际刑警组织渠道收集的境外证据材料，公安机关应对其来源、提取人、提取时间或者提供人、提供时间以及保管移交的过程等作出说明；对其他来自境外的证据材料，应当对其来源、提供人、提供时间以及提取人、提取时间进行审查。能够证明案件事实的，可以作为证据使用。

27. 人民法院、人民检察院、公安机关要加强反洗钱数据统计，在案件侦查、起诉、审判环节、扣押、冻结、没收犯罪资产、国际合作等工作中细化数据统计，按照要求梳理、统计相关信息、数据和案例；建立健全全国洗钱犯罪案件数据库，运用大数据、人工智能、云计算等信息技术为反洗钱工作提供支持。

28. 人民法院、人民检察院、公安机关要结合工作实际，进一步健全办案机构，加强办案力量，加大办案工作力度，要加强反洗钱工作执法司法队伍专业化建设，鼓励、支持省级人民法院、人民检察院、公安机关辖区内专业办案能力建设和培养。通过联合调研、联合培训、发布典型案例等方式，进一步统一思想认识，统一执法司法尺度，提高办理洗钱刑事案件的能力和水平。

金融机构反洗钱规定

（中国人民银行令〔2006〕第1号）

根据《中华人民共和国反洗钱法》、《中华人民共和国中国人民银行法》等法律规定，中国人民银行制定了《金融机构反洗钱规定》，经2006年11月6日第25次行长办公会议通过，现予发布，自2007年1月1日起施行。

行长：周小川

二〇〇六年十一月十四日

金融机构反洗钱规定

第一条 为了预防洗钱活动，规范反洗钱监督管理行为和金融机构的反洗钱工作，维护金融秩序，根据《中华人民共和国反洗钱法》、《中华人民共和国中国人民银行法》等有关法律、行政法规，制定本规定。

第二条 本规定适用于在中华人民共和国境内依法设立的下列金融机构：

（一）商业银行、城市信用合作社、农村信用合作社、邮政储汇机构、政策性银行；

（二）证券公司、期货经纪公司、基金管理公司；

（三）保险公司、保险资产管理公司；

（四）信托投资公司、金融资产管理公司、财务公司、金融租赁公司、汽车金融公司、货币经纪公司；

（五）中国人民银行确定并公布的其他金融机构。

从事汇兑业务、支付清算业务和基金销售业务的机构适用本规定对金融机构反洗钱监督管理的规定。

第三条 中国人民银行是国务院反洗钱行政主管部门，依法对金融机构的反洗钱工作进行监督管理。中国银行业监督管理委员会、中国证券监督管理委员会、中国保险监督管理委员会在各自的职责范围内履行反洗钱监督管理职责。

中国人民银行在履行反洗钱职责过程中，应当与国务院有关部门、机构和司法机关相互配合。

第四条 中国人民银行根据国务院授权代表中国政府开展反洗钱国际合作。中国人民银行可以和其他国家或者地区的反洗钱机构建立合作机制，实施跨境反洗钱监督管理。

第五条 中国人民银行依法履行下列反洗钱监督管理职责：

（一）制定或者会同中国银行业监督管理委员会、中国证券监督管理委员会和中国保险监督管理委员会制定金融机构反洗钱规章；

（二）负责人民币和外币反洗钱的资金监测；

（三）监督、检查金融机构履行反洗钱义务的情况；

（四）在职责范围内调查可疑交易活动；

（五）向侦查机关报告涉嫌洗钱犯罪的交易活动；

（六）按照有关法律、行政法规的规定，与境外反洗钱机构交换与反洗钱有关的信息和资料；

（七）国务院规定的其他有关职责。

第六条　中国人民银行设立中国反洗钱监测分析中心，依法履行下列职责：

（一）接收并分析人民币、外币大额交易和可疑交易报告；

（二）建立国家反洗钱数据库，妥善保存金融机构提交的大额交易和可疑交易报告信息；

（三）按照规定向中国人民银行报告分析结果；

（四）要求金融机构及时补正人民币、外币大额交易和可疑交易报告；

（五）经中国人民银行批准，与境外有关机构交换信息、资料；

（六）中国人民银行规定的其他职责。

第七条　中国人民银行及其工作人员应当对依法履行反洗钱职责获得的信息予以保密，不得违反规定对外提供。

中国反洗钱监测分析中心及其工作人员应当对依法履行反洗钱职责获得的客户身份资料、大额交易和可疑交易信息予以保密；非依法律规定，不得向任何单位和个人提供。

第八条　金融机构及其分支机构应当依法建立健全反洗钱内部控制制度，设立反洗钱专门机构或者指定内设机构负责反洗钱工作，制定反洗钱内部操作规程和控制措施，对工作人员进行反洗钱培训，增强反洗钱工作能力。

金融机构及其分支机构的负责人应当对反洗钱内部控制制度的有效实施负责。

第九条　金融机构应当按照规定建立和实施客户身份识别制度。

（一）对要求建立业务关系或者办理规定金额以上的一次性金融业务的客户身份进行识别，要求客户出示真实有效的身份证件或者其他身份证明文件，进行核对并登记，客户身份信息发生变化时，应当及时予以更新；

（二）按照规定了解客户的交易目的和交易性质，有效识别交易的受益人；

（三）在办理业务中发现异常迹象或者对先前获得的客户身份资料的真实性、有效性、完整性有疑问的，应当重新识别客户身份；

（四）保证与其有代理关系或者类似业务关系的境外金融机构进行有效的客户身份识别，并可从该境外金融机构获得所需的客户身份信息。

前款规定的具体实施办法由中国人民银行会同中国银行业监督管理委员会、中国证券监督管理委员会和中国保险监督管理委员会制定。

第十条　金融机构应当在规定的期限内，妥善保存客户身份资料和能够反映每笔交易的数据信息、业务凭证、账簿等相关资料。

前款规定的具体实施办法由中国人民银行会同中国银行业监督管理委员会、中国证券监督管理委员会、中国保险监督管理委员会制定。

第十一条　金融机构应当按照规定向中国反洗钱监测分析中心报告人民币、外币大额交易和可疑交易。

前款规定的具体实施办法由中国人民银行另行制定。

第十二条　中国人民银行会同中国银行业监督管理委员会、中国证券监督管理委员会、中国保险监督管理委员会指导金融行业自律组织制定本行业的反洗钱工作指引。

第十三条　金融机构在履行反洗钱义务过程中，发现涉嫌犯罪的，应当及时以书面形式向中国人民银行当地分支机构和当地公安机关报告。

第十四条　金融机构及其工作人员应当依法协助、配合司法机关和行政执法机关打击洗钱活动。

金融机构的境外分支机构应当遵循驻在国家或者地区反洗钱方面的法律规定，协助配合驻在国家或者地区反洗钱机构的工作。

第十五条　金融机构及其工作人员对依法履行反洗钱义务获得的客户身份资料和交易信息应当予以保密；非依法律规定，不得向任何单位和个人提供。

金融机构及其工作人员应当对报告可疑交易、配合中国人民银行调查可疑交易活动等有关反洗钱工作信息予以保密，不得违反规定向客户和其他人员提供。

第十六条　金融机构及其工作人员依法提交大额交易和可疑交易报告，受法律保护。

第十七条　金融机构应当按照中国人民银行的规定，报送反洗钱统计报表、信息资料以及稽核审计报告中与反洗钱工作有关的内容。

第十八条　中国人民银行及其分支机构根据履行反洗钱职责的需要，可以采取下列措施进行反洗钱现场检查：

（一）进入金融机构进行检查；

（二）询问金融机构的工作人员，要求其对有关检查事项作出说明；

（三）查阅、复制金融机构与检查事项有关的文件、资料，并对可能被转移、销毁、隐匿或者篡改的文件资料予以封存；

（四）检查金融机构运用电子计算机管理业务数据的系统。

中国人民银行或者其分支机构实施现场检查前，应填写现场检查立项审批表，列明检查对象、检查内容、时间安排等内容，经中国人民银行或者其分支机构负责人批准后实施。

现场检查时，检查人员不得少于 2 人，并应出示执法证和检查通知书；检查人员少于 2 人或者未出示执法证和检查通知书的，金融机构有权拒绝检查。

现场检查后，中国人民银行或者其分支机构应当制作现场检查意见书，加盖公章，送达被检查机构。现场检查意见书的内容包括检查情况、检查评价、改进意见与措施。

第十九条　中国人民银行及其分支机构根据履行反洗钱职责的需要，可以与金融机构董事、高级管理人员谈话，要求其就金融机构履行反洗钱义务的重大事项作出说明。

第二十条　中国人民银行对金融机构实施现场检查，必要时将检查情况通报中国银行业监督管理委员会、中国证券监督管理委员会或者中国保险监督管理委员会。

第二十一条　中国人民银行或者其省一级分支机构发现可疑交易活动需要调查核实的，可以向金融机构调查可疑交易活动涉及的客户账户信息、交易记录和其他有关资料，金融机构及其工作人员应当予以配合。

前款所称中国人民银行或者其省一级分支机构包括中国人民银行总行、上海总部、分行、营业管理部、省会（首府）城市中心支行、副省级城市中心支行。

第二十二条　中国人民银行或者其省一级分支机构调查可疑交易活动，可以询问金融机构的工作人员，要求其说明情况；查阅、复制被调查的金融机构客户的账户信息、交易记录和其他有关资料；对可能被转移、隐藏、篡改或者毁损的文件、资料，可以封存。

调查可疑交易活动时，调查人员不得少于 2 人，并出示执法证和中国人民银行或者其省一级分支机构出具的调查通知书。查阅、复制、封存被调查的金融机构客户的账户信息、交易记录和其他有关资料，应当经中国人民银行或者其省一级分支机构负责人批准。调查人员违反规定程序的，金融机构有权拒绝调查。

询问应当制作询问笔录。询问笔录应当交被询问人核对。记载有遗漏或者差错的，被询问人可以要求补充或者更正。被询问人确认笔录无误后，应当签名或者盖章；调查人员也应当在笔录上签名。

调查人员封存文件、资料，应当会同在场的金融机构工作人员查点清楚，当场开列清单一式二份，由调查人员和在场的金融机构工作人员签名或者盖章，一份交金融机构，一份附卷备查。

第二十三条　经调查仍不能排除洗钱嫌疑的，应当立即向有管辖权的侦查机关报案。对客户要求将调查所涉及的账户资金转往境外的，金融机构应当立即向中国人民银行当地分支机构报告。经中国人民银行负责人批准，中国人民银行可以采取临时冻结措施，并以书面形式通知金融机构，金融机构接到通知后应当立即予以执行。

侦查机关接到报案后，认为需要继续冻结的，金融机构在接到侦查机关继续冻结的通知后，应当予以配合。侦查机关认为不需要继续冻结的，中国人民银行在接到侦查机关不需要继续冻结的通知后，应当立即以书面形式通知金融机构解除临时冻结。

临时冻结不得超过 48 小时。金融机构在按照中国人民银行的要求采取临时冻结措施后 48 小时内，未接到侦查机关继续冻结通知的，应当立即解除临时冻结。

第二十四条　中国人民银行及其分支机构从事反洗钱工作的人员有下列行为之一的，依法给予行政处分：

（一）违反规定进行检查、调查或者采取临时冻结措施的；

（二）泄露因反洗钱知悉的国家秘密、商业秘密或者个人隐私的；

（三）违反规定对有关机构和人员实施行政处罚的；

（四）其他不依法履行职责的行为。

第二十五条　金融机构违反本规定的，由中国人民银行或者其地市中心支行以上分支机构按照《中华人民共和国反洗钱法》第三十一条、第三十二条的规定进行处罚；区别不同情形，建议中国银行业监督管理委员会、中国证券监督管理委员会或者中国保险监督管理委员会采取下列措施：

（一）责令金融机构停业整顿或者吊销其经营许可证；

（二）取消金融机构直接负责的董事、高级管理人员和其他直接责任人员的任职资格、禁止其从事有关金融行业工作；

（三）责令金融机构对直接负责的董事、高级管理人员和其他直接责任人员给予纪律处分。

中国人民银行县（市）支行发现金融机构违反本规定的，应报告其上一级分支机构，由该分支机构按照前款规定进行处罚或者提出建议。

第二十六条　中国人民银行和其地市中心支行以上分支机构对金融机构违反本规定的行为给予行政处罚的，应当遵守《中国人民银行行政处罚程序规定》的有关规定。

第二十七条　本规定自 2007 年 1 月 1 日起施行。2003 年 1 月 3 日中国人民银行发布的《金融机构反洗钱规定》同时废止。

金融机构客户身份识别和客户身份资料及交易记录保存管理办法

（中国人民银行、中国银行业监督管理委员会、中国证券监督管理委员会、中国保险监督管理委员会令〔2007〕第2号）

根据《中华人民共和国反洗钱法》等法律规定，中国人民银行、中国银行业监督管理委员会、中国证券监督管理委员会和中国保险监督管理委员会制定了《金融机构客户身份识别和客户身份资料及交易记录保存管理办法》，现予发布，自2007年8月1日起施行。

人民银行行长：周小川
银监会主席：刘明康
证监会主席：尚福林
保监会主席：吴定富
二〇〇七年六月二十一日

金融机构客户身份识别和客户身份资料及交易记录保存管理办法

第一章　总　则

第一条 为了预防洗钱和恐怖融资活动，规范金融机构客户身份识别、客户身份资料和交易记录保存行为，维护金融秩序，根据《中华人民共和国反洗钱法》等法律、行政法规的规定，制定本办法。

第二条 本办法适用于在中华人民共和国境内依法设立的下列金融机构：

（一）政策性银行、商业银行、农村合作银行、城市信用合作社、农村信用合作社。

（二）证券公司、期货公司、基金管理公司。

（三）保险公司、保险资产管理公司。

（四）信托公司、金融资产管理公司、财务公司、金融租赁公司、汽车金融公司、货币经纪公司。

（五）中国人民银行确定并公布的其他金融机构。

从事汇兑业务、支付清算业务和基金销售业务的机构履行客户身份识别、客户身份资料和交易记录保存义务适用本办法。

第三条 金融机构应当勤勉尽责，建立健全和执行客户身份识别制度，遵循“了解你的客户”的原则，针对具有不同洗钱或者恐怖融资风险特征的客户、业务关系或者交易，采取相应的措施，了解客户及其交易目的和交易性质，了解实际控制客户的自然人和交易的实际受益人。

金融机构应当按照安全、准确、完整、保密的原则，妥善保存客户身份资料和交易记录，确保能足以重现每项交易，以提供识别客户身份、监测分析交易情况、调查可疑交易活动和查处洗钱案件所需的信息。

第四条 金融机构应当根据反洗钱和反恐怖融资方面的法律规定，建立和健全客户身份识别、客户身份资料和交易记录保存等方面的内部操作规程，指定专人负责反洗钱和反恐融资合规管理工作，合理设计业务流程和操作规范，并定期进行内部审计，评估内部操作规程是否健全、有效，及时修改和完善相关制度。

第五条 金融机构应当对其分支机构执行客户身份识别制度、客户身份资料和交易记录保存制度的情况进行监督管理。

金融机构总部、集团总部应对客户身份识别、客户身份资料和交易记录保存工作作出统一要求。

金融机构应要求其境外分支机构和附属机构在驻在国家（地区）法律规定允许的范围内，执行本办法的有关要求，驻在国家（地区）有更严格要求的，遵守其规定。如果本办法的要求比驻在国家（地区）的相关规定更为严格，但驻在国家（地区）法律禁止或者限制境外分支机构和附属机构实施本办法，金融机构应向中国人民银行报告。

第六条 金融机构与境外金融机构建立代理行或者类似业务关系时，应当充分收集有关境外金融机构业务、声誉、内部控制、接受监管等方面的信息，评估境外金融机构接受反洗钱监管的情况和反洗钱、反恐怖融资措施的健全性和有效性，以书面方式明确本金融机构与境外金融机构在客户身份识别、客户身份资料和交易记录保存方面的职责。

金融机构与境外金融机构建立代理行或者类似业务关系应当经董事会或者其他高级管理层的批准。

第二章　客户身份识别制度

第七条 政策性银行、商业银行、农村合作银行、城市信用合作社、农村信用合作社等金融机构和从事汇兑业务的机构，在以开立账户等方式与客户建立业务关系，为不在本机构开立账户的客户提供现金汇款、现钞兑换、票据兑付等一次性金融服务且交易金额单笔人民币 1 万元以上或者外币等值 1000 美元以上的，应当识别客户身份，了解实际控制客户的自然人和交易的实际受益人，核对客户的有效身份证件或者其他身份证明文件，登记客户身份基本信息，并留存有效身份证件或者其他身份证明文件的复印件或者影印件。

如客户为外国政要，金融机构为其开立账户应当经高级管理层的批准。

第八条 商业银行、农村合作银行、城市信用合作社、农村信用合作社等金融机构为自然人客户办理人民币单笔 5 万元以上或者外币等值 1 万美元以上现金存取业务的，应当核对客户的有效身份证件或者其他身份证明文件。

第九条 金融机构提供保管箱服务时，应了解保管箱的实际使用人。

第十条 政策性银行、商业银行、农村合作银行、城市信用合作社、农村信用合作社等金融机构和从事汇兑业务的机构为客户向境外汇出资金时，应当登记汇款人的姓名或者名称、账号、住所和收款人的姓名、住所等信息，在汇兑凭证或者相关信息系统中留存上述信息，并向接收汇款的境外机构提供汇款人的姓名或者名称、账号、住所等信息。汇款人没有在本金融机构开户，金融机构无法登记汇款人账号的，可登记并向接收汇款的境外机构提供其他相关信息，确保该笔交易的可跟踪稽核。境外收款人住所不明确的，金融机构可登记接收汇款的境外机构所在地名称。

接收境外汇入款的金融机构，发现汇款人姓名或者名称、汇款人账号和汇款人住所三项信息中任何一项缺失的，应要求境外机构补充。如汇款人没有在办理汇出业务的境外机构开立账户，接收汇款的境内金融机构无法登记汇款人账号的，可登记其他相关信息，确保该笔交易的可跟踪稽核。境外汇款人住所不明确的，境内金融机构可登记资金汇出地名称。

第十一条 证券公司、期货公司、基金管理公司以及其他从事基金销售业务的机构在办理以下业务时，应当识别客户身份，了解实际控制客户的自然人和交易的实际受益人，核对客户的有效身份证件或者其他身份证明文件，登记客户身份基本信息，并留存有效身份证件或者其他身份证明文件的复印件或者影印件：

（一）资金账户开户、销户、变更，资金存取等。

（二）开立基金账户。

（三）代办证券账户的开户、挂失、销户或者期货客户交易编码的申请、挂失、销户。

（四）与客户签订期货经纪合同。

（五）为客户办理代理授权或者取消代理授权。

（六）转托管，指定交易、撤销指定交易。

（七）代办股份确认。

（八）交易密码挂失。

（九）修改客户身份基本信息等资料。

（十）开通网上交易、电话交易等非柜面交易方式。

（十一）与客户签订融资融券等信用交易合同。

（十二）办理中国人民银行和中国证券监督管理委员会确定的其他业务。

第十二条 对于保险费金额人民币 1 万元以上或者外币等值 1000 美元以上且以现金形式缴纳的财产保险合同，单个被保险人保险费金额人民币 2 万元以上或者外币等值 2000 美元以上且以现金形式缴纳的人身保险合同，保险费金额人民币 20 万元以上或者外币等值 2 万美元以上且以转账形式缴纳的保险合同，保险公司在订立保险合同时，应确认投保人与被保险人的关系，核对投保人和人身保险被保险人、法定继承人以外的指定受益人的有效身份证件或者其他身份证明文件，登记投保人、被保险人、法定继承人以外的指定受益人的身份基本信息，并留存有效身份证件或者其他身份证明文件的复印件或者影印件。

第十三条 在客户申请解除保险合同时，如退还的保险费或者退还的保险单的现金价值金额为人民币 1 万元以上或者外币等值 1000 美元以上的，保险公司应当要求退保申请人出示保险合同原件或者保险凭证原件，核对退保申请人的有效身份证件或者其他身份证明文件，确认申请人的身份。

第十四条 在被保险人或者受益人请求保险公司赔偿或者给付保险金时，如金额为人民币 1 万元以上或者外币等值 1000 美元以上，保险公司应当核对被保险人或者受益人的有效身份证件或者其他身份证明文件，确认被保险人、受益人与投保人之间的关系，登记被保险人、受益人身份基本信息，并留存有效身份证件或者其他身份证明文件的复印件或者影印件。

第十五条 信托公司在设立信托时，应当核对委托人的有效身份证件或者其他身份证明文件，了解信托财产的来源，登记委托人、受益人的身份基本信息，并留存委托人的有效身份证件或者其他身份证明文件的复印件或者影印件。

第十六条 金融资产管理公司、财务公司、金融租赁公司、汽车金融公司、货币经纪公司、保险资产管理公司以及中国人民银行确定的其他金融机构在与客户签订金融业务合同时，应当核对客户的有效身份证件或者其他身份证明文件，登记客户身份基本信息，并留存有效身份证件或者其他身份证明文件的复印件或者影印件。

第十七条 金融机构利用电话、网络、自动柜员机以及其他方式为客户提供非柜台方式的服务时，应实行严格的身份认证措施，采取相应的技术保障手段，强化内部管理程序，识别客户身份。

第十八条 金融机构应按照客户的特点或者账户的属性，并考虑地域、业务、行业、客户是否为外国政要等因素，划分风险等级，并在持续关注的基础上，适时调整风险等级。在同等条件下，来自于反洗钱、反恐怖融资监管薄弱国家（地区）客户的风险等级应高于来自于其他国家（地区）的客户。

金融机构应当根据客户或者账户的风险等级，定期审核本金融机构保存的客户基本信息，对风险等级较高客户或者账户的审核应严于对风险等级较低客户或者账户的审核。对本金融机构风险等级最高的客户或者账户，至少每半年进行一次审核。

金融机构的风险划分标准应报送中国人民银行。

第十九条 在与客户的业务关系存续期间，金融机构应当采取持续的客户身份识别措施，关注客户及其日常经营活动、金融交易情况，及时提示客户更新资料信息。

对于高风险客户或者高风险账户持有人，金融机构应当了解其资金来源、资金用途、经济状况或者经营状况等信息，加强对其金融交易活动的监测分析。客户为外国政要的，金融机构应采取合理措施了解其资金来源和用途。

客户先前提交的身份证件或者身份证明文件已过有效期的，客户没有在合理期限内更新且没有提出合理理由的，金融机构应中止为客户办理业务。

第二十条 金融机构应采取合理方式确认代理关系的存在，在按照本办法的有关要求对被代理人采取客户身份识别措施时，应当核对代理人的有效身份证件或者身份证明文件，登记代理人的姓名或者名称、联系方式、身份证件或者身份证明文件的种类、号码。

第二十一条 除信托公司以外的金融机构了解或者应当了解客户的资金或者财产属于信托财产的，应当识别信托关系当事人的身份，登记信托委托人、受益人的姓名或者名称、联系方式。

第二十二条 出现以下情况时，金融机构应当重新识别客户：

（一）客户要求变更姓名或者名称、身份证件或者身份证明文件种类、身份证件号码、注册资本、经营范围、法定代表人或者负责人的。

（二）客户行为或者交易情况出现异常的。

（三）客户姓名或者名称与国务院有关部门、机构和司法机关依法要求金融机构协查或者关注的犯罪嫌疑人、洗钱和恐怖融资分子的姓名或者名称相同的。

（四）客户有洗钱、恐怖融资活动嫌疑的。

（五）金融机构获得的客户信息与先前已经掌握的相关信息存在不一致或者相互矛盾的。

（六）先前获得的客户身份资料的真实性、有效性、完整性存在疑点的。

（七）金融机构认为应重新识别客户身份的其他情形。

第二十三条 金融机构除核对有效身份证件或者其他身份证明文件外，可以采取以下的一种或者几种措施，识别或者重新识别客户身份：

（一）要求客户补充其他身份资料或者身份证明文件。

（二）回访客户。

（三）实地查访。

（四）向公安、工商行政管理等部门核实。

（五）其他可依法采取的措施。

银行业金融机构履行客户身份识别义务时，按照法律、行政法规或部门规章的规定需核对相关自然人的居民身份证的，应通过中国人民银行建立的联网核查公民身份信息系统进行核查。其他金融机构核实自然人的公民身份信息时，可以通过中国人民银行建立的联网核查公民身份信息系统进行核查。

第二十四条 金融机构委托其他金融机构向客户销售金融产品时，应在委托协议中明确双方在识别客户身份方面的职责，相互间提供必要的协助，相应采取有效的客户身份识别措施。

符合下列条件时，金融机构可信赖销售金融产品的金融机构所提供的客户身份识别结果，不再重复进行已完成的客户身份识别程序，但仍应承担未履行客户身份识别义务的责任：

（一）销售金融产品的金融机构采取的客户身份识别措施符合反洗钱法律、行政法规和本办法的要求。

（二）金融机构能够有效获得并保存客户身份资料信息。

第二十五条 金融机构委托金融机构以外的第三方识别客户身份的，应当符合下列要求：

（一）能够证明第三方按反洗钱法律、行政法规和本办法的要求，采取了客户身份识别和身份资料保存的必要措施。

（二）第三方为本金融机构提供客户信息，不存在法律制度、技术等方面的障碍。

（三）本金融机构在办理业务时，能立即获得第三方提供的客户信息，还可在必要时从第三方获得客户的有效身份证件、身份证明文件的原件、复印件或者影印件。

委托第三方代为履行识别客户身份的，金融机构应当承担未履行客户身份识别义务的责任。

第二十六条 金融机构在履行客户身份识别义务时，应当向中国反洗钱监测分析中心和中国人民银行当地分支机构报告以下可疑行为：

（一）客户拒绝提供有效身份证件或者其他身份证明文件的。

（二）对向境内汇入资金的境外机构提出要求后，仍无法完整获得汇款人姓名或者名称、汇款人账号和汇款人住所及其他相关替代性信息的。

（三）客户无正当理由拒绝更新客户基本信息的。

（四）采取必要措施后，仍怀疑先前获得的客户身份资料的真实性、有效性、完整性的。

（五）履行客户身份识别义务时发现的其他可疑行为。

金融机构报告上述可疑行为参照《金融机构大额交易和可疑交易报告管理办法》（中国人民银行令〔2006〕第2号发布）及相关规定执行。

第三章　客户身份资料和交易记录保存

第二十七条 金融机构应当保存的客户身份资料包括记载客户身份信息、资料以及反映金融机构开展客户身份识别工作情况的各种记录和资料。

金融机构应当保存的交易记录包括关于每笔交易的数据信息、业务凭证、账簿以及有关规定要求的反映交易真实情况的合同、业务凭证、单据、业务函件和其他资料。

第二十八条 金融机构应采取必要管理措施和技术措施，防止客户身份资料和交易记录的缺失、损毁，防止泄露客户身份信息和交易信息。

金融机构应采取切实可行的措施保存客户身份资料和交易记录，便于反洗钱调查和监督管理。

第二十九条 金融机构应当按照下列期限保存客户身份资料和交易记录：

（一）客户身份资料，自业务关系结束当年或者一次性交易记账当年计起至少保存 5 年。

（二）交易记录，自交易记账当年计起至少保存 5 年。

如客户身份资料和交易记录涉及正在被反洗钱调查的可疑交易活动，且反洗钱调查工作在前款规定的最低保存期届满时仍未结束的，金融机构应将其保存至反洗钱调查工作结束。

同一介质上存有不同保存期限客户身份资料或者交易记录的，应当按最长期限保存。同一客户身份资料或者交易记录采用不同介质保存的，至少应当按照上述期限要求保存一种介质的客户身份资料或者交易记录。

法律、行政法规和其他规章对客户身份资料和交易记录有更长保存期限要求的，遵守其规定。

第三十条 金融机构破产或者解散时，应当将客户身份资料和交易记录移交中国银行业监督管理委员会、中国证券监督管理委员会或者中国保险监督管理委员会指定的机构。

第四章　法律责任

第三十一条 金融机构违反本办法的，由中国人民银行按照《中华人民共和国反洗钱法》第三十一条、第三十二条的规定予以处罚；区别不同情形，向中国银行业监督管理委员会、中国证券监督管理委员会或者中国保险监督管理委员会建议采取下列措施：

（一）责令金融机构停业整顿或者吊销其经营许可证。

（二）取消金融机构直接负责的董事、高级管理人员和其他直接责任人员的任职资格，禁止其从事有关金融行业的工作。

（三）责令金融机构对直接负责的董事、高级管理人员和其他直接责任人员给予纪律处分。

中国人民银行县（市）支行发现金融机构违反本办法的，应当报告上一级中国人民银行分支机构，由上一级分支机构按照前款规定进行处罚或者提出建议。

第五章　附　则

第三十二条 保险公司在办理再保险业务时，履行客户身份识别义务不适用本办法。

第三十三条 本办法下列用语的含义如下：

自然人客户的“身份基本信息”包括客户的姓名、性别、国籍、职业、住所地或者工作单位地址、联系方式，身份证件或者身份证明文件的种类、号码和有效期限。客户的住所地与经常居住地不一致的，登记客户的经常居住地。

法人、其他组织和个体工商户客户的“身份基本信息”包括客户的名称、住所、经营范围、组织机构代码、税务登记证号码；可证明该客户依法设立或者可依法开展经营、社会活动的执照、证件或者文件的名称、号码和有效期限；控股股东或者实际控制人、法定代表人、负责人和授权办理业务人员的姓名、身份证件或者身份证明文件的种类、号码、有效期限。

第三十四条 本办法由中国人民银行会同中国银行业监督管理委员会、中国证券监督管理委员会、中国保险监督管理委员会解释。

第三十五条 本办法自 2007 年 8 月 1 日起施行。

金融机构客户尽职调查和客户身份资料及交易记录保存管理办法[1]

（中国人民银行 中国银行保险监督管理委员会 中国证券监督管理委员会令〔2022〕第1号）

《金融机构客户尽职调查和客户身份资料及交易记录保存管理办法》已经2021年10月29日中国人民银行2021年第10次行务会议审议通过和银保监会、证监会审签，现予发布，自2022年3月1日起施行。

中国人民银行 行长　易纲
银保监会 主席　郭树清
证 监 会 主席　易会满
2022年1月19日

金融机构客户尽职调查和客户身份资料及交易记录保存管理办法

第一章　总 则

第一条　为了预防和遏制洗钱和恐怖融资活动，规范金融机构客户尽职调查、客户身份资料及交易记录保存行为，维护国家安全和金融秩序，根据《中华人民共和国反洗钱法》《中华人民共和国反恐怖主义法》等法律、行政法规的规定，制定本办法。

第二条　本办法适用于在中华人民共和国境内依法设立的下列金融机构：

（一）开发性金融机构、政策性银行、商业银行、农村合作银行、农村信用合作社、村镇银行；

（二）证券公司、期货公司、证券投资基金管理公司；

（三）保险公司、保险资产管理公司；

（四）信托公司、金融资产管理公司、企业集团财务公司、金融租赁公司、汽车金融公司、消费金融公司、货币经纪公司、贷款公司、理财公司；

（五）中国人民银行确定并公布的从事金融业务的其他机构。

非银行支付机构、银行卡清算机构、资金清算中心以及从事汇兑业务、基金销售业务、保险

1　2022年2月21日，人民银行、银保监会、证监会联合发布公告："原定2022年3月1日起施行的《金融机构客户尽职调查和客户身份资料及交易记录保存管理办法》（中国人民银行 银保监会 证监会令〔2022〕第1号）因技术原因暂缓施行。相关业务按原规定办理。"
http://www.pbc.gov.cn/goutongjiaoliu/113456/113469/4477355/index.html.

专业代理和保险经纪业务的机构履行客户尽职调查、客户身份资料及交易记录保存义务适用本办法关于金融机构的规定。

第三条 金融机构应当勤勉尽责，遵循“了解你的客户”的原则，识别并核实客户及其受益所有人身份，针对具有不同洗钱或者恐怖融资风险特征的客户、业务关系或者交易，采取相应的尽职调查措施。

金融机构在与客户业务存续期间，应当采取持续的尽职调查措施。针对洗钱或者恐怖融资风险较高的情形，金融机构应当采取相应的强化尽职调查措施，必要时应当拒绝建立业务关系或者办理业务，或者终止已经建立的业务关系。

第四条 金融机构应当按照安全、准确、完整、保密的原则，妥善保存客户身份资料及交易记录，确保足以重现每笔交易，以提供客户尽职调查、监测分析交易、调查可疑交易活动以及查处洗钱和恐怖融资案件所需的信息。

第五条 金融机构应当根据本办法以及反洗钱和反恐怖融资相关法律规定，结合金融机构面临的洗钱和恐怖融资风险状况，建立健全客户尽职调查、客户身份资料及交易记录保存等方面的内部控制制度，定期审计、评估内部控制制度是否健全、有效，及时修改和完善相关制度。

金融机构应当合理设计业务流程和操作规范，以保证客户尽职调查、客户身份资料及交易记录保存制度有效执行。

第六条 金融机构应当在总部层面对客户尽职调查、客户身份资料及交易记录保存工作作出统一部署或者安排，制定反洗钱和反恐怖融资信息共享制度和程序，以保证客户尽职调查、洗钱和恐怖融资风险管理工作有效开展。

金融机构应当对其分支机构执行客户尽职调查制度、客户身份资料及交易记录保存制度的情况进行监督管理。

金融机构应当要求其境外分支机构和附属机构在驻在国家或地区法律规定允许的范围内，执行本办法的有关要求，驻在国家或地区有更严格要求的，遵守其规定。如果本办法的要求比驻在国家或地区的相关规定更为严格，但驻在国家或地区法律禁止或者限制境外分支机构和附属机构实施本办法的，金融机构应当采取适当措施应对洗钱和恐怖融资风险，并向中国人民银行报告。

第二章　客户尽职调查

第一节　一般规定

第七条 金融机构在与客户建立业务关系、办理规定金额以上一次性交易和业务关系存续期间，怀疑客户及其交易涉嫌洗钱或恐怖融资的，或者对先前获得的客户身份资料的真实性、有效性或完整性存疑的，应当开展客户尽职调查，采取以下尽职调查措施：

（一）识别客户身份，并通过来源可靠、独立的证明材料、数据或者信息核实客户身份；

（二）了解客户建立业务关系和交易的目的和性质，并根据风险状况获取相关信息；

（三）对于洗钱或者恐怖融资风险较高的情形，了解客户的资金来源和用途，并根据风险状况采取强化的尽职调查措施；

（四）在业务关系存续期间，对客户采取持续的尽职调查措施，审查客户状况及其交易情况，以确认为客户提供的各类服务和交易符合金融机构对客户身份背景、业务需求、风险状况以及对其资金来源和用途等方面的认识；

（五）对于客户为法人或者非法人组织的，识别并采取合理措施核实客户的受益所有人。

金融机构应当根据风险状况差异化确定客户尽职调查措施的程度和具体方式，不应采取与风险状况明显不符的尽职调查措施，把握好防范风险与优化服务的平衡。

第八条 金融机构不得为身份不明的客户提供服务或者与其进行交易，不得为客户开立匿名账户或者假名账户，不得为冒用他人身份的客户开立账户。

第九条 开发性金融机构、政策性银行、商业银行、农村合作银行、农村信用合作社、村镇银行等金融机构和从事汇兑业务的机构在办理以下业务时，应当开展客户尽职调查，并登记客户身份基本信息，留存客户有效身份证件或者其他身份证明文件的复印件或者影印件：

（一）以开立账户或者通过其他协议约定等方式与客户建立业务关系的；

（二）为不在本机构开立账户的客户提供现金汇款、现钞兑换、票据兑付、实物贵金属买卖、销售各类金融产品等一次性交易且交易金额单笔人民币5万元以上或者外币等值1万美元以上的。

第十条 商业银行、农村合作银行、农村信用合作社、村镇银行等金融机构为自然人客户办理人民币单笔5万元以上或者外币等值1万美元以上现金存取业务的，应当识别并核实客户身份，了解并登记资金的来源或者用途。

第十一条 金融机构提供保管箱服务时，应当了解保管箱的实际使用人，登记实际使用人的姓名、联系方式、有效身份证件或者其他身份证明文件的种类、号码和有效期限，并留存实际使用人有效身份证件或者其他身份证明文件的复印件或者影印件。

第十二条 证券公司、期货公司、证券投资基金管理公司以及其他从事基金销售业务的机构在为客户办理以下业务时，应当开展客户尽职调查，并登记客户身份基本信息，留存客户有效身份证件或者其他身份证明文件的复印件或者影印件：

（一）经纪业务；

（二）资产管理业务；

（三）向不在本机构开立账户的客户销售各类金融产品且交易金额单笔人民币5万元以上或者外币等值1万美元以上的；

（四）融资融券、股票质押、约定购回等信用交易类业务；

（五）场外衍生品交易等柜台业务；

（六）承销与保荐、上市公司并购重组财务顾问、公司债券受托管理、非上市公众公司推荐、资产证券化等业务；

（七）中国人民银行和中国证券监督管理委员会规定的应当开展客户尽职调查的其他证券业务。

第十三条 保险公司在与客户订立人寿保险合同和具有投资性质的保险合同时，应当开展客户尽职调查，确认投保人和被保险人之间的关系，以及被保险人和受益人之间的关系，登记投保人身份基本信息，并留存投保人有效身份证件或者其他身份证明文件的复印件或者影印件；识别并核实被保险人、受益人的身份，登记被保险人、受益人的姓名或者名称、联系方式、有效身份证件或者其他身份证明文件的种类、号码和有效期限，并留存被保险人、受益人有效身份证件或者其他身份证明文件的复印件或者影印件。当上述保险合同未明确指定受益人，而是通过特征描述、法定继承或者其他方式指定受益人时，保险公司应当在明确受益人身份或者赔偿或给付保险金时识别并核实受益人身份。

对于保险费金额人民币5万元以上或者外币等值1万美元以上的财产保险合同和健康保险、

意外伤害保险等人身保险合同，保险公司在与客户订立保险合同时，应当识别并核实投保人、被保险人身份，登记投保人、被保险人、受益人的姓名或者名称、联系方式、有效身份证件或者其他身份证明文件的种类、号码和有效期限，并留存投保人有效身份证件或者其他身份证明文件的复印件或者影印件。

第十四条 在客户申请解除保险合同、减保或者办理保单贷款时，如退还的保险费或者提供的贷款金额为人民币1万元以上或者外币等值1000美元以上的，保险公司应当要求申请人出示保险合同或者保险凭证，核实申请人身份，登记退保、减保或者办理保单贷款原因，将保险费退还或者发放至投保人本人账户，如遇特殊情况无法将保险费退还或者发放至投保人本人账户的，需登记原因并经高级管理层批准。

第十五条 对于人寿保险合同和其他具有投资性质的保险合同，保险公司在赔偿或者给付保险金时，应当核实被保险人、受益人身份，并留存受益人有效身份证件或者其他身份证明文件的复印件或者影印件。

对于财产保险合同和健康保险、意外伤害保险等人身保险合同，当被保险人或者受益人请求保险公司赔偿时，如金额为人民币5万元以上或者外币等值1万美元以上的，保险公司应当识别并核实被保险人或者受益人身份，登记被保险人或者受益人的姓名或者名称、联系方式、有效身份证件或者其他身份证明文件的种类、号码和有效期限，并留存被保险人或者受益人有效身份证件或者其他身份证明文件的复印件或者影印件。

保险公司应当将保险金支付给保单受益人、被保险人或者指定收款人的账户。对于被保险人或者受益人请求将保险金支付给被保险人、受益人、指定收款人以外第三人的，保险公司应当确认被保险人和实际收款人之间的关系，或者受益人和实际收款人之间的关系，识别并核实实际收款人身份，登记实际收款人的姓名或者名称、联系方式、有效身份证件或者其他身份证明文件的种类、号码和有效期限，并留存实际收款人有效身份证件或者其他身份证明文件的复印件或者影印件。

第十六条 保险公司在与客户订立养老保障管理合同时，应当识别并核实委托人身份，登记委托人身份基本信息，并留存委托人有效身份证件或者其他身份证明文件的复印件或者影印件；在办理资金领取时，如金额为单笔人民币5万元以上或者外币等值1万美元以上的，保险公司应当识别并核实受益人身份。

第十七条 非银行支付机构在办理以下业务时，应当开展客户尽职调查，并登记客户身份基本信息，留存客户有效身份证件或者其他身份证明文件的复印件或者影印件：

（一）以开立支付账户等方式与客户建立业务关系，以及向客户出售记名预付卡或者一次性出售不记名预付卡人民币1万元以上的；

（二）通过签约或者绑卡等方式为不在本机构开立支付账户的客户提供支付交易处理且交易金额为单笔人民币1万元以上或者外币等值1000美元以上，或者30天内资金双边收付金额累计人民币5万元以上或者外币等值1万美元以上的；

（三）中国人民银行规定的其他情形。

第十八条 银行、非银行支付机构为特约商户提供收单服务，应当对特约商户开展客户尽职调查，并登记特约商户及其法定代表人或者负责人身份基本信息，留存特约商户及其法定代表人或者负责人有效身份证件或者其他身份证明文件的复印件或者影印件。

第十九条 信托公司在设立信托或者为客户办理信托受益权转让时，应当识别并核实委托人身份，了解信托财产的来源，登记委托人、受益人的身份基本信息，并留存委托人有效身份证件或者其他身份证明文件的复印件或者影印件。

第二十条　对于客户的资金是信托资金或者财产属于信托财产的，金融机构与客户建立业务关系或者提供规定金额以上一次性交易时，应当识别信托关系委托人、受托人、受益人以及其他最终有效控制信托财产的自然人身份，登记其姓名或者名称、联系方式。

第二十一条　保险资产管理公司、金融资产管理公司、企业集团财务公司、金融租赁公司、汽车金融公司、消费金融公司、货币经纪公司、贷款公司、理财公司以及中国人民银行确定的其他金融机构，在与客户建立业务关系时，应当识别并核实客户身份，登记客户身份基本信息，并留存客户有效身份证件或者其他身份证明文件的复印件或者影印件。

金融机构通过其他机构开展上述业务时，应当符合本办法第三十九条的规定。

第二十二条　金融机构开展客户尽职调查时，对于客户为法人或者非法人组织的，应当识别并核实客户身份，了解客户业务性质、所有权和控制权结构，识别并采取合理措施核实客户的受益所有人，即通过以下方式最终拥有或者实际控制法人或者非法人组织的一个或者多个自然人：

（一）直接或者间接拥有法人或者非法人组织25%（含）以上股权或合伙权益的自然人；

（二）单独或者联合对法人或者非法人组织进行实际控制的自然人，包括但不限于通过协议约定、亲属关系等方式实施控制，如决定董事或者高级管理人员的任免，决定重大经营、管理决策的制定或者执行，决定财务收支，长期实际支配使用重要资产或者主要资金等；

（三）直接或者间接享有法人或者非法人组织25%（含）以上收益权的自然人。

金融机构应当综合使用上述三种方式识别并核实客户的受益所有人，当使用上述方式均无法识别受益所有人时，识别法人或者非法人组织的高级管理人员。

第二十三条　对于人寿保险合同保单受益人为法人或者非法人组织并且具有较高风险情形的，保险公司应当在赔偿或者给付保险金时采取强化尽职调查措施，识别并采取合理措施核实保单受益人的受益所有人。

第二十四条　金融机构应当通过来源可靠、独立的证明材料、数据或者信息核实客户身份，包括以下一种或者几种方式：

（一）通过公安、市场监督管理、民政、税务、移民管理等部门或者其他政府公开渠道获取的信息核实客户身份；

（二）通过外国政府机构、国际组织等官方认证的信息核实客户身份；

（三）客户补充其他身份资料或者证明材料；

（四）中国人民银行认可的其他信息来源。

银行履行客户尽职调查义务时，按照法律、行政法规、部门规章的规定需核实相关自然人的第二代居民身份证的，应当通过中国人民银行建立的联网核查公民身份信息系统进行核查。

第二十五条　金融机构应当在建立业务关系或者办理一次性交易时，核实客户及其受益所有人身份。在有效管理洗钱和恐怖融资风险的情况下，对于难以中断的正常交易，金融机构可以在建立业务关系后尽快完成客户及其受益所有人身份核实工作。金融机构在未完成客户及其受益所有人身份核实工作前为客户办理业务的，应当采取适当的风险管理措施。

第二十六条　金融机构应当采取合理方式确认代理关系存在，在按照本办法的有关要求对被代理人采取客户尽职调查措施时，应当识别并核实代理人身份，登记代理人的姓名或者名称、联系方式、有效身份证件或者其他身份证明文件的种类、号码，并留存代理人有效身份证件或者其他身份证明文件的复印件或者影印件。

第二十七条 金融机构在与客户建立业务关系时，应当根据客户尽职调查所获得的信息，及时评估客户风险，划分风险等级，并根据客户风险状况确定业务存续期间对客户身份状况的定期审核频次和方式。对洗钱或者恐怖融资风险等级最高的客户，金融机构应当至少每年进行1次审核。

金融机构应当持续关注客户的风险状况、交易情况和身份信息变化，及时调整客户洗钱和恐怖融资风险等级。

第二十八条 金融机构与客户业务存续期间，应当持续关注并审查客户身份状况及交易情况，发生以下情形时，金融机构应当审核本机构保存的客户身份信息，及时更新或者补充客户身份证件或者其他身份证明文件、身份信息或者其他资料，以确认为客户提供的各类服务和交易符合金融机构对客户身份背景、业务需求、风险状况以及对客户资金来源和用途等方面的认识：

（一）客户有关行为或者交易出现异常，或者客户风险状况发生变化的；

（二）金融机构怀疑先前获得的客户身份资料的真实性、有效性、完整性的；

（三）客户要求变更姓名或者名称、身份证件或者其他身份证明文件种类、身份证件号码、经营范围、法定代表人或者受益所有人的；

（四）客户申请变更保险合同投保人、被保险人或者受益人的；

（五）客户先前提交的身份证件或者其他身份证明文件已过有效期的；

（六）其他需要关注并审查客户身份状况及交易情况的。

客户先前提交的身份证件或者其他身份证明文件已过有效期，金融机构在履行必要的告知程序后，客户未在合理期限内更新且未提出合理理由的，金融机构应当中止为客户办理业务。

第二十九条 金融机构与客户建立业务关系时或者业务存续期间，综合考虑客户特征、业务关系、交易目的、交易性质、资金来源和用途等因素，对于存在较高洗钱或者恐怖融资风险情形的，或者客户为国家司法、执法和监察机关调查、发布的涉嫌洗钱或者恐怖融资及相关犯罪人员的，应当根据风险状况采取强化尽职调查措施。

第三十条 对于洗钱或者恐怖融资风险较高的情形以及高风险客户，金融机构应当根据风险情形采取相匹配的以下一种或者多种强化尽职调查措施：

（一）获取业务关系、交易目的和性质、资金来源和用途的相关信息，必要时，要求客户提供证明材料并予以核实；

（二）通过实地查访等方式了解客户的经济状况或者经营状况；

（三）加强对客户及其交易的监测分析；

（四）提高对客户及其受益所有人信息审查和更新的频率；

（五）与客户建立、维持业务关系，或者为客户办理业务，需要获得高级管理层的批准。

金融机构采取强化尽职调查措施后，认为需要对客户的洗钱或者恐怖融资风险进行风险管理的，应当对客户的交易方式、交易规模、交易频率等实施合理限制，认为客户的洗钱或者恐怖融资风险超出金融机构风险管理能力的，应当拒绝交易或者终止已经建立的业务关系。

第三十一条 金融机构参考以下信息，结合客户特征、业务关系或者交易目的和性质，经过风险评估且具有充足理由判断某类客户、业务关系或者交易的洗钱和恐怖融资风险较低时，可以采取相匹配的简化尽职调查措施：

（一）国家洗钱风险评估报告；

（二）中国人民银行发布的反洗钱、反恐怖融资以及账户管理相关规定及指引、风险提示、洗钱类型分析报告和风险评估报告；

（三）其他法律、行政法规有相关规定的。

金融机构采取简化尽职调查措施时，应当至少识别并核实客户身份，登记客户的姓名或者名称、联系方式、有效身份证件或者其他身份证明文件的种类、号码和有效期限等信息，留存客户尽职调查过程中必要的身份资料。对已采取简化尽职调查措施的客户、业务关系或者交易，金融机构应当定期审查其风险状况，根据风险高低调整所提供的服务范围和业务功能；客户、业务关系或者交易存在洗钱和恐怖融资嫌疑或者高风险的情形时，金融机构不得采取简化尽职调查措施。

第三十二条　金融机构无法完成本办法规定的客户尽职调查措施的，应当拒绝建立业务关系，采取必要的限制措施或者拒绝交易，或者终止已经建立的业务关系，并根据风险情形提交可疑交易报告。

第三十三条　如果怀疑客户涉嫌洗钱或者恐怖融资，并且开展客户尽职调查会导致发生泄密事件的，金融机构可以不开展客户尽职调查，但应当提交可疑交易报告。

第二节　其他规定

第三十四条　金融机构与境外金融机构建立代理行或者类似业务关系，或者接受委托为境外经纪机构或其客户提供境内证券期货交易时，应当了解境外机构所在国家或地区洗钱和恐怖融资风险状况，充分收集境外机构代理业务性质、声誉、内部控制、接受监管和调查等方面的信息，评估境外机构接受反洗钱和反恐怖融资监管和调查的情况，以及反洗钱和反恐怖融资措施的健全性和有效性，明确本机构与境外机构在客户尽职调查、客户身份资料及交易记录保存方面的职责。

金融机构与境外金融机构建立代理行或者类似业务关系，或者接受委托为境外经纪机构或其客户提供境内证券期货交易时，应当获得董事会或者向董事会负责的高级管理层的批准。金融机构不得与空壳银行建立代理行或者类似业务关系，同时应当确保代理行不提供账户供空壳银行使用。

金融机构应当持续关注并审查境外机构接受反洗钱和反恐怖融资监管情况，以及境外机构所在国家或地区洗钱和恐怖融资风险状况，评定境外机构风险等级，并实施动态管理。

第三十五条　金融机构应当采取合理措施确定客户及其受益所有人是否为外国政要、国际组织高级管理人员、外国政要或者国际组织高级管理人员的特定关系人。如客户或者其受益所有人为上述人员，金融机构应当采取风险管理措施了解客户及其受益所有人资金或者财产的来源和用途，与客户建立、维持业务关系还应当获得高级管理层批准，并对客户及业务关系采取强化的持续监测措施。

如人寿保险保单受益人或者其受益所有人为外国政要、国际组织高级管理人员、外国政要或者国际组织高级管理人员的特定关系人，保险公司应当在赔偿或者给付保险金时获得高级管理层批准，并对投保人及业务关系采取强化尽职调查措施。

第三十六条　金融机构和从事汇兑业务的机构为客户向境外汇出资金时，应当登记汇款人的姓名或者名称、账号、住所和收款人的姓名或者名称、账号等信息，在汇兑凭证或者相关信息系统中留存上述信息，并向接收汇款的境外机构提供汇款人的姓名或者名称、账号、住所等信息。汇款人未在本机构开户，金融机构无法登记汇款人账号的，可以登记并向接收汇款的境外机构提供其他相关信息，确保该笔交易可跟踪稽核。

金融机构和从事汇兑业务的机构为客户向境外汇出资金金额为单笔人民币 5000 元或者外币等值 1000 美元以上的，应当核实汇款人身份，确保汇款人信息的准确性。发现客户涉嫌洗钱或者恐怖融资的，无论汇出资金金额大小，金融机构都应当采取合理措施核实汇款人身份。

金融机构作为跨境汇款业务的中间机构时，应当完整传递汇款业务所附的汇款人和收款人信息，采取合理措施识别是否缺少汇款人和收款人必要信息，并根据风险状况，明确执行、拒绝或暂停上述汇款业务的适用情形及相应的后续处理措施。

接收境外汇入款的金融机构，发现汇款人姓名或者名称、账号、住所等信息缺失的，应当要求境外机构补充。如汇款人未在办理汇出业务的境外机构开立账户，接收汇款的境内金融机构无法登记汇款人账号的，可以登记其他相关信息，确保该笔交易可跟踪稽核。

第三十七条 金融机构和从事汇兑业务的机构为客户办理境内汇款的，应当参照执行本办法第三十六条第一款和第二款的要求。若汇款机构无法及时将汇款人信息提供给接收汇款的机构，应当至少提供汇款人账号或者其他能够确保该笔交易可跟踪稽核的信息，并在接收汇款的机构或者相关主管部门需要时向其提供汇款人信息。

金融机构和从事汇兑业务的机构不符合本办法第三十六条和第三十七条第一款有关汇款业务要求的，不得为客户办理汇款业务。金融机构和从事汇兑业务的机构通过其境内外分支机构、附属机构或者代理机构开展汇款业务的，应当确保其境内外分支机构、附属机构或者代理机构遵守汇款业务相关规定。

第三十八条 金融机构运用互联网和移动通信等信息通信技术，依法以非面对面形式与客户建立业务关系或者为客户提供金融服务时，应当建立有效的客户身份认证机制，通过有效措施识别并核实客户身份，以确认客户身份的真实性和交易的合理性。

第三十九条 金融机构通过第三方开展本办法第七条第一款第一项、第二项、第五项尽职调查措施的，应当符合下列要求，并承担未履行客户尽职调查义务的责任：

（一）第三方接受反洗钱和反恐怖融资监管或者监测；

（二）评估第三方的风险状况及其履行反洗钱和反恐怖融资义务的能力，并确保第三方根据反洗钱和反恐怖融资法律法规和本办法的有关要求采取客户尽职调查、客户身份资料及交易记录保存措施；第三方具有较高风险情形或者不具备履行反洗钱和反恐怖融资义务能力的，金融机构不得通过第三方识别客户身份；

（三）金融机构能够立即从第三方获取客户尽职调查的必要信息；

（四）金融机构在需要时能够立即获得第三方开展客户尽职调查获取的身份证件或者其他身份证明文件以及其他资料的复印件或者影印件。

第三方应当严格按照法律规定和合同约定履行相应的客户尽职调查义务，并向金融机构提供必要的客户身份信息；金融机构对客户身份信息的真实性、准确性或者完整性有疑问的，或者怀疑客户涉嫌洗钱或恐怖融资的，第三方应当配合金融机构开展客户尽职调查。第三方未按照规定配合金融机构履行客户尽职调查义务的，应当承担相应责任。

金融机构通过金融机构以外的第三方识别客户身份的，应当符合第一款第二项至第四项要求。

第四十条 金融机构应当在开展客户尽职调查中相互配合。

第四十一条 金融机构应当建立健全工作机制，及时获取涉嫌恐怖活动的组织和人员名单以及中国人民银行要求关注的其他涉嫌洗钱及相关犯罪人员名单。有合理理由怀疑客户或其交易对手，以及客户或其交易对手的资金或者其他资产与名单相关的，应当采取相应的尽职调查和风险管理措施。法律、行政法规、规章另有规定的，从其规定。

第四十二条 金融机构应当建立健全工作机制，及时获取国际反洗钱组织和我国有关部门发布的高风险国家或地区以及强化监控国家或地区名单。对于来自高风险国家或地区的客户或交易，金融机构应当结合业务关系和交易的风险状况采取强化尽职调查措施和必要的风险管理措施。对于来自强化监控国家或地区的客户，金融机构在开展客户尽职调查及划分客户风险等级时，应当关注客户所在国家或地区的风险状况。

金融机构通过境外第三方开展客户尽职调查的，应当充分考虑第三方所在国家或地区的风险状况，不得通过来自高风险国家或地区的第三方开展客户尽职调查。

第四十三条　金融机构在开展客户尽职调查时，应当根据风险情形向中国反洗钱监测分析中心和中国人民银行当地分支机构报告以下可疑行为：

（一）客户拒绝提供有效身份证件或者其他身份证明文件的；

（二）有明显理由怀疑客户建立业务关系的目的和性质与洗钱和恐怖融资等违法犯罪活动相关的；

（三）对向境内汇入资金的境外机构提出要求后，仍无法完整获得汇款人姓名或者名称、账号和住所的；

（四）采取必要措施后，仍怀疑先前获得的客户身份资料的真实性、有效性、完整性的；

（五）履行客户尽职调查义务时发现其他可疑行为的。

金融机构报告上述可疑行为按照中国人民银行关于金融机构大额交易和可疑交易报告的相关规定执行。

第三章　客户身份资料及交易记录保存

第四十四条　金融机构应当保存的客户身份资料包括记载客户身份信息以及反映金融机构开展客户尽职调查工作情况的各种记录和资料。

金融机构应当保存的交易记录包括关于每笔交易的数据信息、业务凭证、账簿以及有关规定要求的反映交易真实情况的合同、业务凭证、单据、业务函件和其他资料。

第四十五条　金融机构应当采取必要的管理措施和技术措施，逐步实现以电子化方式完整、准确保存客户身份资料及交易信息，依法保护商业秘密和个人信息，防止客户身份资料及交易记录缺失、损毁，防止泄漏客户身份信息及交易信息。

金融机构客户身份资料及交易记录的保存方式和管理机制，应当确保足以重现和追溯每笔交易，便于金融机构反洗钱工作开展，以及反洗钱调查和监督管理。

第四十六条　金融机构应当按照下列期限保存客户身份资料及交易记录：

（一）客户身份资料自业务关系结束后或者一次性交易结束后至少保存 5 年；

（二）交易记录自交易结束后至少保存 5 年。

如客户身份资料及交易记录涉及正在被反洗钱调查的可疑交易活动，且反洗钱调查工作在前款规定的最低保存期限届满时仍未结束的，金融机构应当将相关客户身份资料及交易记录保存至反洗钱调查工作结束。

同一介质上存有不同保存期限客户身份资料或者交易记录的，应当按最长保存期限保存。同一客户身份资料或者交易记录采用不同介质保存的，应当按照上述期限要求至少保存一种介质的客户身份资料或者交易记录。

法律、行政法规对客户身份资料及交易记录有更长保存期限要求的，从其规定。

第四十七条 金融机构破产或者解散时，应当将客户身份资料、交易记录以及包含客户身份资料、交易记录的介质移交给中国人民银行、中国银行保险监督管理委员会或者中国证券监督管理委员会指定的机构。

第四章 法律责任

第四十八条 金融机构违反本办法的，由中国人民银行按照《中华人民共和国反洗钱法》第三十一条、第三十二条的规定予以处罚；区别不同情形，采取或者建议中国银行保险监督管理委员会和中国证券监督管理委员会采取下列措施：

（一）责令金融机构停业整顿或者吊销其经营许可证；

（二）取消金融机构直接负责的董事、高级管理人员和其他直接责任人员的任职资格、禁止从事有关金融行业的工作。

中国人民银行县（市）支行发现金融机构违反本办法的，应当报告上一级中国人民银行分支机构，由上一级中国人民银行分支机构按照前款规定进行处罚或者提出建议。

第五章 附 则

第四十九条 保险公司在办理再保险业务时，履行客户尽职调查义务不适用本办法。

第五十条 本办法有关用语的含义如下：

自然人客户的身份基本信息指姓名、性别、国籍、职业、住所地或者工作单位地址、联系方式，身份证件或者其他身份证明文件的种类、号码和有效期限，客户的住所地与经常居住地不一致的，以客户的经常居住地为准。

法人、非法人组织和个体工商户客户的身份基本信息指名称、住所、经营范围、可证明该客户依法设立或者可依法开展经营、社会活动的执照、证件或者文件的名称、号码和有效期限；法定代表人或负责人和授权办理业务人员的姓名、身份证件或者其他身份证明文件的种类、号码和有效期限；受益所有人的姓名、地址、身份证件或者其他身份证明文件的种类、号码和有效期限。

第五十一条 本办法由中国人民银行会同中国银行保险监督管理委员会、中国证券监督管理委员会解释。金融机构对本办法施行前已经建立业务关系或者进行交易的存量客户，未满足本办法有关客户尽职调查要求的，应当自本办法施行之日起 1 年内完成较高风险以上存量客户的尽职调查，自本办法施行之日起 2 年内完成全部存量客户的尽职调查。

第五十二条 本办法自 2022 年 3 月 1 日起施行。《金融机构客户身份识别和客户身份资料及交易记录保存管理办法》（中国人民银行 中国银行业监督管理委员会 中国证券监督管理委员会 中国保险监督管理委员会令〔2007〕第 2 号发布）同时废止。本办法施行前发布的客户尽职调查和客户身份资料及交易记录保存的其他规定与本办法不一致的，以本办法为准。

涉及恐怖活动资产冻结管理办法

（中国人民银行、公安部、国家安全部令〔2014〕第1号）

第一条 为规范涉及恐怖活动资产冻结的程序和行为，维护国家安全和社会公共利益，根据《中华人民共和国反洗钱法》、《全国人大常委会关于加强反恐怖工作有关问题的决定》等法律，制定本办法。

第二条 本办法适用于在中华人民共和国境内依法设立的金融机构、特定非金融机构。

第三条 金融机构、特定非金融机构应当严格按照公安部发布的恐怖活动组织及恐怖活动人员名单、冻结资产的决定，依法对相关资产采取冻结措施。

第四条 金融机构、特定非金融机构应当制定冻结涉及恐怖活动资产的内部操作规程和控制措施，对分支机构和附属机构执行本办法的情况进行监督管理；指定专门机构或者人员关注并及时掌握恐怖活动组织及恐怖活动人员名单的变动情况；完善客户身份信息和交易信息管理，加强交易监测。

第五条 金融机构、特定非金融机构发现恐怖活动组织及恐怖活动人员拥有或者控制的资产，应当立即采取冻结措施。

对恐怖活动组织及恐怖活动人员与他人共同拥有或者控制的资产采取冻结措施，但该资产在采取冻结措施时无法分割或者确定份额的，金融机构、特定非金融机构应当一并采取冻结措施。

对按照本办法第十一条的规定收取的款项或者受让的资产，金融机构、特定非金融机构应当采取冻结措施。

第六条 金融机构、特定非金融机构采取冻结措施后，应当立即将资产数额、权属、位置、交易信息等情况以书面形式报告资产所在地县级公安机关和市、县国家安全机关，同时抄报资产所在地中国人民银行分支机构。地方公安机关和地方国家安全机关应当分别按照程序层报公安部和国家安全部。

金融机构、特定非金融机构采取冻结措施后，除中国人民银行及其分支机构、公安机关、国家安全机关另有要求外，应当及时告知客户，并说明采取冻结措施的依据和理由。

第七条 金融机构、特定非金融机构及其工作人员应当依法协助、配合公安机关和国家安全机关的调查、侦查，提供与恐怖活动组织及恐怖活动人员有关的信息、数据以及相关资产情况。

金融机构及其工作人员应当依法协助、配合中国人民银行及其省会（首府）城市中心支行以上分支机构的反洗钱调查，提供涉及恐怖活动组织及恐怖活动人员资产的情况。

第八条 金融机构、特定非金融机构及其工作人员对与采取冻结措施有关的工作信息应当保密，不得违反规定向任何单位及个人提供和透露，不得在采取冻结措施前通知资产的所有人、控制人或者管理人。

第九条 金融机构、特定非金融机构有合理理由怀疑客户或者其交易对手、相关资产涉及恐怖活动组织及恐怖活动人员的，应当根据中国人民银行的规定报告可疑交易，并依法向公安机关、国家安全机关报告。

第十条 金融机构、特定非金融机构不得擅自解除冻结措施。

符合下列情形之一的，金融机构、特定非金融机构应当立即解除冻结措施，并按照本办法第六条的规定履行报告程序：

（一）公安部公布的恐怖活动组织及恐怖活动人员名单有调整，不再需要采取冻结措施的；

（二）公安部或者国家安全部发现金融机构、特定非金融机构采取冻结措施有错误并书面通知的；

（三）公安机关或者国家安全机关依法调查、侦查恐怖活动，对有关资产的处理另有要求并书面通知的；

（四）人民法院做出的生效裁决对有关资产的处理有明确要求的；

（五）法律、行政法规规定的其他情形。

第十一条 涉及恐怖活动的资产被采取冻结措施期间，符合以下情形之一的，有关账户可以进行款项收取或者资产受让：

（一）收取被采取冻结措施的资产产生的孳息以及其他收益；

（二）受偿债权；

（三）为不影响正常的证券、期货交易秩序，执行恐怖活动组织及恐怖活动人员名单公布前生效的交易指令。

第十二条 因基本生活支出以及其他特殊原因需要使用被采取冻结措施的资产的，资产所有人、控制人或者管理人可以向资产所在地县级公安机关提出申请。

受理申请的公安机关应当按照程序层报公安部审核。公安部在收到申请之日起 30 日内进行审查处理；审查核准的，应当要求相关金融机构、特定非金融机构按照指定用途、金额、方式等处理有关资产。

第十三条 金融机构、特定非金融机构对根据本办法被采取冻结措施的资产的管理及处置，应当按照中国人民银行、中国银行业监督管理委员会、中国证券监督管理委员会、中国保险监督管理委员会的相关规定执行；没有规定的，参照公安机关、国家安全机关、检察机关的相关规定执行。

第十四条 资产所有人、控制人或者管理人对金融机构、特定非金融机构采取的冻结措施有异议的，可以向资产所在地县级公安机关提出异议。

受理异议的公安机关应当按照程序层报公安部。公安部在收到异议申请之日起 30 日内作出审查决定，并书面通知异议人；确属错误冻结的，应当决定解除冻结措施。

第十五条 境外有关部门以涉及恐怖活动为由，要求境内金融机构、特定非金融机构冻结相关资产、提供客户身份信息及交易信息的，金融机构、特定非金融机构应当告知对方通过外交途径或者司法协助途径提出请求；不得擅自采取冻结措施，不得擅自提供客户身份信息及交易信息。

第十六条 金融机构、特定非金融机构的境外分支机构和附属机构按照驻在国家（地区）法律规定和监管要求，对涉及恐怖活动的资产采取冻结措施的，应当将相关情况及时报告金融机构、特定非金融机构总部。

金融机构、特定非金融机构总部收到报告后，应当及时将相关情况报告总部所在地公安机关和国家安全机关，同时抄报总部所在地中国人民银行分支机构。地方公安机关和地方国家安全机关应当分别按照程序层报公安部和国家安全部。

第十七条 中国人民银行及其分支机构对金融机构执行本办法的情况进行监督、检查。

对特定非金融机构执行本办法的情况进行监督、检查的具体办法，由中国人民银行会同国务院有关部门另行制定。

第十八条 中国人民银行及其分支机构、公安机关、国家安全机关工作人员违反规定，泄露工作秘密导致有关资产被非法转移、隐匿，冻结措施错误造成其他财产损失的，依照有关规定给予处分；涉嫌构成犯罪的，移送司法机关依法追究刑事责任。

第十九条 金融机构及其工作人员违反本办法的，由中国人民银行及其地市中心支行以上分支机构按照《中华人民共和国反洗钱法》第三十一条、第三十二条以及中国人民银行有关规定处罚；涉嫌构成犯罪的，移送司法机关依法追究刑事责任。

第二十条 本办法所称金融机构、特定非金融机构，是指依据《中华人民共和国反洗钱法》等法律法规规定，应当履行反洗钱义务的机构。依据《非金融机构支付服务管理办法》（中国人民银行令〔2010〕第2号发布）取得《支付业务许可证》的支付机构，适用本办法关于金融机构的规定。

本办法所称冻结措施，是指金融机构、特定非金融机构为防止其持有、管理或者控制的有关资产被转移、转换、处置而采取必要措施，包括但不限于：终止金融交易；拒绝资产的提取、转移、转换；停止金融账户的开立、变更、撤销和使用。

本办法所称资产包括但不限于：银行存款、汇款、旅行支票、银行支票、邮政汇票、保单、提单、仓单、股票、债券、汇票和信用证，房屋、车辆、船舶、货物，其他以电子或者数字形式证明资产所有权、其他权益的法律文件、证书等。

第二十一条 本办法由中国人民银行会同公安部、国家安全部解释。

第二十二条 本办法自发布之日起施行。

金融机构大额交易和可疑交易报告管理办法

（中国人民银行令〔2016〕第3号）

根据《中华人民共和国反洗钱法》、《中华人民共和国中国人民银行法》、《中华人民共和国反恐怖主义法》等法律规定，中国人民银行对《金融机构大额交易和可疑交易报告管理办法》（中国人民银行令〔2006〕第2号发布）进行了修订，经2016年12月9日第9次行长办公会议通过，现予发布，自2017年7月1日起施行。

行长：周小川

2016年12月28日

金融机构大额交易和可疑交易报告管理办法

第一章　总　则

第一条 为了规范金融机构大额交易和可疑交易报告行为，根据《中华人民共和国反洗钱法》、《中华人民共和国中国人民银行法》、《中华人民共和国反恐怖主义法》等有关法律法规，制定本办法。

第二条 本办法适用于在中华人民共和国境内依法设立的下列金融机构：

（一）政策性银行、商业银行、农村合作银行、农村信用社、村镇银行。

（二）证券公司、期货公司、基金管理公司。

（三）保险公司、保险资产管理公司、保险专业代理公司、保险经纪公司。

（四）信托公司、金融资产管理公司、企业集团财务公司、金融租赁公司、汽车金融公司、消费金融公司、货币经纪公司、贷款公司。

（五）中国人民银行确定并公布的应当履行反洗钱义务的从事金融业务的其他机构。

第三条 金融机构应当履行大额交易和可疑交易报告义务，向中国反洗钱监测分析中心报送大额交易和可疑交易报告，接受中国人民银行及其分支机构的监督、检查。

第四条 金融机构应当通过其总部或者总部指定的一个机构，按本办法规定的路径和方式提交大额交易和可疑交易报告。

第二章　大额交易报告

第五条 金融机构应当报告下列大额交易：

（一）当日单笔或者累计交易人民币 5 万元以上（含 5 万元）、外币等值 1 万美元以上（含 1 万美元）的现金缴存、现金支取、现金结售汇、现钞兑换、现金汇款、现金票据解付及其他形式的现金收支。

（二）非自然人客户银行账户与其他的银行账户发生当日单笔或者累计交易人民币 200 万元以上（含 200 万元）、外币等值 20 万美元以上（含 20 万美元）的款项划转。

（三）自然人客户银行账户与其他的银行账户发生当日单笔或者累计交易人民币 50 万元以上（含 50 万元）、外币等值 10 万美元以上（含 10 万美元）的境内款项划转。

（四）自然人客户银行账户与其他的银行账户发生当日单笔或者累计交易人民币 20 万元以上（含 20 万元）、外币等值 1 万美元以上（含 1 万美元）的跨境款项划转。

累计交易金额以客户为单位，按资金收入或者支出单边累计计算并报告。中国人民银行另有规定的除外。中国人民银行根据需要可以调整本条第一款规定的大额交易报告标准。

第六条 对同时符合两项以上大额交易标准的交易，金融机构应当分别提交大额交易报告。

第七条 对符合下列条件之一的大额交易，如未发现交易或行为可疑的，金融机构可以不报告：

（一）定期存款到期后，不直接提取或者划转，而是本金或者本金加全部或者部分利息续存入在同一金融机构开立的同一户名下的另一账户。

活期存款的本金或者本金加全部或者部分利息转为在同一金融机构开立的同一户名下的另一账户内的定期存款。

定期存款的本金或者本金加全部或者部分利息转为在同一金融机构开立的同一户名下的另一账户内的活期存款。

（二）自然人实盘外汇买卖交易过程中不同外币币种间的转换。

（三）交易一方为各级党的机关、国家权力机关、行政机关、司法机关、军事机关、人民政协机关和人民解放军、武警部队，但不包含其下属的各类企事业单位。

（四）金融机构同业拆借、在银行间债券市场进行的债券交易。

（五）金融机构在黄金交易所进行的黄金交易。

（六）金融机构内部调拨资金。

（七）国际金融组织和外国政府贷款转贷业务项下的交易。

（八）国际金融组织和外国政府贷款项下的债务掉期交易。

（九）政策性银行、商业银行、农村合作银行、农村信用社、村镇银行办理的税收、错账冲正、利息支付。

（十）中国人民银行确定的其他情形。

第八条 金融机构应当在大额交易发生之日起 5 个工作日内以电子方式提交大额交易报告。

第九条 下列金融机构与客户进行金融交易并通过银行账户划转款项的，由银行机构按照本办法规定提交大额交易报告：

（一）证券公司、期货公司、基金管理公司。

（二）保险公司、保险资产管理公司、保险专业代理公司、保险经纪公司。

（三）信托公司、金融资产管理公司、企业集团财务公司、金融租赁公司、汽车金融公司、消费金融公司、货币经纪公司、贷款公司。

第十条 客户通过在境内金融机构开立的账户或者境内银行卡所发生的大额交易，由开立账户的金融机构或者发卡银行报告；客户通过境外银行卡所发生的大额交易，由收单机构报告；客户不通过账户或者银行卡发生的大额交易，由办理业务的金融机构报告。

第三章　可疑交易报告

第十一条 金融机构发现或者有合理理由怀疑客户、客户的资金或者其他资产、客户的交易或者试图进行的交易与洗钱、恐怖融资等犯罪活动相关的，不论所涉资金金额或者资产价值大小，应当提交可疑交易报告。

第十二条 金融机构应当制定本机构的交易监测标准，并对其有效性负责。交易监测标准包括并不限于客户的身份、行为，交易的资金来源、金额、频率、流向、性质等存在异常的情形，并应当参考以下因素：

（一）中国人民银行及其分支机构发布的反洗钱、反恐怖融资规定及指引、风险提示、洗钱类型分析报告和风险评估报告。

（二）公安机关、司法机关发布的犯罪形势分析、风险提示、犯罪类型报告和工作报告。

（三）本机构的资产规模、地域分布、业务特点、客户群体、交易特征，洗钱和恐怖融资风险评估结论。

（四）中国人民银行及其分支机构出具的反洗钱监管意见。

（五）中国人民银行要求关注的其他因素。

第十三条 金融机构应当定期对交易监测标准进行评估，并根据评估结果完善交易监测标准。如发生突发情况或者应当关注的情况的，金融机构应当及时评估和完善交易监测标准。

第十四条 金融机构应当对通过交易监测标准筛选出的交易进行人工分析、识别，并记录分析过程；不作为可疑交易报告的，应当记录分析排除的合理理由；确认为可疑交易的，应当在可疑交易报告理由中完整记录对客户身份特征、交易特征或行为特征的分析过程。

第十五条 金融机构应当在按本机构可疑交易报告内部操作规程确认为可疑交易后，及时以电子方式提交可疑交易报告，最迟不超过 5 个工作日。

第十六条 既属于大额交易又属于可疑交易的交易，金融机构应当分别提交大额交易报告和可疑交易报告。

第十七条 可疑交易符合下列情形之一的，金融机构应当在向中国反洗钱监测分析中心提交可疑交易报告的同时，以电子形式或书面形式向所在地中国人民银行或者其分支机构报告，并配合反洗钱调查：

（一）明显涉嫌洗钱、恐怖融资等犯罪活动的。

（二）严重危害国家安全或者影响社会稳定的。

（三）其他情节严重或者情况紧急的情形。

第十八条 金融机构应当对下列恐怖活动组织及恐怖活动人员名单开展实时监测，有合理理由怀疑客户或者其交易对手、资金或者其他资产与名单相关的，应当在立即向中国反洗钱监测分析中心提交可疑交易报告的同时，以电子形式或者书面形式向所在地中国人民银行或者其分支机构报告，并按照相关主管部门的要求依法采取措施。

（一）中国政府发布的或者要求执行的恐怖活动组织及恐怖活动人员名单。

（二）联合国安理会决议中所列的恐怖活动组织及恐怖活动人员名单。

（三）中国人民银行要求关注的其他涉嫌恐怖活动的组织及人员名单。

恐怖活动组织及恐怖活动人员名单调整的，金融机构应当立即开展回溯性调查，并按前款规定提交可疑交易报告。

法律、行政法规、规章对上述名单的监控另有规定的，从其规定。

第四章　内部管理措施

第十九条　金融机构应当根据本办法制定大额交易和可疑交易报告内部管理制度和操作规程，对本机构的大额交易和可疑交易报告工作做出统一要求，并对分支机构、附属机构大额交易和可疑交易报告制度的执行情况进行监督管理。

金融机构应当将大额交易和可疑交易报告制度向中国人民银行或其总部所在地的中国人民银行分支机构报备。

第二十条　金融机构应当设立专职的反洗钱岗位，配备专职人员负责大额交易和可疑交易报告工作，并提供必要的资源保障和信息支持。

第二十一条　金融机构应当建立健全大额交易和可疑交易监测系统，以客户为基本单位开展资金交易的监测分析，全面、完整、准确地采集各业务系统的客户身份信息和交易信息，保障大额交易和可疑交易监测分析的数据需求。

第二十二条　金融机构应当按照完整准确、安全保密的原则，将大额交易和可疑交易报告、反映交易分析和内部处理情况的工作记录等资料自生成之日起至少保存5年。

保存的信息资料涉及正在被反洗钱调查的可疑交易活动，且反洗钱调查工作在前款规定的最低保存期届满时仍未结束的，金融机构应将其保存至反洗钱调查工作结束。

第二十三条　金融机构及其工作人员应当对依法履行大额交易和可疑交易报告义务获得的客户身份资料和交易信息，对依法监测、分析、报告可疑交易的有关情况予以保密，不得违反规定向任何单位和个人提供。

第五章　法律责任

第二十四条　金融机构违反本办法的，由中国人民银行或者其地市中心支行以上分支机构按照《中华人民共和国反洗钱法》第三十一条、第三十二条的规定予以处罚。

第六章　附　则

第二十五条　非银行支付机构、从事汇兑业务和基金销售业务的机构报告大额交易和可疑交易适用本办法。银行卡清算机构、资金清算中心等从事清算业务的机构应当按照中国人民银行有关规定开展交易监测分析、报告工作。

本办法所称非银行支付机构，是指根据《非金融机构支付服务管理办法》（中国人民银行令〔2010〕第2号发布）规定取得《支付业务许可证》的支付机构。

本办法所称资金清算中心，包括城市商业银行资金清算中心、农信银资金清算中心有限责任公司及中国人民银行确定的其他资金清算中心。

第二十六条　本办法所称非自然人，包括法人、其他组织和个体工商户。

第二十七条 金融机构应当按照本办法所附的大额交易和可疑交易报告要素要求（要素内容见附件），制作大额交易报告和可疑交易报告的电子文件。具体的报告格式和填报要求由中国人民银行另行规定。

第二十八条 中国反洗钱监测分析中心发现金融机构报送的大额交易报告或者可疑交易报告内容要素不全或者存在错误的，可以向提交报告的金融机构发出补正通知，金融机构应当在接到补正通知之日起 5 个工作日内补正。

第二十九条 本办法由中国人民银行负责解释。

第三十条 本办法自 2017 年 7 月 1 日起施行。中国人民银行 2006 年 11 月 14 日发布的《金融机构大额交易和可疑交易报告管理办法》（中国人民银行令〔2006〕第 2 号）和 2007 年 6 月 11 日发布的《金融机构报告涉嫌恐怖融资的可疑交易管理办法》（中国人民银行令〔2007〕第 1 号）同时废止。中国人民银行此前发布的大额交易和可疑交易报告的其他规定，与本办法不一致的，以本办法为准。

附：金融机构大额交易和可疑交易报告要素内容

金融机构大额交易和可疑交易报告要素内容

大额交易报告要素内容列表

部分	编号	字段内容
第一部分：报告机构信息	1	报告机构编码
	2	网点代码
	3	金融机构与客户的关系
第二部分：交易信息	4	客户名称／姓名
	5	客户身份证件／证明文件类型
	6	客户身份证件／证明文件号码
	7	客户号
	8	账户类型
	9	账号
	10	银行卡类型
	11	银行卡号码
	12	客户职业（对私）或行业（对公）
	13	客户联系方式
	14	客户国籍
	15	客户开户时间
	16	大额交易特征代码
	17	代办人姓名

续表

部分	编号	字段内容
第二部分：交易信息	18	代办人身份证件／证明文件类型
	19	代办人身份证件／证明文件号码
	20	代办人国籍
	21	交易时间
	22	交易发生地
	23	业务标识号
	24	收付款方匹配号类型
	25	收付款方匹配号
	26	交易方式
	27	涉外收支交易分类与代码
	28	资金收付标志
	29	资金用途
	30	币种
	31	交易金额
	32	对方金融机构网点名称
	33	对方金融机构网点代码类型
	34	对方金融机构网点代码
	35	对方金融机构网点行政区划代码
	36	交易对手姓名／名称
	37	交易对手身份证件／证明文件类型
	38	交易对手身份证件／证明文件号码
	39	交易对手账户类型
	40	交易对手账号
	41	非柜台交易方式
	42	非柜台交易方式的设备代码
	43	银行与支付机构之间的业务交易编码
	44	交易信息备注 1
	45	交易备注信息 2

银行业金融机构可疑交易报告要素内容列表

部分	编号	字段内容
第一部分：报告机构信息	1	报告机构编码
	2	网点代码
	3	金融机构与客户的关系
第二部分：可疑主体信息	4	可疑主体名称／姓名
	5	可疑主体身份证件／证明文件类型
	6	可疑主体身份证件／证明文件号码
	7	客户号
	8	可疑主体职业（对私）或行业（对公）
	9	可疑主体联系方式
	10	可疑主体法定代表人姓名
	11	可疑主体法定代表人身份证件类型
	12	可疑主体法定代表人身份证件号码
	13	可疑主体控股股东或实际控制人名称
	14	可疑主体控股股东或实际控制人身份证件／证明文件类型
	15	可疑主体控股股东或实际控制人身份证件／证明文件号码
	16	可疑主体国籍
第三部分：报告基本信息	17	报告紧急程度
	18	报告次数标志
	19	报送方向
	20	可疑交易报告触发点
	21	资金交易及客户行为情况
	22	疑点分析
	23	疑似涉罪类型
	24	可疑交易特征代码
第四部分：交易信息	25	客户姓名／名称
	26	客户身份证件／证明文件类型
	27	客户身份证件／证明文件号码
	28	账户类型

续表

部分	编号	字段内容
	29	客户开户时间
	30	客户销户时间
	31	账号
	32	银行卡类型
	33	银行卡号码
	34	代办人姓名
	35	代办人身份证件／证明文件类型
	36	代办人身份证件／证明文件号码
	37	代办人国籍
	38	交易时间
	39	交易发生地
	40	业务标识号
	41	收付款方匹配号类型
	42	收付款方匹配号
第四部分：交易信息	43	交易方式
	44	涉外收支交易分类与代码
	45	资金收付标志
	46	资金来源和用途
	47	币种
	48	交易金额
	49	对方金融机构网点名称
	50	对方金融机构网点代码类型
	51	对方金融机构网点代码
	52	对方金融机构网点行政区划代码
	53	交易对手姓名／名称
	54	交易对手身份证件／证明文件类型
	55	交易对手身份证件／证明文件号码
	56	交易对手账户类型
	57	交易对手账号

续表

部分	编号	字段内容
第四部分：交易信息	58	非柜台交易方式
	59	非柜台交易方式的设备代码
	60	银行与支付机构之间的业务交易编码
	61	交易信息备注 1
	62	交易信息备注 2

证券期货业金融机构可疑交易报告要素内容列表

部分	编号	字段内容
第一部分：报告机构信息	1	报告机构编码
	2	网点代码
第二部分：可疑主体信息	3	可疑主体名称 / 姓名
	4	可疑主体身份证件 / 证明文件类型
	5	可疑主体身份证件 / 证明文件号码
	6	可疑主体证券 / 基金 / 期货账号
	7	资金账户号码
	8	结算账户号码
	9	结算账户开户行名称
	10	账户总资产
	11	可疑主体职业（对私）或行业（对公）
	12	可疑主体联系方式
	13	可疑主体法定代表人姓名
	14	可疑主体法定代表人身份证件类型
	15	可疑主体法定代表人身份证件号码
	16	可疑主体控股股东或实际控制人名称
	17	可疑主体控股股东或实际控制人身份证件 / 证明文件类型
	18	可疑主体控股股东或实际控制人身份证件 / 证明文件号码
	19	可疑主体国籍
	20	可疑主体开户时间
	21	可疑主体销户时间

续表

部分	编号	字段内容
第三部分：报告基本信息	22	报告紧急程度
	23	报告次数标志
	24	报送方向
	25	可疑交易报告触发点
	26	资金交易及客户行为情况
	27	疑点分析
	28	疑似涉罪类型
	29	可疑交易特征代码
第四部分：交易信息	30	客户姓名／名称
	31	客户身份证件／证明文件类型
	32	客户身份证件／证明文件号码
	33	交易时间
	34	业务标识号
	35	非柜台交易方式
	36	非柜台交易方式的设备代码
	37	交易种类
	38	合同编号
	39	流水号
	40	交易品种代码
	41	成交价格
	42	成交数量
	43	资金进出方向
	44	资金进出方式
	45	币种
	46	交易金额
	47	交易信息备注 1
	48	交易信息备注 2

保险业金融机构可疑交易报告要素内容列表

部分	编号	字段内容
第一部分：报告机构信息	1	报告机构编码
	2	网点代码
第二部分：可疑主体信息	3	可疑主体名称／姓名
	4	可疑主体身份证件／证明文件类型
	5	可疑主体身份证件号码
	6	可疑主体职业（对私）或行业（对公）
	7	可疑主体联系方式
	8	可疑主体法定代表人姓名
	9	可疑主体法定代表人身份证件类型
	10	可疑主体法定代表人身份证件号码
	11	可疑主体控股股东或实际控制人名称
	12	可疑主体控股股东或实际控制人身份证件／证明文件类型
	13	可疑主体控股股东或实际控制人身份证件／证明文件号码
	14	可疑主体国籍
第三部分：报告基本信息	15	报告紧急程度
	16	报告次数标志
	17	报送方向
	18	可疑交易报告触发点
	19	资金交易及客户行为情况
	20	疑点分析
	21	疑似涉罪类型
	22	可疑交易特征代码
	23	保险合同号
	24	保险种类
	25	保险名称
	26	保险期间
	27	投保人名称／姓名
	28	投保人身份证件／证明文件类型
	29	投保人身份证件／证明文件号码

续表

部分	编号	字段内容
第四部分：交易信息	30	投保人类型
	31	被保险人名称／姓名
	32	被保险人身份证件／证明文件类型
	33	被保险人身份证件／证明文件号码
	34	投保人与被保险人的关系
	35	受益人名称／姓名
	36	受益人身份证件／证明文件类型
	37	受益人身份证件／证明文件号码
	38	保险标的
	39	保险金额
	40	保险费
	41	缴费方式
	42	保险合同其他信息
	43	交易时间
	44	交易发生地
	45	交易类型
	46	币种
	47	交易金额
	48	资金进出方向
	49	资金进出方式
	50	资金账户开户行
	51	银行转账资金账号
	52	交易信息备注 1
	53	交易信息备注 2

通用可疑交易报告要素内容列表

部分	编号	字段内容
第一部分：报告机构信息	1	报告机构编码
	2	网点代码
	3	报告机构行业类别
第二部分：可疑主体信息	4	可疑主体名称／姓名
	5	可疑主体证件类型
	6	可疑主体证件号码
	7	可疑主体所在银行账号
	8	可疑主体所在银行名称
	9	可疑主体职业（对私）或行业（对公）
	10	可疑主体联系方式
	11	可疑主体法定代表人姓名
	12	可疑主体法定代表人身份证件类型
	13	可疑主体法定代表人身份证件号码
	14	可疑主体控股股东或实际控制人名称
	15	可疑主体控股股东或实际控制人身份证件／证明文件类型
	16	可疑主体控股股东或实际控制人身份证件／证明文件号码
	17	可疑主体国籍
第三部分：报告基本信息	18	报告紧急程度
	19	报告次数标志
	20	报送方向
	21	可疑交易报告触发点
	22	资金交易及客户行为情况
	23	疑点分析
	24	疑似涉罪类型
第四部分：交易信息	25	可疑交易特征代码
	26	可疑交易／时间起始日期
	27	可疑交易／时间结束日期
	28	交易信息备注 1
	29	交易信息备注 2

中国人民银行关于修改《金融机构大额交易和可疑交易报告管理办法》的决定

（中国人民银行令〔2018〕第2号）

为进一步提升义务机构可疑交易报告的有效性，中国人民银行制定了《中国人民银行关于修改〈金融机构大额交易和可疑交易报告管理办法〉的决定》，经2018年7月25日中国人民银行第4次行长办公会议通过，现予以发布，自发布之日起施行。

行长：易纲
2018年7月26日

中国人民银行关于修改《金融机构大额交易和可疑交易报告管理办法》的决定

为进一步提升义务机构可疑交易报告有效性，中国人民银行决定对《金融机构大额交易和可疑交易报告管理办法》（中国人民银行令〔2016〕第3号发布）的部分条款予以修改。

将《金融机构大额交易和可疑交易报告管理办法》（中国人民银行令〔2016〕第3号发布）第十五条修改为“金融机构应当在按本机构可疑交易报告内部操作规程确认为可疑交易后，及时以电子方式提交可疑交易报告。”

本决定自发布之日起施行。

中国人民银行办公厅
2018年7月26日

金融机构反洗钱和反恐怖融资监督管理办法

（中国人民银行令〔2021〕第3号）

《金融机构反洗钱和反恐怖融资监督管理办法》已经2021年4月12日中国人民银行2021年第3次行务会议审议通过，现予发布，自2021年8月1日起施行。

行长：易纲

2021年4月15日

金融机构反洗钱和反恐怖融资监督管理办法

第一章　总　则

第一条　为了督促金融机构有效履行反洗钱和反恐怖融资义务，规范反洗钱和反恐怖融资监督管理行为，根据《中华人民共和国反洗钱法》《中华人民共和国中国人民银行法》《中华人民共和国反恐怖主义法》等法律法规，制定本办法。

第二条　本办法适用于在中华人民共和国境内依法设立的下列金融机构：

（一）开发性金融机构、政策性银行、商业银行、农村合作银行、农村信用合作社、村镇银行；

（二）证券公司、期货公司、证券投资基金管理公司；

（三）保险公司、保险资产管理公司；

（四）信托公司、金融资产管理公司、企业集团财务公司、金融租赁公司、汽车金融公司、消费金融公司、货币经纪公司、贷款公司、银行理财子公司；

（五）中国人民银行确定并公布应当履行反洗钱和反恐怖融资义务的其他金融机构。

非银行支付机构、银行卡清算机构、资金清算中心、网络小额贷款公司以及从事汇兑业务、基金销售业务、保险专业代理和保险经纪业务的机构，适用本办法关于金融机构的监督管理规定。

第三条　中国人民银行及其分支机构依法对金融机构反洗钱和反恐怖融资工作进行监督管理。

第四条　金融机构应当按照规定建立健全反洗钱和反恐怖融资内部控制制度，评估洗钱和恐怖融资风险，建立与风险状况和经营规模相适应的风险管理机制，搭建反洗钱信息系统，设立或者指定部门并配备相应人员，有效履行反洗钱和反恐怖融资义务。

第五条　对依法履行反洗钱和反恐怖融资职责或者义务获得的客户身份资料和交易信息，应当予以保密，非依法律规定不得对外提供。

第二章　金融机构反洗钱和反恐怖融资内部控制和风险管理

第六条　金融机构应当按照规定，结合本机构经营规模以及洗钱和恐怖融资风险状况，建立健全反洗钱和反恐怖融资内部控制制度。

第七条　金融机构应当在总部层面建立洗钱和恐怖融资风险自评估制度，定期或不定期评估洗钱和恐怖融资风险，经董事会或者高级管理层审定之日起10个工作日内，将自评估情况报送中国人民银行或者所在地中国人民银行分支机构。

金融机构洗钱和恐怖融资风险自评估应当与本机构经营规模和业务特征相适应，充分考虑客户、地域、业务、交易渠道等方面的风险要素类型及其变化情况，并吸收运用国家洗钱和恐怖融资风险评估报告、监管部门及自律组织的指引等。金融机构在采用新技术、开办新业务或者提供新产品、新服务前，或者其面临的洗钱或者恐怖融资风险发生显著变化时，应当进行洗钱和恐怖融资风险评估。

金融机构应当定期审查和不断优化洗钱和恐怖融资风险评估工作流程和指标体系。

第八条　金融机构应当根据本机构经营规模和已识别出的洗钱和恐怖融资风险状况，经董事会或者高级管理层批准，制定相应的风险管理政策，并根据风险状况变化和控制措施执行情况及时调整。

金融机构应当将洗钱和恐怖融资风险管理纳入本机构全面风险管理体系，覆盖各项业务活动和管理流程；针对识别的较高风险情形，应当采取强化措施，管理和降低风险；针对识别的较低风险情形，可以采取简化措施；超出金融机构风险控制能力的，不得与客户建立业务关系或者进行交易，已经建立业务关系的，应当中止交易并考虑提交可疑交易报告，必要时终止业务关系。

第九条　金融机构应当设立专门部门或者指定内设部门牵头开展反洗钱和反恐怖融资管理工作。

金融机构应当明确董事会、监事会、高级管理层和相关部门的反洗钱和反恐怖融资职责，建立相应的绩效考核和奖惩机制。

金融机构应当任命或者授权一名高级管理人员牵头负责反洗钱和反恐怖融资管理工作，并采取合理措施确保其独立开展工作以及充分获取履职所需权限和资源。

金融机构应当根据本机构经营规模、洗钱和恐怖融资风险状况和业务发展趋势配备充足的反洗钱岗位人员，采取适当措施确保反洗钱岗位人员的资质、经验、专业素质及职业道德符合要求，制定持续的反洗钱和反恐怖融资培训计划。

第十条　金融机构应当根据反洗钱和反恐怖融资工作需要，建立和完善相关信息系统，并根据风险状况、反洗钱和反恐怖融资工作需求变化及时优化升级。

第十一条　金融机构应当建立反洗钱和反恐怖融资审计机制，通过内部审计或者独立审计等方式，审查反洗钱和反恐怖融资内部控制制度制定和执行情况。审计应当遵循独立性原则，全面覆盖境内外分支机构、控股附属机构，审计的范围、方法和频率应当与本机构经营规模及洗钱和恐怖融资风险状况相适应，审计报告应当向董事会或者其授权的专门委员会提交。

第十二条　金融机构应当在总部层面制定统一的反洗钱和反恐怖融资机制安排，包括为开展客户尽职调查、洗钱和恐怖融资风险管理，共享反洗钱和反恐怖融资信息的制度和程序，并确保其所有分支机构和控股附属机构结合自身业务特点有效执行。

金融机构在共享和使用反洗钱和反恐怖融资信息方面应当依法提供信息并防止信息泄露。

第十三条 金融机构应当要求其境外分支机构和控股附属机构在驻在国家（地区）法律规定允许的范围内，执行本办法；驻在国家（地区）有更严格要求的，遵守其规定。

如果本办法的要求比驻在国家（地区）的相关规定更为严格，但驻在国家（地区）法律禁止或者限制境外分支机构和控股附属机构实施本办法的，金融机构应当采取适当的补充措施应对洗钱和恐怖融资风险，并向中国人民银行报告。

第十四条 金融机构应当按照规定，结合内部控制制度和风险管理机制的相关要求，履行客户尽职调查、客户身份资料和交易记录保存、大额交易和可疑交易报告等义务。

第十五条 金融机构应当按照中国人民银行的规定报送反洗钱和反恐怖融资工作信息。金融机构应当对相关信息的真实性、完整性、有效性负责。

第十六条 在境外设有分支机构或控股附属机构的，境内金融机构总部应当按年度向中国人民银行或者所在地中国人民银行分支机构报告境外分支机构或控股附属机构接受驻在国家(地区)反洗钱和反恐怖融资监管情况。

第十七条 发生下列情况的，金融机构应当按照规定及时向中国人民银行或者所在地中国人民银行分支机构报告：

（一）制定或者修订主要反洗钱和反恐怖融资内部控制制度的；

（二）牵头负责反洗钱和反恐怖融资工作的高级管理人员、牵头管理部门或者部门主要负责人调整的；

（三）发生涉及反洗钱和反恐怖融资工作的重大风险事项的；

（四）境外分支机构和控股附属机构受到当地监管当局或者司法部门开展的与反洗钱和反恐怖融资相关的执法检查、行政处罚、刑事调查或者发生其他重大风险事件的；

（五）中国人民银行要求报告的其他事项。

第三章 反洗钱和反恐怖融资监督管理

第十八条 中国人民银行及其分支机构应当遵循风险为本和法人监管原则，合理运用各类监管方法，实现对不同类型金融机构的有效监管。

中国人民银行及其分支机构可以向国务院金融监督管理机构或者其派出机构通报对金融机构反洗钱和反恐怖融资监管情况。

第十九条 根据履行反洗钱和反恐怖融资职责的需要，中国人民银行及其分支机构可以按照规定程序，对金融机构履行反洗钱和反恐怖融资义务的情况开展执法检查。

中国人民银行及其分支机构可以对其下级机构负责监督管理的金融机构进行反洗钱和反恐怖融资执法检查，可以授权下级机构检查由上级机构负责监督管理的金融机构。

第二十条 中国人民银行及其分支机构开展反洗钱和反恐怖融资执法检查，应当依据现行反洗钱和反恐怖融资规定，按照中国人民银行执法检查有关程序规定组织实施。

第二十一条 中国人民银行及其分支机构应当根据执法检查有关程序规定，规范有效地开展执法检查工作，重点加强对以下机构的监督管理：

（一）涉及洗钱和恐怖融资案件的机构；

（二）洗钱和恐怖融资风险较高的机构；

（三）通过日常监管、受理举报投诉等方式，发现存在重大违法违规线索的机构；

（四）其他应当重点监管的机构。

第二十二条　中国人民银行及其分支机构进入金融机构现场开展反洗钱和反恐怖融资检查的，按照规定可以询问金融机构工作人员，要求其对监管事项作出说明；查阅、复制文件、资料，对可能被转移、隐匿或者销毁的文件、资料予以封存；查验金融机构运用信息化、数字化管理业务数据和进行洗钱和恐怖融资风险管理的系统。

第二十三条　中国人民银行及其分支机构应当根据金融机构报送的反洗钱和反恐怖融资工作信息，结合日常监管中获得的其他信息，对金融机构反洗钱和反恐怖融资制度的建立健全情况和执行情况进行评价。

第二十四条　为了有效实施风险为本监管，中国人民银行及其分支机构应当结合国家、地区、行业的洗钱和恐怖融资风险评估情况，在采集金融机构反洗钱和反恐怖融资信息的基础上，对金融机构开展风险评估，及时、准确掌握金融机构洗钱和恐怖融资风险状况。

第二十五条　为了解金融机构洗钱和恐怖融资风险状况，中国人民银行及其分支机构可以对金融机构开展洗钱和恐怖融资风险现场评估。

中国人民银行及其分支机构开展现场风险评估应当填制《反洗钱监管审批表》（附1）及《反洗钱监管通知书》（附2），经本行（营业管理部）行长（主任）或者分管副行长（副主任）批准后，至少提前5个工作日将《反洗钱监管通知书》送达被评估的金融机构。

中国人民银行及其分支机构可以要求被评估的金融机构提供必要的资料数据，也可以现场采集评估需要的信息。

在开展现场风险评估时，中国人民银行及其分支机构的反洗钱工作人员不得少于2人，并出示合法证件。

现场风险评估结束后，中国人民银行及其分支机构应当制发《反洗钱监管意见书》（附3），将风险评估结论和发现的问题反馈被评估的金融机构。

第二十六条　根据金融机构合规情况和风险状况，中国人民银行及其分支机构可以采取监管提示、约见谈话、监管走访等措施。在监管过程中，发现金融机构存在较高洗钱和恐怖融资风险或者涉嫌违反反洗钱和反恐怖融资规定的，中国人民银行及其分支机构应当及时开展执法检查。

第二十七条　金融机构存在洗钱和恐怖融资风险隐患，或者反洗钱和反恐怖融资工作存在明显漏洞，需要提示金融机构关注的，经中国人民银行或其分支机构反洗钱部门负责人批准，可以向该金融机构发出《反洗钱监管提示函》（附4），要求其采取必要的管控措施，督促其整改。

金融机构应当自收到《反洗钱监管提示函》之日起20个工作日内，经本机构分管反洗钱和反恐怖融资工作负责人签批后作出书面答复；不能及时作出答复的，经中国人民银行或者其所在地中国人民银行分支机构同意后，在延长时限内作出答复。

第二十八条　根据履行反洗钱和反恐怖融资职责的需要，针对金融机构反洗钱和反恐怖融资义务履行不到位、突出风险事件等重要问题，中国人民银行及其分支机构可以约见金融机构董事、监事、高级管理人员或者部门负责人进行谈话。

第二十九条　中国人民银行及其分支机构进行约见谈话前，应当填制《反洗钱监管审批表》及《反洗钱监管通知书》。约见金融机构董事、监事、高级管理人员，应当经本行（营业管理部）行长（主任）或者分管副行长（副主任）批准；约见金融机构部门负责人的，应当经本行（营业管理部）反洗钱部门负责人批准。

《反洗钱监管通知书》应当至少提前2个工作日送达被谈话机构。情况特殊需要立即进行约见谈话的，应当在约见谈话现场送达《反洗钱监管通知书》。

约见谈话时，中国人民银行及其分支机构反洗钱工作人员不得少于2人。谈话结束后，应当填写《反洗钱约谈记录》（附5）并经被谈话人签字确认。

第三十条 为了解、核实金融机构反洗钱和反恐怖融资政策执行情况以及监管意见整改情况，中国人民银行及其分支机构可以对金融机构开展监管走访。

第三十一条 中国人民银行及其分支机构进行监管走访前，应当填制《反洗钱监管审批表》及《反洗钱监管通知书》，由本行（营业管理部）行长（主任）或者分管副行长（副主任）批准。

《反洗钱监管通知书》应当至少提前5个工作日送达金融机构。情况特殊需要立即实施监管走访的，应当在进入金融机构现场时送达《反洗钱监管通知书》。

监管走访时，中国人民银行及其分支机构反洗钱工作人员不得少于2人，并出示合法证件。

中国人民银行及其分支机构应当做好监管走访记录，必要时，可以制发《反洗钱监管意见书》。

第三十二条 中国人民银行及其分支机构应当持续跟踪金融机构对监管发现问题的整改情况，对于未合理制定整改计划或者未有效实施整改的，可以启动执法检查或者进一步采取其他监管措施。

第三十三条 中国人民银行分支机构对金融机构分支机构依法实施行政处罚，或者在监管过程中发现涉及金融机构总部的重大问题、系统性缺陷的，应当及时将处罚决定或者监管意见抄送中国人民银行或者金融机构总部所在地中国人民银行分支机构。

第三十四条 中国人民银行及其分支机构监管人员违反规定程序或者超越职权规定实施监管的，金融机构有权拒绝或者提出异议。金融机构对中国人民银行及其分支机构提出的违法违规问题有权提出申辩，有合理理由的，中国人民银行及其分支机构应当采纳。

第四章 法律责任

第三十五条 中国人民银行及其分支机构从事反洗钱工作的人员，违反本办法有关规定的，按照《中华人民共和国反洗钱法》第三十条的规定予以处分。

第三十六条 金融机构违反本办法有关规定的，由中国人民银行或者其地市中心支行以上分支机构按照《中华人民共和国反洗钱法》第三十一条、第三十二条的规定进行处理；区别不同情形，建议国务院金融监督管理机构依法予以处理。

中国人民银行县（市）支行发现金融机构违反本规定的，应报告其上一级分支机构，由该分支机构按照前款规定进行处理或提出建议。

第五章 附　则

第三十七条 金融集团适用本办法第九条第四款、第十一条至第十三条的规定。

第三十八条 本办法由中国人民银行负责解释。

第三十九条 本办法自2021年8月1日起施行。本办法施行前有关反洗钱和反恐怖融资规定与本办法不一致的，按照本办法执行。《金融机构反洗钱监督管理办法（试行）》（银发〔2014〕344号文印发）同时废止。

附：1. 反洗钱监管审批表

2. 反洗钱监管通知书

3. 反洗钱监管意见书

4. 反洗钱监管提示函

5. 反洗钱约谈记录

附 1

中国人民银行　　行（营业管理部）
反洗钱监管审批表

反洗钱〔　　〕号

<table>
<tr><td rowspan="10">反洗钱监管立项申请内容</td><td>项目名称</td><td></td></tr>
<tr><td>监管理由</td><td></td></tr>
<tr><td>监管依据</td><td></td></tr>
<tr><td>监管对象</td><td></td></tr>
<tr><td>监管内容</td><td></td></tr>
<tr><td>监管期限</td><td>年　月　日至　年　月　日</td></tr>
<tr><td>监管方式
（在对应项后打✓）</td><td>约见谈话□　现场风险评估□　监管走访□</td></tr>
<tr><td>监管实施时间</td><td>年　月　日至　年　月　日</td></tr>
<tr><td>监管人员</td><td>监管组组长：
监管组成员：</td></tr>
<tr><td>备注</td><td></td></tr>
<tr><td rowspan="2">审批情况</td><td>部门负责人签字</td><td></td></tr>
<tr><td>行（营业管理部）领导审批签字</td><td></td></tr>
</table>

附 2

中国人民银行　　行（营业管理部）
反洗钱监管通知书

反洗钱〔　　〕号

===
================

（监管对象名称）：

依据《中华人民共和国反洗钱法》《中华人民共和国中国人民银行法》________________
__________等法律法规，我行（营业管理部）对你单位实施反洗钱监管，现将有关事项通知如下：

监管方式：约见谈话□　监管走访□　现场风险评估□

（在对应项后打✓）

监管内容：

监管期限：

监管实施时间：　　年　　月　　日至　　年　　月　　日

监管组组长：

监管组成员：

所需你单位提供的数据、资料：

请你单位配合监管工作，并提供必要的工作条件。

（公章）

年　　月　　日

备注：本通知书一式两份，监管机构一份，监管对象一份。

附 3

中国人民银行　　行（营业管理部）
反洗钱监管意见书

反洗钱〔　　〕号

==
================

（监管对象名称）：

我行（营业管理部）__________于　　年　　月　　日至　　年　　月　　日对你单位实施了反洗钱监管（现场风险评估□　监管走访□）活动，特此提出如下监管意见：

（公章）

年　　月　　日

附 4

中国人民银行　　行（营业管理部）反洗钱监管提示函

反洗钱〔　　〕号

==

（监管对象名称）：

我行（营业管理部）在反洗钱监管中发现你单位存在以下问题，特此提示：

（公章）

年　　月　　日

附 5

中国人民银行　　行（营业管理部）
反洗钱约谈记录

<table>
<tr><td>时　　间</td><td></td><td>地　点</td><td></td></tr>
<tr><td rowspan="2">谈话对象</td><td colspan="3">机构名称：</td></tr>
<tr><td colspan="3">被谈话人员及职务：</td></tr>
<tr><td>监管人员</td><td></td><td>记录人</td><td></td></tr>
<tr><td colspan="4">谈话内容:</td></tr>
</table>

谈话人：（签字）　　　　　　　　　　被谈话人：（签字）

中国人民银行执法检查程序规定

（中国人民银行令〔2022〕第2号）

《中国人民银行执法检查程序规定》已经2022年2月8日中国人民银行2022年第2次行务会议审议通过，现予发布，自2022年6月1日起施行。

行长：易纲

2022年4月14日

中国人民银行执法检查程序规定

第一章　总　则

第一条　为促进中国人民银行及其分支机构依法履行职责，严格规范公正文明执法，保护被检查人合法权益，根据《中华人民共和国中国人民银行法》《中华人民共和国商业银行法》《中华人民共和国行政处罚法》等法律、行政法规，制定本规定。

第二条　中国人民银行及其分支机构依法履行职责，对被检查人进行执法检查的，适用本规定。

本规定所称被检查人，是指根据法律、行政法规、国务院决定和中国人民银行规章规定，中国人民银行及其分支机构有监督管理权限的法人、非法人组织和自然人。

第三条　本规定所称执法检查，是指中国人民银行及其分支机构根据履行职责需要，通过进入被检查人现场、查阅相关材料、询问相关人员、访问计算机信息系统等方式，监督被检查人执行有关金融管理规定情况的行政执法活动。

第四条　中国人民银行及其分支机构开展执法检查，应当遵循合法、公开、公平、公正、合理、效率的原则，加大关系群众切身利益的重点领域执法力度，不断提升执法效能。

第五条　中国人民银行及其分支机构开展执法检查，可以采取非现场检查、现场检查或者两者相结合的方式。

第六条　中国人民银行及其分支机构根据“分级负责”原则，按照法律、行政法规、国务院决定、中国人民银行规章和有关规定，对本单位负责监管的被检查人和发生在本辖区的违法违规行为开展执法检查。

中国人民银行统筹、指导、协调全系统执法检查工作，根据需要，可以对分支机构负责监管的被检查人开展执法检查，或者委托特定分支机构以中国人民银行的名义开展执法检查。

第七条　中国人民银行可以授权特定分支机构对部分业务类型或者部分被检查人开展执法

检查。

第八条 中国人民银行及其分支机构应当配备与执法检查需求相适应的检查力量，建立完善检查人员库。

本规定所称检查人员，是指承担行政执法工作职责、掌握相关法律和业务知识、具备执法检查工作能力，按照规定取得《中国人民银行执法证》的中国人民银行及其分支机构正式工作人员。

第九条 中国人民银行及其分支机构根据执法检查工作需要，可以聘请注册会计师、资产评估人员、律师等专业人员，以及数据分析、信息技术等领域技术人员作为辅助人员协助执法检查，或者邀请上述人员出具专业意见。

第十条 中国人民银行及其分支机构的工作人员、参与执法检查的辅助人员对执法检查中知悉的国家秘密、工作秘密、商业秘密、个人隐私和个人信息应当依法予以保密，不得违反规定对外提供；中国人民银行及其分支机构可以要求上述人员签署保密协议。

执法检查结果公布之前，被检查人及其工作人员对执法检查情况负有保密义务，不得泄露与执法检查有关的信息。

除法律、行政法规或者中国人民银行规章另有规定外，中国人民银行及其分支机构在执法检查过程中形成的案卷信息不予公开。被检查人及其代理人可以按照规定申请查阅证据材料等相关案卷信息。

第十一条 中国人民银行及其分支机构应当加强与其他监管部门的沟通协调，依法共享检查信息，必要时可以与其他监管部门联合组织现场检查。

第十二条 中国人民银行及其分支机构按照相关财务管理规定对执法检查工作给予经费保障。

第二章 非现场检查

第十三条 中国人民银行及其分支机构可以对被检查人的相关活动以及其风险状况进行非现场检查，充分运用互联网、大数据等技术手段，依托国家统一建立的在线监管系统，建立完善监管信息系统，加强监管信息归集共享和关联整合，分析、评价被检查人的风险状况，及时发现被检查人的违法违规行为。

第十四条 中国人民银行及其分支机构可以要求被检查人通过业务管理系统、监管信息系统等信息化系统提供监管所需的信息，并通过对相关信息的汇总、分析了解被检查人的业务开展情况、风险状况等。

第十五条 中国人民银行及其分支机构在日常监管中，或者通过业务管理系统、监管信息系统等信息化系统发现被检查人可能存在违法违规行为的，可以采取线上检查的方式直接通过信息化系统对相关情况进行进一步核实。

线上检查应当由两名以上检查人员实施。检查人员应当全面、客观、完整地记录检查工作情况，并制作执法检查工作底稿。

第十六条 中国人民银行或其分支机构发现被检查人存在违法违规行为问题线索的，可以向被检查人发出函询通知书，要求其限期说明情况，提供相关信息、电子数据、文件和资料等。

被检查人应当书面答复中国人民银行或其分支机构的函询，并按照中国人民银行或其分支机构指定的方式、规定的时间，如实、完整提供相关信息、电子数据、文件和资料等。

第十七条　中国人民银行及其分支机构开展线上检查、函询等非现场检查的，应当立项。

第三章　现场检查

第一节　检查的准备

第十八条　中国人民银行及其分支机构根据执法检查计划、日常监管中发现的问题、非现场检查情况以及其他履行职责的需要，组织实施现场检查。

第十九条　中国人民银行于每年年初统筹制定中国人民银行系统年度执法检查计划，确定本年度拟开展的执法检查项目。

第二十条　中国人民银行副省级城市中心支行以上分支机构根据中国人民银行制定的执法检查计划和本辖区履行职责的需要，对本辖区的执法检查工作作出统一部署。

第二十一条　中国人民银行及其分支机构制定执法检查计划时，应当将防范金融风险与随机抽查相结合，充分利用非现场检查结果和日常监管信息，确定被检查人。

第二十二条　中国人民银行及其分支机构根据日常监管工作的需要、突发风险事件等拟对被检查人开展现场检查的，应当立项、制定检查方案，经法制审核后，报本单位行长或者副行长（主任或者副主任）批准后实施。

已经列入执法检查计划的现场检查项目可以不再立项，在制定检查方案，经法制审核后，报本单位行长或者副行长（主任或者副主任）批准后实施。

第二十三条　中国人民银行及其分支机构应当根据检查方案组成检查组，检查组的组成人员不得少于两人，原则上从本单位检查人员库中随机抽取。

检查组的组成人员与被检查人存在利害关系或者有其他关系可能影响公正执法的，应当回避。

第二十四条　根据现场检查的需要，检查组可以组织检查人员进行法律、业务知识培训和纪律教育。

第二十五条　检查组应当在实施现场检查前，向被检查人送达执法检查通知书，告知现场检查的依据、内容、检查期限范围、检查开展时间、要求、检查组成员名单等事项；因特殊情况需要立即实施现场检查的，检查组应当在进入被检查人现场时送达执法检查通知书。

第二十六条　检查组在实施现场检查前，可以书面通知被检查人提供与现场检查相关的信息、电子数据、文件和资料等，被检查人应当配合，并按照检查组指定的方式、规定的时间，如实、完整提供。

第二十七条　中国人民银行分支机构对管辖权存在争议的案件，应当逐级报请共同上级行指定管辖，或者由共同上级行直接指定管辖。

对重大、特殊案件，中国人民银行可以指定中国人民银行分支机构开展现场检查，或者自行开展现场检查。

作出指定管辖决定的中国人民银行或其分支机构应当出具指定管辖通知书。

第二节　检查的实施

第二十八条　检查组实施现场检查时，检查人员应当向被检查人出示《中国人民银行执法证》，自觉接受监督。

第二十九条　检查组实施现场检查的，应当与被检查人进行进场会谈，说明检查的目的、内容、工作安排和要求；充分听取被检查人的业务情况报告和其他有关情况报告。

检查组实施现场检查前，应当告知被检查人享有的权利和配合检查的义务，并由被检查人签字、盖章确认。

第三十条 检查组在现场检查中需要查阅被检查人的工作制度、业务凭证、会计账目、财务报表等资料的，应当填写执法检查调阅资料清单，并由专人负责接收和退还调阅资料。

第三十一条 检查组可以采取抽样检查的方式核实有关情况。

检查组在实施抽样检查前，应当书面告知被检查人拟采取抽样检查方式的检查项目、抽样方式、拟抽取的最低样本数量或者比例等信息；被检查人有异议的，应当在抽样检查实施前向检查组书面提出。

第三十二条 检查组应当全面、客观、完整地记录检查工作的情况，并制作执法检查工作底稿。

第三十三条 检查组可以根据检查工作的实际需要，变更下列事项，并书面告知被检查人：

（一）执法检查通知书载明检查期限范围可以追溯或者顺延的，调整检查期限范围；

（二）执法检查通知书载明可以对被检查人的分支机构、营业网点开展检查的，增加、变更被检查人的分支机构、营业网点；

（三）增加、变更检查人员；

（四）变更检查开展时间。

第三十四条 现场检查过程中，为进一步查明相关事实，检查组可以向被检查人以外的其他法人、非法人组织和自然人调查情况。

相关法人、非法人组织和自然人不在本地的，检查组经本单位行长或者副行长（主任或者副主任）批准，可以请求其所在地中国人民银行分支机构协助调查。

第三节 简易现场检查程序

第三十五条 中国人民银行及其分支机构为核实较为明确的特定违法违规线索、了解特定情况，可以适用简易现场检查程序对被检查人开展执法检查。

中国人民银行及其分支机构适用简易现场检查程序的，应当立项、制作执法检查通知书，经法制审核后，报本单位行长或者副行长（主任或者副主任）批准后实施。

第三十六条 中国人民银行及其分支机构应当指派两名以上检查人员，参照本规定第二十五条、第三章第二节、第四章规定的具体程序和证据收集规范开展执法检查。

适用简易现场检查程序进行执法检查的，根据实际需要，可以不再拟定检查方案、进行进场会谈和退场会谈等，但应当以适当形式告知被检查人享有的权利和配合检查的义务。

第四章 证 据

第三十七条 检查组应当严格遵守法定程序，根据违法违规行为的不同类别、阶段、环节，合理使用音视频记录和文字记录等多种方式，全面、客观、及时、准确地收集符合法定形式的证据，实现执法全过程留痕和可回溯管理。

第三十八条 检查组在现场检查中可以要求被检查人对相关检查事实进行确认，制作执法检查事实认定书，由被检查人签字、盖章确认。

执法检查事实认定书应当载明被检查人的名称或者姓名、检查开展时间、检查内容、确认的事实等内容。

被检查人对执法检查事实认定书无异议的，视为被检查人认可执法检查事实认定书载明的内容。

第三十九条　检查组在现场检查中收集有关书证、物证、视听资料等证据的，应当尽可能取得原件；无法取得原件的，可以制作复印件、影印件、节录本等复制件。

能够证明合法来源，与原件一致的复制件可以作为认定相关事实的证据使用。

第四十条　检查组可以直接提取被检查人电子计算机数据库及其他信息化系统中的电子数据作为证据，也可以采用抽样、汇总、分解、转换、计算、统计、比对等方式形成新的电子数据。

检查组形成新的电子数据的，应当通过取证说明、音视频记录等方式，记录电子数据的形成方式或者过程。

第四十一条　检查组向被检查人或者其工作人员、其他知悉相关情况的人员询问有关情况的，应当制作执法检查询问笔录，由被询问人进行核对并签字确认；执法检查询问笔录有错误或者有遗漏的，应当允许被询问人提出更正意见或者补充意见。

第四十二条　对可能灭失或者以后难以取得的证据，检查组经本单位行长或者副行长（主任或者副主任）批准，可以根据具体情况依法采取先行登记保存、聘请公证人员进行公证、申请有权机关冻结或者查封等保全措施。

采取保全措施的，检查组应当通知被检查人。先行登记保存证据期间，被检查人或者其他有关人员不得毁损、销毁或者转移证据。

第四十三条　中国人民银行及其分支机构通过函询，或者在线上检查中通过信息化系统获取的信息、电子数据、文件和资料等可以作为认定被检查人是否存在违法违规行为的证据使用。

第五章　检查结果的处理

第四十四条　现场检查结束时，检查组应当与被检查人进行退场会谈，通报现场检查中认定的事实，并制作执法检查退场会谈纪要。被检查人存在异议的，可以在会谈中提出，或者自收到执法检查退场会谈纪要之日起五个工作日内向检查组书面提出。

确因特殊原因难以在现场检查结束时举行退场会谈，或者通过非现场检查方式、适用简易现场检查程序拟认定被检查人存在违法违规行为的，应当及时书面告知被检查人拟认定的事实、理由和依据。被检查人存在异议的，可以自收到书面告知之日起五个工作日内向作出该书面告知的中国人民银行或其分支机构书面提出。

检查组应当听取被检查人的意见，并以适当形式向被检查人反馈。

第四十五条　中国人民银行及其分支机构在现场检查，或者函询、线上检查等非现场检查中发现被检查人存在违反法律、行政法规、国务院决定，以及中国人民银行规章、规范性文件规定的行为的，应当向被检查人出具责令整改通知书，要求被检查人整改；必要时，可以将责令整改通知书抄送被检查人的上级机构。

责令整改通知书应当载明被检查人的名称或者姓名、被检查人违法违规行为情况及认定依据、被检查人应当采取的整改措施、整改期限等。

中国人民银行及其分支机构应当参照《中国人民银行行政处罚程序规定》第四十五条、第四十六条规定的时限和方式送达责令整改通知书。

第四十六条　被检查人应当在责令整改通知书规定的整改期限内完成整改，并向发出责令整改通知书的中国人民银行或其分支机构提交整改报告。

中国人民银行或其分支机构可以采取适当方式对被检查人的整改情况进行核实。

第四十七条 中国人民银行及其分支机构根据非现场检查和现场检查认定的事实，可以约谈被检查人的实际控制人、法定代表人或者主要负责人、董事、监事、高级管理人员以及相关责任人员。

被检查人拒绝、阻碍中国人民银行及其分支机构的非现场检查和现场检查工作，或者未按要求进行整改的，中国人民银行及其分支机构可以采取前款规定的约谈措施。

第四十八条 中国人民银行及其分支机构根据非现场检查和现场检查认定的事实，可以对被检查人采取出具警示函、监管意见书等监管措施。

第四十九条 被检查人有违反法律、行政法规或者中国人民银行规章规定的行为，并且中国人民银行或其分支机构对相关违法违规行为有管辖权的，应当及时依照《中华人民共和国行政处罚法》和《中国人民银行行政处罚程序规定》处理。

第五十条 中国人民银行分支机构在日常监管、执法检查中发现被检查人存在违法违规行为，但不属于本单位管辖的，应当移送有管辖权的中国人民银行分支机构处理；发现属于中国人民银行管辖的，应当逐级报请中国人民银行处理。

中国人民银行及其分支机构在日常监管、执法检查中发现被检查人涉嫌存在应当由其他部门查处的违法违规行为的，应当依法移送有关部门处理。

第五十一条 中国人民银行及其分支机构在执法检查过程中发现被检查人及其工作人员涉嫌犯罪，依法需要追究刑事责任的，应当按照《行政执法机关移送涉嫌犯罪案件的规定》，及时向公安机关移送。

中国人民银行及其分支机构在执法检查过程中发现被检查人的工作人员中存在被监察对象涉嫌违反党纪、职务违法或者职务犯罪等问题线索的，应当及时向纪检监察机关移送。

第五十二条 中国人民银行及其分支机构应当依照有关规定，将执法检查材料整理归档，妥善保存。

第六章　法律责任

第五十三条 中国人民银行及其分支机构的工作人员违反本规定，按照法律、行政法规规定应当给予处分的，依法给予处分；涉嫌犯罪的，依法移送监察机关或者司法机关处理。

第五十四条 被检查人或其工作人员违反本规定，拒绝、阻碍中国人民银行或其分支机构的非现场检查和现场检查工作，拒绝提供信息、电子数据、文件和资料等或者提供虚假信息、电子数据、文件和资料等，拒绝参加或者配合中国人民银行或其分支机构约谈的，有关法律、行政法规和中国人民银行规章有处罚规定的，依据其规定给予处罚；有关法律、行政法规和中国人民银行规章未作处罚规定的，中国人民银行或其分支机构给予警告，并处十万元以下罚款，视情况给予通报批评。

第五十五条 被检查人未按照中国人民银行或其分支机构的要求整改，或者提交的整改报告内容不实，有关法律、行政法规和中国人民银行规章有处罚规定的，依据其规定给予处罚；有关法律、行政法规和中国人民银行规章未作处罚规定，情节严重的，中国人民银行或其分支机构给予警告，并处十万元以下罚款，视情况给予通报批评。

第七章　附 则

第五十六条　本规定所称中国人民银行分支机构包括中国人民银行上海总部，各分行、营业管理部、中心支行和支行。

第五十七条　本规定所称被检查人享有的权利，是指被检查人对检查组工作进行监督、申请检查人员回避、对检查情况提出异议、举报检查人员违法违纪行为等权利。

本规定所称被检查人配合检查的义务，包括：

（一）不得阻碍、拒绝监督检查，不得提出不合理的要求；

（二）如实回复函询或者回答检查人员的询问，及时就相关事项进行说明；

（三）按照要求及时提供执法检查所需的信息、电子数据、文件和资料等，并对所提供的信息、电子数据、文件和资料等的真实性、准确性、完整性负责。

第五十八条　国家外汇管理局及其分支机构实施执法检查的程序规定，由国家外汇管理局另行制定。

第五十九条　中国人民银行及其分支机构与其他行政执法部门联合实施执法检查的，可以参照本规定执行。

中国人民银行可以依法与其他监管部门建立执法合作机制，相关办法由中国人民银行会同相关监管部门另行制定。

第六十条　本规定由中国人民银行负责解释。

第六十一条　本规定自 2022 年 6 月 1 日起施行。《中国人民银行执法检查程序规定》（中国人民银行令〔2010〕第 1 号发布）同时废止。

中国人民银行行政处罚程序规定

（中国人民银行令〔2022〕第3号）

《中国人民银行行政处罚程序规定》已经2022年2月8日中国人民银行2022年第2次行务会议审议通过，现予发布，自2022年6月1日起施行。

行长：易纲

2022年4月14日

中国人民银行行政处罚程序规定

第一章　总 则

第一条　为规范中国人民银行及其分支机构的行政处罚行为，维护当事人合法权益，根据《中华人民共和国中国人民银行法》《中华人民共和国商业银行法》《中华人民共和国行政处罚法》等有关法律、行政法规，制定本规定。

第二条　中国人民银行及其分支机构依法对管辖的法人、非法人组织和自然人违反相关法律、行政法规、中国人民银行规章的行为给予行政处罚的，依照本规定实施。

第三条　中国人民银行及其分支机构应当依照法律、行政法规、中国人民银行规章的规定，公正、公开、合理地实施行政处罚，坚持处罚与教育相结合，与违法行为的事实、性质、情节以及社会危害程度相当。

第四条　中国人民银行及其分支机构实施行政处罚，实行分级管理、分工负责，执法检查、案件调查与案件审理、案件决定相分离。

第五条　中国人民银行及其分支机构依法公开行政处罚决定信息。

除法律、行政法规或者中国人民银行规章另有规定外，中国人民银行及其分支机构在行政处罚案件立案、调查、审理、决定过程中形成的案卷信息不予公开。当事人及其代理人可以按照规定申请查阅相关案卷信息。

第六条　中国人民银行及其分支机构的工作人员对实施行政处罚过程中知悉的国家秘密、工作秘密、商业秘密、个人隐私和个人信息应当依法予以保密，不得违反规定对外提供。

行政处罚决定信息公布之前，当事人、中国人民银行及其分支机构的工作人员、参与案件调查的辅助人员、提供意见的外部专家等对行政处罚情况负有保密义务，不得泄露与行政处罚有关的信息。

第二章 管 辖

第七条 中国人民银行负责对下列违法违规行为实施行政处罚：

（一）法律、行政法规、中国人民银行规章规定由中国人民银行实施行政处罚的违法违规行为；

（二）以中国人民银行名义开展执法检查发现的违法违规行为；

（三）全国范围内有重大影响的违法违规行为；

（四）中国人民银行认为应当由其直接实施行政处罚的其他违法违规行为。

第八条 中国人民银行分支机构负责对下列违法违规行为实施行政处罚：

（一）所监管的法人、非法人组织和自然人的违法违规行为；

（二）发生在辖区内的违法违规行为；

（三）以本单位名义开展执法检查发现的违法违规行为；

（四）中国人民银行授权其开展执法检查发现的违法违规行为；

（五）中国人民银行指定其管辖的其他违法违规行为。

当事人的违法违规行为涉及信息网络等因素，无法确定发生地的，原则上由当事人所在地的中国人民银行分支机构管辖。

第九条 中国人民银行或其分支机构根据需要可以直接对下级行辖区内有重大影响、案情复杂的违法违规行为实施行政处罚。

中国人民银行分支机构认为应当由其实施行政处罚的违法违规行为情节严重、有重大影响的，可以请求上级行实施行政处罚。

第十条 中国人民银行根据实际情况，认为案件不适宜由相关中国人民银行分支机构负责实施行政处罚的，可以自行实施行政处罚，或者指定其上级行、其他同级中国人民银行分支机构负责实施行政处罚。

第十一条 中国人民银行根据履行法定职责的需要，可以决定由特定中国人民银行分支机构集中行使其他中国人民银行分支机构的部分或者全部管辖权，具体方式和集中管辖的案件范围由中国人民银行另行规定。

第十二条 除法律、行政法规另有规定外，《中华人民共和国行政处罚法》第九条第三项、第四项所规定的行政处罚，以及其他涉及许可证件、资质等级、生产经营等行政处罚，由颁发该许可证件、授予该资质等级、准许生产经营的中国人民银行或其分支机构实施。

第十三条 两个以上中国人民银行分支机构对同一违法违规行为均有管辖权的，由最先立案的中国人民银行分支机构管辖。

中国人民银行分支机构对管辖权发生争议的，应当协商解决，协商不成的，逐级报请共同的上级行指定管辖；也可以由共同的上级行直接指定管辖。

作出指定管辖决定的中国人民银行或其分支机构应当出具指定管辖通知书。

第三章　行政处罚委员会

第十四条　中国人民银行及其分支机构设立行政处罚委员会，负责案件审理和审议决定行政处罚、决定涉及行政处罚的其他重大事项。

行政处罚委员会集体行使行政处罚权，接受上级行行政处罚委员会的指导和监督，其他部门和个人不得干涉行政处罚委员会依法独立行使职权。

行政处罚委员会的组成人员、设立方式等事项由中国人民银行另行规定。

第十五条　行政处罚委员会的主任由中国人民银行或其分支机构的行长（主任），或者其授权的副行长（副主任）担任，实行主任负责制；主任因故不能履行职责时，可以委托副主任代行主任职责。

第十六条　行政处罚委员会履行下列职责：

（一）审议行政处罚案件，作出行政处罚决定；

（二）审议案件审理指导意见、本单位涉及行政处罚工作的重要管理制度等；

（三）对下级行行政处罚委员会进行指导和监督；

（四）审议本单位与行政处罚工作相关的其他重大事项。

第十七条　行政处罚委员会下设办公室，行政处罚委员会办公室设在中国人民银行及其分支机构的法律事务部门；暂未设立法律事务部门的中国人民银行分支机构，由具体承担法律事务工作的部门履行其职责。

行政处罚委员会办公室承担行政处罚委员会的日常工作，履行下列职责：

（一）立案审查；

（二）进行法制审核，提出案件处理意见；

（三）组织召开行政处罚委员会会议和组织书面审议；

（四）听取当事人陈述、申辩，组织听证；

（五）制作相关法律文书；

（六）督促行政处罚的执行或者申请人民法院强制执行；

（七）中国人民银行规定的其他职责。

第十八条　行政处罚委员会采取集体审议的方式作出行政处罚决定，可以根据案件具体情况采取会议审议和书面审议两种方式。具体审议程序由中国人民银行另行规定。

第四章　立案和调查

第十九条　除符合《中华人民共和国行政处罚法》第五十一条规定，依法适用简易程序作出行政处罚外，中国人民银行及其分支机构执法职能部门根据下列情形，认为符合立案标准的，依法向本单位行政处罚委员会办公室申请立案：

（一）在现场检查、非现场检查及日常监管中发现当事人存在违法违规行为，或者有违法违规行为确切线索的；

（二）对于公安机关、其他监管部门、行业自律组织等移送的违法违规线索，经初步核实认为当事人存在违法违规行为的；

（三）中国人民银行及其他分支机构发现违法违规行为，移送本单位管辖的；

（四）上级行指定本单位管辖的；

（五）本单位对相关违法违规行为有管辖权的其他情形。

第二十条　中国人民银行及其分支机构立案后，认为需要对违法违规行为进一步调查，了解相关情况、补充证据材料的，可以对当事人开展案件调查。

中国人民银行及其分支机构开展案件调查的，应当向当事人送达案件调查通知书，告知案件调查的依据、内容、调查期限范围、调查开展时间、要求、调查人员名单等事项。

第二十一条　案件调查程序参照《中国人民银行执法检查程序规定》简易现场检查程序进行；案件情况较为复杂、影响较大的，可以参照现场检查程序进行。

调查人员应当按照《中华人民共和国行政处罚法》《中国人民银行执法检查程序规定》等规定全面、客观、公正地调查，充分收集证据材料。

第二十二条　中国人民银行及其分支机构根据案件调查工作需要，可以聘请注册会计师、资产评估人员、律师等专业人员，以及数据分析、信息技术等领域技术人员作为辅助人员协助案件调查，或者邀请上述人员出具专业意见。

第二十三条　当事人应当配合中国人民银行及其分支机构的案件调查，履行下列义务：

（一）不得阻碍、拒绝案件调查，不得提出不合理的要求；

（二）如实回答调查人员的询问，及时就相关事项进行说明；

（三）按照要求及时提供案件调查所需的信息、电子数据、文件和资料等，并对所提供的信息、电子数据、文件和资料等的真实性、准确性、完整性负责。

第五章　案件审理

第二十四条　行政处罚委员会办公室根据相关证据材料，依法提出案件处理意见。

第二十五条　行政处罚委员会办公室提出案件处理意见后，经行政处罚委员会主任批准，组织召开行政处罚委员会会议或者组织书面审议。

行政处罚委员会审议下列事项：

（一）本单位是否具有管辖权，是否超越法定权限；

（二）违法违规事实是否清楚，证据是否合法、充分，定性是否准确；

（三）执法检查、案件调查程序是否合法；

（四）适用法律、行政法规、中国人民银行规章是否正确，裁量基准运用是否适当；

（五）拟作出行政处罚的种类、金额是否适当，拟不予行政处罚或者减轻处罚的理由和依据是否充分。

第二十六条　行政处罚委员会审议案件时，可以听取与案件不存在利害关系的法官、律师、学者等外部专家的意见。

听取意见可以采取当面听取的方式，也可以邀请外部专家提供书面意见。

第二十七条　行政处罚委员会审议通过，拟作出行政处罚决定的，行政处罚委员会办公室制作行政处罚意见告知书，经行政处罚委员会主任或者其授权的副主任批准后，送达当事人。

第二十八条　行政处罚意见告知书应当载明违法违规行为的事实和证据，拟作出行政处罚的种类、金额、理由和依据，以及当事人依法享有提出陈述和申辩的权利；拟作出的行政处罚决定符合《中华人民共和国行政处罚法》第六十三条规定的听证情形的，应当告知当事人依法享有提出听证的权利。其中，“较大数额罚款”“没收较大数额违法所得、没收较大价值非法财物”，是指：

（一）中国人民银行对法人、非法人组织拟作出罚款、没收违法所得、没收非法财物合计五百万元及以上的，对单一自然人合计二十万元以上的；

（二）中国人民银行副省级城市中心支行以上分支机构对法人、非法人组织拟作出罚款、没收违法所得、没收非法财物合计三百万元及以上的，对单一自然人合计十万元以上的；

（三）中国人民银行地市中心支行对法人、非法人组织拟作出罚款、没收违法所得、没收非法财物合计一百万元及以上的，对单一自然人合计五万元以上的。

第二十九条 案件调查人员、行政处罚委员会委员、行政处罚委员会办公室从事案件处理工作的人员与当事人存在利害关系，或者有其他可能影响案件公平审理的情形的，应当主动申请回避；应当回避而未主动申请回避，当事人申请回避且理由充分的，行政处罚委员会主任应当要求相关人员回避。

第三十条 当事人可以在中国人民银行及其分支机构立案后、送达行政处罚决定书前书面提出先行整改承诺申请，载明清晰、可查证的整改目标、整改措施和完成时间，或者消除损害、不良影响的措施等。中国人民银行认为当事人通过先行整改能够更好符合金融监管要求且不立即实施行政处罚不会损害社会公共利益、他人合法权益的，可以决定中止审理、暂缓作出行政处罚决定，督促当事人进行整改。当事人按承诺期限完成整改的，中国人民银行或其分支机构可以依法从轻、减轻处罚；到期未实质完成整改工作，或者没有合理理由拖延整改的，恢复审理，并依法从重处罚。

先行整改承诺主要适用于拟作出较大数额罚款、吊销相关许可证、责令停业整顿等重大行政处罚案件，且当事人不存在违法违规行为情节严重、社会影响恶劣等情形。

第三十一条 当事人在中国人民银行及其分支机构作出行政处罚决定前发生金融风险事件，金融管理部门或者存款保险机构依法完成处置的，对当事人在金融风险事件处置完成前实施的违法违规行为，可以按照经批准的金融风险处置方案处理。

第三十二条 中国人民银行及其分支机构对于不适用《中华人民共和国行政处罚法》第五章第二节规定的简易程序，但事实清楚，当事人书面申请、自愿认错认罚，且相关违法违规行为有证据佐证的案件，可以适当简化案件审理程序，及时作出行政处罚决定。

第六章　陈述、申辩和听证

第三十三条 当事人要求陈述和申辩的，应当自收到行政处罚意见告知书之日起五日内将陈述和申辩的书面材料提交至制作行政处罚意见告知书的中国人民银行或其分支机构。

当事人收到行政处罚意见告知书后，可以书面提出放弃陈述和申辩权利；当事人逾期未提交陈述和申辩的书面材料，且没有合理理由的，视为放弃陈述和申辩权利。

第三十四条 当事人根据《中华人民共和国行政处罚法》第六十三条规定要求听证的，应当自收到行政处罚意见告知书之日起五日内，向制作行政处罚意见告知书的中国人民银行或其分支机构提交听证申请书，说明听证的要求和理由；当事人对违法违规事实有异议，或者主张应当从轻、减轻、免除行政处罚的，应当同时提交相关证据材料。

当事人收到行政处罚意见告知书后，可以书面提出放弃听证权利；当事人逾期不提出听证申请，且没有合理理由的，视为放弃听证权利。

第三十五条　当事人申请听证的，中国人民银行或其分支机构应当自收到听证申请之日起三十日内组织听证，并在召开听证会七日前，通知当事人及有关人员举行听证的时间、地点。

除涉及国家秘密、商业秘密或者个人隐私等依法予以保密的情形外，听证应当公开进行。

第三十六条　听证由行政处罚委员会办公室未参与本案案件处理、案件调查的人员担任听证主持人，两名正式工作人员担任听证员，也可以由行政处罚委员会主任指定未参与本案案件处理、案件调查的正式工作人员担任听证主持人。

当事人认为听证主持人、听证员与本案有直接利害关系的，有权申请回避。听证主持人、听证员是否回避，由行政处罚委员会主任决定。

第三十七条　举行听证时，由负责执法检查或者案件调查的执法职能部门说明拟作出行政处罚的事实、证据和行政处罚建议；当事人及其代理人可以进行申辩和质证，并可以出示无违法违规事实、违法违规事实较轻或者应当从轻、减轻、免除行政处罚的证据材料。

听证应当由听证主持人指定专人记录并制作听证笔录，听证笔录的内容包括：举行听证的时间、地点、参加听证的人员、听证事项、听证参与人的意见。

听证笔录应当交当事人或其代理人确认并签字或者盖章。当事人或其代理人拒绝签字或者盖章的，由听证主持人在听证笔录中注明。

第三十八条　听证结束后，听证主持人和听证员应当制作听证报告，提出处理意见，并将听证报告、听证笔录及听证取得的证据，一并报行政处罚委员会办公室。

第三十九条　听证申请人提出延期申请且有合理理由，或者因不可抗力，导致听证无法如期举行的，中国人民银行或其分支机构行政处罚委员会办公室可以决定延期举行听证，并告知听证申请人。

第四十条　听证开始前或者在听证过程中，听证申请人有下列情形的，视为放弃听证权利，不得再次就同一行政处罚事项提出听证申请：

（一）撤回听证申请；

（二）无正当理由拒不参加听证；

（三）听证过程中严重扰乱听证秩序，或者未经听证主持人允许中途退场。

听证申请人可以在听证前书面提出撤回听证申请，也可以在听证过程中书面或者口头提出撤回听证申请。

第四十一条　中国人民银行及其分支机构应当充分听取当事人的意见，不得因当事人进行陈述、申辩或者提出听证而加重处罚。

第七章　处罚决定

第四十二条　行政处罚委员会办公室应当根据案件审议情况，结合当事人的陈述和申辩意见、听证情况制作行政处罚决定书，经行政处罚委员会主任批准后，送达当事人。

第四十三条　行政处罚决定书应当载明下列事项：

（一）当事人的姓名或者名称、地址；

（二）违法违规事实和证据；

（三）行政处罚的种类和依据；

（四）行政处罚的履行方式和期限；

（五）不服行政处罚决定，申请行政复议或者提起行政诉讼的途径和期限；

（六）作出行政处罚决定的中国人民银行或其分支机构的名称、印章和作出决定的日期。

当事人提出陈述和申辩意见或者进行听证的，行政处罚决定书中还应当说明是否采纳当事人的意见及理由。

第四十四条 当事人的违法违规行为涉嫌犯罪，依法需要追究刑事责任的，中国人民银行及其分支机构应当按照《行政执法机关移送涉嫌犯罪案件的规定》，及时向公安机关移送。

中国人民银行及其分支机构在行政处罚过程中发现当事人或其工作人员存在被监察对象涉嫌违反党纪、职务违法或者职务犯罪等问题线索的，应当及时向纪检监察机关移送。

第四十五条 中国人民银行及其分支机构应当在行政处罚决定书制作完成后七日内送达当事人。

第四十六条 中国人民银行及其分支机构可以采取下列方式送达行政处罚意见告知书、行政处罚决定书等文书：

（一）在中国人民银行及其分支机构办公场所当面送达当事人；

（二）派两名以上正式工作人员赴当事人身份证件载明的住址，或者当事人确认的其他地址送达当事人；

（三）根据当事人确认的通讯地址、联系方式等信息邮寄送达，采取邮寄送达的，邮件签收视为送达，邮件因地址错误、拒收等原因被退回的，邮件退回之日视为送达；

（四）经当事人同意，使用电子邮件、信息化系统等电子送达方式送达当事人；

（五）采取前述方式向当事人委托的代收人送达；

（六）无法通过前述方式送达的，中国人民银行及其分支机构可以公告送达，公告期为三十日，公告期满，视为送达。

中国人民银行及其分支机构可以委托其他中国人民银行分支机构采取前款第一项、第二项、第五项规定的方式代为送达。

第四十七条 中国人民银行及其分支机构作出罚款、没收违法所得行政处罚决定的，当事人应当自收到行政处罚决定书之日起十五日内按照行政处罚决定书载明的方式缴纳罚款、违法所得。

当事人根据《中华人民共和国行政处罚法》第六十六条的规定，申请延期或者分期缴纳罚款的，应当自收到行政处罚决定书之日起十五日内向作出行政处罚决定的中国人民银行或其分支机构提出书面申请，并提交相关证明材料。

第四十八条 中国人民银行及其分支机构应当自行政处罚决定作出之日起七日内依据中国人民银行的相关规定公开行政处罚决定信息。

第四十九条 当事人逾期不履行行政处罚决定的，中国人民银行及其分支机构可以根据《中华人民共和国行政处罚法》第七十二条的规定，采取相关措施。

第五十条 当事人对行政处罚决定不服的，可以依法申请行政复议或者提起行政诉讼。

第五十一条 中国人民银行及其分支机构应当自行政处罚案件立案之日起九十日内作出行政处罚决定，下列程序所需必要时间不计入行政处罚办理期限：

（一）行政处罚立案后，根据本规定对当事人开展案件调查的；

（二）根据当事人申请组织听证，或者相关证据需要进行检验、鉴定的；

（三）通过公告方式送达行政处罚意见告知书的；

（四）中国人民银行及其分支机构决定中止审理的。

中国人民银行及其分支机构在九十日内确实无法作出行政处罚决定的，经行政处罚委员会主任或者其授权的副主任批准，可以延长九十日。

第五十二条　中国人民银行及其分支机构在作出行政处罚决定前，有下列情形之一的，经行政处罚委员会主任或者其授权的副主任批准，可以作出中止审理的决定：

（一）当事人因涉嫌违法违规被其他行政机关调查，或者被司法机关侦查，尚未结案，对该行政处罚案件影响重大的；

（二）当事人被依法接管或者采取其他金融风险处置措施，接管期限尚未届满或者金融风险处置尚未完成的；

（三）行政处罚决定必须以相关诉讼的审理结果为依据，而相关诉讼未审结的；

（四）对有关法律、行政法规、国务院决定、规章的规定，需要进一步明确具体含义，中国人民银行或其分支机构请求有关机关作出解释的；

（五）当事人按照本规定第三十条的规定，向中国人民银行或其分支机构提出先行整改承诺申请，中国人民银行经审核同意的。

相关情形消失后，中国人民银行及其分支机构应当及时恢复审理，作出行政处罚决定。

第八章　附　则

第五十三条　当事人违反本规定，拒绝、阻碍中国人民银行或其分支机构的案件调查，拒绝提供信息、电子数据、文件和资料等或者提供虚假信息、电子数据、文件和资料等的，有关法律、行政法规和中国人民银行规章有处罚规定的，依照其规定给予处罚；有关法律、行政法规和中国人民银行规章未作处罚规定的，由中国人民银行或其分支机构给予警告，并处十万元以下罚款，视情况给予通报批评。

第五十四条　中国人民银行分支机构包括中国人民银行上海总部，各分行、营业管理部、中心支行和支行。

第五十五条　中国人民银行可以依法与其他监管部门建立执法合作机制，相关办法由中国人民银行会同相关监管部门另行制定。

第五十六条　国家外汇管理局及其分支机构实施行政处罚的程序规定，由国家外汇管理局另行制定。

国家外汇管理局可以参照实施本规定第五十一条、第五十二条的相关规定。

第五十七条　本规定中“五日”“七日”均以工作日计算，不含法定节假日。

第五十八条　本规定由中国人民银行负责解释。

第五十九条　本规定自 2022 年 6 月 1 日起施行。《中国人民银行行政处罚程序规定》（中国人民银行令〔2001〕第 3 号发布）同时废止。

证券期货业反洗钱工作实施办法

（中国证券监督管理委员会令〔2010〕第68号）

（根据2022年8月12日中国证券监督管理委员会《关于修改、废止部分证券期货规章的决定》（中国证券监督管理委员会令〔2022〕第202号）修正）

第一章　总　则

第一条　为进一步配合国务院反洗钱行政主管部门加强证券期货业反洗钱工作，有效防范证券期货业洗钱和恐怖融资风险，规范行业反洗钱监管行为，推动证券期货经营机构认真落实反洗钱工作，维护证券期货市场秩序，根据《中华人民共和国反洗钱法》（以下简称《反洗钱法》）《中华人民共和国证券法》《中华人民共和国证券投资基金法》《中华人民共和国期货和衍生品法》及《期货交易管理条例》等法律法规，制定本办法。

第二条　本办法适用于中华人民共和国境内的证券期货业反洗钱工作。

从事基金销售业务的机构在基金销售业务中履行反洗钱责任适用本办法。

第三条　中国证券监督管理委员会（以下简称证监会）依法配合国务院反洗钱行政主管部门履行证券期货业反洗钱监管职责，制定证券期货业反洗钱工作的规章制度，组织、协调、指导证券公司、期货公司和基金管理公司（以下简称证券期货经营机构）的反洗钱工作。

证监会派出机构按照本办法的规定，履行辖区内证券期货业反洗钱监管职责。

第四条　中国证券业协会和中国期货业协会依照本办法的规定，履行证券期货业反洗钱自律管理职责。

第五条　证券期货经营机构应当依法建立健全反洗钱工作制度，按照本办法规定向当地证监会派出机构报送相关信息。证券期货经营机构发现证券期货业内涉嫌洗钱活动线索，应当依法向反洗钱行政主管部门、侦查机关举报。

第二章　监管机构及行业协会职责

第六条　证监会负责组织、协调、指导证券期货业的反洗钱工作，履行以下反洗钱工作职责：

（一）配合国务院反洗钱行政主管部门研究制定证券期货业反洗钱工作的政策、规划，研究解决证券期货业反洗钱工作重大和疑难问题，及时向国务院反洗钱行政主管部门通报反洗钱工作信息；

（二）参与制定证券期货经营机构反洗钱有关规章，对证券期货经营机构提出建立健全反洗钱内控制度的要求，在证券期货经营机构市场准入和人员任职方面贯彻反洗钱要求；

（三）配合国务院反洗钱行政主管部门对证券期货经营机构实施反洗钱监管；

（四）会同国务院反洗钱行政主管部门指导中国证券业协会、中国期货业协会制定反洗钱工作指引，开展反洗钱宣传和培训；

（五）研究证券期货业反洗钱的重大问题并提出政策建议；

（六）及时向侦查机关报告涉嫌洗钱犯罪的交易活动，协助司法部门调查处理涉嫌洗钱犯罪案件；

（七）对派出机构落实反洗钱监管工作情况进行考评，对中国证券业协会、中国期货业协会落实反洗钱工作进行指导；

（八）法律、行政法规规定的其他职责。

第七条　证监会派出机构履行以下反洗钱工作职责：

（一）配合当地反洗钱行政主管部门对辖区证券期货经营机构实施反洗钱监管，并建立信息交流机制；

（二）定期向证监会报送辖区内半年度和年度反洗钱工作情况，及时报告辖区证券期货经营机构受反洗钱行政主管部门检查或处罚等信息及相关重大事件；

（三）组织、指导辖区证券期货业的反洗钱培训和宣传工作；

（四）研究辖区证券期货业反洗钱工作问题，并提出改进措施；

（五）法律、行政法规以及证监会规定的其他职责。

第八条　中国证券业协会、中国期货业协会履行以下反洗钱工作职责：

（一）在证监会的指导下，制定和修改行业反洗钱相关工作指引；

（二）组织会员单位开展反洗钱培训和宣传工作；

（三）定期向证监会报送协会年度反洗钱工作报告，及时报告相关重大事件；

（四）组织会员单位研究行业反洗钱工作的相关问题；

（五）法律、行政法规以及证监会规定的其他职责。

第三章　证券期货经营机构反洗钱义务

第九条　证券期货经营机构应当依法履行反洗钱义务，建立健全反洗钱内部控制制度。证券期货经营机构负责人应当对反洗钱内部控制制度的有效实施负责，总部应当对分支机构执行反洗钱内部控制制度进行监督管理，根据要求向当地证监会派出机构报告反洗钱工作开展情况。

第十条　证券期货经营机构应当向当地证监会派出机构报送其内部反洗钱工作部门设置、负责人及专门负责反洗钱工作的人员的联系方式等相关信息。如有变更，应当自变更之日起 10 个工作日内报送更新后的相关信息。

第十一条　证券期货经营机构应当在发现以下事项发生后的 5 个工作日内，以书面方式向当地证监会派出机构报告：

（一）证券期货经营机构受到反洗钱行政主管部门检查或处罚的；

（二）证券期货经营机构或其客户从事或涉嫌从事洗钱活动，被反洗钱行政主管部门、侦查机关或者司法机关处罚的；

（三）其他涉及反洗钱工作的重大事项。

第十二条　证券期货经营机构应当按照反洗钱法律法规的要求及时建立客户风险等级划分

制度，并报当地证监会派出机构备案。在持续关注的基础上，应适时调整客户风险等级。

第十三条 证券期货经营机构在为客户办理业务过程中，发现客户所提供的个人身份证件或机构资料涉嫌虚假记载的，应当拒绝办理；发现存在可疑之处的，应当要求客户补充提供个人身份证件或机构原件等足以证实其身份的相关证明材料，无法证实的，应当拒绝办理。

第十四条 证券期货经营机构通过销售机构向客户销售基金等金融产品时，应当通过合同、协议或其他书面文件，明确双方在客户身份识别、客户身份资料和交易记录保存与信息交换、大额交易和可疑交易报告等方面的反洗钱职责和程序。

第十五条 证券期货经营机构应当建立反洗钱工作保密制度，并报当地证监会派出机构备案。

反洗钱工作保密事项包括以下内容：

（一）客户身份资料及客户风险等级划分资料；

（二）交易记录；

（三）大额交易报告；

（四）可疑交易报告；

（五）履行反洗钱义务所知悉的国家执法部门调查涉嫌洗钱活动的信息；

（六）其他涉及反洗钱工作的保密事项。

查阅、复制涉密档案应当实施书面登记制度。

第十六条 证券期货经营机构应当建立反洗钱培训、宣传制度，每年开展对单位员工的反洗钱培训工作和对客户的反洗钱宣传工作，持续完善反洗钱的预防和监控措施。每年年初，应当向当地证监会派出机构上报反洗钱培训和宣传的落实情况。

第十七条 证券期货经营机构不遵守本办法有关报告、备案或建立相关内控制度等规定的，证监会及其派出机构可采取责令改正、监管谈话或责令参加培训等监管措施。

第四章 附 则

第十八条 本办法自2010年10月1日起施行。

银行业金融机构反洗钱和反恐怖融资管理办法

（中国银行保险监督管理委员会令〔2019〕第1号）

第一章　总则

第一条　为预防洗钱和恐怖融资活动，做好银行业金融机构反洗钱和反恐怖融资工作，根据《中华人民共和国银行业监督管理法》《中华人民共和国反洗钱法》《中华人民共和国反恐怖主义法》等有关法律、行政法规，制定本办法。

第二条　国务院银行业监督管理机构根据法律、行政法规规定，配合国务院反洗钱行政主管部门，履行银行业金融机构反洗钱和反恐怖融资监督管理职责。

国务院银行业监督管理机构的派出机构根据法律、行政法规及本办法的规定，负责辖内银行业金融机构反洗钱和反恐怖融资监督管理工作。

第三条　本办法所称银行业金融机构，是指在中华人民共和国境内设立的商业银行、农村合作银行、农村信用合作社等吸收公众存款的金融机构以及政策性银行和国家开发银行。

对在中华人民共和国境内设立的金融资产管理公司、信托公司、企业集团财务公司、金融租赁公司、汽车金融公司、货币经纪公司、消费金融公司以及经国务院银行业监督管理机构批准设立的其他金融机构的反洗钱和反恐怖融资管理，参照本办法对银行业金融机构的规定执行。

第四条　银行业金融机构境外分支机构和附属机构，应当遵循驻在国家（地区）反洗钱和反恐怖融资方面的法律规定，协助配合驻在国家（地区）监管机构的工作，同时在驻在国家（地区）法律规定允许的范围内，执行本办法的有关要求。

若驻在国家（地区）不允许执行本办法的有关要求，银行业金融机构应当采取适当的额外措施应对洗钱和恐怖融资风险，并向国务院银行业监督管理机构报告。

第二章　银行业金融机构反洗钱和反恐怖融资义务

第五条　银行业金融机构应当建立健全洗钱和恐怖融资风险管理体系，全面识别和评估自身面临的洗钱和恐怖融资风险，采取与风险相适应的政策和程序。

第六条　银行业金融机构应当将洗钱和恐怖融资风险管理纳入全面风险管理体系，将反洗钱和反恐怖融资要求嵌入合规管理、内部控制制度，确保洗钱和恐怖融资风险管理体系能够全面覆盖各项产品及服务。

第七条　银行业金融机构应当依法建立反洗钱和反恐怖融资内部控制制度，并对分支机构和附属机构的执行情况进行管理。反洗钱和反恐怖融资内部控制制度应当包括下列内容：

（一）反洗钱和反恐怖融资内部控制职责划分；

（二）反洗钱和反恐怖融资内部控制措施；

（三）反洗钱和反恐怖融资内部控制评价机制；

（四）反洗钱和反恐怖融资内部控制监督制度；

（五）重大洗钱和恐怖融资风险事件应急处置机制；

（六）反洗钱和反恐怖融资工作信息保密制度；

（七）国务院银行业监督管理机构及国务院反洗钱行政主管部门规定的其他内容。

第八条 银行业金融机构应当建立组织架构健全、职责边界清晰的洗钱和恐怖融资风险治理架构，明确董事会、监事会、高级管理层、业务部门、反洗钱和反恐怖融资风险管理部门和内审部门在洗钱和恐怖融资风险管理中的职责分工。

第九条 银行业金融机构董事会应当对反洗钱和反恐怖融资工作承担最终责任。

第十条 银行业金融机构的高级管理层应当承担洗钱和恐怖融资风险管理的实施责任。

银行业金融机构应当任命或授权一名高级管理人员牵头负责洗钱和恐怖融资风险管理工作，其有权独立开展工作。银行业金融机构应当确保其能够充分获取履职所需的权限和资源，避免可能影响其履职的利益冲突。

第十一条 银行业金融机构应当设立反洗钱和反恐怖融资专门机构或者指定内设机构负责反洗钱和反恐怖融资风险管理工作。反洗钱和反恐怖融资管理部门应当设立专门的反洗钱和反恐怖融资岗位，并配备足够人员。

银行业金融机构应当明确相关业务部门的反洗钱和反恐怖融资职责，保证反洗钱和反恐怖融资内部控制制度在业务流程中贯彻执行。

第十二条 银行业金融机构应当按照规定建立健全和执行客户身份识别制度，遵循“了解你的客户”的原则，针对不同客户、业务关系或者交易，采取有效措施，识别和核实客户身份，了解客户及其建立、维持业务关系的目的和性质，了解非自然人客户受益所有人。在与客户的业务关系存续期间，银行业金融机构应当采取持续的客户身份识别措施。

第十三条 银行业金融机构应当按照规定建立健全和执行客户身份资料和交易记录保存制度，妥善保存客户身份资料和交易记录，确保能重现该项交易，以提供监测分析交易情况、调查可疑交易活动和查处洗钱案件所需的信息。

第十四条 银行业金融机构应当按照规定建立健全和执行大额交易和可疑交易报告制度。

第十五条 银行业金融机构与金融机构开展业务合作时，应当在合作协议中明确双方的反洗钱和反恐怖融资职责，承担相应的法律义务，相互间提供必要的协助，采取有效的风险管控措施。

第十六条 银行业金融机构解散、撤销或破产时，应当将客户身份资料和交易记录移交国务院有关部门指定的机构。

第十七条 银行业金融机构应当按照客户特点或者账户属性，以客户为单位合理确定洗钱和恐怖融资风险等级，根据风险状况采取相应的控制措施，并在持续关注的基础上适时调整风险等级。

第十八条 银行业金融机构应当建立健全和执行洗钱和恐怖融资风险自评估制度，对本机构的内外部洗钱和恐怖融资风险及相关风险控制措施有效性进行评估。

银行业金融机构开展新业务、应用新技术之前应当进行洗钱和恐怖融资风险评估。

第十九条 银行业金融机构应建立反恐怖融资管理机制，按照国家反恐怖主义工作领导机构发布的恐怖活动组织及恐怖活动人员名单、冻结资产的决定，依法对相关资产采取冻结措施。

银行业金融机构应当根据监管要求密切关注涉恐人员名单，及时对本机构客户和交易进行风险排查，依法采取相应措施。

第二十条　银行业金融机构应当依法执行联合国安理会制裁决议要求。

第二十一条　银行业金融机构应当每年开展反洗钱和反恐怖融资内部审计，内部审计可以是专项审计，或者与其他审计项目结合进行。

第二十二条　对依法履行反洗钱和反恐怖融资义务获得的客户身份资料和交易信息，银行业金融机构及其工作人员应当予以保密；非依法律规定，不得向任何单位和个人提供。

第二十三条　银行业金融机构应当将可量化的反洗钱和反恐怖融资控制指标嵌入信息系统，使风险信息能够在业务部门和负责反洗钱和反恐怖融资管理部门之间有效传递、集中和共享，满足对洗钱和恐怖融资风险进行预警、提取、分析和报告等各项要求。

第二十四条　银行业金融机构应当配合银行业监督管理机构做好反洗钱和反恐怖融资监督检查工作。

第二十五条　银行业金融机构应当按照法律、行政法规及银行业监督管理机构的相关规定，履行协助查询、冻结、扣划义务，配合公安机关、司法机关等做好洗钱和恐怖融资案件调查工作。

第二十六条　银行业金融机构应当做好境外洗钱和恐怖融资风险管控和合规经营工作。境外分支机构和附属机构要加强与境外监管当局的沟通，严格遵守境外反洗钱和反恐怖融资法律法规及相关监管要求。

银行业金融机构境外分支机构和附属机构受到当地监管部门或者司法部门现场检查、行政处罚、刑事调查或者发生其他重大风险事项时，应及时向银行业监督管理机构报告。

第二十七条　银行业金融机构应当对跨境业务开展尽职调查和交易监测工作，做好跨境业务洗钱风险、制裁风险和恐怖融资风险防控，严格落实代理行尽职调查与风险分类评级义务。

第二十八条　对依法履行反洗钱和反恐怖融资义务获得的客户身份资料和交易信息，非依法律、行政法规规定，银行业金融机构不得向境外提供。

银行业金融机构对于涉及跨境信息提供的相关问题应及时向银行业监督管理机构报告，并按照法律法规要求采取相应措施。

第二十九条　银行业金融机构应当制定反洗钱和反恐怖融资培训制度，定期开展反洗钱和反恐怖融资培训。

第三十条　银行业金融机构应当开展反洗钱和反恐怖融资宣传，保存宣传资料和宣传工作记录。

第三章　监督管理

第三十一条　国务院银行业监督管理机构依法履行下列反洗钱和反恐怖融资监督管理职责：

（一）制定银行业金融机构反洗钱和反恐怖融资制度文件；

（二）督促指导银行业金融机构建立健全反洗钱和反恐怖融资内部控制制度；

（三）监督、检查银行业金融机构反洗钱和反恐怖融资内部控制制度建立执行情况；

（四）在市场准入工作中落实反洗钱和反恐怖融资审查要求；

（五）与其他国家或者地区的银行业监督管理机构开展反洗钱和反恐怖融资监管合作；

（六）指导银行业金融机构依法履行协助查询、冻结、扣划义务；

（七）转发联合国安理会相关制裁决议，依法督促银行业金融机构落实金融制裁要求；

（八）向侦查机关报送涉嫌洗钱和恐怖融资犯罪的交易活动，协助公安机关、司法机关等调查处理涉嫌洗钱和恐怖融资犯罪案件；

（九）指导银行业金融机构应对境外协助执行案件、跨境信息提供等相关工作；

（十）指导行业自律组织开展反洗钱和反恐怖融资工作；

（十一）组织开展反洗钱和反恐怖融资培训宣传工作；

（十二）其他依法应当履行的反洗钱和反恐怖融资职责。

第三十二条 银行业监督管理机构应当履行银行业反洗钱和反恐怖融资监管职责，加强反洗钱和反恐怖融资日常合规监管，构建涵盖事前、事中、事后的完整监管链条。

银行业监督管理机构与国务院反洗钱行政主管部门及其他相关部门要加强监管协调，建立信息共享机制。

第三十三条 银行业金融机构应当按照要求向银行业监督管理机构报送反洗钱和反恐怖融资制度、年度报告、重大风险事项等，并对报送材料的及时性以及内容的真实性负责。

报送材料的内容和格式由国务院银行业监督管理机构统一规定。

第三十四条 银行业监督管理机构应当在职责范围内对银行业金融机构反洗钱和反恐怖融资义务履行情况依法开展现场检查。现场检查可以开展专项检查，或者与其他检查项目结合进行。

银行业监督管理机构可以与反洗钱行政主管部门开展联合检查。

第三十五条 银行业监督管理机构应当在职责范围内对银行业金融机构反洗钱和反恐怖融资义务履行情况进行评价，并将评价结果作为对银行业金融机构进行监管评级的重要因素。

第三十六条 银行业监督管理机构在市场准入中应当依法对银行业金融机构法人机构设立、分支机构设立、股权变更、变更注册资本、调整业务范围和增加业务品种、董事及高级管理人员任职资格许可进行反洗钱和反恐怖融资审查，对不符合条件的，不予批准。

第三十七条 银行业监督管理机构在市场准入中应当严格审核发起人、股东、实际控制人、最终受益人和董事、高级管理人员背景，审查资金来源和渠道，从源头上防止不法分子通过创设机构进行洗钱、恐怖融资活动。

第三十八条 设立银行业金融机构应当符合以下反洗钱和反恐怖融资审查条件：

（一）投资资金来源合法；

（二）股东及其控股股东、实际控制人、关联方、一致行动人、最终受益人等各方关系清晰透明，不得有故意或重大过失犯罪记录；

（三）建立反洗钱和反恐怖融资内部控制制度；

（四）设置反洗钱和反恐怖融资专门工作机构或指定专门内设机构负责该项工作；

（五）配备反洗钱和反恐怖融资专业人员，专业人员接受了必要的反洗钱和反恐怖融资培训；

（六）信息系统建设满足反洗钱和反恐怖融资要求；

（七）国务院银行业监督管理机构规定的其他条件。

第三十九条 设立银行业金融机构境内分支机构应当符合下列反洗钱和反恐怖融资审查条件：

（一）总行具备健全的反洗钱和反恐怖融资内部控制制度并对分支机构具有良好的管控能力；

（二）总行的信息系统建设能够支持分支机构的反洗钱和反恐怖融资工作；

（三）拟设分支机构设置了反洗钱和反恐怖融资专门机构或指定内设机构负责反洗钱和反恐怖融资工作；

（四）拟设分支机构配备反洗钱和反恐怖融资专业人员，专业人员接受了必要的反洗钱和反恐怖融资培训；

（五）国务院银行业监督管理机构规定的其他条件。

第四十条　银行业金融机构申请投资设立、参股、收购境内法人金融机构的，申请人应当具备健全的反洗钱和反恐怖融资内部控制制度。

第四十一条　银行业金融机构申请投资设立、参股、收购境外金融机构的，应当具备健全的反洗钱和反恐怖融资内部控制制度，具有符合境外反洗钱和反恐怖融资监管要求的专业人才队伍。

第四十二条　银行业金融机构股东应当确保资金来源合法，不得以犯罪所得资金等不符合法律、行政法规及监管规定的资金入股。银行业金融机构应当知悉股东入股资金来源，在发生股权变更或变更注册资本时应当按照要求向银行业监督管理机构报批或报告。

第四十三条　银行业金融机构开展新业务需要经银行业监督管理机构批准的，应当提交新业务的洗钱和恐怖融资风险评估报告。银行业监督管理机构在进行业务准入时，应当对新业务的洗钱和恐怖融资风险评估情况进行审核。

第四十四条　申请银行业金融机构董事、高级管理人员任职资格，拟任人应当具备以下条件：

（一）不得有故意或重大过失犯罪记录；

（二）熟悉反洗钱和反恐怖融资法律法规，接受了必要的反洗钱和反恐怖融资培训，通过银行业监督管理机构组织的包含反洗钱和反恐怖融资内容的任职资格测试。

须经任职资格审核的银行业金融机构境外机构董事、高级管理人员应当熟悉境外反洗钱和反恐怖融资法律法规，具备相应反洗钱和反恐怖融资履职能力。

银行业金融机构董事、高级管理人员任职资格核准申请材料中应当包括接受反洗钱和反恐怖融资培训情况报告及本人签字的履行反洗钱和反恐怖融资义务的承诺书。

第四十五条　国务院银行业监督管理机构的各省级派出机构应当于每年一季度末按照要求向国务院银行业监督管理机构报送上年度反洗钱和反恐怖融资工作报告，包括反洗钱和反恐怖融资市场准入审核情况、现场检查及非现场监管情况、辖内银行业金融机构反洗钱和反恐怖融资工作情况等。

第四十六条　国务院银行业监督管理机构应当加强与境外监管当局的沟通与交流，通过签订监管合作协议、举行双边监管磋商和召开监管联席会议等形式加强跨境反洗钱和反恐怖融资监管合作。

第四十七条　银行业监督管理机构应当在职责范围内定期开展对银行业金融机构境外机构反洗钱和反恐怖融资风险管理情况的监测分析。监管机构应将境外机构洗钱和恐怖融资风险管理情况作为与银行业金融机构监管会谈及外部审计会谈的重要内容。

第四十八条　银行业监督管理机构应当在职责范围内对银行业金融机构境外机构洗钱和恐怖融资风险管理情况依法开展现场检查，对存在问题的境外机构及时采取监管措施，并对违规机构依法依规进行处罚。

第四章　法律责任

第四十九条　银行业金融机构违反本办法规定，有下列情形之一的，银行业监督管理机构可以根据《中华人民共和国银行业监督管理法》规定采取监管措施或对其进行处罚：

（一）未按规定建立反洗钱和反恐怖融资内部控制制度的；

（二）未有效执行反洗钱和反恐怖融资内部控制制度的；

（三）未按照规定设立反洗钱和反恐怖融资专门机构或者指定内设机构负责反洗钱和反恐怖融资工作的；

（四）未按照规定履行其他反洗钱和反恐怖融资义务的。

第五十条　银行业金融机构未按本办法第三十三条规定报送相关材料的，银行业监督管理机构可根据《中华人民共和国银行业监督管理法》第四十六条、四十七条规定对其进行处罚。

第五十一条　对于反洗钱行政主管部门提出的处罚或其他建议，银行业监督管理机构应当依法予以处理。

第五十二条　银行业金融机构或其工作人员参与洗钱、恐怖融资等违法犯罪活动构成犯罪的，依法追究其刑事责任。

第五章　附　则

第五十三条　本办法由国务院银行业监督管理机构负责解释。

第五十四条　行业自律组织制定的反洗钱和反恐怖融资行业规则等应向银行业监督管理机构报告。

第五十五条　本办法自公布之日起施行。

银行外汇展业管理办法（试行）

（国家外汇管理局公告 2023 年第 1 号）

为进一步提升银行外汇展业能力，促进跨境贸易与投融资便利化，防范跨境资金流动风险，国家外汇管理局根据《中华人民共和国外汇管理条例》及相关法律法规制定了《银行外汇展业管理办法（试行）》（以下简称《办法》，见附件），现予以公布，自 2024 年 1 月 1 日起施行。有关事项公告如下：

一、《办法》实施期间，银行可以自愿选择适用《办法》模式进行外汇展业；未选择适用《办法》模式的，外汇展业执行原有相关外汇管理法律法规。

二、选择适用《办法》模式进行外汇展业的银行，应当就本行组织架构、内控制度、信息系统建设等符合《办法》第三条规定的情况，向国家外汇管理局报告，收到国家外汇管理局通知后方可适用《办法》模式进行外汇展业。

三、国家外汇管理局指导省、自治区、直辖市、计划单列市分局，辅导辖内有意愿适用《办法》模式的银行，做好完善组织架构、内控制度和信息系统建设等工作。

附件：《银行外汇展业管理办法（试行）》

国家外汇管理局

2023 年 12 月 29 日

银行外汇展业管理办法（试行）

第一章　总　则

第一条　为进一步提升银行外汇展业能力，促进跨境贸易与投融资便利化，防范跨境资金流动风险，根据《中华人民共和国外汇管理条例》及相关法律法规，制定本办法。

第二条　本办法所称银行外汇展业，是指银行为境内企业、事业单位、社会团体等机构（不含金融机构，以下简称客户）开展外汇业务时，依法实施客户尽职调查，确定客户外汇合规风险等级，实施差异化措施办理外汇业务，及时监测处置外汇合规风险的活动。前款所称外汇业务，是指银行为客户办理的外汇账户、外汇资金收付、结售汇等业务。

第三条　银行按照本办法进行外汇展业应当符合以下要求：

（一）建立科学有效、职责明确的外汇合规管理组织架构；

（二）建立全面、系统、规范的内控制度并辅以信息系统控制；

（三）能够有效开展客户尽职调查；

（四）能够合理确定客户外汇合规风险等级并进行差异化管理；

（五）能够及时监测处置外汇合规风险；

（六）相关法律法规要求的其他内容。

第四条 银行应当在外汇展业全过程履行“了解客户、了解业务、尽职审查”职责，勤勉尽职，有效预防、识别、评估、监测和处置外汇合规风险。

第五条 国家外汇管理局及其分局（以下简称外汇局）对本办法执行情况进行监督检查；银行应当配合外汇局的监督检查，真实、准确、完整、及时地提供相关文件、资料、数据、信息，不得拒绝、阻碍和隐瞒。

第二章 内部控制

第六条 银行应当按照本办法及相关外汇管理法律法规，建立科学有效、职责明确的外汇合规管理组织架构：

（一）指定内设部门或管理机构牵头负责全行外汇合规管理工作；

（二）构建包括外汇业务管理、风险控制、内部审计的风险管理框架；

（三）明确相关部门及岗位人员的外汇展业职责分工；

（四）将本办法执行情况纳入内部检查、审计及绩效考核，定期开展监督检查工作，建立健全责任追究机制。

第七条 银行应当遵循以下原则建立健全并有效执行外汇展业内控制度：

（一）全面性。银行外汇展业内控制度应当全面覆盖已开办外汇业务操作与管理的全流程，包括但不限于部门职责分工、内部监督检查，以及事前、事中、事后外汇展业操作流程等。

（二）有效性。银行外汇展业内控制度应当与本机构业务实际相适应，并确保内控制度能够有效执行。

（三）一致性。外部监管政策或银行风险管理策略发生变化时，银行应当及时更新外汇展业内控制度。

第八条 银行应当按照外汇合规风险管理需要，建立、优化相关业务系统和信息管理系统，确保客户身份信息、交易信息等外汇展业信息的准确完整和可追溯，并根据风险与合规管理需求及时优化升级。

第九条 银行应当建立外汇展业档案，以纸质或电子等形式依法完整妥善保存客户身份资料、交易记录、风险分析及处理记录，确保资料和记录的完整性、一致性、可追溯和不可篡改。

前款所称客户身份资料，是指包括记载客户身份信息以及反映银行开展客户尽职调查与风险分类等工作情况的资料和记录；交易记录，是指包括体现每笔交易信息以及反映交易真实情况的业务凭证等资料和记录；风险分析及处理记录，是指包括反映银行开展风险交易分析识别的来源、过程、结论及内部审核与处置情况的工作记录。相关资料和记录应当按照现行法律法规规定的要求及期限留存备查。

第十条 银行及其工作人员对履行外汇展业规定获得的客户身份资料、交易记录、风险分析与处理记录等，应当依法予以保密。

第三章　客户尽职调查与外汇合规风险等级分类

第十一条　银行与客户建立外汇业务关系以及外汇业务关系存续期间，应当开展客户尽职调查，按照现行法律法规识别客户身份，收集客户洗钱和恐怖融资风险等级、贸易企业名录分类、跨境人民币业务重点监管名单信息、资本项目管控状态信息、外汇局及相关监管部门行政处罚记录等信息。

银行出于风险分类管理目的，在按照相关规定开展客户尽职调查的基础上，可以基于客户自愿原则进一步识别客户经营状况、建立外汇业务关系的意图和性质、主要关联企业和跨境交易对手、外汇资金来源和用途等外汇展业信息。

第十二条　客户存在下列情形之一的，银行应当重新识别客户，要求客户补充提供足以证明其身份或真实交易的相关证明材料：

（一）开户或建立外汇业务关系理由不合理；

（二）所办理外汇业务与客户身份及经营行为不相符；

（三）存在其他可疑行为。

第十三条　客户存在下列情形之一的，银行应当拒绝建立外汇业务关系或受理外汇业务申请，并向客户做好解释说明工作：

（一）拒绝提供机构有效营业执照等证件；

（二）拒绝依照规定提供相关人员的有效身份证件或其他身份证明文件；

（三）提供虚假身份证明资料、经营资料或业务背景资料；

（四）依据第十二条重新识别后仍无法证实客户身份及交易真实。

银行在客户尽职调查中发现存在本办法第二十八条规定行为的，应当按要求报送外汇风险交易报告。

第十四条　银行应当在与客户关系存续期间持续关注并审查客户身份、交易以及风险状况。

第十五条　银行在办理外汇业务前，应当结合客户尽职调查所获得的信息以及客户外汇业务特征，综合考察客户类型、行业特点、交易类型、交易渠道、经营历史及状况等实际情况，将客户至少分为三类不同的外汇合规风险等级。

第十六条　对于同时符合下列条件且不存在本办法第十七条所列情形的客户，银行可以将其外汇合规风险等级确定为一类：

（一）合法注册，原则上持续办理跨境业务两年以上，具备真实外汇业务需求；

（二）近一年未被中国人民银行及其分支机构（以下简称人民银行）、外汇局或相关监管部门行政处罚；

（三）如为贸易外汇收支企业名录内企业，货物贸易登记分类为 A 类；

（四）跨境收支符合生产经营实际，无异常大幅波动；

（五）内部管理实现交易留痕、准确记录和管理；

（六）银行风险管理规定的其他条件。

第十七条　客户存在下列情形之一的，银行应当将其外汇合规风险等级确定为三类：

（一）被人民银行、外汇局或其他监管部门采取相关监管措施的，如贸易企业名录分类为B、C 类，处于资本项目业务管控状态，列入跨境人民币业务重点监管名单，被发布风险提示等；

（二）近一年被人民银行、外汇局或相关监管部门行政处罚；

（三）客户注册信息存在疑问、背景不明的，或者无法获取足够信息对客户背景进行评估的，如无正式固定办公经营场所、无准确联系方式等；

（四）交易产品、规模、频率与客户日常经营状况、资本实力、历史交易习惯等明显不符且无合理理由，交易不具商业合理性，或跨境资金往来存在明显异常等；

（五）银行认为合规风险较高的其他情形。

第十八条 不属于本办法第十六条、第十七条情形的客户，银行可以将其外汇合规风险等级确定为二类。

第十九条 银行应当根据相关法律法规及本办法，按照全面性、审慎性、风险相当原则，结合本行实际情况，进一步细化本行客户外汇合规风险等级标准。

第二十条 银行应当结合持续尽职调查结果，动态评定和及时调整客户外汇合规风险等级，确保客户风险等级符合实际情况。

第四章 事中外汇业务审查

第二十一条 银行外汇展业应当识别客户申请办理的外汇业务的交易背景与目的、交易环节与性质、交易合理性与逻辑性等，审查交易的真实性、合规性及其与外汇收支的一致性。

银行为客户办理视频、电话、网络等非柜台渠道外汇业务，应依据外汇管理法规要求，实行与办理柜台业务相当的展业审核标准，确保外汇业务的真实性、合规性，以及数据报送的准确性。

第二十二条 银行应当根据客户外汇合规风险等级及业务风险整体判断，采取差异化审查措施。对依法需履行核准、登记、备案等手续的外汇业务，银行与客户应当按照相关外汇管理法律法规办理上述手续。

第二十三条 对于一类客户，银行可凭客户提交的纸质或电子形式的指令为其办理外汇资金收付及结售汇业务。客户提交的指令应当满足国际收支申报等外汇管理要求。

第二十四条 对于二类客户，银行应当了解以下情况；进行外汇业务审查时，应当根据外汇业务的种类，坚持“风险为本”和“实质重于形式”的原则，自主决定审查措施，确认资金性质：

（一）客户外汇业务需求、资金来源或用途、款项划转频率、性质、路径与客户生产经营范围、财务状况是否相符；外汇业务资金规模与客户实际经营规模、资本实力是否相符；外汇业务需求与行业特点、客户过往交易习惯或经营特征是否相符；

（二）客户提供的交易材料是否相互印证、逻辑合理；外汇业务性质、金额、币种、期限等与相应的基础交易背景是否匹配。

经审查发现存在异常可疑情况的，银行应当按照本办法第二十五条规定采取强化审查措施。

第二十五条 对于三类客户，银行除按照本办法第二十四条规定进行审查外，还应当根据风险状况，采取以下部分或全部强化审查措施：

（一）主动收集更多来源可靠、独立的直接证明材料、数据或信息，进一步了解和佐证客户业务关系、交易真实意图以及资金来源和用途等；

（二）通过公安、市场监管、民政、税务、移民管理、征信等公开渠道，以及海外联行、代理银行、外汇业务关联方银行或机构协查认证等方式，核实客户及法定代表人、受益所有人等相关关联人背景信息；

（三）实地查访客户注册地址、实际办公地址或实际生产经营地址；

（四）通过银行内部共享信息、外部数据库查询、第三方查证等方法，查证客户提供的证明材料是否真实、是否系伪造变造或重复使用；

（五）银行认为需采取的其他强化审查措施。

第二十六条　银行推出和运用与外汇业务相关的新业务、新技术前，应当进行系统全面的外汇合规风险评估，采取与风险相称的展业管理措施。

第二十七条　银行进行外汇业务审查，发现客户拟办外汇业务不符合外汇管理法律法规的，应当拒绝办理；发现交易背景存疑等异常情况的，应当要求客户补充提供足以证明交易真实合法的相关证明材料，仍无法排除交易疑点或客户不配合或提供虚假交易资料的，应当拒绝办理并酌情调整客户外汇合规风险等级。银行拒绝办理的，应当向客户做好解释说明工作。

银行审查发现存在本办法第二十八条所列情形的，应当按要求报送外汇风险交易报告。

第五章　外汇风险交易监测与处置

第二十八条　银行应当对客户交易开展外汇风险交易监测、分析，对于尽职调查、事中审查、事后监测发现的涉嫌涉及虚假贸易、虚假投融资、地下钱庄、跨境赌博、骗取出口退税、虚拟货币非法跨境金融活动，以及其他涉嫌违法违规跨境资金流动行为的信息（以下统称外汇风险交易信息），及时形成外汇风险交易报告报送国家外汇管理局。

第二十九条　银行应当制定识别外汇风险交易信息的监测标准，并动态评估和持续优化，对其有效性负责。

第三十条　银行应当对监测标准自动筛选出的外汇风险交易信息进行人工分析、识别：

（一）确认属于外汇风险交易信息的，银行应当在外汇风险交易报告中完整记录对客户身份特征、交易特征或行为特征的分析过程；

（二）确认不属于外汇风险交易信息的，银行无需报送外汇风险交易报告，但应当自行记录排除理由。

第三十一条　银行应当根据实际情况，酌情对外汇风险交易报告所涉及的客户采取以下措施，预防外汇合规风险，必要时向客户做好解释说明工作：

（一）提高该客户外汇合规风险等级；

（二）对该客户后续外汇业务采取强化审查措施；

（三）明确与该客户后续建立、维持外汇业务关系，或者为其办理后续外汇业务，需要提升审批层级；

（四）限制与该客户建立新的外汇业务关系、拒绝为其办理后续外汇业务，或者终止已经建立的外汇业务关系；

（五）合理限制该客户通过非面对面方式办理外汇业务的金额、次数和业务类型；

（六）其他外汇合规风险预防措施。

对于暂不能确认为外汇风险交易的异常行为，银行可以持续重点监控发生该异常行为的客户。

第六章 附 则

第三十二条 违反本办法的，外汇局依据《中华人民共和国外汇管理条例》进行处罚。

银行为客户办理的外汇业务涉嫌违反外汇管理法律法规，但有证据证明自身已勤勉尽责进行外汇展业的，不追究相关法律责任。

第三十三条 本办法由国家外汇管理局负责解释。

第三十四条 本办法自 2024 年 1 月 1 日起施行。

第三部分

规 范 性 文 件

中国人民银行反洗钱调查实施细则（试行）

（银发〔2007〕158号）

第一章　总　则

第一条　为了规范反洗钱调查程序，依法履行反洗钱调查职责，维护公民、法人和其他组织的合法权益，根据《中华人民共和国反洗钱法》等有关法律、行政法规和规章，制定本实施细则。

第二条　中国人民银行及其省一级分支机构调查可疑交易活动适用本实施细则。

本实施细则所称中国人民银行及其省一级分支机构包括中国人民银行总行，上海总部，分行、营业管理部，省会（首府）城市中心支行、副省级城市中心支行。

第三条　中国人民银行及其省一级分支机构实施反洗钱调查，应当遵循合法、合理、效率和保密的原则。

第四条　中国人民银行及其省一级分支机构实施反洗钱调查时，金融机构应当予以配合，如实提供有关文件和资料，不得拒绝或者阻碍。金融机构及其工作人员拒绝、阻碍反洗钱调查，拒绝提供调查材料或者故意提供虚假材料的，依法承担相应法律责任。

调查人员违反规定程序的，金融机构有权拒绝调查。

第五条　中国人民银行及其省一级分支机构工作人员违反规定进行反洗钱调查或者采取临时冻结措施的，依法给予行政处分；构成犯罪的，依法移送司法机关追究刑事责任。

第二章　调查范围和管辖

第六条　中国人民银行及其省一级分支机构发现下列可疑交易活动，需要调查核实的，可以向金融机构进行反洗钱调查：

（一）金融机构按照规定报告的可疑交易活动；

（二）通过反洗钱监督管理发现的可疑交易活动；

（三）中国人民银行地市中心支行、县（市）支行报告的可疑交易活动；

（四）其他行政机关或者司法机关通报的涉嫌洗钱的可疑交易活动；

（五）单位和个人举报的可疑交易活动；

（六）通过涉外途径获得的可疑交易活动；

（七）其他有合理理由认为需要调查核实的可疑交易活动。

第七条　中国人民银行负责对下列可疑交易活动组织反洗钱调查：

（一）涉及全国范围的、重大的、复杂的可疑交易活动；

（二）跨省的、重大的、复杂的可疑交易活动，中国人民银行省一级分支机构调查存在较大困难的；

（三）涉外的可疑交易活动，可能有重大政治、社会或者国际影响的；

（四）中国人民银行认为需要调查的其他可疑交易活动。

第八条　中国人民银行省一级分支机构负责对本辖区内的可疑交易活动进行反洗钱调查。

中国人民银行省一级分支机构对发生在本辖区内的可疑交易活动进行反洗钱调查存在较大困难的，可以报请中国人民银行进行调查。

第九条　中国人民银行省一级分支机构在实施反洗钱调查时，需要中国人民银行其他省一级分支机构协助调查的，可以填写《反洗钱协助调查申请表》（见附 1），报请中国人民银行批准。

第三章　调查准备

第十条　中国人民银行及其省一级分支机构发现符合本实施细则第六条的可疑交易活动时，应当登记，作为反洗钱调查的原始材料，妥善保管、存档备查。

第十一条　中国人民银行及其省一级分支机构对可疑交易活动进行初步审查，认为需要调查核实的，应填写《反洗钱调查审批表》（见附 2），报行长（主任）或者主管副行长（副主任）批准。

第十二条　中国人民银行及其省一级分支机构实施反洗钱调查前应当成立调查组。

调查组成员不得少于 2 人，并均应持有《中国人民银行执法证》。调查组设组长一名，负责组织开展反洗钱调查。必要时，可以抽调中国人民银行地市中心支行、县（市）支行工作人员作为调查组成员。

第十三条　调查人员与被调查对象或者可疑交易活动有利害关系，可能影响公正调查的，应当回避。

第十四条　对重大、复杂的可疑交易活动进行反洗钱调查前，调查组应当制定调查实施方案。

第十五条　调查组在实施反洗钱调查前，应制作《反洗钱调查通知书》（见附 3，附 3–1 适用于现场调查，附 3–2 适用于书面调查），并加盖中国人民银行或者其省一级分支机构的公章。

第十六条　调查组可以根据调查的需要，提前通知金融机构，要求其进行相应准备。

第四章　调查实施

第十七条　调查组实施反洗钱调查，可以采取书面调查或者现场调查的方式。

第十八条　实施反洗钱调查时，调查组应当调查如下情况：

（一）被调查对象的基本情况；

（二）可疑交易活动是否属实；

（三）可疑交易活动发生的时间、金额、资金来源和去向等；

（四）被调查对象的关联交易情况；

（五）其他与可疑交易活动有关的事实。

第十九条　实施现场调查时，调查组到场人员不得少于 2 人，并应当出示《中国人民银行执法证》和《反洗钱调查通知书》。

调查组组长应当向金融机构说明调查目的、内容，要求等情况。

第二十条 实施现场调查时，调查组可以询问金融机构的工作人员，要求其说明情况。

询问应当在被询问人的工作时间进行。

询问可以在金融机构进行，也可以在被询问人同意的其他地点进行。询问时，调查组在场人员不得少于 2 人。

询问前，调查人员应当告知被询问人对询问有如实回答和保密的义务，对与调查无关的问题有拒绝回答的权利。

第二十一条 询问时，调查人员应当制作《反洗钱调查询问笔录》（见附 4）。询问笔录应当交被询问人核对。询问笔录有遗漏或者差错的，被询问人可以要求补充或者更正，并按要求在修改处签名、盖章。被询问人确认笔录无误后，应当在询问笔录上逐页签名或者盖章；拒绝签名或者盖章的，调查人员应当在询问笔录中注明。调查人员也应当在笔录上签名。

被询问人可以自行提供书面材料。必要时，调查人员也可以要求被询问人自行书写。被询问人应当在其提供的书面材料的末页上签名或者盖章。调查人员收到书面材料后，应当在首页右上方写明收到日期并签名。被询问人提供的书面材料应当作为询问笔录的附件一并保管。

第二十二条 实施现场调查时，调查组可以查阅、复制被调查对象的下列资料：

（一）账户信息，包括被调查对象在金融机构开立、变更或注销账户时提供的信息和资料；

（二）交易记录，包括被调查对象在金融机构中进行资金交易过程中留下的记录信息和相关凭证；

（三）其他与被调查对象和可疑交易活动有关的纸质、电子或音像等形式的资料。查阅、复制电子数据应当避免影响金融机构的正常经营。

第二十三条 调查组可以对可能被转移、隐藏、篡改或者毁损的文件、资料予以封存。

封存期间，金融机构不得擅自转移、隐藏、篡改或者毁损被封存的文件、资料。

第二十四条 调查人员封存文件、资料时，应当会同在场的金融机构工作人员查点清楚，当场开列《反洗钱调查封存清单》（见附 5）一式二份，由调查人员和在场的金融机构工作人员签名或者盖章，一份交金融机构，一份附卷备查。金融机构工作人员拒绝签名或者盖章的，调查人员应当在封存清单上注明。

必要时，调查人员可以对封存的文件、资料进行拍照或扫描。

第五章　临时冻结措施

第二十五条 客户要求将调查所涉及的账户资金转往境外的，金融机构应当立即向中国人民银行当地分支机构报告。

第二十六条 中国人民银行当地分支机构接到金融机构报告后，应当立即向有管辖权的侦查机关先行紧急报案。

中国人民银行地市中心支行、县（市）支行接到金融机构报告的，应当在紧急报案的同时向中国人民银行省一级分支机构报告。

第二十七条 中国人民银行省一级分支机构接到金融机构或者中国人民银行地市中心支行、县（市）支行的报告后，应当立即核实有关情况，并填写《临时冻结申请表》（见附 6），报告中国人民银行。

第二十八条 中国人民银行行长或者主管副行长批准采取临时冻结措施的，中国人民银行应当制作《临时冻结通知书》（见附7），加盖中国人民银行公章后正式通知金融机构按要求执行。

临时冻结期限为48小时，自金融机构接到《临时冻结通知书》之时起计算。

第二十九条　侦查机关认为不需要继续冻结的，中国人民银行在接到侦查机关不需要继续冻结的通知后，应当立即制作《解除临时冻结通知书》（见附8），并加盖中国人民银行公章后正式通知金融机构解除临时冻结。

第三十条　有下列情形之一的，金融机构应当立即解除临时冻结：

（一）接到中国人民银行的《解除临时冻结通知书》的；

（二）在按照中国人民银行的要求采取临时冻结措施后48小时内未接到侦查机关继续冻结通知的。

第六章　调查结束

第三十一条　调查组查清本实施细则第十八条所列内容后，应当及时制作《反洗钱调查报告表》（见附9）。

第三十二条　制作《反洗钱调查报告表》时，调查组应当按照下列情形，分别提出调查处理意见：

（一）经调查确认可疑交易活动不属实或者能够排除洗钱嫌疑的，结束调查；

（二）经调查不能排除洗钱嫌疑的，向有管辖权的侦查机关报案。

第三十三条　《反洗钱调查报告表》应当经中国人民银行或者其省一级分支机构行长（主任）或者主管副行长（副主任）批准。

第三十四条　结束调查的，对已经封存的文件、资料，中国人民银行或者其省一级分支机构应当制作《解除封存通知书》（见附10），正式通知金融机构解除封存。

第三十五条　经调查不能排除洗钱嫌疑的，应当以书面形式向有管辖权的侦查机关报案。

中国人民银行省一级分支机构直接报案的，应当及时报中国人民银行备案。

第三十六条　调查结束或者报案后，中国人民银行或者其省一级分支机构应当将全部案卷材料立卷归档。

第七章　附　则

第三十七条　执行本实施细则所需要的法律文书式样由中国人民银行制定。对中国人民银行没有制定式样，反洗钱调查工作中需要的其他法律文书，中国人民银行省一级分支机构可以制定式样。

第三十八条　本实施细则由中国人民银行负责解释。

第三十九条　本实施细则自发布之日起施行。《大额和可疑支付交易报告接收及调查操作程序》（银办发〔2004〕180号文印发）同时废止。

第四十条　中国人民银行此前制定的其他规定（不含规章）与本实施细则相抵触的，适用本实施细则。

附：1．反洗钱协助调查申请表（略）
2．反洗钱调查审批表（略）
3．反洗钱调查通知书（略）
4．反洗钱调查询问笔录（略）
5．反洗钱调查封存清单（略）
6．临时冻结申请表（略）
7．临时冻结通知书（略）
8．解除临时冻结通知书（略）
9．反洗钱调查报告表（略）
10．解除封存通知书（略）

中国人民银行关于转发 FATF 有关伊朗问题声明的通知

（银发〔2007〕436 号）

中国人民银行上海总部，各分行、营业管理部、省会（首府）城市中心支行，大连、青岛、宁波、厦门、深圳市中心支行，各政策性银行、国有商业银行、股份制商业银行，中国邮政储蓄银行，城市商业银行、农村商业银行、农村合作银行、城乡信用社、外资银行，各证券公司、期货公司、基金管理公司，保险公司、保险资产管理公司：

金融行动特别工作组（FATF）于 2007 年 10 月 11 日发表声明，对伊朗缺乏健全的反洗钱和反恐融资体系表示关切，建议成员国金融机构对由伊朗反洗钱和反恐怖融资体系缺陷引发的风险予以重视，并强化客户身份识别措施。为保障我国金融机构的资金安全，履行我国作为 FATF 成员国的义务，现将 FATF 声明转发给你们，并将有关问题通知如下：

一、金融机构要高度重视 FATF 所提建议，采取相应措施，做好风险防范工作。同时，要严格执行安理会有关伊朗制裁决议及我国反洗钱和反恐怖融资法律规定，切实履行反洗钱客户身份识别、可疑交易报告和交易记录保存等义务。

二、金融机构要进一步加强反洗钱业务培训，提高相关业务人员的风险防范意识和可疑交易识别能力。发现可疑交易，应按中国人民银行有关反洗钱规定报告。

三、中国人民银行各分支机构要加强反洗钱日常监管，对相关交易要进行重点的监测和分析。请中国人民银行上海总部，各分行、营业管理部、省会（首府）城市中心支行、副省级城市中心支行将此通知翻印至辖区内金融机构。

附件：FATF 有关伊朗问题声明

二〇〇七年十一月二十三日

附件：FATF 有关伊朗问题声明

FATF STATEMENT ON IRAN Paris，11 October 2007

The Financial Action Task Force（FATF）is concerned that the Islamic Republic of Iran is lack of a comprehensive anti-money laundering/combating the financing of terrorism（AML/CFT）regime represents a significant vulnerability within the international financial system，FATF calls upon Iran to address on an urgent basis its AML/CFT deficiencies，including those identified in the 2006 International Monetary Fund Article IV Consultation Report for Iran，FATF members are advising their financial institutions to take the risk arising from the deficiencies in Iran' AML/CFT regime into account for enhanced due diligence，FATF looks forward to engaging with Iran to address these deficiencies.

Notes：

1.For further information，journalists are invited to contact Mr，Rick McDonell，Executive Secretary，FATF（e-mail：contact@fatf-gafi.org）.

2.The FATF is an inter-governmental body whose purpose is the development and promotion of policies，both at national and international levels，to combat money laundering and terrorist financing，The FATF Secretariat is housed at the OECD.

3.The thirty-four members of the FATF are：Argentina；Australia；Austria；Belgium；Brazil；Canada；China；Denmark； the European Commission；Finland；France；Germany；Greece；the Gulf Cooperation Council；Hong Kong，China； Iceland；Ireland；Italy；Japan；Luxembourg；Mexio；the Kingdom of the Netherlands； New Zealand；Norway；Portugal；the Russian Federation；Singapore；South Africa；Spain；Sweden；Switzerland；Turkey；the United Kingdom；and the United States.

4.India and the Republic of Korea are observer countries，The Asia Pacific Group on money laundering（APG）www.apgml.org，the Grupo de Acción Financiera de Sudamérica（GAFISUD）www.gafisud.org，the Middle East and North Africa Financial Action Task Force（MENAFATF）www.menafatf.org and the Council of Europe Committee of Experts on the Evaluation of Anti-Money Laundering Measures（MONEYVAL）www.coe.int/moneyval are Associate Members.

5.The global network that is committed to combating money laundering and terrorist financing also includes four other regional bodies：the Caribbean Financial Action Task Force（CFATF）www.cfatf.org，the Eastern and South African Anti Money Laundering Group（ESAAMLG）www.esaamlg.org，the Eurasian Group on combating money laundering and financing of terrorism（EAG）www.eurasiangroup.org and the Groupe Intergouvernemental d Action contre le Blanchiment en Afrique（GIABA）www.giabawestafrica.org，The Offshore Group of Banking Supervisors（OGBS）www.ogbs.net is a part of this network as well.

中国人民银行关于加强代理国际汇款业务反洗钱工作的通知

（银发〔2008〕170号）

中国人民银行上海总部，各分行、营业管理部，各省会（首府）城市中心支行，各副省级城市中心支行，各国有商业银行、股份制商业银行，中国邮政储蓄银行：

目前，国内部分金融机构为国际汇款公司代理国际汇款业务发展较快。为防范代理国际汇款业务的洗钱风险和恐怖融资风险，现就加强代理国际汇款业务反洗钱工作的有关事宜通知如下：

一、充分评估代理国际汇款业务存在的洗钱风险和恐怖融资风险，明确代理双方法律责任

代理机构应全面评估代理国际汇款业务各个环节的潜在洗钱风险和恐怖融资风险，充分了解被代理机构反洗钱内部控制体系的构成与运作情况，明确代理双方在履行反洗钱义务方面的法律责任和工作程序，依照国内反洗钱法律法规对双方现有代理协议进行补充和完善。

二、加强客户身份识别，完善大额和可疑交易报告制度

代理机构应按照《金融机构客户身份识别和客户身份资料及交易记录保存管理办法》（中国人民银行　中国银行业监督管理委员会　中国证券监督管理委员会　中国保险监督管理委员会令〔2007〕第2号发布）的规定，收集和保存代理国际汇款业务客户身份的真实、完整信息，通过联网核查公民身份信息系统核实汇款人和收款人的有效身份证件。代理机构还应将此类客户身份资料纳入本机构客户信息数据库统一管理，单独标识，并按照客户特征进行风险等级划分，对于高风险客户采取强化的身份识别措施。代理机构还应提高对代理国际汇款业务交易监测的有效性，确保能够实时监测和记录单一客户在本机构不同代理网点发生的多笔交易，能够及时发现已被监管机构和司法机关通报人员的交易。对于符合《金融机构大额交易和可疑交易报告管理办法》（中国人民银行令〔2006〕第2号发布）和《金融机构报告涉嫌恐怖融资的可疑交易管理办法》（中国人民银行令〔2007〕第1号发布）所列特征的交易或其他经分析认为涉嫌洗钱和恐怖主义活动的交易，代理机构要在《银行业金融机构可疑交易报告要素内容列表》的“可疑交易特征描述”中明确标注代理国际汇款业务，按规定程序进行报告。

三、完善客户身份资料和交易记录保存制度，积极配合监管机构和公安司法机关调查

代理机构应按照反洗钱法律法规的相关规定保存代理国际汇款业务交易的客户身份资料和交易记录，并对涉及代理国际汇款业务的交易记录独立标识、分类保存，客户身份资料和交易记录保存期限不少于5年。同时，代理机构应建立清晰并易于操作的代理国际汇款业务客户身份资料和交易记录查询管理程序，确保监管机构和公安司法机关在开展涉及代理国际汇款业务的反洗钱调查时，能够获取准确完整的客户身份资料和交易记录。

四、加强对代理网点员工的反洗钱培训

代理机构应根据代理国际汇款业务的洗钱风险和恐怖融资风险特征，定期对代理网点员工进行有针对性的反洗钱和反恐怖融资风险培训，提高对利用代理国际汇款业务洗钱和恐怖融资行为

的识别能力。

已开展为国际汇款公司代理国际汇款业务的金融机构应立即按通知要求对本机构代理国际汇款业务反洗钱工作进行改进，并在30日内将改进情况报中国人民银行总行。未开展代理国际汇款业务的金融机构如开展此项业务，应严格按照本通知和有关反洗钱法律法规的要求，建立本机构代理国际汇款业务的反洗钱内部控制体系，并在代理国际汇款业务开办前30日内报告中国人民银行总行。

中国人民银行各分支机构要将代理国际汇款业务反洗钱工作列为2008年反洗钱现场检查的重要内容，从2008年6月起对代理机构开始现场检查，对于检查中发现的违规行为要依法处罚，发现的涉嫌洗钱和恐怖主义活动的可疑交易要立即上报中国人民银行反洗钱局。

请中国人民银行上海总部，各分行、营业管理部、省会（首府）城市中心支行和副省级城市中心支行将本通知转发至辖区内的城市商业银行、农村商业银行、农村合作银行、城乡信用社和外资银行。

中国人民银行
二〇〇八年六月二日

中国人民银行关于进一步落实个人人民币银行存款账户实名制的通知

（银发〔2008〕191号）

中国人民银行上海总部，各分行、营业管理部，各省会（首府）城市中心支行、副省级城市中心支行，各政策性银行、国有商业银行、股份制商业银行，中国邮政储蓄银行：

根据《中华人民共和国反洗钱法》《个人存款账户实名制规定》（国务院令第285号）《人民币银行结算账户管理办法》（中国人民银行令〔2003〕第5号发布）《金融机构客户身份识别和客户身份资料及交易记录保存管理办法》（中国人民银行中国银行业监督管理委员会 中国证券监督管理委员会 中国保险监督管理委员会令〔2007〕第2号发布）等法律制度，各类个人人民币银行存款账户（含个人银行结算账户、个人活期储蓄账户、个人定期存款账户、个人通知存款账户等，以下简称个人银行账户）必须以实名开立，即存款人开立各类个人银行账户时，必须提供真实、合法和完整的有效证明文件，账户名称与提供的证明文件中存款人名称一致。为进一步做好个人银行账户实名制工作，现就有关事项通知如下：

一、明确职责，切实落实个人银行账户实名制

中国人民银行各分支机构要认真履行对个人银行账户的监督管理职责，加强对银行业金融机构（以下简称银行）落实账户实名制的指导、监督、检查。

各银行要严格按照相关法律制度要求，加强对个人银行账户开立的审查，识别客户真实身份，不得为存款人开立假名和匿名账户；建立个人银行账户的跟踪检查制度，及时掌握存款人账户信息资料变动情况；建立健全个人银行账户开立和管理的内部控制制度，建立客户身份识别制度及责任制，加强对临柜人员的培训和检查。

各银行应加强对存款人的信用管理，逐步完善存款人信用记录档案，对于不正当使用银行账户和存在不良信用记录的存款人，银行有权实施更严格的身份认证措施；逐步实现同一存款人的各类银行账户在行内系统统一管理，鼓励存款人在同一银行账户下办理多种银行业务；在严格遵守对存款人身份认证基本规定的基础上，可以对不同的存款人确定差别身份认证标准，并按照账户余额、交易频率、交易金额及风险程度等进行分类管理。

存款人应以实名开立个人银行账户，并对其出具的开户申请资料的真实性和有效性负责。存款人开户信息资料发生变更时，应及时通知开户银行。

二、关于开立个人银行账户须出具的有效证件

银行为存款人开立个人银行账户，存款人应出具以下有效证件：

（一）居住在中国境内16岁以上的中国公民，应出具居民身份证或临时身份证。

军人、武装警察尚未申领居民身份证的，可出具军人、武装警察身份证件。居住在境内或境外的中国籍的华侨，可出具中国护照。

（二）居住在中国境内16岁以下的中国公民，应由监护人代理开立个人银行账户，出具监

护人的有效身份证件以及账户使用人的居民身份证或户口簿。

（三）香港、澳门特别行政区居民，应出具港澳居民往来内地通行证；台湾居民，应出具台湾居民来往大陆通行证或其他有效旅行证件。

（四）外国公民，应出具护照或外国人永久居留证（外国边民，按照边贸结算的有关规定办理）。

除以上法定有效证件外，银行还可根据需要，要求存款人出具户口簿、护照、工作证、机动车驾驶证、社会保障卡、公用事业账单、学生证、介绍信等其他能证明身份的有效证件或证明文件，以进一步确认存款人身份。

三、规范个人银行账户的开立和使用

存款人申请开立个人银行账户，应由开户银行营业网点办理。开户银行营业网点不得委托非开户网点或其他机构代理开户。

存款人可以选择任一银行营业网点开立个人银行账户。银行不得通过与收、付款单位进行排他性合作，变相为客户指定开户银行。未经本人同意，任何单位不得为存款人指定开户银行。

代理他人开立银行账户的，银行应要求代理人出示被代理人和代理人的有效身份证件。单位代理个人开户应依法承担相应法律责任，出示单位负责人、授权经办人及被代理人的有效身份证件。

个人银行结算账户的申请书除《人民币银行结算账户管理办法实施细则》（银发〔2005〕16号文印发）规定内容以外，银行可根据需要，增加以下信息：国籍、性别、出生日期、身份证件有效期限、联系电话、邮寄地址、电子邮箱、工作单位名称、工作单位性质、职业、个人职位、供职于现任职单位的时间、前任职单位、实际控制客户的自然人和交易实际受益人等信息。

银行应通过银行结算账户管理协议或其他方式明确银行账户开立和使用的以下事项：账户信息变更的处理、账户信息的使用与保密、可办理的业务种类和条件、账户的有效期限、账户超过有效期限的处理方式、账户管理费收取标准与方式、对账方式和频率、违约赔偿责任等。

四、其他相关问题

（一）关于个人存款实名制制度实施前开立的账户的处理。

2000 年 4 月 1 日前开立的个人银行账户，需要延续使用的，自本通知实施之日起，存款人到开户银行办理第一笔业务时，存款人应当出具拥有该存款的存折、存单等，并出示账户管理制度规定的有效身份证件，进行账户的重新确认。

在2000年4月1日前开立的个人银行账户不再延续使用的，存款人应出具拥有该存款的存折、存单等，并出示账户管理制度规定的有效身份证件，办理销户手续。

（二）关于存单、存折、银行卡的挂失。

个人银行账户的存单、存折、银行卡等如有遗失，存款人可向开户银行申请挂失止付。开户银行受理存款人的挂失后，可与存款人约定在 7 个工作日以内，为存款人办理补领新存单、存折、银行卡或支取存款。

（三）关于落实个人银行账户实名制工作的监督管理。

中国人民银行分支机构应根据辖区内账户管理的具体情况，定期或不定期地组织开展银行账户现场检查和非现场检查，并把银行账户实名制落实情况作为检查的一项重要内容，加大对账户监督管理的力度。

对未按照规定履行客户身份识别义务、未按照规定保存客户身份资料和账户记录等交易记录、与身份不明的客户进行交易或者为客户开立匿名账户、假名账户的银行，按照《中华人民共和国反洗钱法》第三十二条的规定进行处罚。

存款人伪造、变造证明文件欺骗银行开立银行结算账户的，按照《人民币银行结算账户管理办法》第六十四条的规定进行处罚。

本通知自发布之日起实施。中国人民银行之前发布的有关账户管理制度与本通知不一致的，按本通知的规定执行。请中国人民银行上海总部，各分行、营业管理部、省会（首府）城市中心支行将本通知转发至辖区内地方性银行业金融机构和外资银行。

请将执行中遇到的问题及时报告中国人民银行总行。

中国人民银行

二〇〇八年六月二十日

中国人民银行关于进一步加强金融机构反洗钱工作的通知

（银发〔2008〕391号）

中国人民银行上海总部，各分行、营业管理部，各省会（首府）城市中心支行、副省级城市中心支行，各政策性银行、国有商业银行、股份制商业银行，中国邮政储蓄银行：

《中华人民共和国反洗钱法》实施以来，金融机构和相关监管部门依法履行反洗钱义务和监管职责，不断推进金融领域的反洗钱和反恐怖融资工作，成效显著。为进一步加强金融领域的反洗钱工作，现就有关事项通知如下：

一、细化反洗钱操作规程，健全反洗钱内控制度

（一）金融机构应在高级管理层中，明确专人负责反洗钱合规管理工作，确保反洗钱合规管理人员及各业务条线上反洗钱相关人员能够及时获得所需信息及其他资源。

（二）金融机构应加强反洗钱方面的审计，并根据反洗钱工作需要，及时完善反洗钱内部操作规程，进一步整合和优化内部业务流程，落实反洗钱相关法律规定的各项要求。

（三）金融机构应加强对金融机构从业人员在反洗钱和反恐怖融资方面的宣传、引导和培训，通过各种形式及时向其传达反洗钱和反恐怖融资方面的法律规定、监管政策和内控要求。

二、开展持续的客户尽职调查，有效预防洗钱风险

（一）金融机构应加强对客户身份资料信息的维护管理工作，确保客户身份资料的准确性和有效性。对于2007年8月1日前已经通过开立账户、签订金融服务合同等方式与金融机构建立了业务关系的客户，金融机构应按照《金融机构客户身份识别和客户身份资料及交易记录保存管理办法》（中国人民银行　中国银行业监督管理委员会　中国保险监督管理委员会令〔2007〕第2号发布，以下简称《身份识别办法》）的规定，开展核对客户有效身份证件（身份证明文件）或重新识别客户等工作，并据此补充或更新客户身份基本信息。

（二）按照建立业务关系的时间顺序，各法人金融机构应按照以下要求，制订具体实施计划，并督促各分支机构如期完成客户风险等级划分工作：

1．对于2007年8月1日至2009年1月1日之间建立业务关系的客户，金融机构应于2009年年底完成等级划分工作。

2．对于2007年8月1日以前建立了业务关系，且2007年8月1日后没有再建立新业务关系的客户，金融机构应于2011年底前完成等级划分工作。

3．对于2009年1月1日以后建立业务关系的客户，金融机构应在业务关系建立后的10个工作日内完成等级划分工作。

请各法人金融机构将本机构的客户风险等级划分工作计划报人民银行备案。

（三）《身份识别办法》中所称的“实际控制客户的自然人和交易的实际收益人”包括（但不限于）以下两类人员：一是公司实际控制人；二是未被客户披露，但实际控制着金融交易过程或最终享有相关经济利益的人员（被代理人除外）。对于这些人员，金融机构可根据实际情况，择机采取询问客户、要求客户提供证明材料、委托有关机构调查等合理手段，开展客户尽职调查工作。

（四）如果客户或者实际控制客户的自然人、交易的实际受益人属于外国现任的或者离任的履行重要公共职能的人员，如国家元首、政府首脑、高层政要，重要的政府、司法或者军事高级官员，国有企业高管、政党要员等，或者这些人员的家庭成员及其他关系密切的人员，金融机构应按照《身份识别办法》中有关“外国政要”的客户身份识别要求，履行勤勉尽职义务。

（五）银行业金融机构应加强与大额现金存取业务相关的客户身份识别工作。为自然人客户办理人民币单笔5万元以上或者外币等值1万美元以上的现金存取业务时，金融机构必须核对客户有效身份证件或者其他身份证明文件。办理业务过程中，如发现异常情况，金融机构要进一步通过联网核查公民身份信息系统对客户身份进行核查。

当自然人客户由他人代理存取现金时，金融机构应按照以下要求开展客户身份识别工作：当单笔存（或取）款的金额达到或超过人民币5万元或者外币等值1万美元时，金融机构原则上应同时核对存款人（或取款人）和户主的有效身份证件或者身份证明文件，并登记存款人（或取款人）的姓名、联系方式以及身份证明文件的种类、号码。考虑到通存通兑业务的实际情况，如果存款人因合理理由无法提供户主有效身份证件或者身份证明文件，且单笔存款金额达到或超过人民币1万元或者外币等值1000美元的现金时，金融机构可参照《身份识别办法》第七条有关银行业金融机构在提供一定金额以上一次性金融服务时履行客户身份识别的要求，对存款人开展相关客户身份识别工作。业务办理过程中，如发现异常情况，金融机构应进一步通过联网核查公民身份信息系统对客户身份进行核查。

（六）人民银行各分支行机构应全面准确把握反洗钱监管政策走向，扩展反洗钱监管视野，通过合理设置反洗钱现场检查和非现场监管数据分析考核指标，引导金融机构重点做好持续的客户身份识别工作，及针对高风险客户和高风险领域的客户尽职调查工作。

三、完善反洗钱资金监测工作，提高大额和可疑交易报告的实效

（一）金融机构要通过流程控制，强化勤勉尽责义务。利用技术手段筛查出交易数据后，金融机构应根据需要进一步分析、审核和判断，提高所报告的可疑交易信息的有效性。

金融机构按照《金融机构大额可疑交易和可疑交易报告管理办法》（中国人民银行令〔2006〕第2号发布，以下简称《交易报告办法》）第十一条、第十二条和第十三条的规定报告可疑交易时，应分析、审核和判断所筛查出的交易是否存在相关条款所提示的“与客户身份、财务状况、经营业务明显不符”、“原因不明”等可疑原因。如果某一交易客观上具有这些条款所规定的异常特征，但金融机构却有合理理由排除这些疑点，或者没有合理理由怀疑该交易或客户涉及违法犯罪活动，则不能将这些交易作为可疑交易报告的内容。

（二）以风险为本，逐步增强金融机构可疑交易报告的针对性和有效性。

例如，考虑到《中华人民共和国保险法》相关规定及保险业金融机构的操作惯例，对于以下交易情况，保险公司可不将其作为《交易报告办法》第十三条第十七项规定的可疑交易进行报告：一是保险人对责任保险的被保险人给第三者造成的损害，依照法律的规定或者合同的约定，直接向该第三者赔偿保险金；二是保险事故发生后，保险人依据被保险人的授权委托书，将保险金作为已出险的保险标的的修理费支付给修理厂家或已代垫费用的保险标的使用人，或作为被保险人的医药费支付给医院；三是保险人依照与其他保险公司的合同约定，向主承保公司支付应分摊的赔款；四是根据人民法院的调解、判决或协助执行通知书，保险人直接向第三方支付赔款。

除上述情形的交易外，如果客户出现其他方面的可疑迹象，或保险公司有合理理由怀疑其涉及洗钱等违法犯罪活动，保险公司应按照《交易报告办法》的其他条款及反洗钱法律相关规定的要求，提交可疑交易报告。

（三）人民银行各分支机构要高度重视金融机构所报告的可疑交易信息，发现涉及恐怖活动等严重犯罪活动时，要及时处理。

人民银行各分支机构应全面领会反洗钱立法精神，高度关注金融机构可疑交易报告流程的有效性和合理性，引导金融机构工作人员积极主动地开展客户尽职调查，尊重金融机构工作人员按照法律规定的指引分析判断可疑交易的权利，合法合理地评价和界定金融机构反洗钱工作的合规性。

如果金融机构没有将某一具有疑点的交易作为可疑交易进行报告，但金融机构有证据证明已经对该交易进行过分析、审核或判断，且提出的未报告理由不具有明显的非合理性或尽职调查工作不存在重大失误，人民银行各分支机构不得将此情形认定为违规。

请人民银行上海总部，各分行、营业管理部，各省会（首府）城市中心支行，大连、青岛、宁波、厦门、深圳市中心支行将本通知转发至总部注册地在辖区内的各城市商业银行、农村商业银行、农村合作银行、城市信用社、农村信用社、外资银行、证券公司、期货经济公司、基金管理公司、保险公司、保险资产管理公司、信托公司、金融资产管理公司、财务公司、金融租赁公司、汽车金融公司、货币经纪公司等金融机构。

中国人民银行
二〇〇八年十二月三十日

中国人民银行关于印发《银行卡组织和资金清算中心反洗钱和反恐怖融资指引》的通知

（银发〔2009〕107号）

中国银联股份有限公司、农信银资金清算中心有限责任公司、城市商业银行资金清算中心：

为了预防洗钱和恐怖融资活动，指导你单位开展反洗钱和反恐融资工作，根据《中华人民共和国反洗钱法》等有关法律和行政法规，我行制定了《银行卡组织和资金清算中心反洗钱和反恐怖融资指引》，现印发给你们，请遵照执行。

附件：银行卡组织和资金清算中心反洗钱和反恐怖融资指引

银行卡组织和资金清算中心反洗钱和反恐怖融资指引

第一条　为了预防洗钱和恐怖融资活动，指导和管理中国银联股份有限公司（以下简称中国银联）、农信银资金清算中心有限责任公司（以下简称农信银资金清算中心）和城市商业银行资金清算中心（以下简称城商行资金清算中心）的反洗钱和反恐怖融资工作，根据《中华人民共和国反洗钱法》《金融机构反洗钱规定》等有关法律规定，制定本指引。

第二条　本指引适用于中国银联、农信银资金清算中心、城商行资金清算中心及其分支机构。

中国人民银行指定的其他银行卡组织和资金清算中心的反洗钱和反恐怖融资工作参照本指引。

第三条　中国银联、农信银资金清算中心、城商行资金清算中心应当根据反洗钱和反恐怖融资方面的法律规定，建立健全反洗钱和反恐怖融资内部控制制度，设立反洗钱专门机构或者指定内设机构负责反洗钱和反恐怖融资合规管理工作，为反洗钱和反恐怖融资工作人员履职提供所需的必要条件。

中国银联、农信银资金清算中心、城商行资金清算中心及其分支机构的负责人应当对反洗钱内部控制制度的有效实施负责。

中国银联、农信银资金清算中心、城商行资金清算中心及其分支机构应对管理层和工作人员进行反洗钱和反恐怖融资培训。

第四条　中国银联、农信银资金清算中心、城商行资金清算中心及其分支机构应要求直接参与者按照《中华人民共和国反洗钱法》《金融机构反洗钱规定》等法律规定开展反洗钱工作，依法配合其反洗钱工作，加强对间接参与者反洗钱工作的管理。

第五条　中国银联应要求其境外分支机构在驻在国家（地区）法律规定允许的范围内，执行本指引的要求，驻在国家（地区）有更严格要求的，遵守其规定。驻在国家（地区）法律禁止或者限制中国银联境外分支机构实施本指引的，中国银联应向中国人民银行报告。

第六条 在与直接参与者建立业务关系时，中国银联、农信银资金清算中心、城商行资金清算中心及其分支机构应审核直接参与者的有效身份证件或有效身份证明文件，登记身份基本信息，留存有效身份证件或有效身份证明文件的复印件或者影印件，了解其经营活动基本状况。

对于境外的直接参与者，中国银联在建立业务关系前，还应当充分收集有关该直接参与者业务、声誉、内部控制、接受监管等方面的信息，以书面方式明确中国银联与该直接参与者在反洗钱方面的职责，预防银联卡相关业务被用于洗钱和恐怖融资。

第七条 中国银联、农信银资金清算中心、城商行资金清算中心及其分支机构应要求直接参与者，在与间接参与者建立业务关系时，审核间接参与者的有效身份证件或有效身份证明文件，登记身份基本信息，留存有效身份证件或有效身份证明文件的复印件或者影印件，了解其经营活动基本状况。

第八条 对于直接参与者中的非金融机构和个人，中国银联及其分支机构发现其所涉及的交易异常，或者有合理理由怀疑交易涉嫌洗钱、恐怖融资等犯罪活动的，应在交易发生后的10个工作日内由中国银联向中国反洗钱监测分析中心提交可疑交易报告，可疑交易报告的具体格式和报送方式另行确定。

第九条 除第八条所规定的情形外，中国银联、农信银资金清算中心、城商行资金清算中心及其分支机构发现直接参与者相关交易存在异常情况，或有合理理由怀疑直接参与者相关交易涉及洗钱、恐怖融资等犯罪活动的，应在交易发生后的10个工作日内向业务相关的直接参与者发出预警通知，提示直接参与者依法提交可疑交易报告。

经核实后，直接参与者认为不存在洗钱和恐怖融资风险的，应在收到预警通知后的10个工作日内向发出预警通知的机构提交情况说明。如果中国银联、农信银资金清算中心、城商行资金清算中心认为直接参与者所述理由不足以解除疑点的，应在收到情况说明的3个工作日内向中国反洗钱监测分析中心提交可疑交易报告，可疑交易报告的具体格式和报送方式另行确定。

第十条 中国银联、农信银资金清算中心、城商行资金清算中心及其分支机构应当按照安全、准确、完整、保密的原则，妥善保存直接参与者的身份资料和各类交易记录，以提供调查可疑交易活动和查处洗钱案件所需的信息。

中国银联、农信银资金清算中心、城商行资金清算中心及其分支机构应当要求直接参与者妥善保存间接参与者的身份资料和各类交易记录。

第十一条 直接参与者或间接参与者的身份资料、交易记录的保存期限如下：

（一）身份资料自业务关系结束之日起至少保存5年。

（二）交易记录自交易记账之日起至少保存5年。

上述资料和信息涉及正在被反洗钱调查的可疑交易活动，且反洗钱调查工作在前款规定的最低保存期届满时仍未结束的，应将其保存至反洗钱调查工作结束。

法律、行政法规和其他规章对身份资料和交易记录有更长保存期限要求的，遵守其规定。

第十二条 中国银联、农信银资金清算中心、城商行资金清算中心及其分支机构应当接受中国人民银行及其分支机构依法进行的现场检查。

第十三条 中国银联、农信银资金清算中心、城商行资金清算中心及其分支机构应当接受中国人民银行及其分支机构的反洗钱非现场监管，按照中国人民银行的规定报告非现场监管信息。

第十四条　中国银联、农信银资金清算中心、城商行资金清算中心及其分支机构应当积极配合中国人民银行及其省级分支机构依法进行的反洗钱调查，并协助中国人民银行及其省级分支机构做好对间接参与者进行的反洗钱调查。

第十五条　本指引下列用语含义如下：

直接参与者是指直接接入中国银联、农信银资金清算中心、城商行资金清算中心业务处理系统办理资金清算业务的法人、其他组织和个体工商户。

间接参与者是指直接参与者以外的、委托直接参与者利用中国银联、农信银资金清算中心、城商行资金清算中心的业务处理系统办理资金清算业务的机构。

身份基本信息包括名称、住所、经营范围，可证明该客户依法设立或者可依法开展经营、社会活动的执照、证件或者文件的名称、号码和有效期限。

第十六条　本指引由中国人民银行解释。

第十七条　本指引自发布之日起施行。

中国人民银行、最高人民检察院、公安部等关于印发《反洗钱信息查询规定（试行）》的通知

（银发〔2009〕399号）

中国人民银行，最高人民检察院，公安部，国家安全部，监察部：

为打击洗钱及相关犯罪，规范反洗钱信息查询工作，中国人民银行、最高人民检察院、公安部、国家安全部、监察部共同制定了《反洗钱信息查询规定（试行）》，现予印发，请遵照执行。

附件：反洗钱信息查询规定（试行）

中国人民银行
最高人民检察院
公安部
国家安全部
监察部
二〇〇九年十二月二十九日

反洗钱信息查询规定（试行）

第一条 为预防、打击洗钱犯罪和相关犯罪，规范反洗钱信息查询工作程序，保护报告机构客户交易信息安全，根据《中华人民共和国反洗钱法》等法律，制定本规定。

第二条 本规定所称的反洗钱信息，是指中国反洗钱监测分析中心数据库内的信息。

第三条 最高人民检察院、公安部、国家安全部、监察部（以下简称查询部门）在办理涉嫌洗钱及相关犯罪案件时，如需核查有关交易主体的大额或可疑交易信息，可以向中国人民银行查询。

第四条 查询部门查询反洗钱信息应当遵守《中华人民共和国反洗钱法》《中华人民共和国刑事诉讼法》《中华人民共和国国家安全法》《中华人民共和国行政监察法》等法律的有关规定，所获得的反洗钱信息只能用于办理涉嫌洗钱犯罪和相关犯罪案件。

第五条 查询部门指定内设机构负责承办反洗钱信息查询工作。该内设机构查询反洗钱信息应当经本查询部门负责人批准或授权。

第六条 查询部门查询反洗钱信息应当出具正式函件，并写明需要查询的内容和要求。

第七条 中国人民银行应当提供的反洗钱信息，限于正在办理的案件所涉及的报告机构依法报送的大额或可疑交易信息。中国人民银行应当根据查询部门的要求，及时反馈查询信息。

第八条 中国反洗钱监测分析中心具体负责反洗钱信息查询工作。

第九条 中国人民银行向查询部门提供反洗钱信息须经本单位负责人批准或授权。

第十条 查询部门和中国人民银行及其工作人员在反洗钱信息查询过程中，应当按照有关规定采取保密措施。

第十一条 查询部门和中国人民银行有关工作人员违反本规定的，依法给予行政处分；构成犯罪的，依法追究刑事责任。

第十二条 对涉嫌恐怖活动资金交易信息的查询适用本规定。

第十三条 本规定自 2010 年 1 月 15 日起施行。

中国人民银行关于印发《中国人民银行反洗钱奖励办法》的通知

（银发〔2010〕231 号）

中国人民银行上海总部，各分行、营业管理部，各省会（首府）城市中心支行，各副省级城市中心支行：

为进一步加大对洗钱犯罪的打击力度，建立和完善反洗钱工作正向激励机制，推进我国反洗钱工作的深入发展，总行制定了《中国人民银行反洗钱奖励办法》。现印发你们，请遵照执行。

附件：中国人民银行反洗钱奖励办法

二〇一〇年八月二十日

中国人民银行反洗钱奖励办法

第一条 为进一步加大对洗钱犯罪的打击力度，奖励在破获重大洗钱案件中的有功单位和人员，推进我国反洗钱工作的深入发展，制定本办法。

第二条 本办法所称洗钱案件，是指通过各种方式掩饰、隐瞒毒品犯罪、黑社会性质的组织犯罪、恐怖活动犯罪、走私犯罪、贪污贿赂犯罪、破坏金融管理秩序犯罪、金融诈骗犯罪等犯罪所得及其收益的来源和性质的犯罪案件。

第三条 本办法所称在破获重大洗钱案件中的有功单位和人员，是指在重大洗钱案件的调查破获工作中发挥关键作用或做出突出贡献的下列单位和人员：

（一）破获洗钱案件的侦查机关及办案人员；

（二）提供洗钱案件线索的单位或人员。

第四条 中国人民银行反洗钱局和会计财务司负责反洗钱奖励的审批、管理工作。

第五条 本办法所称重大洗钱案件，包括一类案件和二类案件。

（一）具备下列条件之一的，为一类案件：

1．由中国人民银行总行督办的案件；

2．有全国影响（如涉案范围覆盖 10 个以上省、自治区、直辖市，或者被中央级媒体报道）的案件；

3．以《中华人民共和国刑法》第 191 条（洗钱罪）宣判的案件；

4．根据中国人民银行提供线索破获，且涉案金额折合人民币超过 2000 万元的案件；

5．涉及我国香港、澳门、台湾及其他国家（或地区）的案件。

（二）具备下列条件之一的，为二类案件：

1．有地区影响（如涉案范围覆盖 9 个以下省、自治区、直辖市，或者被省级媒体报道）的案件；

2．以《中华人民共和国刑法》第 312 条或第 349 条宣判的洗钱案件；

3．根据中国人民银行提供线索破获，且涉案金额折合人民币超过 1000 万元的案件；

4．出现新型洗钱犯罪类型或手法、对今后工作有指导意义的案件。

第六条　对在破获重大洗钱案件中的有功单位和人员，根据第五条规定的案件类别予以奖励，奖励标准如下：

（一）对破获一类案件的，奖励金额 10 万元；

（二）对破获二类案件的，奖励金额 5 万元。

对在破获重大洗钱案件中的有功单位和人员给予奖励的费用均纳入以上标准之内。

第七条　对破获具有特别重大意义的洗钱案件的有功单位和人员，经中国人民银行总行领导批准，可以针对案件具体情况适当提高奖励标准，但奖励金额最高不超过一类案件奖励标准的两倍。

第八条　对拟申请奖励的有功单位和人员，由中国人民银行副省级以上分支机构反洗钱部门填写《反洗钱奖励审批审核表》，向中国人民银行总行申请奖励。

申请单位根据本办法第五条第（一）项 3 和第（二）项 2 规定申请奖励时，应同时报送法院判决书。

第九条　中国人民银行反洗钱局收到《反洗钱奖励审批审核表》后，对破获洗钱案件的事实予以确认，审核奖励单位和人员；中国人民银行会计财务司审批奖励费用。

第十条　奖励申请经审批后，由中国人民银行总行及时核拨奖励费用。

第十一条　对在重大洗钱案件的调查破获工作中发挥关键作用或做出突出贡献的单位和人员，可以适当方式予以表扬。

第十二条　奖励费用发放应严格遵守财务管理规章制度。

第十三条　本办法由中国人民银行负责解释。

中国人民银行关于进一步加强人民币银行结算账户开立、转账、现金支取业务管理的通知

（银发〔2011〕116号）

中国人民银行上海总部，各分行、营业管理部，各省会（首府）城市中心支行，深圳市中心支行；国家开发银行，各政策性银行、国有商业银行、股份制商业银行，中国邮政储蓄银行：

近年来，银行业金融机构（以下简称银行）不断加强人民币支付结算业务管理，创新支付结算业务模式，建立健全风险防范机制，为社会公众提供了高效、便捷、安全的支付结算服务，满足了社会公众日益增长的支付需求。但是，也有个别银行不严格按照现行的法规制度办理人民币支付结算业务和履行反洗钱义务，人民币银行结算账户开立、转账、现金支取、可疑交易报告业务方面的问题较为突出，扰乱了国家正常的经济金融秩序，客观上为不法分子逃税骗税、贪污受贿、洗钱等违法犯罪活动转移资金提供了便利。为进一步加强人民币支付结算业务管理和反洗钱工作，现就有关事项通知如下：

一、严格按照法规制度办理人民币银行结算账户开立业务

银行应严格按照《中华人民共和国反洗钱法》《个人存款账户实名制规定》（中华人民共和国国务院令第285号发布）《人民币银行结算账户管理办法》（中国人民银行令〔2003〕第5号发布）《金融机构客户身份识别和客户身份资料及交易记录保存管理办法》（中国人民银行 中国银行业监督管理委员会 中国证券监督管理委员会 中国保险监督管理委员会令〔2007〕第2号发布）《中国人民银行关于进一步加强金融机构反洗钱工作的通知》（银发〔2008〕391号）等法规制度，勤勉尽责，遵循“了解你的客户”的原则，履行客户身份识别义务，落实银行账户实名制。

（一）切实落实个人银行账户实名制。

存款人申请开立个人银行结算账户的，银行应严格核对存款人身份证明文件的姓名、身份证件号码及照片，防止存款人以虚假身份证件或者借用、冒用他人身份证件开立个人银行结算账户。对于存款人出示居民身份证的，应按照规定通过联网核查公民身份信息系统进行核查。

对于代理开立个人银行结算账户的，银行应严格审核代理人的身份证件，联系被代理人进行核实，并留存电话记录等联系资料。如被代理人先前在本行办理过业务的，银行可以使用已留存的被代理人的联系方式。

对于同一自然人在一家银行开立个人银行结算账户累计10户以上的，银行应将相关账户作为重点监测对象，对于有合理理由怀疑账户的支付交易涉及违法犯罪活动的，应将其作为可疑交易按规定报告中国反洗钱监测分析中心，明显涉嫌犯罪活动的，应同时向中国人民银行当地分支机构报告。

（二）加强单位银行结算账户开立管理。

对于法定代表人或者单位负责人授权他人办理单位银行结算账户开立业务的，被授权人应

是授权单位工作人员，银行应采取审核被授权人工作证件等措施予以核实。

对于同一自然人作为具体经办人员办理两个以上单位的银行结算账户开立业务的，或者同一自然人是两个以上单位的法定代表人或者单位负责人的，或者两个以上单位银行结算账户信息中的联系电话、地址等相同的，银行除审核存款人提供的开户证明文件外，应采取回访、实地查访、向公安、工商行政管理部门核实等一项或多项措施进一步核实存款人身份，并重点关注相关账户的支付交易情况。银行经甄别后，对于有合理理由怀疑支付交易涉及违法犯罪活动的，应将其作为可疑交易按规定报告中国反洗钱监测分析中心。

对于新开立的单位银行结算账户，银行应严格执行 3 个工作日生效制度。对于注册验资的临时存款账户，在验资期间只收不付，注册验资资金的汇缴人与出资人名称应一致。

银行得知存款人注销或被吊销营业执照的，如存款人超过规定期限未主动办理撤销手续的，银行有权停止其银行结算账户的对外支付，并要求存款人撤销银行结算账户。

对于存款人未参加年检，存在工商营业执照、法定代表人或者单位负责人身份证件等重要开户证明文件超过有效期等不符合银行结算账户开立规定情形的，银行应撤销银行结算账户。如该账户为基本存款账户，银行应停止账户的对外支付，待其他银行结算账户撤销后，再撤销基本存款账户。

对于伪造变造居民身份证、工商营业执照、税务登记证等开户证明文件骗取开立银行结算账户的，银行应按照《中国人民银行关于规范人民币银行结算账户管理有关问题的通知》（银发〔2006〕71 号）的规定，采取相关措施配合中国人民银行对相关单位及个人进行处理。同时，银行应采取加强业务培训、利用技术手段、建立与公安、工商部门协作机制等各种措施，切实提高识别证明文件真伪及了解客户的能力。

二、严格按照法规制度办理人民币银行结算账户转账业务

银行应按照《中华人民共和国反洗钱法》《人民币银行结算账户管理办法》《金融机构大额交易和可疑交易报告管理办法》（中国人民银行令〔2006〕第 2 号发布）《中国人民银行关于改进个人支付结算服务的通知》（银发〔2007〕154 号）《中国人民银行关于明确可疑交易报告制度有关执行问题的通知》（银发〔2010〕48 号）等法规制度，加强转账、汇兑等业务管理，将大额和可疑交易按规定报告中国反洗钱监测分析中心，明显涉嫌犯罪活动的，应同时向中国人民银行当地分支机构报告。

（一）对于单位银行结算账户向个人银行结算账户转账单笔超过 5 万元的，存款人若在付款用途栏或备注栏注明事由，可不再另行出具付款依据。但是，具有下列一种或多种特征的可疑交易，银行应关闭单位银行结算账户的网上银行转账功能，要求存款人到银行网点柜台办理转账业务，并出具书面付款依据或相关证明文件；如存款人未提供相关依据或相关依据不符合规定的，银行应拒绝办理转账业务：

1．账户资金集中转入，分散转出，跨区域交易；

2．账户资金快进快出，不留余额或者留下一定比例余额后转出，过渡性质明显；

3．拆分交易，故意规避交易限额；

4．账户资金金额较大，对外收付金额与单位经营规模、经营活动明显不符；

5．其他可疑情形。

（二）银行应根据存款人注册资金大小，结合企业正常经营需求，分别核定存款人单位银行结算账户网上银行转账限额。

三、严格按照法规制度办理人民币现金支取业务

银行应严格按照《中华人民共和国反洗钱法》《金融机构客户身份识别和客户身份资料及交易记录保存管理办法》《金融机构大额交易和可疑交易报告管理办法》等法规制度，加强现金支取管理。

（一）为个人存款人办理人民币单笔5万元以上现金支取业务的，银行应核对存款人的有效身份证件。对于他人代理办理的，银行应严格审核存款人及代理人的身份证件，并留存存款人及代理人的身份证件复印件或者影印件。

（二）对于单笔或者当日累计人民币交易20万元以上的现金支取、现金票据解付及其他形式的现金支取，银行应按规定向中国反洗钱监测分析中心报告。

（三）有合理理由认为现金支取与洗钱、恐怖主义活动及其他违法犯罪活动有关的，银行应按规定报告中国反洗钱监测分析中心，同时向中国人民银行当地分支机构报告。

（四）存款人通过自动柜员机（ATM）支取现金，每卡每日累计不得超过人民币2万元。

四、加大支付结算业务监督管理力度

为严肃支付结算纪律，提高支付服务水平，中国人民银行分支机构和银行应对人民币银行结算账户开立、转账、现金支取等业务进行检查。

（一）银行自查。各银行应按照银行结算账户管理、反洗钱及本通知规定，组织开展全行自查工作，对本行所有营业网点的人民币银行结算账户开立、转账及现金支取业务进行全面检查。各银行应制定检查方案，对本行分支机构检查工作予以督导，对于检查发现的问题，应立即进行整改，及时制定或修订有关政策制度，依法对相关责任单位及个人进行处理，切实将检查落到实处，防止走过场。

各银行应于2011年7月底前完成自查工作，并根据本通知要求完善行内反洗钱监测系统。2011年8月15日前，各银行将检查方案、检查步骤、存在问题及整改情况等报送中国人民银行当地分支机构。国家开发银行，各政策性银行、国有商业银行、股份制商业银行，中国邮政储蓄银行应将检查情况报告中国人民银行总行。

（二）中国人民银行检查。中国人民银行分支机构应依据《中国人民银行关于开展银行业金融机构支付结算执法检查的通知》（银发〔2011〕61号）的规定，对人民币银行结算账户开立业务进行重点检查。同时，在日常账户检查和反洗钱检查工作中，应将人民币银行结算账户开立业务、人民币单位银行结算账户向个人银行结算账户转账业务、现金支取业务作为重点检查内容。

经检查，对存在违规行为的银行，中国人民银行分支机构应严格按照有关法规制度进行处罚，并进一步采取约见单位负责人诫勉谈话、通报、列入下一年度重点检查对象等措施。

请中国人民银行上海总部，各分行、营业管理部、省会（首府）城市中心支行，深圳市中心支行及时将该通知转发至辖区内城市商业银行、农村商业银行、农村合作银行、城市信用社、农村信用社和外资银行等银行。

中国人民银行
二〇〇八年六月二十日

中国人民银行关于印发《支付机构反洗钱和反恐怖融资管理办法》的通知

（银发〔2012〕54 号）

中国人民银行上海总部，各分行、营业管理部，各省会（首府）城市中心支行，各副省级城市中心支行，中国银联、农信银资金清算中心、城市商业银行资金清算中心：

为预防洗钱和恐怖融资活动，加强对支付机构反洗钱和反恐怖融资工作的监督管理，按照《中华人民共和国反洗钱法》、《非金融机构支付服务管理办法》（中国人民银行令〔2010〕第2号发布）等有关法律法规，中国人民银行制定了《支付机构反洗钱和反恐怖融资管理办法》（以下简称《管理办法》），现印发给你们，并就有关事项通知如下：

一、《管理办法》适用于根据《非金融机构支付服务管理办法》获得中国人民银行颁发《支付业务许可证》的非金融机构（以下简称支付机构）。

二、支付机构应根据《管理办法》的规定，建立反洗钱和反恐怖融资内部控制制度，确定反洗钱和反恐怖融资组织机构和工作人员。对于《管理办法》发布后新建立业务关系的客户，支付机构应按照《管理办法》的规定进行客户身份识别。对于《管理办法》发布前已建立业务关系且业务关系仍在持续的客户，支付机构应在《管理办法》发布后的两年内完成规定的客户身份识别工作。

三、本通知印发后，对新受理的《支付业务许可证》申请机构有关反洗钱措施的审核要求，参照《管理办法》的规定。

四、中国人民银行上海总部、各分行、营业管理部、省会（首府）城市中心支行、副省级城市中心支行支付结算部门应在辖区内支付机构取得《支付业务许可证》之日起 5 个工作日内，向本单位的反洗钱部门书面通报有关支付机构的名称、业务范围、地址和联系方式等信息。

五、中国人民银行上海总部、各分行、营业管理部、省会（首府）城市中心支行、副省级城市中心支行应根据《管理办法》对支付机构高级管理人员和反洗钱工作人员开展培训，提高支付机构从业人员反洗钱意识，督促支付机构积极引导客户配合《管理办法》的实施，促进支付市场健康有序发展。

六、自本通知印发之日起，《中国人民银行关于印发〈支付清算组织反洗钱和反恐怖融资指引〉的通知》（银发〔2009〕298 号）同时废止。银行卡组织和资金清算中心的反洗钱和反恐怖融资工作适用《中国人民银行关于印发〈银行卡组织和资金清算中心反洗钱和反恐怖融资指引〉的通知》（银发〔2009〕107 号）。

请中国人民银行上海总部、各分行、营业管理部、省会（首府）城市中心支行、副省级城市中心支行将本通知转发至辖区内支付机构。

附件：支付机构反洗钱和反恐怖融资管理办法

中国人民银行

二〇一二年三月五日

支付机构反洗钱和反恐怖融资管理办法

第一章　总则

第一条　为防范洗钱和恐怖融资活动，规范支付机构反洗钱和反恐怖融资工作，根据《中华人民共和国反洗钱法》、《非金融机构支付服务管理办法》（中国人民银行令〔2010〕第2号发布）等有关法律、法规和规章，制定本办法。

第二条　本办法所称支付机构是指依据《非金融机构支付服务管理办法》取得《支付业务许可证》的非金融机构。

第三条　中国人民银行是国务院反洗钱行政主管部门，对支付机构依法履行下列反洗钱和反恐怖融资监督管理职责：

（一）制定支付机构反洗钱和反恐怖融资管理办法；

（二）负责支付机构反洗钱和反恐怖融资的资金监测；

（三）监督、检查支付机构履行反洗钱和反恐怖融资义务的情况；

（四）在职责范围内调查可疑交易活动；

（五）国务院规定的其他有关职责。

第四条　中国反洗钱监测分析中心负责支付机构可疑交易报告的接收、分析和保存，并按照规定向中国人民银行报告分析结果，履行中国人民银行规定的其他职责。

第五条　支付机构总部应当依法建立健全统一的反洗钱和反恐怖融资内部控制制度，并报总部所在地的中国人民银行分支机构备案。反洗钱和反恐怖融资内部控制制度应当包括下列内容：

（一）客户身份识别措施；

（二）客户身份资料和交易记录保存措施；

（三）可疑交易标准和分析报告程序；

（四）反洗钱和反恐怖融资内部审计、培训和宣传措施；

（五）配合反洗钱和反恐怖融资调查的内部程序；

（六）反洗钱和反恐怖融资工作保密措施；

（七）其他防范洗钱和恐怖融资风险的措施。

支付机构及其分支机构的负责人应当对反洗钱和反恐怖融资内部控制制度的有效实施负责。支付机构应当对其分支机构反洗钱和反恐怖融资内部控制制度的执行情况进行监督管理。

第六条　支付机构应当设立专门机构或者指定内设机构负责反洗钱和反恐怖融资工作，并设立专门的反洗钱和反恐怖融资岗位。

第七条　支付机构应要求其境外分支机构和附属机构在驻在国家（地区）法律规定允许的范围内，执行本办法有关客户身份识别、客户身份资料和交易记录保存工作的要求，驻在国家（地区）有更严格要求的，遵守其规定。如果本办法的要求比驻在国家（地区）的相关规定更为严格，但驻在国家（地区）法律禁止或者限制境外分支机构和附属机构实施本办法，支付机构应向中国人民银行报告。

第八条　支付机构与境外机构建立代理业务关系时，应当充分收集有关境外机构业务、声誉、内部控制制度、接受监管情况等方面的信息，评估境外机构反洗钱和反恐怖融资措施的健全性和有效性，并以书面协议明确本机构与境外机构在反洗钱和反恐怖融资方面的责任和义务。

第九条　支付机构及其工作人员对依法履行反洗钱和反恐怖融资义务获得的客户身份资料和交易信息应当予以保密；非依法律规定，不得向任何单位和个人提供。

支付机构及其工作人员应当对报告可疑交易、配合中国人民银行及其分支机构调查可疑交易活动等有关反洗钱和反恐怖融资工作信息予以保密，不得违反规定向客户和其他人员提供。

第二章　客户身份识别

第十条　支付机构应当勤勉尽责，建立健全客户身份识别制度，遵循“了解你的客户”原则，针对具有不同洗钱或者恐怖融资风险特征的客户、业务关系或者交易应采取相应的合理措施，了解客户及其交易目的和交易性质，了解实际控制客户的自然人和交易的实际受益人。

第十一条　网络支付机构在为客户开立支付账户时，应当识别客户身份，登记客户身份基本信息，通过合理手段核对客户基本信息的真实性。

客户为单位客户的，应核对客户有效身份证件，并留存有效身份证件的复印件或者影印件。

客户为个人客户的，出现下列情形时，应核对客户有效身份证件，并留存有效身份证件的复印件或者影印件。

（一）个人客户办理单笔收付金额人民币1万元以上或者外币等值1000美元以上支付业务的；

（二）个人客户全部账户30天内资金双边收付金额累计人民币5万元以上或外币等值1万美元以上的；

（三）个人客户全部账户资金余额连续10天超过人民币5000元或外币等值1000美元的；

（四）通过取得网上金融产品销售资质的网络支付机构买卖金融产品的；

（五）中国人民银行规定的其他情形。

第十二条　网络支付机构在为同一客户开立多个支付账户时，应采取有效措施建立支付账户间的关联关系，按照客户进行统一管理。

第十三条　网络支付机构在向未开立支付账户的客户办理支付业务时，如单笔资金收付金额人民币1万元以上或者外币等值1000美元以上的，应在办理业务前要求客户登记本人的姓名、有效身份证件种类、号码和有效期限，并通过合理手段核对客户有效身份证件信息的真实性。

第十四条　网络支付机构与特约商户建立业务关系时，应当识别特约商户身份，了解特约商户的基本情况，登记特约商户身份基本信息，核实特约商户有效身份证件，并留存特约商户有效身份证件的复印件或者影印件。

第十五条　预付卡机构在向购卡人出售记名预付卡或一次性金额人民币1万元以上的不记名预付卡时，应当识别购卡人身份，登记购卡人身份基本信息，核对购卡人有效身份证件，并留存购卡人有效身份证件的复印件或者影印件。

代理他人购买记名预付卡的，预付卡机构应采取合理方式确认代理关系的存在，在对被代理人采取前款规定的客户身份识别措施时，还应当登记代理人身份基本信息，核对代理人有效身份证件，并留存代理人有效身份证件的复印件或者影印件。

第十六条　预付卡机构在与特约商户建立业务关系时，应当识别特约商户身份，了解特约商户的基本情况，登记特约商户身份基本信息，核实特约商户有效身份证件，并留存特约商户有效身份证件的复印件或者影印件。

第十七条 预付卡机构办理记名预付卡或一次性金额人民币 1 万元以上不记名预付卡充值业务时，应当识别办理人员的身份，登记办理人员身份基本信息，核对办理人员有效身份证件，并留存办理人员有效身份证件的复印件或者影印件。

第十八条 预付卡机构办理赎回业务时，应当识别赎回人的身份，登记赎回人身份基本信息，核对赎回人有效身份证件，并留存赎回人有效身份证件的复印件或者影印件。

第十九条 收单机构在与特约商户建立业务关系时，应当识别特约商户身份，了解特约商户的基本情况，登记特约商户身份基本信息，核实特约商户有效身份证件，并留存特约商户有效身份证件的复印件或者影印件。

第二十条 支付机构应按照客户特点和交易特征，综合考虑地域、业务、行业、客户是否为外国政要等因素，制定客户风险等级划分标准，评定客户风险等级。客户风险等级标准应报总部所在地中国人民银行分支机构备案。

首次客户风险等级评定应在与客户建立业务关系后 60 天内完成。支付机构应对客户持续关注，适时调整客户风险等级。

支付机构应当根据客户的风险等级，定期审核本机构保存的客户基本信息。对本机构风险等级最高的客户，支付机构应当至少每半年进行一次审核，了解其资金来源、资金用途和经营状况等信息，加强对其交易活动的监测分析。

第二十一条 在与客户的业务关系存续期间，支付机构应当采取持续的客户身份识别措施，关注客户及其日常经营活动、交易情况，并定期对特约商户进行回访或查访。

第二十二条 在与客户的业务关系存续期间，支付机构应当及时提示客户更新身份信息。

客户先前提交的有效身份证件将超过有效期的，支付机构应当在失效前 60 天通知客户及时更新。客户有效身份证件已过有效期的，支付机构在为客户办理首笔业务时，应当先要求客户更新有效身份证件。

第二十三条 在出现以下情况时，支付机构应当重新识别客户：

（一）客户要求变更姓名或者名称、有效身份证件种类、身份证件号码、注册资本、经营范围、法定代表人或者负责人等的；

（二）客户行为或者交易情况出现异常的；

（三）先前获得的客户身份资料存在疑点的；

（四）支付机构认为应重新识别客户身份的其他情形。

第二十四条 支付机构除核对有效身份证件外，可以采取以下的一种或者几种措施，识别或者重新识别客户身份：

（一）要求客户补充其他身份资料；

（二）回访客户；

（三）实地查访；

（四）向公安、工商行政管理等部门核实；

（五）其他可以依法采取的措施。

第二十五条 支付机构委托其他机构代为履行客户身份识别义务时，应通过书面协议明确双方在客户身份识别方面的责任，并符合以下要求：

（一）能够证明受托方按反洗钱法律、行政法规和本办法的要求，采取客户身份识别和身份资料保存的必要措施；

（二）受托方为本支付机构提供客户信息，不存在法律制度、技术等方面的障碍；

（三）本支付机构在办理业务时，能立即获得受托方提供的客户身份基本信息，还可在必要时从受托方获得客户的有效身份证件的复印件或者影印件。

受托方未采取符合本办法要求的客户身份识别措施的，由支付机构承担未履行客户身份识别义务的法律责任。

第三章　客户身份资料和交易记录保存

第二十六条　支付机构应当妥善保存客户身份资料和交易记录，保证能够完整准确重现每笔交易。

第二十七条　支付机构应当保存的客户身份资料包括各种记载客户身份信息的资料、辅助证明客户身份的资料和反映支付机构开展客户身份识别工作情况的资料。

第二十八条　支付机构保存的交易记录应当包括反映以下信息的数据、业务凭证、账簿和其他资料：

（一）交易双方名称；

（二）交易金额；

（三）交易时间；

（四）交易双方的开户银行或支付机构名称；

（五）交易双方的银行账户号码、支付账户号码、预付卡号码、特约商户编号或者其他记录资金来源和去向的号码。

本办法未要求开展客户身份识别的业务，支付机构应按照保证完整准确重现每笔交易的原则保存交易记录。

第二十九条　支付机构应当建立客户身份资料和交易记录保存系统，实时记载操作记录，防止客户身份信息和交易记录的泄露、损毁和缺失，保证客户信息和交易数据不被篡改，并及时发现并记录任何篡改或企图篡改的操作。

第三十条　支付机构应当完善客户身份资料和交易记录保存系统的查询和分析功能，便于反洗钱和反恐怖融资的调查和监督管理。

第三十一条　支付机构应当按照下列期限保存客户身份资料和交易记录：

（一）客户身份资料，自业务关系结束当年计起至少保存 5 年；

（二）交易记录，自交易记账当年计起至少保存 5 年。

如客户身份资料和交易记录涉及反洗钱和反恐怖融资调查，且反洗钱和反恐怖融资调查工作在前款规定的最低保存期届满时仍未结束的，支付机构应将其保存至反洗钱和反恐怖融资调查工作结束。

同一介质上存有不同保存期限客户身份资料或者交易记录的，应当按最长期限保存。同一客户身份资料或者交易记录采用不同介质保存的，至少应当按照上述期限要求保存一种介质的客户身份资料或者交易记录。

法律、行政法规和规章对客户身份资料和交易记录有更长保存期限要求的，遵守其规定。

第三十二条　支付机构终止支付业务时，应当按照中国人民银行有关规定处理客户身份资料和交易记录。

第四章　可疑交易报告

第三十三条　支付机构应按照勤勉尽责的原则，对全部交易开展监测和分析，报告可疑交易。

第三十四条　支付机构应根据本机构的客户特征和交易特点，制定和完善符合本机构业务特点的可疑交易标准，同时向中国人民银行、总部所在地的中国人民银行分支机构和中国反洗钱监测分析中心备案。

第三十五条　支付机构应建立完善有效的可疑交易监测分析体系，明确内部可疑交易处理程序和人员职责。

支付机构应指定专门人员，负责分析判断是否报告可疑交易。

第三十六条　支付机构应结合客户身份信息和交易背景，对客户行为或交易进行识别、分析，有合理理由判断与洗钱、恐怖融资或其他犯罪活动相关的，应在发现可疑交易之日起10个工作日内，由其总部以电子方式向中国反洗钱监测分析中心提交可疑交易报告。可疑交易报告的具体格式和报送方式由中国人民银行另行规定。

支付机构应将已上报可疑交易报告的客户列为高风险客户，持续开展交易监测，仍不能排除洗钱、恐怖融资或其他犯罪活动嫌疑的，应在10个工作日内向中国反洗钱监测分析中心提交可疑交易报告，同时以书面方式将有关情况报告总部所在地的中国人民银行分支机构。

支付机构应完整保存对客户行为或交易进行识别、分析和判断的工作记录及是否上报的理由和证据材料。

第三十七条　支付机构应当按照《支付机构可疑交易（行为）报告要素》（见附）要求，在可疑交易报告中提供真实、完整、准确的交易信息。中国反洗钱监测分析中心发现支付机构报送的可疑交易报告有要素不全或者存在错误的，可以向提交报告的支付机构发出补正通知，支付机构应在接到补正通知之日起10个工作日内补正。

第三十八条　支付机构在履行反洗钱义务过程中，发现涉嫌犯罪的，应立即报告当地公安机关和中国人民银行当地分支机构，并以电子方式报告中国反洗钱监测分析中心。

第三十九条　客户或交易涉及恐怖活动的，由中国人民银行另行规定。

第五章　反洗钱和反恐怖融资调查

第四十条　中国人民银行及其分支机构发现可疑交易活动需要调查核实的，可以向支付机构进行调查。中国人民银行及其分支机构向支付机构调查可疑交易活动，适用中国人民银行关于反洗钱调查的有关规定。

第四十一条　中国人民银行及其分支机构实施反洗钱和反恐怖融资调查时，支付机构应当积极配合，如实提供调查材料，不得拒绝或者阻碍。

第四十二条 中国人民银行及其分支机构调查可疑交易活动，可以采取下列措施：

（一）询问支付机构的工作人员，要求其说明情况。

（二）查阅、复制可疑交易活动涉及的客户身份资料、交易记录和其他有关资料。对可能被转移、隐藏、篡改或者毁损的文件、资料予以封存。

（三）中国人民银行规定的其他措施。

第六章　监督管理

第四十三条　中国人民银行及其分支机构负责监督管理支付机构反洗钱和反恐怖融资工作。

第四十四条　支付机构应当按照中国人民银行规定提供有关文件和资料，不得拒绝、阻挠、逃避监督检查，不得谎报、隐匿、销毁相关证据材料。

支付机构应当对所提供的文件和资料的真实性、准确性、完整性负责。

第四十五条　支付机构应当按照中国人民银行的规定，向所在地中国人民银行分支机构报送反洗钱和反恐怖融资统计报表、信息资料、工作报告以及内部审计报告中与反洗钱和反恐怖融资工作有关的内容，如实反映反洗钱和反恐怖融资工作情况。

第四十六条　中国人民银行及其分支机构可以采取下列措施对支付机构进行反洗钱和反恐怖融资现场检查：

（一）进入支付机构检查；

（二）询问支付机构的工作人员，要求其对有关检查事项做出说明；

（三）查阅、复制支付机构与检查事项有关的文件、资料，并对可能被转移、销毁、隐匿或者篡改的文件资料予以封存；

（四）检查支付机构运用电子计算机管理业务数据的系统。

中国人民银行及其分支机构依法对支付机构进行反洗钱和反恐怖融资现场检查，适用《中国人民银行执法检查程序规定》（中国人民银行令〔2010〕第 1 号发布）。

第四十七条　中国人民银行及其分支机构根据履行反洗钱和反恐怖融资职责的需要，可以约见支付机构董事、高级管理人员谈话，要求其就下列重大事项做出说明：

（一）支付机构反洗钱和反恐怖融资专门机构或指定内设机构不能有效履行职责的；

（二）支付机构反洗钱和反恐怖融资工作人员不能有效履行职责的；

（三）支付机构可疑交易报告存在问题的；

（四）支付机构客户或交易多次被司法机关调查的；

（五）支付机构未按规定提交反洗钱和反恐怖融资工作的资料、报告和其他文件的；

（六）支付机构履行反洗钱和反恐怖融资义务的其他重大事项。

第七章 法律责任

第四十八条　中国人民银行及其分支机构从事反洗钱工作人员有下列行为之一的，依法给予行政处分：

（一）违反规定进行检查或者调查的；

（二）泄露因反洗钱和反恐怖融资知悉的国家秘密、商业秘密或者个人隐私的；

（三）违反规定对有关机构和人员实施行政处罚的；

（四）其他不依法履行职责的行为。

第四十九条　支付机构违反本办法的，由中国人民银行或其分支机构按照《中华人民共和国反洗钱法》第三十一条、第三十二条的规定予以处罚；情节严重的，由中国人民银行注销其《支付业务许可证》。

第五十条 违反本办法规定，构成犯罪的，移送司法机关依法追究刑事责任。

第八章 附则

第五十一条 本办法相关用语含义如下：

中国人民银行分支机构，包括中国人民银行上海总部、分行、营业管理部、省会（首府）城市中心支行、副省级城市中心支行。

单位客户，包括法人、其他组织和个体工商户。

网络支付机构的特约商户，是指基于互联网信息系统直接向消费者销售商品或提供服务，并接受网络支付机构互联网支付服务完成资金结算的法人、个体工商户、其他组织或自然人。

预付卡机构的特约商户，是指与预付卡机构签约并同意使用预付卡进行资金结算的法人、个体工商户或其他组织。

收单机构的特约商户，是指与收单机构签约并同意使用银行卡进行资金结算的法人、个体工商户或其他组织。

个人客户的身份基本信息，包括：客户的姓名、国籍、性别、职业、住址、联系方式以及客户有效身份证件的种类、号码和有效期限。

单位客户的身份基本信息，包括：客户的名称、地址、经营范围、组织机构代码（仅限法人和其他组织）；可证明该客户依法设立或者可依法开展经营、社会活动的执照、证件或者文件的名称、号码和有效期限；法定代表人（负责人）或授权办理业务人员的姓名、有效身份证件的种类、号码和有效期限。

特约商户的身份基本信息，包括：特约商户的名称、地址、经营范围、组织机构代码；可证明该客户依法设立或者可依法开展经营、社会活动的执照、证件或者文件的名称、号码和有效期限；控股股东或实际控制人、法定代表人（负责人）或授权办理业务人员的姓名、有效身份证件的种类、号码、有效期限。

个人客户的有效身份证件，包括：居住在境内的中国公民，为居民身份证或者临时居民身份证；居住在境内的16周岁以下的中国公民，为户口簿；中国人民解放军军人，为军人身份证件或居民身份证；中国人民武装警察，为武装警察身份证件或居民身份证；香港、澳门居民，为港澳居民往来内地通行证；台湾居民，为台湾居民来往大陆通行证或者其他有效旅行证件；外国公民，为护照；政府有权机关出具的能够证明其真实身份的证明文件。

法人和其他组织客户的有效身份证件，是指政府有权机关颁发的能够证明其合法真实身份的证件或文件，包括但不限于营业执照、事业单位法人证书、税务登记证、组织机构代码证。

个体工商户的有效身份证件，包括营业执照、经营者或授权经办人员的有效身份证件。

网络支付机构，是指从事《非金融机构支付服务管理办法》规定的网络支付业务的支付机构。

预付卡机构，是指从事《非金融机构支付服务管理办法》规定的预付卡发行与受理业务或预付卡受理业务的支付机构。

收单机构，是指从事《非金融机构支付服务管理办法》规定的银行卡收单业务的支付机构。

以上及内，包括本数。

第五十二条 本办法由中国人民银行负责解释。

第五十三条　本办法自2012年3月5日起施行。《中国人民银行关于印发〈支付清算组织反洗钱和反恐怖融资指引〉的通知》（银发〔2009〕298号）同时废止，银行卡组织和资金清算中心的反洗钱和反恐怖融资工作依照《中国人民银行关于印发〈银行卡组织和资金清算中心反洗钱和反恐怖融资指引〉的通知》（银发〔2009〕107号）规定执行。

附：支付机构可疑交易（行为）报告要素（略）

二〇一二年三月五日

中国人民银行关于印发《报告机构反洗钱报送主体资格申请及机构信息变更管理规程（试行）》的通知

（银发〔2012〕166 号）

中国人民银行上海总部，各分行、营业管理部，各省会（首府）城市中心支行、副省级城市中心支行；国家开发银行，各政策性银行、国有商业银行、股份制商业银行，中国邮政储蓄银行，中国银联、农信银资金清算中心、城市商业银行资金清算中心：

为规范报告机构反洗钱报送主体资格申请和机构信息变更的管理工作，加强对报告机构的反洗钱工作指导，现将《报告机构反洗钱报送主体资格申请及机构信息变更管理规程（试行）》印发给你们，请遵照执行。

请人民银行上海总部，各分行、营业管理部，各省会（首府）城市中心支行，各副省级城市中心支行将本规程转发至总部注册地在辖区内的城市商业银行、农村商业银行、农村合作银行、城市信用社、农村信用社、外资银行、证券公司、期货经纪公司、基金管理公司、保险公司、保险资产管理公司、信托公司、金融资产管理公司、财务公司、金融租赁公司、汽车金融公司、货币经纪公司、支付机构（以下统称报告机构），认真做好辖区内报告机构的管理工作，并要求报告机构严格按照本规程做好反洗钱报送主体资格申请和机构信息变更相关工作。

附件：报告机构反洗钱报送主体资格申请及机构信息变更管理规程（试行）

中国人民银行办公厅

2012 年 6 月 29 日印发

报告机构反洗钱报送主体资格申请及机构信息变更管理规程（试行）

第一章 总则

第一条 为规范对报告机构反洗钱报送主体资格申请和机构信息变更的管理工作，加强对报告机构的工作指导，特制定本规程。本规程适用于按照《中华人民共和国反洗钱法》等反洗钱法规要求需履行大额交易和可疑交易报送职责的银行业、证券期货业、保险业金融机构，信托公司、金融资产管理公司、财务公司、金融租赁公司、汽车金融公司、货币经纪公司、银行卡组织、资金清算中心、支付机构（以下统称报告机构）。

第二条　中国反洗钱监测分析中心（以下简称反洗钱中心）和人民银行上海总部，各分行、营业管理部，各省会（首府）城市中心支行、副省级城市中心支行（以下统称人民银行分支机构）负责各报告机构反洗钱报送主体资格申请及机构信息变更的管理工作。

第三条　反洗钱中心负责在“中国反洗钱监测分析系统”中录入报告机构基本信息，记录报告机构变更信息，生成银行业、证券期货业、保险业金融机构，信托公司、金融资产管理公司、财务公司、金融租赁公司、汽车金融公司、货币经纪公司（以下统称银行业等金融机构）的报告机构编码等事宜。

第四条　人民银行分支机构负责总部注册地在其辖区内的报告机构管理工作，审核报告机构提交的《报告机构基本情况登记表》（见附1）、《报告机构基本情况变更表》（见附2）内容，按照人民银行科技主管部门的统一编码规范及管理规定生成银行卡组织、资金清算中心和支付机构（以下统称银行卡组织等机构）的报告机构编码，督促报告机构认真履行反洗钱报送职责。

第二章　申请反洗钱报送主体资格

第五条　申请反洗钱报送主体资格的报告机构在收到开业批复或取得业务经营许可后的一个月内到人民银行分支机构领取《报告机构基本情况登记表》。

第六条　报告机构在5 个工作日内，将填写完毕、签章确认后的《报告机构基本情况登记表》提交至人民银行分支机构，同时提交用以证明所填信息准确性的各类文件资料复印件，如不同行业监管部门批准报告机构设立或开展经营活动的许可性文件，及报告机构出具的证明负责人、联系人真实身份的文件等。

第七条　人民银行分支机构对报告机构提交的《报告机构基本情况登记表》进行审核，主要是核实报告机构的身份、报告机构信息的准确性、确保其知晓并督促其落实反洗钱法律法规和相关报送工作要求，然后签章予以确认。

第八条　人民银行分支机构确认《报告机构基本情况登记表》无误后，在表中为银行卡组织等机构填写对应的报告机构编码，并在5个工作日内将《报告机构基本情况登记表》传真至反洗钱中心。

第九条　反洗钱中心根据《报告机构基本情况登记表》内容，在5个工作日内通过中国反洗钱监测分析系统录入报告机构总部名称、类别编号、总部注册地行政区划代码、银行卡组织等机构的报告机构编码等信息，为报告机构分配用户信息（包括登陆用户名和初始密码），同时为银行业等金融机构分配报告机构编码。

第十条　反洗钱中心将报告机构的用户信息（包括银行业等金融机构的报告机构编码）通过办公网告知人民银行分支机构，要求其转告报告机构，并指导报告机构按要求开展反洗钱报送工作。

第三章　申请变更机构信息

第十一条　报告机构因机构名称、总部注册地变更或机构合并、拆分、撤销等原因需对机构信息进行变更时，须在变更后的10个工作日内到人民银行分支机构领取《报告机构基本情况变更表》。申请总部注册地变更的报告机构应向变更后总部注册地人民银行分支机构进行申请。

第十二条 报告机构在5个工作日内将填写完毕、签章确认后的《报告机构基本情况变更表》提交至人民银行分支机构，并提交用以证明所填信息准确性的各类文件资料复印件，如不同行业监管部门批准报告机构变更的许可性文件，及报告机构出具的证明负责人、联系人真实身份的文件等。如果因合并或拆分而成立新的机构，新成立机构需要填写《报告机构基本情况登记表》，单独申请反洗钱报送主体资格。

第十三条 人民银行分支机构对报告机构因信息变更提交的《报告机构基本情况变更表》、《报告机构基本情况登记表》进行审核，主要是核实报告机构的变更情况、确保新成立的机构知晓并督促其落实反洗钱法律法规和相关报送工作要求、督促已撤销报告机构做好反洗钱报送相关后续事宜等，然后签章予以确认。

第十四条 人民银行分支机构在收到申请后的5个工作日内将确认无误的《报告机构基本情况变更表》、《报告机构基本情况登记表》传真至反洗钱中心。

第十五条 反洗钱中心根据《报告机构基本情况变更表》内容，在中国反洗钱监测分析系统中完成报告机构名称或总部注册地变更、合并或拆分关系建立、注销已撤销报告机构等工作；根据《报告机构基本情况登记表》，为新成立机构分配用户信息。

第四章　其 他

第十六条 人民银行分支机构负责妥善保管报告机构提交的《报告机构基本情况登记表》、《报告机构基本情况变更表》原件及相关文件资料，以备查询。

第十七条 报告机构未按规定时间申请反洗钱报送主体资格、变更机构信息，影响反洗钱工作正常开展的，由人民银行分支机构对相关机构责令限期整改，并给予通报批评。

第十八条 人民银行分支机构可依照本规程制定辖区内报告机构管理工作实施细则。

第十九条 本规程由人民银行负责解释，并根据相关规范文件和报告机构行业扩展情况适时修改。

第二十条 本规程自发布之日起施行。

附：1. 报告机构基本情况登记表（略）

　　2. 报告机构基本情况变更表（略）

中国人民银行关于加强金融从业人员反洗钱履职管理及相关反洗钱内控建设的通知

（银发〔2012〕178 号）

外汇局，中国人民银行上海总部，各分行、营业管理部，各省会（首府）城市中心支行，各副省级城市中心支行；国家开发银行，各政策性银行、国有商业银行、股份制商业银行，中国邮政储蓄银行：

近期，经核查发现，少数金融从业人员未能在金融业务活动中勤勉尽责地履行反洗钱义务，甚至有个别金融从业人员还参与或协助不法分子利用金融机构进行洗钱、金融诈骗等违法犯罪活动。为完善金融反洗钱（含反恐怖融资，下同）工作机制，防范类似情况的发生，维护我国金融机构良好声誉，现就加强金融从业人员反洗钱履职管理及相关反洗钱内控建设的有关问题通知如下：

一、金融机构应科学评估洗钱风险（含恐怖融资风险，下同）与市场风险、操作风险等其他风险的关联性，确保各项风险管理政策协调一致。反洗钱是金融机构的全员性义务，金融机构要明晰各条线（部门）和各类人员的反洗钱职责，特别是要积极发挥业务条线（部门）在了解客户方面的基础性作用，避免反洗钱工作职责空洞化。

二、反洗钱风险控制体系要全面覆盖各项金融产品或金融服务。金融机构应从全流程管理的角度对各项金融业务进行系统性的洗钱风险评估，并按照风险为本的原则，强化风险较高领域的反洗钱合规管理措施，防范金融从业人员的专业知识和专业技能被不法分子所利用。金融机构在研发创新型金融产品过程中，应进行洗钱风险评估，并书面记录风险评估情况。

三、金融机构应定期开展反洗钱内部审计，加强对业务条线（部门）或其分支机构反洗钱工作的检查，及时发现并纠正反洗钱工作中出现的不合规问题。

四、金融机构应增强内部反洗钱工作报告路线的独立性和灵活性，完善内部管理制约机制，股份制商业银行应实施董事会、监事会对高级管理层的有效监督和高级管理层对其金融从业人员的有效监控，防范内部人员参与违法犯罪活动。金融机构应建立违规事件举报机制，切实保障每一位员工均有权利并通过适当的途径举报违规事件。

五、金融机构聘用人员时，应对聘用对象提出必要的职业道德、资质、经验、专业素质及其他个人素质标准要求，看其是否具备履行所在岗位反洗钱职责所需的基本能力。此外，金融机构应对新聘用金融从业人员进行必要的反洗钱培训，使其了解并掌握反洗钱义务及其所在岗位的反洗钱工作要求。

六、金融机构高级管理层应增强履行反洗钱义务职责的认识，正确处理金融业务发展与合规经营、风险控制的关系。金融机构应确保承担反洗钱合规管理职责的高管人员具备较强的反洗钱履职能力，为其反洗钱履职提供各类资源保障。

七、金融机构应建立反洗钱培训长效机制，确保各类金融从业人员及时了解反洗钱监管政策、反洗钱内控要求、反洗钱新方法、反洗钱新技术、洗钱风险变动情况等方面的反洗钱工作信息。对于从事洗钱风险较高岗位的金融从业人员，应适当提高反洗钱培训的强度和频率。

八、金融机构应及时梳理与本金融机构有关的金融违法案件信息（含媒体报道、互联网信息），发现涉及金融从业人员反洗钱履职问题的，应及时妥善处理。

九、人民银行及其分支机构应按照《中华人民共和国反洗钱法》第三十一条的规定，责令违反本通知要求的金融机构限期改正，建议有关金融监督管理机构依法责令违规问题情节严重的金融机构对直接负责的董事、高级管理人员和其他直接责任人员给予纪律处分。

请人民银行上海总部，各分行、营业管理部，各省会（首府）城市中心支行，大连、青岛、宁波、厦门、深圳市中心支行将本通知转发至总部注册地在辖区内的各城市商业银行、农村商业银行、农村合作银行、城市信用社、农村信用社、外资银行、证券公司、期货经纪公司、基金管理公司、保险公司、保险资产管理公司、信托公司、金融资产管理公司、财务公司、金融租赁公司、汽车金融公司、货币经纪公司等金融机构和支付机构。

中国人民银行
二〇一二年七月十八日

中国人民银行关于加强跨境汇款业务反洗钱工作的通知

（银发〔2012〕199号）

外汇局，中国人民银行上海总部，各分行、营业管理部，各省会（首府）城市中心支行，各副省级城市中心支行；国家开发银行，各政策性银行、国有商业银行、股份制商业银行、中国邮政储蓄银行：

近期，国际社会披露了个别跨国银行涉嫌未按规定防控不法分子通过跨境汇款业务进行洗钱等违法犯罪活动的丑闻。为防范我国金融机构涉入跨境汇款业务的洗钱和恐怖融资风险，避免类似事件在我国金融机构发生，维护我国金融机构良好声誉，现就加强跨境汇款业务反洗钱（含反恐怖融资，下同）工作的有关事项通知如下：

一、加强对跨境汇款业务全流程的反洗钱风险管理

（一）当客户向境外汇出资金金额达到单笔人民币1万元或者外币等值1000美元以上时，金融机构应按《金融机构客户身份识别和客户身份资料及交易记录保存管理办法》（中国人民银行　中国银行业监督管理委员会　中国证券监督管理委员会　中国保险监督管理委员会令〔2007〕第2号发布）第十条的规定，完整地登记相关汇款交易信息。对于所登记的汇款人信息，金融机构应通过核对或者查看已留存的客户有效身份证件或者其他身份证明文件等合理途径进行核实，确保信息的准确性。

如发现客户有意隐瞒汇款人或收款人的信息等异常情况时，金融机构应对汇款人采取必要的尽职调查措施，怀疑其涉嫌洗钱、恐怖融资等违法犯罪活动的，应按照规定提交可疑交易报告。

金融机构应在自身能力范围内确保汇款基本信息在汇款交易链条的每一个环节完整传递或保存，不得通过隐瞒汇款人或收款人信息的方式规避国内外监管。

（二）处理境外汇入款时，金融机构应在自身能力所及范围内采取合理措施审查汇款人、收款人的信息是否完整。在交易处理过程中发现问题的，金融机构应及时采取要求境外机构补充信息、查询相关数据系统等合理措施。

当收款人接收的境外汇入款金额达到单笔人民币1万元或者外币等值1000美元以上时，金融机构应通过核对或者查看已留存的客户有效身份证件或者其他身份证明文件等合理途径核实收款人身份，并根据风险状况采取其他客户尽职调查措施，怀疑其涉嫌洗钱、恐怖融资等违法犯罪活动的，应按照规定提交可疑交易报告。

二、强化对跨境汇款交易的反洗钱监测

（一）金融机构应按照我国有关部门要求，及时做好反洗钱监控名单更新工作。

（二）金融机构应切实采取有效的技术手段，不断提高对跨境汇款业务交易监测的时效性。

（三）如果客户、客户的实际控制人、交易的实际受益人以及办理跨境汇款交易的对方金融机构来自于反洗钱、反恐怖融资监管薄弱，洗钱、毒品或腐败等犯罪高发国家（地区），金融机构应尽可能采取强化的客户尽职调查措施，审查交易目的、交易性质和交易背景情况，发现疑点的，应按照规定提交可疑交易报告。

（四）金融机构应对照《中国人民银行关于进一步加强金融机构反洗钱工作的通知》（银发〔2008〕391 号）《中国人民银行关于明确可疑交易报告制度有关执行问题的通知》（银发〔2010〕48 号）及本通知等反洗钱监管要求，审查本机构的反洗钱监测分析流程及相关信息系统，发现问题的，应及时改正。

三、防范境外反洗钱监管风险

鉴于跨境汇款业务的特殊性，金融机构不仅应严格遵守国内反洗钱规定，而且应认真研究反洗钱国际通行标准中有关电汇透明度、反扩散融资、执行联合国定向金融制裁等方面的监管要求，关注欧美等发达国家反洗钱监管政策走向，采取应对策略，有效控制风险。

请人民银行上海总部，各分行、营业管理部，各省会（首府）城市中心支行，大连、青岛、宁波、厦门、深圳市中心支行将本通知转发至总部注册地在辖区内的各城市商业银行、农村商业银行、农村合作银行、城市信用社、农村信用社、村镇银行和外资银行。

中国人民银行
二〇一二年八月十二日

中国人民银行关于金融机构在跨境业务合作中加强反洗钱工作的通知

（银发〔2012〕201号）

外汇局，中国人民银行上海总部，各分行、营业管理部，各省会（首府）城市中心支行，各副省级城市中心支行；国家开发银行，各政策性银行、国有商业银行、股份制商业银行，中国邮政储蓄银行：

近年来，国际上因一国金融机构在与其他国家金融机构开展跨境业务合作过程中未有效防控洗钱、恐怖融资活动而导致法律责任风险的情况开始增多。为正确履行反洗钱职责，避免我国境内金融市场和金融机构被洗钱活动团伙利用，并妥善应对各种可能出现的复杂情况，有效维护我国国家利益及金融机构良好声誉，现就金融机构在开展跨境业务合作过程中加强反洗钱工作的相关问题通知如下：

一、金融机构在与境外金融机构建立代理行或者类似业务关系时，应当严格按照《金融机构客户身份识别和客户身份资料及交易记录保存管理办法》（中国人民银行　中国银行业监督管理委员会　中国证券监督管理委员会　中国保险监督管理委员会令〔2007〕第2号发布，以下简称《身份识别办法》）第六条的规定，充分收集有关境外金融机构业务、声誉、内部控制、接受监管等方面的信息，评估境外金融机构接受反洗钱监管的情况及其反洗钱、反恐怖融资（以下统称反洗钱）措施的健全性和有效性，以决定是否与境外金融机构建立代理行关系或开展其他形式的业务合作。

对于在注册地无实质性经营管理活动、没有受到良好监管的外国金融机构，金融机构不得为其开立代理行账户或与其发展可能危及自身声誉的其他业务关系。

二、金融机构应按照《身份识别办法》第十八条的规定，对与本金融机构存在业务合作关系的境外金融机构逐一确定风险等级，采取与其风险状况相当的风险控制措施。

对于风险等级较高的境外金融机构，金融机构不仅要按照《身份识别办法》第六条的规定以书面方式明确本金融机构与境外金融机构在客户身份识别、客户身份资料和交易记录保存方面的职责，而且应当明确约定本金融机构出于执行我国反洗钱法律规定、遵循国际反洗钱监管惯例、自主控制洗钱以及恐怖融资风险（以下统称洗钱风险）等方面的需要，可对境外金融机构采取必要的洗钱风险控制措施。

三、对于与本金融机构同属一个母公司或一家控股股东的境外金融机构，金融机构在公司（集团）框架下与其进行业务合作时，应从地域、业务、客户等角度全面评估洗钱风险，并根据风险状况采取切实可行的风险控制措施，预防风险传导至境内。

四、对于经营下列业务的境外非金融机构，金融机构应当充分收集有关该境外机构业务、声誉、内部控制、接受监管等方面的信息，评估该境外机构的洗钱风险状况，报经高级管理层同意后再决定是否为其提供金融服务或与其开展业务合作：

（一）提供货币兑换、跨境汇款等资金（价值）转移服务。

（二）经营网络支付、手机支付、预付卡、信用卡收单等非金融支付业务。

金融机构如果决定为上述境外机构提供服务或与其开展业务合作的，原则上应将其列入高风险客户，并采取有针对性的强化风险控制措施。金融机构应以书面方式明确该境外机构的反洗钱职责和该境外机构配合本金融机构开展反洗钱工作的相关要求，并约定本金融机构因反洗钱工作需要，可对境外非金融机构采取的包括关闭账户、冻结涉恐资金、限制交易等在内的必要的洗钱风险控制措施。

五、金融机构应在公司（集团）层面建立统一的洗钱风险管理政策。如果金融机构境外分支机构驻在国家（地区）反洗钱监管标准要求比我国更为严格的，金融机构在我国各项法律规定及自身反洗钱资源允许的情况下，应尽可能选择更为严格的监管标准作为本公司（集团）制定洗钱风险管理政策的依据，以更有效防控处于不同国家（地区）的境外分支机构之间开展业务合作过程中可能出现的合规风险。

六、金融机构应在高级管理层中明确专人负责管理境外分支机构反洗钱工作，并在业务条线之外指定专门部门具体承担对境外分支机构的洗钱合规管理职责。

金融机构应建立适当的机制，确保业务条线及时关注并评估本金融机构因与境外金融机构之间开展业务合作而可能出现的洗钱风险，确保高级管理层及反洗钱合规管理部门及时获得业务条线风险评估信息，以便采取有效措施处置风险。

金融机构应定期对境外分支机构反洗钱工作情况进行审计，发现问题要及时纠正。

七、金融机构发现与自己存在业务联系的境外金融机构出现洗钱问题时，应及时向高级管理层报告，并采取妥善措施予以应对。

如果金融机构或其境外分支机构出现重大洗钱风险、涉及国际重要媒体有关洗钱事件的报道时，金融机构应当及时向董事会（或下设专业委员会）、高级管理层和人民银行及其分支机构报告，并采取有效的风险防范措施，防止事态恶化。

请人民银行上海总部，各分行、营业管理部，各省会（首府）城市中心支行，大连、青岛、宁波、厦门、深圳市中心支行将本通知转发至总部注册地在辖区内的各城市商业银行、农村商业银行、农村合作银行、城市信用社、农村信用社、村镇银行、外资银行、证券公司、期货经纪公司、基金管理公司、保险公司、保险资产管理公司、信托公司、金融资产管理公司、财务公司、金融租赁公司、汽车金融公司、货币经纪公司等金融机构和支付机构。

中国人民银行
二〇一二年八月十九日

中国人民银行关于印发《金融机构洗钱和恐怖融资风险评估及客户分类管理指引》的通知

（中国人民银行文告 2013 第 2 号　总第 357 号）

中国人民银行上海总部，各分行、营业管理部，各省会（首府）城市中心支行，各副省级城市中心支行；国家开发银行、各政策性银行、国有商业银行、股份制商业银行，中国邮政储蓄银行；中国银联、农信银资金清算中心、城市商业银行资金清算中心：

为深入实践风险为本的反洗钱方法，指导金融机构评估洗钱和恐怖融资（以下统称洗钱）风险，合理确定客户洗钱风险等级，提升反洗钱和反恐怖融资工作有效性，根据《中华人民共和国反洗钱法》等法律规定，中国人民银行制定了《金融机构洗钱和恐怖融资风险评估及客户分类管理指引》（以下简称《指引》），现印发给你们，并就执行《指引》中的有关事项通知如下，请遵照执行。

一、金融机构工作安排

金融机构可按照《指引》所确定的自主管理原则，决定是否执行《指引》。

（一）决定全部或部分执行《指引》规定的金融机构应按照以下要求开展工作：

1. 在 2013 年 3 月 15 日前制定执行《指引》的工作方案，报中国人民银行或中国人民银行授权对该金融机构实施反洗钱监管的当地中国人民银行分支机构（以下统称当地中国人民银行分支机构）。

2. 在 2013 年 12 月 31 日前按照《指引》要求，制定或修改完善反洗钱内控制度及操作流程（以下统称新内控制度），并向中国人民银行或当地中国人民银行分支机构报备。

3. 在 2015 年 1 月 1 日前实施新内控制度，按照《指引》要求，启动洗钱和恐怖融资风险评估以及客户风险等级划分等工作。

4. 在 2015 年 12 月 31 日前，完成对新内控制度实施前已与本机构建立业务关系客户的风险等级的重新确认工作。工作量特别大的金融机构可向中国人民银行申请适当延长工作期限。

（二）决定不执行《指引》的金融机构应在 2013 年 9 月 15 日前完成评估论证工作，并向中国人民银行或当地中国人民银行分支机构书面报告评估论证的方法、过程及结论。金融机构在 30 个工作日内未收到中国人民银行或当地中国人民银行分支机构反馈异议的，可不再执行本通知要求。

二、中国人民银行监管工作要求

中国人民银行或其分支机构收到金融机构提交的工作方案及相关报告后，如有不同意见，应在 30 个工作日内向金融机构反馈。

中国人民银行及其分支机构应将金融机构、金融机构分支机构执行符合《指引》要求的新内控制度以及按自主管理原则确立的其他反洗钱措施情况，作为反洗钱监管重点。

请中国人民银行上海总部，各分行、营业管理部，各省会（首府）城市中心支行，大连、青岛、宁波、厦门、深圳市中心支行将本通知转发至总部注册地在辖区内的各城市商业银行、农村商业银行、农村合作银行、城市信用社、农村信用社、村镇银行、外资银行、证券公司、期货经纪公司、基金管理公司、保险公司、保险资产管理公司、信托公司、金融资产管理公司、财务公司、金融租赁公司、汽车金融公司、货币经纪公司等金融机构和支付机构。

附件：金融机构洗钱和恐怖融资风险评估及客户分类管理指引

中国人民银行
2013 年 1 月 5 日

金融机构洗钱和恐怖融资风险评估及客户分类管理指引

为深入实践风险为本的反洗钱方法，指导金融机构评估洗钱和恐怖融资（以下统称洗钱）风险，合理确定客户洗钱风险等级，提升反洗钱和反恐怖融资（以下统称反洗钱）工作有效性，根据《中华人民共和国反洗钱法》等法律制定本指引。

第一章　总　则

一、基本原则

（一）风险相当原则。金融机构应依据风险评估结果科学配置反洗钱资源，在洗钱风险较高的领域采取强化的反洗钱措施，在洗钱风险较低的领域采取简化的反洗钱措施。

（二）全面性原则。除本指引所列的例外情形外，金融机构应全面评估客户及地域、业务、行业（职业）等方面的风险状况，科学合理地为每一名客户确定风险等级。

（三）同一性原则。金融机构应建立健全洗钱风险评估及客户风险等级划分流程，赋予同一客户在本金融机构唯一的风险等级，但同一客户可以被同一集团内的不同金融机构赋予不同的风险等级。

（四）动态管理原则。金融机构应根据客户风险状况的变化，及时调整其风险等级及所对应的风险控制措施。

（五）自主管理原则。金融机构经评估论证后认定，自行确定的风险评估标准或风险控制措施的实施效果不低于本指引或其中某项要求，即可决定不遵循本指引或其中某项要求，但应书面记录评估论证的方法、过程及结论。

（六）保密原则。金融机构不得向客户或其他与反洗钱工作无关的第三方泄露客户风险等级信息。

二、功能

（一）本指引所列风险评估要素及其风险子项是金融机构全面科学评估洗钱风险的参考指标，为金融机构划分客户洗钱风险等级提供依据。

（二）本指引所确定的工作流程是金融机构科学整合内部各类资源，特别是发挥业务条线了解客户的基础性作用，有效评估、管理洗钱风险的必要管理措施。

（三）本指引有助于指导金融机构依据洗钱风险评估及客户风险等级划分结果，优化反洗钱资源配置。

三、适用范围

本指引适用于金融机构开展洗钱风险评估、客户洗钱风险等级划分及其他风险管理工作。支付机构及其他应履行反洗钱义务的特定非金融机构可参照本指引开展相关工作。

银行业金融机构可根据实际风险状况，自主决定是否将本指引的要求运用于一次性交易客户。

保险业金融机构可根据实际风险状况，自主决定是否将本指引的要求运用于投保人以外的其他人员。

金融机构和特定非金融机构的行业自律组织可根据本指引进一步制定分行业的指引。

第二章　风险评估指标体系

一、指标体系概述

洗钱风险评估指标体系包括客户特性、地域、业务（含金融产品、金融服务）、行业（含职业）四类基本要素。金融机构应结合行业特点、业务类型、经营规模、客户范围等实际情况，分解出某一基本要素所蕴含的风险子项。金融机构可根据实际需要，合理增加新的风险评估指标。例如，金融机构可区分新客户和既有客户、自然人客户和非自然人客户等不同群体的风险状况，设置差异化的风险评级标准。

二、风险子项

（一）客户特性风险子项。

金融机构应综合考虑客户背景、社会经济活动特点、声誉、权威媒体披露信息以及非自然人客户的组织架构等各方面情况，衡量本机构对其开展客户尽职调查工作的难度，评估风险。风险子项包括但不限于：

1. 客户信息的公开程度。客户信息公开程度越高，金融机构客户尽职调查成本越低，风险越可控。例如，对国家机关、事业单位、国有企业以及在规范证券市场上市的公司开展尽职调查的成本相对较低，风险评级可相应调低。

2. 金融机构与客户建立或维持业务关系的渠道。渠道会对金融机构尽职调查工作的便利性、可靠性和准确性产生影响。例如，在客户直接与金融机构见面的情况下，金融机构更能全面了解客户，其尽职调查成果比来源于间接渠道的成果更为有效。不同类的间接渠道风险也不尽相同，例如，金融机构通过关联公司比通过中介机构更能便捷准确地取得客户尽职调查结果。

3. 客户所持身份证件或身份证明文件的种类。身份证件或身份证明文件越难以查验，客户身份越难以核实，风险程度就越高。

4. 反洗钱交易监测记录。金融机构对可疑交易报告进行回溯性审查，有助于了解客户的风险状况。在成本允许的情况下，金融机构还可对客户的大额交易进行回溯性审查。

5. 非自然人客户的股权或控制权结构。股权或控制权关系的复杂程度及其可辨识度，直接影响金融机构客户尽职调查的有效性。例如，个人独资企业、家族企业、合伙企业、存在隐名股东或匿名股东公司的尽职调查难度通常会高于一般公司。

6. 涉及客户的风险提示信息或权威媒体报道信息。金融机构如发现，客户曾被监管机构、执法机关或金融交易所提示予以关注，客户存在犯罪、金融违规、金融欺诈等方面的历史记录，或者客户涉及权威媒体的重要负面新闻报道评论的，可适当调高其风险评级。

7. 自然人客户年龄。年龄与民事行为能力有直接关联，与客户的财富状况、社会经济活动范围、风险偏好等有较高关联度。

8. 非自然人客户的存续时间。客户存续时间越长，关于其社会经济活动的记录可能越完整，越便于金融机构开展客户尽职调查。金融机构可将存续时间的长度作为衡量客户风险程度的参考因素。

（二）地域风险子项。

金融机构应衡量客户及其实际受益人、实际控制人的国籍、注册地、住所、经营所在地与洗钱及其他犯罪活动的关联度，并适当考虑客户主要交易对手方及境外参与交易金融机构的地域风险传导问题。风险子项包括但不限于：

1. 某国（地区）受反洗钱监控或制裁的情况。金融机构既要考虑我国的反洗钱监控要求，又要考虑其他国家（地区）和国际组织推行且得到我国承认的反洗钱监控或制裁要求。经营国际业务的金融机构还要考虑对该业务有管辖权的国家（地区）的反洗钱监控或制裁要求。

2. 对某国（地区）进行反洗钱风险提示的情况。金融机构应遵循中国人民银行和其他有权部门的风险提示，参考金融行动特别工作组（英文简称 FATF）、亚太反洗钱组织（英文简称 APG）、欧亚反洗钱及反恐怖融资组织（英文简称 EAG）等权威组织对各国（地区）执行 FATF 反洗钱标准的互评估结果。

3. 国家（地区）的上游犯罪状况。金融机构可参考我国有关部门以及 FATF 等国际权威组织发布的信息，重点关注存在较严重恐怖活动、大规模杀伤性武器扩散、毒品、走私、跨境有组织犯罪、腐败、金融诈骗、人口贩运、海盗等犯罪活动的国家（地区），以及支持恐怖主义活动等严重犯罪的国家（地区）。对于我国境内或外国局部区域存在的严重犯罪，金融机构应参考有权部门的要求或风险提示，酌情提高涉及该区域的客户风险评级。

4. 特殊的金融监管风险。例如避税型离岸金融中心。

对于其住所、注册地、经营所在地与本金融机构经营所在地相距很远的客户，金融机构应考虑酌情提高其风险评级。

（三）业务（含金融产品、金融服务）风险子项。

金融机构应当对各项金融业务的洗钱风险进行评估，制定高风险业务列表，并对该列表进行定期评估、动态调整。金融机构进行风险评级时，不仅要考虑金融业务的固有风险，而且应结合当前市场的具体运行状况，进行综合分析。风险子项包括但不限于：

1. 与现金的关联程度。现金业务容易使交易链条断裂，难于核实资金真实来源、去向及用途，因此现金交易或易于让客户取得现金的金融业务（以下简称关联业务）具有较高风险。考虑到我国金融市场运行现状和居民的现金交易偏好，现金及其关联业务的普遍存在具有一定的合理性，金融机构可重点关注客户在单位时间内累计发生的金额较大的现金交易情况或是具有某些异常特征的大额现金交易情况。此项标准如能结合客户行业或职业特性一并考虑将更为合理。

2. 非面对面交易。非面对面交易方式（如网上交易）使客户无需与工作人员直接接触即可办理业务，增加了金融机构开展客户尽职调查的难度，洗钱风险相应上升。金融机构在关注此类交易方式固有风险的同时，需酌情考虑客户选择或偏好此类交易方式所具有的一些现实合理性，特别是在以互联网为主要交易平台的细分金融领域（如证券市场的二级市场交易），要结合反洗钱资金监测和自身风险控制措施情况，灵活设定风险评级指标。例如，可重点审查以下交易：

（1）由同一人或少数人操作不同客户的金融账户进行网上交易；

（2）网上金融交易频繁且 IP 地址分布在非开户地或境外；

（3）使用同一 IP 地址进行多笔不同客户账户的网银交易；

（4）金额特别巨大的网上金融交易；

（5）公司账户与自然人账户之间发生的频繁或大额交易；

（6）关联企业之间的大额异常交易。

3. 跨境交易。跨境开展客户尽职调查难度大，不同国家（地区）的监管差异又可能直接导致反洗钱监控漏洞产生。金融机构可重点结合地域风险，关注客户是否存在单位时间内多次涉及跨境异常交易报告等情况。

4. 代理交易。由他人（非职业性中介）代办业务可能导致金融机构难以直接与客户接触，尽职调查有效性受到限制。鉴于代理交易在现实中的合理性，金融机构可将关注点集中于风险较高的特定情形，例如：

（1）客户的账户是由经常代理他人开户人员或经常代理他人转账人员代为开立的；

（2）客户由他人代办的业务多次涉及可疑交易报告；

（3）同一代办人同时或分多次代理多个账户开立；

（4）客户信息显示紧急联系人为同一人或者多个客户预留电话为同一号码等异常情况。

5. 特殊业务类型的交易频率。对于频繁进行异常交易的客户，金融机构应考虑提高风险评级。

银行业金融机构可关注开（销）户数量、非自然人与自然人大额转账汇款频率、涉及自然人的跨境汇款频率等。

证券业金融机构可关注交易所预警交易、大宗交易、转托管和指定（撤指）、因第三方存款单客户多银行业务而形成的资金跨银行或跨地区划转等。

期货业金融机构可关注盗码交易、自然人客户违规持仓、对倒、对敲等异常行为。

保险业金融机构可关注投保频率、退保频率、团险投保人数明显与企业人员规模不匹配、团险保全业务发生率、申请保单质押贷款（保单借款）金额或频率、生存保险受益人变更频率、万能险追加保费金额或频率等。

信托公司可关注客户购买、转让信托产品的频率或金额等。

在业务关系建立之初，金融机构可能无法准确预估出客户使用的全部业务品种，但可在重新审核客户风险等级时审查客户曾选择过的金融业务类别。

（四）行业（含职业）风险子项。

金融机构应评估行业、身份与洗钱、职务犯罪等的关联性，合理预测某些行业客户的经济状况、金融交易需求，酌情考虑某些职业技能被不法分子用于洗钱的可能性。

本指引对此基本要素不再细分风险子项，金融机构可从以下角度进行评估：

1. 公认具有较高风险的行业（职业）。原则上，按照我国反洗钱监管制度及 FATF 建议等反洗钱国际标准应纳入反洗钱监管范围的行业（职业），其洗钱风险通常较高。

2. 与特定洗钱风险的关联度。例如，客户或其实际受益人、实际控制人、亲属、关系密切人等属于外国政要。

3. 行业现金密集程度。例如，客户从事废品收购、旅游、餐饮、零售、艺术品收藏、拍卖、娱乐场所、博彩、影视娱乐等行业。

三、指标使用方法

本指引运用权重法，以定性分析与定量分析相结合的方式来计量风险、评估等级。中国人民银行鼓励金融机构研发其他风险计量工具或方法，金融机构自主研发的风险计量工具或方法应能全面覆盖本指引所列风险子项，并有书面文件对其设计原理和使用方法进行说明。

（一）金融机构应对每一基本要素及其风险子项进行权重赋值，各项权重均大于 0，总和等于 100。对于风险控制效果影响力越大的基本要素及其风险子项，赋值相应越高。对于经评估后决定不采纳的风险子项，金融机构无需赋值。

同一基本要素或风险子项所概括的风险事件，在不同的细分金融领域内有可能导致不同的危害性后果发生。即使是处于同一细分金融领域内的不同金融机构，也可能因为客户来源、销售渠道、经营规模、合规文化等方面的原因而面临不同的风险状况，从而对同一风险事件的风险程度作出不同的判断。因此，每个金融机构需结合自身情况，合理确定个性化的权重赋值。

（二）金融机构应逐一对照每个风险子项进行评估。例如，金融机构采用五级分类法时，最高风险评分为 5，较高风险评分为 4，一般风险评分为 3，较低风险评分为 2，低风险评分为 1。

金融机构应根据各风险子项评分及权重赋值计算客户风险等级总分，计算公式为：$\sum_{i=1}^{n}\frac{a_i p_i}{m}$，其中 a 代表风险子项评分，p 代表权重，m 代表金融机构所选取的风险分级数（例如三级分类、五级分类等），n 代表风险子项数量。客户风险等级总分最高 100 分。

（三）金融机构应建立客户风险等级总分（区间）与风险等级之间的映射规则，以确定每个客户具体的风险评级，引导资源配置。金融机构确定的风险评级不得少于三级。从有利于运用评级结果配置反洗钱资源角度考虑，金融机构可设置较多的风险评级等次，以增强反洗钱资源配置的灵活性。

四、例外情形

（一）对于风险程度显著较低且预估能够有效控制其风险的客户，金融机构可自行决定不按上述风险要素及其子项评定风险，直接将其定级为低风险，但此类客户不应具有以下任何一种情形：

1. 在同一金融机构的金融资产净值超过一定限额（原则上，自然人客户限额为 20 万元人民币，非自然人客户限额为 50 万元人民币），或寿险保单年缴保费超过 1 万元人民币或外币等值超过 1000 美元，以及非现金趸交保费超过 20 万元人民币或外币等值超过 2 万美元；

2. 与金融机构建立或开展了代理行、信托等高风险业务关系；

3. 客户为非居民，或者使用了境外发放的身份证件或身份证明文件；

4. 涉及可疑交易报告；

5. 由非职业性中介机构或无亲属关系的自然人代理客户与金融机构建立业务关系；

6. 拒绝配合金融机构客户尽职调查工作。

对于按照上述要求不能直接定级为低风险的客户，金融机构逐一对照各项风险要素及其子项进行风险评估后，仍可能将其定级为低风险。

（二）对于具有下列情形之一的客户，金融机构可直接将其风险等级确定为最高，而无需逐一对照上述风险要素及其子项进行评级：

1. 客户被列入我国发布或承认的应实施反洗钱监控措施的名单；

2. 客户为外国政要或其亲属、关系密切人；

3. 客户实际控制人或实际受益人属前两项所述人员；

4. 客户多次涉及可疑交易报告；

5. 客户拒绝金融机构依法开展的客户尽职调查工作；

6. 金融机构自定的其他可直接认定为高风险客户的标准。

不具有上述情形的客户，金融机构逐一对照各项风险基本要素及其子项进行风险评估后，仍可能将其定级为高风险。

第三章　风险评估及客户等级划分操作流程

一、时机

（一）对于新建立业务关系的客户，金融机构应在建立业务关系后的10个工作日内划分其风险等级。

（二）对于已确立过风险等级的客户，金融机构应根据其风险程度设置相应的重新审核期限，实现对风险的动态追踪。原则上，风险等级最高的客户的审核期限不得超过半年，低一等级客户的审核期限不得超出上一级客户审核期限时长的两倍。对于首次建立业务关系的客户，无论其风险等级高低，金融机构在初次确定其风险等级后的三年内至少应进行一次复核。

（三）当客户变更重要身份信息、司法机关调查本金融机构客户、客户涉及权威媒体的案件报道等可能导致风险状况发生实质性变化的事件发生时，金融机构应考虑重新评定客户风险等级。

二、操作步骤

（一）收集信息。金融机构应根据反洗钱风险评估需要，确定各类信息的来源及其采集方法。

信息来源渠道通常有：

1. 金融机构在与客户建立业务关系时，客户向金融机构披露的信息；

2. 金融机构客户经理或柜面人员工作记录；

3. 金融机构保存的交易记录；

4. 金融机构委托其他金融机构或中介机构对客户进行尽职调查工作所获信息；

5. 金融机构利用商业数据库查询信息；

6. 金融机构利用互联网等公共信息平台搜索信息。

金融机构在风险评估过程中应遵循勤勉尽责的原则，依据所掌握的事实材料，对部分难以直接取得或取得成本过高的风险要素信息进行合理评估。为统一风险评估尺度，金融机构应当事先确定本机构可预估信息列表及其预估原则，并定期审查和调整。

（二）筛选分析信息。评估人员应认真对照风险评估基本要素及其子项，对所收集的信息进行归类，逐项评分。如果同一基本要素或风险子项对应有多项相互重复或交叉的关联性信息存在时，评估人员应进行甄别和合并。如果同一基本要素或风险子项对应有多项相互矛盾或抵触的关联性信息存在时，评估人员应在调查核实的基础上，删除不适用信息，并加以注释。

金融机构工作人员整理完基础信息后，应当整体性梳理各项风险评估要素及其子项。如发现要素项下有内容空缺或信息内容不充分的，可在兼顾风险评估需求与成本控制要求的前提下，确定是否需要进一步收集补充信息。

金融机构可将上述工作流程嵌入相应业务流程中，以减少执行成本。例如，从客户经理或营销人员开始寻找目标客户或与客户接触起，即可在自身业务范围采集信息，并随着业务关系的逐步确立，由处在业务链条上的各类人员在各自职责范围内负责相应的资料收集工作。

（三）初评。除存在前述例外情形的客户外，金融机构工作人员应逐一分析每个风险评估基本要素项及其子项所对应的信息，确定出相应的得分。对于材料不全或可靠性存疑的要素信息，评估人员应在相应的要素项下进行标注，并合理确定相应分值。在综合分析要素信息的基础上，金融机构工作人员累计计算客户评分结果，相应确定其初步评级。

金融机构可利用计算机系统等技术手段辅助完成部分初评工作。

（四）复评。初评结果均应由初评人以外的其他人员进行复评确认。初评结果与复评结果不一致的，可由反洗钱合规管理部门决定最终评级结果。

第四章　风险分类控制措施

金融机构应在客户风险等级划分的基础上，采取相应的客户尽职调查及其他风险控制措施。

一、对风险较高客户的控制措施

金融机构应对高风险客户采取强化的客户尽职调查及其他风险控制措施，有效预防风险。可酌情采取的措施包括但不限于：

（一）进一步调查客户及其实际控制人、实际受益人情况。

（二）进一步深入了解客户经营活动状况和财产来源。

（三）适度提高客户及其实际控制人、实际受益人信息的收集或更新频率。

（四）对交易及其背景情况做更为深入的调查，询问客户交易目的，核实客户交易动机。

（五）适度提高交易监测的频率及强度。

（六）经高级管理层批准或授权后，再为客户办理业务或建立新的业务关系。

（七）按照法律规定或与客户的事先约定，对客户的交易方式、交易规模、交易频率等实施合理限制。

（八）合理限制客户通过非面对面方式办理业务的金额、次数和业务类型。

（九）对其交易对手及经办业务的金融机构采取尽职调查措施。

二、对风险较低客户的控制措施

金融机构可对低风险客户采取简化的客户尽职调查及其他风险控制措施，可酌情采取的措施包括但不限于：

（一）在建立业务关系后再核实客户实际受益人或实际控制人的身份。

（二）适当延长客户身份资料的更新周期。

（三）在合理的交易规模内，适当降低采用持续的客户身份识别措施的频率或强度。例如，逐步建立对低风险客户异常交易的快速筛选判断机制。对于经分析排查后决定不提交可疑交易报告的低风险客户，金融机构仅发现该客户重复性出现与之前已排除异常交易相同或类似的交易活动时，可运用技术性手段自动处理预警信息。对于风险等级较低客户异常交易的对手方仅涉及各级党的机关、国家权力机关、行政机关、司法机关、军事机关、人民政协机关和人民解放军、武警部队等低风险客户的，可直接利用技术手段予以筛除。

（四）在风险可控情况下，允许金融机构工作人员合理推测交易目的和交易性质，而无需收集相关证据材料。

第五章　管理与保障措施

一、风险管理政策

金融机构应在总部或集团层面建立统一的洗钱风险管理基本政策，并在各分支机构、各条线（部门）执行。

客户风险管理政策应经金融机构董事会或其授权的组织审核通过，并由高级管理层中的指定专人负责实施。

金融机构总部、集团可针对分支机构所在地区的反洗钱状况，设定局部地区的风险系数，或授权分支机构根据所在地区情况，合理调整风险子项或评级标准。

金融机构应对自身金融业务及其营销渠道，特别是在推出新金融业务、采用新营销渠道、运用新技术前，进行系统全面的洗钱风险评估，按照风险可控原则建立相应的风险管理措施。

二、组织管理措施

金融机构应完善风险评估流程，指定适当的条线（部门）及人员整体负责风险评估工作流程的设置及监控工作，组织各相关条线（部门）充分参与风险评估工作。

金融机构应确保客户风险评估工作流程具有可稽核性或可追溯性。

三、技术保障措施

金融机构应确保洗钱风险管理工作所需的必要技术条件，积极运用信息系统提升工作有效性。系统设计应着眼于运用客户风险等级管理工作成果，为各级分支机构查询使用信息提供方便。

四、代理业务管理

金融机构委托其他机构开展客户风险等级划分等洗钱风险管理工作时，应与受托机构签订书面协议，并由高级管理层批准。受托机构应当积极协助委托机构开展洗钱风险管理。由委托机构对受托机构进行的洗钱风险管理工作承担最终法律责任。

金融机构应建立专门机制，审核受托机构确定的客户风险等级。

中国人民银行关于改进个人银行账户服务加强账户管理的通知

（银发〔2015〕392号）

中国人民银行上海总部，各分行、营业管理部、省会（首府）城市中心支行，深圳市中心支行；国家开发银行，各政策性银行、国有商业银行、股份制商业银行，中国邮政储蓄银行：

为改进个人人民币银行结算账户（以下简称个人银行账户）服务，便利存款人开立和使用个人银行账户，加强银行内部管理，切实落实银行账户实名制，现就有关事项通知如下：

一、落实个人银行账户实名制

银行业金融机构（以下简称银行）为开户申请人开立个人银行账户时，应核验其身份信息，对开户申请人提供身份证件的有效性、开户申请人与身份证件的一致性和开户申请人开户意愿进行核实，不得为身份不明的开户申请人开立银行账户并提供服务，不得开立匿名或假名银行账户。

（一）审核身份证件。银行为开户申请人开立个人银行账户时，应要求其提供本人有效身份证件，并对身份证件的真实性、有效性和合规性进行认真审查。银行通过有效身份证件仍无法准确判断开户申请人身份的，应要求其出具辅助身份证明材料。

有效身份证件包括：1．在中华人民共和国境内已登记常住户口的中国公民为居民身份证；不满十六周岁的，可以使用居民身份证或户口簿。2．香港、澳门特别行政区居民为港澳居民往来内地通行证。3．台湾地区居民为台湾居民来往大陆通行证。4．定居国外的中国公民为中国护照。5．外国公民为护照或者外国人永久居留证（外国边民，按照边贸结算的有关规定办理）。6．法律、行政法规规定的其他身份证明文件。

辅助身份证明材料包括但不限于：

1．中国公民为户口簿、护照、机动车驾驶证、居住证、社会保障卡、军人和武装警察身份证件、公安机关出具的户籍证明、工作证。2．香港、澳门特别行政区居民为香港、澳门特别行政区居民身份证。3．台湾地区居民为在台湾居住的有效身份证明。4．定居国外的中国公民为定居国外的证明文件。5．外国公民为外国居民身份证、使领馆人员身份证件或者机动车驾驶证等其他带有照片的身份证件。6．完税证明、水电煤缴费单等税费凭证。

军人、武装警察尚未领取居民身份证的，除出具军人和武装警察身份证件外，还应出具军人保障卡或所在单位开具的尚未领取居民身份证的证明材料。

（二）核验身份信息。银行可利用政府部门数据库、本银行数据库、商业化数据库、其他银行账户信息等，采取多种手段对开户申请人身份信息进行多重交叉验证，全方位构建安全可靠的身份信息核验机制。

提供个人银行账户开立服务时，有条件的银行可探索将生物特征识别技术和其他安全有效的技术手段作为核验开户申请人身份信息的辅助手段。

（三）留存身份信息。成功开立个人银行账户的，银行应登记存款人的基本信息、与存款人身份信息核验有关的身份证明文件信息、完整的身份信息核验记录，留存存款人身份证件、辅助身份证明文件的复印件或者影印件、以电子方式存储的身份信息，有条件的可留存开户过程的音频或视频等。

银行在确保分支机构能够及时获得相关存款人身份信息的前提下，可以将分支机构登记的存款人身份信息集中管理。

（四）建立健全个人银行账户数据库。银行应建立健全以存款人为中心的个人银行账户管理系统，按照公民身份号码、护照号等实现对个人银行账户的统一查询和管理。对于存款人为非中国居民的，银行应按照存款人国籍（地区）进行标识并实现对非中国居民银行账户的分类查询和管理。

（五）停用或注销银行账户。银行发现或者收到被冒用身份的个人声明，并确认该银行账户为假名或虚假代理开户的，应立即停止相关个人银行账户的使用；在征得被冒用人或被代理人同意后予以销户，账户资金列入久悬未取专户管理。

二、建立银行账户分类管理机制

银行应按照“了解你的客户”原则，采用科学、合理的方法对存款人进行风险评级，根据存款人身份信息核验方式及风险等级，审慎确定银行账户功能、支付渠道和支付限额，并进行分类管理和动态管理。银行可通过柜面、远程视频柜员机和智能柜员机等自助机具、网上银行和手机银行等电子渠道为开户申请人开立个人银行账户。银行通过自助机具和电子渠道提供个人银行账户开立服务的，开户申请人只能持居民身份证办理。

在现有个人银行账户基础上，增加银行账户种类，将个人银行账户分为Ⅰ类银行账户、Ⅱ类银行账户和Ⅲ类银行账户（以下分别简称Ⅰ类户、Ⅱ类户和Ⅲ类户）。银行可通过Ⅰ类户为存款人提供存款、购买投资理财产品等金融产品、转账、消费和缴费支付、支取现金等服务。银行可通过Ⅱ类户为存款人提供存款、购买投资理财产品等金融产品、限定金额的消费和缴费支付等服务。银行可通过Ⅲ类户为存款人提供限定金额的消费和缴费支付服务。银行不得通过Ⅱ类户和Ⅲ类户为存款人提供存取现金服务，不得为Ⅱ类户和Ⅲ类户发放实体介质。

（一）柜面开户。通过柜面受理银行账户开户申请的，银行可为开户申请人开立Ⅰ类户、Ⅱ类户或Ⅲ类户。

（二）自助机具开户。通过远程视频柜员机和智能柜员机等自助机具受理银行账户开户申请，银行工作人员现场核验开户申请人身份信息的，银行可为其开立Ⅰ类户；银行工作人员未现场核验开户申请人身份信息的，银行可为其开立Ⅱ类户或Ⅲ类户。

（三）电子渠道开户。通过网上银行和手机银行等电子渠道受理银行账户开户申请的，银行可为开户申请人开立Ⅱ类户或Ⅲ类户。

1. 通过电子渠道开立Ⅱ类户的，银行应通过绑定开户申请人的同名Ⅰ类户（以下简称绑定账户，信用卡除外），作为核验开户申请人身份信息的手段之一，确认绑定账户的所有人是开户申请人本人，绑定账户的开户银行名称和账号与开户申请人提供的信息一致。Ⅱ类户与绑定账户的资金划转限额由银行与存款人协商确定；银行应根据自身风险管理水平和存款人风险等级，与存款人约定办理消费和缴费支付的单日累计支付限额，但最高额度不超过10000元。银行不得通过绑定Ⅱ类户、Ⅲ类户或支付机构的支付账户进行开户申请人身份信息核验。

银行可通过小额支付系统或其他渠道向拟绑定账户的开户行查询，确定拟绑定账户是否属于Ⅰ类户。银行可根据自身经营策略以及与其他银行协议，自主决定是否开通小额支付系统客户账户信息查询功能。约定通过小额支付系统实现客户账户信息查询的，查询行通过“批量客户账户信息查询报文”（beps.394.001.01，见附件1）发起查询，被查询行通过“批量客户账户查询应答报文”（beps.395.001.01，见附件2）进行回复，回复期限不超过7天。当拟绑定账户状态正常时，被查询行应反馈“已开户为Ⅰ类户”、“已开户为Ⅱ类户”或“已开户为Ⅲ类户”。

人民银行将对小额支付系统“批量客户账户查询应答报文”中“账户状态”类型进行调整，删除“AS01已开户”，新增“AS07已开户为Ⅰ类户”、“AS08已开户为Ⅱ类户”、“AS09已开户为Ⅲ类户”、“AS10无此户”。相关调整自2016年4月1日起生效。开通小额支付系统客户账户信息查询功能的，银行应据此完成行内业务系统相关信息的更新工作。

2. 通过电子渠道开立Ⅲ类户的，银行应通过开户申请人从同名Ⅰ类户向Ⅲ类户转入任意金额的方式激活账户，并确认开户申请人是同名Ⅰ类户的所有人。Ⅲ类户账户余额不得超过1000元，账户剩余资金应原路返回同名Ⅰ类户。已开立Ⅰ类户再申请在同一银行开立Ⅲ类户的，银行可在Ⅰ类户实体介质上加载Ⅲ类账户功能。

3. 银行应于2016年4月1日在系统中实现对Ⅰ类户、Ⅱ类户和Ⅲ类户的有效区分、标识，并按规定向人民币银行结算账户管理系统报备。同时，将银行账户区分方法和标识方法向人民银行备案。其中，国家开发银行、政策性银行、国有商业银行、股份制商业银行和中国邮政储蓄银行向人民银行支付结算司备案；城市商业银行、农村商业银行、农村合作银行、农村信用社、村镇银行和外资银行向所在地人民银行省会（首府）城市中心支行以上分支机构或深圳市中心支行备案。

（四）账户功能升级。对于Ⅱ类户，银行可按规定对存款人身份信息进行进一步核验后，将其转为Ⅰ类户。对于Ⅲ类户，银行可按规定对存款人身份信息进行进一步核验后，将其转为Ⅰ类户或Ⅱ类户。

对于已在本银行开户的存款人再次提出开立同一种类银行账户申请的，银行在有效核验存款人身份信息的前提下，可自主确定简易开户流程。

三、规范个人银行账户代理事宜

开户申请人开立个人银行账户或者办理其他个人银行账户业务，原则上应当由开户申请人本人亲自办理；符合条件的，可以由他人代理办理。银行可根据自身风险管理水平、存款人身份信息核验方式及风险等级，审慎确定代理开立的个人银行账户功能。

（一）身份信息核验。他人代理开立个人银行账户的，银行应要求代理人出具代理人、被代理人的有效身份证件以及合法的委托书等。银行认为有必要的，应要求代理人出具证明代理关系的公证书。

银行应严格审核代理人、被代理人的身份证件以及委托书等，对代理人身份信息的核验应比照本人申请开立银行账户进行，并联系被代理人进行核实。无法确认代理关系的，银行不得办理该代理业务。

（二）代理开户业务管理。如开户申请人确因行动不便等原因不能前往银行网点，银行可以采取上门办理等方式办理开户。银行应合理控制个人以委托代理方式代理他人或者被他人代理开立的个人银行账户数量。

（三）身份信息留存。他人代理开立个人银行账户的，银行应当登记代理人和被代理人的身份信息，留存代理人和被代理人有效身份证件的复印件或者影印件、以电子方式存储的身份信息以及委托书原件等，有条件的可留存开户过程的音频或视频等。

（四）特殊情形的处理。

1. 存款人开立代发工资、教育、社会保障（如社保、医保、军保）、公共管理（如公共事业、拆迁、捐助、助农扶农）等特殊用途个人银行账户时，可由所在单位代理办理。单位代理个人开立银行账户的，应提供单位证明材料、被代理人有效身份证件的复印件或影印件。

单位代理开立的个人银行账户，在被代理人持本人有效身份证件到开户银行办理身份确认、密码设（重）置等激活手续前，该银行账户只收不付。

2. 无民事行为能力或限制民事行为能力的开户申请人，由法定代理人或者人民法院、有关部门依法指定的人员代理办理。

3. 因行动不便、无自理能力等无法自行前往银行的存款人办理挂失、密码重置、销户等业务时，银行可以通过与客户约定采取上门服务方式办理，也可以在风险可控并有效核实客户身份和意愿的前提下，由当事人委托代理人代为办理。

四、强化银行内部管理

（一）银行应针对不同的业务处理渠道制定业务操作规程和管理制度，细化个人银行账户开立处理流程；加强对临柜人员、自助机具客服人员的培训和指导，要求客服人员通过询问开户申请人个人基本信息等方式，严格核验开户申请人身份信息，保障开户申请人与身份证件的一致性，重点防范不法分子冒用他人身份信息开立假名银行账户。

（二）银行应根据存款人风险等级、支付指令验证方式等因素，对存款人办理的非柜面业务进行限额管理：

1. 按照与存款人的约定，设置存款人通过网上银行、手机银行等电子渠道办理的非同名银行账户转账、消费和缴费支付业务的限额。

2. 对于存款人本人同名银行账户之间、存款人银行账户向本人同名支付账户的转账业务，存款人采用数字证书或电子签名等安全可靠的支付指令验证方式的，银行不得设置限额，存款人有设置限额意愿的除外；存款人采用不包括数字证书、电子签名在内的其他要素验证支付指令的，银行应按照与存款人的约定设置限额。

3. 银行应根据存款人风险等级、日常交易行为、资产状况等因素，在存款人设定的交易限额内确定交易风险提示额度，并对交易风险提示额度进行动态管理。

对于超过交易风险提示额度的大额交易、短时高频和短时跨地区等疑似风险交易，银行应及时向存款人提示交易风险。交易风险提示方式由银行与存款人协商确定，具体包括交易前电话确认、账户余额实时提醒等。

（三）本通知发布前，按照《人民币银行结算账户管理办法》相关规定开立的个人银行账户，纳入Ⅰ类户管理；试点开立的其他个人银行账户，纳入Ⅱ类户管理。银行应按本通知要求于2016年4月1日前，完成对通过自助机具、电子渠道开立的个人银行账户的核实。

（四）银行应根据自身风险管理能力和内控水平，合理确定存款人开立的个人银行账户数量，避免无序竞争和盲目开户，不得单纯以开户数量作为内部考核指标；建立健全投诉评估机制，防止因片面降低客户投诉率而放松业务审核，切实保障银行账户实名制贯彻落实。

五、进一步改进银行账户服务

（一）银行应积极利用新技术创新支付服务产品，不断改进账户服务，满足存款人日益增长的、多样化的支付服务需求。

（二）银行应针对不同的业务处理渠道，制定差异化的收费策略，为存款人提供低成本或免费的支付结算服务。银行可自行确定或调整免费转账限额，并向社会公告。

鼓励银行对存款人通过网上银行、手机银行办理的一定金额以下的转账汇款业务免收手续费。实行部分或全部免收费的银行须将具体方案报送人民银行。自 2016 年 4 月 1 日起，对于未报告的银行和未实行免收费的业务，人民银行将不再对其通过网上支付跨行清算系统办理的相应业务免费。具体办法另行通知。

（三）鼓励银行探索建立风险补偿机制，通过计提支付风险基金、购买商业保险等方式，锁定存款人支付风险，切实保护其合法权益。

请人民银行分支机构将本通知转发至辖区内城市商业银行、农村商业银行、农村合作银行、农村信用社、村镇银行和外资银行。

附件：1. 小额支付系统批量客户账户信息查询报文（略）

2. 小额支付系统批量客户账户查询应答报文（略）

中国人民银行

2015 年 12 月 25 日

中国人民银行关于发布《非银行支付机构分类评级管理办法》的通知

（银发〔2016〕106号）

中国人民银行上海总部，各分行、营业管理部，各省会（首府）城市中心支行，各副省级城市中心支行：

为有效实施非银行支付机构（以下简称支付机构）监管，防范支付风险，保护客户合法权益，根据《非金融机构支付服务管理办法》（中国人民银行令〔2010〕第2号发布）等规章制度，人民银行制定了《非银行支付机构分类评级管理办法》（见附件），现发布实施，并就有关要求通知如下：

一、人民银行副省级城市中心支行以上分支机构（以下简称人民银行分支机构）按照属地原则组织开展辖区内支付机构的分类评级工作。评级对象为辖区内获支付业务许可1年以上的支付机构。支付机构有分公司的，纳入法人统一评价。支付机构分公司所在地人民银行分支机构应配合法人所在地人民银行分支机构做好相关工作。

二、人民银行分支机构要严肃支付机构分类评级工作纪律，严密工作程序，严把工作质量。沿用已有支付业务许可审查工作机制，明确支付结算、法律、科技、反洗钱等部门职责分工，建立健全辖区内支付机构分类评级工作流程，共同完成分类评级工作。各参与部门按职责分工分别评分，支付结算部门负责汇总并确定支付机构的初评得分，人民银行分支机构要在规定时限内以行发文形式报总行。

三、人民银行分支机构要认真组织、指导辖区内支付机构按照要求，实事求是、全面完整地开展自评。在严格遵守《非银行支付机构分类评级管理办法》规定的指标、标准的前提下，可根据辖区实际情况，进一步细化评价指标与标准，提高初评工作的针对性和科学性，客观公正地反映支付机构的总体情况。

四、人民银行建设的非银行支付机构非现场监管系统将于2016年下半年上线运行。人民银行分支机构要充分利用该系统，提高对支付机构的信息化监管和动态监测水平，实现电子化采集、存储监管信息。同时，鼓励人民银行分支机构创新监管手段，结合辖区实际，因地制宜开发实用的技术手段和监管系统，为分类评级工作提供全面、可靠、动态的信息来源。

五、人民银行分支机构要统筹做好支付机构分类评级、年度监管报告、支付业务许可续展、执法检查等各项工作的衔接，充分利用各项工作的共性要求和结果，整合资源，提高工作效率和监管效果。

六、人民银行分支机构分别于2016年5月10日前将业务范围包含“互联网支付”等网络支付业务的支付机构、2016年6月10日前将其他支付机构的分类评级初评报告和材料报人民银行。支付机构自评工作完成时间由人民银行分支机构自主决定。自2017年起，按照《非银行支付机构分类评级管理办法》要求开展相关工作。

执行过程中如遇重要情况和问题，要及时报告人民银行。

中国人民银行
2016 年 4 月 7 日

非银行支付机构分类评级管理办法

第一章　总　则

第一条　为有效实施非银行支付机构（以下称支付机构）监管，合理配置监管资源，提高监管效率，防范支付风险，保护客户合法权益，根据《非金融机构支付服务管理办法》（中国人民银行令〔2010〕第 2 号发布）等规章制度，制定本办法。

第二条　支付机构分类评级是指以支付机构的合规经营情况、风险管理水平、可持续发展能力为基础，按照本办法评价和确定支付机构的类别、级次。

中国人民银行及其分支机构根据支付机构的分类评级结果采取差异化、针对性的监管措施。

第三条　支付机构分类评级坚持以下原则：

（一）全面与重点相结合。在全面分析支付机构的经营管理、业务发展、支付业务设施、反洗钱管理等情况基础上，以风险控制和合规为导向，重点评价支付机构的客户备付金安全、业务合规情况。

（二）定量与定性相结合。综合定量因素与定性因素对支付机构进行评价。

（三）非现场监管与现场调查相结合。以非现场监管掌握的情况为基础，结合现场检查、调查取得的数据资料进行评价。

（四）监管评级和自律评级相结合，综合衡量支付机构落实监管规定和自律规则的情况。

第四条　支付机构分类评级工作由中国人民银行组织实施。

第二章　评价指标及方法

第五条　支付机构分类评级指标包括监管指标和自律管理指标。监管指标包括客户备付金管理、合规与风险防控、客户权益保护、系统安全性、反洗钱措施、持续发展能力 6 项。

（一）客户备付金管理。主要评价支付机构存放使用客户备付金，保障客户备付金安全的情况。

（二）合规与风险防控。主要评价支付机构的合规管理体系建设、规范运作、风险防范与管理能力等情况。

（三）客户权益保护。主要评价支付机构实名制落实、客户服务水平、处理客户投诉、维护客户权益等情况。

（四）系统安全性。主要评价支付机构支付业务设施运行的安全性、稳定性及应急处理能力和措施。

（五）反洗钱措施。主要评价支付机构反洗钱工作机制、履行反洗钱义务的情况。

（六）持续发展能力。主要评价支付机构的盈利能力、支付业务持续发展前景。

自律管理指标由中国支付清算协会制定并报中国人民银行。

第六条 支付机构分类评级按照《非银行支付机构分类评级指标与标准》（见附1），在100分基准分基础上，加上自律管理评价计分以及奖惩项计分，确定支付机构的评价计分。

自律管理评价计分由中国支付清算协会按照自律管理指标和标准组织支付机构实施。

中国人民银行根据市场发展情况和审慎监管原则，适时调整支付机构分类评级监管指标与标准。

第七条 支付机构参与农村支付服务环境、扶贫开发金融等普惠金融建设，取得显著成效，可进行奖励加分，最高加5分。

第三章 评价结果及运用

第八条 中国人民银行根据支付机构的评价计分及相关特殊情形，将支付机构分为A（AAA、AA、A）、B（BBB、BB、B）、C（CCC、CC、C）、D、E 共5类11级。

A类机构：六项基本评价指标整体优异。备付金管理规范；风险防控能力强，合规状况好；客户权益得到有效保护；技术安全稳定性和业务系统处理能力强；反洗钱义务履行到位；可持续发展能力强；主动、积极配合行业自律管理。

B类机构：六项基本评价指标整体表现良好，个别指标表现一般。备付金管理较为规范；风险防控能力较强，合规状况较好；客户权益得到一定保护；技术安全稳定性和业务系统处理能力较强；反洗钱义务履行较为到位；具有一定可持续发展能力；配合行业自律管理较为主动、积极。

C类机构：六项基本评价指标整体表现一般，部分指标存在问题。备付金管理基本规范；风险防控能力和合规状况一般；客户权益保护一般；技术安全稳定性和业务系统处理能力较弱；反洗钱义务履行一般；可持续发展能力一般；配合行业自律管理一般。

D类机构：潜在风险较大。备付金管理存在较大问题；业务合规、支付业务设施等方面存在较大缺陷；客户权益无法得到有效保护；反洗钱义务履行不到位；未实质性开展业务或业务发展停滞；消极配合行业自律管理。

E类机构：风险隐患严重。备付金管理存在重大问题；业务合规、支付业务设施、客户权益保障、反洗钱等方面存在重大缺陷；不配合行业自律管理。

第九条 中国人民银行根据行业发展情况，以前年度评价结果及当年评价计分情况等，确定A、B、C等3类机构具体级次。

第十条 支付机构在评价期内存在下列任一情形，但未造成重大恶劣影响的，视情直接评定为D 级：

（一）已获许可1年以上但全部支付业务从未实质开展，或连续停止展业2年以上。

（二）存在占用、挪用、借用客户备付金行为。

（三）银行卡收单业务等支付业务存在较大违法违规情况或经营风险，扰乱市场秩序、损害商户合法权益，包括但不限于核心业务外包、为无证经营支付业务机构提供交易处理和资金结算通道等支付便利、以不正当手段抢夺商户、虚假商户占比超过5%等。

（四）预付卡业务等支付业务的客户备付金管理存在漏洞。

（五）发生客户信息泄露或资金盗失等风险事件，造成不良社会影响。

（六）因利用支付业务实施违法犯罪活动，或为违法犯罪活动办理支付业务，受到刑事处罚或者较重的行政处罚；或因业务违规一年内受到3次（含）以上行政处罚。

（七）支付业务设施不符合相关标准和信息安全要求。

（八）违反反洗钱法律法规，情节严重且未积极整改。

（九）累计亏损超过实缴货币资本的30%。

（十）超出核准范围开展支付业务。

（十一）发生经核实的纠纷、投诉、举报5次（含）以上，或发生较大负面舆情，且处理不当，对客户合法权益造成损害，或对支付服务市场产生较大负面影响。

（十二）未按规定办理主要出资人变更等重大事项，且性质较为恶劣。

第十一条 支付机构在评价期内存在下列任一情形，直接评定为E类机构：

（一）出现第十条所列任一情形，性质恶劣、涉及违法犯罪案件或已造成重大损失。

（二）被责令停业整顿、进入风险处置阶段。

（三）通过伪造、变造、隐匿数据等手段故意规避监管要求，或故意拒绝、阻碍监督检查。

（四）转让或变相转让、出租、出借《支付业务许可证》。

（五）累计亏损超过实缴货币资本的50%。

（六）发生经核实的纠纷、投诉、举报10次（含）以上，或发生重大负面舆情，且处理不当，对客户合法权益造成损害，或对支付服务市场产生重大负面影响。

（七）发生其他重大风险事件、违规事件或多次暴露重大风险隐患，造成恶劣社会影响。

第十二条 中国人民银行及其分支机构根据支付机构分类评级结果，衡量支付机构整体情况、风险程度，确定监管重点，制定监管计划及措施。

（一）对A类机构，不采取特别的监管措施。

（二）对B类机构，除日常监管措施外，还应采取以下措施：

1. 限期整改所存在的问题。

2. 监管谈话，每年至少约谈其董事长或总经理一次。

3. 每年视情对所存在的问题开展现场检查一次，至少涵盖B类B级机构。

（三）对C类机构，除日常监管措施外，还应采取以下监管措施：

1. 限期整改所存在的问题。

2. 监管谈话，每半年至少约谈其董事长或总经理一次。

3. 风险提示。

4. 每年视情开展全面检查一次，至少涵盖C类C级机构。

（四）对D类机构，除可采取对C类机构的监管措施外，还可以责令其停止办理部分或全部支付业务。

（五）对E类机构，除可采取对D类机构的监管措施外，对限期未整改到位的，依法注销《支付业务许可证》。

第十三条 中国人民银行根据支付机构分类评级结果，对支付机构采取下列政策支持或实施监管奖惩。

（一）确定其支付账户的功能、限额和实名制核验手段等管理要求。

（二）作为核准其增加支付业务类型或覆盖范围、拓宽客户备付金存放形式、续展《支付业务许可证》的依据。

（三）作为是否为其申请上市（含首次公开发行股票、挂牌公开转让等）等事项出具意见、批复主要出资人变更等重要事项的参考。

（四）核定风险准备金计提比例，调整客户备付金与资本实力的比例，确定备付金银行集中存放比例。

（五）确定新业务（产品）的试点范围、推广进度。

（六）其他手段和内容。

第十四条　支付机构评价结果仅限中国人民银行及其分支机构监管使用，不对外披露。

支付机构不得将评价结果用于广告、宣传、营销等商业目的。

第四章　组织实施

第十五条　支付机构分类评级每年进行一次，评价期为上一年度，涉及的财务数据以上一年度经审计的财务报表为准，业务数据以报中国人民银行的季度数据为准。

中国人民银行可根据行业风险状况、监管资源配置情况适当调整评价频率。

第十六条　支付机构应于每年3月1日前将自评结果上报法人所在地中国人民银行分支机构。

中国支付清算协会于每年5月1日前将支付机构自律评价计分结果报中国人民银行。

中国人民银行分支机构根据日常监管情况，采取检查、外部征询意见等必要手段，就支付机构有关问题进行核实、确认，并对支付机构评价计分，于每年5月1日前将评价计分结果报中国人民银行。

中国人民银行组织审定，确定支付机构的类别、级次，于每年7月1日前书面通报中国人民银行分支机构和中国支付清算协会。

第十七条　支付机构应实事求是、全面完整开展自评，经公司法定代表人和公司合规风控负责人（总经理或副总经理等，下同）签字确认后，将自评报告、自评结果及自评依据材料报法人所在地中国人民银行分支机构。

支付机构自评结果作为中国人民银行及其分支机构评价参考，但不作为评价依据。

第十八条　支付机构的自评结果存在迟报、漏报、瞒报、虚报等情况的，中国人民银行分支机构扣减5～15分，中国人民银行至少下调1～3个评级。

支付机构的自评结果存在重大事项隐瞒、重大信息虚假、遗漏或误导性陈述的，或支付机构不上报自评结果的，中国人民银行及其分支机构将评价结果直接认定为D类，情节严重的，认定为E类。

第十九条　中国人民银行分支机构应通过文件、约谈、会议等方式，向支付机构通报评价结果及存在的主要问题。支付机构接到评价结果通知后，应立即向公司决策层报告，并于15个工作日内向中国人民银行分支机构提交经公司法定代表人和公司合规风控负责人签字的整改方案。

支付机构对评价结果有异议的，应于接到评价结果通知之日起10个工作日内向有关中国人民银行分支机构提出经法定代表人签字的书面意见及证明材料；中国人民银行分支机构进行核实确认，视情提请中国人民银行作出调整。

第二十条　支付机构发生重大不良变化或出现异常，且足以导致机构分类评级调整的，或连续多次出现D类或E类相关情形的，中国人民银行及其分支机构随时向下调整其分类评级结果，并采取相应的监管措施，直至注销《支付业务许可证》。

第五章　附　则

第二十一条　本办法由中国人民银行负责解释、修订。

第二十二条　本办法自发布之日起实施。

附：1. 非银行支付机构分类评级指标与标准（略）

2. 非银行支付机构分类评级指标与计分标准要点（略）

中国人民银行关于印发《反洗钱数据报送工作数字证书管理规程》的通知

（银发〔2016〕163号）

中国人民银行上海总部，各分行、营业管理部，各省会（首府）城市中心支行，各副省级城市中心支行；国家开发银行，各政策性银行、国有商业银行、股份制商业银行，中国邮政储蓄银行：

为进一步加强反洗钱数据报送的数字证书管理，现将修订后的《反洗钱数据报送工作数字证书管理规程》印发给你们，请遵照执行。

原《大额交易和可疑交易报告互联网报送数字证书管理规程（试行）》（银发〔2012〕156号文印发）同时废止。

请人民银行上海总部，各分行、营业管理部，各省会（首府）城市中心支行，各副省级城市中心支行将本规程转发至总部注册地在辖区内的证券公司、期货经纪公司、基金管理公司、保险公司、保险资产管理公司、信托公司、金融资产管理公司、财务公司、金融租赁公司、汽车金融公司、货币经纪公司和支付机构，认真做好辖区内报告机构的数字证书管理工作，指导各报告机构严格按照本规程做好数字证书的使用和保管工作。

中国人民银行

2016年6月2日

反洗钱数据报送工作数字证书管理规程

第一章　总则

第一条　为规范大额交易和可疑交易报告数字证书的管理工作，保证数据传输过程安全，制定本规程。

第二条　本规程主要规范数字证书的管理和使用，适用于中国反洗钱监测分析中心（以下简称反洗钱中心）和中国人民银行上海总部，各分行、营业管理部，各省会（首府）城市中心支行，各副省级城市中心支行（以下统称人民银行分支机构），以及通过数字证书向反洗钱中心报送大额交易和可疑交易报告的报告机构。

第三条　数字证书是报告机构开展反洗钱数据报送工作的电子身份标识，存放介质是装载数字证书的基础要件，管理部门和使用部门均应严格管理、规范使用。

第四条　数字证书的管理部门和使用部门应在证书到期前一个月内，做好数字证书的申领和换发工作。

第五条 数字证书存放介质由反洗钱中心统一下发至人民银行分支机构。人民银行分支机构在库存空白介质不足时，应及时向反洗钱中心申领，以满足正常工作需要。

申领流程为：填写《数字证书存放介质申领单》（详见附1）相关内容，交由反洗钱处负责人签字并加盖反洗钱处公章后，派员赴反洗钱中心领取空白介质。领取时还需提供管理员的身份证复印件，如代领，还需加附代领人的身份证复印件。

第六条 反洗钱中心和人民银行分支机构应将数字证书存放介质置于安全环境中，并指定专人管理；对于因损坏或注销收回的存放介质，应依照中国人民银行有关规定进行消磁、物理粉碎等销毁处理；应建立数字证书和存放介质台账，做好对应关系管理以及存放介质发放、损毁、丢失的登记工作。

第七条 数字证书领取后，证书使用人应妥善保管存放介质，并及时修改初始密码。密码应定期更换，避免泄露和遗忘。密码设定须具备一定复杂程度，以符合信息安全保密要求。

第二章　人民银行分支机构数字证书管理职责

第八条 人民银行分支机构按照法人监管原则，负责总部注册地在其辖区内的报告机构数字证书管理工作。

第九条 人民银行分支机构应指定一人为证书管理员，全面负责辖区内数字证书管理工作；指定两人分别为证书录入员和证书审核员，具体负责辖区内报告机构数字证书的制作、换发、补发等操作。

证书管理员、证书录入员和证书审核员必须是本单位在编正式员工。证书管理员可兼任证书录入员或证书审核员，但证书录入员与证书审核员不可为同一人。

第十条 人民银行分支机构证书管理员的数字证书制作、换发、补发等相关事宜由反洗钱中心负责，证书录入员和证书审核员的数字证书制作、换发、补发等相关事宜由该机构证书管理员负责。

第十一条 人民银行分支机构证书管理员办理数字证书的申领、换发、冻结、解冻、补发和注销时，需填写《人民银行分支机构数字证书操作申请表》（附2），并传真至反洗钱中心。反洗钱中心在收到传真后，制作数字证书，并负责在线下发和指导证书管理员将数字证书成功导入存放介质。

人民银行分支机构证书录入员和证书审核员数字证书的申领、换发、冻结、解冻、补发和注销，由本机构证书管理员负责办理。

第十二条 人民银行分支机构应做好证书管理员、证书录入员和证书审核员的管理工作，并于每个自然年度结束后的五个工作日内，将《人民银行分支机构数字证书情况统计表》（附3）电子版本发送至反洗钱中心。

第十三条 人民银行分支机构的证书相关管理人员应加强辖区内报告机构的数字证书管理，做好统计工作，并于每年自然年度结束后的五个工作日内，将《辖区内报告机构数字证书情况统计表》（附4）电子版本发送至反洗钱中心。

第三章　报告机构数字证书的申领与使用

第十四条 申请开展反洗钱数据报送工作的报告机构在收到开业批复或取得业务经营许可后的一个月内，应到人民银行分支机构领取《报告机构数字证书操作申请表》（详见附5，以下简称《申请表》），并将填写完毕、签章确认后的《申请表》提交至人民银行分支机构。

人民银行分支机构审查同意后，为报告机构制作数字证书，将数字证书导入存放介质，并做好相关信息的登记备案工作。

第十五条 报告机构应在数字证书到期前一个月内，到人民银行分支机构领取《申请表》，并将填写完毕、签章确认后的《申请表》提交至人民银行分支机构。人民银行分支机构审查同意后，为报告机构换发数字证书。

第十六条 数字证书存放介质丢失后，报告机构应在发现的第一时间告知当地人民银行分支机构，并于五个工作日内到人民银行分支机构领取《申请表》，并将填写完毕、签章确认后的《申请表》提交至人民银行分支机构。人民银行分支机构审查同意后，为报告机构冻结数字证书。

找到丢失的存放介质并确保介质在丢失期间未被盗用的报告机构，应在数字证书冻结后的十个工作日内到人民银行分支机构领取《申请表》，并将填写完毕、签章确认后的《申请表》提交至人民银行分支机构。人民银行分支机构审查同意后，为报告机构解冻数字证书。

第十七条 发生下列情况之一时，报告机构应申请补发：

（一）数字证书文件损坏；

（二）存放介质损坏；

（三）存放介质丢失，并确认无法找回（数字证书冻结后十个工作日内未找回视为无法找回），或在丢失期间可能被盗用；

（四）数字证书密码遗忘导致无法正常使用。

报告机构应在发生上述情况的十个工作日内到人民银行分支机构领取《申请表》，并将填写完毕、签章确认后的《申请表》提交至人民银行分支机构。人民银行分支机构审查同意后，为报告机构补发数字证书，如有损坏的数字证书存放介质，应及时收回。

数字证书补发后，有效期与补发前相同。

第十八条 因停业整顿、机构撤销等原因无法履行大额交易和可疑交易报告义务的报告机构，报告机构应在发生上述情况的十个工作日内到人民银行分支机构领取《申请表》，并将填写完毕、签章确认后的《申请表》提交至人民银行分支机构。人民银行分支机构审查同意后，为报告机构注销数字证书，并收回存放介质。

若报告机构在机构撤销后的半年内不主动申请注销数字证书或无法联系的，由人民银行分支机构直接注销其数字证书。

第十九条 报告机构总部注册地址发生变更时，若变更前后的地址不属于同一人民银行分支机构管辖范围，应首先向变更前注册地所在地人民银行分支机构申请注销数字证书、交还存放介质，然后向变更后注册地所在地人民银行分支机构申领新的数字证书和存放介质。

第二十条 报告机构应指定专人为证书责任人，负责数字证书及存放介质的使用和保管。报告机构证书责任人变更时，应及时向总部所在地人民银行分支机构备案。

第二十一条 报告机构未能妥善使用和保管数字证书和存放介质，影响报送工作正常开展的，由人民银行分支机构对其责令整改，提出批评，并建议该机构对证书责任人及其他责任人员予以纪律处分。

第四章 附则

第二十二条 人民银行分支机构为报告机构制作并下发数字证书前，须先确认该机构已成为中国反洗钱监测系统用户。严禁向未成功申请系统用户的报告机构下发数字证书。

第二十三条 人民银行分支机构和使用数字证书开展数据报送的报告机构可依照本规程，制定机构内部的数字证书管理实施细则。

第二十四条 本规程适用于所有通过数字证书报送大额交易和可疑交易报告的报告机构，包括证券公司、期货经纪公司、基金管理公司、保险公司、保险资产管理公司、信托公司、金融资产管理公司、财务公司、金融租赁公司、汽车金融公司、货币经纪公司和支付机构。如因行业扩展或其他原因，其他报告机构需使用数字证书报送大额交易和可疑交易报告的，同样适用于本规程。

第二十五条 本规程由中国人民银行负责解释。

第二十六条 本规程自 2016 年 7 月 1 日起执行。

附：1．数字证书存放介质申领单（略）

2．人民银行分支机构数字证书操作申请表（略）

3．人民银行分支机构数字证书情况统计表（略）

4．辖区内报告机构数字证书情况统计表（略）

5．报告机构数字证书操作申请表（略）

中国人民银行关于大额交易和可疑交易报告要素及释义的通知

（银发〔2017〕98号）

中国人民银行上海总部，各分行、营业管理部、省会（首府）城市中心支行、副省级城市中心支行，国家开发银行，各政策性银行、国有商业银行、股份制商业银行，中国邮政储蓄银行：

为严格落实《金融机构大额交易和可疑交易报告管理办法》（中国人民银行令〔2016〕第3号发布，以下简称《管理办法》）关于反洗钱大额交易和可疑交易数据报送相关规定，中国人民银行制定了《大额交易报告要素及释义（2017）》《银行业可疑交易报告要素及释义（2017）》《证券期货业可疑交易报告要素释义（2017）》《保险业可疑交易报告要素及释义（2017）》《通用可疑交易报告要素及释义（2017）》（见附件1–5），现印发给你们，并就有关事项通知如下，请遵照执行：

一、各金融机构应从2017年7月1日起按照《管理办法》关于大额交易和可疑交易报告的规定，向中国反洗钱监测分析中心报送数据。

二、24家全国性法人金融机构（见附件6）根据《管理办法》相关规定，完成系统开发升级等数据报送准备后，自2017年6月1日起向中国反洗钱监测分析中心提出数据报送申请，通过报送测试检查后才可报送数据。

三、其他法人金融机构根据《管理办法》相关规定，完成系统开发升级等数据报送准备后，自2017年6月1日起向所在地人民银行分支机构提出申请，在申请获准后开始报送数据。

四、法人金融机构在报送可疑交易报告前，应通过系统上传“可疑交易特征代码”与交易监测标准描述内容的对照表。

五、中国反洗钱监测分析中心将于2017年5月底前，通过中国反洗钱监测分析系统数据接收平台发布《金融机构大额交易和可疑交易报告数据报送业务要求和接口规范（2017）》，报告机构应根据该文件要求和相关工作安排，全面、完整、准确地采集各业务系统的客户身份信息和交易信息，保障大额交易和可疑交易监测分析的数据需求，不断提高报送数据质量。

请人民银行上海总部，各分行、营业管理部，各省会（首府）城市中心支行，各副省级城市中心支行将本通知转发至总部注册地在辖区内的商业银行、农村合作银行、农村信用社、村镇银行、证券公司、期货公司、基金管理公司、保险公司、保险资产管理公司、保险专业代理公司、保险经纪公司、信托公司、金融资产管理公司、企业集团财务公司、金融租赁公司、汽车金融公司、消费金融公司、货币经纪公司、贷款公司。

附件：1．大额交易报告要素及释义（2017）（略）

2．银行业可疑交易报告要素及释义（2017）（略）

3．证券期货业可疑交易报告要素及释义（2017）（略）

4．保险业可疑交易报告要素及释义（2017）（略）

5．通用可疑交易报告要素及释义（2017）（略）

6．全国性法人金融机构名单（略）

中国人民银行
2017 年 4 月 20 日

中国人民银行关于《金融机构大额交易和可疑交易报告管理办法》有关执行要求的通知

（银发〔2017〕99号）

中国人民银行上海总部，各分行、营业管理部，各省会（首府）城市中心支行，各副省级城市中心支行；国家开发银行，各政策性银行、国有商业银行、股份制商业银行，中国邮政储蓄银行；中国银联，农信银资金清算中心，城市商业银行资金清算中心：

为指导义务机构准确理解、有效执行《金融机构大额交易和可疑交易报告管理办法》（中国人民银行令〔2016〕第3号发布，以下简称《管理办法》），进一步提高大额交易和可疑交易报告工作的有效性，现就义务机构执行《管理办法》的履职要求通知如下：

一、关于新增义务机构的履职要求

消费金融公司、贷款公司、保险专业代理公司、保险经纪公司等四类新增义务机构应当充分认识大额交易和可疑交易报告制度对预防、打击洗钱和恐怖融资等犯罪活动的重要意义，切实履行《管理办法》规定的大额交易和可疑交易报告义务；及时对本机构反洗钱和反恐怖融资工作做出安排，设立或指定专门机构负责反洗钱和反恐怖融资合规管理工作，配备反洗钱和反恐怖融资专业人员，加快反洗钱和反恐怖融资基础制度、信息系统建设，并于2017年6月30日前向公司注册地人民银行分支机构提出大额交易和可疑交易报告主体资格申请；对执行《管理办法》遇到的问题，应当及时与公司注册地人民银行分支机构进行沟通。

保险公司、保险专业代理公司和保险经纪公司应当按照《管理办法》的相关规定，分别提交大额交易和可疑交易报告。保险专业代理公司和保险经纪公司及其业务人员以现金方式收取保费的，应当及时将现金投保情况告知保险公司；收取客户现金保费达到大额交易报告标准的，无论以何种方式与保险公司结算，保险专业代理公司和保险经纪公司均应当提交大额交易报告。

保险专业代理公司和保险经纪公司应当协助保险公司做好相关客户身份识别工作，并将获取的客户身份信息资料完整、及时传递给保险公司。

二、关于大额交易报告的履职要求

义务机构应当根据业务实质重于形式的原则，以客户为交易监测单位，按照《管理办法》及时、准确提交大额交易报告。

（一）客户当日发生的交易同时涉及人民币和外币，且人民币交易和外币交易单边累计金额均未达到大额交易报告标准的，义务机构应当分别以人民币和美元折算，单边累计计算本外币交易金额，按照本外币交易报告标准“孰低原则”，合并提交大额交易报告。

客户当日发生的交易同时涉及人民币和外币，且人民币交易或外币交易任一单边累计金额达到大额交易报告标准的，义务机构应当合并提交大额交易报告。

（二）自然人客户银行账户与其他的银行账户发生款项划转，涉及非居民在境内开立的银行账户，义务机构应当按照《管理办法》第五条第四款规定的标准，提交大额交易报告。

（三）《管理办法》第五条规定的“其他的银行账户”包括本行或他行的其他客户的银行账户；同一客户在本行境外机构和他行的银行账户。

（四）《管理办法》第七条第四款规定的“同业拆借”包括金融机构同业拆借、同业存款、同业借款、买入返售（卖出回购）等同业业务。

（五）对单客户多银行主辅账户划转、B股非银证转账外币资金进出，如未发现交易或行为异常的，证券公司可以不提交大额交易报告。

三、关于可疑交易报告的履职要求

义务机构应当根据本机构内外部洗钱和恐怖融资风险变动情况，持续动态优化本机构的交易监测标准，强化异常交易人工分析的流程控制，依照“重质量、讲实效”原则，审慎提交可疑交易报告，并适时采取合理的后续控制措施。

（一）义务机构应当按年度对交易监测标准进行定期评估，并根据评估结果完善交易监测标准。在推出新产品或新业务之前，义务机构应当完成相关交易监测标准的评估、完善和上线运行工作。《管理办法》第十二条规定的相关因素发生变化时，义务机构应当在发生变化之日起3个月内，完成相关交易监测标准的评估、完善和上线运行工作。义务机构对交易监测标准的评估、完善等相关工作记录至少应当完整保存5年。义务机构总部（总行、总公司，下同）制定交易监测标准，或者对交易监测标准作出重大调整的，应当按照规定向人民银行或其分支机构报备。

（二）义务机构对原《金融机构大额交易和可疑交易报告管理办法》（中国人民银行令〔2006〕第2号发布）规定的异常交易标准进行评估后，认为符合本机构业务实际和可疑交易报告工作需要的，仍可纳入本机构的交易监测标准范围，但应当加强对其实际运行效果的评估并及时完善相关交易监测标准。

（三）义务机构应当不断完善可疑交易报告操作流程。对异常交易的分析，义务机构应当至少设置初审和复核两个岗位；复核岗位应当逐份复核初审后拟上报的交易，并按合理比例对初审后排除的交易进行复核。拟提交可疑交易报告前，可疑交易报告应当经过义务机构总部的专门机构或总部指定的内部专门机构审定；完成审定的时间为提交可疑交易报告的起算时间。义务机构应当在合理时限内完成相关交易的分析和审定，及时处理交易监测系统预警或人工发现的异常交易或行为。

（四）银行卡清算机构、资金清算中心等从事清算业务的机构与直接参与者应当积极合作，加强信息沟通，按照相关规定及时开展交易监测、预警、分析、反馈等工作。

（五）义务机构应当勤勉尽责，合理采取内部尽职调查，回访，实地查访，向公安部门、工商行政管理部门、税务部门核实，向居委会、街道办、村委会了解等措施，进一步审核客户的身份、资金、资产和交易等相关信息，结合客户身份特征、交易特征或行为特征开展交易监测分析，准确采集、规范填写可疑交易报告要素，并按照规定留存交易监测分析工作记录，确保可疑交易报告工作履职情况的可追溯性。

（六）义务机构提交可疑交易报告后，应当对相关客户、账户及交易进行持续监测，仍不能排除洗钱、恐怖融资或其他犯罪活动嫌疑，且经分析认为可疑特征没有发生显著变化的，应当自上一次提交可疑交易报告之日起每3个月提交一次接续报告。接续报告应当涵盖3个月监测期内的新增可疑交易，并注明首次提交可疑交易报告号、报告紧急程度和追加次数。经分析认为可疑特征发生显著变化的，义务机构应当按照规定提交新的可疑交易报告。

（七）对于可疑交易报告涉及的客户或账户，义务机构应当适时采取合理的后续控制措施，包括但不限于调高客户洗钱和恐怖融资风险等级，以客户为单位限制账户功能、调低交易限额等。后续控制措施的具体要求由人民银行另行制定。

四、关于涉恐名单监控的履职要求

义务机构对恐怖活动组织及恐怖活动人员名单开展实时监测，应当覆盖义务机构的所有业务条线和业务环节。对《管理办法》第十八条规定的可疑交易报告，义务机构应当立即提交，最迟不得超过业务发生后的 24 小时。

恐怖活动组织及恐怖活动人员名单调整的，义务机构应当立即针对本机构的所有客户以及上溯三年内的交易启动回溯性调查，并按照规定提交可疑交易报告。对跨境交易和一次性交易等较高风险业务的回溯性调查，应当在知道或者应当知道恐怖活动组织及恐怖活动人员名单之日起 5 个工作日内完成。义务机构开展回溯性调查的相关工作记录至少应当完整保存 5 年。

公安、外交等部门要求对有关组织、实体或个人采取监控措施的，义务机构参照《管理办法》及本通知的相关规定执行。

五、关于完善内部管理措施的履职要求

义务机构应当强化董事会和高级管理层反洗钱履职责任，在总部或集团层面推动落实大额交易和可疑交易报告的制度、流程、系统建设等工作要求，切实保障相关人员、信息和技术等资源需求。

（一）义务机构总部应当加强对分支机构、附属机构的监督管理，定期开展内部检查或稽核审计，完善内部问责机制，加大问责力度，将大额交易和可疑交易报告履职情况纳入对分支机构、附属机构及反洗钱相关人员的考核和责任追究范围，对违规行为严格追究负责人、高级管理层、反洗钱主管部门、相关业务条线和具体经办人员的相应责任。

（二）义务机构应当根据交易监测分析工作机制、操作流程、工作量等因素科学配备反洗钱岗位人员，满足监测分析人员充足性、专业性和稳定性等要求。义务机构总部或可疑交易集中处理中心应当配备专职的反洗钱岗位人员；分支机构应当根据业务实际和内部操作规程，配备专职或兼职反洗钱岗位人员。专职反洗钱岗位人员应至少具有三年以上金融从业经历。

（三）义务机构应当建立大额交易和可疑交易监测系统，并对系统功能进行持续优化。义务机构总部证明能够通过人工等主要手段开展大额交易和可疑交易监测分析工作的，经人民银行或其分支机构同意后，义务机构总部可暂不建立大额交易和可疑交易监测系统。

（四）金融控股集团公司应当在集团层面建立统一的大额交易和可疑交易报告管理制度，结合各专业公司的业务特点、产品特点，探索以客户为单位，建立适用于集团层面的可疑交易监测体系，以有效识别和应对跨市场、跨行业和跨机构的洗钱和恐怖融资风险，防范洗钱和恐怖融资风险在不同专业公司间的传递。

请人民银行上海总部，各分行、营业管理部，各省会（首府）城市中心支行，各副省级城市中心支行将本通知转发至辖区内有关商业银行、农村合作银行、农村信用社、村镇银行、证券公司、期货公司、基金管理公司、保险公司、保险资产管理公司、保险专业代理公司、保险经纪公司、信托公司、金融资产管理公司、企业集团财务公司、金融租赁公司、汽车金融公司、消费金融公司、货币经纪公司、贷款公司等金融机构和非银行支付机构。

中国人民银行
2017 年 4 月 21 日

中国人民银行关于印发《义务机构反洗钱交易监测标准建设工作指引》的通知

（银发〔2017〕108号）

中国人民银行上海总部，各分行、营业管理部，各省会（首府）城市中心支行，各副省级城市中心支行；国家开发银行，各政策性银行、国有商业银行、股份制商业银行，中国邮政储蓄银行；中国银联，农信银资金清算中心，城市商业银行资金清算中心：

为深入实践风险为本的反洗钱工作原则，指导义务机构建立健全交易监测标准，切实提高大额交易和可疑交易报告工作有效性，根据《中华人民共和国中国人民银行法》、《中华人民共和国反洗钱法》、《中华人民共和国反恐怖主义法》和《金融机构大额交易和可疑交易报告管理办法》（中国人民银行令〔2016〕第3号发布，以下简称《管理办法》）等法律规章，中国人民银行制定了《义务机构反洗钱交易监测标准建设工作指引》，现印发给你们，并就有关事项通知如下，请遵照执行。

一、《义务机构反洗钱交易监测标准建设工作指引》从设计、开发、测试、评估和完善等方面较为系统性地对义务机构大额交易和可疑交易监测标准建设进行了梳理和提炼，具有一定的示范性和创新性。义务机构应当以落实《管理办法》为契机，结合自身业务特点、风险状况和管理模式，采取合理措施有效执行《义务机构反洗钱交易监测标准建设工作指引》的相关要求。执行中如遇到问题，请及时与中国人民银行或义务机构总部（总行、总公司）所在地中国人民银行分支机构联系。

二、中国人民银行分支机构应当及时跟踪了解辖区内法人义务机构落实《管理办法》要求、自主建立交易监测标准和相关系统建设情况，加强对义务机构的分类指导和监督，部署、推动《管理办法》和《义务机构反洗钱交易监测标准建设工作指引》有效施行。

请中国人民银行上海总部，各分行、营业管理部，各省会（首府）城市中心支行，各副省级城市中心支行将本通知转发至辖区内有关商业银行、农村合作银行、农村信用社、村镇银行、证券公司、期货公司、基金管理公司、保险公司、保险资产管理公司、保险专业代理公司、保险经纪公司、信托公司、金融资产管理公司、企业集团财务公司、金融租赁公司、汽车金融公司、消费金融公司、货币经纪公司、贷款公司等金融机构和非银行支付机构。

附件：义务机构反洗钱交易监测标准建设工作指引

中国人民银行

2017年5月3日

义务机构反洗钱交易监测标准建设工作指引

为深入实践风险为本的反洗钱工作原则，指导义务机构建立健全大额交易和可疑交易监测标准（以下简称监测标准），提升大额交易和可疑交易报告工作有效性，根据《中华人民共和国反洗钱法》《中华人民共和国中国人民银行法》《中华人民共和国反恐怖主义法》和《金融机构大额交易和可疑交易报告管理办法》（中国人民银行令〔2016〕第3号发布，以下简称《管理办法》）等法律规章，制定本指引。

第一章 总则

一、基本原则

（一）风险为本原则。义务机构建立的监测标准应当与其面临的洗钱和恐怖融资（以下统称洗钱）风险相匹配。

（二）全面性原则。义务机构开展交易监测应当覆盖全部客户和业务领域，贯穿业务办理的各个环节。义务机构开展交易分析应当全面结合客户的身份特征、交易特征或行为特征。

（三）适用性原则。义务机构建设监测标准应当立足于本行业、本机构反洗钱工作实践和真实数据，重点参考本行业发生的洗钱案件及风险信息（以下统称案例），并对其有效性负责。

（四）动态管理原则。义务机构应当对已建成的监测标准及时开展有效性评估，并根据本机构客户、产品或业务和洗钱风险变化情况及时调整监测标准。

（五）保密原则。义务机构应当对本机构的监测标准及监测措施严格保密，建立相应制度或要求规范监测标准的知悉和使用范围。

二、功能

本指引所确定的工作流程是义务机构合理整合内外部信息技术资源，开展监测标准建设的主要参考，有助于指导义务机构科学、规范地建立符合所在行业和自身业务特点的监测标准体系。中国人民银行视情发布义务机构设计监测标准需要关注或参考的要点。

三、适用范围

本指引适用于义务机构依据《管理办法》等法律规章，自主设计、开发、测试、评估和完善本机构的监测标准。

非银行支付机构、从事汇兑业务和基金销售业务的机构、银行卡清算机构、资金清算中心及其他应当履行反洗钱义务的特定非金融机构及有关行业自律组织，可参照本指引开展相关工作。

第二章 标准设计

一、设计流程概述

监测标准设计，是指义务机构依据法律法规、行业指引和风险提示等，对本行业案例特征化、特征指标化和指标模型化的建设过程。对于大额交易及其他依据法律法规和行业惯例可直接制定的监测标准，义务机构可采取相对简化的流程。

二、案例特征化

案例特征化，是指义务机构通过收集存在行业普遍性、具有典型特征以及具有本机构个性化特点的案例，对案例进行分析、对洗钱类型进行归纳、对洗钱特征进行总结的过程。

（一）案例收集。

义务机构收集的案例，其中案件应当来自本行业、本机构发生或发现的洗钱案例，风险信息应当与当前洗钱风险及其发展变化相吻合，并具有一定的前瞻性。相关案例应当至少体现该洗钱类型的主要特征，具有较强的代表性、规律性和普遍性。

满足以上要求的案例，来源于但不限于：

1. 本行业、本区域、本机构发生的洗钱及其上游犯罪案例。

2. 结合本机构资产规模、地域分布、业务特点、客户群体、交易特征等，对本行业、本机构及跨市场、交叉性产品和业务开展洗钱风险评估的结论。

3. 中国人民银行及其分支机构发布的反洗钱、反恐怖融资规定及指引、风险提示、洗钱类型分析报告和风险评估报告，要求关注的案例。

4. 公安机关、司法机关发布的犯罪形势分析、风险提示、犯罪类型报告、工作报告以及洗钱案件。

5. 有关国际组织的建议或指引、境内外同业实践经验。

（二）特征分析。

义务机构对所收集的案例，应当以客户为监测单位，从客户的身份、行为、及其交易的资金来源、金额、频率、流向、性质等方面，抽象出案例中具有典型代表性、规律性或普遍适用性的可识别异常特征，分析维度包括但不限于：

1. 客户身份。具有典型可识别的特征包括所处地域、年龄、职业、联系方式、收入（财富）主要来源、监控名单匹配、实际控制客户的自然人和交易的实际受益人等。

2. 客户行为。具有典型可识别的特征包括客户对某些业务和产品的偏好、对某些交易渠道的偏好、金融服务使用的偏好、故意掩饰和隐瞒等行为特征。

3. 交易特征。具有典型可识别的特征包括资金来源、交易时间、交易流量、交易频率、交易流向，以及跨市场、跨机构的交叉性交易等特征。

三、特征指标化

特征指标化，是指义务机构将所收集案例中可识别的特征抽取和量化的过程，设计出可识别、可衡量或可反映案例中异常特征的指标，包括但不限于指标代码、指标名称、指标规则、指标阈值等形式要件。

（一）指标要素。

义务机构可将依法履行反洗钱职责获得的客户身份资料和交易信息，以及在为客户办理业务过程中生成的各种会计业务信息等，用于设计本机构的监测指标。其中：

1. 客户身份指标要素，来源包括但不限于义务机构依据《金融机构客户身份识别和客户身份资料及交易记录保存管理办法》（中国人民银行令〔2007〕第2号发布），登记收集的客户身份基本信息。

2. 客户行为指标要素，来源包括但不限于依据《金融机构客户身份识别和客户身份资料及交易记录保存管理办法》，在履行客户身份识别等义务时可识别和可获取的客户异常行为。

3. 交易指标要素，来源包括但不限于《管理办法》规定的大额交易和可疑交易报告要素，以及对相关交易要素加工处理，所形成的交易流量、流速、流向、频率、累计金额、余额、交易对手类型等信息。

（二）指标设计。

义务机构应当将基础性、单元性的指标要素组合设计成为识别、衡量或反映相关案例异常特征的指标，通过指标规则设置、指标阈值调整和指标组合使用，可指向某些异常的客户或交易特征。例如：

1. 自然人客户特征：姓名、证件号码、性别、国籍等要素，可组合指向于涉恐名单监控。证件号码、身份证件住址、实际居住地址、联系电话等要素，可组合指向于客户所处地域。证件种类、证件有效期、职业、年龄和工作单位等要素，可组合指向于客户身份背景和收入（财富）主要来源、交易偏好等。代理人信息、联系方式等要素，可组合指向于客户身份及交易背景、控制客户的自然人和交易的实际受益人。

2. 法人、其他组织和个体工商户客户特征：名称、证件号码等要素，可组合指向于涉恐名单监控。证件种类、证件有效期、注册资金、经营范围等要素，可组合指向于客户身份背景和收入（财富）主要来源。控股股东、法人代表、负责人和授权办理人员等指标要素，可组合指向于控制客户的自然人和交易的实际受益人。

3. 客户行为特征：与客户“面对面”接触时，客户行为及其交易环境等主观指标要素，对某些客户试图故意掩饰和隐瞒的行为特征具有较强指向性。一定时间段内，客户使用金融服务的次数和类型、使用金融服务的地点、IP 地址和 MAC 地址所在、单次金融服务交易金额、一定时间区间累计交易金额等指标要素，可组合指向于客户对某些业务和产品、对某些交易渠道和金融服务使用的偏好等。

4. 交易特征。账户名称、账号等指标要素，可组合指向于涉恐名单监控。交易对手、IP 地址、MAC 地址等指标要素，可组合指向于资金网络中的群体性特征。交易用途、渠道等指标要素，可组合指向于客户交易偏好。交易对手、发生地等指标要素，可组合指向于判断资金来源和去向。对金额、日期、时间等指标设置区间要素，可组合指向于交易流量、流速、频率。代理人信息等指标，可指向于客户交易背景。

四、指标模型化

指标模型化，是指义务机构通过将能反映特定洗钱及相关犯罪类型的不同指标排列组合形成模型，进而实现对特定洗钱类型更具有指向性的监测。指标和模型共生构成监测标准，可独立或组合运用。

模型可运用于监测涉及面宽、相对复杂隐蔽、客户及其交易可疑特征较为典型的洗钱活动。义务机构可参考中国人民银行已经发布的洗钱犯罪类型和可疑交易识别点等提示和指引性文件，结合本机构防控洗钱风险的需要建立模型。义务机构应当遵循以下设计原则实现指标模型化，包括但不限于：

（一）体现组合指标的位阶。对于组成模型的不同指标，应当将其中能反映犯罪类型主要特征的指标赋予更高的位阶，在模型构建中赋予较大权重；可通过分值配比和预警阈值设置等方式提高监测敏感度。

（二）具有一定的灵活度。对于各个位阶的指标，应当给予一定的容错区间，区间内发生的指标值均应当被捕获，以避免过度局限性的指标阈值造成较大的监测漏洞。

（三）具备一定的时效性。针对特定洗钱犯罪类型的监测模型，应当跟进该类洗钱类型的特征变化，适时调整。

第三章　系统开发

义务机构可选择自主开发、共享开发或市场采购等方式建设大额交易和可疑交易监测系统（以下简称监测系统），但无论采取何种开发方式，开发前应当在监测标准设计等方面提出适合本机构的监测系统建设需求，开发完成后监测系统能有效满足监测标准运行的数据需求。如存在部分业务或产品无法通过系统进行监测，或部分监测标准无法通过系统运行，义务机构应当进行充分论证，采取必要的人工监测等辅助手段开展可疑交易报告工作，并保留相关工作记录。

义务机构通过评估，证明通过人工等主要手段能够完全开展交易监测分析和报告工作的，经高级管理层同意并获得中国人民银行或总部（总行、总公司，下同）所在地中国人民银行分支机构批准，可暂不进行系统开发。

一、数据支持

义务机构开发建设监测系统，应当以客户为基本单位，全面、完整、准确地采集各业务系统的客户身份信息和交易信息，保障监测标准运行的数据需求。

反洗钱数据接口规范应当成为各业务系统信息采集和数据传输的基础标准之一，数据完整性和逻辑验证应当成为各业务系统信息采集、反洗钱数据传输流程中的基础环节。反洗钱数据传输流程应当包括数据规则计算、数据分析、数据审批、数据补录补正、数据报送和回执处理等。

二、结果反馈

对于系统中客户身份及其交易信息等数据的监测，义务机构可采取实时和定期的方式进行结果反馈。其中，涉恐名单监控应当实现实时反馈，以自动化干预为基础。

其他监测标准原则上应当实现系统运行后“T+1”日内反馈，以自动化干预为主，人工干预为辅。

三、功能建设

监测系统应当至少具有交易筛选、甄别分析和人工增补报送三类功能模块。交易筛选模块应当充分满足监测标准的运行需求。甄别分析模块应当至少包括初审、复核、审定意见填写等功能。人工增补报送模块应当满足对系统监测以外其他渠道发现的异常交易进行填报、复核和审定等功能。

监测系统应当具有可追溯性，确保足以完整、准确地重现交易筛选、分析及报送过程。监测系统应当与核心业务系统、监控名单库等对接或实现信息交互，确保在分析异常交易时，能及时、便利、完整地获取相关客户尽职调查、风险等级划分、涉恐名单、有关部门调查可疑交易活动和查处洗钱案件等相关信息。

四、用户权限

监测系统的用户层级应当覆盖义务机构内部相关部门或分支机构，能支持不同作业模式下用户权限的配置，能支持对业务端的信息查询，并具备必要的保密和稽核（审计）功能。

第四章　测试评估

义务机构在监测系统上线运行前，应当对所设计的监测标准及其系统开发、支持和运行情况进行全方位测试和评估，经测试评估合格的监测标准和监测系统方可投入生产。

一、测试要求

义务机构应当建立监测系统与各业务系统运行的模拟环境，通过数据输入、输出等方式对系统运行及各项监测标准运行情况进行测试。测试工作中应当重点关注的问题和环节包括但不限于：

（一）数据准备。义务机构应当尽量以本机构的真实客户和交易数据为基础进行测试，且数据来源全面覆盖所有业务系统。对于真实数据不能满足或无法实现对相关监测标准测试需求的，可通过模拟数据进行。

（二）功能测试。功能测试应当以监测标准运行、流程配套和用户体验为核心内容，包括所设计监测指标运行和实现情况，系统运行与人工干预流程互动，以及各个层级用户的功能体验。例如：对于系统维护用户，应当测试对监测标准设计、参数配置和管理、名单维护管理等功能。对于系统管理用户，应当测试对系统的查询、统计、录入、保存、回退、审批、报送、督办以及相关用户互动等功能。对于系统使用客户，应当测试数据输出、分析、向业务系统推送信息并取得反馈、定向提示等功能。

（三）性能测试。在功能测试的同时，应当对系统进行必要的负载测试和压力测试等，确保在功能实现的基础上不影响系统性能稳定，监测系统运行不影响业务系统正常运行。

二、评估要求

义务机构应当依据测试结果，对监测标准设计和系统功能实际运行效果进行统计分析，实施效能评价和效益评估，对于评价和评估中发现缺陷和不足，应当及时进行优化、改进和完善。评估内容包括且不限于：

（一）全面性评估。是指对监测标准的系统功能实现进行评估，内容包括但不限于：

1. 监测范围的全面性。监测系统能否实现对本机构的客户全覆盖、产品线全覆盖、业务数据全覆盖、管理流程全覆盖等要求。

2. 监测结果的全面性。监测标准能否通过系统运行得以实现，反馈过程及结果能否满足监测标准运行及其时限等设计要求，无法或不能完全通过系统实现的替代方式和路径等。

（二）准确性评估。是指以系统反馈输出为评估对象，验证本机构所设计的监测标准及其适用的准确性，内容包括但不限于：

1. 系统反馈的准确性。能否较为准确地实现监测标准中对有关指标和模型的设计要求。

2. 标准指向的准确性。能否较为准确地指向对应类型的案例，或案例中可能涉及的客户和交易。

（三）灵活性评估。是指对监测标准系统实现的拓展性和弹性评估，能否灵活跟进洗钱风险发展而变化，内容包括但不限于：

1. 动态调整的灵活性。法律法规修订和发生突发情况或者应当关注的情况后，能否及时设计、开发出有针对性的监测标准，并通过系统反馈输出预期结果等。

2. 及时回溯的灵活性。监测标准设计变化后，能否按照有关风险管理要求对前期客户及其交易进行回溯审查，反馈是否及时等。

第五章 动态优化

一、优化要求

义务机构应当至少每年对监测标准及其运行效果进行一次全面评估，并根据评估结果完善监测标准。如发生法律法规修订、突发情况或者应当关注的情况，义务机构应当及时评估和完善监测标准，有关情况包括但不限于：

（一）义务机构推出新产品或新业务。

（二）接收到中国人民银行及其分支机构发布的反洗钱、反恐怖融资规定及指引、风险提示、洗钱类型分析报告和风险评估报告。

（三）接收到公安机关、司法机关发布的犯罪形势分析、风险提示、犯罪类型报告和工作报告。

（四）接收到中国人民银行及其分支机构出具的反洗钱监管意见。

（五）本行业或本机构发生或发现的洗钱案件，但本机构系统未能提示或预警相关风险。

义务机构在推出新产品或新业务之前，应当完成相关监测标准的评估、完善和上线运行工作。在上述其他情况发生之日起 3 个月内，义务机构应当完成相关监测标准的评估、完善和上线运行工作。

二、评估指标

义务机构至少可用以下指标评估自身监测标准的指标规则、参数阈值、模型结构，乃至整个可疑交易报告机制运行等是否科学、合理、有效。

（一）预警率：监测预警的交易量／全部交易量。

该指标主要反映义务机构监测标准设置的敏感度。若该比率过高，表示监测标准设置较为宽泛，缺乏针对性，预警交易中正常交易占比较大。过低，则反映监测标准设置较为严苛，可能存在监测漏洞，会错失对某些异常交易的监测和预警。

出现以下情形之一的，义务机构可参考监测标准阈值是否有效、监测标准设置是否合理等因素进行调整：

1. 某些监测标准一年内未被触发。

2. 某些监测标准触发过于集中。

3. 某些监测标准触发交易后的排除量过高。

（二）报告率：可疑交易报告数／监测预警报告数。

该指标主要反映义务机构监测标准有效性以及可疑交易报告风险偏好度。若该比率较高，可能表示义务机构监测标准较为有效，预警交易为可疑交易报告提供较大贡献，也可能表示义务机构可疑交易报告风险偏好度较低，甚至将某些未经确认为可疑交易的进行了报告。

对于某些监测标准预警交易后的排除量过高的，义务机构可考虑标准设置是否合理。对于某些监测标准预警后上报量过高的，义务机构则可考虑对交易的人工分析、识别是否到位，是否存在防御性报告等，是否需要完善和强化对监测预警的人工处理。

（三）成案率：被移交或立案的可疑交易报告数／可疑交易报告数。

该指标主要反映义务机构监测标准的有效性以及可疑交易报告质量，该比率越高，表示义务机构的监测标准越有效，可疑交易报告质量及其情报价值越高。

义务机构应当结合自身资产规模、地域分布、业务特点、客户群体、交易特征等，特别关注成案率长期为0的情况。必要时，应当对包括监测标准在内的反洗钱制度和管理体系进行全面评估，并根据评估结果对监测指标进行动态优化。

此外，义务机构还可通过同行业交流、分支机构实践反馈等多种途径，不断优化、更新和完善监测标准及其指标规则和参数阈值等。

第六章　管理与保障措施

一、管理政策

义务机构应当在总部或集团层面统筹监测标准建设工作，并在各分支机构、各条线（部门）执行。同时，可针对分支机构所在地区的反洗钱状况，设定局部地区的监测标准，或授权分支机构根据所在地区情况，合理调整监测标准规则和参数阈值等。

义务机构基于监测标准预警结果，对于经分析有合理理由怀疑客户交易与洗钱行为相关的，在履行可疑交易报告义务的同时，可在机构内部进行风险预警，并采取有效措施控制或化解风险。

二、组织实施

义务机构应当建立并完善反洗钱监测工作流程，指定专门的条线（部门）及人员负责监测标准的建设、运行和维护等工作，并至少应当组织科技、相关业务条线专业人员和开发团队技术人员等负责监测标准建设和运行工作。义务机构应当确保交易监测工作流程具有可稽核性、可追溯性。

三、作业模式

义务机构可根据自身资产规模、业务特点、客户群体、交易特征等及运营管理模式和人员配置等情况，确定对通过监测标准筛选出的交易人工分析、识别作业模式，主要分为集中作业和分散作业两种模式。

（一）集中作业模式。

义务机构在总部（集团）或一定层级以上分支机构设置反洗钱集中作业中心，对监测系统的预警案例进行集中分析、识别和报送，分支机构和各业务条线对案例分析和识别提供客户尽职调查等工作支持。实施集中作业，有利于提升交易监测的专业性、系统性和资源整合度。集中作业应当注重发挥分支机构和各业务条线具有的贴近业务、了解客户等优势。

（二）分散作业模式。

义务机构将监测系统的预警案例，以客户为基本单位由相关分支机构和业务条线进行分析识别，然后按照逐级审核、审批等流程排除或上报可疑交易，有利于发挥分支机构和相关业务条线贴近业务、了解客户等优势。分散作业应当采取必要措施确保分析人员的专业性和独立性，并能以客户为基本单位获取客户所有的身份和交易等信息。

四、保障措施

（一）技术保障。

义务机构应当确保监测标准设计、管理、运行、维护的必要技术条件，系统设计应当着眼于运用交易监测工作成果，为可疑交易分析、识别和报告提供高效、科学和具有较强指向性的信息和线索参考。

（二）资源保障。

义务机构应当设立专职的反洗钱岗位，配备专职人员负责大额交易和可疑交易报告工作，并提供必要的资源保障和信息支持。监测标准建设作为大额交易和可疑交易报告的基础性、专业性和技术性工作环节，义务机构要在资源保障和信息支持方面重点保障，确保组织、制度、人员和系统配备到位，提供专项经费用于监测指标建设和系统开发、运营维护等工作，给予反洗钱部门必要的考核管理、数据查询、客户调查等权限。

第七章　附则

本办法下列用语的含义如下：

“交易流量”系指一定时间段内客户账户的资金（资产）交易量，某段时间内客户账户的交易流量为该账户收付资金（资产）总额，计算公式为：交易流量＝收方发生额＋付方发生额。

“交易流速”系指单位时间内客户账户的资金（资产）交易量，为一段时间内客户账户资金（资产）平均交易量，计算公式为：交易流速＝（收方总金额＋付方总金额）／指定时间段。

“交易流向”系指客户账户的资金（资产）流向，包含客户账户的资金（资产）来源和去向。

“指标的位阶”系指模型构成指标重要性的等级排序，即通过分值配比和预警阈值设置等方式，对其中反映犯罪类型主要特征的指标赋予较高等级，并在监测预警中处于较高层级。

中国人民银行关于加强开户管理及可疑交易报告后续控制措施的通知

（银发〔2017〕117号）

中国人民银行上海总部，各分行、营业管理部，各省会（首府）城市中心支行，副省级城市中心支行；国家开发银行，各政策性银行、国有商业银行、股份制商业银行，中国邮政储蓄银行：

近年来，不法分子非法开立、买卖银行账户（含银行卡，下同）和支付账户，继而实施电信诈骗、非法集资、逃税骗税、贪污受贿、洗钱等违法犯罪活动案件频发。部分案件和监管实践显示，一些银行业金融机构和非银行支付机构（以下简称支付机构）在开户环节，客户身份识别制度落实不严，存在着一定的业务管理和风险防控漏洞，为不法分子非法开立账户提供了可乘之机；不少金融机构和支付机构在报送可疑交易报告后，未能对报告涉及的客户、账户及资金采取必要控制措施，仍提供无差别的金融服务，致使犯罪资金及其收益被顺利转移，洗钱等犯罪活动持续或最终发生。为进一步提高对上述违法犯罪活动的防范成效，切实维护社会经济金融秩序，保护人民群众财产安全和合法权益，现就加强开户管理及可疑交易报告后续控制措施有关事项通知如下：

一、加强开户管理，有效防范非法开立、买卖银行账户及支付账户行为

（一）切实履行客户身份识别义务，杜绝假名、冒名开户。

各银行业金融机构和支付机构应遵循“了解你的客户”的原则，认真落实账户管理及客户身份识别相关制度规定，区别客户风险程度，有选择地采取联网核查身份证件、人员问询、客户回访、实地查访、公用事业账单（如电费、水费等缴费凭证）验证、网络信息查验等查验方式，识别、核对客户及其代理人真实身份，杜绝不法分子使用假名或冒用他人身份开立账户。

（二）严格审查异常开户情形，必要时应当拒绝开户。

对于不配合客户身份识别、有组织同时或分批开户、开户理由不合理、开立业务与客户身份不相符、有明显理由怀疑客户开立账户存在开卡倒卖或从事违法犯罪活动等情形，各银行业金融机构和支付机构有权拒绝开户。根据客户及其申请业务的风险状况，可采取延长开户审查期限、加大客户尽职调查力度等措施，必要时应当拒绝开户。

二、加强可疑交易报告后续控制措施，切实提高洗钱风险防控能力和水平

（一）注重人工分析、识别，合理确认可疑交易。

对于通过可疑监测标准筛选出的异常交易，各金融机构和支付机构应当注重挖掘客户身份资料和交易记录价值，发挥客户尽职调查的重要作用，采取有效措施进行人工分析、识别。这些措施包括但不限于：

1. 重新识别、调查客户身份，包括客户的职业、年龄、收入等信息。

2. 采取合理措施核实客户实际控制人或交易实际受益人，了解法人客户的股权或控制权结构。

3. 调查分析客户交易背景、交易目的及其合理性，包括客户经营状况和收入来源、关联客户基本信息和交易情况、开户或交易动机等。

4. 整体分析与客户的业务关系，对客户全部开户及交易情况进行详细审查，判断客户交易与客户及其业务、风险状况、资金来源等是否相符。

5. 涉嫌利用他人账户实施犯罪活动的，与账户所有人核实交易情况。

（二）区分情形，采取适当后续控制措施。

各金融机构和支付机构应当遵循“风险为本”和“审慎均衡”原则，合理评估可疑交易的可疑程度和风险状况，审慎处理账户（或资金）管控与金融消费者权益保护之间的关系，在报送可疑交易报告后，对可疑交易报告所涉客户、账户（或资金）和金融业务及时采取适当的后续控制措施，充分减轻本机构被洗钱、恐怖融资及其他违法犯罪活动利用的风险。这些后续控制措施包括但不限于：

1. 对可疑交易报告所涉客户及交易开展持续监控，若可疑交易活动持续发生，则定期（如每3个月）或额外提交报告。

2. 提升客户风险等级，并根据《金融机构洗钱和恐怖融资风险评估及客户分类管理指引》（银发〔2013〕2号文印发）及相关内控制度规定采取相应的控制措施。

3. 经机构高层审批后采取措施限制客户或账户的交易方式、规模、频率等，特别是客户通过非柜面方式办理业务的金额、次数和业务类型。

4. 经机构高层审批后拒绝提供金融服务乃至终止业务关系。

5. 向相关金融监管部门报告。

6. 向相关侦查机关报案。

（三）建立健全可疑交易报告后续控制的内控制度及操作流程。

各金融机构和支付机构应当建立健全可疑交易报告后续控制的内控制度及操作流程，明确不同情形可疑交易报告应当采取的后续控制措施，并将其有机纳入可疑交易报告制度体系，构建一套“事前、事中、事后”全流程的可疑交易报告内控制度及操作流程，切实提高可疑交易报告工作的有效性。

三、加大监督检查力度，严惩违法违规行为

人民银行各级行要加大对金融机构和支付机构落实账户管理、客户身份识别及可疑交易报告管理制度的监管力度；在相关执法检查中，将其作为重要检查项目，并不断创新检查方式、方法，注重以案倒查、抽查回访等检查方法的运用，切实提升检查能力和水平；检查发现违法违规问题的，依法给予行政处罚。

请人民银行上海总部，各分行、营业管理部，各省会（首府）城市中心支行，副省级城市中心支行将本通知转发至总部注册地在辖区内的各商业银行、农村合作银行、农村信用社、村镇银行、外资银行、证券公司、期货公司、基金管理公司、保险公司、保险资产管理公司、保险专业代理公司、保险经纪公司、信托公司、金融资产管理公司、企业集团财务公司、金融租赁公司、汽车金融公司、消费金融公司、货币经纪公司、贷款公司等金融机构和支付机构。

中国人民银行
2017年5月12日

中国人民银行关于落实执行联合国安理会相关决议的通知

（银发〔2017〕187号）

中国人民银行上海总部，各分行、营业管理部，各省会（首府）城市中心支行，各副省级城市中心支行；国家开发银行，各政策性银行、国有商业银行、股份制商业银行，中国邮政储蓄银行；中国银联，农信银资金清算中心，城市商业银行资金清算中心：

为落实外交部关于执行联合国安理会根据《联合国宪章》第七章第四十一条通过的制裁决议的通知要求，现就有关事项通知如下：

一、金融机构和特定非金融机构收到转发外交部关于执行联合国安理会相关决议的通知后，应当立即将决议名单（以下简称名单）所列个人、实体信息要素输入相关业务系统，开展回溯性审查。

二、客户属于名单范围的，金融机构和特定非金融机构应当立即按照通知要求采取相应措施并于当日将有关情况报告中国人民银行和其他相关部门。应当采取的措施包括但不限于：停止金融账户的开立、变更、撤销和使用，暂停金融交易，拒绝转移、转换金融资产，停止提供出口信贷、担保、保险等金融服务，依法冻结账户资产。

三、金融机构和特定非金融机构采取措施的，应当采取适当方式告知客户，法律、法规或者相关部门另有保密要求的除外。

四、金融机构和特定非金融机构应当采取必要和合理的措施保证及时准确地执行联合国安理会决议，防止出现差错。经核实客户不属于名单范围的，或者由于客户被解除制裁不再属于名单范围的，金融机构和特定非金融机构应当立即终止所采取措施并向中国人民银行和其他相关部门报告。金融机构和特定非金融机构对客户是否属于名单范围存在疑问的，应当向中国人民银行或者其他相关部门申请协助核实。

五、因生活基本支出或者联合国安理会决议规定的特殊原因需要进行资金收付等金融交易的，金融机构和特定非金融机构应当告知客户可以根据联合国安理会相关规定提出豁免申请。申请经批准后，金融机构和特定非金融机构可以允许客户按照指定用途、指定金额、指定账户等进行金融交易。

客户认为不符合制裁条件不应被列入制裁名单的，金融机构和特定非金融机构应当告知客户可以根据联合国安理会相关规定提出解除制裁申请。申请经批准后，金融机构和特定非金融机构应当终止所采取措施并向中国人民银行和其他相关部门报告。

上述申请经批准之前，金融机构和特定非金融机构不得擅自解除所采取措施。

六、金融机构和特定非金融机构采取措施后，认为相关主体可能涉嫌犯罪的，应当向当地公安机关等有权机关报案，依法配合立案侦查，协助公安机关、人民检察院和人民法院等有权机关依法采取查询、扣押、冻结等措施。

七、金融机构和特定非金融机构收到境外有关部门与执行联合国安理会决议有关的冻结资产或者提供客户信息等要求时，应当告知对方通过外交途径、司法协助途径或者金融监管合作途径等提出请求，不得擅自采取行动。

八、中国人民银行依据《中华人民共和国中国人民银行法》、《中华人民共和国反洗钱法》、《中华人民共和国反恐怖主义法》等有关规定，会同金融监管部门对金融机构和特定非金融机构执行本通知的情况进行监督检查。

九、本通知所称金融账户，包括各种银行账户、非银行支付账户、证券账户以及为从事金融交易设立的其他账户。

本通知所称金融交易，包括但不限于：现金存取，资金汇划，货币兑换，票据、信用证开立、兑付，出具保函，保函展期，贷款，保管箱服务，证券买卖，融资融券，签订、变更、解除保险、信托、理财等金融合同，保险理赔。

本通知所称金融资产，指名单所列个人和实体以任何形式所有或者控制的任何形式的与金融机构有关的资产，不论是有形资产或者无形资产，动产或者不动产，包括但不限于：银行存款、旅行支票、银行支票、邮政汇票、保单、提单、仓单、股票、证券、债券、汇票和信用证，设定担保物权的动产和不动产，以及以电子或者数字形式证明资产产权或者权益的法律文件或者证书。

十、本通知自发布之日起生效。《中国人民银行执行外交部关于执行安理会有关决议通知的通知》（银发〔2010〕165号）同时废止。有关法律、法规、规章另有规定的，从其规定。

请人民银行上海总部，各分行、营业管理部，各省会（首府）城市中心支行，各副省级城市中心支行将本通知转发至辖区内有关商业银行、农村合作银行、农村信用社、村镇银行、证券公司、期货公司、基金管理公司、保险公司、保险资产管理公司、保险专业代理公司、保险经纪公司、信托公司、金融资产管理公司、企业集团财务公司、金融租赁公司、汽车金融公司、消费金融公司、货币经纪公司、小额贷款公司等金融机构和特定非金融机构。

中国人民银行

2017年8月4日

中国人民银行关于加强反洗钱客户身份识别有关工作的通知

（银发〔2017〕235号）

中国人民银行上海总部，各分行、营业管理部，各省会（首府）城市中心支行、各副省级城市中心支行；国家开发银行、各政策性银行、国有商业银行、股份制商业银行，中国邮政储蓄银行，中国银联，农信银资金清算中心，城市商业银行资金清算中心：

为落实风险为本工作方法，指导反洗钱义务机构（以下简称义务机构）进一步提高反洗钱客户身份识别工作的有效性，现就加强反洗钱客户身份识别有关工作通知如下：

一、加强对非自然人客户的身份识别

义务机构应当按照《金融机构客户身份识别和客户身份资料及交易记录保存管理办法》（中国人民银行　中国银行业监督管理委员会　中国证券监督管理委员会　中国保险监督管理委员会令〔2007〕第2号发布）的规定，有效开展非自然人客户的身份识别，提高受益所有人信息透明度，加强风险评估和分类管理，防范复杂股权或者控制权结构导致的洗钱和恐怖融资风险。

（一）义务机构应当加强对非自然人客户的身份识别，在建立或者维持业务关系时，采取合理措施了解非自然人客户的业务性质与股权或者控制权结构，了解相关的受益所有人信息。

（二）义务机构应当根据实际情况以及从可靠途径、以可靠方式获取的相关信息或者数据，识别非自然人客户的受益所有人，并在业务关系存续期间，持续关注受益所有人信息变更情况。

（三）对非自然人客户受益所有人的追溯，义务机构应当逐层深入并最终明确为掌握控制权或者获取收益的自然人，判定标准如下：

1. 公司的受益所有人应当按照以下标准依次判定：直接或者间接拥有超过25%公司股权或者表决权的自然人；通过人事、财务等其他方式对公司进行控制的自然人；公司的高级管理人员。

2. 合伙企业的受益所有人是指拥有超过25%合伙权益的自然人。

3. 信托的受益所有人是指信托的委托人、受托人、受益人以及其他对信托实施最终有效控制的自然人。

4. 基金的受益所有人是指拥有超过25%权益份额或者其他对基金进行控制的自然人。

对风险较高的非自然人客户，义务机构应当采取更严格的标准判定其受益所有人。

（四）义务机构应当核实受益所有人信息，并可以通过询问非自然人客户、要求非自然人客户提供证明材料、查询公开信息、委托有关机构调查等方式进行。

（五）义务机构应当登记客户受益所有人的姓名、地址、身份证件或者身份证明文件的种类、号码和有效期限。

（六）义务机构在充分评估下述非自然人客户风险状况基础上，可以将其法定代表人或者实际控制人视同为受益所有人：

1. 个体工商户、个人独资企业、不具备法人资格的专业服务机构。

2. 经营农林渔牧产业的非公司制农民专业合作组织。

对于受政府控制的企事业单位，参照上述标准执行。

（七）义务机构可以不识别下述非自然人客户的受益所有人：

1. 各级党的机关、国家权力机关、行政机关、司法机关、军事机关、人民政协机关和人民解放军、武警部队、参照公务员法管理的事业单位。

2. 政府间国际组织、外国政府驻华使领馆及办事处等机构及组织。

（八）义务机构应当在识别受益所有人的过程中，了解、收集并妥善保存以下信息和资料：

1. 非自然人客户股权或者控制权的相关信息，主要包括：注册证书、存续证明文件、合伙协议、信托协议、备忘录、公司章程以及其他可以验证客户身份的文件。

2. 非自然人客户股东或者董事会成员登记信息，主要包括：董事会、高级管理层和股东名单、各股东持股数量以及持股类型（包括相关的投票权类型）等。

（九）银行业金融机构应当将登记保存的受益所有人信息报送中国人民银行征信中心运营管理的相关信息数据库。义务机构可以依照相关规定查询非自然人客户的受益所有人信息。受益所有人信息登记、查询、使用及保密办法，由中国人民银行另行制定。

二、加强对特定自然人客户的身份识别

义务机构在与客户建立或者维持业务关系时，对下列特定自然人客户，应当按照《金融机构客户身份识别和客户身份资料及交易记录保存管理办法》的规定，有效开展身份识别。

（一）对于外国政要，义务机构除采取正常的客户身份识别措施外，还应当采取以下强化的身份识别措施：

1. 建立适当的风险管理系统，确定客户是否为外国政要。

2. 建立（或者维持现有）业务关系前，获得高级管理层的批准或者授权。

3. 进一步深入了解客户财产和资金来源。

4. 在业务关系持续期间提高交易监测的频率和强度。

（二）对于国际组织的高级管理人员，义务机构为其提供服务或者办理业务出现较高风险时，应当采取本条第一项第2目至第4目所列强化的客户身份识别措施。

（三）上述特定自然人客户身份识别的要求，同样适用于其特定关系人。

（四）如果非自然人客户的受益所有人为上述特定自然人客户，义务机构应当对该非自然人客户采取相应的强化身份识别措施。

三、加强特定业务关系中客户的身份识别措施

义务机构应当根据产品、业务的风险评估结果，结合业务关系特点开展客户身份识别，将客户身份识别工作作为有效防范洗钱和恐怖融资风险的基础。

（一）对于寿险和具有投资功能的财产险业务，义务机构应当充分考虑保单受益人的风险状况，决定是否对受益人开展强化的身份识别措施。受益人为非自然人客户，义务机构认为其股权或者控制权较复杂且有较高风险的，应当在偿付相关资金前，采取合理措施了解保单受益人的股权和控制权结构，并按照风险为本原则，强化对受益人的客户身份识别。

如保单受益人或者其受益所有人为第二条所列的特定自然人，且义务机构认定其属于高风险等级的，义务机构应当在偿付相关资金前获得高级管理层批准，并对整个保险业务关系进行强化审查。如果义务机构无法完成上述措施，则应当在合理怀疑基础上提交可疑交易报告。

（二）义务机构采取有效措施仍无法进行客户身份识别的，或者经过评估超过本机构风险管理能力的，不得与客户建立业务关系或者进行交易；已建立业务关系的，应当中止交易并考虑提交可疑交易报告，必要时可终止业务关系。

义务机构怀疑交易与洗钱或者恐怖融资有关，但重新或者持续识别客户身份将无法避免泄密时，可以终止身份识别措施，并提交可疑交易报告。

（三）对来自金融行动特别工作组（FATF）、亚太反洗钱组织（APG）、欧亚反洗钱和反恐怖融资组织（EAG）等国际反洗钱组织指定高风险国家或者地区的客户，义务机构应当根据其风险状况，采取相应的强化身份识别措施。

（四）义务机构委托境外第三方机构开展客户身份识别的，应当充分评估该机构所在国家或者地区的风险状况，并将其作为对客户身份识别、风险评估和分类管理的基础。

当义务机构与委托的境外第三方机构属于同一金融集团，且集团层面采取的客户身份识别等反洗钱内部控制措施能有效降低境外国家或者地区的风险水平，则义务机构可以不将境外的风险状况纳入对客户身份识别、风险评估和分类管理的范畴。

（五）出于反洗钱和反恐怖融资需要，集团（公司）应当建立内部信息共享制度程序，明确信息安全和保密要求。集团（公司）合规、审计和反洗钱部门可以依法要求分支机构和附属机构提供客户、账户、交易信息及其他相关信息。

（六）银行业金融机构应当遵守《金融机构客户身份识别和客户身份资料及交易记录保存管理办法》等规章制度，同时参照金融行动特别工作组、沃尔夫斯堡集团关于代理行业务的相关要求，严格履行代理行业务的身份识别义务。

四、其他事项

（一）义务机构应当进一步完善客户身份识别的内部控制制度和操作规范，并按照《金融机构客户身份识别和客户身份资料及交易记录保存管理办法》的规定保存上述身份识别工作记录和获取的身份资料，切实履行个人金融信息保护义务。

（二）义务机构应当向客户充分说明本机构需履行的身份识别义务，不得明示、暗示或者帮助客户隐匿身份信息。

（三）义务机构应当按照本通知要求，对新建立业务关系客户有效开展客户身份识别。同时，有序对存量客户组织排查，于 2018 年 6 月 30 日前完成存量客户的身份识别工作。

（四）本通知所称外国政要、国际组织的高级管理人员，参照《打击洗钱、恐怖融资与扩散融资的国际标准：FATF 建议》及有关国际标准确定。

本通知自发布之日起实施。有关法律、行政法规、规章另有规定的，从其规定。

请中国人民银行上海总部，各分行、营业管理部，各省会（首府）城市中心支行，各副省级城市中心支行将本通知转发至辖区内义务机构。

中国人民银行
2017 年 10 月 20 日

中国人民银行、民政部关于印发《社会组织反洗钱和反恐怖融资管理办法》的通知

（银发〔2017〕261 号）

中国人民银行上海总部，各分行、营业管理部，各省会（首府）城市中心支行，各副省级城市中心支行；各省、自治区、直辖市民政厅（局），各计划单列市民政局，新疆生产建设兵团民政局；各社会组织：

为贯彻落实中共中央办公厅、国务院办公厅《关于改革社会组织管理制度促进社会组织健康有序发展的意见》要求，预防洗钱、恐怖融资及有关违法犯罪活动，规范社会组织反洗钱和反恐怖融资工作，根据《中华人民共和国反洗钱法》《中华人民共和国反恐怖主义法》《中华人民共和国中国人民银行法》《中华人民共和国慈善法》《社会团体登记管理条例》《基金会管理条例》《民办非企业单位登记管理暂行条例》《外国商会管理暂行规定》等法律、行政法规，中国人民银行、民政部制定了《社会组织反洗钱和反恐怖融资管理办法》，现印发给你们，请遵照执行。

执行过程中如遇问题，请及时报告中国人民银行、民政部。

附件：社会组织反洗钱和反恐怖融资管理办法

中国人民银行
中华人民共和国民政部
2017 年 11 月 17 日

社会组织反洗钱和反恐怖融资管理办法

第一条 为了预防洗钱、恐怖融资及有关违法犯罪活动，规范社会组织反洗钱和反恐怖融资工作，根据《中华人民共和国反洗钱法》《中华人民共和国反恐怖主义法》《中华人民共和国中国人民银行法》《中华人民共和国慈善法》《社会团体登记管理条例》《基金会管理条例》《民办非企业单位登记管理暂行条例》《外国商会管理暂行规定》等法律、行政法规，制定本办法。

第二条 本办法所称社会组织是指在中华人民共和国境内登记的社会团体、基金会、社会服务机构（民办非企业单位）和外国商会。

第三条 中国人民银行负责全国的反洗钱和反恐怖融资监督管理工作。民政部门在职责范围内配合中国人民银行履行社会组织反洗钱和反恐怖融资监督管理职责。

第四条 社会组织应当依法建立健全反洗钱和反恐怖融资内部控制制度，确保资金使用符合其宗旨和业务范围。社会组织的负责人应当对内部控制制度的有效实施及资金的合法使用负责。

社会组织应当对其分支机构（代表机构）反洗钱和反恐怖融资内部控制制度的执行情况进行监督管理。

第五条　社会组织应当设立反洗钱和反恐怖融资专门岗位或者指定专门人员负责反洗钱和反恐怖融资工作。有条件的社会组织，可以设立专门机构或者指定专门机构负责反洗钱和反恐怖融资工作。

第六条　社会组织的境外分支机构（代表机构）应当在驻在国家（地区）法律规定的范围内，执行本办法的规定；驻在国家（地区）有更严格要求的，遵守其规定。如果本办法的要求比驻在国家（地区）的相关规定更为严格，但驻在国家（地区）法律禁止或者限制境外分支机构（代表机构）实施本办法，社会组织应当向登记管理机关及所在地中国人民银行分支机构报告。

第七条　社会组织应当通过合法金融渠道或者以合法方式开展资金交易活动。

第八条　社会组织与境外组织建立合作关系或者发生资金交易时，应当充分收集有关境外组织业务、声誉、内部控制制度、合法经营情况等方面的信息，评估境外组织洗钱和恐怖融资风险，并在书面协议中明确本组织与境外组织在反洗钱和反恐怖融资方面的责任和义务。

第九条　社会组织应当依法履行信息公开义务，接受社会监督。

第十条　社会组织及其工作人员应当对依法履行反洗钱和反恐怖融资义务获得的有关信息保密；除相关法律规定外，不得向任何组织或者个人提供。

第十一条　社会组织应当依法确认业务活动相关受益人的身份，确保受益人符合规定条件，了解受益人的声誉，依法保护受益人隐私，不得资助危害国家安全、损害社会公共利益等违法活动。社会组织应当依法记录所取得的捐赠人的身份信息，并尊重其保密要求。社会组织应当识别其负责人及理事的身份。

第十二条　社会组织应当保存所有业务活动相关交易记录、本办法第十一条所列信息及所有公开信息，保存时间不少于五年。交易记录应当充分详细，以确认资金的使用符合其宗旨和业务范围。

中国人民银行及其分支机构和民政部门可以依法调取上述信息。

第十三条　社会组织与其他组织或个人开展合作或者发生资金交易时，发现或有合理理由怀疑相关组织或个人的交易与洗钱、恐怖融资等犯罪活动相关的，应当向中国反洗钱监测分析中心提交可疑交易报告；明显涉嫌洗钱、恐怖融资等犯罪活动的，社会组织应当在向中国反洗钱监测分析中心提交可疑交易报告的同时，向所在地中国人民银行或者其分支机构和当地公安机关报告。

第十四条　任何单位和个人发现社会组织涉嫌洗钱或者恐怖融资活动，有权向中国人民银行及其分支机构或者公安机关举报。

第十五条　社会组织应当积极配合中国人民银行及其分支机构、民政部门的监督检查，如实提供有关文件和资料，并对文件和资料的真实性、准确性和完整性负责。

第十六条　中国人民银行及其分支机构会同民政部门定期评估社会组织洗钱和恐怖融资风险，并根据风险评估结果采取相应的风险管理措施。

第十七条　中国人民银行或者其副省级城市中心支行以上分支机构发现可疑交易活动需要调查核实的，可以向社会组织进行调查。

中国人民银行及其分支机构、民政部门有合理理由怀疑社会组织涉嫌洗钱、恐怖融资等犯罪活动的，应当立即向公安机关报告，并相互通报情况。

第十八条　中国人民银行及其分支机构与民政部门共享社会组织的登记信息、管理信息、财务信息、项目信息、依法律法规授权可获取的资金交易信息和其他有关信息。

第十九条 中国人民银行及其分支机构应当会同民政部门开展反洗钱宣传和培训，引导社会组织提高反洗钱和反恐怖融资意识，预防洗钱和恐怖融资犯罪活动。

第二十条 中国人民银行及其分支机构、民政部门依法获取的社会组织相关信息，可以用于反洗钱和反恐怖融资国际合作。

第二十一条 社会组织及其工作人员违反本办法的，由中国人民银行或者其地市中心支行以上分支机构依法予以处罚；违反《中华人民共和国慈善法》《社会团体登记管理条例》《基金会管理条例》《民办非企业单位登记管理暂行条例》《外国商会管理暂行规定》的，由民政部门依法查处。涉嫌构成犯罪的，移送司法机关依法追究刑事责任。

第二十二条 中国人民银行会同民政部发布关于社会组织反洗钱和反恐怖融资内部控制制度、与境外组织合作协议以及其他实践操作的指引文件。

第二十三条 本办法由中国人民银行会同民政部解释。

第二十四条 本办法自发布之日起施行。

中国人民银行关于印发《银行业金融机构反洗钱现场检查数据接口规范（试行）》的通知

（银发〔2017〕300号）

中国人民银行上海总部，各分行、营业管理部、省会（首府）城市中心支行、副省级城市中心支行；国家开发银行，各政策性银行、国有商业银行、股份制商业银行，中国邮政储蓄银行：

为有效提高反洗钱现场检查效率，落实依法行政要求，中国人民银行制定了《银行业金融机构反洗钱现场检查数据接口规范（试行）》（以下简称接口规范），现印发给你们，并就有关事项通知如下：

一、实施时间

自2018年3月1日起，中国人民银行及其分支机构组织实施的反洗钱现场检查项目，被查银行业金融机构（以下简称银行）应按接口规范提供现场检查所需数据。

银行应在2018年2月28日之前，做好按照接口规范提取数据的各项准备工作。

二、实施要求

（一）准确理解接口规范含义。银行要高度重视，组织数据提取相关部门认真学习接口规范，确保准确理解接口规范的数据提取范围、格式要求、数据表字段含义等内容。

（二）完善制度流程。银行要从内部管理、流程设计、职责分工、风险防控等方面，制定相应的制度规范，以满足接口规范要求。

（三）强化系统数据管理。有技术条件的银行应建立反洗钱现场检查数据管理平台，满足下列要求：业务系统（或专门对接监管部门提取数据的系统）中设置数据项目必须包括但不限于接口规范所列的全部数据项目，并在日常工作中将数据内容录入系统；具备数据时间范围、机构范围的自定义配置功能，简化数据提取流程，实现数据提取的自动化操作。

（四）积极组织测试。银行要按照接口规范要求开展数据完整性和准确性分析。通过提取小样本数据，检验业务、客户、交易以及接口规范各数据表的完整性；检验各数据表与系统数据的一致性。

（五）优化系统设计。银行要按照接口规范要求对现有业务系统及反洗钱相关系统数据资源开展比较分析，对于当前反洗钱系统缺少的字段，应当从上游系统接入相关数据表，进一步扩大数据来源。同时，制定系统升级改造计划，优化数据提取逻辑，在保证数据质量的前提下，简化数据提取复杂度。

三、规范监管

（一）严格落实接口规范要求。人民银行各级机构不得额外增加被查银行不必要的负担。对接口规范已规定的数据表，不得提出数据表字段、格式等方面的新要求；对接口规范未规定的数据和资料，可根据实际需要要求被查银行提供特定格式的数据资料。

（二）加强督促指导。人民银行各级机构要在确保数据资料及时、完整、准确提取的同时，推动接口规范有效实施。对 2018 年 6 月 30 日前组织实施的反洗钱现场检查项目，要求被查银行在 20 日内提供数据；对 2018 年 7 月 1 日后组织实施的反洗钱现场检查项目，要求被查银行在 10 日内提供数据。在实施反洗钱现场检查过程中，对于被查银行不及时提供数据，以及格式、内容、数值等不符合接口规范要求等问题，视情节严重程度，按照《中华人民共和国反洗钱法》第三十二条相关规定予以处理。

四、其他要求

人民银行分支机构和银行在执行接口规范过程中如发现问题，要研究提出解决方案或修改完善意见，并于每年度结束后 20 个工作日内告知人民银行反洗钱局。

请人民银行分支机构将本通知转发至辖区内银行法人。

附件：银行业金融机构反洗钱现场检查数据接口规范（试行）（略）

中国人民银行

2017 年 12 月 29 日

中国人民银行关于印发《非银行支付机构反洗钱现场检查数据接口规范（试行）》的通知

（银发〔2017〕301号）

中国人民银行上海总部，各分行、营业管理部、省会（首府）城市中心支行、副省级城市中心支行：

为有效提高反洗钱现场检查效率，落实依法行政要求，中国人民银行制定了《非银行支付机构反洗钱现场检查数据接口规范（试行）》（以下简称接口规范），现印发给你们，并就有关事项通知如下：

一、实施时间

自2018年3月1日起，中国人民银行及其分支机构组织实施反洗钱现场检查项目，被查非银行支付机构应按接口规范提供现场检查所需数据。

非银行支付机构应在2018年2月28日之前，做好按照接口规范提取数据的各项准备工作。

二、实施要求

（一）准确理解接口规范含义。非银行支付机构要高度重视，组织数据提取相关部门认真学习接口规范，确保准确理解接口规范的数据提取范围、格式要求、数据表字段含义等内容。

（二）完善制度流程。非银行支付机构要从内部管理、流程设计、职责分工、风险防控等方面，制定相应的制度规范，以满足接口规范要求。

（三）强化系统数据管理。有技术条件的非银行支付机构应建立反洗钱现场检查数据管理平台，满足下列要求：业务系统（或专门对接监管部门提取数据的系统）中设置数据项目必须包括但不限于接口规范所列的全部数据项目，并在日常工作中将数据内容录入系统；具备数据时间范围、机构范围的自定义配置功能，简化数据提取流程，实现数据提取的自动化操作。

（四）积极组织测试。非银行支付机构要按照接口规范要求开展数据完整性和准确性分析。通过提取小样本数据，检验业务、客户、交易以及接口规范各数据表的完整性；检验各数据表与系统数据的一致性。

（五）优化系统设计。非银行支付机构要按照接口规范要求对现有业务系统及反洗钱相关系统数据资源开展比较分析，对于当前反洗钱系统缺少的字段，应当从上游系统接入相关数据表，进一步扩大数据来源。同时，制定系统升级改造计划，优化数据提取逻辑，在保证数据质量的前提下，简化数据提取复杂度。

三、规范监管

（一）严格落实接口规范要求。人民银行各级机构不得额外增加被查非银行支付机构不必要的负担。对接口规范已规定的数据表，不得提出数据表字段、格式等方面的新要求；对接口规范未规定的数据和资料，可根据实际需要要求被查非银行支付机构提供特定格式的数据资料。

（二）加强督促指导。人民银行各级机构要在确保数据资料及时、完整、准确提取的同时，推动接口规范有效实施。对2018年6月30日前组织实施的反洗钱现场检查项目，要求被查非银行支付机构在 20 日内提供数据；对 2018 年 7 月 1 日后组织实施的反洗钱现场检查项目，要求被查非银行支付机构在 10 日内提供数据。在实施反洗钱现场检查过程中，如被查非银行支付机构不及时提供数据，格式、内容、数值等不符合接口规范要求等，将视情节严重程度，依法予以处理。

四、其他要求

人民银行分支机构和非银行支付机构在执行接口规范过程中如发现问题，应研究提出解决方案或修改完善意见，于每年度结束后 20 个工作日内告知中国人民银行反洗钱局。

请人民银行分支机构将本通知转发至辖区内非银行支付机构法人。

附件：非银行支付机构反洗钱现场检查数据接口规范（试行）（略）

中国人民银行

2017 年 12 月 29 日

中国人民银行关于改进个人银行账户分类管理有关事项的通知

（银发〔2018〕16号）

中国人民银行上海总部，各分行、营业管理部、省会（首府）城市中心支行，深圳市中心支行；国家开发银行，各政策性银行、国有商业银行、股份制商业银行，中国邮政储蓄银行：

为进一步推动落实个人银行账户分类管理制度，现就有关事项通知如下：

一、关于便利个人Ⅱ类银行结算账户、Ⅲ类银行结算账户（以下简称Ⅱ、Ⅲ类户）开户

（一）2018年6月底前，国有商业银行、股份制商业银行等银行业金融机构（以下简称银行），应当实现在本银行柜面和网上银行、手机银行、直销银行、远程视频柜员机、智能柜员机等电子渠道办理个人Ⅱ、Ⅲ类户开立等业务。2018年12月底前，其他银行应当实现上述要求。

（二）个人通过采用数字证书或电子签名等安全可靠验证方式登录电子渠道开立Ⅱ、Ⅲ类户时，如绑定本人本银行Ⅰ类银行结算账户（以下简称Ⅰ类户）或者信用卡账户开立的，且确认个人身份资料或信息未发生变化的，开立Ⅱ、Ⅲ类户时无需个人填写身份信息、出示身份证件等。

银行电子渠道采用的数字证书或生成电子签名过程应当符合《中华人民共和国电子签名法》、金融电子认证规范（JR/T0118—2015）等有关规定。

（三）银行在为个人开立Ⅰ类户时，应当在尊重个人意愿的前提下，积极主动引导个人同时开立Ⅱ、Ⅲ类户。

（四）银行为已经本银行面对面核实身份且留存有效身份证件复印件、影印件或者影像等资料的个人开立Ⅱ、Ⅲ类户时，如个人身份证件未发生变化的，可复用已有留存资料，不需重复留存身份证件复印件、影印件或者影像等。

（五）银行为个人开立Ⅲ类户时，应当按照账户实名制原则通过绑定账户验证开户人身份，当同一个人在本银行所有Ⅲ类户资金双边收付金额累计达到5万元（含）以上时，应当要求个人在7日内提供有效身份证件，并留存身份证件复印件、影印件或影像，登记个人职业、住所地或者工作单位地址、证件有效期等其他身份基本信息。个人在7日内未按要求提供有效身份证件、登记身份信息的，银行应当中止该账户所有业务。

（六）自本通知印发之日起，同一银行法人为同一个人开立Ⅱ类户、Ⅲ类户的数量原则上分别不得超过5个。

二、关于Ⅱ、Ⅲ类户使用要求

（一）银行应当基于个人银行账户分类管理制度开展业务创新，打造多元化非现金支付方式，提升便民支付水平。积极引导个人使用Ⅱ、Ⅲ类户替代Ⅰ类户用于网络支付和移动支付业务，利用Ⅱ、Ⅲ类户办理日常消费、缴纳公共事业费、向支付账户充值等业务。

（二）Ⅱ、Ⅲ类户可以通过基于主机卡模拟（HCE）、手机安全单元（SE）、支付标记化（Tokenization）等技术的移动支付工具进行小额取现，取现额度应当在遵守Ⅱ、Ⅲ类户出金总限额规定的前提下，由银行根据客户风险等级和交易情况自行设定。

（三）Ⅲ类户任一时点账户余额不得超过2000元。

（四）银行通过电子渠道非面对面为个人新开立Ⅲ类户后，通过绑定账户转入资金验证的，可以接收非绑定账户小额转入资金；消费和缴费支付、非绑定账户资金转出等出金日累计限额合计为2000元，年累计限额合计为5万元。本通知印发之日前，银行非面对面为个人开立的Ⅲ类户，个人已通过绑定账户向该Ⅲ类户转入资金的，经本人同意后，银行可为该Ⅲ类户开通非绑定账户入金功能，账户限额按本通知管理。经银行面对面核实身份新开立的Ⅲ类户，消费和缴费支付、非绑定账户资金转出等出金日累计限额合计调整为2000元，年累计限额合计调整为5万元。

本通知印发之日前经银行面对面核实身份开立的Ⅲ类户，可按照原限额管理。同一家银行通过电子渠道非面对面方式为同一个人只能开立一个允许非绑定账户入金的Ⅲ类户。

（五）银行可以向Ⅲ类户发放本银行小额消费贷款资金并通过Ⅲ类户还款，Ⅲ类户不得透支。发放贷款和贷款资金归还，应当遵守Ⅲ类户余额限制规定，但贷款资金归还不受出金限额控制。

（六）银行为个人非面对面开立的Ⅱ、Ⅲ类户向本人同名支付账户充值的，充值资金可提回Ⅱ、Ⅲ类户，但提现金额不得超过该Ⅱ、Ⅲ类户向支付账户的原充值金额。除充值资金提回外，支付账户不得向Ⅱ、Ⅲ类户入金，但允许非绑定账户入金的Ⅱ、Ⅲ类户除外。

三、其他要求

（一）银行应当充分认识个人银行账户分类管理制度对改进个人银行业务的意义，创新账户产品，优化业务流程，提升客户体验，切实引导个人通过账户分类管理制度保护账户资金和信息安全。

（二）人民银行分支机构应当指导、督促辖区内银行加快系统改造，积极推动Ⅱ、Ⅲ类户业务发展，全面落实个人银行账户分类管理制度。

（三）人民银行分支机构、银行应当加强个人银行账户分类管理制度宣传。通过线上、线下各种渠道和营销活动引导个人开立和使用Ⅱ、Ⅲ类户，加强Ⅱ、Ⅲ类户对于保护银行账户资金和信息安全宣传教育，培养使用Ⅱ、Ⅲ类户习惯，提高个人对Ⅱ、Ⅲ类户的认知度和接受度。

（四）银行应当加强对Ⅱ、Ⅲ类户异常开立和可疑交易的监测，对于个人存在异常开户和可疑交易行为的，应当严格按照《中国人民银行关于加强支付结算管理防范电信网络新型违法犯罪有关事项的通知》（银发〔2016〕261号）、《中国人民银行关于加强开户管理及可疑交易报告后续控制措施的通知》（银发〔2017〕117号）等制度规定，采取拒绝开户或暂停账户非柜面业务等措施。

（五）银行应当严格落实《中国人民银行金融消费者权益保护实施办法》（银发〔2016〕314号文印发）、《中国人民银行关于银行业金融机构做好个人金融信息保护工作的通知》（银发〔2011〕17号）、《中国人民银行关于进一步加强银行卡风险管理的通知》（银发〔2016〕170号）等制度要求，加强Ⅱ、Ⅲ类户和绑定账户信息安全管理，确保信息安全，防止信息泄露和滥用。

本通知印发前有关规定与本通知相抵触的，以本通知规定为准。

请人民银行上海总部，各分行、营业管理部、省会（首府）城市中心支行，深圳市中心支行将本通知转发至辖区内人民银行分支机构、城市商业银行、农村商业银行、农村合作银行、农村信用社、村镇银行和外资银行等。

中国人民银行
2018 年 1 月 10 日

中国人民银行关于非银行支付机构开展大额交易报告工作有关要求的通知

（银发〔2018〕163号）

中国人民银行上海总部，各分行、营业管理部，各省会（首府）城市中心支行，各副省级城市中心支行；国家开发银行，各政策性银行、国有商业银行、股份制商业银行，中国邮政储蓄银行：

为落实《金融机构大额交易和可疑交易报告管理办法》（中国人民银行令〔2016〕第3号发布）有关规定，进一步健全大额交易和可疑交易报告工作机制，提高资金监测有效性，现就非银行支付机构执行大额交易报告制度的有关要求通知如下：

一、非银行支付机构应当切实履行大额交易报告义务，按照《中华人民共和国反洗钱法》、《金融机构大额交易和可疑交易报告管理办法》等有关法律法规的规定，强化董事会和高级管理层反洗钱履职责任，在总部或集团层面推动落实大额交易报告制度、流程、系统建设等工作要求，切实保障相关人员、信息和技术等资源需求。非银行支付机构与银行机构应当加强信息传递，为对方履行大额交易报告义务提供完整、准确、及时的客户身份信息和交易信息，持续完善资金上下游链条信息。

二、非银行支付机构应当以客户为单位，按资金收入或者支出单边累计计算并报告下列大额交易：

（一）当日单笔或者累计交易额人民币5万元以上（含5万元）、外币等值1万美元以上（含1万美元）的现金收支。

（二）非自然人客户支付账户与其他账户发生当日单笔或者累计交易额人民币200万元以上（含200万元）、外币等值20万美元以上（含20万美元）的款项划转。

（三）自然人客户支付账户与其他账户发生当日单笔或者累计交易额人民币50万元以上（含50万元）、外币等值10万美元以上（含10万美元）的境内款项划转。

（四）自然人客户支付账户与其他的银行账户发生当日单笔或者累计交易额人民币20万元以上（含20万元）、外币等值1万美元以上（含1万美元）的跨境款项划转。

中国人民银行根据需要可以调整大额交易报告标准。

三、客户通过非银行支付机构发生的银行账户与银行账户之间的款项划转，非银行支付机构应当参照本通知第二条的标准提交大额交易报告。

四、客户通过非银行支付机构发生的预付卡与银行账户之间的款项划转，预付卡发卡机构应当参照本通知第二条的标准提交大额交易报告。

五、对于跨境收单业务，非银行支付机构应当以客户支付的人民币交易金额计算并提交大额交易报告；客户通过绑定境外银行卡进行支付的，非银行支付机构应当以收单机构与其结算的人民币交易金额计算并提交大额交易报告。

六、对符合下列条件之一的大额交易，如未发现交易或行为可疑的，非银行支付机构可以不报告：

（一）交易一方为各级党的机关、国家权力机关、行政机关、司法机关、军事机关、人民政协机关和人民解放军、武警部队，但不包含其下属的各类企事业单位。

（二）非银行支付机构为客户办理相关业务收取的手续费用。

（三）交易背景为缴纳水费、电费、燃气费等公共事业费。

（四）中国人民银行确定的其他情形。

中国人民银行根据需要可以调整大额交易免报范围。

七、非银行支付机构应当在大额交易完成之日起5个工作日内以电子方式提交大额交易报告。大额交易完成以款项实际划转到支付账户或者银行账户为准。

八、本通知所称的非银行支付机构，是指根据《非金融机构支付服务管理办法》（中国人民银行令〔2010〕第2号发布）规定取得《支付业务许可证》的机构；预付卡发卡机构，是指依法取得《支付业务许可证》，获准办理预付卡发行与受理业务的非银行支付机构。

本通知所称的非自然人客户，包括法人、其他组织或个体工商户；其他账户，包括他人的支付账户、本人或他人的银行账户；其他的银行账户，包括本人或他人的银行账户。

九、非银行支付机构应当于2019年1月1日起按照本通知的规定，提交大额交易报告。大额交易报告的具体要素内容、报告格式和填报要求由中国人民银行另行规定。非银行支付机构开展大额交易报告工作的其他要求按照《金融机构大额交易和可疑交易报告管理办法》有关规定执行。

请中国人民银行上海总部，各分行、营业管理部，各省会（首府）城市中心支行，各副省级城市中心支行将本通知转发至辖区内有关商业银行、农村合作银行、农村信用社、村镇银行和非银行支付机构。

中国人民银行

2018年6月25日

中国人民银行关于进一步做好受益所有人身份识别工作有关问题的通知

（银发〔2018〕164号）

中国人民银行上海总部，各分行、营业管理部，各省会（首府）城市中心支行，各副省级城市中心支行；国家开发银行、各政策性银行、国有商业银行、股份制商业银行，中国邮政储蓄银行，中国银联，农信银资金清算中心，城市商业银行资金清算中心：

为落实国务院关于完善反洗钱、反恐怖融资、反逃税监管体制机制的意见，防范违法犯罪分子利用复杂的股权、控制权等关系掩饰、隐瞒真实身份、资金性质或者交易目的、性质，提高受益所有人信息透明度，规范反洗钱义务机构（以下简称义务机构）开展非自然人客户的受益所有人身份识别工作，现就义务机构执行《中国人民银行关于加强反洗钱客户身份识别有关工作的通知》（银发〔2017〕235号）有关事项通知如下：

一、受益所有人身份识别工作应当遵循以下主要原则：

（一）勤勉尽责。义务机构及其工作人员应当具备反洗钱有效履职所必需的合规能力、风险意识和职业操守，按照规定做好受益所有人身份的识别、核实以及相关信息、数据或者资料的收集、登记、保存等工作，完整保存能够证明义务机构及其工作人员勤勉尽责的工作记录以及有关信息、数据或者资料。

（二）风险为本。义务机构及其工作人员应当落实风险为本方法，综合分析、合理判断非自然人客户及其业务存在的洗钱、恐怖融资风险，对不同风险的非自然人客户采取差别化的风险控制措施，对风险较高的非自然人客户采取更为严格的强化措施开展受益所有人身份识别工作。

（三）实质重于形式。义务机构及其工作人员应当将了解并确定最终控制非自然人客户及交易过程或者最终享有交易利益的自然人作为受益所有人身份识别工作的目标，采取定量和定性相结合的方法，对非自然人客户的股权、控制权结构以及财务决策、人事任免、经营管理等情况进行综合判断。

二、义务机构应当建立健全并有效实施受益所有人身份识别制度。

（一）将受益所有人身份识别的内部管理制度和操作规程，作为完整有效的客户身份识别制度一项重要内容，并在实施过程中不断完善。根据非自然人客户风险状况和本机构合规管理需要，可以执行比监管规定更为严格的受益所有人身份识别标准。

（二）在与非自然人客户建立业务关系时以及业务关系存续期间，按照规定应当开展客户身份识别的，义务机构应当同时开展受益所有人身份识别工作。

在与非自然人客户业务关系存续期间，义务机构采取持续的客户身份识别措施或者重新识别客户身份的，应当同时开展受益所有人身份识别工作，确保受益所有人信息完整性、准确性和时效性。

（三）加强受益所有人身份识别工作与客户分类管理、交易监测分析、反洗钱名单监控等工作的有效衔接。开展受益所有人身份识别工作发现股权或者控制权复杂等高风险情形的，应当及时主动调整客户洗钱风险等级，提高交易监测分析的频率和强度；发现或者有合理理由怀疑受益所有人与恐怖活动组织及恐怖活动人员名单相关的，应当按规定提交可疑交易报告。

三、义务机构应当根据非自然人客户的法律形态和实际情况，逐层深入并判定受益所有人。按照规定开展受益所有人身份识别工作的，每个非自然人客户至少有一名受益所有人。

（一）公司：对公司实施最终控制不限于直接或间接拥有超过 25%（含，下同）公司股权或者表决权，还包括其他可以对公司的决策、经营、管理形成有效控制或者实际影响的任何形式。

1. 直接或者间接拥有超过 25% 公司股权或者表决权的自然人是判定公司受益所有人的基本方法。需要计算间接拥有股权或者表决权的，按照股权和表决权孰高原则，将公司股权层级及各层级实际占有的股权或者表决权比例相乘求和计算。

2. 如果未识别出直接或者间接拥有超过 25% 公司股权或者表决权的自然人，或者对满足前述标准的自然人是否为受益所有人存疑的，应当考虑将通过人事、财务等方式对公司进行控制的自然人判定为受益所有人，包括但不限于：直接或者间接决定董事会多数成员的任免；决定公司重大经营、管理决策的制定或者执行；决定公司的财务预算、人事任免、投融资、担保、兼并重组；长期实际支配使用公司重大资产或者巨额资金等。

3. 如果不存在通过人事、财务等方式对公司进行控制的自然人的，应当考虑将公司的高级管理人员判定为受益所有人。对依据《中华人民共和国公司法》、《中华人民共和国证券法》等法律法规将高级管理人员判定为受益所有人存疑的，应当考虑将高级管理人员之外的对公司形成有效控制或者实际影响的其他自然人判定为受益所有人。

（二）合伙企业：拥有超过 25% 合伙权益的自然人是判定合伙企业受益所有人的基本方法。不存在拥有超过 25% 合伙权益的自然人的，义务机构可以参照公司受益所有人标准判定合伙企业的受益所有人。采取上述措施仍无法判定合伙企业受益所有人的，义务机构至少应当将合伙企业的普通合伙人或者合伙事务执行人判定为受益所有人。

（三）信托：义务机构应当将对信托实施最终有效控制、最终享有信托权益的自然人判定为受益所有人，包括但不限于信托的委托人、受托人、受益人。信托的委托人、受托人、受益人为非自然人的，义务机构应当逐层深入，追溯到对信托实施最终有效控制、最终享有信托权益的自然人，并将其判定为受益所有人。设立信托时或者信托存续期间，受益人为符合一定条件的不特定自然人的，可以在受益人确定后，再将受益人判定为受益所有人。

（四）基金：拥有超过 25% 权益份额的自然人是判定基金受益所有人的基本方法。不存在拥有超过 25% 权益份额的自然人的，义务机构可以将基金经理或者直接操作管理基金的自然人判定为受益所有人。基金尚未完成募集，暂时无法确定权益份额的，义务机构可以暂时将基金经理或者直接操作管理基金的自然人判定为受益所有人；基金完成募集后，义务机构应当及时按照规定标准判定受益所有人。

（五）其他：对规定情形之外的其他类型的机构、组织，义务机构可以参照公司受益所有人的判定标准执行；受益所有人身份识别工作涉及理财产品、定向资产管理计划、集合资产管理计划、专项资产管理计划、资产支持专项计划、员工持股计划等未单独列举的情形的，义务机构可以参照基金受益所有人判定标准执行；无法参照执行的，义务机构可以将其主要负责人、主要管理人或者主要发起人等判定为受益所有人。

四、义务机构应当根据洗钱和恐怖融资风险，在受益所有人身份识别工作中分别采取强化、简化或者豁免等措施，建立或者维持与本机构风险管理能力相适应的业务关系。

（一）受益所有人涉及外国政要的，义务机构与非自然人客户建立或者维持业务关系前应当经高级管理层批准或者授权，进一步深入了解客户财产和资金来源，并在业务关系存续期间提高交易监测分析的频率和强度。

（二）外国政要、国际组织高级管理人员等特定自然人既包括外国政要、国际组织高级管理人员，也包括其父母、配偶、子女等近亲属，以及义务机构知道或者应当知道的通过工作、生活等产生共同利益关系的其他自然人。

（三）非自然人客户的股权或者控制权结构异常复杂，存在多层嵌套、交叉持股、关联交易、循环出资、家族控制等复杂关系的，受益所有人来自洗钱和恐怖融资高风险国家或者地区等情形，或者受益所有人信息不完整或无法完成核实的，义务机构应当综合考虑成本收益、合规控制、风险管理、国别制裁等因素，决定是否与其建立或者维持业务关系。

决定与上述非自然人客户建立或者维持业务关系的，义务机构应当采取调高客户风险等级、加强资金交易监测分析、获取高级管理层批准等严格的风险管理措施。无法进行受益所有人身份识别工作，或者经评估超过本机构风险管理能力的，不得与其建立或者维持业务关系，并应当考虑提交可疑交易报告。

（四）在洗钱与恐怖融资风险得到有效管理的前提下，例如非自然人客户为股权结构或者控制权简单的公司，为避免妨碍或者影响正常交易，义务机构可以在与非自然人客户建立业务关系后，尽快完成受益所有人身份识别工作。

（五）义务机构应当按照《中国人民银行关于加强反洗钱客户身份识别有关工作的通知》相关规定，严格判断非自然人客户是否属于简化或者豁免受益所有人识别的范畴。无法做出准确判断的，义务机构不得简化或者豁免受益所有人识别；非自然人客户出现高风险情形的，不得简化或者豁免受益所有人识别。

五、义务机构应当积极主动开展受益所有人身份识别工作，履行受益所有人识别义务。

（一）义务机构按照规定负有客户身份识别义务的，应当积极开展受益所有人身份识别工作。受益所有人身份识别工作涉及不同义务机构的，义务机构之间应当就相关信息的提供、核实等提供必要协助或者做出事先约定。

（二）义务机构可以委托符合规定的第三方机构开展受益所有人身份识别工作，但应当通过书面形式确定双方的反洗钱职责。委托符合规定的第三方开展受益所有人身份识别工作的，受益所有人身份识别的最终责任由该义务机构承担。

（三）发行信托、基金、理财、资产管理计划等需要开立账户的，发行机构应当向开立账户的义务机构披露受益所有人信息，开立账户的义务机构可以采信发行机构提供的受益所有人信息。发现或者有合理理由怀疑受益所有人信息有误的，开立账户的义务机构应当自行独立开展受益所有人身份识别工作。

六、义务机构应当充分利用从可靠途径、以可靠方式获取的信息、数据或者资料识别和核实受益所有人信息。

（一）政府主管部门、非自然人客户以及有关自然人依法应当提供、披露的法定信息、数据或者资料，是义务机构开展受益所有人身份识别工作的重要基础。上述法定信息、数据或者资料可以独立作为识别、核实受益所有人身份的证明材料。

询问非自然人客户、要求非自然人客户提供证明材料、收集权威媒体报道、委托商业机构调查等方式，只能作为识别、核实受益所有人身份的辅助手段；获取的非法定信息、数据或者资料不得独立作为识别、核实受益所有人身份的证明材料。

（二）义务机构应当根据非自然人客户的法律形态，确定了解、收集并妥善保存与受益所有人身份识别工作有关的信息、数据或者资料的具体范围，并对其采取规定的保密措施。

七、义务机构应当制定切实可行的工作方案，排查、清理异常账户、休眠账户、非实名账户等，按时完成存量客户的受益所有人身份识别工作。存量客户是指 2017 年 10 月 20 日之前建立业务关系，且截至 2018 年 6 月 30 日业务关系仍然正常存续的非自然人客户。受益所有人信息登记查询办法由中国人民银行另行制定。

八、本通知自发布之日起实施。有关法律、行政法规、规章等另有规定的，从其规定。本通知之前发布的规范性文件与本通知不一致的，以本通知为准。

请中国人民银行上海总部，各分行、营业管理部，各省会（首府）城市中心支行，各副省级城市中心支行将本通知转发至辖区内义务机构。

中国人民银行
2018 年 6 月 27 日

中国人民银行　中国银行保险监督管理委员会 中国证券监督管理委员会关于印发《互联网金融从业机构反洗钱和反恐怖融资管理办法（试行）》的通知

（银发〔2018〕230号）

为加强防范洗钱和恐怖融资活动，规范互联网金融行业反洗钱和反恐怖融资工作，根据《中华人民共和国中国人民银行法》、《中华人民共和国反洗钱法》、《中华人民共和国反恐怖主义法》、《国务院办公厅关于印发互联网金融风险专项整治工作实施方案的通知》（国办发〔2016〕21号）、《中国人民银行　工业和信息化部　公安部　财政部　工商总局　法制办　银监会　证监会　保监会　国家互联网信息办公室关于促进互联网金融健康发展的指导意见》（银发〔2015〕221号）等规定，中国人民银行会同中国银行保险监督管理委员会、中国证券监督管理委员会制定了《互联网金融从业机构反洗钱和反恐怖融资管理办法（试行）》（以下简称《管理办法》），现印发给你们，并就有关事项通知如下，请遵照执行。

一、金融机构、非银行支付机构以外的其他互联网金融从业机构（以下简称从业机构）应当根据《管理办法》规定，在2019年1月31日前通过互联网金融反洗钱和反恐怖融资网络监测平台（以下简称网络监测平台）完成反洗钱和反恐怖融资制度报备和履职登记，并尽快完成系统升级等数据报送准备工作。金融机构、非银行支付机构可以根据反洗钱工作需要接入网络监测平台。

二、从业机构应自2019年1月1日起通过网络监测平台向中国反洗钱监测分析中心报送大额交易报告和可疑交易报告。金融机构、非银行支付机构按照有关规章和规范性文件的要求直接向中国反洗钱监测分析中心报送大额交易报告和可疑交易报告。

三、对《管理办法》发布后新建立业务关系的客户，从业机构应当按照《管理办法》规定开展客户身份识别工作；对《管理办法》发布前已建立业务关系且业务关系正常存续的客户，从业机构应当在《管理办法》生效实施后的两年内完成规定的客户身份识别工作，无法完成客户身份识别工作的，从业机构应当与其终止业务关系。

四、中国人民银行及其分支机构、国务院有关金融监督管理机构及其派出机构应当根据《管理办法》，加强对从业机构反洗钱监管，积极配合互联网金融风险专项整治工作，督促从业机构积极引导客户配合《管理办法》的实施，促进互联网金融市场健康有序发展。

五、中国反洗钱监测分析中心应当在2018年11月30日前通过网络监测平台发布从业机构大额交易报告和可疑交易报告的要素内容、报告格式和填写要求等。

六、中国互联网金融协会应当积极指导从业机构通过网络监测平台进行制度报备和履职登记、提交大额交易和可疑交易报告等相关信息资料，并按照《管理办法》要求及时制定并发布从业机构反洗钱和反恐怖融资行业规则。

请中国人民银行上海总部，各分行、营业管理部，各省会（首府）城市中心支行，各副省级城市中心支行，以及各银监局、各保监局、各证监局将本通知转发至辖区内从业机构；请中国互联网金融协会通过官方网站发布《管理办法》。

附件：互联网金融从业机构反洗钱和反恐怖融资管理办法（试行）

中国人民银行
中国银行保险监督管理委员会
中国证券监督管理委员会
2018 年 9 月 29 日

互联网金融从业机构反洗钱和反恐怖融资管理办法（试行）

第一条　为了预防洗钱和恐怖融资活动，规范互联网金融行业反洗钱和反恐怖融资工作，根据《中华人民共和国中国人民银行法》、《中华人民共和国反洗钱法》、《中华人民共和国反恐怖主义法》、《国务院办公厅关于印发互联网金融风险专项整治工作实施方案的通知》（国办发〔2016〕21 号）、《中国人民银行 工业和信息化部 公安部 财政部 工商总局 法制办 银监会 证监会 保监会 国家互联网信息办公室关于促进互联网金融健康发展的指导意见》（银发〔2015〕221 号）等规定，制定本办法。

第二条　本办法适用于在中华人民共和国境内经有权部门批准或者备案设立的，依法经营互联网金融业务的机构（以下简称从业机构）。

互联网金融是利用互联网技术和信息通信技术实现资金融通、支付、投资及信息中介服务的新型金融业务模式。互联网金融业务反洗钱和反恐怖融资工作的具体范围由中国人民银行会同国务院有关金融监督管理机构按照法律规定和监管政策确定、调整并公布，包括但不限于网络支付、网络借贷、网络借贷信息中介、股权众筹融资、互联网基金销售、互联网保险、互联网信托和互联网消费金融等。

金融机构和非银行支付机构开展互联网金融业务的，应当执行本办法的规定；中国人民银行、国务院有关金融监督管理机构另有规定的，从其规定。

第三条　中国人民银行是国务院反洗钱行政主管部门，对从业机构依法履行反洗钱和反恐怖融资监督管理职责。国务院有关金融监督管理机构在职责范围内履行反洗钱和反恐怖融资监督管理职责。中国人民银行制定或者会同国务院有关金融监督管理机构制定从业机构履行反洗钱和反恐怖融资义务的规章制度。

中国人民银行设立的中国反洗钱监测分析中心，负责从业机构大额交易和可疑交易报告的接收、分析和保存，并按照规定向中国人民银行报告分析结果，履行中国人民银行规定的其他职责。

第四条　中国互联网金融协会按照中国人民银行、国务院有关金融监督管理机构关于从业机构履行反洗钱和反恐怖融资义务的规定，协调其他行业自律组织，制定并发布各类从业机构执行本办法所适用的行业规则；配合中国人民银行及其分支机构开展线上和线下反洗钱相关工作，开展洗钱和恐怖融资风险评估，发布风险评估报告和风险提示信息；组织推动各类从业机构制定并实施反洗钱和反恐怖融资方面的自律公约。

其他行业自律组织按照中国人民银行、国务院有关金融监督管理机构的规定对从业机构提出建立健全反洗钱内控制度的要求，配合中国互联网金融协会推动从业机构之间的业务交流和信息共享。

第五条 中国人民银行设立互联网金融反洗钱和反恐怖融资网络监测平台（以下简称网络监测平台），使用网络监测平台完善线上反洗钱监管机制、加强信息共享。

中国互联网金融协会按照中国人民银行和国务院有关金融监督管理机构的要求建设、运行和维护网络监测平台，确保网络监测平台及相关信息、数据和资料的安全、保密、完整。

中国人民银行分支机构、中国反洗钱监测分析中心在职责范围内使用网络监测平台。

第六条 金融机构、非银行支付机构以外的其他从业机构应当通过网络监测平台进行反洗钱和反恐怖融资履职登记。

金融机构和非银行支付机构根据反洗钱工作需要接入网络监测平台，参与基于该平台的工作信息交流、技术设施共享、风险评估等工作。

第七条 从业机构应当遵循风险为本方法，根据法律法规和行业规则，建立健全反洗钱和反恐怖融资内部控制制度，强化反洗钱和反恐怖融资合规管理，完善相关风险管理机制。

从业机构应当建立统一的反洗钱和反恐怖融资合规管理政策，对其境内外附属机构、分支机构、事业部的反洗钱和反恐怖融资工作实施统一管理。

从业机构应当按规定方式向中国人民银行及其分支机构、国务院有关金融监督管理机构及其派出机构报备反洗钱和反恐怖融资内部控制制度。

第八条 从业机构应当明确机构董事、高级管理层及部门管理人员的反洗钱和反恐怖融资职责。从业机构的负责人应当对反洗钱和反恐怖融资内部控制制度的有效实施负责。

从业机构应当设立专门部门或者指定内设部门牵头负责反洗钱和反恐怖融资管理工作。各业务条线（部门）应当承担反洗钱和反恐怖融资工作的直接责任，并指定人员负责反洗钱和反恐怖融资工作。从业机构应当确保反洗钱和反恐怖融资管理部门及反洗钱和反恐怖融资工作人员具备有效履职所需的授权、资源和独立性。

第九条 从业机构及其员工对依法履行反洗钱和反恐怖融资义务获得的客户身份资料和交易信息应当予以保密。非依法律规定，不得向任何单位和个人提供。

从业机构及其员工应当对报告可疑交易、配合中国人民银行及其分支机构开展反洗钱调查等有关反洗钱和反恐怖融资工作信息予以保密，不得违反规定向任何单位和个人提供。

第十条 从业机构应当勤勉尽责，执行客户身份识别制度，遵循“了解你的客户”原则，针对具有不同洗钱或者恐怖融资风险特征的客户、业务关系或者交易采取合理措施，了解建立业务关系的目的和意图，了解非自然人客户的受益所有人情况，了解自然人客户的交易是否为本人操作和交易的实际受益人。

从业机构应当按照法律法规、规章、规范性文件和行业规则，收集必备要素信息，利用从可靠途径、以可靠方式获取的信息或数据，采取合理措施识别、核验客户真实身份，确定并适时调整客户风险等级。对于先前获得的客户身份资料存疑的，应当重新识别客户身份。

从业机构应当采取持续的客户身份识别措施，审核客户身份资料和交易记录，及时更新客户身份识别相关的证明文件、数据和信息，确保客户正在进行的交易与从业机构所掌握的客户资料、客户业务、风险状况等匹配。对于高风险客户，从业机构应当采取合理措施了解其资金来源，提高审核频率。

除本办法和行业规则规定的必备要素信息外，从业机构应当在法律法规、规章、规范性文件允许的范围内收集其他相关信息、数据和资料，合理运用技术手段和理论方法进行分析，核验客户真实身份。

客户属于外国政要、国际组织的高级管理人员及其特定关系人的，从业机构应当采取更为严格的客户身份识别措施。

从业机构不得为身份不明或者拒绝身份查验的客户提供服务或者与其进行交易，不得为客户开立匿名账户或者假名账户，不得与明显具有非法目的的客户建立业务关系。

第十一条 从业机构应当定期或者在业务模式、交易方式发生重大变化、拓展新的业务领域、洗钱和恐怖融资风险状况发生较大变化时，评估客户身份识别措施的有效性，并及时予以完善。

第十二条 从业机构在与客户建立业务关系或者开展法律法规、规章、规范性文件和行业规则规定的特定类型交易时，应当履行以下客户身份识别程序：

（一）了解并采取合理措施获取客户与其建立业务关系或者进行交易的目的和意图。

（二）核对客户有效身份证件或者其他身份证明文件，或者按照法律法规、规章、规范性文件和行业规则要求客户提供资料并通过合法、安全、可信的渠道取得客户身份确认信息，识别客户、账户持有人及交易操作人员的身份。

（三）按照法律法规、规章、规范性文件和行业规则通过合法、安全且信息来源独立的外部渠道验证客户、账户持有人及交易操作人员的身份信息，并确保外部渠道反馈的验证信息与被验证信息之间具有一致性和唯一对应性。

（四）按照法律法规、规章、规范性文件和行业规则登记并保存客户、账户持有人及交易操作人员的身份基本信息。

（五）按照法律法规、规章、规范性文件和行业规则保存客户有效身份证件或者其他身份证明文件的影印件或者复印件，或者渠道反馈的客户身份确认信息。

第十三条 从业机构应当提示客户如实披露他人代办业务或者员工经办业务的情况，确认代理关系或者授权经办业务指令的真实性，并按照本办法第十二条的有关要求对代理人和业务经办人采取客户身份识别措施。

第十四条 从业机构应当执行大额交易和可疑交易报告制度，制定报告操作规程，对本机构的大额交易和可疑交易报告工作做出统一要求。金融机构、非银行支付机构以外的其他从业机构应当由总部或者总部指定的一个机构通过网络监测平台提交全公司的大额交易和可疑交易报告。

中国反洗钱监测分析中心发现从业机构报送的大额交易报告或者可疑交易报告内容要素不全或者存在错误的，可以向提交报告的从业机构发出补正通知，从业机构应当在接到补正通知之日起 5 个工作日内补正。

大额交易和可疑交易报告的要素内容、报告格式和填写要求等由中国人民银行另行规定。

第十五条 从业机构应当建立健全大额交易和可疑交易监测系统，以客户为基本单位开展资金交易的监测分析，对客户及其所有业务、交易及其过程开展监测和分析。

第十六条 客户当日单笔或者累计交易人民币 5 万元以上（含 5 万元）、外币等值 1 万美元以上（含 1 万美元）的现金收支，金融机构、非银行支付机构以外的从业机构应当在交易发生后的5个工作日内提交大额交易报告。

中国人民银行根据需要调整大额交易报告标准。非银行支付机构提交大额交易报告的具体要求由中国人民银行另行规定。

第十七条 从业机构发现或者有合理理由怀疑客户及其行为、客户的资金或者其他资产、客户的交易或者试图进行的交易与洗钱、恐怖融资等犯罪活动相关的，不论所涉资金金额或者资产价值大小，应当按本机构可疑交易报告内部操作规程确认为可疑交易后，及时提交可疑交易报告。

第十八条 从业机构应当按照中国人民银行、国务院有关金融监督管理机构的要求和行业规则，建立交易监测标准和客户行为监测方案，定期或者在发生特定风险时评估交易监测标准和客户行为监测方案的有效性，并及时予以完善。

从业机构应当按照法律法规、规章、规范性文件和行业规则，结合对相关联的客户、账户持有人、交易操作人员的身份识别情况，对通过交易监测标准筛选出的交易进行分析判断，记录分析过程；不作为可疑交易报告的，应当记录分析排除的合理理由；确认为可疑交易的，应当在可疑交易报告理由中完整记录对客户身份特征、交易特征或者行为特征的分析过程。

第十九条 从业机构应当对下列恐怖组织和恐怖活动人员名单开展实时监测，有合理理由怀疑客户或者其交易对手、资金或者其他资产与名单相关的，应当立即提交可疑交易报告，并依法对相关资金或者其他资产采取冻结措施：

（一）中国政府发布的或者承认执行的恐怖活动组织及恐怖活动人员名单。

（二）联合国安理会决议中所列的恐怖活动组织及恐怖活动人员名单。

（三）中国人民银行及国务院有关金融监督管理机构要求关注的其他涉嫌恐怖活动的组织及人员名单。

对于新发布或者新调整的名单，从业机构应当立即开展回溯性调查，按照本条第一款规定提交可疑交易报告。对于中国人民银行或者其他有权部门要求纳入反洗钱、反恐怖融资监控体系的名单，从业机构应当参照本办法相关规定执行。

法律法规、规章和中国人民银行对上述名单的监控另有规定的，从其规定。

第二十条 从业机构应当按照法律法规和行业规则规定的保存范围、保存期限、技术标准，妥善保存开展客户身份识别、交易监测分析、大额交易报告和可疑交易报告等反洗钱和反恐怖融资工作所产生的信息、数据和资料，确保能够完整重现每笔交易，确保相关工作可追溯。

从业机构终止业务活动时，应当按照相关行业主管部门及中国人民银行要求处理前款所述信息、数据和资料。

第二十一条 从业机构应当依法接受中国人民银行及其分支机构的反洗钱和反恐怖融资的现场检查、非现场监管和反洗钱调查，按照中国人民银行及其分支机构的要求提供相关信息、数据和资料，对所提供的信息、数据和资料的真实性、准确性、完整性负责，不得拒绝、阻挠、逃避监督检查和反洗钱调查，不得谎报、隐匿、销毁相关信息、数据和资料。金融机构、非银行支付机构以外的其他从业机构通过网络监测平台向中国人民银行报送反洗钱和反恐怖融资报告、报表及相关信息、数据和资料。

从业机构应当依法配合国务院有关金融监督管理机构及其派出机构的监督管理。

第二十二条 从业机构违反本办法的，由中国人民银行及其分支机构、国务院有关金融监督管理机构及其派出机构责令限期整改，依法予以处罚。

从业机构违反相关法律、行政法规、规章以及本办法规定，涉嫌犯罪的，移送司法机关依法追究刑事责任。

第二十三条 本办法相关用语含义如下：

中国人民银行分支机构，包括中国人民银行上海总部、分行、营业管理部、省会（首府）城市中心支行、副省级城市中心支行。

金融机构是指依法设立的从事金融业务的政策性银行、商业银行、农村合作银行、农村信用社、村镇银行、证券公司、期货公司、基金管理公司、保险公司、保险资产管理公司、保险专业代理公司、保险经纪公司、信托公司、金融资产管理公司、企业集团财务公司、金融租赁公司、汽车金融公司、消费金融公司、货币经纪公司、贷款公司以及中国人民银行确定并公布的从事金融业务的其他机构。

非银行支付机构是指依法取得《支付业务许可证》，获准办理互联网支付、移动电话支付、固定电话支付、数字电视支付等网络支付业务的非银行机构。

行业规则是指由中国互联网金融协会协调其他行业自律组织，根据风险防控需要和业务发展状况，组织从业机构制定或调整，报中国人民银行、国务院有关金融监督管理机构批准后公布施行的反洗钱和反恐怖融资工作规则及相关业务、技术标准。

第二十四条 本办法由中国人民银行依法会同国务院有关金融监督管理机构负责解释。

第二十五条 本办法自 2019 年 1 月 1 日起施行。

中国人民银行关于印发《非银行支付机构大额交易报告要素及释义》的通知

（银发〔2018〕349号）

中国人民银行上海总部，各分行、营业管理部，各省会（首府）城市中心支行，各副省级城市中心支行：

为落实《金融机构大额交易和可疑交易报告管理办法》（中国人民银行令〔2016〕第3号发布）和《中国人民银行关于非银行支付机构开展大额交易报告工作有关要求的通知》（银发〔2018〕163号）要求，结合非银行支付机构业务特点，现将《非银行支付机构大额交易报告要素及释义》印发给你们，请遵照执行。

请人民银行分支机构将本通知转发至总部注册地在辖区内的非银行支付机构，并指导各非银行支付机构做好数据报送准备工作。

附件：非银行支付机构大额交易报告要素及释义（略）

中国人民银行

2018年12月29日

中国人民银行关于印发证券期货保险机构反洗钱执法检查数据提取接口规范的通知

（银发〔2019〕63号）

中国人民银行上海总部，各分行、营业管理部、省会（首府）城市中心支行、副省级城市中心支行、中信证券股份有限公司、中国银河证券股份有限公司、中国人寿保险股份有限公司、中国人民财产保险股份有限公司：

为全面落实依法行政要求，加强和改进反洗钱监管，有效提升反洗钱执法检查效率，人民银行针对证券机构、期货机构、保险机构（以下简称各义务机构）的反洗钱执法检查工作，制定了《证券机构反洗钱执法检查数据提取接口规范（试行）》、《期货机构反洗钱执法检查数据提取接口规范（试行）》、《保险机构反洗钱执法检查数据提取接口规范（试行）》（以下简称《提数规范》），现印发给你们，并就有关事项通知如下：

一、义务机构工作要求

（一）各义务机构应当优化业务系统和反洗钱系统，在相关系统（或专门对接监管部门数据提取的系统）中设置《提数规范》所列的全部数据项目，并在日常工作中将数据内容及时录入系统。

（二）各义务机构应当建立健全数据资源关联整合机制，将不同系统、不同来源、不同时点获取的数据进行有效整合，在保证数据质量和安全的前提下，提高数据提取效率。

（三）有条件的义务机构应当进行数据格式预加工，以法人（集团）为单位搭建统一的数据提取平台，具备按照业务发生时间、办理业务分支机构、特定业务种类等维度的数据自定义配置功能，实现数据提取的自动化操作。

二、人民银行工作要求

（一）人民银行各级机构实施反洗钱执法检查时，对《提数规范》已规定的数据表，不再提出数据字段、格式等方面的新要求，不额外增加义务机构不必要的负担；对《提数规范》未涉及的数据或资料，可以根据实际需要要求义务机构补充提供。

（二）依据《提数规范》提取的数据，人民银行各级机构应当对其严格管理，仅限反洗钱执法检查使用；非依法律规定，不得向任何机构和个人提供或披露。

（三）在实施反洗钱执法检查过程中，义务机构不及时提供数据，以及格式、内容、数值等不符合《提数规范》要求等问题，视情节严重程度，人民银行各级机构按照《中华人民共和国反洗钱法》第三十二条相关规定予以处理。

（四）人民银行分支机构应当于每年度结束后20个工作日内将涉及《提数规范》的使用情况和改进建议逐级汇总报送至人民银行反洗钱局。

《提数规范》自2019年11月1日起实施。实施后，义务机构接受反洗钱执法检查的，应当在收到《执法检查通知书》之日起10个工作日内按《提数规范》要求提供数据。

请人民银行上海总部，各分行、营业管理部、省会（首府）城市中心支行、副省级城市中心支行将本通知转发至辖区内分支机构及有关义务机构法人。

附件 1. 证券机构反洗钱执法检查数据提取接口规范（试行）（略）
2. 期货机构反洗钱执法检查数据提取接口规范（试行）（略）
3. 保险机构反洗钱执法检查数据提取接口规范（试行）（略）

中国人民银行
2019 年 3 月 11 日

中国人民银行 财政部 银保监会 证监会 外汇局 关于加强金融违法行为行政处罚的意见

（银发〔2020〕83号）

中国人民银行上海总部，各分行、营业管理部，各省会（首府）城市中心支行、副省级城市中心支行；各省、自治区、直辖市、计划单列市财政厅（局），新疆生产建设兵团财政局，财政部各地监管局；各银保监局；各证监局；国家外汇管理局各省、自治区、直辖市分局、外汇管理部，计划单列市分局：

为准确适用金融法律法规关于行政处罚的规定，加大对违反金融法律法规行为（以下简称金融违法行为）的打击力度，维护金融秩序，保护金融消费者合法权益，现就中国人民银行、财政部、银保监会、证监会、外汇局相关行政处罚工作提出如下意见：

一、对金融违法行为实施行政处罚时，应当综合考虑当事人实施金融违法行为的主客观要件，按照过罚相当的原则依法实施行政处罚。

二、当事人违反金融法律法规的同一规定，实施多次独立的金融违法行为，按照过罚相当的原则，可以对金融违法行为逐次计算处罚金额。

当事人依法负有法定作为义务，但不作为或者未按照金融法律法规的规定充分履行作为义务的，可以将违反法定作为义务的次数作为金融违法行为的次数。

三、以违法所得计算处罚金额的，可以根据案件情况，将当事人实施金融违法行为所取得的全部收入计为违法所得。

四、同一当事人曾因金融违法行为受到行政处罚，再次实施同类金融违法行为的，可以依法从重处罚。

五、对金融机构、证券服务机构协助当事人实施金融违法行为，或者在当事人实施金融违法行为的过程中未勤勉尽责，情节严重的，应当依法处以暂停、撤销相应业务资格、许可的处罚，并对直接责任人员采取市场禁入措施。

六、金融管理部门在对单位的金融违法行为进行处罚时，应当同时依法依规追究相关责任人员的责任。

中国人民银行、财政部、银保监会、证监会、外汇局应当结合各领域内实际情况，依据相关法律法规规章以及本意见，进一步完善裁量标准，切实打击金融违法行为，保护金融消费者合法权益。本意见供各单位在金融违法行为行政处罚裁量中内部使用，不在行政处罚文书和其他对外文书中引用。

中国人民银行办公厅
2020年4月15日印发

中国人民银行 国家外汇管理局关于印发《银行跨境业务反洗钱和反恐怖融资工作指引（试行）》的通知

（银发〔2021〕16 号 ）

中国人民银行上海总部，各分行、营业管理部，各省会（首府）城市中心支行，深圳市中心支行；国家外汇管理局各省、自治区、直辖市分局、外汇管理部，深圳、大连、青岛、厦门、宁波市分局；国家开发银行，各政策性银行、国有商业银行、股份制商业银行，中国邮政储蓄银行：

为规范银行跨境业务管理，防范洗钱、恐怖融资及跨境资金非法流动风险，中国人民银行、国家外汇管理局制定了《银行跨境业务反洗钱和反恐怖融资工作指引（试行）》，现印发给你们，请结合工作实际予以执行，并就有关事项通知如下。

一、中国人民银行及其分支机构依法履行反洗钱和反恐怖融资监督管理职责；国家外汇管理局及其分支机构结合工作职责做好配合工作。

二、银行业金融机构参照《银行跨境业务反洗钱和反恐怖融资工作指引（试行）》规定，针对各项跨境业务制定全面、系统、规范的业务管理指引，并根据跨境业务管理要求及反洗钱和反恐怖融资相关规定，及时调整和修订，切实防范跨境业务洗钱和恐怖融资风险。

请中国人民银行分支机构将本通知转发至辖区内城市商业银行、农村商业银行、外资银行及其他从事跨境业务的反洗钱义务机构。

附件：银行跨境业务反洗钱和反恐怖融资工作指引（试行）

中国人民银行
国家外汇管理局
2021 年 1 月 19 日

银行跨境业务反洗钱和反恐怖融资工作指引（试行）

第一章 总 则

第一条 【立法目的和依据】为规范银行跨境业务管理，防范洗钱、恐怖融资及跨境资金非法流动风险，依据《中华人民共和国中国人民银行法》《中华人民共和国反洗钱法》《中华人民共和国外汇管理条例》《国务院办公厅关于完善反洗钱、反恐怖融资、反逃税监管体制机制的意见》等规定，制定本指引。

第二条　【跨境业务定义】本指引所指跨境业务是指境内外机构、境内外个人发生的跨境本外币收支活动和境内外汇经营活动。

第三条　【工作原则】银行办理跨境业务应严格执行反洗钱法律法规及中国人民银行、国家外汇管理局有关规定，按照本指引规定和要求，以风险为本，切实履行“了解你的客户、了解你的业务、尽职审查”职责，有效识别、评估、监测和控制跨境业务的洗钱和恐怖融资风险。

第四条　【管理环节】银行对跨境业务洗钱和恐怖融资风险的识别、评估、监测和控制工作，应贯穿整个跨境业务流程，包括客户背景调查、业务审核、持续监控、信息资料留存及报告等。

第五条　【内控要求】银行应结合跨境业务流程及管理要求，建立健全反洗钱和反恐怖融资内部控制体系，明确跨境业务洗钱和恐怖融资风险识别、评估、监测和控制的职责分工。

第六条　【风险提示】银行在办理跨境业务过程中，除按本指引执行外，还应根据中国人民银行、中国银行保险监督管理委员会、国家外汇管理局等金融管理部门发布的相关风险提示，查找风险漏洞和薄弱环节，采取有针对性的风险控制措施。

第二章　客户尽职调查

第七条　【尽职调查要求】银行应在为客户开立外汇账户或与客户建立跨境业务关系时，切实落实“了解你的客户”原则，严格按照反洗钱和反恐怖融资以及跨境业务管理相关要求，使用可靠的数据或信息、独立来源的证明文件对客户身份进行识别和核实，充分了解非自然人客户受益所有人等，确保客户具备从事相关业务的资格，以及客户身份信息的完整性、准确性和时效性。

第八条　【尽职调查信息】银行在办理跨境业务的准入和存续期间，应识别客户以下背景信息，包括但不限于：客户洗钱和恐怖融资风险等级、在相关监管部门和银行的违规记录、不良记录等；客户经营状况、股东或实际控制人、受益所有人、主要关联企业与交易对手、信用记录、财务指标、资金来源和用途、建立业务关系的意图和性质、交易意图及逻辑、涉外经营和跨境收支行为、是否为政治公众人物等。

第九条　【风险等级分类管理】银行应按照现行反洗钱和反恐怖融资法律法规，合理确定客户的洗钱和恐怖融资风险等级，根据风险状况采取相应的控制措施，并在持续关注的基础上实现对风险的动态追踪。

第十条　【未通过审核情形】客户有拒绝提供有效身份证件或者其他身份证明文件，提供虚假身份证明资料、经营资料或业务背景资料，开户理由不合理、开立业务与客户身份不相符等情形的，银行应拒绝受理其业务申请，并按反洗钱相关规定报告可疑行为。

第十一条　【持续识别】在与客户的跨境业务关系存续期间，银行应按照现行反洗钱和反恐怖融资法律法规要求，持续识别和重新识别客户。

第十二条　【代理情形】银行依托第三方机构识别客户身份的，应通过合同、协议或其他书面文件，明确第三方机构在识别客户身份及反洗钱和反恐怖融资监控方面的职责，要求第三方机构制定符合要求的客户身份识别措施，并督促其执行。依托第三方代为履行客户身份识别的，银行应当承担未履行客户身份识别义务的责任。

第三章　业务风险识别与尽职审查

第十三条　【业务风险评估】银行应综合考虑各方面因素，对跨境业务的洗钱和恐怖融资风险进行定期评估，合理确定洗钱和恐怖融资风险等级。特别是推出和运用与跨境业务相关的新金融业务、新营销渠道、新技术前，应进行系统全面的洗钱和恐怖融资风险评估，按照风险可控原则建立相应的风险管理措施。

第十四条　【识别要求】银行为客户办理跨境业务应贯彻落实“了解你的业务”原则，建立完整、有效的跨境业务审核指引和操作流程，有效识别客户申请办理跨境业务的交易背景、交易性质、交易环节和交易目的等，审查交易的合规性、真实性、合理性及其与跨境收支的一致性。银行为客户提供跨境支付服务时，应当确保支付指令的完整性、一致性、可跟踪稽核和不可篡改。

第十五条　【识别原则】银行识别客户跨境业务洗钱和恐怖融资风险，应遵循“逻辑合理性”和“商业合理性”原则，分析客户提供的交易材料之间是否能相互印证、逻辑合理；综合评估跨境业务金额、币种、期限等与相应的基础交易背景是否匹配等。

第十六条　【识别方法】银行应根据跨境业务的种类，按照风险为本的原则，制定相应的跨境业务审查要求。审查内容包括但不限于：客户跨境业务需求、资金来源或用途、款项划转频率、性质、路径与客户生产经营范围、财务状况是否相符；跨境业务的资金规模与客户实际经营规模、资本实力是否相符；跨境业务需求与行业特点、客户过往交易习惯或经营特征是否相符等。

第十七条　【识别参考因素】银行对各类跨境业务进行洗钱和恐怖融资风险识别时，应根据业务特点、业务开展区域和客户群体等实际情况，区分新业务和存量业务，综合考虑确定风险因素，可参考客户声誉、客户类型或群体、交易渠道、交易特征、业务特点、业务开展区域等，包括但不限于：

（一）已被银行列入洗钱高风险分类，或被中国人民银行、国家外汇管理局或其他监管部门纳入限制性分类管理目录或重点监管名单；

（二）因重大违规行为，近一年内被中国人民银行、国家外汇管理局或其他监管部门行政处罚、风险提示或通报；

（三）客户身份信息存在疑问、背景不明，或者无法获取足够信息对客户背景进行评估，如无正式固定办公经营场所、无准确联系方式、主营业务在异地的客户、身份信息存疑的新创建业务关系的客户等；

（四）新设立或新开户即开展大额频繁跨境交易，或长期睡眠账户突然出现大额频繁跨境交易，且无合理理由；

（五）跨境交易业务种类、跨境交易规模与客户资本实力、投资总额、生产经营规模、历史交易习惯显著不符；

（六）交易价格明显偏离市场价格正常范围，交易明显不符合常理或不具有商业合理性；

（七）交易资金来源或去向可疑，或交易主体、交易性质、目的、背景等信息异常；

（八）其他异常情形，如中国人民银行、国家外汇管理局发布的相关风险提示列示的情形等。

第十八条　【持续监控要求】在与客户的跨境业务关系存续期间，银行应对客户和跨境业务准入后的后续交易及资金流向进行持续监测，确保当前交易、资金流向及用途符合跨境业务反洗钱和反恐怖融资管理要求，保持对客户及其业务、风险状况、资金来源等方面的持续了解。若发现重大异常情况，应按现行反洗钱和反恐怖融资法律法规采取有效控制措施。

第十九条　【强化审查措施】银行应围绕真实性、合规性、合理性及审慎性开展尽职审查，形成对客户交易真实性与合规性风险的整体判断，并根据客户风险和业务风险等级采取与风险相称的尽职审查措施。对于低风险客户和低风险业务，银行可按照现行管理法规及内控制度规定，简化审查措施。对于高风险客户或高风险业务，或者存在异常或可疑情况的业务，银行应根据实际情况选择采取以下强化审查措施：

（一）要求客户提供或主动收集更多的直接证明材料；

（二）通过自行查证、银行系统内部共享信息、第三方查证等方法，查证客户提供的真实性证明材料是否真实、是否系伪造变造、是否被违规重复使用；

（三）通过联网核查公民身份信息系统、工商登记系统、征信系统、海外关联机构协查认证等方式，核实客户身份和背景信息；

（四）深入了解客户的背景信息，如法定代表人、实际控制人、受益所有人、生产经营情况、财务状况、行业状况、上下游合作伙伴、母公司和关联企业、业务历史记录、资信评级记录、其他通过公共数据库或互联网渠道获取的信息；

（五）全面分析客户申请办理业务信息，如业务需求背景、交易目的、交易性质、资金来源和用途、交易对手方、交易受益人；

（六）实地查访客户住所或单位所在地，机构客户注册地或实际办公地；

（七）通过代理银行或跨境业务上下游银行或机构，调查或查询客户与业务信息；

（八）其他审查措施。

第二十条　【禁止性要求】银行不得以跨境业务竞争和发展需要为由降低尽职审查标准，也不得以资金风险较低而降低或免于尽职审查责任。

第二十一条　【未排除风险情形】经尽职审查无法排除风险或发现客户涉嫌违法违规行为的，银行应将其纳入高风险客户名单，并在一定时间内限制或拒绝为其办理某类或所有跨境业务。

第二十二条　【制裁情形】银行应严格按照外交部关于执行联合国安理会相关制裁决议和有权部门防范打击恐怖主义和恐怖融资相关要求采取相应措施。

第四章　报告制度和资料留存

第二十三条　【大额和可疑报告】银行应按照反洗钱规定建立健全并执行大额交易和可疑交易报告制度。

第二十四条　【资料留存要求】银行应建立可用于各类跨境业务的客户信息档案，以书面或电子等形式完整妥善保存客户身份资料、交易记录，以及反映银行开展客户尽职调查及风险分类、尽职审查情况及过程的相关资料和记录。客户资料应按照相关法律规定的期限归档留存备查。

第五章　内部控制

第二十五条　【内控架构】银行应结合跨境业务流程及管理要求，建立健全内控组织架构，明确跨境业务反洗钱和反恐怖融资工作的职责分工。

第二十六条　【内控制度】银行应将跨境业务反洗钱和反恐怖融资要求全面纳入内控制度体

系，包括客户尽职调查、洗钱和恐怖融资风险管理、可疑交易报告、客户身份资料和交易记录保存、反洗钱和反恐怖融资内部检查和审计、重大洗钱案件应急处置等方面。

第二十七条 【信息系统要求】银行跨境业务操作系统和信息管理系统应满足跨境业务反洗钱和反恐怖融资实际管理需求，确保客户身份信息和交易信息的完整、连续、准确和可追溯。

第二十八条 【内控检查要求】银行应将跨境业务反洗钱和反恐怖融资管理情况纳入内部检查和审计范围，并定期开展监督检查工作。

第二十九条 【考核要求】银行应将跨境业务洗钱和恐怖融资风险识别及控制的执行情况纳入内部考核评估，明确各项业务责任范围和责任追究机制。

第三十条 【保密要求】对依法履行跨境业务反洗钱和反恐怖融资义务获得的客户身份资料和交易记录，银行及其工作人员应当予以保密；非依法律规定，不得向任何单位和个人提供。

第六章 附 则

第三十一条 【纳入考核】本指引执行情况作为反洗钱分类评级、宏观审慎评估、银行外汇业务合规与审慎经营评估、跨境业务创新试点等工作的参考。

第三十二条 【参照适用】非银行金融机构、非银行支付机构、清算机构、个人本外币兑换特许业务机构等其他从事跨境业务的反洗钱义务机构参照本指引执行。

第三十三条 【例外条款】反洗钱、跨境人民币业务、外汇管理等相关法律法规另有规定的，从其规定。

第三十四条 【解释权限】本指引由中国人民银行、国家外汇管理局负责解释。

第三十五条 【生效时间】本指引自发布之日起 30 日后实施。

抄送：外汇局、派驻纪检监察组。

内部发送：办公厅、条法司、宏观审慎局、支付司、反洗钱局。

中国人民银行办公厅

2021 年 1 月 20 日印发

中国人民银行关于印发《汇款业务反洗钱和反恐怖融资工作指引》的通知

（银发〔2021〕102号）

中国人民银行上海总部，各分行、营业管理部，各省会（首府）城市中心支行，各副省级城市中心支行；国家开发银行，各政策性银行、国有商业银行、股份制商业银行，中国邮政储蓄银行：

为防范跨境和境内汇款业务洗钱和恐怖融资风险，中国人民银行制定了《汇款业务反洗钱和反恐怖融资工作指引》，现印发给你们，银行业金融机构和相关非银行支付机构要结合工作实际完善本机构有关规定，规范办理汇款业务。

请中国人民银行上海总部，各分行、营业管理部、省会（首府）城市中心支行、副省级城市中心支行将本通知转发至总部注册于辖区内的银行业金融机构和相关非银行支付机构。

附件：汇款业务反洗钱和反恐怖融资工作指引

中国人民银行

2021年4月14日

汇款业务反洗钱和反恐怖融资工作指引

一、关于办理汇款汇出业务

（一）银行业金融机构为客户办理汇款汇出业务时，应当登记汇款人的姓名或者名称、账号、住所和收款人的姓名或者名称、账号等信息，在汇兑凭证或者相关信息系统中留存并向接收汇款的机构提供上述信息。汇款人没有在本机构开户，银行业金融机构无法登记汇款人账号信息的，可登记并向接收汇款的机构提供其他相关信息，确保可对该笔交易跟踪稽核。

（二）银行业金融机构为客户办理汇款汇出业务时，对于单笔交易金额为人民币5000元或外币等值1000美元以上的汇款，还应当登记汇款人的有效身份证件号码或者其他身份证明文件的号码，并通过核对或者查看已留存的客户有效身份证件、其他身份证明文件等措施核实汇款人信息，确保汇款人信息的准确性。如怀疑客户涉嫌洗钱、恐怖融资等违法犯罪活动，无论交易金额大小，银行业金融机构应当核实汇款人信息。

（三）办理境内汇款汇出业务时，若银行业金融机构无法将上述所有汇款人信息提供给接收汇款的机构时，应当至少将汇款人账号或者其他能够确保可对该笔交易跟踪稽核的信息提供给接收汇款的机构，并在接收汇款的机构或者相关主管部门需要时向其提供汇款人其他信息。

（四）银行业金融机构不能按照上述要求办理汇款汇出业务的，不得为客户办理汇款汇出业务。

二、关于办理汇款中间业务

（一）银行业金融机构作为汇款业务中间机构时，应当完整传递、保存汇款人和收款人的所有信息，采取合理措施识别是否缺少汇款人或收款人必要信息，并依据风险状况，明确执行、拒绝或暂停办理相关汇款业务的情形及相应的后续处理措施。

（二）对于跨境汇款，若缺少汇款人或收款人必要信息，作为汇款业务中间机构的银行业金融机构应当在合理可行的范围内，尽快从向其发出汇款指令的机构获取缺少的必要信息。如未能获取缺少的必要信息，银行业金融机构应当考虑限制或结束与该机构的业务关系，或者采取其他合理措施，防控相关洗钱和恐怖融资风险。

三、关于办理汇款汇入业务

（一）银行业金融机构为客户办理汇款汇入业务时，应当采取合理措施识别是否缺少汇款人或收款人必要信息，并依据风险状况，明确执行、拒绝或暂停办理相关汇款汇入业务的情形及相应的后续处理措施。

若缺少汇款人或收款人必要信息，银行业金融机构应当在合理可行的范围内，尽快从向其发出汇款指令的机构获取缺少的必要信息。如未能获取缺少的必要信息，银行业金融机构应当考虑限制或结束与该机构的业务关系，或采取其他合理措施，防控相关洗钱和恐怖融资风险。

（二）对于单笔交易金额人民币 5000 元或外币等值 1000 美元以上的境外汇入汇款，如汇出汇款的机构未对收款人信息进行核实，接收汇款的银行业金融机构应当通过核对或者查看已留存的客户有效身份证件、其他身份证明文件等措施核实收款人信息，确保收款人信息的准确性。如怀疑客户涉嫌洗钱、恐怖融资等违法犯罪活动的，无论交易金额大小，银行业金融机构应当核实收款人信息。

四、其他事项

（一）对于办理上述汇款业务中获取的汇款人、收款人等相关信息，银行业金融机构应当至少保存 5 年。

（二）银行业金融机构通过代理机构（包括境外代理机构）开展汇款业务的，应当将代理机构纳入自身反洗钱和反恐怖融资框架，并建议代理机构参照执行本指引相关规定。

（三）银行业金融机构在办理汇款业务过程中，应当按照规定严格执行联合国安全理事会防范和打击恐怖主义和恐怖融资相关决议（如联合国安全理事会第 1267 号决议和第 1373 号决议及其后续决议），禁止与联合国安全理事会决议中所列的个人或实体进行交易，并按照规定采取限制交易、冻结资金等控制措施。

（四）非银行支付机构为客户办理网络支付业务并在收款人、付款人之间转移货币资金的行为适用本指引。

（五）本指引不适用于以下类型的业务：

1. 银行业金融机构以自身名义开展的与其他类型金融机构之间的资金转移和清算。

2. 通过商品或服务消费行为产生的资金转移交易。

中国人民银行办公厅

2021 年 4 月 15 日印发

中国人民银行 中央网信办 最高人民法院 最高人民检察院 工业和信息化部 公安部 市场监管总局 银保监会 证监会 外汇局关于进一步防范和处置虚拟货币交易炒作风险的通知

（银发〔2021〕237号）

各省、自治区、直辖市人民政府，新疆生产建设兵团：

近期，虚拟货币交易炒作活动抬头，扰乱经济金融秩序，滋生赌博、非法集资、诈骗、传销、洗钱等违法犯罪活动，严重危害人民群众财产安全。为进一步防范和处置虚拟货币交易炒作风险，切实维护国家安全和社会稳定，依据《中华人民共和国中国人民银行法》《中华人民共和国商业银行法》《中华人民共和国证券法》《中华人民共和国网络安全法》《中华人民共和国电信条例》《防范和处置非法集资条例》《期货交易管理条例》《国务院关于清理整顿各类地方交易场所切实防范金融风险的决定》《国务院办公厅关于清理整顿各类交易场所的实施意见》等规定，现就有关事项通知如下：

一、明确虚拟货币和相关业务活动本质属性

（一）虚拟货币不具有与法定货币等同的法律地位。比特币、以太币、泰达币等虚拟货币具有非货币当局发行、使用加密技术及分布式账户或类似技术、以数字化形式存在等主要特点，不具有法偿性，不应且不能作为货币在市场上流通使用。

（二）虚拟货币相关业务活动属于非法金融活动。开展法定货币与虚拟货币兑换业务、虚拟货币之间的兑换业务、作为中央对手方买卖虚拟货币、为虚拟货币交易提供信息中介和定价服务、代币发行融资以及虚拟货币衍生品交易等虚拟货币相关业务活动涉嫌非法发售代币票券、擅自公开发行证券、非法经营期货业务、非法集资等非法金融活动，一律严格禁止，坚决依法取缔。对于开展相关非法金融活动构成犯罪的，依法追究刑事责任。

（三）境外虚拟货币交易所通过互联网向我国境内居民提供服务同样属于非法金融活动。对于相关境外虚拟货币交易所的境内工作人员，以及明知或应知其从事虚拟货币相关业务，仍为其提供营销宣传、支付结算、技术支持等服务的法人、非法人组织和自然人，依法追究有关责任。

（四）参与虚拟货币投资交易活动存在法律风险。任何法人、非法人组织和自然人投资虚拟货币及相关衍生品，违背公序良俗的，相关民事法律行为无效，由此引发的损失由其自行承担；涉嫌破坏金融秩序、危害金融安全的，由相关部门依法查处。

二、建立健全应对虚拟货币交易炒作风险的工作机制

（五）部门协同联动。人民银行会同中央网信办、最高人民法院、最高人民检察院、工业和信息化部、公安部、市场监管总局、银保监会、证监会、外汇局等部门建立工作协调机制，协同解决工作中的重大问题，督促指导各地区按统一部署开展工作。

（六）强化属地落实。各省级人民政府对本行政区域内防范和处置虚拟货币交易炒作相关风险负总责，由地方金融监管部门牵头，国务院金融管理部门分支机构以及网信、电信主管、公安、市场监管等部门参加，建立常态化工作机制，统筹调动资源，积极预防、妥善处理虚拟货币交易炒作有关问题，维护经济金融秩序和社会和谐稳定。

三、加强虚拟货币交易炒作风险监测预警

（七）全方位监测预警。各省级人民政府充分发挥地方监测预警机制作用，线上监测和线下排查相结合，提高识别发现虚拟货币交易炒作活动的精度和效率。人民银行、中央网信办等部门持续完善加密资产监测技术手段，实现虚拟货币“挖矿”、交易、兑换的全链条跟踪和全时信息备份。金融管理部门指导金融机构和非银行支付机构加强对涉虚拟货币交易资金的监测工作。

（八）建立信息共享和快速反应机制。在各省级人民政府领导下，地方金融监管部门会同国务院金融管理部门分支机构、网信部门、公安机关等加强线上监控、线下摸排、资金监测的有效衔接，建立虚拟货币交易炒作信息共享和交叉验证机制，以及预警信息传递、核查、处置快速反应机制。

四、构建多维度、多层次的风险防范和处置体系

（九）金融机构和非银行支付机构不得为虚拟货币相关业务活动提供服务。金融机构和非银行支付机构不得为虚拟货币相关业务活动提供账户开立、资金划转和清算结算等服务，不得将虚拟货币纳入抵质押品范围，不得开展与虚拟货币相关的保险业务或将虚拟货币纳入保险责任范围，发现违法违规问题线索应及时向有关部门报告。

（十）加强对虚拟货币相关的互联网信息内容和接入管理。互联网企业不得为虚拟货币相关业务活动提供网络经营场所、商业展示、营销宣传、付费导流等服务，发现违法违规问题线索应及时向有关部门报告，并为相关调查、侦查工作提供技术支持和协助。网信和电信主管部门根据金融管理部门移送的问题线索及时依法关闭开展虚拟货币相关业务活动的网站、移动应用程序、小程序等互联网应用。

（十一）加强对虚拟货币相关的市场主体登记和广告管理。市场监管部门加强市场主体登记管理，企业、个体工商户注册名称和经营范围中不得含有“虚拟货币”“虚拟资产”“加密货币”“加密资产”等字样或内容。市场监管部门会同金融管理部门依法加强对涉虚拟货币相关广告的监管，及时查处相关违法广告。

（十二）严厉打击虚拟货币相关非法金融活动。发现虚拟货币相关非法金融活动问题线索后，地方金融监管部门会同国务院金融管理部门分支机构等相关部门依法及时调查认定、妥善处置，并严肃追究有关法人、非法人组织和自然人的法律责任，涉及犯罪的，移送司法机关依法查处。

（十三）严厉打击涉虚拟货币犯罪活动。公安部部署全国公安机关继续深入开展“打击洗钱犯罪专项行动”“打击跨境赌博专项行动”“断卡行动”，依法严厉打击虚拟货币相关业务活动中的非法经营、金融诈骗等犯罪活动，利用虚拟货币实施的洗钱、赌博等犯罪活动和以虚拟货币为噱头的非法集资、传销等犯罪活动。

（十四）加强行业自律管理。中国互联网金融协会、中国支付清算协会、中国银行业协会加强会员管理和政策宣传，倡导和督促会员单位抵制虚拟货币相关非法金融活动，对违反监管政策和行业自律规则的会员单位，依照有关自律管理规定予以惩戒。依托各类行业基础设施开展虚拟货币交易炒作风险监测，及时向有关部门移送问题线索。

五、强化组织实施

（十五）加强组织领导和统筹协调。各部门、各地区要高度重视应对虚拟货币交易炒作风险工作，加强组织领导，明确工作责任，形成中央统筹、属地实施、条块结合、共同负责的长效工作机制，保持高压态势，动态监测风险，采取有力措施，防范化解风险，依法保护人民群众财产安全，全力维护经济金融秩序和社会稳定。

（十六）加强政策解读和宣传教育。各部门、各地区及行业协会要充分运用各类媒体等传播渠道，通过法律政策解读、典型案例剖析、投资风险教育等方式，向社会公众宣传虚拟货币炒作等相关业务活动的违法性、危害性及其表现形式等，增强社会公众风险防范意识。

中国人民银行
中央网信办
最高人民法院
最高人民检察院
工业和信息化部
公安部
市场监管总局
银保监会
证监会
外汇局
2021 年 9 月 15 日

中国人民银行 公安部 国家监察委员会 最高人民法院 最高人民检察院 安全部 海关总署 税务总局 银保监会 证监会 外汇局关于印发《打击治理洗钱违法犯罪三年行动计划（2022—2024年）》的通知

（银发〔2022〕7号）

为贯彻落实党中央、国务院决策部署，依法严惩洗钱违法犯罪活动，加强洗钱违法犯罪源头治理，完善打击治理洗钱违法犯罪协作机制，切实维护国家安全和社会稳定，中国人民银行、公安部、国家监察委员会、最高人民法院、最高人民检察院、安全部、海关总署、税务总局、银保监会、证监会、外汇局决定，2022年1月至2024年12月在全国范围内开展打击治理洗钱违法犯罪三年行动。现将《打击治理洗钱违法犯罪三年行动计划（2022—2024年）》印发给你们，请结合各地实际认真抓好落实工作。

附件：打击治理洗钱违法犯罪三年行动计划（2022—2024年）

2022年1月13日

打击治理洗钱违法犯罪三年行动计划（2022—2024年）

为贯彻落实党中央、国务院关于加强反洗钱工作的决策部署，全面推进打击治理洗钱违法犯罪工作，中国人民银行、公安部、国家监察委员会、最高人民法院、最高人民检察院、安全部、海关总署、税务总局、银保监会、证监会、外汇局（以下统称各成员单位）决定2022年1月至2024年12月，联合开展打击治理洗钱违法犯罪三年行动，制定本计划。

一、总体要求

以习近平新时代中国特色社会主义思想为指导，深入贯彻党的十九大和十九届二中、三中、四中、五中、六中全会精神，全面落实党中央、国务院关于加强反洗钱工作的决策部署，坚持总体国家安全观，坚持以人民为中心，坚持综合施策、标本兼治。一是依法严厉打击各类洗钱违法犯罪活动，不断增强洗钱犯罪侦查、起诉和审判质效，加大惩治洗钱犯罪力度，坚决遏制洗钱犯罪蔓延态势。二是完善协作机制、形成工作合力，依托反洗钱工作部际联席会议，建立部门参与、职责清晰、配合有力、运转高效的打击治理洗钱违法犯罪协作机制。三是推动系统治理、综合治理和源头治理，进一步健全洗钱违法犯罪风险防控体系，切实维护国家安全、社会稳定和人民群众切身利益。

二、主要任务

（一）完善法律制度。一是推动反洗钱法修订工作。中国人民银行等有关部门积极推动反洗钱法修订工作，完善相关配套规章和规范性文件，为打击治理洗钱违法犯罪活动奠定制度基础。二是修订相关司法解释。最高人民法院等有关部门统筹考虑刑法第一百九十一条和第三百一十二条法律关系，完善办理洗钱等刑事案件相关司法解释，为有效惩治洗钱犯罪提供指导。三是完善数据统计方法。最高人民法院、最高人民检察院、公安部根据我国打击洗钱犯罪实际和应对国际反洗钱互评估需要，逐步完善洗钱罪和掩饰、隐瞒犯罪所得、犯罪所得收益罪的数据统计方法。探索建立跨部门打击洗钱犯罪数据综合统计体系，全面准确反映我国打击洗钱犯罪成效。四是完善数据信息共享机制。中国人民银行、银保监会、证监会、外汇局等部门与公安部、安全部等执法部门要进一步完善相关领域的数据信息共享机制，为打击治理洗钱违法犯罪活动提供数据信息支持。中国人民银行及其分支机构、金融监督管理部门、外汇管理部门要畅通信息查询通道，指导金融机构、非银行支付机构依法配合公安机关、国家安全机关等执法部门查询洗钱犯罪案件有关账户、资金交易等信息。

（二）强化协同配合。一是规范可疑交易情报线索移送管理。税务机关、金融监督管理部门发现涉嫌洗钱的可疑交易情报线索，可通报中国人民银行或其当地分支机构处理。中国人民银行及其分支机构、海关、外汇管理部门发现涉嫌洗钱的可疑交易情报线索，应向有管辖权的公安机关移送。公安机关根据涉嫌洗钱的可交易情报线索立案侦查的，应向移送部门反馈案件进展和处理情况。二是落实“一案双查”工作机制。公安机关办理上游犯罪和地下钱庄案件，应追踪涉案资金来源和去向，查明洗钱犯罪事实。监察机关查办案件，发现被调查人或涉案人涉嫌洗钱犯罪的，应商请公安机关依法办理，协同开展工作。人民检察院应切实履行法律监督职能，加强对洗钱刑事案件的立案监督，办理上游犯罪案件时，同步审查涉案财物的去向、是否涉嫌洗钱犯罪，发现遗漏下游洗钱犯罪情形的，应要求相关部门补充移送起诉或者依法退回补充侦查，或者及时将线索移送公安机关，必要时人民检察院可以自行侦查。对于证据确实、充分的洗钱犯罪，可以直接起诉。人民法院审理上游犯罪案件，发现遗漏下游洗钱犯罪情形的，应建议人民检察院补充起诉或者追加起诉。三是加强情报线索研判和案件会商。监察机关、公安机关、国家安全机关、人民检察院、人民法院根据工作需要，组织有关部门共同对涉嫌洗钱犯罪的情报线索进行分析研判，对洗钱犯罪案件办理中的难点问题进行沟通协商，共同推进相关工作。

（三）提升实战效能。一是强化洗钱类型分析。中国人民银行及其分支机构协调组织有关部门共同参与洗钱类型分析工作，科学分析洗钱活动规律和特点，综合研判洗钱威胁形势及洗钱风险分布情况，为有效打击治理洗钱违法犯罪活动提供指导。进一步规范洗钱类型分析的内容、方法和程序，提升洗钱类型分析的科学性和准确性。监察机关、公安机关、国家安全机关、人民检察院、人民法院等为做好洗钱类型分析工作提供信息和数据支持。二是提高移送线索质量。中国人民银行及其分支机构指导金融机构、非银行支付机构等反洗钱义务机构不断优化可疑交易监测模型，提升监测分析水平，及时发现和上报涉嫌洗钱犯罪的可疑交易线索。进一步规范可疑交易线索移送标准和工作程序，加强线索移送前的综合研判和分析，切实提高移送线索质量和工作成效。三是加强反洗钱协查工作。中国人民银行及其分支机构、金融监督管理部门、外汇管理部门根据反洗钱法、刑事诉讼法等法律法规，积极协助监察机关、公安机关、国家安全机关等调查涉嫌洗钱及相关上游犯罪案件。进一步规范协查工作的内容、标准和程序，提高协查工作效率和成效。

（四）深化源头治理。一是增强反洗钱义务机构洗钱风险防控能力。中国人民银行及其分支机构、金融监督管理部门、外汇管理部门要加强对金融机构、非银行支付机构等反洗钱义务机构的监督管理，压实反洗钱义务机构洗钱风险防控主体责任。指导反洗钱义务机构进一步完善客户尽职调查、身份资料和交易记录保存、可疑交易报告等风险管理措施，督促反洗钱义务机构增强洗钱风险识别和防控能力，健全洗钱风险防控体系，有效堵塞管理漏洞，排除风险隐患。二是加强问题通报和整改。监察机关、公安机关、人民检察院和人民法院办理洗钱及相关上游犯罪案件过程中，发现金融机构、非银行支付机构等反洗钱义务机构存在管理漏洞和风险隐患的，应及时向中国人民银行及其分支机构、金融监督管理部门、外汇管理部门通报情况，提出整改建议。中国人民银行及其分支机构、金融监督管理部门、外汇管理部门根据职责分工，监督指导反洗钱义务机构及时开展整改工作，增强洗钱风险防控能力。三是建立“以案倒查”工作机制。对于重大洗钱案件，中国人民银行及其分支机构、金融监督管理部门、外汇管理部门适时开展“以案倒查”，对相关金融机构、非银行支付机构等反洗钱义务机构开展专项现场检查，分析风险隐患，提出整改工作建议，对存在违法行为的，依法予以处罚。探索建立“以案倒查”长效工作机制，中国人民银行及其分支机构、金融监督管理部门、外汇管理部门根据公安机关等案件通报情况，将“以案倒查”工作纳入综合检查、专项检查等年度行政执法检查计划，实现长效常治。

三、工作要求

（一）提高政治站位。打击治理洗钱违法犯罪事关国家经济金融安全和社会稳定，事关国家治理体系和治理能力现代化进程，事关中国特色社会主义市场经济高质量发展和双向开放，各成员单位要进一步提高政治站位，统一思想认识，确保行动计划取得实效。

（二）加强组织领导。在反洗钱工作部际联席会议机制下，成立打击治理洗钱违法犯罪领导小组，负责组织协调全国打击治理洗钱违法犯罪工作。中国人民银行、公安部分管领导任组长，国家监察委员会、最高人民法院、最高人民检察院分管领导任副组长，安全部、海关总署、税务总局、银保监会、证监会、外汇局分管领导为领导小组成员，领导小组办公室设在中国人民银行反洗钱局，反洗钱局局长兼办公室主任。各地在反洗钱工作联席会议机制下，成立打击治理洗钱违法犯罪领导机构和办事机构，负责组织协调各地打击治理洗钱违法犯罪工作。

（三）落实工作责任。各成员单位要认真按照本计划要求，加强组织领导，明确任务分工，细化工作措施，积极主动作为，确保实现本计划工作目标。建立打击治理洗钱违法犯罪跟踪督办机制，对行动开展情况进行抽查，并将相关情况予以通报，对贡献突出的集体和个人给予表扬。

（四）加强宣传培训。各成员单位要正确引导舆论，找准宣传角度，丰富宣传形式，适时曝光典型案件，提升宣传工作成效，提高对洗钱犯罪的震慑力，营造良好舆论氛围。组织开展反洗钱工作培训，提高思想认识，精进业务能力，提升工作水平。

主送：中国人民银行上海总部，各分行、营业管理部，各省会（首府）城市中心支行，各副省级城市中心支行；各省、自治区、直辖市公安厅（局）、监察委员会、高级人民法院、人民检察院、国家安全厅（局），新疆生产建设兵团公安局、监察委员会，新疆维吾尔自治区高级人民法院生产建设兵团分院，新疆生产建设兵团人民检察院、国家安全局；海关总署广东分署，各直属海关；国家税务总局各省、自治区、直辖市和计划单列市税务局；各银保监局，各证监局；国家外汇管理局各省、自治区、直辖市分局、外汇管理部，深圳、大连、青岛、厦门、宁波市分局。

中国人民银行办公厅

2022 年 1 月 20 日印发

关于印发《保险业反洗钱工作管理办法》的通知

（保监发〔2011〕52号）

各保监局，各保险公司、保险资产管理公司，各保险专业代理公司、保险经纪公司：

为进一步加强保险业反洗钱工作，防范洗钱风险，我会制定了《保险业反洗钱工作管理办法》，现印发给你们，请遵照执行。

中国保险监督管理委员会

二〇一一年九月十三日

保险业反洗钱工作管理办法

第一章 总则

第一条 为做好保险业反洗钱工作，促进行业持续健康发展，根据《中华人民共和国反洗钱法》《中华人民共和国保险法》等有关法律法规、部门规章和规范性文件，制定本办法。

第二条 中国保险监督管理委员会（以下简称“中国保监会”）根据有关法律法规和国务院授权，履行保险业反洗钱监管职责。

中国保监会派出机构根据本办法的规定，在中国保监会授权范围内履行反洗钱监管职责。

第三条 本办法适用于保险公司、保险资产管理公司及其分支机构，保险专业代理公司、保险经纪公司及其分支机构，金融机构类保险兼业代理机构。

第二章 保险监管职责

第四条 中国保监会组织、协调、指导保险业反洗钱工作，依法履行下列反洗钱职责：

（一）参与制定保险业反洗钱政策、规划、部门规章，配合国务院反洗钱行政主管部门对保险业实施反洗钱监管；

（二）制定保险业反洗钱监管制度，对保险业市场准入提出反洗钱要求，开展反洗钱审查和监督检查；

（三）参加反洗钱监管合作；

（四）组织开展反洗钱培训宣传；

（五）协助司法机关调查处理涉嫌洗钱案件；

（六）其他依法履行的反洗钱职责。

第五条　中国保监会派出机构在中国保监会授权范围内，依法履行下列反洗钱职责：

（一）制定辖内保险业反洗钱规范性文件，开展反洗钱审查和监督检查；

（二）向中国保监会报告辖内保险业反洗钱工作情况；

（三）参加辖内反洗钱监管合作；

（四）组织开展辖内保险业反洗钱培训宣传；

（五）协助司法机关调查处理涉嫌洗钱案件；

（六）中国保监会授权的其他反洗钱职责。

第三章　保险业反洗钱义务

第六条　保险公司、保险资产管理公司和保险专业代理公司、保险经纪公司应当以保单实名制为基础，按照客户资料完整、交易记录可查、资金流转规范的工作原则，切实提高反洗钱内控水平。

第七条　申请设立保险公司、保险资产管理公司应当符合下列反洗钱条件：

（一）投资资金来源合法；

（二）建立了反洗钱内控制度；

（三）设置了反洗钱专门机构或指定内设机构负责反洗钱工作；

（四）配备了反洗钱机构或岗位人员，岗位人员接受了必要的反洗钱培训；

（五）信息系统建设满足反洗钱要求；

（六）中国保监会规定的其他条件。

第八条　设立保险公司、保险资产管理公司的申请文件中应当包括下列反洗钱材料：

（一）投资资金来源情况说明和投资资金来源合法的声明；

（二）反洗钱内控制度；

（三）反洗钱机构设置报告；

（四）反洗钱机构或岗位人员配备情况及岗位人员接受反洗钱培训情况的报告；

（五）信息系统反洗钱功能报告；

（六）中国保监会规定的其他材料。

申请设立保险公司、保险资产管理公司，可以在筹建申请和开业申请中分阶段提交上述各项材料，但最迟应当在提出开业申请时提交完毕。

开业验收阶段，申请人应当按照要求演示反洗钱的组织架构、工作流程、风控管理和信息系统建设等。

第九条　申请设立保险公司、保险资产管理公司分支机构应当符合下列反洗钱条件：

（一）总公司具备健全的反洗钱内控制度并对分支机构具有良好的管控能力；

（二）总公司的信息系统建设能够支持分支机构的反洗钱工作；

（三）拟设分支机构设置了反洗钱专门机构或指定内设机构负责反洗钱工作；

（四）反洗钱岗位人员基本配备并接受了必要的反洗钱培训；

（五）中国保监会规定的其他条件。

第十条　设立保险公司、保险资产管理公司分支机构的申请文件中应当包括下列反洗钱材料：

（一）总公司的反洗钱内控制度；

（二）总公司信息系统的反洗钱功能报告；

（三）拟设分支机构的反洗钱机构设置报告；

（四）拟设分支机构的反洗钱岗位人员配备及接受反洗钱培训情况的报告；

（五）中国保监会规定的其他材料。

第十一条 发生下列情形之一，保险公司、保险资产管理公司应当知悉投资资金来源，提交投资资金来源情况说明和投资资金来源合法的声明：

（一）增加注册资本；

（二）股权变更，但通过证券交易所购买上市机构股票不足注册资本5%的除外；

（三）中国保监会规定的其他情形。

第十二条 保险公司、保险资产管理公司董事、监事、高级管理人员应当了解反洗钱法律法规，接受反洗钱培训，通过保险监管机构组织的包含反洗钱内容的任职资格知识测试。

保险公司、保险资产管理公司董事、监事、高级管理人员任职资格核准申请材料中应当包括接受反洗钱培训情况报告及本人签字的履行反洗钱义务的承诺书。

第十三条 保险公司、保险资产管理公司应当建立健全反洗钱内控制度。

反洗钱内控制度应当包括下列内容：

（一）客户身份识别；

（二）客户身份资料和交易记录保存；

（三）大额交易和可疑交易报告；

（四）反洗钱培训宣传；

（五）反洗钱内部审计；

（六）重大洗钱案件应急处置；

（七）配合反洗钱监督检查、行政调查以及涉嫌洗钱犯罪活动调查；

（八）反洗钱工作信息保密；

（九）反洗钱法律法规规定的其他内容。

保险公司、保险资产管理公司分支机构可以根据总公司的反洗钱内控制度制定本级的实施细则。

第十四条 保险公司、保险资产管理公司应当设立反洗钱专门机构或者指定内设机构，组织开展反洗钱工作。

指定内设机构组织开展反洗钱工作的，应当设立反洗钱岗位。

保险公司、保险资产管理公司应当明确相关业务部门的反洗钱职责，保证反洗钱内控制度在业务流程中贯彻执行。

第十五条 保险公司、保险资产管理公司应当将可量化的反洗钱控制指标嵌入信息系统，使风险信息能够在业务部门和反洗钱机构之间有效传递、集中和共享，满足对洗钱风险进行预警、提取、分析和报告等各项反洗钱要求。

第十六条 保险公司应当依法在订立保险合同、解除保险合同、理赔或者给付等环节对规定金额以上的业务进行客户身份识别。

第十七条 保险公司、保险资产管理公司应当按照客户特点或者账户属性，划分风险等级，并在持续关注的基础上，适时调整风险等级。

第十八条 保险公司、保险资产管理公司应当根据监管要求密切关注涉恐人员名单，及时对本机构客户进行风险排查，依法采取相应措施。

第十九条　保险公司、保险资产管理公司应当依法保存客户身份资料和交易记录，确保能足以重现该项交易，以提供监测分析交易情况、调查可疑交易活动和查处洗钱案件所需的信息。

第二十条　保险公司、保险资产管理公司破产和解散时，应当将客户身份资料和交易记录移交国务院有关部门指定的机构。

第二十一条　保险公司、保险资产管理公司应当依法识别、报告大额交易和可疑交易。

第二十二条　保险公司通过保险专业代理公司、金融机构类保险兼业代理机构开展保险业务时，应当在合作协议中写入反洗钱条款。

反洗钱条款应当包括下列内容：

（一）保险专业代理公司、金融机构类保险兼业代理机构按照保险公司的反洗钱法律义务要求识别客户身份；

（二）保险公司在办理业务时能够及时获得保险业务客户身份信息，必要时，可以从保险专业代理公司、金融机构类保险兼业代理机构获得客户有效身份证件或者其他身份证明文件的复印件或者影印件；

（三）保险公司为保险专业代理公司、金融机构类保险兼业代理机构代其识别客户身份提供培训等必要协助。

保险经纪公司代理客户与保险公司开展保险业务时，应当提供保险公司识别客户身份所需的客户身份信息，必要时，还应当依法提供客户身份证件或者其他身份证明文件的复印件或者影印件。

保险公司承担未履行客户身份识别义务的最终责任，保险专业代理公司、保险经纪公司、金融机构类保险兼业代理机构承担相应责任。

第二十三条　保险公司、保险资产管理公司应当开展反洗钱培训，保存培训课件和培训工作记录。

对本公司人员的反洗钱培训应当包括下列内容：

（一）反洗钱法律法规和监管规定；

（二）反洗钱内控制度、与其岗位职责相应的反洗钱工作要求；

（三）开展反洗钱工作必备的其他知识、技能等。

对保险销售从业人员的反洗钱培训应当包括下列内容：

（一）反洗钱法律法规和监管规定；

（二）反洗钱内控制度；

（三）展业中的反洗钱要求，如提醒客户提供相关信息资料、配合履行反洗钱义务等。

第二十四条　保险公司、保险资产管理公司应当开展反洗钱宣传，保存宣传资料和宣传工作记录。

第二十五条　保险公司、保险资产管理公司应当每年开展反洗钱内部审计，反洗钱内部审计可以是专项审计或者与其他审计项目结合进行。

第二十六条　保险公司、保险资产管理公司应当妥善处置涉及本公司的重大洗钱案件，及时向保险监管机构报告案件处置情况。

第二十七条　保险公司、保险资产管理公司应当配合反洗钱监督检查、行政调查以及涉嫌洗钱犯罪活动的调查，记录并保存配合检查、调查的相关情况。

第二十八条 保险公司、保险资产管理公司及其工作人员应当对依法履行反洗钱义务获得客户身份资料和交易信息予以保密；非依法律规定，不得向任何单位和个人提供。

保险公司、保险资产管理公司及其工作人员应当对报告可疑交易、配合调查可疑交易和涉嫌洗钱犯罪活动等有关信息予以保密，不得违反规定向客户和其他人员提供。

第二十九条 保险专业代理公司、保险经纪公司应当建立反洗钱内控制度，禁止来源不合法资金投资入股。

保险专业代理公司、保险经纪公司高级管理人员应当了解反洗钱法律法规。

第三十条 保险专业代理公司、保险经纪公司应当开展反洗钱培训、宣传，妥善处置涉及本公司的重大洗钱案件，配合反洗钱监督检查、行政调查以及涉嫌洗钱犯罪活动的调查，对依法开展反洗钱的相关信息予以保密。

第四章 监督管理

第三十一条 保险监管机构依法对保险业新设机构、投资入股资金和相关人员任职资格进行反洗钱审查，对不符合条件的，不予批准或者核准。

第三十二条 保险监管机构依法开展反洗钱现场检查与非现场监管。

第三十三条 反洗钱现场检查可以开展专项检查或者与其他检查项目结合进行。

第三十四条 保险监管机构有权根据监管需要，要求保险公司、保险资产管理公司提交反洗钱报告或者专项反洗钱资料。

第三十五条 保险公司、保险资产管理公司发生下列情形之一，保险监管机构可以将其列为反洗钱重点监管对象：

（一）涉嫌从事洗钱或者协助他人洗钱；

（二）受到反洗钱主管部门重大行政处罚；

（三）中国保监会认为需要重点监管的其他情形。

第三十六条 保险公司、保险资产管理公司违反反洗钱法律法规和本办法规定的，由保险监管机构责令限期改正、约谈相关人员或者依法采取其他措施。

第三十七条 保险监管机构根据保险公司、保险资产管理公司反洗钱工作开展情况，调整其在分类监管体系中合规类指标的评分。

第三十八条 保险公司、保险资产管理公司违反本办法规定，达到案件责任追究标准的，应当依法追究案件责任人的责任。

第五章 附则

第三十九条 中国保监会依法指导中国保险行业协会，制定反洗钱工作指引，开展反洗钱培训宣传。

第四十条 保险公司与非金融机构类保险兼业代理机构的反洗钱合作可以参照本办法。

第四十一条 本办法由中国保监会负责解释。

第四十二条 本办法自 2011 年 10 月 1 日起施行，中国保监会之前反洗钱监管要求与本办法不同的，以本办法为准。

中国人民银行办公厅关于印发《中国人民银行反洗钱监督检查及案件协查档案管理办法（试行）》的通知

（银办发〔2006〕160号）

人民银行上海总部，各分行、营业管理部、省会（首府）城市中心支行，大连、青岛、宁波、厦门、深圳市中心支行：

根据《中国人民银行办公厅关于印发〈中国人民银行档案管理规定〉和〈中国人民银行文书档案管理办法〉的通知》（银办发〔2004〕259号），结合人民银行反洗钱工作实际，总行制定了《中国人民银行反洗钱监督检查及案件协查档案管理办法（试行）》。现印发你们，请遵照执行。

附件：中国人民银行反洗钱监督检查及案件协查档案管理办法（试行）

二〇〇六年七月十日

中国人民银行反洗钱监督检查及案件协查档案管理办法（试行）

第一章　总则

第一条 为加强人民银行反洗钱监督检查及案件协查档案管理，根据《中国人民银行档案管理规定》和《中国人民银行文书档案管理办法》，结合人民银行反洗钱工作实际，制定本办法。

第二条 本办法所称反洗钱监督检查及案件协查档案是指人民银行各级反洗钱工作部门在开展反洗钱监督检查及案件协查工作中形成的具有保存价值的文字、材料、图表、音像、计算机磁盘、实物等形式的历史记录。反洗钱监督检查及案件协查档案是人民银行反洗钱档案的重要组成部分。

第三条 人民银行各级反洗钱工作部门应建立健全反洗钱监督检查及案件协查档案管理制度，保证档案资料收集齐全，归档及时，整齐有序，查阅方便，严防丢失和泄密。

第四条 反洗钱监督检查及案件协查档案管理人员应严格执行《中华人民共和国保守国家秘密法》及有关保密工作规定，严守档案秘密。

第二章　反洗钱监督检查及案件协查档案的归档范围与保管期限

第五条 反洗钱监督检查及案件协查档案的归档范围包括：

（一）人民银行各级反洗钱工作部门开展反洗钱监督检查工作中形成的具有保存价值的各种档案，包括非现场检查档案和现场检查档案。

非现场检查档案包括定期和不定期监督报表、非现场检查相关资料、商业银行反洗钱制度报备等资料。

现场检查档案包括现场检查工作方案、现场检查通知书、检查工作底稿、检查取证记录、检查事实确认书、谈话记录、检查意见书、资料调阅清单等。如后续处理有行政处罚的，还应包括行政处罚告知书、行政处罚决定书。

（二）人民银行各级反洗钱工作部门在反洗钱案件调查工作中涉及的可疑交易线索及相关移交材料，调查函，调查反馈意见书，核查报告及报表，其他部门请求协查的函件及反馈材料，情报会商纪要和相关决定，洗钱线索及案件举报材料，与案件有关的通报、报道、声像材料及其他相关资料。

第六条 反洗钱监督检查及案件协查档案的保管期限分为永久保存、长期保存和短期保存。永久保存的档案包括已判决案件的相关资料等；长期保存的档案包括可疑案件线索及相关资料、反洗钱现场检查工作相关记录等；其他档案资料短期保存。

第三章　反洗钱监督检查及案件协查档案的归档整理

第七条 归档的文件资料应合理分类，顺序归档，保存齐全，内容完整。资料较多的同类档案，可以分卷，但需依据时间先后顺序注明各卷序号。

第八条 反洗钱非现场检查档案可按被监管对象的类别建档保存。

反洗钱现场检查档案可按项目和被检查对象建档，每项检查工作结束后完成立卷工作。反洗钱案件材料应做到案结卷成。跨年度的案件档案，在案件终结的年度立卷。

第九条 整理完毕的档案应装订整齐，不得漏页或纸张参差不齐。

对破损的档案材料应及时修补，不得在需要归档的文件、资料上加批注或任意涂改。

需要归档的资料文件应字迹工整，书写材料符合耐久性要求和有关技术标准，禁止使用纯蓝墨水、红墨水笔、铅笔、圆珠笔等不耐久字迹的书写材料起草签批归档材料。

第十条 档案资料整理完毕，应逐件编制档案目录，一式三份，一份随档案装盒，放在卷内首页，一份存档备查，另一份随档案一并向本单位档案部门移交。

第十一条 档案整理装订结束后，应及时装盒。档案盒封面的正面应填写归档材料全称、年度、形成单位、保管期限等要素，侧面填写档案简称、年度、盒号等要素。

第四章　反洗钱监督检查和案件协查档案的保管与利用

第十二条 人民银行各级反洗钱工作部门应妥善保管反洗钱监督检查及案件协查档案，建立防盗、防火、防潮、防尘、防有害生物等安全措施，保证档案的安全。

第十三条 人民银行各级反洗钱工作部门应指定专职或兼职档案管理人员，负责反洗钱监督检查及案件协查档案的保管和借阅。反洗钱档案管理人员调离岗位时，必须在离岗前办理档案移交手续，由相关负责人监督移交过程并签章确认。

第十四条 反洗钱档案管理人员应定期检查档案，维护档案资料的完整，确保档案的安全，发现问题应及时纠正。

第十五条 借阅档案必须按规定办理借阅审批手续，建立反洗钱档案单及反洗钱档案复印审批单（见附 1、附 2）使用制度。

查阅人应认真填写反洗钱档案借阅单。查阅人使用完毕后应及时归还借阅档案，不得转借、遗失、撤换、撕页、拆卷，不得在原件上勾画、涂改、污损等，确保反洗钱档案的完整性。未经领导批准，不得私自摘抄、复制、翻印、发表、泄露档案内容。需复印的材料，必须填写反洗钱档案复印审批单，经反洗钱工作部门分管领导签字批准。

第十六条 借阅、复印、摘抄涉密反洗钱档案时，应严格执行有关保密规定。

第五章　反洗钱监督检查及案件协查档案的移交与销毁

第十七条 反洗钱监督检查及案件协查档案每两年向本单位档案管理部门移交一次。

第十八条 反洗钱监督检查及案件协查档案移交时，移交方应按照相关档案管理规定进行归档，并与本单位档案管理部门办理移交手续。

移交反洗钱监督检查及案件协查档案时，应由移交方编制移交清册，列明移交的档案名称、盒数、件数、起迄时间、保管期限等内容。交接双方经办人员和负责人应在移交清册上签字确认。移交清册一式两份，交接双方各执一份备查。

第十九条 对保管期限届满的反洗钱监督检查及案件协查档案，按下列程序销毁：

（一）由反洗钱监督检查及案件协查档案保管部门和反洗钱工作部门组成鉴定小组进行鉴定，对今后工作仍有使用价值的反洗钱监督检查及案件协查档案，应适当延长保管期限；对不再有保管价值的反洗钱监督检查及案件协查档案，应编制反洗钱监督检查及案件协查档案销毁清册，核对销毁反洗钱监督检查及案件协查档案的名称、卷号、册数、起迄时间、档案编号、应保管期限、已保管期限、销毁时间等内容。

（二）档案保管部门和反洗钱工作部门的负责人应在反洗钱监督检查及案件协查档案销毁清册上签署意见。

（三）人民银行各级机构销毁反洗钱监督检查及案件协查档案应经本级主管行领导审批。

（四）销毁反洗钱监督检查及案件协查档案时，应由反洗钱工作部门、档案保管部门、保密部门共同派人现场监销。销毁反洗钱监督检查及案件协查档案前，监销人应按照反洗钱档案销毁清册所列内容清点核对；销毁后，应在销毁清册上签章确认，并将销毁清册永久保存备查。

第六章　附则

第二十条 本办法适用于人民银行各级反洗钱工作部门对反洗钱监督检查及案件协查档案的管理工作。

第二十一条 人民银行上海总部、分行、营业管理部、省会（首府）城市中心支行、副省级城市中心支行可根据辖内实际情况制定补充规定，并报人民银行反洗钱局备案。

第二十二条 本办法由人民银行反洗钱局负责解释和修订。

第二十三条 本办法自印发之日起施行。

附：1. 反洗钱档案借阅单（略）

2. 反洗钱档案复印审批单（略）

中国人民银行办公厅关于印发《银行业金融机构联网核查公民身份信息业务处理规定（试行）》和《联网核查公民身份信息系统操作规程（试行）》的通知

（银办发〔2007〕126 号）

中国人民银行上海总部，各分行、营业管理部、省会（首府）城市中心支行、深圳市中心支行；各政策性银行、国有商业银行、股份制商业银行，中国邮政储蓄银行：

为规范银行业金融机构（以下简称银行机构）联网核查公民身份信息（以下简称联网核查）业务处理，进一步落实银行账户实名制，促进征信体系建设和反洗钱工作开展，维护正常的经济金融秩序，人民银行制定了《银行业金融机构联网核查公民身份信息业务处理规定（试行）》（以下简称《业务处理规定》，见附件 1）和《联网核查公民身份信息系统操作规程（试行）》（以下简称《操作规程》，见附件 2）。现印发给你们，并就有关事项通知如下：

一、银行机构和人民银行分支机构应严格按照《业务处理规定》和《操作规程》的要求分别进行联网核查业务处理和联网核查公民身份信息系统（以下简称联网核查系统）相关操作。

二、银行机构应将联网核查作为验证居民身份证信息真实性的主要方式。银行机构未按照《业务处理规定》和《操作规程》的要求进行联网核查，造成不法分子开立假名银行账户或以虚假居民身份证件办理按照法律、法规或部门规章规定应核对相关个人的居民身份证件的支付结算业务的，人民银行将依法从重进行处罚。

三、银行机构在进行联网核查时，应核对相关个人的居民身份证照片。鉴于目前一些银行机构营业柜台配备的是字符终端，对于风险较小的银行业务，银行机构可使用字符终端进行联网核查，暂不核对相关个人的居民身份证照片；对于风险较大的银行业务或对通过字符终端联网核查得到的核查结果存有疑义的，银行机构应使用图形终端进行联网核查并核对相关个人的居民身份证照片。银行机构应根据相关法规制度及内部管理规定确定各类银行业务风险大小的划分标准，合理调整业务流程，并有计划地更换字符终端，以尽快达到核对居民身份证照片的要求。

四、采用接口方式进行联网核查的银行机构在向联网核查系统发送请求报文时，请求报文中的上报机构代码和核查机构代码必须统一使用人民币银行结算账户管理系统中现有的银行机构代码，否则联网核查系统将其认定为不合规机构。人民银行分支机构应定期通过联网核查系统对不合规机构进行监测。经监测发现不合规核查机构的，人民银行分支机构应将有关情况通知该不合规机构隶属的银行机构，并要求其按规定申报银行机构代码信息。

请人民银行上海总部，各分行、营业管理部、省会（首府）城市中心支行，深圳市中心支行及时将本通知转发至所在省（区、市）的人民银行分支机构以及城市商业银行、农村商业银行、农村合作银行、城市信用社、农村信用社和外资银行。

实施中如遇问题，请及时报告人民银行支付结算司。

附件：1．银行业金融机构联网核查公民身份信息业务处理规定（试行）

2．联网核查公民身份信息系统操作规程（试行）

中国人民银行办公厅

二〇〇七年五月二十一日

附件 1

银行业金融机构联网核查公民身份信息业务处理规定（试行）

第一条　为规范银行业金融机构（以下简称银行机构）联网核查公民身份信息业务处理，进一步落实银行账户实名制，促进社会征信体系建设和反洗钱工作开展，维护正常的经济金融秩序，依据《中华人民共和国反洗钱法》《个人存款账户实名制规定》《人民币银行结算账户管理办法》等法律、法规和部门规章，制定本规定。

第二条　本规定所称联网核查公民身份信息（以下简称联网核查），是指通过联网核查公民身份信息系统（以下简称联网核查系统）核对或查询相关个人的公民身份信息，以验证相关个人的居民身份证所记载的姓名、公民身份号码、照片及签发机关等信息真实性的行为。

第三条　银行机构可通过其综合业务系统接入联网核查系统，通过人民币银行结算账户管理系统或个人信用信息基础数据库等系统登录联网核查系统，或直接登录联网核查系统进行联网核查。

第四条　银行机构在办理下述人民币银行业务时，如法律、法规或部门规章规定需要核对相关个人出示的居民身份证，则应进行联网核查：

（一）银行账户业务，包括开立、变更个人储蓄账户、个人银行结算账户、单位银行结算账户业务。

（二）支付结算业务，包括票据结算业务、银行卡结算业务、汇兑等业务。

本规定将应进行联网核查的银行业务统称为规定业务。

银行机构为加强内部管理，在办理除规定业务之外的其他银行业务时也可进行联网核查。

第五条　银行机构在办理规定业务时，需当场为客户办结的，应当场联网核查相关个人的公民身份信息；不需当场办结的，应在办结相关业务前联网核查相关个人的公民身份信息。

第六条　银行机构为办理规定业务而进行联网核查时，若相关个人的姓名、公民身份号码、照片和签发机关与居民身份证所记载的信息核对完全相符，可按照相关规定继续办理业务。

第七条　银行机构为办理规定业务而进行联网核查时，若个人的姓名、公民身份号码、照片和签发机关中一项或多项核对不一致且能够确切判断客户出示的居民身份证为虚假证件，银行机构应拒绝为该客户办理相关业务。

第八条　银行机构为办理规定业务而进行联网核查时，若个人的姓名、公民身份号码、照片和签发机关中一项或多项核对不一致且无法确切判断客户出示的居民身份证为虚假证件，相关业务处理方法如下：

（一）客户申请办理单位银行结算账户业务的，银行机构应暂停为该客户办理业务，同时，将核查结果明确告知客户，并及时对相关个人的居民身份证的真伪进一步核实。如其居民身份证经核实确属虚假证件，银行机构应拒绝为该客户办理业务，反之，可按相关规定继续办理业务。

（二）客户申请办理个人银行账户业务的，银行机构可继续为该客户办理业务。银行机构无论是否继续办理业务，均应将核查结果明确告知客户。银行机构继续办理业务的，应详细登记客户的联系方式（如通讯地址、联系电话等，下同），并在办理业务后及时对相关个人的居民身份证的真伪进一步核实。如其居民身份证经核实确属虚假证件，银行机构应立即停办相关账户的支付结算业务。对于开户业务的，银行机构应及时通知该客户撤销账户，并将有关情况向人民银行当地分支机构报告；对于变更账户业务的，银行机构还应及时采取恢复原状、通知真实存款人等补救措施，并将有关情况向人民银行当地分支机构报告。

（三）客户申请办理支付结算业务的，银行机构可根据法规制度规定及内部管理要求决定是否为该客户办理相关业务。银行机构如拒绝为该客户办理业务，应将核查结果明确告知客户。银行机构如暂停为该客户办理业务，应将核查结果明确告知客户，及时对相关个人的居民身份证的真伪进一步核实，并根据核实情况决定是否继续办理业务。银行机构如继续为该客户办理相关业务，应详细登记客户的联系方式，并在办理业务后及时对相关个人的居民身份证的真伪进一步核实。如其居民身份证经核实确属虚假证件，银行机构应及时采取适当的补救措施，并将有关情况向人民银行当地分支机构报告。

第九条 银行机构为办理规定业务之外的其他业务而进行联网核查时，应区别相关银行业务的业务性质、客户类型、金额大小和风险程度等因素制定具体的联网核查业务处理方法，并将制定的业务处理方法向人民银行当地分支机构备案。

第十条 同一银行机构网点在办理规定业务时，如先前在为相关个人办理银行业务时已对其进行联网核查且其公民身份信息尚未发生变化，可不再对其进行联网核查；如对先前获得的相关个人的公民身份信息的真实性存在疑义，应当重新进行联网核查。

第十一条 银行机构在进行联网核查时，如对核查结果存在疑义，可向公安部门申请进一步核实。

客户对联网核查结果提出疑问的，银行机构应向其出具联网核查后相关个人居民身份证信息核对不一致的证明（格式见附），并告知客户可自行到被核查人常住户口所在地公安机关进行核实。

第十二条 银行机构在进行联网核查或对相关个人居民身份证信息进一步核实时，发现客户以虚假居民身份证骗取开立银行账户或办理其他银行业务的，应及时向公安机关报案。

第十三条 银行机构在办理规定业务时，因网络故障等原因不能正常进行联网核查的，可采取其他方式验证相关个人的居民身份证信息的真实性并办理相关业务，但应对故障期间办理的规定业务进行登记，并在故障排除后对相关个人的居民身份证信息进行联网核查。当个人的姓名、公民身份号码、照片和签发机关中一项或多项核对不一致时，如能够确切判断客户出示的居民身份证为虚假证件或经过进一步核实属虚假证件，银行机构应立即停止相关业务，并按有关规定终止与客户的业务关系或采取相应的补救措施。

第十四条 银行机构应建立健全联网核查应急机制，确保联网核查和各项规定业务的正常、合规开展。

第十五条 银行机构应对联网核查获得的公民身份信息进行保密；非依法律规定，不得向任何单位和个人提供。银行机构不得将联网核查获得的公民身份信息用于办理银行业务之外的其他目的。

第十六条　本规定由人民银行负责解释、修改。

第十七条　本规定自联网核查系统运行之日起施行。

附：联网核查结果证明（略）

附件 2

联网核查公民身份信息系统操作规程（试行）

第一章　总　则

第一条　为规范联网核查公民身份信息系统（以下简称联网核查系统）操作，制定本操作规程。

第二条　银行业金融机构（以下简称银行机构）和人民银行分支机构通过联网核查系统核查相关个人的公民身份信息以及进行其他操作适用本操作规程。

本操作规程所称其他操作是指疑义信息反馈、核查日志查询、统计分析、系统管理等操作。

第三条　银行机构可通过接口方式、链接方式和直接登录方式三种方式进行联网核查，人民银行分支机构可通过链接方式和直接登录方式两种方式进行联网核查。

在接口方式下，银行机构通过其综合业务系统操作员登录综合业务系统进行联网核查。

在链接方式下，银行机构或人民银行分支机构通过人民币银行结算账户管理系统（以下简称账户管理系统）操作员或个人信用信息基础数据库操作员登录账户管理系统或个人信用信息基础数据库，然后链接到联网核查系统进行联网核查。

在直接登录方式下，银行机构或人民银行分支机构通过联网核查系统专用的操作员直接登录联网核查系统进行联网核查。

以接口方式进行联网核查的银行机构称为接口行，以链接方式或直接登录方式进行联网核查的银行机构称为非接口行，接口行、非接口行和进行联网核查的人民银行分支机构统称核查行。

第四条　银行机构和人民银行分支机构如需通过联网核查系统进行下述操作，应采用直接登录方式：

（一）查询核查日志、疑义信息核实情况、批量核对请求文件登记信息和批量反馈请求文件登记信息。

（二）监测不合规机构。

（三）统计核查业务量、操作员数量和疑义信息反馈量。

（四）系统管理。

第五条　银行机构及人民银行分支机构通过联网核查系统进行批量核对的时间为每日 7 时至 23 时，进行其他操作的时间为每日 7 时至 19 时。

第二章　联网核查

第六条　核查行进行联网核查时，应当正确选择业务种类，并向联网核查系统准确提交待核查人的姓名和公民身份号码。

第七条　核查行可采用单笔核对方式、批量核对方式或单笔精确查询方式对相关个人的公民身份信息进行联网核查。

第八条　核查行采用单笔核对方式进行联网核查的，应将待核查人的姓名、公民身份号码以及业务种类提交联网核查系统。

核查行一次可提交不超过 5 人的待核查信息。

核查行收到联网核查系统返回的核查结果后，应将其与待核查人的居民身份证所记载的姓名、公民身份号码、照片和签发机关进行核对，并在核对后按照有关规定办理相关业务。

第九条　核查行采用批量核对方式进行联网核查的，应按相关接口规范制作批量核对请求文件，并将批量核对请求文件提交联网核查系统。

核查行可以文件名称、上报机构代码、核查机构代码等为条件，查询和下载批量核对结果。

核查行收到联网核查系统返回的核查结果后，应将其与待核查人的居民身份证所记载的姓名、公民身份号码、照片和签发机关进行核对，并在核对后按照有关规定办理相关业务。

第十条　核查行采用单笔精确查询方式进行联网核查的，应向联网核查系统提交待核查人的姓名、公民身份号码及业务种类。

核查行一次只能向联网核查系统提交 1 人的待核查信息。

核查行收到联网核查系统返回的核查结果后，应将其与待核查人的居民身份证所记载的姓名、公民身份号码、照片、性别、签发机关和住址等信息进行核对，并在核对后按照有关规定办理相关业务。

第三章　疑义信息的反馈和核实

第十一条　核查行对联网核查结果存在疑义时，可通过联网核查系统将疑义信息向公安部门反馈并申请进一步核实。

第十二条　核查行可采用单笔反馈方式或批量反馈方式向公安部门反馈疑义信息。

第十三条　核查行在进行联网核查时，可在收到核查结果后立即向公安部门反馈，并在备注项中说明申请核实的原因；也可在事后逐笔将需核实的相关个人的姓名、公民身份号码、核查日期、申请核实的原因录入联网核查系统后向公安部门反馈。

第十四条　核查行采用批量反馈方式的，应按相关接口规范制作批量反馈疑义信息请求文件（以下简称批量反馈请求文件），并将批量反馈请求文件提交联网核查系统。

第十五条　核查行可以操作员、被核查人姓名、被核查人公民身份号码、核实状态等为条件，查询和下载公安部门对疑义信息的核实情况。

人民银行分支机构可以查询和下载公安部门对本单位、辖内人民银行分支机构以及辖区内所有银行机构反馈的疑义信息的核实情况。

银行机构可查询和下载公安部门对本机构以及辖属银行机构反馈的疑义信息的核实情况。

第四章　核查情况的查询、监测和统计

第十六条　核查行可以操作员、被核查人姓名、被核查公民身份号码等为条件，查询和下载核查日志。

人民银行分支机构可查询和下载本单位、辖内人民银行分支机构以及辖区内所有银行机构的核查日志。

银行机构可查询和下载本机构以及辖属银行机构的核查日志。

第十七条　核查行可以监测起止日期为条件，对一定时期内进行联网核查操作的不合规核查机构进行监测。

第十八条　人民银行分支机构可对本单位、辖内人民银行分支机构以及辖区内所有银行机构的下述信息进行统计：

（一）核查业务量。人民银行分支机构可按银行类别、行别、银行机构代码和行政区划，统计某一时期的联网核查业务量。

（二）操作员数量。人民银行分支机构可按银行类别、行别和行政区划，统计某一时点联网核查系统的操作员数量。

（三）疑义信息反馈量。人民银行分支机构可按银行类别、行别和行政区划，统计某一时期的疑义信息反馈量。

第十九条　银行机构可对本机构以及辖属银行机构的下述信息进行统计：

（一）核查业务量。银行机构可按银行机构代码，统计某一时期的联网核查业务量。

（二）疑义信息反馈量。银行机构可按银行机构代码，统计某一时期的疑义信息反馈量。

第五章　系统管理

第二十条　人民银行统一维护联网核查系统中的银行机构代码、地区代码、行别代码以及接口行的节点代码等基础信息。

第二十一条　人民银行分支机构根据管理需要，可查询本单位、辖内人民银行分支机构以及辖区内所有银行机构的操作日志。

第二十二条　联网核查系统的操作员分为接口方式操作员、链接方式操作员和直接登录方式操作员三类。

银行机构以接口方式接入联网核查系统的，其综合业务系统操作员为联网核查系统的接口方式操作员。

银行机构或人民银行分支机构以链接方式接入联网核查系统的，其账户管理系统操作员或个人信用信息基础数据库操作员为联网核查系统的链接方式操作员。

银行机构或人民银行分支机构直接登录联网核查系统的，其在联网核查系统上建立的专用操作员为直接登录方式操作员。

第二十三条　联网核查系统的直接登录方式操作员分为一级和二级操作员。核查行可设置1个二级操作员和若干个一级操作员。

人民银行分支机构二级操作员设置本单位的一级操作员、辖内人民银行分支机构二级操作员和辖区内的银行机构的二级操作员。银行机构二级操作员设置本单位一级操作员。

人民银行分支机构和银行机构在设置直接登录方式操作员时，应向联网核查系统提交银行机构代码、操作员代码、操作员姓名、操作员级别、电话、电子邮件地址、启用日期等信息，并在各级别操作员可选权限中选择该操作员的具体权限。

接口方式操作员由银行机构按照其综合业务系统操作员的设置程序和方法进行设置。

链接方式操作员由银行机构和人民银行分支机构按照账户管理系统操作员和个人信用信息基础数据库操作员的设置程序和方法进行设置。

第二十四条 在直接登录方式操作员中，银行机构和人民银行一级操作员的可选权限如下：在线上报批量核对请求文件和批量反馈请求文件，单笔核对、单笔精确查询和单笔反馈疑义信息，查询批量核对请求文件登记信息、批量反馈请求文件登记信息、疑义信息核实情况和核查日志，修改操作员密码。

银行机构二级操作员的可选权限如下：查询批量核对请求文件登记信息、批量反馈请求文件登记信息、疑义信息核实情况和核查日志，监测不合规机构，统计联网核查业务量和疑义信息反馈量，导出和下载核查日志信息，操作员维护。人民银行分支机构二级操作员除具有银行机构二级操作员的可选权限外，还具有统计操作员数量、查询系统操作日志等权限。

接口方式操作员和链接方式操作员只具有直接登录方式操作员中一级操作员的可选权限。

第二十五条 人民银行分支机构和银行机构二级操作员可对本机构设置的直接登录方式操作员信息进行查询、修改、删除、启用、停用和解锁等操作。

操作员发生变更的，人民银行分支机构或银行机构应及时变更相关操作员信息；撤销操作员的，应及时删除相关操作员信息；操作员信息在一定时期暂不操作的，相关操作员的状态信息应及时修改为停用。

第六章 附 则

第二十六条 本操作规程由人民银行负责解释、修改。

第二十七条 本操作规程自联网核查系统运行之日起施行。

中国人民银行办公厅关于印发《中国人民银行分支机构反洗钱可疑交易报告数据查询操作规程（试行）》的通知

（银办发〔2008〕130号）

中国人民银行上海总部，各分行、营业管理部，各省会（首府）城市中心支行、副省级城市中心支行：

为规范联网查询反洗钱可疑交易报告数据工作，总行制定了《中国人民银行分支机构反洗钱可疑交易报告数据查询操作规程（试行）》，现印发给你们，请遵照执行。

各分支机构应参照本规程制定配套管理制度，合规开展查询工作，确保可疑交易报告数据的保密、安全和合法使用。

执行中如遇问题，请及时报告中国反洗钱监测分析中心。

附件：中国人民银行分支机构反洗钱可疑交易报告数据查询操作规程（试行）

二〇〇八年五月二十二日

中国人民银行分支机构反洗钱可疑交易报告数据查询操作规程（试行）

第一章　总　则

第一条　为规范人民银行分支机构通过反洗钱监测分析系统（以下称系统）查询反洗钱可疑交易报告数据（以下称数据）工作，加强数据管理，制定本操作规程。

第二条　本规程适用于上海总部，各分行、营业管理部，各省会（首府）城市中心支行，大连、青岛、宁波、厦门、深圳市中心支行（以下称分支机构）。

第三条　本规程所指系统由以下三部分组成：

（一）提供查询的各类反洗钱数据；

（二）由应用程序、服务器端操作系统、中间件和数据库管理系统等组成的软件系统；

（三）由查询客户终端、应用服务器、数据库服务器、数据存储设备、路由器、交换机、防火墙等硬件设备组成的硬件平台。

第二章　接入管理

第四条　系统的部署与运行基于人民银行内联网。分支机构查询终端架设在本机构反洗钱处办公环境，通过人民银行内联网单点接入。

第五条　每个分支机构只允许使用一台专用终端机，通过特定的IP地址接入系统，未经中国反洗钱监测分析中心（以下称反洗钱中心）许可不得变更。

第六条　分支机构用户查询终端须按照“专机专用”的要求进行配备和日常管理。查询终端用机须遵照总行及本单位涉密计算机管理的相关规定严格进行维护和管理。

第七条　分支机构如因工作需要对专用终端机及IP地址进行变更，应由反洗钱处审核通过后报备反洗钱中心，列明变更原因、变更后的IP地址、申请开通时间、用户姓名等信息。

第三章　用户管理

第八条　分支机构应设置专职岗位，指定专人（即本规程用户）负责系统操作。专职岗位人员名单应报备反洗钱中心。

第九条　分支机构用户须为本机构反洗钱处工作人员，原则上每一分支机构仅配备一名用户。

第十条　用户登录账号、初始口令、使用权限等由反洗钱中心统一分配，分配后不得随意变更。

第十一条　用户应妥善保管登录账号和登录口令，防止泄露和盗用，登录口令应每月至少更换一次，并具备一定的复杂性，具体编写规则及设置应参照总行及本单位的相关安全管理规定执行。登录口令遗忘时，应立即报告本机构反洗钱处主管领导，经审核同意后以书面形式报反洗钱中心重新设定，并记录备查。

第十二条　用户权限分为功能权限与数据权限，用户根据分配权限执行查询数据、收发文件及其他授权操作。系统以角色（一组相关功能权限的集合）为单位对不同用户授予不同的功能权限。针对特定数据，不同的用户具有不同的数据操作权限。

第十三条　用户登录系统后若因故离开专用终端，应关闭浏览器，并确保退出系统。

第十四条　用户专职岗位变动时，应认真做好工作移交，及时更换登录账号和登录口令，并将用户变动情况以书面形式向反洗钱中心报备。

第四章　数据管理

第十五条　系统所涉及的数据采用全国集中的方式进行存储和管理。

第十六条　分支机构用户经授权后可以查询本级辖区和下级辖区内报告机构报送的可疑交易报告数据。系统不支持跨省域数据查询。

第十七条　各分支机构用户之间不得相互套用登录账号及登录口令进行跨辖区交叉查询。

第十八条　用户下载反洗钱数据前须经分支机构主管领导批准，并在线填写下载数据范围、使用原因、批准人、批准时间等信息。

第十九条 分支机构用户应严格根据本机构反洗钱工作需要查询、下载和使用反洗钱数据，并做到对数据的严格保密、妥善保管，不得向无关人员及机构泄露任何数据，不得使用非涉密移动介质存储与系统相关的数据。

第二十条 各分支机构应当依据本操作规程制定本级机构的相关数据使用和管理制度，确保数据安全、合规使用。

第五章 查询终端管理

第二十一条 查询终端可参照反洗钱中心的配置建议进行配置。查询终端经调试已进入正常工作状态后，除经反洗钱中心统一部署安排，不得擅自修改参数及配置或安装无关软件。

第二十二条 查询终端不得安装无线网卡、调制解调器等设备，不得跨接与系统运行无关的网段。严禁连接国际互联网。

第二十三条 连接查询终端使用的移动介质（包括移动硬盘、U 盘、磁盘等）均为涉密介质。涉密介质不得在非涉密终端使用。

第二十四条 查询终端必须按照总行及分支机构的相关规定安装防病毒客户端软件，并定期升级，防止感染计算机病毒以及木马等恶意软件。

第二十五条 查询终端在维修、停用和报废前应采取有效措施确保信息安全。

第六章 系统维护处理

第二十六条 反洗钱中心负责执行系统月度、季度、年度批处理操作，生成并及时发布相关统计数据。

第二十七条 系统原则上只在正常工作时间内向分支机构开放使用，非工作时间主要用于进行系统批处理及其他必要的数据日常处理操作。为保证数据一致性，执行系统批处理操作时，禁止用户进行人机交互操作。

第二十八条 反洗钱中心维护人员负责定期检查系统运行状态，分析并及时处理系统异常情况，定期进行数据备份，维护系统正常运行。

第七章 纪律与责任

第二十九条 分支机构用户和系统维护部门应共同遵守本规程的相关规定。

第三十条 用户和系统维护部门应严格按照本规程中的相关规定使用本系统，杜绝违规操作。如因玩忽职守、违规操作、泄露反洗钱信息、篡改基础数据等行为导致危及系统正常运行和信息安全的，将视情节轻重进行处理；触犯国家法律的，按照法律规定程序处理。

第八章　附则

第三十一条　本规程由反洗钱中心负责解释。

第三十二条　本规程未涉及的信息安全管理事项，按照人民银行相关安全管理制度执行。

第三十三条　本规程自发布之日起施行。

附：1．中国人民银行分支机构反洗钱可疑交易报告数据查询用户变更申请表（略）

2．中国人民银行分支机构反洗钱可疑交易报告数据查询终端配置建议（略）

二〇〇八年五月二十二日

中国人民银行办公厅关于规范分支机构上报辖区内重点可疑交易研判线索工作的通知

（银办发〔2012〕140 号）

中国人民银行上海总部，各分行、营业管理部，各省会（首府）城市中心支行，各副省级城市中心支行：

为建立责任明确、上下联动的反洗钱监测分析工作机制，现就规范上报重点可疑交易研判线索工作有关事项通知如下：

一、各分支机构要结合反洗钱中心按月下发的《重点可疑交易报告的可疑客户基本信息表》（附件 1），对辖区内报告机构报送的重点可疑交易报告进行核对，发现问题要及时指导报告机构予以纠正。每季度的首月要将上季度的《重点可疑交易报告核对及处理状态报告表》（附件 2）上报反洗钱中心。

接收《重点可疑交易报告的可疑客户基本信息表》、上报《重点可疑交易报告核对及处理状态报告表》，需登录“中国反洗钱监测分析系统分支行交互平台”，在“分支行点对点信息传输子系统”中进行下载和上传。

二、各分支机构对辖区内报告机构报送的重点可疑交易报告要逐一分析处理，认为交易行为明显涉嫌犯罪或情况紧急的，应先行向当地侦查机关报案。

三、各分支机构经分析判断后，认为需要上报研判后移送的线索，应登录“中国反洗钱监测分析系统分支行交互平台”，选择“线索库／ 研判管理”菜单项下的“上报研判线索管理”子菜单下的“上报研判线索”页面，在线填写《人民银行分支机构上报研判线索表》（附件 3）。每周三向反洗钱中心报送。

四、对于下列线索，各分支机构应按照《中国人民银行办公厅关于上报对外报告的可疑交易线索的通知》（银办发〔2009〕58 号）相关要求，向反洗钱中心报备：

（一）经总行可疑交易线索审核小组审核确定由分支机构负责移送的线索；

（二）分支机构直接向当地侦查机关报案的线索（对其中侦查机关不予立案的，要做好相关记录）；

（三）辖区内报告机构已向当地侦查机关报案，分支机构认为有必要上报备案的线索。

五、各分支机构应制定内部工作制度，确保相关工作安全、及时、有效。

六、本通知自 2012 年 7 月 1 日开始执行。

附件：1．重点可疑交易报告的可疑客户基本信息表（略）

2．重点可疑交易报告核对及处理状态报告表（略）

3．人民银行分支机构上报研判线索表（略）

4．涉罪可疑交易行为对照代码表（略）

二〇一二年六月二十七日

中国人民银行办公厅关于开展洗钱类型分析工作的通知

（银办发〔2013〕125 号）

中国人民银行上海总部，各分行、营业管理部，各省会（首府）城市中心支行，各副省级城市中心支行；国家开发银行、中国进出口银行、中国农业发展银行、中国工商银行、中国农业银行、中国银行、中国建设银行、交通银行、中信银行、中国光大银行、华夏银行、中国民生银行、招商银行、兴业银行、广发银行、平安银行、浦发银行、中国邮政储蓄银行：

为深入实践风险为本的反洗钱方法，提高反洗钱义务主体风险防范能力和可疑交易监测水平，根据《中华人民共和国反洗钱法》等法律，人民银行制定了《洗钱类型分析工作规划》（附件 1，以下简称《规划》），现印发给你们，并就执行《规划》有关事项通知如下：

一、人民银行上海总部，各分行、营业管理部，各省会（首府）城市中心支行，各副省级城市中心支行（以下简称人民银行各分支机构）要参照《规划》开展地区洗钱类型分析工作。

（一）定期撰写地区洗钱类型分析报告。人民银行各分支机构应于每年度 7 月 15 日前、次年 1 月 15 日前分别向人民银行反洗钱局上报上半年、上年度本辖区洗钱类型分析报告（纸质版和电子版）。2013 年上半年地区洗钱类型分析报告在 2013 年 7 月 31 日前上报。

（二）报告的基本内容。撰写地区洗钱类型分析报告应突出地区特点，包括但不限于如下内容：

1. 辖区内洗钱犯罪、上游犯罪案件和可疑交易报告统计情况（可疑交易报告特指金融机构经过主观分析判断后向当地人民银行分支机构提交的可疑交易报告，下同）；

2. 案件和可疑交易报告的类型、地区、行业、机构、业务（含产品，下同）分布情况；

3. 本地区突出或值得关注的洗钱活动或动向。

人民银行各分支机构应自主确定辖区内参与本地区洗钱类型分析工作的分支机构和重点金融机构，重点金融机构包括本地区有代表性的全国性法人分支机构和地方性法人机构，现阶段以银行业机构为主，有条件的地区可包含非银行机构；要充分发挥地方反洗钱协调机制和相关协调机制的积极作用，及时向有关部门了解洗钱及上游犯罪形势，收集案例数据，为洗钱类型分析工作提供信息支持。

二、各银行要参照《规划》开展本机构洗钱类型分析工作。

（一）定期撰写本机构洗钱类型分析报告。各银行应于每年度 7 月 15 日前、次年 1 月 15 日前向人民银行反洗钱局上报上半年、上年度本机构洗钱类型分析报告（纸质版和电子版）。2013 年上半年机构洗钱类型分析报告在 2013 年 7 月 31 日前上报。

（二）报告的基本内容。各银行撰写洗钱类型分析报告应突出本机构特点，包括但不限于如下内容：

1. 全系统可疑交易报告统计情况；

2. 可疑交易报告的类型、地区、行业、业务分布情况；

3. 突出或值得关注的可疑交易活动或动向。

三、各单位在分析可疑交易报告类型时，可参考《可疑交易类型和识别点对照表（银行业参考版）》（附件 2）和金融机构自定义筛选指标以及实践经验。人民银行反洗钱局将根据洗钱活动变化情况随时调整上述对照表。

四、各单位应做好洗钱类型分析成果转化，及时开展本地区、本机构洗钱风险提示工作。洗钱风险提示信息可以来源于洗钱类型分析成果、人民银行总行风险提示信息、典型案例、洗钱犯罪形势信息等。各单位可根据洗钱风险内容灵活运用文件、会议、网络等形式进行风险提示。

（一）人民银行各分支机构反洗钱部门发现洗钱风险情况，应及时对辖区内义务主体进行风险提示，并指导义务主体落实风险提示内容；必要时，将风险提示内容作为现场检查等监管措施的参考依据。

（二）各银行反洗钱部门发现洗钱风险情况，应及时在本系统内部进行风险提示，并督促相关业务部门和分支机构落实提示内容；必要时，将风险提示内容作为内部审计、检查的参考；注意将风险提示与本机构洗钱和恐怖融资风险评估工作有机结合，有效防范洗钱风险。

各单位发现突出洗钱风险情况，应及时向人民银行反洗钱局报告。

附件：1. 洗钱类型分析工作规划

2. 可疑交易类型和识别点对照表（银行业参考版）

中国人民银行办公厅

2019 年 5 月 29 日

洗钱类型分析工作规划

为贯彻落实风险为本的反洗钱方法，科学分析我国面临的洗钱威胁情况，奠定国家洗钱风险评估工作基础，制定本工作规划。

一、概念界定

洗钱类型分析方法是运用类型学[1]工具、分析洗钱活动规律的研究方法。根据类型学的基本分析步骤，洗钱类型分析的主要工作是以洗钱及上游犯罪活动关键特征为标准，将洗钱活动划分为不同类型，分析其规律特点，从而综合判断洗钱形势和风险分布情况。

二、背景

（一）进行洗钱类型分析是国内反洗钱实际工作的需要。近年来，新型洗钱犯罪层出

[1] 类型学是研究复杂社会问题的一种分析工具，在社会科学领域有着广泛运用。类型分析基本步骤有三：第一，确立类型划分标准；第二，根据标准将研究对象予以归类；第三，分别研究各类型的规律，比较分析类型间的相互关系，综合得出研究对象的整体结论。

不穷，洗钱手法日趋复杂，金融机构合规经营存在巨大风险，监管、执法部门面临严峻挑战。根据国际标准和反洗钱形势要求，我国正在实施风险为本的反洗钱监管方法，其前提就是必须掌握洗钱风险状况，而洗钱类型分析方法正是评估外部洗钱威胁（即洗钱活动）的重要方法。

（二）进行洗钱类型分析是国际反洗钱发展要求。洗钱类型分析一直是国际反洗钱工作的重要内容之一，金融行动特别工作组（FATF）成立了专门的类型工作组，对重点洗钱类型进行专题研究，很多成果已转化为国际标准。2012 年新《40 项建议》第一条要求各国应当开展国家洗钱风险评估工作。根据 FATF 关于“洗钱风险”的定义，洗钱风险是外部洗钱威胁作用于国家（或体系）薄弱环节而产生洗钱活动的可能性。因此，国家洗钱风险评估包括外部威胁评估和内部漏洞评估。洗钱类型分析即外部威胁评估，是国家洗钱风险评估的重要组成部分，只有做好洗钱类型分析，才能从国家层面科学评估洗钱风险。

三、目的

（一）风险预警。通过洗钱类型分析，为风险为本的监管方法提供实证依据，并及时提示金融机构风险情况，指导其有针对性地加强风险管理，提高整体风险防控能力。

（二）监测指标。通过洗钱类型分析，研究主要洗钱类型和特点，总结相应的可疑交易识别分析方法，为金融机构自主建立监测指标提供参考，提高金融机构可疑交易监测水平。

（三）构建国家洗钱风险评估体系。做好国内洗钱类型分析工作，构建洗钱类型分析体系，在此基础上结合内部漏洞评估，共同构建国家洗钱风险评估体系。

四、洗钱类型分析体系基本构成

（一）框架。洗钱类型分析体系包括国内和国际两部分，以国内为主、国际为辅。国内洗钱类型分析体系包括三个层次：一是地区层次，由中国人民银行分支机构牵头开展本地区洗钱类型分析工作；二是行业层次，挑选银行业、证券业、保险业、支付业重点机构开展本行业的洗钱类型分析工作；三是国家层次，在地区和行业系统分析体系的基础上，由中国人民银行总行开展国家洗钱类型分析工作，从而形成覆盖国家、地区和行业三个层次“三位一体”的洗钱类型分析体系。国际方面，由中国人民银行总行组织开展境外洗钱信息监测工作，作为国内类型分析体系的补充。

（二）信息来源。从洗钱类型分析体系整体看，其国内信息来源包括侦查机关通报案例、金融机构可疑交易类型信息（即可疑交易涉嫌的洗钱类型，不包含姓名、账户、交易等涉密信息）、中国反洗钱监测分析中心监测分析数据以及国家相关部门通报的上游犯罪形势等；国际信息主要来源于 FATF 等国际组织、主要国家和地区类型研究成果、形势分析、工作数据和案例等。

（三）分析方法。洗钱类型分析以定性与定量分析相结合，以定性分析为主。其中，定性分析偏重主观判断，实践中可通过专家讨论的形式完成（如定期召开洗钱类型分析例会）；定量分析偏重客观数据，要依靠计算机系统对数据信息进行统计分析，得出结论。必要时，还可以开展问卷调查。

（四）产品。一是洗钱类型分析报告，包括国家洗钱类型分析报告（中国人民银行总行撰写）、地区洗钱类型分析报告（中国人民银行分支机构撰写）和行业洗钱类型分析报告（重点义务主体撰写）。二是风险预警信息，可通过会议、书面等形式提示风险，公开内容可通过官方网站发布。

五、总体规划和工作要点

在未来 3 至 5 年时间，逐步建立覆盖全国各地区和被监管行业的国家洗钱类型分析体系。

（一）2012 年开始试点工作。依据总结常见的 8 种洗钱类型和可疑交易识别点（即洗钱类型的划分标准）在中国工商银行等 7 家商业银行和中国人民银行分支机构开展洗钱类型分析试点工作，完成了《中国洗钱类型分析报告（2012）》。

（二）2013 年建立洗钱类型分析制度。正式开展地区洗钱类型分析工作和银行业洗钱类型分析工作。通过反洗钱部际联席会议等协调机制向有关部门收集上游犯罪形势信息。开展证券业、保险业和支付业洗钱类型分析试点工作。

（三）2014 年健全洗钱类型分析体系。根据各行业试点情况，分步开展证券业、保险业和支付业洗钱类型分析工作，形成完整的行业洗钱类型分析体系。

（四）2015 年实现洗钱类型分析工作系统化。

附：洗钱类型分析体系的基本框架

洗钱类型分析体系的基本框架

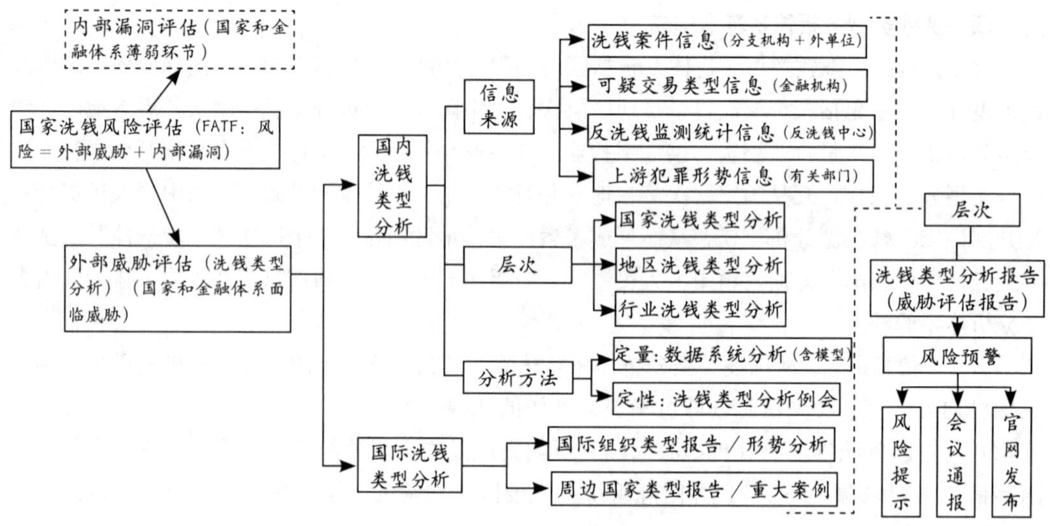

可疑交易类型和识别点对照表

（银行业参考版）

编者按：本表分析总结了12类常见可疑交易类型和相对照的识别点，具体包括客户信息、资金交易或行为表现等方面的可疑特征，为金融机构可疑交易类型分析工作提供参考。本表主要参考了近年来的典型案例、公安部经济犯罪资金交易模型（试点）、国家有关部门通报的主要上游犯罪特征、中国反洗钱监测分析中心对可疑交易的分类标准、中国工商银行自定义反洗钱监控模型等，并在2012年洗钱类型分析试点工作中进行了测试。

本表仅供银行机构内部参考。中国人民银行反洗钱局可以根据洗钱活动变化情况随时调整本表。

可疑交易类型	识别点
1–1 疑似非法汇兑型地下钱庄	**【资金交易上的识别点】**
	●频度：账户资金交易频繁（如日交易笔数一般在 20 笔以上）。
	●金额：交易金额巨大（如账户日交易额上百万元，甚至达到千万元）。
	●模式：资金分散转入、分散转出。
	●速度：资金快进快出，当日不留或少留余额。
	●方式：频繁混合使用多种业务（目前以网上银行和 ATM 突出）。
	●现金：往往出现现金交易，尤其是 ATM 机取现。
	●地区：个人账户跨地区、跨银行交易频繁。
	●汇率：金额可能有接近官方或黑市汇率的特征（单笔或一天总额）。
	●规避：交易金额或形式规避反洗钱监测或其他措施（如频繁出现低于报告标准的特殊金额）。
	●沉睡期：开户后往往并不发生交易，有几个月沉睡期（多在 3 个月以上）。
	●测试：账户在启用时，往往先使用小额交易测试常用业务（如网银转账、ATM 提现等）。
	●交替性：分期分批启用账户进行交易，每批账户在使用几个月左右停用，再启用其他新的账户，但交易模式不变。
	●间歇性：同一账户的交易往往分时间进行，集中交易几天后暂停几天。
	【账户资料上的识别点】
	●数量：同一人实际控制大量单位账户和个人账户。
	●单位账户：多以个体工商户为主，注册金额小，地址可疑，法定代表人（主要负责人）身份信息存在疑点。
	●个人账户：多个账户资料有相同点（如开户人特征、地址、电话等）。
	●代理：同一人代理多人／单位开户，笔迹相似，字迹往往不工整。
	●异地：留存的身份证复印件显示，开户人往往非本地人。

续表

1-1 疑似非法汇兑型地下钱庄	●职业／收入：开户资料显示无固定职业或收入不高，与交易规模不符。
	●伪造证件：以伪造军官证、港澳通行证、回乡证等为主。
	●虚假信息：电话号码过期或不存在，联系地址虚构。
	●地区：开户时间和网点较为集中，覆盖城市主要繁华街区。
	●网上银行：开户时均申请开通网上银行业务，但不设定网银交易限额。
	【行为上的识别点】
	●柜台：不同账户在柜台业务中往往出现固定的代理人（察看凭证）。
	●网银：多个账户的网银交易 IP 地址、MAC 地址相同。
	●敏感：交易人不愿留下详细资料，有可能掩饰或躲避监控探头。
	●态度：交易人态度偏恶劣，不愿与柜员交流，不配合尽职调查或回访。
	●分散：交易分散在某一区域的多个网点。
1-2 疑似非法结算型地下钱庄	**【账户资料上的识别点】**
	●注册资金：多以个体工商户为主，注册资金很少（如 3 万 -5 万元）或基本一致（如都是 100 万元）。
	●经营范围：经营范围比较复杂，常见如商贸、文具、服装、咨询、技术服务等。
	●空壳公司：注册地址可能不存在，或是家庭住址，无固定办公电话。
	●亲属关系：多家公司法人代表相同或存在亲属关系，或年龄可疑（如可能是老人或学生）。
	●集中注册／开户：多家公司注册、开户时间和开户地点也比较集中。
	●公司网银：开户时同时开通网银，并对账户转出资金的上限额度和转出至个人账户不做过多限制，不控制资金风险。
	●支票：公司开户之后一般不到银行购领转账支票和现金支票。
	●个人账户：往往为代理开户，代理人相同或多为异地人。
	【资金交易上的识别点】
	●初始交易：公司账户开始无业务，或交易量很小。
	●测试交易：公司账户启用时先进行小额资金（如几十元至几千元）划转（主要以网银、公转私、ATM 转账和提现为主）。
	●超规模交易：公司账户突然大进大出（如日交易量在百万元甚至千万元），每天不留余额或余额很少（有时余额与日交易额呈固定比例 1‰ -4‰）。

续表

1–2 疑似非法结算型地下钱庄	●网银交易：快进快出，1 分钟左右完成交易，日交易几十笔甚至上百笔。
	●资金循环：资金交易呈现“深圳公司 – 异地公司 – 异地个人 – 深圳个人”的循环，最终在深圳取现。资金循环的起止点也可能出现在其他地下钱庄活动高发地区。
	●公转私：在深圳（或其他地下钱庄活动高发地区）之外的地区，资金由公司账户拆成几笔转到公司个人账户。
	●对手固定：公司账户除了通过网上银行与固定对手交易外，往往不与其他单位或个人账户发生资金往来。
	●虚假交易：公司账户对手名称繁多，但从名称上看经营范围可能并不对应。
	●提现：开户公司不提取现金，不领取银行回单；深圳（其他地下钱庄活动高发地区）个人账户将资金再转到下级大量个人账户，最终通过 ATM 提现。
2. 疑似腐败	●特定的职务身份：公务员、国有控股公司高管及其亲属和关系密切的人员。
	●大额资金：交易、投资、投保、消费规模与身份收入不符。
	●结构性操作：故意分拆资金，避免受到关注。
	●节日：节日前后存款、投保集中（主要为传统节日，如春节、中秋）。
	●亲属：以亲属名义存款、投资、炒股、投保、消费等。
	●定期：分散存定期。
	●外币：往往有外币存款，数额较大。
	●开户：资金起点往往为整数或吉利数（8.8 万等）。
	●只出不进：开户后，资金只出不进；短期内，或者被用于消费，或者支取现金。
	●一次性：账户内资金用完后会很快销户或者休眠。
	●信用卡消费异常：显示在香港、澳门等地信用卡消费，特别是珠宝店、俱乐部、奢侈品（名包、名表）、高尔夫等。
	●当某官员被调查时，其亲属急于转移资金。
3. 疑似毒品犯罪	**【账户、交易和行为上的识别点】**
	●ATM：银行卡资金交易以 ATM 为主，基本不在银行临柜操作。
	●业务：银行卡资金流入业务多为 ATM 无卡存款或 ATM 转账。
	●分散流入：同一张银行卡有多笔资金单向流入、多点流入。
	●集中流出：通过 ATM 一次性全额提现或一次性全额转往外地。

续表

3. 疑似毒品犯罪	●金额：汇款或银行卡单向流入的资金往往是毒品黑市价格的整数倍（目前，零包售毒价格多为 100 元／包、150 元／包、200 元／包等，不同毒品价格存在差异）。
	●涉毒地区：银行卡持有人绝大多数为毒品重点地区人氏。
	●回避银行：存、取款人行为可疑，故意回避银行的身份识别或核查。
	●地区：汇款地区往往与当地毒品转运路线重合，或与毒品重点地区账户往来较多，缺乏合理理由。
	●途径：一般通过邮储银行、农业银行、信用社途径汇款。
	●规律：毒、人、钱相分离，交易时间上有一定关联性和规律性。一类涉毒人群为长期固定购买，间隔时间相对规律（如每周、每半月交易一次）；另一类有需要才购买，账户往往在某一段时间内出现大额交易。
	●行为异常：往往会出现涉案账户的交易对手不能正确使用 ATM，造成长短款或存款不能入账，进而投诉的情况；关联人员办理柜台无卡续存交易时，常常不能正确或完整填写入账户名。
	●交易时间：通过 ATM 交易的时间较为异常，多为午夜或凌晨。
	【毒品犯罪重点地区】
	●我国毒品整治重点地区。1999 年初，公安部根据调查研究和长期掌握的情况，直接点名云南、贵州、四川、广东、广西、甘肃 6 个重点省区，河南、浙江、安徽、陕西和宁夏等 11 个省区的 17 个地区为毒品重点整治地区。具体为：云南大理州巍山县和临沧市，浙江省绍兴县和苍南县，广西靖西县，广东省广州市的三元里，云南巍山县，广东普宁市、陆丰市，安徽临泉县，陕西潼关县，西安新城区，河南新蔡县、平舆县，宁夏同心县，甘肃省临夏州等为重点整治地区。
	●境内外流贩毒问题突出地区：2009 年国家禁毒委通报 20 个外流贩毒问题突出地区：广西南宁市隆安县、湖南省娄底市新化县、贵州省遵义市正安县、四川省达州市开江县、重庆市永川区、贵州省黔南布依族苗族自治州瓮安县、贵州省毕节地区纳雍县、四川省泸州市叙永县、四川省达州市大竹县、四川省宜宾市筠连县、贵州省毕节地区毕节市、湖南省衡阳市祁东县、四川省遂宁市大英县、贵州省遵义市湄潭县、四川省达州市万源市、湖南省永州市道县、重庆市江津区、重庆市万盛区、湖北省武汉市硚口区、云南省昭通市镇雄县。
	●2011 年，国家禁毒委决定挂牌整治地区：广东省汕尾市陆丰市、四川省德阳市中江县、贵州省遵义市正安县等 3 个县（市）。通报整治重点地区：广东省佛山市禅城区、广西钦州市灵山县、广西崇左市凭祥市、重庆市开县、四川省凉山州昭觉县、四川省凉山州金阳县、四川省达州市渠县、贵州省毕节地区织金县、新疆伊犁州伊宁市等 9 个县（区、市）。

续表

4. 疑似走私	●重点地区：广东、长三角、环渤海地区。
	●行业性：走私商品主要有电子产品、资源性产品（矿产品）、冻品、可回收利用的废品、成品油、药品、手表等，多为生产性原材料或者与人民群众生活密切相关的日用商品。
	●地下钱庄：与地下钱庄（外汇黄牛）定期大额交易。
	●重点国家和地区：越南、泰国、俄罗斯、日本、韩国、新加坡、印度、印度尼西亚、马来西亚及我国台湾和香港地区。
	●缉私：海关缉私部门调查（可列入高风险数据库）。
	●外贸：外贸企业，或与外贸企业关系密切。
	●外贸企业购汇证明材料：报关价格明显低于市场价格。
5. 疑似诈骗	●开户：多张银行卡存在共同的异常开户特点（多为“卡贩子”开户），如开户时间、地点、网点比较集中，身份证为异地、偏远山区老人等；或者陪同或指使他人开户。
	●虚假信息：同一客户在不同网点开户时留存的联系电话不一致，留存号码大多为已停机或空号。
	●电子银行：客户开立账户时主动要求开通部分电子产品，如要求签约短信银行、开通网上银行或其他电子银行产品。
	●起始金额：客户开户金额多为 100 元或 200 元人民币不等，开户成功后随即在自助设备上将开户款全部取走。
	●沉睡期 + 测试：开户后进入沉睡期，使用前小额测试。
	●结构性交易：个别账户频繁发生交易，资金多为“分散转入、集中转出或集中转入、分散转出”，且通过电子方式（网银）或 ATM 操作。
	●迅速提现：转入资金迅速通过网银转出或提取现金，账户不留余额。
	●ATM：转账或提现时刻意掩饰，如使用头盔、帽子、雨伞、口罩、墨镜等。
	●第三方支付：通过第三方支付平台频繁转移资金，规避银行及第三方支付机构对虚拟账户提现的限制及监控。
6. 疑似集资	●开户：新开户业务突然增多，开户后立即转账或汇款；往往有专人陪同开户，本人虽在现场，但申请业务种类由陪同人全权负责。
	●规模：初期开卡、汇款规模不断扩大，持续一段时间。
	●集资：同一银行内各地向少数银行卡大量集中转账或汇款。
	●方式：资金快进快出现象明显。多为柜面汇入同一人或少数几个人账户，然后通过网银、电话银行等离柜方式迅速转出，账面余额基本为零或极小。

续表

	●单笔金额：具有明显的规律性，转账或汇款一般以某金额（如万元）为基数，呈倍数关系；返利资金也呈对应的倍数关系。
	●总额：交易金额累计往往十分巨大，动辄上千万元，甚至数亿元人民币。
	●人群：具有明显的人群特征（如老人、妇女、退休人员）。
	●项目：现场可能有投资项目宣传品，有汇款单用途填写“投资”等。
	●分工：账户分工明显，收款账户“分散转入、集中转出”；中转账户“快进快出、频繁收付”；返款账户“集中转入、分散转出”。
7. 疑似传销	●集资：账户资金来源分散，涉及全国很多省区市。
	●收款人：户名相对固定，但收款账户（账号）可能变更。
	●金额：频繁小额汇款，金额为某一特定金额的倍数。
	●网银：资金分散转入账户，通过网银集中转出或通过网银互联转出，有意回避大额交易。
	●提现：汇款累积到一定金额后提现。
	●周期：资金交易具有一定的周期性（如一般以一周为周期）。
	●金字塔：资金网络呈现“金字塔型”。
	●网络化：往往出现客户往某账户缴纳网站会费，以转账或现存两种方式为主。
	●返利：网站给客户返钱时间较为固定（如在凌晨1点到3点之间），返钱数量与入会费之间的比例大概固定。
8. 疑似套现	●商户特点：套现商户绝大多数为注册资本较低（10万元以下）的小型贸易经营部或个体工商户，经营范围多为服装、建材等批发与零售，尤其是一些建材市场、电脑市场等的经营户。
	●扣率：在银行卡收单扣率方面，套现商户多设置为低于1%的商户（如批发类、电子类、房地产类，烟酒店、茶行、建材店等），或采取定额手续费和手续费封顶的结算方式。
	●经营地址：多家商户经营场所临近且大多在写字间内办公。
	●刷卡金额：套现商户在申请POS业务成功后，短期内频繁发生大量刷卡交易，往往单笔消费金额较大，以整数交易为主；而无论单笔交易还是累计交易的金额，均与商户正常销售的商品价格差距较大。
	●经营规模：一段时间内（如三个月、半年、一年）单台POS累计发生额明显超出商户经营规模。
	●实际控制人：商户实际控制人使用本人信用卡在本商户POS上频繁刷卡。

续表

	●非面对面：账户交易类型多为 POS 和网银交易，有意回避柜面交易。
	●过渡性：账户收付交易频繁，资金快进快出，过渡性质明显。
	●公转私：POS 刷卡资金转入商户账户后立即转向商户主要控制人或关联人账户，之后频繁支取现金或者分散转付信用卡客户或其他个人。
	●更换账户：多头开户，频频更换，账户交易一段时间后就不再交易或销户，再使用新的账户交易。
	●信用卡刷卡：基本以银行贷记卡刷卡交易为主；往往在同一 POS 上会出现数十张、上百张不同银行卡刷卡现象，而且相当一部分信用卡会在每个月或每个季度，有规律地进行刷卡。
	●异地卡：套现商户交易清单显示“购买者”多为异地卡，少有本地人光顾，与同类市场主体经营不符。
9. 疑似涉税犯罪	●行业：主要集中在进出口贸易、废旧物资回收、资源再生及软件生产等享受国家优惠政策的行业。
	●个人账户结算对公资金：名为个人账户，但实为公司转移资金所用。
	●批量存单：经办人多为公司会计，以员工名义批量开立存单；会计在银行柜面分批代理结清存单，转入其活期账户中，然后取现或转给公司少数高级管理人员。
	●公转私：对公账户频繁向个人账户转入大额资金，再通过本票或现金形式转入公司的高管个人账户。
	●重复交易：本可一次交易完成的业务，却采取多次复杂的方式完成，如在固定的时间，以相同的手段、相对固定的交易额进行重复转账和现金支取。
	●过渡交易：个人账户资金进出频繁，进出资金额基本一致，主要用于过渡资金，而非正常的个人结算之用。
	●交易规模：资金交易量与企业注册资本和经营规模明显不符。
10. 疑似恐怖融资	●高风险地区：恐怖活动高风险地区开户，如新疆和田、喀什等地。
	●客户身份：来源于恐怖活动高风险地区，如新疆（和田、喀什、克州、巴州、克拉玛依等地），身份证号码以 65 开头。
	●客户背景：大多为经济条件较差的新疆籍人员，往往享有低保。
	●职业：一般为无业或处于待业状态。
	●客户年龄：集中在上世纪六十年代至九十年代出生人群，上世纪八十年代、九十年代出生人群占比较高。
	●金融机构：具备通存通兑、基层网点分布较多的金融机构，如农业银行、邮储银行、农村信用合作社等。

续表

	●交易模式：一般为集中转入、分散转出的交易模式。
	●交易金额：交易金额较小，通常为存入或汇入几百元或几千元，很少有上万元的交易，支取通常为几百元的小额交易。
	●资金形式：以现金形式存入或汇入，以现金形式支取。
	●交易方式：通常在异地使用 ATM 支取现金。
	●特定时间交易异常：平时交易频率和额度不大，但在恐怖活动发生前后出现较大额汇款、转账等（可能发生在亲属账户）。
	●账户余额：账户存取资金后余额较少，几乎为零，账户多成为休眠户。
11. 疑似赌博	**【账户资料上的识别点】**
	●公司性质：开户公司多为网络、电子科技、信息服务、电子商务等公司。
	●网站不规范：公司网站建成时间短、制作粗糙，无公司介绍、联系方式等基本信息，夸张财富、投资信息。
	●登录限制：网站需注册登录后才能浏览商品或服务。
	●变更：变更网址、经营产品或服务项目。
	●虚假页面：交易金额与产品或服务价格差异交易大，经营产品无法下单。
	●赌博：经营产品或服务具有赌博性质或容易转化为赌博对象。
	●网银：开户同时开通网上银行。
	【资金交易上的识别点】
	●身份不符：交易金额、频度与客户身份、财务状况、经营内容等明显不符。
	●结构性交易：呈现“分散转入、分散转出”的总体特征，且账户日终有余额。
	●交易金额：交易金额一般不大，但存在一定特征，如频繁出现 100 元及其整数倍，或者金额尾数带某个特定数字（如 .99）。
	●自助：账户内资金交易频繁，但开户后未见通过柜台结算的资金交易。资金往来通过 ATM、网上银行操作，如采用 ATM 存款、转账方式存入资金，间或出现支付宝交易。
	●IP 地址：往往存在多人共用一个 IP 地址的情况。
	●账户分散交替：账户分散使用，更换比较频繁，一般 3 个月左右更换。
	●交易时间：频繁发生网银交易多数在下半夜或凌晨，或与体育彩票、境外赌博开奖、重大体育赛事出结果时间高度关联。

续表

	●第三方支付：与第三方支付平台或澳门珠宝店、金店等交易频繁。
12. 疑似虚假出资抽逃出资	●新开户异常资金支付。
	●同一账户短期内收到多个新开基本账户的资金。
	●企业账户内资金规模与其注册资本严重不符。
	●单笔交易金额较大，且交易对手相对集中。
	●企业账户内没有经营性业务往来，公转私交易比重较高。
	●涉及的多个个人账户的交易对手为同一人。
	●同一个金融机构内申请开立的验资账户较多，验资结束后基本账户内资金立即全额转划同名其他银行账户。
	●涉及的个人账户所有人经常陪同他人办理大额现金缴款业务。
	●频繁出现代理交易行为。

中国人民银行办公厅关于加强禁毒反洗钱工作的通知

（银办发〔2013〕215号）

中国人民银行上海总部，各分行、营业管理部，各省会（首府）城市中心支行，各副省级城市中心支行：

近日，新一届国家禁毒委员会召开了全体会议，研究部署下一阶段禁毒工作，并制定了《禁毒工作责任制（试行）》。为贯彻落实国家禁毒工作会议精神，履行好人民银行在禁毒工作中的职责，现将国家禁毒委《关于印发〈禁毒工作责任制（试行）〉的通知》转发给你们，并就加强禁毒反洗钱工作有关事项通知如下：

一、明确工作职责，不断强化禁毒反洗钱工作合力。各分支机构要重点调查涉毒案件中洗钱犯罪活动，积极配合公安禁毒部门严厉打击涉毒洗钱犯罪行为，铲除涉毒犯罪的资金网络；督导金融机构做好重点可疑交易报告工作，进一步提高反洗钱线索质量，为公安禁毒部门提供更多高价值线索；改进可疑资金监测分析和信息交流，进一步深化与公安禁毒部门的情报合作。

二、完善工作措施，全面提升禁毒反洗钱工作水平。各分支机构要加强对金融机构反洗钱工作的指导检查，特别是对毒品犯罪高发地区金融机构开展重点督导检查工作，不断提高识别涉毒洗钱犯罪的能力；督促金融机构严格落实银行账户和银行卡开立、使用的规定，指导金融机构在各类新业务、新产品中注意防范和识别洗钱风险；不断完善洗钱类型分析工作，通过涉毒案例分析，研究符合区域特点的涉毒洗钱犯罪类型，提高防范和打击涉毒犯罪的有效性；积极开展有关禁毒反洗钱宣传教育工作，增强全民禁毒和反洗钱意识，扩大禁毒和反洗钱工作影响力。

三、加强组织领导，落实工作责任制各分支机构要认真贯彻落实总行有关禁毒反洗钱工作部署，按照《禁毒工作责任制（试行）》的要求，将禁毒工作摆上重要议事日程，进一步明确细化责任，制定工作方案，由各分支机构主要领导负总责，分管领导具体抓，积极配合各级地方政府和禁毒委员会的禁毒工作。

各分支机构在贯彻落实禁毒工作过程中如遇问题，应及时向总行报告。

附件：关于印发《禁毒工作责任制（试行）》的通知

中国人民银行办公厅

2013年10月16日

关于印发《禁毒工作责任制（试行）》的通知

禁毒委发〔2013〕1号

国家禁毒委员会各成员单位，各省、自治区、直辖市禁毒委员会，新疆生产建设兵团禁毒委员会：

为进一步落实禁毒工作责任，不断提高禁毒工作水平，根据《中华人民共和国禁毒法》《中华人民共和国公务员法》等法律和有关规定，结合禁毒工作实际，国家禁毒委员会研究制定了《禁毒工作责任制（试行）》。经报国家禁毒委员会领导批准，现印发给你们，请结合本地、本部门实际，认真贯彻落实。

国家禁毒委员会

2013年8月30日

禁毒工作责任制（试行）

第一条 为落实禁毒工作责任，根据《中华人民共和国禁毒法》《中华人民共和国公务员法》等法律和有关规定，制定本责任制。

第二条 禁毒工作责任，是指各地和各级禁毒委员会、成员单位及其有关负责人和直接责任人履行禁毒职责所应承担的责任。

第三条 各地和各级禁毒委员会及其有关负责人和直接责任人承担的主要职责包括：

（一）负责全面组织、协调、指导开展本地禁毒工作；

（二）将禁毒工作纳入本地国民经济和社会发展规划以及重要议事日程，将禁毒经费纳入本级财政预算；

（三）建立适应禁毒工作需要的禁毒工作队伍；

（四）认真落实上级禁毒委员会各项工作部署；

（五）组织、协调和指导各级成员单位及下一级禁毒委员会履行禁毒职责，落实禁毒工作任务；

（六）法律、法规及其他规范性文件规定和上级禁毒委员会要求承担的禁毒工作职责。

第四条 各级禁毒委员会成员单位及其有关负责人和直接责任人承担的主要职责包括：

（一）根据党委、政府、禁毒委员会确定的职责任务组织开展禁毒工作；

（二）负责组织、协调、指导本单位、本系统开展禁毒工作；

（三）根据禁毒工作实际需要，建立禁毒工作制度，配备相应的人员力量；

（四）定期向本级禁毒委员会和上级主管单位汇报禁毒工作。

第五条 禁毒工作实行职责与责任相对应的原则。对因不积极履职或者履职不当，导致禁毒工作不力或者出现工作失误的，按照有关规定，追究相关地区、单位及责任人责任。

第六条 国家禁毒委员会对各地和各级禁毒委员会、成员单位及其有关负责人和直接责任人的禁毒失职行为追究责任；各地和各级禁毒委员会对同级禁毒委员会成员单位、下级禁毒委员会、成员单位及其有关负责人和直接责任人的禁毒失职行为追究责任；各级禁毒委员会成员单位对本单位所辖部门、下级成员单位及其有关负责人和直接责任人的禁毒失职行为追究责任。

第七条 有下列情形之一的，追究相关地区、单位及其有关责任人的责任：

（一）没有严格落实禁毒有关法律法规和其他规范性文件规定的；

（二）所在地区毒情严重，人民群众反映强烈，成为社会、媒体关注焦点，社会危害和影响大的；

（三）对上级禁毒委员会的禁毒工作部署和要求落实不力的；

（四）影响禁毒工作正常开展的其他情形。

第八条 违反本责任制有关规定，采取以下方式追究责任：

（一）通报批评并责令限期整改；

（二）约谈；

（三）挂牌整治；

（四）年度社会管理综治考评中扣除相应分数；

（五）建议综治部门予以一票否决；

（六）建议有关部门对相关责任人给予处分。

第九条 违反本责任制规定，同时违反有关法律、法规规定的，依照有关法律、法规规定追究法律责任。

第十条 各地和各级禁毒委员会应当及时将禁毒工作责任追究情况报告上级禁毒委员会。各地和各级禁毒委员会成员单位应当及时将禁毒工作责任追究情况报告同级禁毒委员会和上级主管单位。

第十一条 本责任制自印发之日起施行。

中国人民银行办公厅关于进一步加强金融机构和支付机构反恐怖融资工作的通知

（银办发〔2014〕62号）

中国人民银行上海总部，各分行、营业管理部，各省会（首府）城市中心支行，各副省级城市中心支行；国家开发银行，各政策性银行、国有商业银行，股份制商业银行，中国邮政储蓄银行：

近期，我国云南、北京、新疆等地陆续发生了暴力恐怖事件，对社会稳定和人民生命财产安全造成重大危害。为进一步加强恐怖融资资金监测与涉及恐怖资产冻结工作，有效预防与打击恐怖主义活动，现就做好当前金融机构和支付机构反恐怖融资工作的有关事宜通知如下：

一、金融机构和支付机构应当严格执行《金融机构报告涉嫌恐怖融资的可疑交易管理办法》（中国人民银行令〔2007〕第1号发布）、《涉及恐怖活动资产冻结管理办法》（中国人民银行公安部国家安全部令〔2014〕第1号发布）和《中国人民银行关于印发〈支付机构反洗钱和反恐怖融资管理办法〉的通知》（银发〔2012〕54号）等规定，切实履行反恐怖融资义务。

二、金融机构和支付机构应及时更新业务系统数据库中的恐怖活动组织及恐怖活动人员名单，在业务办理过程中，发现涉及名单中人员的资产，应当立即采取冻结措施，并以书面形式报告资产所在地公安机关和国家安全机关，同时抄报资产所在地中国人民银行分支机构。

三、金融机构和支付机构应加强客户身份识别工作，在与客户建立业务关系或者为其提供一次性金融服务时，应与公安部发布的恐怖活动组织及恐怖活动人员名单进行核实，发现属于名单范围的，应当立即冻结其资产，拒绝为其提供一切金融和支付服务，并立即向当地公安机关和国家安全机关报告。

四、金融机构和支付机构有合理理由怀疑客户或者其交易对手、相关资产涉及恐怖活动组织及恐怖活动人员的，应当根据规定报告可疑交易，并依法向公安机关和国家安全机关报告；同时，应当重点加强监测，发现客户或者其交易对手、相关资产确属于恐怖活动组织及恐怖活动人员的，应当立即采取冻结措施。

五、金融机构和支付机构应提高对反恐怖融资工作重要性的认识，加强员工在反恐怖融资意识、知识、技能等方面的培训，以提高反恐怖融资的监测分析水平。

请中国人民银行上海总部，各分行、营业管理部，各省会（首府）城市中心支行，大连、青岛、宁波、厦门、深圳中心支行将本通知转发至总部注册地在辖区内的各城市商业银行、农村商业银行、农村合作银行、城市信用社、农村信用社、村镇银行、外资银行、证券公司、期货经纪公司、基金管理公司、保险公司、保险资产管理公司、信托公司、金融资产管理公司、财务公司、金融租赁公司、汽车金融公司、货币经纪公司等金融机构和支付机构。

中国人民银行办公厅

2014年3月18日

中国人民银行办公厅关于进一步加强银行卡业务反洗钱工作的通知

（银办发〔2014〕124号）

为进一步预防和打击利用银行卡业务进行洗钱等违法犯罪活动，现就加强银行卡业务反洗钱工作的有关事项通知如下：

一、发卡银行应加强对持卡人身份的识别和尽职调查工作。

发卡银行应严格遵守《中华人民共和国反洗钱法》《金融机构客户身份识别和客户身份资料及交易记录保存管理办法》（中国人民银行　中国银行业监督管理委员会　中国证券监督管理委员会中国保险监督管理委员会令〔2007〕第2号发布）等法律规章的要求，切实履行客户身份识别义务，确保申请人开户资料真实、完整、合规。要充分利用联网核查公民身份信息系统，验证客户身份信息。发卡银行利用电子自助设备发卡的，应制定健全的流程以落实客户身份识别的要求，并对客户身份信息进行人工识别。个人代理他人开户或申领银行卡的，发卡银行必须同时核对代理人和被代理人的真实身份，对于被代理人与代理人之间明显无任何个人或业务关系，或无合理理由代理开户或申领银行卡的，应提高客户风险等级，采取强化审查措施，必要时可拒绝其代理开户和申领银行卡。同一持卡人无合理理由大量开户或申领银行卡的，应采取强化审查措施，必要时可拒绝其开户和申领银行卡。在客户身份识别和尽职调查过程中有合理理由怀疑客户涉嫌洗钱或其他犯罪活动的，应及时向公安机关报案，同时报送可疑交易报告。

二、发卡银行、中国银联和收单机构应加强大额、可疑交易信息的监测和报告。

上述机构应严格执行《金融机构大额交易和可疑交易报告管理办法》（中国人民银行令〔2006〕第2号发布）、《金融机构报告涉嫌恐怖融资的可疑交易管理办法》（中国人民银行令〔2007〕第1号发布）等规章的规定，加强对银行卡资金交易的监测，履行大额和可疑交易报告义务。对于境外银行卡套现高发地区发生的银行卡交易，应指派专人负责监测分析，总结可疑交易特征，并定期向相关机构和特约商户提示洗钱风险；对于持卡人刷卡消费金额与其职业和收入明显不符的，应加强核查和分析，并及时报送可疑交易报告；对于持卡人在境外银行卡套现高发地区的银行卡大额交易行为，应共同加强监测和分析，发卡银行应高度重视中国银联的大额交易风险提示，逐一调查核实每份提示，并做好对中国银联的反馈工作；在调查核实过程中发现交易涉嫌洗钱或其他犯罪活动的，应及时向公安机关报案，同时报送可疑交易报告。

三、发卡银行、中国银联和收单机构应进一步健全反洗钱工作制度和流程，完善反洗钱内控制度，加大反洗钱资源投入，提高履行反洗钱义务的能力和水平。

应进一步关注重点地区洗钱风险；加强对境外分支机构反洗钱工作的督促指导，在集团层面防范洗钱风险；加强对特约商户的管理和培训，及时清理不合规商户；加强对银行卡受理终端、特别是移动终端的管理，防范违规跨境移机可能引发的套现、洗钱风险。

四、中国人民银行分支机构应严格按照《中国人民银行办公厅关于加强银行卡业务反洗钱监管工作的通知》（银办发〔2009〕151号）的要求，进一步加大对银行卡业务相关洗钱风险的监督检查力度，督促发卡银行、中国银联和收单机构切实履行反洗钱义务，并加大对违规行为的处罚力度。

请中国人民银行上海总部，各分行、营业管理部，各省会（省府）城市中心支行，各副省级城市中心支行将本通知转发至辖内中国人民银行分支机构以及辖区内各城市商业银行、农村商业银行、农村合作银行、农村信用社、村镇银行、外资银行和支付机构。

中国人民银行办公厅

2014年5月30日

中国人民银行办公厅关于落实《金融机构反洗钱监督管理办法（试行）》有关事项的通知

（银办发〔2014〕263号）

中国人民银行上海总部，各分行、营业管理部，各省会（首府）城市中心支行，各副省级城市中心支行；国家开发银行，各政策性银行、国有商业银行，股份制商业银行，中国邮政储蓄银行：

为落实《金融机构反洗钱监督管理办法（试行）》（银发〔2014〕344号文印发，以下简称《办法》），现将有关事项的具体执行要求通知如下：

一、监管分工

人民银行负责监管23家全国性法人金融机构总部（名单见附件1）；人民银行可以授权上述机构总部所在地人民银行分支机构对其行使操作性业务监管职责。其他全国性法人金融机构总部按照属地原则由机构总部所在地人民银行分支机构实施监管。法人机构总部注册地与经营地不一致的，以实际经营地为准。

二、反洗钱年度报告

（一）反洗钱报告机构应建立反洗钱年度报告的配套工作制度，提供必要的信息保障。反洗钱报告机构应确定反洗钱年度报告工作联系人及联系方式，及时告知人民银行或其分支机构。

（二）反洗钱报告机构应按照规定模板撰写反洗钱年度报告（附件2），力求文字简洁、数据准确，并规范填报相关附表（附件3）。在完成规定内容的前提下，反洗钱报告机构可根据自身工作实际，适当补充本机构特色情况。

（三）反洗钱报告机构应按规定的电子文档格式报送反洗钱年度报告及附表，不得随意改动电子文档的项目位置及数据格式。

（四）反洗钱报告机构应于每年度结束后20日内将本机构反洗钱年度报告及附表报送至人民银行或其分支机构，2014年度反洗钱年度报告及附表应于2015年1月31日前报送。反洗钱年度报告及附表须经本机构负责同志审签。

（五）人民银行分支机构应及时将本通知转发至辖内金融机构和支付机构，并根据属地管理、分级控制的原则明确报告要求，实现一对一报送。人民银行及其分支机构根据实际情况，确定辖内反洗钱报告机构报送反洗钱信息的渠道和方式，并及时将相关信息导入反洗钱管理信息系统。

除《办法》规定报告的反洗钱信息外，人民银行分支机构不得另行下发制度要求反洗钱报告机构报送其他报告和报表。监管过程中若需要征集其他数据资料，可以通过《办法》规定的监管手段予以解决。

三、反洗钱考核评级

人民银行及其分支机构根据《办法》并参照《金融机构反洗钱监管考核指标内容及权重》（附件4），对金融机构实行至少A、B、C三级考核评级，其中A级（80分至100分）为优良，B级（60分至80分以下）为正常，C级（60分以下）为较差。

四、洗钱风险自评估

（一）法人金融机构应立足本机构的实际情况，制定或修改本机构洗钱风险自评估制度，在2015 年开展一次全系统的洗钱风险自评估，按照《办法》要求报告。

（二）法人金融机构应充分利用风险自评估结果，采取适当的风险控制措施，合理配置资源，完善内控制度和操作流程。

（三）法人金融机构应保证风险评估的时效性，合理确定评估的时间频率。在产品和业务发生较大变化、内控制度有重大调整，或者反洗钱监管政策发生重大变化等情况下，法人金融机构应主动开展风险评估。

（四）法人金融机构也可针对特定的产品和业务开展专项风险评估，并按照《办法》要求报告。

（五）法人金融机构的风险评估应包括其境外分支机构。农村信用社由其省级联社负责组织风险自评估，并按照“谁评估，谁报告”的原则和《办法》要求报告。

（六）对非法人金融机构的自我评估不作硬性要求，鼓励有条件的机构自主开展自评估。

五、反洗钱管理信息系统及应用

人民银行负责统一开发反洗钱管理信息系统，实现反洗钱监管信息的电子化和系统化管理。人民银行及其分支机构利用反洗钱管理信息系统建立反洗钱监管档案，按照技术手册和业务制度规范操作，准确及时记录反洗钱监管活动信息，充分发挥系统功能，共享监管信息，完善监管措施，提升监管工作效率。

中国人民银行办公厅

2014 年 12 月 17 日

附件 1

（略）

附件 2

金融机构反洗钱年度报告模板

报告模板使用要求：

1. 文字报告文件名（WORD 格式）：

年度 . 金融机构编码（或支付业务许可证编码）. 机构名称 . 年度报告

例如：2014.C1010211000012. 中国工商银行 . 年度报告

2. 附表文件名（EXCEL 格式）：

年度 . 金融机构编码（或支付业务许可证编码）. 机构名称 . 年度报表

例如：2014.C1010211000012. 中国工商银行 . 年度报表

××××机构反洗钱××××年度报告

××××人民银行：

按照《金融机构反洗钱监督管理办法（试行）》要求，现将我单位（含所辖分支机构）上一年度反洗钱工作情况报告如下：

一、反洗钱工作整体情况及机构概况

本机构（含本级机构及所辖分支机构，下同）反洗钱工作总体情况。

二、反洗钱工作机制建立情况

（一）内控制度建立和修订情况。

（二）机制设置情况。报告本机构反洗钱组织架构设置情况，反洗钱工作体系的运作情况，可疑交易分析甄别的模式，对新型业务的洗钱风险研判机制等。

（三）技术保障情况。报告本机构反洗钱业务应用系统建设和反洗钱工作技术保障情况。

（四）人员配备与资质情况。报告本机构反洗钱工作岗位的人员配备，以及反洗钱岗位人员业务能力或业务资质情况。

三、反洗钱法定义务履行情况

（一）客户身份识别。报告本机构采取哪些有效的客户身份识别措施，以及如何开展客户分类管理等情况。

（二）对高风险客户的特别措施。报告本机构针对高风险客户或者高风险账户持有人采取了哪些加强型识别或控制措施，如何开展对其金融交易活动的监测分析等情况。

（三）客户资料和交易记录保存。报告本机构客户资料和交易记录保存情况。

（四）大额和可疑交易报告。报告本机构可疑交易标准制定、交易监测和分析甄别机制，本年度大额和可疑交易报告情况。

（五）对高风险业务的针对性措施。报告本机构针对哪些高风险业务采取了何种针对性措施。

（六）开展反洗钱宣传情况。报告本年度自主及参与开展反洗钱宣传情况。

（七）组织反洗钱培训情况。报告本年度自主开展及参加的反洗钱培训情况。

（八）自主管理、检查与审计。报告本机构加强反洗钱工作内部监督、落实岗位责任、开展对所辖机构反洗钱专项工作管理的情况。本年度对所辖机构和相关部门开展反洗钱内部检查与审计情况、发现问题类型、整改落实情况。

四、反洗钱工作配合与成效情况

（一）协助行政调查情况。本年度协助人民银行或其分支机构开展反洗钱行政调查的情况。

（二）接受现场检查及被处罚情况。本年度接受人民银行或其分支机构反洗钱现场检查的情况及对发现问题的整改情况。

（三）工作报告及接受日常监管情况。本机构向人民银行或其分支机构报告反洗钱工作信息的情况，本年度接受人民银行或其分支机构约见谈话、监管走访等日常监管情况，以及对发现问题的整改情况。

（四）承担其他重点任务情况。承担人民银行或其分支机构反洗钱有关工作任务或调研任务情况，配合其他工作的情况。

（五）洗钱风险防控成果。本机构取得的反洗钱案件、风险防控的积极成果。

（六）有无重大违规事项。包括但不限于反洗钱信息泄密、未严格按照规定履行反洗钱职责导致洗钱案件发生，或内部人员涉嫌洗钱案件等情况。

五、其他反洗钱工作情况或问题以及工作改进建议

重点报告反映本机构的反洗钱特色工作与积极效果，工作中发现的突出矛盾和问题，以及反洗钱工作改进建议等情况。

报告机构设立有境外机构的，由其法人机构总部报告其境外机构的反洗钱工作情况。

填报日期：

审阅人：

附件 3

金融机构反洗钱年度报告附表

附表 1

报告机构基本情况表

填报单位：　　　　　　　　　　　　　　　　所属管辖人民银行：

<table>
<tr><td rowspan="10">基本信息</td><td>机构名称（全称）</td><td colspan="3">所属管辖</td></tr>
<tr><td>金融机构编码</td><td></td><td>金融许可证号</td><td></td></tr>
<tr><td>组织机构代码</td><td></td><td>报告机构编码（法人）</td><td></td></tr>
<tr><td>机构信用代码</td><td></td><td>行业类型</td><td></td></tr>
<tr><td>注册资本（人民币万元）</td><td></td><td>设立时间</td><td></td></tr>
<tr><td>是否法人机构</td><td></td><td>是否外资机构</td><td></td></tr>
<tr><td>所在地区</td><td colspan="3"></td></tr>
<tr><td>经营范围</td><td colspan="3"></td></tr>
<tr><td>通信地址及邮编</td><td colspan="3"></td></tr>
<tr><td>联系电话</td><td colspan="3"></td></tr>
<tr><td rowspan="3">管理架构（法人）</td><td>法定代表人姓名及职务</td><td colspan="3"></td></tr>
<tr><td rowspan="2">股权结构情况（前十股东）</td><td>股东名称</td><td>持股比例 (%)</td><td></td></tr>
<tr><td></td><td></td><td></td></tr>
</table>

续表

境内分支机构情况	下辖一级分支机构家数		下辖一级分支机构所在地区	
境外分支机构情况（法人）	境外分支机构家数		境外分支机构家数所在国家或者地区	

填报人：　　　　　　　　　　　　　　　　　　　　填报时间：

填表说明：1. 分支机构不填报“注册资本”、“股权结构情况”、“管理架构”、“境外分支机构情况”等信息。2.“报告机构编码”是指向中国反洗钱监测分析中心报告大额和可疑交易报告的编码。3.“金融机构编码”是指银发〔2009〕363号文印发的《金融机构编码规范》所称编码。

附表2

报告机构现行反洗钱内控制度列表

序号	制度全称	制度实施时间	制定单位	相关文号	是否年内新建	是否年内修订	是否报备

填报说明：1. 本表填写报告机构报告期末所有有效执行的制度。2. 可增加行填写。

附表 3

报告机构反洗钱岗位人员情况表

<table>
<tr><td rowspan="5">全辖反洗钱部门岗位设置情况</td><td colspan="2">反洗钱职能部门名称</td><td colspan="7"></td></tr>
<tr><td colspan="2">全辖专职人员数量</td><td colspan="2"></td><td colspan="3">其中：全辖从事可疑交易分析甄别人员数量</td><td colspan="2"></td></tr>
<tr><td colspan="2">本级机构专职人员数量</td><td colspan="2"></td><td colspan="3">其中：本级承担可疑交易分析甄别人员数量</td><td colspan="2"></td></tr>
<tr><td colspan="2">全辖兼职人员数量</td><td colspan="2"></td><td colspan="3">其中：本级机构兼职人员数量</td><td colspan="2"></td></tr>
<tr><td colspan="2">全辖反洗钱专职人员占全部工作人员比例</td><td colspan="2"></td><td colspan="3">全辖反洗钱专兼职人员占全部工作人员比例</td><td colspan="2"></td></tr>
<tr><td rowspan="8">本级机构反洗钱人员情况</td><td>项目</td><td>姓名</td><td>职务</td><td>办公电话</td><td>移动电话</td><td>邮箱地址</td><td>反洗钱专业资质</td><td>从事金融工作时间</td><td>从事反洗钱工作时间</td></tr>
<tr><td>部门负责人</td><td></td><td></td><td></td><td></td><td></td><td></td><td></td><td></td></tr>
<tr><td>重点联系人员</td><td></td><td></td><td></td><td></td><td></td><td></td><td></td><td></td></tr>
<tr><td rowspan="5">反洗钱部门其他专职人员</td><td></td><td></td><td></td><td></td><td></td><td></td><td></td><td></td></tr>
<tr><td></td><td></td><td></td><td></td><td></td><td></td><td></td><td></td></tr>
<tr><td></td><td></td><td></td><td></td><td></td><td></td><td></td><td></td></tr>
<tr><td></td><td></td><td></td><td></td><td></td><td></td><td></td><td></td></tr>
<tr><td></td><td></td><td></td><td></td><td></td><td></td><td></td><td></td></tr>
</table>

填报说明：1.“反洗钱专业资质”包括监管部门、国内外权威机构或组织颁发的反洗钱专业能力、水平认可证书。2.“反洗钱兼职人员”是指非专职承担反洗钱职责的工作人员，包括其他业务部门中明确承担反洗钱有关工作职责的有关人员。

附表 4

报告机构客户身份识别及风险等级分类情况表

项目		自然人客户	机构客户
客户数量	年末客户数		
	当年新增客户数		
	当年销户数		
客户身份识别	初次识别客户数（含一次性业务）		
	重新或持续识别客户数		
	中止服务客户数		
风险控制	监控名单客户数		
	限制功能客户数		
	涉恐名单冻结数		
客户风险等级分类（根据本机构分类标准，由高到低依次填写）	I 类客户数		
	其中：本年调整数		
	II 类客户数		
	其中：本年调整数		
	III 类客户数		
	其中：本年调整数		
	IV 类客户数		
	其中：本年调整数		
	V 类客户数		
	其中：本年调整数		

填表说明：1.“监控名单客户数”指联合国、公安部以及人民银行等单位正式通告的监控交易类客户数。2.“限制功能客户数”指对高风险或特定客户采取限制措施的客户数。3. 本表填报范围为报告机构（包含所辖分支机构）客户总数。

附表 5

报告机构大额和可疑交易报告情况表

项目		数量
可疑交易报告报送情况	向中国反洗钱监测分析中心报送大额交易份数	
	其中：补正份数	
	分析排除可疑交易份数	
	向中国反洗钱监测分析中心报送可疑交易份数	
	其中：补正份数	
	向人民银行或当地人民银行分支机构报送涉案报告份数	
	向公安机关直接报案线索数	

填报说明：本表仅由金融机构法人总部负责填报。

附表 6

报告机构反洗钱宣传情况表

发起机构名称	参与机构	宣传内容	宣传方式	宣传时间		受众人数	发放宣传资料份数	宣传效果
				起	止			

填报说明：可增加行填写。

附表 7

报告机构反洗钱培训情况表

培训主办单位	培训内容	培训时间		培训方式	参训对象	培训天数	培训人次	培训效果
		起	止					

填报说明：可增加行填写。

附表 8

报告机构反洗钱内部检查（审计）情况表

序号	检查实施时间		主查单位	被查单位	发现的主要问题	整改情况	是否属内审
	起	止					

填报说明：可增加行填写。

附表 9

报告机构配合反洗钱行政调查情况表

调查通知书文号	实施行政调查单位	配合机构名称	完成调查时间	是否按时报送数据

填表说明：1.“配合机构名称”请按行政调查通知书主送单位名称填写。2.“是否按时报送数据”以行政调查通知书要求时间为准。3.可增加行填写。

附表 10

报告机构接受人民银行反洗钱现场检查情况表

检查通知书号	检查时间		主查单位	被查单位	检查中发现的主要问题	对机构处罚金额（人民币万元）	处罚人数	对个人处罚金额（人民币万元）	整改情况
	起	止							

填报说明：1.本表填报范围为报告机构（包含所辖分支机构）接受人民银行反洗钱现场检查总数，按检查通知书分次填写；2.可增加行填写。

附表 11

报告机构洗钱风险防控成果表

基于反洗钱机制成功防范的风险事件名称	事件发现机构	事发时间		基本情况（隐去当事人和机构名称）	取得成效	是否向人民银行或当地人民银行分支机构报备
		起	止			

填报说明：1. 本表所称“洗钱风险防控成果”指的是报告期内取得反洗钱案件成果，或其他反洗钱风险防控的积极成效；2. 可增加行填写。

附表 12

境外机构反洗钱工作统计表

序号	境外机构名称	所在国家（地区）	成立时间	机构类型	网点数量	当地反洗钱主管部门名称	报告期内接受所在国或地区反洗钱监管情况	报告期内受到反洗钱处罚情况	其他重大情况	是否存在当地法律法规与我国反洗钱法律法规冲突的情况（如有，请另附报告说明）

填报说明：1. 本表由金融机构法人总部负责填报；2. 本表所指境外机构是指金融机构在中华人民共和国境外设立的分支机构（包括分支机构、全资附属机构、纳入合并会计报表范围的控股或参股机构）；3. “机构类型”栏填写境外机构具体类型，如分支机构、全资附属机构、控股或参股机构、办事处等；4. “报告期内接受所在国或地区反洗钱监管情况”、“报告期内受到反洗钱处罚情况”明确所涉及网点及监管部门名称；5. 若无对应的信息项填“无”，本表可增加行填写。

附件 4

金融机构反洗钱监管考核指标内容及权重

指标		法人机构考核权重（%）	非法人机构参考权重（%）	指标描述
设计指标	1. 制度完善程度	8	3	结合自身业务特点，按照洗钱风险防控、预警和处理程序以及相应的反洗钱要求，建立健全反洗钱内控制度，落实各项监管要求。重点考核其制度完备性、修订及时性、报备自觉性
	2. 机制合理性	8	6	建立有效的反洗钱内部工作机制，运作规范顺畅。重点考核其机构设置情况，反洗钱工作体系的运作效率及其规范、合理程度，对可疑交易分析甄别的模式和可行度，是否建立对新兴业务的风险研判机制等
	3. 技术保障能力	6	3	业务系统完善，运行有效，能够适应反洗钱工作需要，保证信息采集的准确和效率
	4. 人员配备与资质情况	8	8	主要考核反洗钱工作人员数量、学历、专业背景等，以及反洗钱培训测试、业务能力测试等情况。反洗钱主管人员有无跨部门的协调权力，以及能否出于反洗钱需要及时获取相应部门或各类应用系统的信息
执行指标	5. 客户身份识别	8	12	严格执行客户身份识别要求，采取有效的客户身份识别措施，合理划分和调整客户风险等级
	6. 对高风险客户的特别措施	5	5	针对高风险客户或者高风险账户持有人采取加强型识别或控制措施，注重对其金融交易活动的监测分析
	7. 客户资料和交易记录保存	6	8	认真落实客户身份资料及交易记录保存管理要求，按照规定期限采取切实可行的措施保存客户身份资料和交易记录

续表

执行指标	8. 大额和可疑交易报告	8	12	上报的大额交易和可疑交易报告符合规定、报告及时、要素完整。积极有效开展对可疑交易的人工甄别，提出有价值的重点可疑交易报告或案件线索。创新工作方法和手段，尤其在可疑交易标准制定和分析甄别方面具有创新做法，取得明显效果
	9. 对高风险业务的针对性措施	5	5	针对高风险业务制定相应的风险管理措施，积极开展风险警示，提高全系统洗钱风险防范能力
	10. 开展宣传情况	2	2	—
	11. 组织培训情况	3	3	—
	12. 自主管理与审计	3	3	加强反洗钱工作内部监督，落实岗位责任，开展对所辖机构反洗钱专项内部审计和内部检查，切实发现存在的问题并积极落实整改
检验指标	13. 配合行政调查情况	3	3	配合中国人民银行或其分支机构行政调查情况
	14. 接受现场检查及被处罚情况	8	8	接受中国人民银行或其分支机构现场检查情况
	15. 工作报告及接受日常监管情况	5	5	反洗钱工作报告报告情况，以及接受中国人民银行或其分支机构反洗钱日常监管情况
	16. 承担其他重点任务情况	2	3	—
	17. 洗钱风险防控成果	6	5	通过有效的风险防控机制，自主发现案件等情况

续表

检验指标	18. 有无重大违规事项	2	2	—
	19. 基层行评价	2	2	中国人民银行分支机构的考核结果
	20. 专业监管部门评价	2	2	监管部门的评价结果
合计	100%	100%	—	—

中国人民银行办公厅关于进一步规范大额交易和可疑交易报告批量纠删操作的通知

（银办发〔2015〕14号）

中国人民银行上海总部，各分行、营业管理部、省会（首府）城市中心支行、副省级城市中心支行；国家开发银行，各政策性银行、国有商业银行、股份制商业银行，中国邮政储蓄银行；中国银联，农信银资金清算中心，城市商业银行资金清算中心：

近期，部分报告机构连续发生批量数据报送错误问题，严重影响反洗钱数据接收系统的安全运行和监测分析系统的数据质量。为提升报告机构责任意识，规范报告工作，根据《中国人民银行办公厅关于进一步规范大额交易和可疑交易报告纠错删除操作规程的通知》（银办发〔2014〕104号）等文件要求，现就进一步规范大额交易和可疑交易报告纠错删除操作（以下简称纠删）有关要求通知如下。

一、报告机构应严格落实反洗钱法律法规及技术规范要求，将反洗钱数据纠删工作纳入数据报送质量管理，完善纠删工作的内部工作流程，建立数据报送质量的内部责任追究制度。

二、报告机构应对本机构2015年1月1日前报送的大额交易和可疑交易报告的真实性和准确性进行自查，重点关注交易收付方向错误、为规避数据接收检查校验而故意填报无效或错误信息、大额交易漏报等严重数据报送质量问题。报告机构应将自查情况书面报告中国反洗钱监测分析中心，并按照《金融机构反洗钱监督管理办法（试行）》（银发〔2014〕344号文印发）的要求报告其所属监管的中国人民银行或其分支机构。对于发现的问题，报告机构应及时采取更正、补救措施，报请中国反洗钱监测分析中心纠删。

自2015年1月1日起，报告机构应至少按年度定期对大额交易和可疑交易报告数据报送质量开展自查；在内部数据系统发生重大变更，及中国人民银行或其分支机构提出监管要求时，报告机构应及时组织开展自查并按上述要求报告自查情况。

三、报告机构应严格执行大额交易和可疑交易报告纠删操作规程，一次提交的逾期纠删申请（适用范围根据《中国人民银行办公厅关于进一步规范大额交易和可疑交易报告纠错删除操作规程的通知》执行）符合下列条件之一的，报告机构除提交《中国人民银行办公厅关于进一步规范大额交易和可疑交易报告纠错删除操作规程的通知》规定的申请表等文件外，还应由总部（或外资银行分行的主报告行）向中国反洗钱监测分析中心书面报告错误原因、涉及数据范围、业务及配套技术解决方案等事项。

（一）涉及大额交易数量超过1000笔（含）。

（二）涉及可疑交易报告数量超过100份（含）。

（三）申请纠错的可疑交易无法通过纠错报文更正（即可疑交易报告中全部客户和交易信息均无效）。

四、报告机构存在下列情况的，中国反洗钱监测分析中心将通报中国人民银行反洗钱局：

（一）自 2015 年 1 月 1 日起，报告机构每一自然年度内累计申请逾期纠删大额交易笔数超过1 万笔（含）。

（二）自 2015 年 1 月 1 日起，报告机构每一自然年度内累计申请逾期纠错可疑交易报告（含无法通过纠错报文更正的可疑交易报告）份数超过 1000 份（含）。

（三）自 2015 年 1 月 1 日起，报告机构每一自然年度内累计申请逾期纠删大额交易笔数或可疑交易报告份数超过该机构上一年度报告总量的 1%（含）。

（四）错误数据对分析结果或移送线索产生误导，进而对线索使用机构调查、立案等后续工作造成负面影响。

（五）未能通过自查主动发现严重数据质量问题，或有意瞒报、发现严重数据质量问题不及时向中国反洗钱监测分析中心反映。

（六）故意拖延，不及时按要求采取措施更正错误数据。

请人民银行上海总部及各分行、营业管理部、省会（首府）城市中心支行、副省级城市中心支行，将本通知转发至总部注册地在辖区内的报告机构。

中国人民银行办公厅

2015 年 1 月 19 日

中国人民银行办公厅关于加强支付机构反洗钱监管有关事项的通知

（银办发〔2015〕15号）

中国人民银行上海总部，各分行、营业管理部，各省会（首府）城市中心支行，各副省级城市中心支行：

为督促支付机构依法履行反洗钱和反恐怖融资义务，防范洗钱和恐怖融资风险，促进非金融机构支付行业健康有序发展，现就加强支付机构反洗钱监管有关事项通知如下：

一、加强行业准入管理

（一）对于初次申请支付业务许可的非金融机构，应严格审核其提交的反洗钱措施验收材料。对经审核发现反洗钱内控制度存在不符合反洗钱法规要求的，特别是在客户身份识别、客户身份资料和交易记录保存以及可疑交易报告措施方面与法规要求不符，内设机构（岗位）反洗钱职责设置不合理、不明确的，应要求其整改至符合标准后再行受理。

（二）对于申请新增或续展支付业务许可的支付机构，除严格审核其反洗钱措施验收材料外，还应采用监管走访、现场检查等监管手段，对其反洗钱内控制度建设和执行情况，特别是履行法规要求的反洗钱义务情况进行实地查验。经查验，发现反洗钱内控制度存在缺陷、反洗钱履职存在重大问题或整改不到位的，应要求其整改至符合标准后再行受理。

（三）人民银行副省级城市中心支行以上分支机构可以授权支付机构经营所在地地市级人民银行分支机构开展实地查验。

（四）人民银行副省级城市中心支行以上分支机构应在支付业务许可初审意见中如实、完整地反映对非金融机构（支付机构）反洗钱措施验收材料初审发现的主要问题及其整改情况，包括在实地查验时发现的主要问题及其整改情况。

二、加大监督检查力度

（一）按照风险为本和法人监管原则，灵活运用各种监管手段，加强对高风险领域、高风险机构的监管力度，督促支付机构树立合规经营理念，建立健全反洗钱制度，促进支付行业健康有序发展。

（二）根据实际情况合理安排现场检查计划，实施风险等级管理。加强对涉及洗钱线索或案件、反洗钱意识薄弱或者履行反洗钱义务较差的支付机构的现场检查和重点关注。及时掌握辖区内支付机构反洗钱工作情况和风险隐患，对可能存在的违法违规行为保持警惕。

（三）对存在不配合现场检查或调查工作，或监管机构在现场检查或调查过程中发现支付机构存在严重违反反洗钱法律法规行为的，应按照相关法律规章制度进行处罚和教育。

三、加强反洗钱队伍建设和政策辅导

（一）加强人民银行反洗钱监管队伍建设。加强对反洗钱监管人员的反洗钱法律法规培训教育，提升反洗钱监管人员的业务素质和政策水平；加强调查研究，掌握支付业务洗钱风险点，提高反洗钱监管的依法行政能力和有效性。

（二）加强对支付机构反洗钱工作的指导。强化支付机构客户尽职调查要求，帮助支付机构建立健全反洗钱内控体系，完善反洗钱工作机制，提升支付机构反洗钱意识和工作水平。

（三）加强支付机构可疑交易监测分析工作。采取有效手段督促支付机构完善可疑交易识别标准及可疑交易监测分析，及时向人民银行报送可疑交易线索，配合人民银行开展反洗钱调查。

四、研究建立洗钱风险评估管理机制

（一）指导支付机构建立风险自评估制度，对其面临的洗钱风险进行分析研判，评估洗钱风险管控机制的有效性，及时查找风险漏洞和薄弱环节，并采取有针对性的风险管控措施。

（二）研究建立支付机构创新支付业务（产品）洗钱风险评估机制，指导辖区内支付机构在开发创新业务（产品）过程中，合理评估创新业务（产品）相关的洗钱和恐怖融资风险，积极采取与风险水平相适应的管控措施，并及时向人民银行报告。

请人民银行副省级城市中心支行以上分支机构将本通知转发至辖区内人民银行分支机构。在执行本通知过程中，各相关部门应加强沟通协作、形成工作合力，努力提升对支付机构的监管水平。

中国人民银行办公厅
2015 年 1 月 19 日

中国人民银行办公厅关于加强外逃人员名单监测和可疑交易报告工作的通知

（银办发〔2015〕135 号）

中国人民银行上海总部，各分行、营业管理部、省会（首府）城市中心支行、副省级城市中心支行；国家开发银行，各政策性银行、国有商业银行、股份制商业银行，中国邮政储蓄银行，中国银联股份有限公司：

为进一步贯彻落实中央反腐败协调小组国际追逃追赃工作部署，落实“天网”行动相关要求，最大限度切断贪污贿赂等犯罪违法所得及其收益的转移通道，切实维护国家正常金融管理秩序，现就加强外逃人员名单监测和可疑交易报告工作通知如下：

一、各银行业金融机构、支付机构及中国银联应根据国际刑警组织中国国家中心局近日集中公布的针对100名涉嫌犯罪的外逃国家工作人员、重要腐败案件涉案人员等的红色通缉令名单(红色通缉令名单请各机构自行从中央纪委监察部或公安部网站下载），组织开展本机构名单监测和可疑交易报告工作。各机构应及时将上述外逃人员纳入本机构反洗钱名单监测系统或风险客户名单库，加强对外逃人员及其交易对手的资金交易监测，建立健全名单监测、筛查、分析和报告制度，及时报告可疑交易。

二、对于国际刑警组织中国国家中心局今后新公布的国际追逃追赃红色通缉令名单，各机构应按照本通知要求进行名单监测和可疑交易报告。

三、人民银行各级分支机构应加强对辖区内银行业金融机构（含法人机构和分支机构）、支付机构开展相关工作的监督管理，依法指导、监督和检查各机构加强外逃人员名单监测和可疑交易报告工作。

请人民银行各分支机构将本通知转发至辖区内地方性银行业法人金融机构、外资银行和支付机构。

中国人民银行办公厅

2015 年 6 月 11 日

中国人民银行办公厅关于“三证合一”登记制度改革有关反洗钱工作管理事项的通知

（银办发〔2016〕110号）

中国人民银行上海总部，各分行、营业管理部，各省会（首府）城市中心支行，各副省级城市中心支行；国家开发银行，各政策性银行、国有商业银行、股份制商业银行，中国邮政储蓄银行：

为配合推进“三证合一”登记制度改革，规范反洗钱工作要求，按照《国务院关于批转发展改革委等部门法人和社会组织统一社会信用代码制度建设总体方案的通知》(国发〔2015〕33号)、《国务院办公厅关于加快推进“三证合一”登记制度改革的意见》（国办发〔2015〕50号）文件精神，以及中国人民银行公告（〔2015〕第35号），现就反洗钱工作有关事项通知如下：

一、客户有效身份证件和身份基本信息的核对、登记和留存是开展反洗钱工作的重要基础。金融机构为法人和其他组织办理业务或提供服务的，应当区分实行“三证合一”的企业和农民专业合作社（以下统称企业），未纳入“三证合一”的个体工商户和机关、事业单位、社会团体等其他组织单位，勤勉尽责，遵循“了解你的客户”原则，按照规定开展客户身份识别、身份资料保存等工作，确保客户身份资料真实、完整和有效。

二、企业持新版营业执照（含加载统一社会信用代码营业执照、改革过渡期内使用的“一照一号”、“一照三号”营业执照）办理业务的，金融机构应当按照规定核对其新版营业执照，留存新版营业执照的复印件或影印件；持电子营业执照的，已配备电子营业执照识别机具的金融机构应当予以办理，并留存电子营业执照影印件。核对新版营业执照时，可通过当地工商行政管理部门，或登录全国或地区企业信用信息公示系统查询以及实地查访等方式核实证照的真实性。

三、企业持新版营业执照办理业务的，金融机构应当完整登记身份基本信息，包括“一照一码”、“一照一号”或“一照三号”等信息。新版营业执照包含有效期的，应当登记有效期信息；未包含有效期的，应当以适当形式进行标识。业务关系存续期间，企业有效身份证件变更为新版营业执照的，金融机构应当采取措施建立以组织机构代码为基础的新旧证码的映射关系，确保新旧证照信息的关联性和客户交易信息的完整性。

四、金融机构应当在相关业务系统中设置有效身份证件有效期到期提示功能。发现企业有效身份证件，包括营业执照、组织机构代码证、税务登记证中任一证照过期的，应当提示其到当地工商行政管理部门换发新版营业执照。企业先前提交的有效身份证件已过有效期的，企业未在合理期限内更新且没有提出合理理由的，金融机构应当中止办理业务。

五、金融机构报送大额交易报告和可疑交易报告，如需填写统一社会信用代码，报告要素“客户身份证件／证明文件类型”可选择“其他”，注明证照类型，填写相应的证照号码。

六、“三证合一”登记制度改革过渡期内，企业原发营业执照、组织机构代码证、税务登记证仍在有效期内的，金融机构仍应当按照《金融机构客户身份识别和客户身份资料及交易记录保存管理办法》（中国人民银行 中国银行业监督管理委员会 中国证券监督管理委员会 中国保险监督管理委员会令〔2007〕第2号发布）等相关规定执行。改革过渡期结束后，企业原发营业执照、组织机构代码证、税务登记证停止使用，金融机构应当提示企业及时更换新版营业执照，未在合理期限内更换且没有提出合理理由的，金融机构应当中止办理业务。

七、金融机构应当采取切实措施，落实“三证合一”登记制度改革要求，修订相关业务操作规程，升级完善相关业务系统。积极宣传“三证合一”登记制度改革，引导企业按时更换新版营业执照。

八、非银行支付机构、银行卡清算机构、资金清算中心等从事支付清算业务，以及从事汇兑业务、基金销售业务的机构开展客户身份识别、身份资料保存等工作参照适用本通知的有关规定。

九、人民银行各分支机构应当根据“三证合一”登记制度改革要求，监督指导金融机构按照规定开展客户身份识别、身份资料保存等工作。执行中如遇重要情况，请及时告知人民银行反洗钱局。

请人民银行上海总部，各分行、营业管理部，各省会（首府）城市中心支行，各副省级城市中心支行将本通知转发至辖区内各城市商业银行、农村商业银行、农村合作银行、农村信用社、村镇银行、外资银行、证券公司、期货经纪公司、基金管理公司、保险公司、保险资产管理公司、信托公司、金融资产管理公司、财务公司、金融租赁公司、汽车金融公司、货币经纪公司等金融机构和非银行支付机构。

中国人民银行办公厅

2016年4月22日

中国人民银行办公厅关于进一步加强对涉嫌非法集资资金交易监测预警工作的指导意见

（银办发〔2016〕201号）

中国人民银行上海总部，各分行、营业管理部，各省会（首府）城市中心支行，各副省级城市中心支行；各国有商业银行、股份制商业银行，中国邮政储蓄银行：

当前，非法集资问题日益突出，案件数量大幅上升，涉案金额屡创新高，严重危害人民群众利益，严重影响金融稳定。为深入贯彻《国务院关于进一步做好防范和处置非法集资工作的意见》（国发〔2015〕59号），建立健全非法集资监测预警体系，现就进一步加强对涉嫌非法集资资金交易监测预警工作，提出以下指导意见：

一、高度重视涉嫌非法集资资金交易监测预警工作

监测预警是做好防范和处置非法集资工作的重要基础。国发〔2015〕59号文提出，要全面加强监测预警，建立立体化、社会化、信息化的预警体系。金融机构是非法集资资金最主要的中转和集散渠道，以金融机构为主体的反洗钱资金交易监测，是非法集资监测预警体系的重要组成部分，对防范预警非法集资风险，做到早发现、早处置具有重要意义。各金融机构要切实增强责任感，把加强对涉嫌非法集资资金交易监测预警作为反洗钱监测的重要着力点，统筹整合资源，加强部门协作，建立长效机制，确保监测到位、预警及时，为防范和处置非法集资提供有力保障。

二、完善非法集资资金交易监测预警工作机制

（一）完善非法集资资金交易监测预警模型。

中国人民银行针对当前非法集资新特点、新规律，制定了《非法集资监测预警模型识别点指引》（见附件），推动金融机构提高对非法集资资金交易的监测预警能力。各金融机构要以该模型为指导，结合自身业务，及时完善本机构反洗钱监测系统，不断提高非法集资可疑交易报告质量。中国人民银行分支机构要加强对金融机构的监督指导，积极推动非法集资监测预警模型的应用。

（二）加大对风险高发领域的监测预警力度。

各金融机构要结合地区特点，对投资理财、资产管理、互联网金融、房产销售、农民专业合作社、民办院校、民营医院、养老机构、典当、拍卖、融资租赁、地方交易所等风险高发行业、领域、单位的资金交易进行重点监测。对容易被非法集资利用的现金存取、网上银行、自助机具开户等业务加以重点关注。对符合非法集资典型特征的资金交易，要及时进行风险排查和分析研判。对有非法集资违法犯罪记录的企业和个人，中老年人等重点受害人群，高危地域、高危职业人员等，要加大监测力度。

（三）创新非法集资资金交易监测手段。

各金融机构要充分利用网络信息技术、大数据技术等手段加强对非法集资资金交易的监测预警。全方位、多渠道收集企业信息、人员信息、监管信息、舆情信息、违法犯罪信息等，为准确甄别非法集资可疑交易提供支持。各金融机构要整合业务系统、反洗钱监测系统、央行征信系统等数据资源，集中分析研判，提高非法集资可疑交易报告质量。要进一步加强对柜面业务人员的培训督导力度，充分发挥网点和柜面业务人员的作用，将可疑交易监测与柜面人员识别有机结合起来。

三、妥善处理非法集资可疑交易线索

各金融机构对涉嫌非法集资资金交易进行分析识别后，要及时将有关情况提供给地方各级防范和处置非法集资工作领导小组办公室。确认发现涉嫌非法集资可疑交易的，要及时向当地公安机关报案，并向当地中国人民银行分支机构报告。

中国人民银行各级分支机构要加强与当地防范和处置非法集资工作领导小组成员单位和金融机构的联系与沟通。对金融机构上报的涉嫌非法集资可疑交易线索进行分析或调查，及时向有关部门通报情况、移送线索资料。

四、强化客户身份识别

加强非法集资可疑交易监测，需要相应加强客户身份识别。各金融机构与客户建立业务关系时，要严格按照规定开展客户身份识别。加大对非法集资风险较高客户的尽职调查力度，必要时采取回访，实地调查，向公安、工商等部门核实，查询企业信用信息等多种方式和手段，核实客户的经营范围、资金来源和用途、业务活动区域、企业规模、实际控制人等情况，合理划分风险等级。在业务关系存续期间，要持续关注客户身份信息变化情况及经营状况，对客户是否涉嫌虚假或欺诈行为，是否实际交易行为与其身份、职业或经营状况不符等情况进行分析，综合判断并合理调整客户风险等级，及时调整内部控制措施，妥善应对风险。

五、完善内部控制制度和措施

各金融机构要进一步完善反洗钱内部控制制度和措施，修订完善相关操作流程。要认真组织开展业务培训，增强职工防范非法集资的意识，提高相关岗位人员对涉嫌非法集资可疑交易的敏感度和辨识能力。同时，要进一步加强内部履职管理，强化举报和问责制度，坚决杜绝单位职工参与或协助非法集资，一旦发现，要及时采取措施，严肃追究相关人员责任。各金融机构要将非法集资资金交易监测情况纳入审计内容，定期开展内部检查，发现问题及时整改。

六、加大对金融机构的监督管理力度

中国人民银行分支机构要通过现场检查、非现场监管等手段，指导和督促金融机构做好对涉嫌非法集资可疑资金的监测工作。发现金融机构未按要求履行上述义务的，依法严肃处理。

请中国人民银行上海总部，各分行、营业管理部，各省会（省府）城市中心支行，各副省级城市中心支行将本指导意见转发至辖区内中国人民银行分支机构以及城市商业银行、农村商业银行、农村信用社、村镇银行和外资银行。

附件：非法集资监测预警模型识别点指引

中国人民银行办公厅
2016 年 9 月 29 日

非法集资监测预警模型识别点指引

【账户资料上的识别点】

● 集资人开户：以个人名义集资，通常存在集中异地开户、利用自助机具开户、专人陪同开户、家族成员或有密切社会关系人员集中开户、以东南亚国家等外国籍人员身份在我境内集中或分散开户、冒用他人名义开户等识别点；以公司名义集资，重点关注特定类型公司的分支机构集中一段时间在全国多个地区开立账户、为公司员工批量开立个人账户。

● 集资对象开户：新开户业务突然增多；往往有专人陪同开户，本人虽在现场，但申请业务种类按陪同人的要求办理，开户时主动要求开通网上银行和手机银行等业务。

● 账户资料：来自同一地区的人群集中成立企业、集中开立账户，控制人、代理人、财务负责人在多个单位交叉任职且具有血缘或亲缘关系；不同户名的个人账户留存的联系电话相同、地址相似；多个单位账户开户资料显示实际控制人为同一人，或代理人、财务负责人相同，留存的联系电话相同、地址相似；留存地址不详、有误，联系电话无法接通。

● 企业名称：多带有“投资咨询”、“财富管理”、“资产管理”、“生态发展”、“科技发展”、“生物科技”、“咨询服务”、“养老保险”、“交易所”、“基金管理”、“股权投资”、“金融服务”、“金融信息”、“网络科技”、“电子商务”等字眼。

● 频繁变更账户信息：频繁变更企业名称、经营范围、注册资本、法定代表人、股东、监事等信息。

● 集资人人群特征：组织实施集资者多为企业法定代表人、控股股东或公务员等在当地有一定影响力的人。

● 集资对象人群特征：传统集资的对象主要是老人、妇女、退休人员，或者高净值、高余额人员等；互联网集资的对象主要以中青年为主。

● 行业：公司客户经营范围多为房地产项目投资、物业管理服务、企业管理咨询服务、投资管理咨询服务、资产管理、融资担保、贵金属投资，产权、股权、债权、林权、矿权、知识产权、文化艺术品权益及金融资产权益等，健康养老保险、涉农互助等，涉及区域特色或支柱产业。

● 互联网金融：高度关注 P2P、网络小额贷款、众筹融资、互联网基金、互联网保险、互联网信托和消费金融等互联网金融业态。核验企业是否为中国互联网金融协会的正式会员，是否具备其他相关资格资质。

● 虚拟货币：高度关注从事虚拟货币、预付卡、游戏币交易的网络平台，注意识别是否采用传销方式进行推广。

【资金交易上的识别点】

● 集资：通过银行或非银行支付机构向少数银行卡或账户大量集中转账或汇款。

● 返利：返利资金固定在每个月（或某一时期）相同或相邻的日期。

● 单笔金额：转账或汇款一般以某金额（例如万元）为基数，呈倍数关系，或与汇率呈现比例关系。单笔金额有时不以常见的整数结尾，如“.35”、“.49”等，作为某种标记。互联网集资一般持续累计计息，当投资人提取资金时，利息与本金同时支付，金额往往不符合倍数规律。

● 交易总额：账户交易金额累计往往十分巨大，动辄上千万元，甚至数亿元人民币。账户资金交易活动与存款人年龄、职业、居住地、公司经营状况等明显不符。

● 交易方式：对于传统集资，柜面存现、ATM 存现、网上银行、手机银行直接转账较为普遍；对于互联网集资，网上银行、网络支付等较为普遍。

● 交易地域：传统集资的地域一般局限于本地或涉及周边临近地区；互联网集资涉及地域广泛，甚至遍及全国。

● 汇款用途：汇款单用途填写“投资”、“投资款”、“借款”、“还款”、“分红”、“利息”、“返息”、“返利”或集资项目名称。

● 存取现金：客户账户月环比存取现金额异常放大；短期内由多个代理人在柜面存取现金；短期内相同代理人代理多个账户存取现金。

● 交易周期：初期开户、汇款规模不断扩大，并持续一段时间；中期汇款转账规模增速减缓，资金运行仍然持续；后期汇款规模下滑，业务时断时续。

● 账户分工：账户分工明显。收款账户资金“分散转入、集中转出”，有时会有巨额资金沉淀；中转账户资金“快进快出、频繁收付”，账面余额基本为零或极小；返款账户“集中转入、分散转出”，交易时间往往较为集中。

● 测试性交易：收款账户、中转账户开通网上银行后，在发生大额交易前通常有小额的交易。

● 规避监测：资金化整为零，有意低于大额报告标准；资金从一账户进入另一账户，然后再返回至原账户；账户使用一段时间会销户或停用。

● IP 地址：多个账户使用统一 IP 地址登录；同一账户在短期内使用不同 IP 地址登录；对 IP 地址进行伪装；使用的 IP 地址在境外。

【行为上的识别点】

● 行为异常：客户在办理完业务后，要求柜员将汇款时间记录在汇款凭证的客户留存联上，每次柜台转账后总是第一时间询问对方是否入账，或急于将回单照相发送对方。开立银行账户时，一般都会要求将网上银行转账金额设置最大，购买 USBKey，与其身份特征（如客户为老人、农民工、聋哑人群等）并不相符。

● 不听劝阻：柜面人员提示风险后，仍执意汇款。当柜面人员试图了解账户资金的具体用途时，客户表现出明显的厌烦或抵触情绪。

● 宣传：通过媒体、推荐会、发放宣传品、网站、手机短信等途径向社会公开宣传；标榜高收益、高回报、低风险、低门槛，诱惑社会公众参与；虚假宣传与银行合作或接受银行资金监管、托管等。

● 集中修改密码：使用 ATM 机、网上银行集中修改多个账户的密码。

● 异常查询：同一账户短期内多次查询。

中国人民银行办公厅 保监会办公厅关于投保人与被保险人、受益人关系确认有关事项的通知

（银办发〔2016〕270号）

中国人民银行上海总部；各分行、营业管理部、省会（首府）城市中心支行、副省级城市中心支行；各保监局；各人身保险公司：

为规范人身保险合同投保人与被保险人、受益人关系确认标准，完善客户身份识别制度，防范洗钱和恐怖融资风险，现就投保人与被保险人、受益人关系确认的有关事项通知如下，请各人身保险公司遵照执行。

一、保险公司订立人身保险合同或赔偿、给付保险金时，应当按照《金融机构客户身份识别和客户身份资料及交易记录保存管理办法》（中国人民银行 中国银行业监督管理委员会 中国证券监督管理委员会 中国保险监督管理委员会令〔2007〕第2号发布）第十二条、第十四条的规定，确认投保人与被保险人、受益人的关系。

二、保险公司确认投保人与被保险人、受益人关系的方式包括：

（一）核对关系证明文件；

（二）走访、查验；

（三）获取投保人、被保险人与受益人书面声明；

（四）其他方式。

保险公司应选择以上至少一种方式来确认投保人与被保险人、受益人的关系，并保存相关工作记录或证明材料。

三、在风险可控前提下，对于洗钱和恐怖融资风险低、且选择低风险产品的客户，保险公司可按照《金融机构洗钱和恐怖融资风险评估及客户分类管理指引》（银发〔2013〕2号文印发）和《保险机构洗钱和恐怖融资风险评估及客户分类管理指引》（保监发〔2014〕110号文印发）相关规定，采取简化的客户尽职调查及风险控制措施，在退保、理赔或给付环节再核实被保险人、受益人与投保人的关系。

在执行过程中如遇新情况、新问题，保险公司要及时报告。

中国人民银行办公厅

保监会办公厅

2016年12月30日

中国人民银行办公厅关于做好《金融机构大额交易和可疑交易报告管理办法》实施有关工作的通知

（银办发〔2017〕61号）

中国人民银行上海总部，各分行、营业管理部，各省会（首府）城市中心支行，各副省级城市中心支行：

《金融机构大额交易和可疑交易报告管理办法》（中国人民银行令〔2016〕第3号发布，以下简称《管理办法》）将于2017年7月1日起施行。为有效推进《管理办法》实施准备工作，确保新政策、制度按时落地实施，现就有关工作要求通知如下：

一、高度重视落实《管理办法》的重要意义和迫切性

人民银行分支机构要充分认识实施《管理办法》对提升我国反洗钱工作整体有效性，预防、遏制洗钱、恐怖融资等犯罪活动，维护我国金融体系安全稳健的重要意义。

《管理办法》是对我国十余年来大额交易和可疑交易报告工作的经验总结，对义务机构进一步提高反洗钱工作的主动性和积极性、完善内部管理制度和工作流程、建立健全交易监测标准、加强人工分析和持续分析、升级改造业务系统和信息系统、加强涉恐名单监控等做出了更为严格的规定。《管理办法》的实施涉及数量众多、不同行业、不同规模、不同层级的义务机构，义务机构的现有反洗钱工作水平也存在较大差异，按时落实《管理办法》时间紧、任务重、要求高。人民银行分支机构要结合辖内工作实际，建立落实《管理办法》的工作督办机制，成立以行领导为组长、反洗钱处为牵头部门、其他相关处室参与的专项工作组，按照《管理办法》生效实施日期倒推制定工作方案，确定具体工作事项和时间表，分项落实、责任到人。通过政策宣导、专题培训、专人指导等适当形式，及时向辖区内义务机构传达政策要求，明确工作要求和时间要求，要求其制定并落实《管理办法》专项工作方案。

二、切实加强对义务机构的分类指导和监督

人民银行分支机构应当以落实《管理办法》为契机，根据辖区内法人机构和非法人机构反洗钱工作情况，以及是否具备自定义交易监测标准的条件和经验，切实加强对义务机构的分类指导和监督，及时跟踪了解义务机构落实工作的推进情况。义务机构落实工作不力，可能导致不能如期落实《管理办法》的，人民银行分支机构应当依法采取有针对性的监管措施。

（一）对于辖区内具有一定规模、具有行业代表性或者洗钱风险较高的法人义务机构，以及农村信用社联合社、村镇银行发起行等负有管理职能的法人义务机构，人民银行分支机构应当将其作为重点工作对象，要求其以按时落实《管理办法》为工作目标，尽快明确高级管理层和相关业务部门（条线）的责任，及时修订大额交易和可疑交易报告管理制度和工作流程，加快反洗钱工作信息系统、交易监测分析系统、核心业务系统、涉恐名单监控系统等开发、建设或改造，按照规定完善交易监测模型、标准和阈值，充实反洗钱工作岗位人员配置，迅速部署全系统专项培训。对于已经开展自定义交易监测标准的法人义务机构，人民银行分支机构应当要求其进一步完善交易监测标准，提高可疑交易报告质量。法人义务机构以及农村信用社联合社、村镇银行发起行等应当对其分支机构、下属机构、成员单位落实《管理办法》承担主体责任。

（二）对于辖区内经营规模较小、业务范围单一、反洗钱工作基础薄弱的中小型法人义务机构，人民银行分支机构应当及时了解其落实《管理办法》存在的困难，组织开展行业内或跨行业的经验交流。结合日常监管工作，确保监管政策及时传导至义务机构。要求义务机构尽快制定自主、联合或委托开发、建设、改造交易监测系统和报告系统的具体方案。督促其解决反洗钱工作资源不足、反洗钱意识淡薄、大额交易错报漏报迟报以及可疑交易“零报告”、批量报告、防御性报告等方面的问题，提高大额交易和可疑交易报告工作水平。

（三）对于辖区内保险专业代理公司、保险经纪公司、消费金融公司和贷款公司等四类新增义务机构，人民银行分支机构应及时与当地行业监管部门协调沟通，掌握四类新义务机构的基本情况，及时对其宣讲政策，明确要求，督促其加快反洗钱基础制度和信息系统建设。做好辖区内新四类义务机构的报送组织工作，要求其在 2017 年 6 月 30 日前向所在地人民银行分支机构提出大额交易和可疑交易报告主体资格申请。

（四）对于辖区内非法人义务机构，人民银行分支机构应当重点要求其做好执行层面的准备工作，并将总行直管的法人义务机构在辖区内的分支机构作为重点关注对象。结合大额交易和可疑交易制度落实与执行、专职分析人员配备、分析甄别流程控制和质量控制以及可疑交易报告质量等方面的情况，加强业务指导。非法人义务机构执行《管理办法》存在的困难，人民银行分支机构应当要求其及时向总行（总部、总公司）报告。

三、扎实做好实施《管理办法》配套基础工作

（一）及时修订辖区内大额交易和可疑交易报告相关文件。人民银行分支机构应当对辖区内已发布实施的与大额交易和可疑交易报告工作有关的制度要求、风险提示、洗钱类型分析报告、区域洗钱风险评估报告等进行全面梳理。及时修订与《管理办法》存在冲突的相关规定，或者制定辖区内执行《管理办法》的配套文件。认真总结辖区内洗钱和恐怖融资活动规律，深入开展洗钱和恐怖融资类型研究，跟踪分析各行业洗钱和恐怖融资风险变动情况，为义务机构建立健全自定义交易监测模型、标准提供有效指导。

（二）有序推进法人义务机构数据报送工作。人民银行分支机构应当考虑辖区内法人义务机构系统架构的差异性，持续跟进辖区内法人义务机构与《管理办法》相关系统建设和自定义交易监测标准进展情况，要求其将基础交易信息依据新的大额交易和可疑交易报告要素进行归类，改造相关业务系统。积极配合中国反洗钱监测分析中心，分步骤、分行业组织辖区内法人义务机构按照新的报告要素释义和数据接口规范开展数据测试报送和正式报送工作。

（三）有效组织《管理办法》专项培训工作。人民银行分支机构应当尽快组织开展相关培训工作，将人民银行系统培训和义务机构培训相结合，政策制度培训和义务机构经验交流相结合，远程培训和现场培训相结合，确保人民银行系统和义务机构全面、准确、及时理解和掌握新政策、新制度和新要求，提高按时落实《管理办法》的自觉性和主动性。人民银行分支机构应当在 2017 年 5 月 31 日前，实现对辖区内人民银行系统和义务机构相关培训工作的全覆盖。

四、协助总行研究制定《管理办法》配套制度

有关人民银行分支机构应当积极协助总行重点做好《管理办法》配套制度的研究制定工作。

（一）指导义务机构落实《管理办法》的规范性文件（青岛市中心支行）；

（二）指导人民银行开展《管理办法》相关监管活动的规范性文件（广州分行）；

（三）义务机构设计、开发、测试、评估和完善交易监测标准的工作流程指引文件（成都分行）；

（四）银行业金融机构和非银行支付机构交易监测标准指引文件（福州中心支行）；

（五）证券期货业金融机构交易监测标准指引文件（南京分行）；

（六）保险业金融机构交易监测标准指引文件（重庆营业管理部）。

五、按时上报落实《管理办法》工作进展

副省级城市中心支行以上分支机构应当及时总结辖内推动落实《管理办法》的相关情况，形成书面报告，在 2017 年 3 月至 6 月的每月月底前经业务网邮箱报送总行反洗钱局。书面报告内容包括但不限于以下方面：辖区内法人义务机构落实《管理办法》进展情况、执行《管理办法》存在的主要困难和问题、人民银行采取针对性监管措施情况、相关政策建议等。

中国人民银行办公厅

2017 年 3 月 20 日

中国人民银行办公厅关于做好外逃人员名单监测后续工作的通知

（银办发〔2017〕192号）

中国人民银行上海总部，各分行、营业管理部、省会（首府）城市中心支行、副省级城市中心支行，国家开发银行，各政策性银行、国有商业银行、股份制商业银行，中国邮政储蓄银行，中国银联股份有限公司：

《中国人民银行办公厅关于加强外逃人员名单监测和可疑交易报告工作的通知》（银办发〔2015〕135号）印发后，各义务机构认真落实通知要求，严格执行外逃人员监测报告制度，为境外追逃追赃工作提供了有力支持。目前，“百名红通人员”已归案40余人，其中部分人员已依法得到处理。现就做好外逃人员名单监测后续工作通知如下：

一、依法解除对已经得到处理的外逃人员所采取的名单监测措施。人民银行将根据有关部门通报情况，及时向义务机构发布需要解除名单监测措施的外逃人员名单。首批解除名单监测措施的外逃人员名单见附件。

二、继续严格执行外逃人员监测报告制度。各义务机构应当按照银办发〔2015〕135号文要求，对未依法解除名单监测措施的外逃人员继续开展名单监测和可疑交易报告工作，对上述人员的账户管控措施应当严格按照侦查机关、司法机关等有权机关的要求依法开展。

请人民银行各分支机构将本通知转发至辖区内地方性银行业法人金融机构、外资银行和非银行支付机构。

附件：首批解除名单监测措施的外逃人员名单（略）

中国人民银行办公厅

2017年9月22日

中国人民银行办公厅关于加强特定非金融机构反洗钱监管工作的通知

（银办发〔2018〕120号）

中国人民银行上海总部，各分行、营业管理部，各省会（首府）城市中心支行，各副省级城市中心支行：

为预防洗钱和恐怖融资活动，遏制洗钱犯罪和相关犯罪，加强特定非金融机构反洗钱和反恐怖融资工作，根据《中华人民共和国反洗钱法》《中华人民共和国中国人民银行法》、《中华人民共和国反恐怖主义法》，现就有关事项通知如下：

一、根据《中华人民共和国反洗钱法》第三十五条、第三十六条规定，下列机构在开展以下各项业务时属于《中华人民共和国反洗钱法》、《中华人民共和国反恐怖主义法》规定的特定非金融机构，应当履行反洗钱和反恐怖融资义务。具体包括：

（一）房地产开发企业、房地产中介机构销售房屋、为不动产买卖提供服务。

（二）贵金属交易商、贵金属交易场所从事贵金属现货交易或为贵金属现货交易提供服务。

（三）会计师事务所、律师事务所、公证机构接受客户委托为客户办理或准备办理以下业务，包括：买卖不动产，代管资金、证券或其他资产，代管银行账户、证券账户，为成立、运营企业筹集资金，以及代客户买卖经营性实体业务。

（四）公司服务提供商为客户提供或准备提供以下服务，包括：为公司的设立、经营、管理等提供专业服务，担任或安排他人担任公司董事、合伙人或持有公司股票，为公司提供注册地址、办公地址或通讯地址等。

二、特定非金融机构应当严格执行《中国人民银行关于加强贵金属交易场所反洗钱和反恐怖融资工作的通知》（银发〔2017〕218号）、《住房城乡建设部 人民银行 银监会关于规范购房融资和加强反洗钱工作的通知》（建房〔2017〕215号）、《财政部关于加强注册会计师行业监管有关事项的通知》（财会〔2018〕8号）等相关文件要求（见附件），认真履行反洗钱和反恐怖融资义务。

三、特定非金融机构应当遵守法律法规等规章制度，开展反洗钱和反恐怖融资工作。如有对特定非金融机构开展反洗钱和反恐怖融资工作更为具体或者严格的规范性文件，特定非金融机构应从其规定；如没有更为具体或者严格规定的，特定非金融机构应参照适用金融机构的反洗钱和反恐怖融资规定执行。

四、对于未按照有关规定开展反洗钱和反恐怖融资工作的特定非金融机构，中国人民银行及其分支机构或特定非金融机构的行业主管部门应依法对其采取监管措施或实施行政处罚。有关法律法规有处罚规定的，依照规定给予处罚；有关法律法规未作处罚规定的，由中国人民银行及其分支机构按照《中华人民共和国中国人民银行法》第四十六条进行处罚。

请中国人民银行上海总部，各分行、营业管理部、省会（首府）城市中心支行、副省级城市中心支行将本通知转发至辖区内相关特定非金融机构。

本通知自印发之日起执行。

附件：

1.《中国人民银行关于加强贵金属交易场所反洗钱和反恐怖融资工作的通知》（银发〔2017〕218 号）

2.《住房城乡建设部 人民银行 银监会关于规范购房融资和加强反洗钱工作的通知》（建房〔2017〕215 号）

3.《财政部关于加强注册会计师行业监管有关事项的通知》（财会〔2018〕8 号）

中国人民银行办公厅

2018 年 7 月 13 日

附件 1

中国人民银行关于加强贵金属交易场所反洗钱和反恐怖融资工作的通知

（银发〔2017〕218 号）

中国人民银行上海总部，各分行、营业管理部，各省会（首府）城市中心支行，各副省级城市中心支行，上海黄金交易所：

为预防洗钱和恐怖融资活动，遏制洗钱犯罪及相关犯罪，加强贵金属交易场所反洗钱和反恐怖融资工作，根据《中华人民共和国中国人民银行法》《中华人民共和国反洗钱法》《中华人民共和国反恐怖主义法》等法律法规，现就有关事项通知如下：

一、高度重视贵金属交易领域的洗钱和恐怖融资风险

贵金属交易存在交易金额大、现金交易比例高等特点，国际社会普遍将其视为洗钱和恐怖融资高风险领域。从事的业务或者提供的服务涉及贵金属现货交易的贵金属交易场所（以下简称交易场所）以及在其场所内从事贵金属现货交易的贵金属交易商（以下简称交易商）应当充分了解并妥善处理所在领域面临的洗钱和恐怖融资风险。

二、交易场所、交易商应当积极履行反洗钱和反恐怖融资义务

（一）交易场所、交易商应当评估本机构面临的洗钱和恐怖融资风险，建立健全与其风险水平相适应的反洗钱和反恐怖融资工作机制及风险防控措施。

（二）交易场所应当对交易商就本场所内的活动履行反洗钱和反恐怖融资职责进行管理，加强指导。

（三）交易场所、交易商应当勤勉尽责，遵循“了解你的客户”原则，针对具有不同洗钱或者恐怖融资风险特征的客户、业务关系或者交易应当采取相应的客户身份识别措施，了解客户及其交易目的和交易性质，了解客户资金的来源和性质，了解实际控制客户的自然人和交易的实际受益人。

（四）交易场所、交易商识别客户身份时，应当核对客户的有效身份证件或者其他身份证明文件，登记客户身份基本信息，并留存有效身份证件或者其他身份证明文件的复印件或者影印件。

（五）交易场所、交易商应当妥善保存客户身份资料和交易记录，保存期限不少于5年，保证能够完整准确重现每笔交易，并对依法履行反洗钱和反恐怖融资义务获得的客户身份资料、交易信息及其他工作信息予以保密，除法律法规另有规定外，不得向任何单位和个人提供。

（六）交易场所、交易商发现或者有合理理由怀疑客户、客户的资金或者其他资产、客户的交易或者试图进行的交易与洗钱、恐怖融资等犯罪活动相关的，不论所涉资金金额或者资产价值大小，应当在确认可疑交易后立即向中国反洗钱监测分析中心报送可疑交易报告。

（七）可疑交易符合下列情形之一的，交易场所、交易商在向中国反洗钱监测分析中心报送可疑交易报告的同时，应当以电子形式或者书面形式向所在地中国人民银行分支机构、公安机关或者国家安全机关报案：

1．明显涉嫌洗钱、恐怖融资等犯罪活动的；

2．严重危害国家安全或者影响社会稳定的；

3．其他情节严重或者情况紧急的情形。

（八）交易场所、交易商应当采取必要的监控措施，对国家有权机关公布的恐怖活动组织及恐怖活动人员名单等进行监测，不得与名单上的任何实体、组织或者个人建立业务关系，或者为其提供任何形式的服务，对与恐怖活动组织和人员等有关的资金或者其他资产，依法立即采取冻结措施，并按照规定及时向所在地公安机关、国家安全机关和中国人民银行分支机构报告。

（九）交易场所、交易商在提供服务或者开展业务时，原则上应当采取非现金的方式。采取银行转账方式的，应当使用交易当事人的同名银行账户；发生退款的，应当按原支付途径，将资金退回原付款人的银行账户。

（十）交易场所、交易商在提供服务或者开展业务时确需使用现金支付，与客户当日单笔现金交易或者明显存在关联关系的现金交易累计达到人民币5万元以上（含5万元）或者外币等值1万美元以上（含1万美元）的，应当在交易发生之日起5个工作日内向中国反洗钱监测分析中心报送大额交易报告。

三、加强对交易场所、交易商反洗钱和反恐怖融资工作的监督管理

（一）中国人民银行依照《中华人民共和国反洗钱法》，组织、部署交易场所、交易商反洗钱和反恐怖融资工作，依法对交易场所、交易商履行反洗钱和反恐怖融资义务的情况进行监督检查，负责反洗钱和反恐怖融资的资金监测，在职责范围内调查可疑交易活动。交易场所、交易商应当积极配合中国人民银行及其分支机构依法进行的反洗钱调查，不得拒绝、阻碍反洗钱调查，不得谎报、隐匿、销毁相关证据材料。

（二）交易场所、交易商为履行反洗钱和反恐怖融资义务依法开展的工作受法律保护。

本通知所称的贵金属，是指黄金、白银、铂、钯等交易场所依法进行交易的标准化产品，以及前述标准化产品在加工、交易、回购过程中形成的其他制品。

本通知所称的交易场所，是指上海黄金交易所以及中国人民银行确定并公布的其他贵金属交易场所。

上海黄金交易所等贵金属交易场所具体的反洗钱和反恐怖融资工作要求，由上海黄金交易所等相关机构结合实际出台相关办法或者指引予以规范。

本通知自印发之日起施行。请上海黄金交易所及时将该通知转发至交易场所内进行现货交易的交易商（含会员和代理客户）。

中国人民银行

2017 年 9 月 26 日

附件 2

住房城乡建设部 人民银行 银监会
关于规范购房融资和加强反洗钱工作的通知

（建房〔2017〕215 号）

各省、自治区、直辖市住房城乡建设厅（建委、房地局）；中国人民银行各分行、营业管理部、省会（首府）城市中心支行、副省级城市中心支行；各银监局；国家开发银行，各政策性银行、国有商业银行、股份制商业银行，中国邮政储蓄银行，外资银行，中国互联网金融协会、中国银行业协会、中国小额贷款公司协会：

为贯彻落实党中央、国务院关于房地产工作的决策部署，坚持“房子是用来住的，不是用来炒的”定位，规范购房融资行为，加强房地产领域反洗钱工作，促进房地产市场平稳健康发展，现就有关事项通知如下：

一、严禁违规提供“首付贷”等购房融资

（一）严禁房地产开发企业、房地产中介机构违规提供购房首付融资。房地产开发企业、房地产中介机构不得为购房人垫付首付款或采取首付分期等其他形式变相垫付首付款，不得通过任何平台和机构为购房人提供首付融资，不得以任何形式诱导购房人通过其他机构融资支付首付款，不得组织“众筹”购房。

（二）严禁互联网金融从业机构、小额贷款公司违规提供“首付贷”等购房融资产品或服务。互联网金融从业机构和小额贷款公司不得以线上、线下或其他任何形式为购房人提供首付融资或相关服务。

（三）严禁违规提供房地产场外配资。房地产中介机构、互联网金融从业机构、小额贷款公司不得为卖房人或购房人提供“过桥贷”“尾款贷”“赎楼贷”等场外配资金融产品。

（四）严禁个人综合消费贷款等资金挪用于购房。银行业金融机构要加强个人住房贷款业务的审贷管理，加大对首付资金来源和借款人收入证明真实性的审核力度。要严格对个人住房贷款和个人综合消费贷款实行分类管理，强化对个人综合消费贷款、经营性贷款、信用卡透支等业务的额度和资金流向管理，严格按照合同约定监控贷款用途，严禁资金挪用于购房。

二、加强信息互通和部门间协作

（五）畅通信息查询渠道。各地应建立信息互通查询机制，房产管理部门向相关银行业金融机构提供新建商品房、二手房网签备案合同及住房套数等信息的实时查询服务，有效防范交易欺诈、骗取贷款等行为。银行业金融机构在办理个人住房贷款业务时，要以在房产管理部门备案的网签合同和住房套数查询结果作为审核依据，并以网签备案合同价款和房屋评估价的最低值作为计算基数确定贷款额度。

（六）强化抵押合同等备案管理。银行业金融机构在办理新建商品房按揭贷款、二手房买卖抵押贷款以及其他形式的房屋抵押贷款业务时，要以在房产管理部门备案的抵押合同作为放款依据之一。房产管理部门在办理撤销房屋买卖、抵押合同备案业务时，对于有贷款的，应在贷款结清后，方可撤销有关备案。

三、加大对违规提供购房融资行为的查处力度

（七）严肃查处房地产开发企业、房地产中介机构违规行为。房产管理部门对提供“首付贷”等违规融资、进行虚假评估、出具虚假证明的房地产开发企业、房地产中介机构，要将其列入严重违法失信企业名单，并共享给银行业协会和银行业金融机构；对上述房地产开发企业，要在开发资质审查中进行重点审核，并依法依规严肃处罚；对上述房地产中介机构和从业人员，要依法给予罚款、取消网上签约资格等处罚。对上述房地产开发企业和房地产中介机构，在房产管理部门未将其移出严重违法失信企业名单前，银行业金融机构不得增加新的授信。

（八）坚决打击互联网金融从业机构、小额贷款公司等机构违规行为。地方金融监管部门应当加强对互联网金融从业机构、小额贷款公司等机构的重点监测，对违规提供购房融资行为的互联网金融从业机构，要将其列入重点对象进行整治；对违规提供购房融资行为的小额贷款公司，依照有关法律法规实施处罚；将互联网金融从业机构、小额贷款公司等机构违规提供融资行为依法录入征信系统。中国互联网金融协会、小额贷款公司协会应推动行业自律，加强对互联网金融从业机构和小额贷款公司的指导，引导其严格遵守相关禁止性规定。

（九）加大对银行业金融机构违规行为的查处力度。银行业监督管理部门各级派出机构要加大对银行业金融机构个人住房贷款、个人综合消费贷款、经营性贷款、信用卡透支等业务的监督和检查力度，依法依规严肃处理各类违规行为。银行业金融机构要加强自查和相关制度建设，对发现个人综合消费贷款、经营性贷款、信用卡透支等资金违规用于购房的，要依法依规严肃问责相关责任人员，妥善管理相关风险，并依法将借款人失信违约情况录入征信系统。

四、加强房地产交易反洗钱工作的监督管理

（十）积极履行反洗钱义务。房地产开发企业、房地产中介机构要在销售房屋、提供经纪等相关服务时履行反洗钱义务，建立健全反洗钱内控制度体系，加强对高风险业务、客户的风险管控措施；采取适当的措施，了解客户及其交易目的和交易性质，了解实际控制客户的自然人和交易的实际受益人，核对客户的有效身份证件并留存复印件；妥善保存客户身份资料和交易记录，且保存期限不少于 5 年；发现或者有合理理由怀疑资金或资产为犯罪收益或与恐怖融资有关的，应立即向中国反洗钱监测分析中心报送可疑交易报告。

（十一）规范购房款交付方式。房地产开发企业、房地产中介机构应要求房屋交易当事人以银行转账方式支付购房款，并使用交易当事人的同名银行账户；发生退款的，应按原支付途径，将资金退回原付款人的银行账户。如确需使用现金支付的，当日现金交易单笔或者累计达到人民币5万元以上，应在交易发生之日起5个工作日内向中国反洗钱监测分析中心报送大额交易报告。

五、强化监督管理

（十二）建立部门联动工作机制。各地房产管理部门、地方金融监管部门要会同人民银行、银监会各派出机构，密切配合，明确分工，共享信息，形成工作合力，确保政策落到实处。

（十三）简化办事程序。各地要简化住房交易办事程序，制定各项业务所需的材料清单，编制办事指南，方便群众办事。

请人民银行各分行、营业管理部、省会（首府）城市中心支行、副省级城市中心支行，各银监局联合将本通知转发至辖区内地方法人银行业金融机构和外国银行分行。

住房城乡建设部
人民银行
银监会
2017年9月29日

附件3

财政部关于加强注册会计师行业监管有关事项的通知

（财会〔2018〕8号）

各省、自治区、直辖市财政厅（局），深圳市财政委员会，各会计师事务所：

为贯彻落实党的十九大报告关于提高经济发展质量、完善市场监管体制的要求，切实激发会计服务市场活力，规范会计服务市场秩序，根据《会计师事务所执业许可和监督管理办法》（财政部令第89号）等规章制度，现就有关事项通知如下：

一、切实做好会计师事务所（分所）执业许可工作

各省、自治区、直辖市财政厅（局）（以下简称省级财政部门）应当严格依据《会计师事务所执业许可和监督管理办法》开展执业许可及备案工作，规范许可程序，切实做到公开透明，便利高效。会计师事务所变更首席合伙人（主任会计师）、合伙人（股东）的，应当符合《会计师事务所执业许可和监督管理办法》规定的条件。各省级财政部门应当结合本地情况定期对会计师事务所（分所）持续符合执业许可条件组织开展专项核查，督促会计师事务所持续符合执业许可条件，增强诚信意识，提高执业水平。

二、清理“有照无证”会计师事务所

工商登记注册为会计师事务所的企业主体应当自领取营业执照之日起60日内，向所在地省级财政部门申请执业许可。各省级财政部门应当定期通过国家企业信用信息公示系统对本辖区内“有照无证”会计师事务所情况进行核实。对未在规定时间内申请执业许可的，责令限期改正，逾期不改正的，按照《会计师事务所执业许可和监督管理办法》第六十五条规定处理。各省级财政部门应当主动与本地省级工商行政管理部门研究建立工作配合和信息交流机制，切实防范未经许可进入会计服务市场的情形。

三、督促会计师事务所做好业务报备

各会计师事务所应当严格按照《会计师事务所执业许可和监督管理办法》第五十一条规定做好业务报备工作。各省级财政部门应当督导会计师事务所按时按要求做好业务报备，并结合会计师事务所业务报备材料，对发生业务报告数量明显超出服务能力、审计收费明显低于成本等情形的会计师事务所进行专项核查，切实规范本地会计服务市场秩序。注册会计师上年人均出具审计业务报告数量超过100份的会计师事务所（签署同一企业集团内多份子公司审计报告除外），应当列入重点核查范围。

四、强化事中事后监管

各省级财政部门要深入落实“放管服”改革精神，切实转变管理理念，因地制宜研究制定加强本地区会计师事务所监管的具体措施，强化事中事后监管，优化行业服务。工作开展过程中应当重视发挥注册会计师协会的作用，结合工作实际，建立信息交流机制。

各省级财政部门应当充分利用财政会计行业管理系统，对会计师事务所持续符合执业许可条件、重点执业行为等进行分析预警，实施动态跟踪，对日常监管过程中发现的线索及时进行现场调查。发现存在违法违规行为的，严格依据《中华人民共和国注册会计师法》《会计师事务所执业许可和监督管理办法》等进行处理处罚，规范市场秩序并做好行业警示教育。省级财政部门在日常管理中发现证券资格会计师事务所存在重大问题拟作出处理处罚的，应当事先将相关情况报告财政部。

五、加强沟通联系，做好跨区域协调配合

各省级财政部门在开展执业许可、专项核查等各项工作中应当加强沟通联系，做好协调配合。按照“谁审批、谁监管”的原则，会计师事务所总所和分所核查工作原则上分别由总所所在地省级财政部门和分所所在地省级财政部门负责。

省级财政部门撤销分所执业许可的，应当将相关情况抄送总所所在地省级财政部门。根据《会计师事务所执业许可和监督管理办法》，会计师事务所对分所的业务活动、执业质量承担法律责任。经核查发现分所存在违法违规行为的，应当对会计师事务所作出处理处罚决定。分所所在地省级财政部门在作出处罚决定前应当同总所所在地省级财政部门做好沟通说明，并征询其意见。总所所在地省级财政部门拟对同一家会计师事务所作出处罚决定的，由总所所在地省级财政部门作出，避免重复处罚。

六、督导会计师事务所履行反洗钱和反恐怖融资义务

会计师事务所接受客户委托在为客户办理买卖不动产，代管资金、证券或其他资产，代管银行账户、证券账户，为成立、运营企业筹措资金，以及代客户买卖经营性实体业务（以下简称特定业务）时应当履行《中华人民共和国反洗钱法》规定的反洗钱和反恐怖融资义务。会计师事务所从事上述特定业务时应当履行的反洗钱和反恐怖融资义务包括：

（1）建立健全反洗钱内部控制和管理措施；

（2）遵循“了解你的客户”原则，识别并确认客户身份，记录客户身份基本信息，并留存有效身份证明，对身份不明或者拒绝身份查验的，不得提供服务；

（3）按照风险为本原则，对高风险客户或者交易执行更为严格的客户审查程序，包括了解交易目的、交易性质及资金来源和去向，至少每年核查一次客户信息等；

（4）保存客户身份资料和业务记录，且保存期限不得少于5 年；

（5）向中国反洗钱监测分析中心报告发现的可疑交易。

会计师事务所从事特定业务的，应当在每年 5 月 30 日前向财政部门进行年度报备时同时说明承接的具体特定业务和上年报告可疑交易的总体情况。相关说明应当同时抄送所在地人民银行省级支行。

财政部会同人民银行加强对从事特定业务的会计师事务所履行反洗钱和反恐怖融资义务的监管和指导，督促会计师事务所提升反洗钱和反恐怖融资工作水平。鼓励会计师事务所为应当履行反洗钱义务的金融机构、支付机构、洗钱高风险企业等提供内部控制设计、反洗钱系统专项评估、风险管理咨询等服务。各单位在开展反洗钱和反恐怖融资工作时，应当充分利用会计师事务所的专业和人才优势，发挥其在反洗钱监测预警、合规审查和依法处置中的积极作用。

开展特定业务的代理记账机构参照上述要求执行。

财政部

2018 年 3 月 15 日

中国人民银行办公厅关于进一步加强反洗钱和反恐怖融资工作的通知

（银办发〔2018〕130号）

中国人民银行上海总部；各分行、营业管理部；各省会（首府）城市中心支行；各副省级城市中心支行；国家开发银行、各政策性银行、国有商业银行、股份制商业银行；中国邮政储蓄银行；中国银联；农信银资金清算中心；城市商业银行资金清算中心：

为进一步落实风险为本方法，提高反洗钱和反恐怖融资工作有效性，防范洗钱和恐怖融资风险，根据《中华人民共和国反洗钱法》《中华人民共和国反恐怖主义法》《中华人民共和国中国人民银行法》等法律规定，现就加强义务机构反洗钱和反恐怖融资工作有关事项通知如下：

一、加强客户身份识别管理

（一）客户身份核实要求。

义务机构在识别客户身份时，应通过可靠和来源独立的证明文件、数据信息和资料核实客户身份，了解客户建立、维持业务关系的目的及性质，并在适当情况下获取相关信息。

原则上，义务机构应当在建立业务关系或办理规定金额以上的一次性业务之前，完成客户及其受益所有人的身份核实工作。但在有效管理洗钱和恐怖融资风险的情况下，为不打断正常交易，可以在建立业务关系后尽快完成身份核实。在未完成客户身份核实工作前，义务机构应当建立相应的风险管理机制和程序，对客户要求办理的业务实施有效的风险管理措施，如限制交易数量、类型或金额，加强交易监测等。

对于寿险和具有投资功能的财产险业务，义务机构应当充分考虑保单受益人的风险状况，决定是否对保单受益人开展强化的客户身份识别。当保单受益人为非自然人且具有较高风险时，义务机构应当采取强化的客户身份识别措施，至少在给付保险金时，通过合理手段识别和核实其受益所有人。

义务机构应当采取持续的客户身份识别措施，详细审查保存的客户资料和业务关系存续期间发生的交易，及时更新客户身份证明文件、数据信息和资料，确保当前进行的交易符合义务机构对客户及其业务、风险状况、资金来源等方面的认识。对于高风险客户，义务机构应当提高审查的频率和强度。

如果义务机构无法进行客户身份识别工作，或经评估超过本机构风险管理能力的，不得与客户建立或维持业务关系，并应当考虑提交可疑交易报告。

（二）依托第三方机构开展客户身份识别的要求。

义务机构依托第三方机构开展客户身份识别的，应当采取以下措施：一是确认第三方机构接受反洗钱和反恐怖融资监管，并按照反洗钱法律、行政法规和本通知要求，采取了客户身份识别及交易记录保存措施；二是立即从第三方机构获取客户身份识别的必要信息；三是在需要时立即从第三方机构获取客户身份证明文件和其他相关资料的复印件或影印件。义务机构应当承担第三方机构未履行客户身份识别义务的责任。

义务机构依托境外第三方机构开展客户身份识别，应当充分评估该机构所在国家或地区的风险状况，不得依托来自高风险国家或地区的第三方机构开展客户身份识别。

二、加强洗钱或恐怖融资高风险领域的管理

（一）高风险领域的客户身份识别和交易监测要求。

在洗钱和恐怖融资风险较高的领域，义务机构应当采取与风险相称的客户身份识别和交易监测措施，包括但不限于：

1. 进一步获取客户及其受益所有人身份信息，适度提高客户及其受益所有人信息的收集或更新频率。

2. 进一步获取业务关系目的和性质的相关信息，深入了解客户经营活动状况、财产或资金来源。

3. 进一步调查客户交易及其背景情况，询问交易目的，核实交易动机。

4. 适度提高交易监测的频率及强度。

5. 按照法律规定或与客户的事先约定，对客户的交易方式、交易规模、交易频率等实施合理限制。

6. 合理限制客户通过非面对面方式办理业务的金额、次数和业务类型。

7. 与客户建立、维持业务关系，或为客户办理业务，需经高级管理层批准或授权。

（二）高风险国家或地区的管控要求。

义务机构应当建立工作机制，及时获取金融行动特别工作组（FATF）发布和更新的高风险国家或地区名单。在与来自 FATF 名单所列的高风险国家或地区的客户建立业务关系或进行交易时，义务机构应采取与高风险相匹配的强化身份识别、交易监测等控制措施，发现可疑情形时应当及时提交可疑交易报告，必要时拒绝提供金融服务乃至终止业务关系。

已经与高风险国家或地区的机构建立代理行关系的，义务机构应当进行重新审查，必要时终止代理行关系。对于在高风险国家或地区设立的分支机构或附属机构，义务机构应当提高内部监督检查或审计的频率和强度，确保所属分支机构或附属机构严格履行反洗钱和反恐怖融资义务。

义务机构应当采取合理方式，关注其他国家或地区的反洗钱和反恐怖融资体系缺陷。上述“合理方式”应当参照《中国人民银行关于印发〈金融机构洗钱和恐怖融资风险评估及客户分类管理指引〉的通知》（银发〔2013〕2 号）中关于“地域风险”子项所列的内容。

（三）不得简化客户身份识别措施的情形。

义务机构怀疑客户涉嫌洗钱、恐怖融资等违法犯罪活动的，无论其交易金额大小，不得采取简化的客户身份识别措施，并应采取与其风险状况相称的管理措施。

三、加强跨境汇款业务的风险防控和管理

（一）办理跨境汇出汇款的风险防控和管理要求。

办理跨境汇出汇款时，义务机构应当获取和登记汇款人姓名或名称、账号、住所，以及收款人的姓名或名称、账号。汇款人没有在本机构开户的或本机构无法登记收款人账号的，义务机构应当将唯一交易识别码作为汇款人或收款人账号进行登记，确保该笔交易可跟踪稽核。其中，唯一交易识别码是指由字母、数字或符号组成的号码，与用于汇款的支付清算系统或报文系统协议相一致。

对于单笔人民币1万元或外币等值1000美元以上的跨境汇出汇款，义务机构还应当登记汇款人的有效身份证件或其他身份证明文件的号码，并通过核对或查看已留存的客户有效身份证件、其他身份证明文件等措施核实汇款人信息，确保信息的准确性。如怀疑客户涉嫌洗钱、恐怖融资等违法犯罪活动的，无论交易金额大小，义务机构应当核实汇款人信息。

义务机构应当将汇款人和收款人的姓名或名称、账号或唯一交易识别码完整传递给接收汇款的机构。

（二）义务机构作为跨境汇款业务中间机构的风险防控和管理要求。

义务机构作为跨境汇款业务的中间机构时，应当完整传递汇款人和收款人的所有信息，采取合理措施识别是否缺少汇款人和收款人必要信息，并依据风险为本的政策和程序，明确执行、拒绝或暂停上述汇款业务的适用情形及相应的后续处理措施。

（三）办理跨境汇入汇款的风险防控和管理要求。

办理跨境汇入汇款时，义务机构应当获取收款人姓名或名称、账号或唯一交易识别码等信息，采取实时监测或事后监测等合理措施，识别是否缺少汇款人或收款人必要信息，并依据风险为本的政策和程序，明确执行、拒绝或暂停上述跨境汇款业务的适用情形及相应的后续处理措施。

对于单笔人民币1万元或外币等值1000美元以上的跨境汇入汇款，义务机构应当通过核对或查看已留存的客户有效身份证件或其他身份证明文件等措施核实收款人身份，并根据风险状况采取相应的其他客户身份识别措施。

（四）其他要求。

1. 对于办理上述跨境汇款业务中获取的汇款人、收款人等相关信息，义务机构应当至少保存5年。

2. 义务机构在处理跨境汇款业务过程中，应当严格执行联合国安理会有关防范和打击恐怖主义和恐怖融资的相关决议（如联合国安理会第1267号决议和第1373号决议及其后续决议），禁止与决议所列的个人或实体进行交易，并按照规定采取限制交易、冻结等控制措施。

3. 对于掌握汇款人和收款人双方信息的义务机构，在跨境汇款业务处理过程中，应当审核汇款人和收款人双方的信息，发现可疑情形的，按照规定提交可疑交易报告。

4. 理跨境汇出汇款的义务机构，如不能遵从上述要求的，则不得为客户办理汇款业务。

四、加强预付卡代理销售机构的风险管理

非银行支付机构委托销售合作机构代理销售预付卡时，应当在委托代理协议中明确双方的反洗钱和反恐怖融资职责，将销售合作机构纳入自身的反洗钱和反恐怖融资体系，对销售合作机构遵守反洗钱和反恐怖融资义务的情况进行监督。非银行支付机构应当按照安全、准确、完整的原则，保存销售合作机构的名录，登记其姓名或名称、有效身份证件或其他身份证明文件的种类和号码、地址，并按照规定及时向监管机构、执法机构等部门报送。

五、加强交易记录保存，及时报送可疑交易报告

义务机构应当强化内部管理措施，更新技术手段，逐步完善相关信息系统，采取切实可行的管理措施，确保交易记录和客户身份信息完整准确，便于开展资金监测，配合反洗钱监管和案件调查。义务机构应当建立适当的授权机制，明确工作程序，按照规定将客户身份信息和交易记录迅速、便捷、准确地提供给监管机构、执法机构等部门。

对于符合《金融机构大额交易和可疑交易报告管理办法》（中国人民银行令〔2016〕第3号发布）

第十七条规定情形的可疑交易报告，义务机构应当立即向中国反洗钱监测分析中心和中国人民银行或当地分支机构报送。

请中国人民银行上海总部，各分行、营业管理部；省会（首府）城市中心支行；副省级城市中心支行将本通知转发至辖区内义务机构。

中国人民银行办公厅

2018 年 7 月 23 日

中国人民银行办公厅关于加强特定非金融机构反洗钱数据报送工作的通知

（银办发〔2018〕198号）

中国人民银行上海总部，各分行、营业管理部，各省会（首府）城市中心支行，各副省级城市中心支行：

为防范洗钱和恐怖融资风险，督促特定非金融机构认真落实《中国人民银行关于加强贵金属交易场所反洗钱和反恐怖融资工作的通知》（银发〔2017〕218号）、《住房城乡建设部　人民银行　银监会关于规范购房融资和加强反洗钱工作的通知》（建房〔2017〕215号）、《中国人民银行　民政部关于印发〈社会组织反洗钱和反恐怖融资管理办法〉的通知》（银发〔2017〕261号）、《财政部关于加强注册会计师行业监管有关事项的通知》（财会〔2018〕8号）和《中国人民银行办公厅关于加强特定非金融机构反洗钱监管工作的通知》（银办发〔2018〕120号）等要求，尽快开展反洗钱数据报送工作，现就有关事项通知如下：

一、摸底统计特定非金融机构情况

特定非金融机构行业跨度大，从业机构数量众多，业务模式、客户种类以及潜在洗钱和恐怖融资风险均存在较大差异，并分属不同行业主管部门或行业协会。各分支机构要加强与当地特定非金融机构主管部门或行业协会的沟通合作，统计辖区内不同类型特定非金融机构的数量，了解特定非金融机构规模、发展态势、风险防范意识、对反洗钱重视程度和工作进展等整体情况。在此基础上确定首批报送反洗钱数据的特定非金融机构名单，填写《特定非金融机构信息汇总表》（见附件），并于2018年12月31日前报送总行反洗钱局和中国反洗钱监测分析中心。

二、分类制定反洗钱数据报送工作方案

各分支机构要坚持分类施策的原则，根据摸底情况，依据不同特定非金融机构类型，分类研究潜在洗钱和恐怖融资风险点，分类制定监测重点和报告要求，分类开展有针对性的指导和培训，分类制定相应的反洗钱数据报送工作方案，提高特定非金融机构报送反洗钱数据的履职能力。各分支机构要将具体工作方案报送总行反洗钱局和中国反洗钱监测分析中心。

三、扎实开展反洗钱数据报送工作

（一）开展专项反洗钱数据报送试点。上海总部、广州分行、总行营业管理部和哈尔滨中心支行在辖区内开展专项反洗钱数据报送试点。

1. 海总部在辖区内开展贵金属行业大额交易和可疑交易报告报送试点。

2. 广州分行在辖区内开展会计师事务所可疑交易报告报送试点。

3. 总行营业管理部在辖区内开展房地产行业大额交易和可疑交易报告报送试点。

4. 哈尔滨中心支行在辖区内开展社会组织可疑交易报告报送试点。

上海总部、广州分行、总行营业管理部和哈尔滨中心支行要于2018年12月31日前向总行反洗钱局和中国反洗钱监测分析中心报送辖区内参加试点的特定非金融机构名单及试点开始时间。试点过程中，如遇有关问题，要指导参加试点的特定非金融机构及时解决，并将解决情况报送总行反洗钱局和中国反洗钱监测分析中心。总行将根据试点情况推进全国特定非金融机构反洗钱数据报送工作。

（二）督促上海黄金交易所继续发挥好反洗钱数据报送中的作用。上海黄金交易所已于2018 年 4 月正式报送可疑交易报告，上海总部要巩固前期报送工作成果，加大对上海黄金交易所可疑交易人工分析和识别工作的指导力度，督促其在履行反洗钱报告主体责任的同时，发挥行业牵头和引领作用，加强对会员和代理客户管理，集中反洗钱数据后统一报送中国反洗钱监测分析中心。

关于特定非金融机构报送主体资格和互联网报送数字证书的申请流程、自定义异常交易监测标准的报备方式、大额交易和可疑交易报告具体格式和报送要求等技术操作规程，中国反洗钱监测分析中心近期将另文发布，各分支机构要做好指导和督促工作。

附件：特定非金融机构信息汇总表（略）

中国人民银行办公厅

2018 年 11 月 15 日

中国人民银行办公厅关于印发《中国人民银行执法证据收集与使用规范（试行）》的通知

（银办发〔2020〕18号）

中国人民银行上海总部，各司局，各分行、营业管理部，各省会（首府）城市中心支行，各副省级城市中心支行：

为进一步规范人民银行行政执法证据收集与使用，防范因证据收集不充分、不规范引发的法律风险，根据《中华人民共和国行政诉讼法》《中华人民共和国行政处罚法》《国务院办公厅关于全面推行行政执法公示制度执法全过程记录制度重大执法决定法制审核制度的指导意见》(国办发〔2018〕118号)，结合人民银行行政执法的工作实践，总行制定了《中国人民银行执法证据收集与使用规范（试行）》，现印发给你们，请遵照执行。自2020年3月1日起，人民银行各项行政执法的证据收集与审核工作应当严格适用《中国人民银行执法证据收集与使用规范（试行）》。

请副省级城市中心支行以上分支机构及时将本通知转发至辖内分支机构，并结合本单位实际情况，组织对执法人员开展培训，督促相关人员在行政执法活动中切实提高取证意识，增强执法能力，确保《中国人民银行执法证据收集与使用规范（试行）》得到准确贯彻实施。

执行中如遇问题，请及时向条法司报告。

附件：中国人民银行执法证据收集与使用规范（试行）

中国人民银行办公厅

2020年2月18日

中国人民银行执法证据收集与使用规范（试行）

第一章 总 则

第一条 为规范中国人民银行及其分支机构行政执法行为，依法收集、审核、使用和保存证据，防范法律风险，根据《中华人民共和国行政诉讼法》《中华人民共和国行政处罚法》《国务院办公厅关于全面推行行政执法公示制度执法全过程记录制度重大执法决定法制审核制度的指导意见》（国办发〔2018〕118号）等，制定本规范。

第二条 中国人民银行及其分支机构在执法检查、调查、行政处罚、金融违法行为举报处理等行政执法过程中，收集、审核、使用和保存证据的活动，适用本规范。

中国人民银行及其分支机构在行政许可过程中进行的实地调查等核实工作，参照适用本规范；反洗钱行政调查不适用本规范。

第三条 本规范所称证据，是指与特定行政执法事实相关联、能够客观证明相关事实的真实情况、来源和形式符合法律规定的材料。

第四条 中国人民银行及其分支机构应当严格遵守法定程序，根据执法行为的不同类别、阶段、环节，合理使用音视频记录与文字记录等多种方式，全面、客观、及时、准确地收集符合法定形式的证据，实现执法全过程留痕和可回溯管理。

第五条 中国人民银行及其分支机构在作出行政执法决定前，应当对证据的真实性、关联性、合法性进行审核，不得在证据不充分的情况下作出行政执法决定。

第六条 除法律、行政法规或者规章另有规定外，中国人民银行及其分支机构不得将依法取得的证据用于行政执法以外的其他目的。

不得公开或者对外提供涉及国家秘密、商业秘密和个人隐私的证据，法律、行政法规和规章另有规定的除外。

第七条 中国人民银行及其分支机构行政执法部门持有执法证的工作人员（以下统称执法人员）负责在具体行政执法活动中收集证据。

第二章 一般程序规定

第八条 执法人员应当全面收集证据，既要收集证明执法对象存在违法违规行为的证据，也要收集证明执法对象相关违法违规行为是否存在减轻、不予处罚情形，以及证明违法情节轻重等情形的证据。

根据金融违法行为举报或者其他部门移交的违法违规线索开展行政执法活动，经查实执法对象没有线索中涉及的违法违规行为的，应当收集违法违规行为不存在的证据。

拟按照违法违规行为类型进行行政处罚的，可以采取抽样的方法证明违法情节轻重程度等违法违规事实，但是不得采取抽样的方法回溯违法所得总额等事实；拟按照违法违规行为次数进行行政处罚的，应当收集证明每次违法违规行为存在的证据。

第九条 执法人员收集证据应当遵守以下程序要求：

（一）执法人员取证时，不得少于两人，并出示相关执法文书和中国人民银行执法证；

（二）执法人员在取证前应当当面告知执法对象享有的相关权利和应当履行的相关义务，或者向执法对象出示权利义务告知书并请执法对象签字、盖章确认；

（三）执法人员使用录音录像设备进行执法时，不得以侵害执法对象及相关人员合法权益或者违反法律、行政法规禁止性规定的方法进行偷拍、偷录。

第十条 执法人员在执法活动中应当制作取证记录表（格式见附 1），注明证据编号、证据名称、证据来源、提供日期、收集人、收集时间等，由执法对象签字、盖章确认。

第十一条 取证过程中存在需要说明的事项的，执法人员应当制作取证说明。

取证说明应当由收集相关证据的执法人员签名，必要时由执法对象签字、盖章确认。

采用抽样方式取证的，执法人员应当在取证说明中说明抽样方式、取样数量等，由执法对象签字、盖章确认。

取证说明应当作为相关证据的一部分予以收集和保存。

第十二条　对于相关证据难以取得原件的，执法人员应当制作复印件、影印件、节录本等复制件。

复制件应当注明与取证记录表一致的证据编号、取证时间、证据来源，注明“与原件核对无误”字样，由执法对象签字、盖章确认。

复制件为多页的，应当在首页注明上述事项，由执法对象在首页签字、盖章确认，并加盖骑缝章。

第十三条　执法人员应当在执法活动结束后，及时对收集的证据材料进行整理，分类编号、装订整齐，页码连续。证据分类编号应当以符合案件事实证明逻辑的方式编制。

执法人员应当制作证据目录（格式见附 2），载明拟证明的事实，证据序号、名称、页数、证据内容说明、证据类型、证明目的、相关法律制度规定等。证据内容说明应当清晰，拟证明的事实与证据、证明目的应当一致。

第十四条　执法部门在将执法检查意见书、执法检查报告、金融违法行为举报处理意见等文书送交法律部门进行法律审核，或者提出行政处罚建议时，应当将整理完毕的证据目录、取证记录表及相关证据送交法律部门。

第十五条　法律部门收到相关文书及证据后，应当着重从以下方面进行审核：

（一）是否按照规定制作证据目录；

（二）证据目录与证据是否一一对应；

（三）证据是否符合法定形式和要求；

（四）证据是否能够证明执法部门拟认定的相关事实；

（五）是否存在影响证据效力的违法情形。

证据存在真实性、关联性、合法性等问题，或者不能充分证明相关特定事实的，法律部门可以要求执法部门补充提交相关材料，或者排除相应证据及其证明的特定事实。

法律部门完成审核后，应当将全部材料返还执法部门。

第十六条　对可能灭失或者以后难以取得的证据，经中国人民银行及其分支机构负责人批准，执法人员可以根据具体情况，采取以下证据保全措施：

（一）先行登记保存；

（二）聘请公证机关进行公证；

（三）申请有权机关冻结或者查封；

（四）其他依法可以采取的保全措施。

采取保全措施的，执法人员应当制作证据保全通知书送达执法对象。先行登记保存证据期间，执法对象或者有关人员不得损毁、销毁或者转移证据。执法对象或者有关人员损毁、销毁或者转移证据，以及存在阻碍证据保全的其他违法行为的，按照阻碍执法检查情形依法予以处理。

第十七条　执法人员所在单位需要中国人民银行其他分支机构协助调查、收集证据的，应当出具加盖本单位印章的书面协助调查函，注明协助调查的内容及反馈时限等。

收到协助调查函的中国人民银行分支机构，应当按照协助调查函的要求在职责范围内，出具加盖本单位印章的相关文书，调查、收集证据，并及时将相关证据移送至提出协助调查请求的中国人民银行分支机构。

由于取证难度超出预期或者存在其他特殊情况，收到协助调查函的中国人民银行分支机构无法在反馈时限内完成调查、收集证据工作的，经与提出协助调查请求的中国人民银行分支机构协商，可以延期办理。

第十八条　本规范所称签字，执法对象为自然人的，是指执法对象本人的签字；执法对象为法人或者其他组织的，是指执法对象法定代表人（主要负责人）或者其授权人员的签字。

本规范所称盖章，执法对象为自然人的，可以使用签字代替；执法对象为法人或者其他组织的，是指其公章。法人或者其他组织授权其内设部门的，可以使用该部门印章代替法人或者其他组织的公章。

前述授权，均应当出具授权书。执法对象法定代表人（主要负责人）授权他人签字的，被授权人应当为执法对象正式员工，授权书应当由法定代表人（主要负责人）签字，并加盖执法对象公章；执法对象授权内设部门使用该部门印章代替执法对象公章的，授权书应当由法定代表人（主要负责人）签字，并加盖执法对象公章。执法人员应当将相关授权书作为证据的一部分予以收集和保存。

执法对象拒绝或者不能签字、盖章的，执法人员应当告知其不利后果，并在相应文书或者证据中进行记载，必要时可以使用执法记录仪等设备进行音视频记录。

第三章　常用证据及收集要求

第十九条　中国人民银行及其分支机构在执法检查活动中制作的《执法检查事实认定书》，执法对象无异议的，可以作为自认的证据使用。若无其他证据予以佐证，一般不能单独作为认定违法违规事实的证据，证明不存在相关事实的除外。

执法对象对《执法检查事实认定书》部分有异议的，有异议的部分不能作为有效的证据使用。

第二十条　每份《执法检查事实认定书》均应当采用统一格式的独立编号，由执法对象签字、盖章确认。在交由执法对象签字、盖章确认之前，执法人员应当先签字。

执法人员应当根据所要认定的不同事实分别制作《执法检查事实认定书》，也可以使用多份《执法检查事实认定书》认定同一事实。

第二十一条　书证是指以文字、符号、图画或者照片所表达的内容证明相关事实的证据，主要包括：

（一）国家机关以及其他职能部门依据法定职权出具的公告、通报、通知、协查复函、报告等公文，生效的人民法院裁判文书或者仲裁机构裁决文书，发布的规章、规范性文件除外；

（二）中国人民银行及其分支机构或者其他职能部门依法作出的行政处罚、行政裁决、行政复议、行政许可、备案、批复等文书以及监督执法过程中形成的检查记录等书面资料；

（三）执法对象的有关制度、文件、会议记录、人事任免决定等；

（四）执法对象日常经营管理中形成的凭证、报表、会计账簿、技术资料、协议等资料，已经证明执法对象履行或者未履行法定义务的各种相关记录和材料；

（五）签收记录、送达回证、物流记录等；

（六）中国人民银行及其分支机构在日常监督管理中形成的相关材料，例如存款准备金缴存记录、统计报表、账户备案记录等；

（七）其他能够证明相关特定事实的复印件、打印件等书面材料。

第二十二条　执法人员收集书证时，难以获取原件的，可以按照本规范第十二条的规定制作复制件。

收集报表、会计账簿、技术资料等专业性较强的书证时，执法人员应当制作取证说明，载明相关书证的主要内容和拟证明的主要事实。

第二十三条　物证是指以物品、痕迹等客观物质实体的外形、性状、质地、规格等证明相关事实的证据，主要包括：

（一）伪造币、变造币，残缺、污损的人民币；

（二）代币票券；

（三）使用人民币图样的宣传品、出版物或者其他商品；

（四）销售点终端（POS）、预付卡卡样；

（五）伪造票据、变造票据；

（六）其他能够证明相关事实的物证材料。

第二十四条　执法人员收集物证时，应当取得原物。原物为钱币、代币票券等数量较多的种类物的，可以采取抽样的方法。取得原物有困难的，可以制作复制品或者该物证的照片、录像。

执法人员应当制作取证说明，载明物证名称、来源、数量和大小、取证时间和地点、取证人员等。

执法人员取得物证原物时应当向执法对象出具由执法人员签字的收据，注明物证名称、数量、收到时间等。

第二十五条　视听资料是指以录音、录像等技术手段，将声音、图像及数据等转化为各种记录载体上的物理信号证明相关事实的证据，主要包括：

（一）记录业务办理情况的录音、录像、图像；

（二）记录执法过程的录音、录像、图像，特别是记录执法对象不配合取证等事实的录音、录像、图像；

（三）其他能够证明相关事实的录音、录像、图像。

第二十六条　记录执法过程的录音、录像、图像应当使用执法记录仪、录音笔等专业执法设备记录。尚未配备该类设备、设备故障或者遇有紧急执法情况的，可以使用带有录音录像功能的照相机、录像机、手机等普通设备。

执法人员收集视听资料时，应当提取视听资料的原始载体，提取原始载体确有困难的，可以制作复制件。视听资料应当注明制作方法、制作时间、制作人和证明对象等。声音资料应当附有该声音内容的文字记录，并由文字记录人员签字。

第二十七条　电子数据是指基于计算机应用、通信和现代管理技术等电子化技术手段形成的证明相关事实的证据，主要包括：

（一）文档、系统数据、电子交易记录等；

（二）通过截屏、剪辑等技术手段获取的图片、音像资料等；

（三）通过网页、博客、微博、公众号、应用程序等发布的信息；

（四）手机短信、电子邮件、即时通信、通讯群组等通信信息；

（五）支付穿行检查测试回单上收单机构信息、商户类别码、收单商户名称等信息；

（六）执法人员通过支付结算、反洗钱等领域应用程序编程接口（API）、监测预警及监督检查系统、数据分析工具等技术手段筛选出的数据；

（七）其他能够证明相关事实的电子数据。

第二十八条 执法人员可以直接提取执法对象电子计算机数据库中的数据，也可以采用抽样、汇总、分解、转换、计算、统计等方式形成新的电子数据。新的电子数据应当能够完整反映拟证明的事实，不能再次修改。有条件的应当将收集或者形成电子数据的过程拍照或者录像；也可以采用密码算法等技术手段对收集或者形成的电子数据进行加密，防止被篡改。

电子数据能够输出为纸质材料的，应当输出为纸质材料并由执法对象签字、盖章确认。电子数据数量太大或者不便输出为纸质材料的，执法人员可以使用电子光盘等不易被篡改的载体至少复制两份原始电子数据，一份用于执法检查和后续的行政处罚等工作，另一份或者多份应当予以封存并妥善保存。电子数据无法复制的，执法人员应当封存原始存储载体。

收集电子数据应当制作取证说明，载明电子数据的名称、内容和数量、采集来源和技术方法、取证时间和地点、取证人员、文件类型和大小，以及拟证明的主要事实或者证据本身的主要内容等；通过技术手段恢复或者破解的电子设备中被删除、隐藏或者加密的电子数据，应当附有恢复或者破解对象、过程、方法和结果的专业说明。

第二十九条 询问笔录是指对询问情况的记录，应当载明时间、地点、事件和被询问人身份信息等内容，主要包括：

（一）对执法对象本人或者其法定代表人（主要负责人）、业务经办人、执法对象的其他员工等所作的询问笔录；

（二）对执法对象关联关系人（如合作伙伴、债权债务人等）、执法对象经营管理业务的相对人，以及其他了解相关事实的人员的询问笔录。

第三十条 执法人员制作询问笔录，应当有两名以上执法人员在场，采取个别询问、单独记录的方式。需要对多个被询问人询问的，应当分别进行、分别记录。询问笔录应当由执法人员和被询问人逐页签字确认，在尾页注明“以上情况属实”。

制作询问笔录可以全程使用执法记录仪等设备进行音视频记录，并附相关内容的文字记录。

执法人员提出的问题，被询问人拒绝回答的，执法人员应当在询问笔录中注明，必要时可以使用执法记录仪等设备进行音视频记录。

第三十一条 有以下情形之一的，执法人员应当使用执法记录仪等录音录像设备做好音视频记录：

（一）涉及重大人身财产权益的执法现场；

（二）容易产生争议的执法环节；

（三）需要进行现场系统测试或者回溯业务办理的；

（四）执法对象阻碍执法人员进入办公场所或者营业场所进行检查或者调取证据，拒绝提供或者拒绝执法人员复制、提取有关数据、文件资料，拒绝在相关文书上签字或者盖章，无正当理由拖延提供有关数据、文件资料或者签字盖章，以及存在其他拒绝或者阻碍执法情形的；

（五）取得原物确有困难的；

（六）需与其他证据配合构成完整证据链的；

（七）需要全面有效记录执法行为的其他情形。

音视频记录过程中，因设备故障、损坏或者电量不足、存储空间不足、天气情况恶劣、执法受阻碍等原因而中止记录的，重新开始记录时应当对中断原因进行语音说明；确实无法继续记录的，应当立即向所属部门负责人报告，并在事后书面说明情况。

第三十二条 经中国人民银行及其分支机构负责人批准，执法人员根据需要，对证据涉及的专业问题，可以委托具有相关资质的鉴定机构进行鉴定。

鉴定意见应当载明鉴定的内容、向鉴定机构提交的相关材料、鉴定的依据和使用的科学技术手段、鉴定机构和鉴定人鉴定资格的说明、明确的鉴定结论，并附有鉴定人的签字和鉴定机构的盖章。通过分析获得的鉴定结论，应当有对分析过程的说明。

第三十三条 执法人员收集外文资料的，应当附有由具有翻译资质的机构翻译的或者其他翻译准确的中文译本，并由翻译机构盖章或者翻译人员签字。

第三十四条 取证说明、询问笔录、《执法检查事实认定书》等原则上不能进行修改、删除或者补充。确需进行修改、删除、补充的，执法人员和执法对象均应当在改动处签字。

执法人员可以根据需要制作物证拍照打印件、视听资料截屏打印件或者文字记录件、电子数据截屏打印件等。

第四章 证据的使用规则

第三十五条 证明同一事实的数个证据存在冲突时，应当根据如下规则，选择证明效力高的证据认定相关事实：

（一）行政机关和依法行使行政管理职能的其他单位依职权制作的公文证明效力一般高于其他书证；

（二）鉴定意见、档案材料以及经过公证或者登记的书证证明效力一般高于其他书证、视听资料和证人证言；

（三）原件、原物证明效力一般高于复制件、复制品；

（四）其他证人证言证明效力一般高于与执法对象有亲属关系或者其他密切关系的证人提供的对该执法对象有利的证言；

（五）可以相互印证的证据证明效力一般高于一个孤立的证据。

数个证明效力相同的证据产生冲突的，执法人员应当采用有利于执法对象的证据。

第三十六条 下列证据不能作为认定相关事实和作出行政决定的根据：

（一）严重违反法定程序收集的证据；

（二）以偷拍、偷录、窃听等违反法律、行政法规强制性规定的手段获取且侵害他人合法权益的证据；

（三）以利诱、欺诈、胁迫、暴力等不正当手段收集的证据；

（四）其他内容、形式不合法的证据。

第三十七条 下列证据不能单独作为认定事实的依据：

（一）难以识别是否经过修改的视听资料或者电子数据；

（二）无法与原件、原物核对的复制件或者复制品；

（三）经执法人员、执法对象或者他人改动，执法对象或者执法人员不予认可的证据；

（四）除证明不存在相关违法违规事实外的《执法检查事实认定书》、询问笔录等；

（五）经过增加、删减、修改、污染、技术处理而无法辨认真伪的证据；

（六）无民事行为能力人或者限制民事行为能力人所作的与其年龄、智力状况或者精神健康状况不相当的证言；

（七）与执法对象有亲属关系或者其他密切关系的证人所作的对该执法对象有利的证言，或者与执法对象有不利关系的证人所作的对该执法对象不利的证言；

（八）其他不能单独作为定案依据的证据。

第三十八条 刑事司法机关或者其他行政机关，以及中国人民银行其他分支机构保存、公布、移送的书证、物证、视听资料、电子数据、鉴定意见、现场笔录、勘验笔录等材料，执法人员经审核，符合本规范的，可以作为证据使用，有充分理由足以推翻相应材料真实性、合法性的除外。

公安机关在办理刑事案件中获取的证据，正式向中国人民银行及其分支机构移送的，可以作为证据使用。

仲裁机构出具的仲裁文书，保存、公布、移送的书证、物证、视听资料、电子数据、鉴定意见、现场笔录、勘验笔录等材料，执法人员经审核，符合本规范的，可以作为证据使用，执法对象等当事人明确表示反对的除外。

第三十九条 执法人员或者相关行政人员在日常监管、了解相关情况等非执法活动中获得，或者在非执法活动中要求执法对象提供的情况说明、数据资料等不得单独作为证据使用。执法对象事后认可相关材料真实性，签字、盖章确认的除外。

第五章 证据的管理

第四十条 证据保管以“谁收集谁保管”为原则，由执法人员按照档案管理要求进行保管。

证据应当统一装订成册，连续标明页码，装入执法卷宗、金融违法行为举报处理档案。

第四十一条 在行政处罚、行政复议、行政诉讼、国务院裁决、金融违法行为举报处理等活动中，法律部门及其他相关部门可以根据需要借阅证据原件，执法部门应当及时、完整提供。

借阅证据的部门，在借阅过程中承担证据的保管责任，相关活动完成后，应当及时向执法部门归还证据。

第四十二条 执法部门应当建立物证保管台账，详细记录物证的名称、来源、数量、形状等情况；可以随案卷保管的物证以及记录物证的文字、照片、视频等资料，应当随案卷保管。

物证不能入卷的，应当采取妥善的保管措施，并拍摄该物证的照片或者录像存入案卷。

第四十三条 执法部门应当采取必要措施保管视听资料、电子数据的原始存储载体、介质及其复制件，保证其所存储、复制内容的完整、真实和清晰再现。

第四十四条 执法过程结束后，执法部门应当区分具体情形，按照以下方式处理相关材料：

（一）书证、询问笔录、《执法检查事实认定书》等以书面形式体现的证据应当按照本规范第四十条的规定进行整理，并及时入卷归档保存；

（二）便于入卷归档保存的物证、存储视听资料或者电子数据的原始载体、介质及其复制件可以参照前项的规定处理；

（三）依法应当解除先行登记保存的，在作出解除决定后，及时退还执法对象。

法律、行政法规和规章有其他处理要求的，按照相关要求进行。

第六章　附　则

第四十五条　本规范所称执法对象包括被检查、调查的法人、其他组织和自然人。

第四十六条　本规范由中国人民银行负责解释。

第四十七条　本规范自 2020 年 3 月 1 日起施行。

附：1. 中国人民银行（× × 行）执法检查（调查）取证记录表（略）

2. 中国人民银行（× × 行）执法检查（调查）证据目录（略）

中国人民银行办公厅关于印发《人民银行 证监会关于加强证券期货基金业反洗钱和反恐怖融资监管工作的合作方案》的通知

（银办发〔2020〕181号）

中国人民银行上海总部，各分行、营业管理部、省会（首府）城市中心支行、副省级城市中心支行：

为落实《国务院办公厅关于完善反洗钱、反恐怖融资、反逃税监管体制机制的意见》（国办函〔2017〕84号）要求，进一步推动部门间的反洗钱监管合作，人民银行与证监会于2020年11月签署了《人民银行 证监会关于加强证券期货基金业反洗钱和反恐怖融资监管工作的合作方案》，现将该方案印发给你们，各分支机构要在上述合作方案基础上，结合辖内实际，从风险评估、日常监管、执法检查、处罚问责、信息共享、宣传培训等方面努力探索双方实质性监管合作的有益做法，共同引导有关行业协会建立健全行业反洗钱工作指引，切实提升证券期货基金行业反洗钱监管的有效性。

各分支机构在执行中如遇问题，要及时告知反洗钱局。

附件：人民银行 证监会关于加强证券期货基金业反洗钱和反恐怖融资监管工作的合作方案

中国人民银行办公厅

2020年12月29日

人民银行 证监会关于加强证券期货基金业反洗钱和反恐怖融资监管工作的合作方案

为深入贯彻党中央和国务院关于防范化解金融风险重要指示精神，认真落实《国务院办公厅关于完善反洗钱、反恐怖融资、反逃税监管体制机制的意见》，根据《反洗钱法》《证券法》等法律、行政法规的规定，人民银行与证监会就进一步完善证券期货基金业（以下统称行业）反洗钱和反恐怖融资（以下统称反洗钱）监管体制机制，做好新时代行业反洗钱工作，共同制定本工作方案：

一、工作机制

（一）联合召开反洗钱工作会议。人民银行、证监会定期或不定期联合召开反洗钱工作会议，向各分支机构、派出机构、行业协会、证券期货基金业经营机构（以下统称行业机构）等通报反洗钱工作形势、提出工作要求。

（二）建立监督沟通协作机制。双方建立定期工作沟通机制，加强制度建设和重点领域监管合作，及时通报现场检查计划、检查结果、处罚情况等监管信息，商议联合检查方案，研究行业反洗钱工作的新情况、新问题，加强监管协同。

（三）指导各分支机构、派出机构加强监管合作。双方分别指导各分支机构、派出机构加强在反洗钱日常监管、现场检查（含联合检查）、行政处罚、反洗钱宣传培训等领域合作，形成监管合力。

二、合作事项

（一）进一步完善行业反洗钱制度体系。根据行业反洗钱工作实践，结合金融行动特别工作组（FATF）建议和互评估整改建议，立足行业特点、市场结构、业务模式、产品特征等方面的特殊性，双方共同推动进一步完善行业反洗钱制度和监管规定。

1. 研究修订行业客户身份识别、客户身份资料和交易记录保存制度，落实风险为本尽职调查要求和措施；完善《证券期货业反洗钱工作实施办法》；指导证券、期货、基金行业协会修订相关自律规则，不断建立健全行业反洗钱工作标准。

2. 研究制定针对金融集团、系统重要性、高风险或涉案行业机构的反洗钱联合检查制度。

3. 研究完善行业定向金融制裁执行机制，落实制裁合规要求。

4. 研究人民银行对证监会反洗钱监管建议的实施机制，实现反洗钱监管和行业监管的有效衔接。

（二）加强风险评估和风险为本监管。坚持风险为本原则，完善国家、行业和机构洗钱风险评估机制。结合风险状况，加强行业反洗钱监管合作。

1. 人民银行牵头开展国家洗钱风险评估，并会同证监会联合开展行业洗钱风险评估，制定或组织行业协会制定行业机构洗钱风险自评估指标。

2. 结合洗钱风险评估情况，双方共同加强对系统重要性、高风险或涉案行业机构的反洗钱监管。

（三）强化反洗钱监督、检查和问责。双方进一步依法明确反洗钱监管职责分工，加强监管协调，构建涵盖市场准入、监督检查、责任追究等各环节的反洗钱监管链条，加强对行业机构的反洗钱监督检查。证监会配合人民银行严肃查处反洗钱违法行为。

1. 证监会加强对行业机构市场准入的反洗钱审查，审查机构入股资金来源，审查机构董事、监事、高级管理人员任职备案的反洗钱背景情况，严格审查行业机构反洗钱内部控制制度和反洗钱工作机制建立健全情况。

2. 人民银行、证监会分别依据《反洗钱法》《证券法》等法律、行政法规对行业机构实施反洗钱现场检查。人民银行监督、检查行业机构履行反洗钱义务的全面情况，证监会监督、检查行业机构反洗钱内部控制制度建立健全情况。

3. 双方探索深化联合检查，统筹利用双方优势，提高监管成效。人民银行根据行业洗钱风险评估结果商证监会确定联合检查重点，制定联合检查方案和检查事项表，并按照法人监管理念，统筹协调省级分支机构、派出机构实施。

4. 双方相互通报年度现场检查计划，协商完善相关安排。在启动实施反洗钱检查前、出具执法检查意见书或检查事实确认书后，由承担任务的分支机构、派出机构告知行业机构住所地的对方分支机构、派出机构。

5. 双方探索增强处罚的有效性、适当性、劝诫性和协同性。针对违法违规情节严重的行业机构或负有责任的人员，人民银行在依法采取处罚措施的基础上，就责令停业整顿、吊销经营许可证，对有关人员取消任职资格或者禁止其从事有关金融行业工作等，依法向证监会提出处罚建议的，将案件有关证据材料同步移送，由证监会依法追责，增强监管威慑力。

证监会在反洗钱监管中发现涉及人民银行监管范围的违法线索，应当及时予以移送。

（四）依法开展反洗钱信息共享

1. 在打击证券期货基金违法违规领域，双方探索建立风险预警、线索核验、线索移交、案件协查与处置等环节的联合工作机制。

2. 双方加强沟通交流，通报线索及其处理情况，充分了解并借鉴各自线索筛查流程、筛查逻辑及信息系统建设。

3. 证监会如需查询反洗钱信息，人民银行如需查询证券期货基金市场相关信息，在符合查询条件和处理流程前提下，双方积极予以协助。

4. 双方根据反洗钱检查、处罚情况，定期或不定期向行业机构发布监管通报，警示反洗钱违法违规行为。

5. 证监会在职责范围内对行业机构反洗钱义务履行情况进行评价时参考人民银行对行业机构的反洗钱监管评级。

（五）积极开展反洗钱国际合作。继续加强反洗钱国际交流，稳步推进与重点国家的反洗钱跨境监管合作，努力提升行业机构反洗钱合规水平，维护行业机构合法权益。

1. 双方加强反洗钱双边国际合作，与重点国家或地区建立跨境监管合作机制，促进监管信息共享，妥善处置境外合规风险事件。

2. 人民银行牵头参与反洗钱国际组织工作，证监会积极配合并参与反洗钱国际标准制定及反洗钱国际组织互评估等相关工作

（六）联合开展反洗钱宣传培训。人民银行支持、协助证监会组织开展反洗钱培训，选派师资授课。双方共同指导行业机构开展形式多样的反洗钱宣传工作。

本合作方案一式两份，双方各执一份。自双方签署之日起生效。

中国人民银行　　　　中国证券监督管理委员会

2020 年 11 月 12 日　　　　2020 年 11 月 12 日

中国人民银行办公厅

2020 年 12 月 30 日印发

中国人民银行办公厅关于印发《中国人民银行反洗钱监测分析系统数据安全管理办法（试行）》的通知

（银办发〔2021〕10号）

中国人民银行上海总部，各分行、营业管理部，各省会（首府）城市中心支行，各副省级城市中心支行：

为加强人民银行反洗钱监测分析系统数据管理，防范数据泄露、被篡改和不当使用的风险，保障反洗钱数据安全，人民银行制定了《中国人民银行反洗钱监测分析系统数据安全管理办法（试行）》（见附件）。现印发给你们，请遵照执行。

执行中如遇问题，请告知反洗钱中心。

附件：中国人民银行反洗钱监测分析系统数据安全管理办法（试行）

中国人民银行办公厅

2021年1月18日

中国人民银行反洗钱监测分析系统数据安全管理办法（试行）

第一章　总　则

第一条　为加强人民银行反洗钱监测分析系统数据管理，防范数据泄露、被篡改和不当使用的风险，根据《中国人民银行网络安全管理规定》（银发〔2019〕169号文印发）、《中国人民银行网络数据安全管理指南》（银办发〔2019〕7号文印发）、《中国人民银行数据管理办法（试行）》（银办发〔2020〕8号文印发），制定本办法。

第二条　本办法适用于人民银行反洗钱局、中国反洗钱监测分析中心（以下简称反洗钱中心）、人民银行上海总部、各分行、营业管理部、各省会（首府）城市中心支行、各副省级城市中心支行（以下统称各单位）。

第三条　本办法所称数据是指各单位在履行反洗钱职责过程中获取和产生的，通过反洗钱监测分析系统收集、传输、存储、处理的各种电子信息（不含涉及国家秘密的数据）。

第四条　数据安全管理应当遵循以下原则：

（一）统一管理，分级负责。反洗钱中心负责反洗钱监测分析系统和数据统一管理。各单位按照“谁使用、谁负责”的原则，逐级落实数据安全管理责任。

（二）分级分类。根据敏感程度和数据类型对数据进行管理。

（三）最少够用。使用满足目的所需的最少反洗钱数据量，严禁超范围使用。

（四）安全可控。采取有效的管控措施，保护数据的完整性、保密性和可用性，确保不发生数据安全事件。

第二章　数据分级分类

第五条　依据发生数据泄露、被篡改等事件的危害程度和影响范围，将数据安全级别划分为一级、二级、三级、四级，安全级别逐级递增。数据的安全级别，根据业务发展动态调整。

第六条　四级数据：一旦丢失、泄露、被篡改、被毁损，会对相关个人隐私、企业合法权益、公众权益造成严重损害或对国家安全造成损害。四级数据主要包括以下两类：

（一）中央纪委国家监委及其派出机构、地方纪检监察机关和安全部及其地方机关的协查信息，以及向上述部门、机构反馈的监测分析结果数据；

（二）威胁国家安全、经济金融安全、社会稳定的重大案件的监测分析结果数据。

第七条　三级数据：一旦丢失、泄露、被篡改、被毁损，会对相关个人隐私、企业合法权益、公众权益造成危害。三级数据主要包括以下四类：

（一）除四级数据外的各类监测分析结果数据；

（二）除四级数据外的国内协查信息及向相关部门、机构反馈的监测分析结果数据；

（三）有关部门、机构共享的违法违规和犯罪数据；

（四）报告机构上报的涉恐、涉分裂、涉制裁等可疑交易报告数据。

第八条　二级数据：一旦批量丢失、泄露、被篡改、被毁损，会对相关个人隐私、企业合法权益、公众权益造成危害。二级数据主要包括以下五类：

（一）报告机构上报的大额交易和可疑交易报告数据；

（二）涉嫌洗钱活动或犯罪的举报数据；

（三）为履行职责从有关部门、机构获取的所必需的非公开数据；

（四）与境外金融情报机构交换的数据；

（五）非公开发布的统计数据。

第九条　一级数据为非敏感数据，如发生单个或批量丢失、泄露、被篡改、被毁损，不会对相关个人隐私、企业合法权益、公众权益造成危害。一级数据主要包括以下两类：

（一）国际组织、有关部门和机构公开发布的制裁名单及相关数据；

（二）反洗钱中心公开发布的数据。

第十条　各单位应当按照国家有关规定和人民银行关于数据安全保护的制度要求，采取有效措施管控反洗钱数据安全风险。

第三章　用户管理

第十一条　反洗钱监测分析系统用户（以下简称系统用户）分为系统管理员、权限管理员、审计管理员、业务操作员。

（一）系统管理员负责增加、删除、修改业务操作员账号。

（二）权限管理员负责增加、删除、修改业务操作员账号的业务权限。

（三）审计管理员负责对用户登录、重要业务操作等行为开展审计分析。

（四）业务操作员开展业务审批、数据收集、监测分析、线索移送等业务操作。

第十二条　系统用户应当为各单位正式在编人员，根据实际工作需要及所分配权限，依法依规使用数据。

第十三条　系统管理员、权限管理员、审计管理员由反洗钱中心人员担任。业务操作员由各单位有关人员担任，由反洗钱中心统一管理。

第十四条　各单位增加、删除、修改业务操作员及其权限，应当向反洗钱中心提交申请，反洗钱中心按规定履行审批程序后，由系统管理员、权限管理员执行相应操作。

第十五条　系统用户应当使用与真实身份对应的 USBkey 登录反洗钱监测分析系统，并妥善保管 USBkey，严禁混用、共用登录账号和 USBkey。

第十六条　系统用户应当妥善保管登录账号和登录口令，防止登录口令泄露。登录口令应当每月至少更换一次，并具备一定的复杂性。登录口令的具体编写规则及设置，应当参照总行及本单位的相关安全管理规定执行。

第十七条　系统用户登录反洗钱监测分析系统后，若因故离开操作终端，应当退出反洗钱监测分析系统。

第十八条　系统用户岗位变动时，应当认真做好工作移交，及时变更登录账号和登录口令。

第四章　接入管理

第十九条　反洗钱监测分析系统运行于人民银行业务网，系统用户使用终端机应当放置在各单位办公环境，通过人民银行业务网接入。系统用户不得使用反洗钱监测分析系统处理涉及国家秘密的信息。

第二十条　终端机应当按照“专机专用”的要求，进行配备和日常管理。

第二十一条　终端机不得安装无线网卡、调制解调器等设备，不得跨接与系统运行无关的网段。严禁连接国际互联网。

第二十二条　终端机应当按照人民银行相关规定，安装一体化终端安全管理系统，确保终端的杀毒软件及操作系统补丁及时更新，防止感染计算机病毒等恶意软件。

第五章　数据管理

第二十三条　各单位应当按照统一标准和格式，将报告机构报送数据和其他渠道收集的匹配信息、公开信息等数据，全部纳入反洗钱监测分析系统的数据库。

第二十四条　各单位在依法履行反洗钱职责时，可以使用反洗钱监测分析系统和数据开展监测分析和协查工作。监测分析是指根据可疑交易报告、举报线索或人民银行专项工作部署，利用数据挖掘可疑犯罪线索的行为。协查是指应中央纪委国家监委及其派出机构、地方纪检监察机关、司法机关办理监察和刑事诉讼案件的请求，利用反洗钱监测分析系统提供反洗钱数据查询和反馈的行为。

第二十五条　对于监测分析，各单位应当按照“查询确有必要”原则，根据可疑交易报告、举报线索或人民银行专项工作部署查询主体及关联主体，并开展监测分析。

第二十六条　对于协查，各单位按照“查询确有依据”原则，由反洗钱部门对协查程序与要素的合规性进行审核并履行内部审批程序。审核内容包括但不限于来函文号、签章、查询依据、犯罪类型、基本案情、查询需求等。

第二十七条　各单位使用反洗钱监测分析系统开展监测分析及协查，涉及敏感主体的，应当履行更严格的内部审批程序，对相关查询依据及审批手续应当妥善保管。敏感主体和内部审批程序由各单位根据实际情况确定。

第二十八条　人民银行副省级城市中心支行以上分支机构开展协查仅限签署合作文件的有关机关在案件立案后，依法请求协助调查涉嫌洗钱、恐怖融资资金交易信息的情形，并按照专数专用原则提供协查数据，不得超出审批的协查数据使用范围。

第二十九条　各单位对外移送协查结果与线索，需履行审批程序并保存移送记录。单次移送数据量超过10万笔交易或涉及敏感主体的，各单位应当复核数据使用合规性。

第三十条　协查信息和线索应当直接移送至最终使用或需求部门，严格控制知悉范围。

第三十一条　协查信息与线索移送后，各单位应当定期了解协查信息与线索涉及案件的进展情况，及时向反洗钱中心反馈。

第三十二条　对将数据从反洗钱监测分析系统下载至本地终端进行严格管理。各单位应当建立台账明确记录下载或暂存数据的用途、经办人、保存期限。保存期限到期后，应当对下载或暂存的数据进行删除。

第三十三条　对确因需要而导出数据，各单位应当履行审批程序并建立台账明确记录导出数据的内容、用途、经办人、数据去向、时间以及数据量等信息。严禁使用U盘、移动硬盘等移动存储设备存储导出数据。严禁使用具有拍照、摄像功能的设备对数据进行拍照、摄像。

第三十四条　各单位应当按照统一标准、格式，将监测分析和协查所产生的反洗钱数据（包括但不限于名单等）进行电子化记录，并按照统一的路径归入反洗钱数据库，形成完整、统一的国家反洗钱数据库。

第六章　数据安全检查与培训

第三十五条　反洗钱中心负责对数据使用及管理进行安全检查，包括但不限于查询日志、查询审批手续、协查必要性说明、制度落实情况等。

第三十六条　反洗钱中心发现业务操作员有异常数据使用行为时，应当及时通知业务操作员所在单位，必要时可以关闭该业务操作员的查询通道。

第三十七条　各单位应当建立数据安全检查机制，对照制度要求，定期开展数据安全自查，包括但不限于数据查询、下载及导出等环节的合规性。数据安全检查结果应当及时告知反洗钱中心，必要时告知人民银行科技管理部门和保密管理部门。

第三十八条　各单位应当定期对数据使用人员开展数据安全培训，提升数据安全意识。

第七章　责任追究

第三十九条　各单位应当按照本办法，制定相应的管理细则，结合辖区内实际情况，加强内部控制管理，建立健全应急处理机制，保障数据安全。

第四十条　存在下列行为之一，情节较轻的，由反洗钱中心视情况采取通报、限制用户权限、暂停数据使用权限等处理措施；违反国家相关规定及人民银行相关制度要求的，由相关部门依照规定给予相应处理；情节严重，涉嫌违法犯罪的，移送司法机关处理。

（一）违规查询数据；

（二）违规存储数据；

（三）违规导出数据；

（四）泄露数据；

（五）其他违反数据安全管理规定的。

第八章　附　则

第四十一条　本办法由反洗钱中心负责解释。

第四十二条　本办法未涉及的数据安全管理事项，按照国家有关规定和人民银行相关制度要求执行。

第四十三条　本办法自印发之日起实施。

中国人民银行办公厅

2021 年 1 月 19 日印发

中国人民银行办公厅关于加强可疑交易类型分析提升防范打击洗钱犯罪有效性的通知

（银办发〔2021〕60号）

中国人民银行上海总部，各分行、营业管理部，各省会（首府）城市中心支行，各副省级城市中心支行；国家开发银行，各政策性银行、国有商业银行、股份制商业银行，中国邮政储蓄银行：

为加强银行业金融机构洗钱风险管理，提升可疑交易类型分析水平，增强风险防范能力，人民银行在总结分析近年各类型典型案例和洗钱风险的基础上，归纳了当前银行业金融机构面临的主要可疑交易类型，以及各类型可疑活动主体在身份信息、资金交易和行为上的主要特征，形成了银行业金融机构涉嫌洗钱可疑交易类型和识别点对照表（见附件），现印发给你们，并就加强可疑交易类型分析、提升防范打击洗钱犯罪有效性相关事宜通知如下，请一并遵照执行。

一、人民银行分支机构要指导银行业金融机构在全面识别、评估自身面临的洗钱风险基础上，充分参考涉嫌洗钱可疑交易类型和识别点对照表，结合自身业务实际，及时评估、完善可疑交易自定义监测标准，更新优化可疑交易监测模型和指标，切实提升监测标准的有效性和风险覆盖面。

二、银行业金融机构要组织相关岗位人员在理解各类型可疑交易活动全流程交易模式和背景基础上，深入掌握各交易流程、各环节的可疑交易识别点，学习运用可疑交易三维度分析方法，结合客户身份、资金交易和行为特点，做好可疑交易监测、类型识别和研判工作。要避免机械照搬照抄可疑交易识别点或“一刀切”问题，切实提升可疑交易类型分析精确度，提高可疑交易报告撰写能力。

三、银行业金融机构要持续完善可疑交易类型分析机制，加大人工分析识别力度，避免单纯依赖监测模型预警结果。要将客户尽职调查和可疑交易类型分析工作有效贯通，在客户尽职调查过程中有意识地识别和发现可疑交易，在可疑交易分析工作中自觉运用客户尽职调查结果进行综合研判。要开展可疑交易全链条穿透性延伸分析，完善可疑交易报告证据链条，进一步提升可疑交易报告的情报价值，充分发挥反洗钱工作在打击洗钱及上游犯罪活动、支持国家专项行动、防范重大金融风险等方面的重要作用。

四、人民银行分支机构要加强辖区年度可疑交易类型分析成果运用，通过适当方式将可疑交易类型分析报告及时通报当地侦查机关、司法机关等，推动洗钱罪立案、起诉和审判工作。同时，指导银行业金融机构以结果为导向，将可疑交易报告是否转化为案件线索作为评价反洗钱工作的重要指标，注重提升可疑交易类型分析成果运用价值，推动公安机关对可疑交易线索以洗钱罪立案，进一步提升打击洗钱犯罪的有效性。

请人民银行上海总部，各分行、营业管理部、省会（首府）城市中心支行、副省级城市中心支行将本通知转发至辖区内人民银行分支机构、银行业金融机构。

附件：银行业金融机构涉嫌洗钱可疑交易类型和识别点对照表（2021年版）（略）[1]

中国人民银行办公厅

2021年4月30日

1　银行业金融机构涉嫌洗钱可疑交易类型和识别点对照表（2021年版）分析总结了11类涉嫌洗钱的常见可疑交易类型和相对照的识别点，为人民银行分支机构和银行业金融机构可疑交易类型分析工作提供参考。银行业金融机构涉嫌洗钱可疑交易类型和识别点对照表（2021年版）已印发各银行业金融机构。按照保密要求，本手册将该表内容省略。金融机构若需要，请到本单位档案室查阅，或与作者联系。

中国人民银行办公厅关于印发《中国人民银行执法检查和行政处罚实施细则》的通知

（银办发〔2022〕55 号）

中国人民银行上海总部，各司局，各分行、营业管理部，各省会（省府）城市中心支行，各副省级城市中心支行：

为促进中国人民银行及其分支机构依法履行职责，严格规范公正文明执法，保护当事人合法权益，根据《中华人民共和国中国人民银行法》《中华人民共和国商业银行法》《中华人民共和国行政处罚法》《中国人民银行执法检查程序规定》（中国人民银行令〔2022〕第 2 号发布）《中国人民银行行政处罚程序规定》（中国人民银行令〔2022〕第 3 号发布），结合中国人民银行工作实践，总行制定了《中国人民银行执法检查和行政处罚实施细则》，现印发给你们，请遵照执行。

2022 年 6 月 1 日前未作出执法检查意见书的执法检查，以及未作出行政处罚意见告知书的行政处罚，均应当严格适用《中国人民银行执法检查和行政处罚实施细则》。

请中国人民银行副省级城市中心支行以上分支机构及时将本通知转发至辖内分支机构，并结合本单位实际，完善执法检查和行政处罚工作程序。

执行中如遇问题，请及时告知条法司。

附件：中国人民银行执法检查和行政处罚实施细则

中国人民银行办公厅

2022 年 5 月 5 日

中国人民银行执法检查和行政处罚实施细则

第一章　总则

第一条　为促进中国人民银行及其分支机构依法履行职责，严格规范公正文明执法，保护当事人合法权益，根据《中华人民共和国中国人民银行法》《中华人民共和国商业银行法》《中华人民共和国行政处罚法》等法律、行政法规和《中国人民银行执法检查程序规定》（中国人民银行令〔2022〕第 2 号发布）、《中国人民银行行政处罚程序规定》（中国人民银行令〔2022〕第 3 号发布），制定本细则。

第二条　中国人民银行及其分支机构依法履行职责，对当事人进行执法检查、实施行政处罚的，适用本细则。

第三条 中国人民银行及其分支机构执法职能部门负责提出执法检查需求、申请执法检查立项和行政处罚立案、实施执法检查和案件调查、提出责令整改和实施其他监管措施的意见、督促整改并核实整改情况、提出行政处罚建议、管理执法检查档案等具体工作。

中国人民银行及其分支机构法律事务部门负责执法检查计划拟定、法制审核、执法检查监督等具体工作，承担本单位行政处罚委员会办公室职责。

第二章 执法检查

第一节 现场检查的分类和执法检查计划拟定

第四条 现场检查分为年度执法检查、临时执法检查和现场核查。

年度执法检查是根据年度执法检查计划对被检查人开展的定期检查，主要以综合执法检查的方式进行。

临时执法检查是在年度执法检查计划之外，根据日常监管工作的需要、处理举报投诉和突发风险事件等对被检查人开展的执法检查。

现场核查是根据处理举报投诉，或者核实较为明确的特定违法违规线索、了解特定情况的需要，适用《中国人民银行执法检查程序规定》规定的简易现场检查程序开展的现场检查工作。

第五条 中国人民银行各执法职能部门根据日常监管、非现场检查、违法违规线索等情况，以“风险为本”为基本导向，提出中国人民银行年度执法检查需求和中国人民银行分支机构执法检查任务安排。

中国人民银行条法司根据执法职能部门提出的执法检查需求和执法检查任务安排，统筹汇总拟定中国人民银行年度执法检查计划和中国人民银行年度执法检查任务。

中国人民银行年度执法检查计划包括本年度被检查人名单、检查开展机构和时间安排、重点检查内容和延伸检查安排等；中国人民银行年度执法检查任务包括本年度检查项目、重点检查内容、被检查人名称或者类型等。

中国人民银行年度执法检查计划和中国人民银行年度执法检查任务以现场检查项目为主，必要时可以纳入非现场检查项目。

第六条 中国人民银行年度执法检查计划和中国人民银行年度执法检查任务由中国人民银行依法行政工作领导小组会议或者行长办公会议审议通过后，以厅发文的形式下发实施。

第七条 中国人民银行副省级城市中心支行以上分支机构根据中国人民银行年度执法检查任务和履职需要，组织拟定本辖区年度执法检查计划，经本单位依法行政工作领导小组会议或者行长办公会议审议通过，报中国人民银行复核后下发实施。

第八条 中国人民银行确定由中国人民银行负责现场检查的被检查人名单，由中国人民银行或者中国人民银行委托的分支机构对被检查人法人开展年度执法检查；安排部分分支机构对被检查人分支机构开展延伸检查。

除中国人民银行另有要求，各分支机构不对中国人民银行负责现场检查的被检查人分支机构开展年度执法检查，根据本细则第十二条、第十三条规定拟开展临时执法检查、现场核查的，应当由提出执法检查需求的部门以行发文的形式报上级行批准。

各分支机构应当通过日常监管、非现场检查等方式，加强对辖区内中国人民银行负责现场检查的被检查人分支机构的监管。

第九条 各分支机构应当参照本细则第八条的规定，确定由本单位负责现场检查的被检查人名单。

各分支机构拟定本辖区年度执法检查计划时，除中国人民银行明确指定被检查人外，应当以“风险为本”与“双随机抽查”相结合的方式，综合选取本辖区内具体被检查人。

各分支机构应当结合本单位检查人员数量和能力情况，合理确定年度执法检查项目数量。

第十条 中国人民银行副省级城市中心支行以上分支机构应当督促辖内各分支机构严格执行年度执法检查计划，不得擅自变更或者变通执行，确有必要调整的，应当采取定期集中调整的方式，经本单位依法行政工作领导小组会议或者行长办公会议审议通过后，报中国人民银行备案。

第二节 现场检查的立项和准备

第十一条 中国人民银行及其分支机构已经列入年度执法检查计划的执法检查项目，不再填写执法检查立项审批表，在拟定检查方案、执法检查通知书，经法制审核后，报本单位行长或者副行长（主任或者副主任）批准后实施。

第十二条 中国人民银行及其分支机构执法职能部门根据下列情形拟开展临时执法检查的，应当填写执法检查立项审批表，附检查方案、执法检查通知书，经法制审核后，报本单位行长或者副行长（主任或者副主任）批准后实施：

（一）发现相关机构风险情况突出需要进行现场检查的；

（二）通过日常监管、处理举报投诉等方式，发现相关机构违法违规线索，需要进行现场检查的；

（三）根据相关部门移送的案件材料，需要进行现场检查的；

（四）中国人民银行另行布置现场检查任务的。

执法职能部门根据前款第一项至第三项规定拟立项开展现场检查的，应当在执法检查立项审批表中对现场检查的必要性予以说明，并附相关材料。

第十三条 中国人民银行及其分支机构执法职能部门拟开展现场核查的，应当填写执法检查立项审批表，附执法检查通知书，经法制审核后，报本单位行长或者副行长（主任或者副主任）批准后实施。

执法职能部门应当参照本细则第十二条的规定，在执法检查立项审批表中对现场核查的必要性予以说明，并附相关材料。

根据工作实际需要，现场核查的立项可以采取批量立项的方式。

第十四条 《中国人民银行执法检查程序规定》和本细则所称检查方案应当包括检查目的、检查依据、被检查人的名称或者姓名、检查事项、检查方式、检查期限范围、检查开展时间、检查组人员构成等内容。

拟开展现场检查的中国人民银行及其分支机构在检查期限和检查事项范围内，曾经对被检查人开展过非现场检查的，还应当在检查方案中说明非现场检查情况，并根据非现场检查发现的违法违规线索、风险状况等对检查方案进行调整完善。

第十五条 中国人民银行及其分支机构采取综合执法检查方式开展现场检查的，应当在检查方案中明确一个执法职能部门作为牵头部门；只检查一个业务领域的，主管该业务领域的执法职能部门为牵头部门。

牵头部门负责具体执法检查工作的组织、协调，组织相关执法职能部门拟定检查方案、执法检查报告、责令整改通知书等文书，并负责相关文书的汇总、制作和送达等。

上级行委托下级行开展综合执法检查工作的，上级行与下级行均应当明确本单位的牵头部门。原则上，下级行的牵头部门应当与上级行保持一致。

第十六条 中国人民银行及其分支机构执法职能部门应当采取随机抽取的方式，从本单位检查人员库中抽取检查人员。

根据现场检查工作的实际需要，中国人民银行及其分支机构可以从下级行检查人员库中抽取部分检查人员；经共同的上级行同意，中国人民银行分支机构也可以从其他分支机构抽取并调配检查人员。

第十七条 中国人民银行及其分支机构根据现场检查内容和复杂程度合理安排检查人员数量。

开展综合执法检查时，可以根据工作实际需要，任命检查组组长、副组长，设立检查小组。设立检查小组的，各小组人数均不得少于两人，并可以设小组长一人。

检查组组长、检查小组组长应当为实施现场检查的中国人民银行或其分支机构本单位工作人员，经检查组组长授权，检查组副组长、检查小组组长可以代表检查组组长在相关文书上签字。

第十八条 检查人员主动申请回避，或者被检查人提出相关检查人员应当回避的，检查组组长应当认真审查回避理由，并提出是否应当回避的意见，报本单位行长或者副行长（主任或者副主任）批准。

检查人员应当回避未主动申请回避的，由检查组组长提出是否应当回避的意见，报本单位行长或者副行长（主任或者副主任）批准。

检查组组长的回避由本单位行长或者副行长（主任或者副主任）审查决定。

被检查人提出相关检查人员应当回避的，检查组应当将回避决定书面告知被检查人。

第三节 现场检查的实施和检查结果的处理

第十九条 检查组应当按照《中国人民银行执法检查程序规定》实施现场检查，并按照中国人民银行关于执法证据的要求，收集、整理相关证据。

第二十条 开展综合执法检查时，负责不同业务领域执法检查工作的检查人员应当注重加强沟通协调。

检查人员在现场检查过程中，发现涉及其他业务领域的问题线索的，应当及时向检查组组长或者其授权的副组长报告，并在现场检查退场或者书面告知被检查人执法检查情况前将相关问题线索、证据移送负责相关业务领域执法检查工作的检查人员处理；存在争议的，检查组组长或者其授权的副组长应当及时协调解决。

第二十一条 检查组根据《中国人民银行执法检查程序规定》第三十三条的规定变更相关事项的，应当由检查组组长提出申请，报本单位行长或者副行长（主任或者副主任）批准。

上级行委托下级行开展现场检查的，检查组变更检查期限范围应当经上级行同意。

第二十二条 检查组应当自举行退场会谈之日起三个月内完成执法检查报告，送法律事务部门进行法制审核，审核通过后，向本单位行长或者副行长（主任或者副主任）报告。

检查组按照《中国人民银行执法检查程序规定》第四十四条的规定未举行退场会谈的，应当自书面告知被检查人执法检查情况之日起三个月内完成执法检查报告。

检查组三个月内无法完成执法检查报告的，应当及时向本单位行长或者副行长（主任或者副主任）说明理由，经本单位行长或者副行长（主任或者副主任）批准，可以适当延长执法检查报告完成时限。

执法检查报告应当载明检查开展时间、检查内容、检查的基本情况、对被检查人执行金融管理规定情况的评价、被检查人意见及采纳情况、是否拟采取责令整改或者其他监管措施、是否建议移送行政处罚等。

第二十三条 检查组将执法检查报告移送本单位法律事务部门进行法制审核时，应当同步移交相关证据。法律事务部门完成法制审核后，应当及时将证据归还检查组。

法律事务部门着重审核下列事项：

（一）执法检查是否超越执法机关法定权限，程序是否合法；

（二）执法检查报告、责令整改通知书载明的相关事实是否清楚、定性是否准确，适用法律是否正确；

（三）执法检查所收集的证据能否证明相关事实，是否符合法定形式和要求，是否在整理后按照要求制作证据目录，证据目录与证据是否一一对应；

（四）执法检查报告、责令整改通知书等文书是否完备、规范；

（五）拟采取的责令整改或者其他监管措施的法律依据是否充分；

（六）执法检查发现的违法违规行为是否涉嫌犯罪、需要移送监察机关或者司法机关。

第二十四条 法制审核过程中，法律事务部门可以要求检查组对相关情况进行解释说明，也可以要求检查组补充提供相关证据；认为违法违规事实不清、证据不足或者不符合相关要求，执法检查程序违法的，可以退回检查组。

检查组认为需要进一步向被检查人核实相关情况、补充相关证据的，应当制作补充检查通知书，报本单位行长或者副行长(主任或者副主任)批准后再次进行现场检查或者开展非现场检查。

第二十五条 中国人民银行及其分支机构拟按照《中国人民银行执法检查程序规定》第四十五条的规定采取责令整改措施的，牵头部门应当根据各相关执法职能部门的意见建议，拟定责令整改通知书，与执法检查报告一并经法制审核后，报本单位行长或者副行长（主任或者副主任）批准。

责令整改通知书送达被检查人后，执法检查结束。

第二十六条 中国人民银行分支机构负责监管的被检查人在辖区外发生违法违规行为的，由违法行为发生地中国人民银行分支机构开展执法检查。

违法行为发生地中国人民银行分支机构拟对前款被检查人开展现场检查，并作出责令整改通知书的，应当自责令整改通知书作出之日起五个工作日内抄送被检查人住所地中国人民银行分支机构。

第四节 委托执法检查的组织和实施

第二十七条 上级行委托下级行开展现场检查的，由上级行立项，书面通知下级行组织开展。下级行应当按照《中国人民银行执法检查程序规定》、本细则和上级行要求组成检查组，具体开展现场检查。现场检查工作中使用的执法检查通知书等格式文书统一使用上级行字号、式样、加盖上级行印章。

检查组原则上由承担现场检查工作的下级行工作人员组成，上级行可以视情况派出工作人员加入检查组。

第二十八条 承担现场检查工作的检查组应当按照《中国人民银行执法检查程序规定》实施现场检查，并根据现场检查中收集的证据和认定的事实，起草执法检查报告、责令整改通知书等文书，提出采取其他监管措施和实施行政处罚的建议。

前款所述文书和建议，应当在下级行法律事务部门进行初步法制审核后，自举行退场会谈或书面告知被检查人执法检查情况之日起三个月内以行发文的形式向委托其开展现场检查的上级行报告，并按照上级行的要求，移交相关材料。

第二十九条 上级行牵头部门应当组织本单位相关执法职能部门对下级行起草的执法检查报告、责令整改通知书等文书进行审核、修改，经法制审核后，报本单位行长或者副行长（主任或者副主任）批准，并将责令整改通知书送达被检查人。

第三十条 上级行委托下级行开展现场检查的，对被检查人采取其他监管措施、实施行政处罚等后续处理工作，原则上由上级行负责。

上级行可以视情况委托承担现场检查工作的下级行，或者被检查人住所地中国人民银行分支机构对被检查人的整改情况进行核实。

第五节 非现场检查的立项、准备和实施

第三十一条 中国人民银行及其分支机构拟对被检查人开展函询、线上检查等非现场检查的，应当填写执法检查立项审批表，经法制审核后，报本单位行长或者副行长（主任或者副主任）批准后实施；开展函询的，应当在立项时一并附函询通知书。

中国人民银行及其分支机构可以对被检查人单独开展函询或者线上检查，也可以两种方式结合使用。

根据工作实际需要，非现场检查的立项可以采取批量立项的方式。

第三十二条 中国人民银行及其分支机构对被检查人开展非现场检查的，可以参照本细则第十六条、第十八条的规定，选择检查人员；可以根据工作实际需要，参照本细则第十四条、第十七条的规定制定检查方案、组成检查组。

第三十三条 中国人民银行及其分支机构对被检查人开展非现场检查的，应当参照中国人民银行关于执法证据形式、签章等的规定，收集、整理相关证据。

非现场检查的检查人员应当参照本细则第二十二条、第二十三条等相关规定完成执法检查报告。

非现场检查过程中发现被检查人存在违法违规行为，拟按照《中国人民银行执法检查程序规定》第四十五条的规定采取责令整改措施的，应当参照本细则第二十五条的规定，制发责令整改通知书。

第六节 执法检查和行政处罚的衔接

第三十四条 中国人民银行或其分支机构未在现场检查、非现场检查中发现被检查人存在违反法律、行政法规、国务院决定、中国人民银行规章或者规范性文件规定的行为的，在本单位行长或者副行长（主任或者副主任）签署执法检查报告后，执法检查结束。

第三十五条 中国人民银行或其分支机构在现场检查、非现场检查中发现被检查人存在违反法律、行政法规、国务院决定、中国人民银行规章或者规范性文件规定的行为，但没有行政处罚依据或者超过追诉时效的，应当向被检查人出具责令整改通知书，并视情况采取《中国人民银行执法检查程序规定》第四十七条、第四十八条规定的监管措施。

第三十六条 中国人民银行或其分支机构在现场检查、非现场检查中发现被检查人有违反法律、行政法规、中国人民银行规章或者规范性文件规定的行为，有行政处罚依据、符合立案标准，并且其对相关违法违规行为有管辖权的，出具责令整改通知书后，牵头部门应当及时向本单位行

政处罚委员会办公室申请行政处罚立案，法律、行政法规或者中国人民银行规章另有规定的除外。

第三十七条 中国人民银行县（市）支行在日常监管、现场检查、非现场检查中发现被检查人有违反法律、行政法规、中国人民银行规章或者规范性文件规定的行为，有行政处罚依据，并且其对相关违法违规行为有管辖权的，应当以行发文的形式，及时将案件上报上级行实施行政处罚。

第三十八条 中国人民银行分支机构根据《中国人民银行执法检查程序规定》第五十条和《中国人民银行行政处罚程序规定》第九条、第十条、第十一条、第十二条、第十三条等相关规定，拟将案件移送中国人民银行或者有管辖权的中国人民银行分支机构实施行政处罚的，应当同时移交相关证据，并积极协助做好行政处罚工作。

第三十九条 根据本细则第三十七条、第三十八条规定接收移送案件的中国人民银行或其分支机构，以及根据《中国人民银行行政处罚程序规定》第十条、第十三条的规定接受指定管辖的中国人民银行分支机构，由与该案件所涉及的违法违规行为相关的执法职能部门负责申请行政处罚立案，提出行政处罚建议；涉及多个部门的，由与牵头部门对应的执法职能部门负责。

第四十条 中国人民银行或其分支机构牵头部门在责令整改通知书载明的整改期限届满或者收到被检查人提交的整改报告后，可以视情况通过非现场检查、现场核查等方式，对被检查人的整改情况进行核实；发现被检查人未按要求整改的，应当依据《中国人民银行执法检查程序规定》第五十五条规定，向本单位行政处罚委员会办公室申请行政处罚立案，并提出行政处罚建议。

采取综合执法检查方式开展执法检查的，牵头部门可以组织各执法职能部门共同核实被检查人的整改情况。

第三章　行政处罚

第一节 行政处罚委员会的设立和运作

第四十一条 中国人民银行及其分支机构行政处罚委员会由本单位行长或者副行长（主任或者副主任）、主要执法职能部门负责人以及行政处罚委员会办公室负责人组成；设主任一名，副主任一名，其他委员若干人，总人数应当为五人以上的单数。

行政处罚委员会的主任由中国人民银行或其分支机构的行长（主任），或者其授权的副行长（副主任）担任。由行长（主任）担任行政处罚委员会主任的，分管法律事务部门的副行长（副主任）担任行政处罚委员会副主任；副行长（副主任）担任行政处罚委员会主任的，行政处罚委员会办公室负责人担任行政处罚委员会副主任。

第四十二条 中国人民银行县（市）支行不设行政处罚委员会。

第四十三条 中国人民银行及其分支机构行政处罚委员会办公室认为不属于本细则第四十五条规定情形的，应当提请行政处罚委员会采取会议审议方式集体审议。

第四十四条 中国人民银行及其分支机构行政处罚委员会采取会议审议方式的，到会委员人数不得少于全部委员数量的三分之二。

会议审议由行政处罚委员会主任或者其授权的副主任主持，分别由负责实施执法检查或者案件调查的执法职能部门负责人报告执法检查或者案件调查情况、行政处罚委员会办公室负责人汇报案件处理情况。

到会委员在讨论后采取记名投票方式进行表决，赞成人数超过行政处罚委员会全部委员数量半数的，审议通过。

第四十五条 中国人民银行及其分支机构行政处罚委员会办公室认为当事人违法违规事实清楚、证据充分，且拟不给予较大数额罚款或者拟不没收较大数额违法所得、较大价值非法财物的，可以提请行政处罚委员会采取书面审议方式集体审议。

当事人根据《中国人民银行行政处罚程序规定》第三十二条的规定自愿认错认罚的，中国人民银行或其分支机构行政处罚委员会办公室可以提请行政处罚委员会采取书面审议方式集体审议，及时作出行政处罚决定。

行政处罚委员会的书面审议采取委员书面审查、记名投票的方式，参与投票的委员人数超过全部委员数量的三分之二，且赞成人数超过全部委员数量半数的，审议通过。

第四十六条 中国人民银行及其分支机构行政处罚委员会办公室从事案件处理工作的人员，应当具有行政执法资格；初次从事案件处理工作的人员，应当通过国家统一法律职业资格考试取得法律职业资格。

第二节 行政处罚的立案

第四十七条 中国人民银行及其分支机构执法职能部门或者牵头部门申请立案的，应当填写立案审批表，并向本单位行政处罚委员会办公室提交立案审批表、相关证据和行政处罚建议。

中国人民银行及其分支机构已经向当事人出具责令整改通知书，要求整改的，执法职能部门或者牵头部门还应当提交责令整改通知书，并可以提交整改情况说明及相关佐证材料。

第四十八条 中国人民银行及其分支机构执法职能部门根据《中国人民银行行政处罚程序规定》第二十条的规定，拟在立案后进一步调查相关情况的，在申请立案时应当向本单位行政处罚委员会办公室提交立案审批表、案件调查通知书、相关违法违规行为的线索材料。

第四十九条 中国人民银行及其分支机构执法职能部门提出的行政处罚建议，应当包括拟认定的当事人违法违规行为事实、拟给予的行政处罚种类、幅度、理由和依据，或者不予行政处罚的理由和依据等。

行政处罚建议应当以书面形式提出，由执法职能部门负责人签名或者加盖执法职能部门印章。

采取综合执法检查方式的，由牵头部门组织相关执法职能部门分别提出本业务领域的行政处罚建议，汇总后向行政处罚委员会办公室提交。

执法职能部门建议适用《中华人民共和国行政处罚法》相关规定对当事人相关违法违规行为不予行政处罚的，应当提交当事人符合不予行政处罚情形的相关佐证材料。

第五十条 上级行委托下级行开展执法检查工作的，上级行牵头部门应当按照本细则第四十七条的规定，向本单位行政处罚委员会办公室提出立案申请，并组织本单位相关执法职能部门按照本细则第四十九条的规定，分别提出本业务领域的行政处罚建议，汇总后向行政处罚委员会办公室提交。

牵头部门在申请立案时，应当将承担执法检查工作的下级行提出的行政处罚建议，一并提交行政处罚委员会办公室。

第五十一条 中国人民银行及其分支机构行政处罚委员会办公室经审查，认为符合下列情形的，予以立案：

（一）有具体的违法违规行为主体；

（二）有证据证明相关主体存在违法违规行为，或者有证据证明存在违法违规行为的明确线索的；

（三）相关违法违规行为属于本单位管辖；

（四）相关违法违规行为没有超过追诉时效；

（五）有明确的行政处罚依据。

中国人民银行及其分支机构行政处罚委员会办公室经审查，认为本单位没有管辖权的，应当要求执法职能部门将案件依法移送有管辖权的中国人民银行或其分支机构、其他相关部门。

第三节 行政处罚案件的调查与案件处理

第五十二条 中国人民银行及其分支机构执法职能部门拟开展案件调查的，应当在立案审批表、案件调查通知书经行政处罚委员会办公室审核、行政处罚委员会主任或者副主任批准后实施。

行政处罚委员会办公室认为对相关案件需要补充开展案件调查的，也可以直接向执法职能部门提出建议。

案件调查应当自向当事人送达案件调查通知书之日起九十日内完成。因情况特殊，确实无法完成的，经批准立案的中国人民银行或其分支机构行政处罚委员会主任或者副主任批准，可以延长九十日。

第五十三条 调查终结，中国人民银行及其分支机构执法职能部门应当向本单位行政处罚委员会办公室提交调查报告，载明经调查核实的违法违规事实，并附相关证据、行政处罚建议。

中国人民银行及其分支机构执法职能部门在案件调查前已经提交过行政处罚建议，需要进行调整的，可以在调查报告中一并作出说明。

第五十四条 中国人民银行及其分支机构执法职能部门未经现场检查、非现场检查程序，根据《中国人民银行行政处罚程序规定》和本细则的规定，在行政处罚立案后进行案件调查的，应当参照《中国人民银行执法检查程序规定》第五章和本细则关于责令整改的规定要求当事人整改。责令整改通知书最迟应当与行政处罚决定书同步下发。

第五十五条 中国人民银行及其分支机构行政处罚委员会办公室根据法律、行政法规、中国人民银行规章等规定以及相关证据材料，结合执法职能部门提出的行政处罚建议、调查报告等，对照自由裁量权基准，提出当事人是否违法违规、是否应当给予行政处罚，以及拟认定的违法违规行为事实、拟给予行政处罚的种类、幅度等案件处理意见。

第五十六条 中国人民银行及其分支机构行政处罚委员会办公室对案件作出如下处理：

（一）认为当事人确有应当予以行政处罚的违法违规行为的，行政处罚委员会办公室起草审理报告、制作行政处罚意见告知书草案；

（二）认为根据《中华人民共和国行政处罚法》可以不予行政处罚的，行政处罚委员会办公室起草审理报告，提出不予行政处罚的意见；

（三）认为违法违规事实不能成立的，行政处罚委员会办公室起草审理报告，提出不予行政处罚的意见。

审理报告主要载明案件基本情况，当事人违法违规事实及处理意见、理由和依据，其他应当说明的问题等。

第五十七条 在提出案件处理意见的过程中，中国人民银行及其分支机构行政处罚委员会办公室可以要求执法职能部门对案件情况进行解释说明，也可以要求执法职能部门补充提供相关证据。

第五十八条 中国人民银行及其分支机构行政处罚委员会办公室认为当事人违法违规事实不

清、证据不足或者不符合相关要求，执法检查、案件调查等程序违法的，可以退回相关执法职能部门。

第五十九条 中国人民银行及其分支机构行政处罚委员会办公室要求执法职能部门补充提供相关证据，或者退回执法职能部门的，相关执法职能部门可以制作案件补充调查通知书，报行政处罚委员会主任或者副主任批准后，开展案件补充调查。

第四节 行政处罚的审议和决定

第六十条 中国人民银行及其分支机构行政处罚委员会办公室将审理报告、行政处罚意见告知书草案及相关证据提交行政处罚委员会进行审议。

中国人民银行及其分支机构行政处罚委员会办公室应当在行政处罚委员会审议前，将审理报告和行政处罚意见告知书草案报送行政处罚委员会各委员。

第六十一条 中国人民银行及其分支机构行政处罚委员会按照《中国人民银行行政处罚程序规定》第二十五条的规定进行审议，并依法作出如下审议决定：

（一）行政处罚委员会办公室提交的审理报告、行政处罚意见告知书草案认定的事实清楚、证据充分、适用法律准确、裁量适当，相关文书完备、规范的，作出审议通过的决定；

（二）行政处罚委员会办公室提交的审理报告、行政处罚意见告知书草案认定的事实不清、证据不足的，作出退回相关执法职能部门重新调查的决定；

（三）行政处罚委员会办公室提交的审理报告、行政处罚意见告知书草案认定的事实清楚、证据充分，但法律适用存在明显问题或者裁量明显不适当的，作出退回行政处罚委员会办公室重新审理的决定，或者决定直接对相关法律适用和裁量进行调整；

（四）行政处罚委员会办公室提交的审理报告、行政处罚意见告知书草案认定的事实清楚、证据充分、适用法律准确，但裁量或者相关文书存在瑕疵的，作出原则审议通过的决定，并要求行政处罚委员会办公室对相关问题进行修正。

第六十二条 中国人民银行及其分支机构行政处罚委员会完成审议后，行政处罚委员会办公室应当根据会议审议或者书面审议的情况，制作行政处罚委员会决议。

行政处罚委员会决议经行政处罚委员会主任或者其授权的副主任签署后生效。

拟作出行政处罚决定的，行政处罚委员会办公室根据行政处罚委员会决议制作行政处罚意见告知书。

第六十三条 中国人民银行及其分支机构行政处罚委员会按照《中国人民银行行政处罚程序规定》第十六条的规定审议其他事项的，参照执行本细则对案件审理的规定。

第六十四条 中国人民银行及其分支机构拟对相关违法违规行为适用减轻行政处罚、不予行政处罚的，应当在审理报告中作出专门说明。

中国人民银行分支机构拟减轻行政处罚、不予行政处罚的，应当在行政处罚委员会完成审议后、行政处罚意见告知书制发前，以行政处罚委员会名义报上级行行政处罚委员会核准。拟减轻行政处罚的幅度原则上不超过法定最低处罚金额的50%。

第六十五条 当事人未进行陈述申辩、申请听证，或者书面放弃陈述申辩权利、听证权利的，行政处罚委员会办公室根据行政处罚委员会决议直接制作行政处罚决定书，经行政处罚委员会主任批准后，送达当事人。

第六十六条 当事人进行陈述申辩或者申请听证的，行政处罚委员会办公室应当结合当事人提出的陈述申辩意见、听证报告和听证笔录，以及在陈述申辩或者听证过程中获取的新证据，对拟作出行政处罚的事实、理由和依据进行复核。

当事人提出的事实、理由和依据成立的，行政处罚委员会办公室应当予以采纳。

第六十七条 行政处罚委员会办公室经复核，认为不需要对拟作出的行政处罚种类、幅度进行重大调整的，可以不再组织行政处罚委员会审议，根据行政处罚委员会决议制作行政处罚决定书，经行政处罚委员会主任批准后，送达当事人。

行政处罚委员会办公室经复核，认为需要对拟作出的行政处罚种类、幅度进行重大调整，或者变更拟处罚的当事人的，应当再次组织行政处罚委员会会议审议或者书面审议，并重新制作行政处罚意见告知书，送达当事人。

第六十八条 行政处罚委员会主任批准制作行政处罚决定书的日期，为作出行政处罚决定的日期。

第六十九条 依法制作行政处罚决定书的，行政处罚决定执行完毕后结案。

申请人民法院强制执行的，人民法院执行完毕或者依法裁定终结执行后结案。

行政处罚委员会经审议认为违法违规事实不能成立的，行政处罚委员会主任或者其授权的副主任签署行政处罚委员会决议后结案。

行政处罚委员会经审议认为依法可以不予行政处罚的，经上级行行政处罚委员会核准后结案。

第七十条 对当事人的违法违规行为依法不予行政处罚的，相关执法职能部门应当会同行政处罚委员会办公室通过约谈等方式对当事人进行教育。

第七十一条 当事人根据《中华人民共和国行政处罚法》和《中国人民银行行政处罚程序规定》的规定，申请延期或者分期缴纳罚款的，行政处罚委员会办公室应当会同相关执法职能部门对当事人申请的合理性进行复核，报行政处罚委员会主任或者副主任批准后，书面告知当事人是否同意其申请。

第五节 先行整改承诺适用

第七十二条 拟申请适用先行整改承诺的当事人不得存在下列情形：

（一）违法违规行为情节特别严重、社会影响恶劣，或者涉嫌为犯罪活动提供支持的；

（二）不立即实施行政处罚不利于行政处罚执行、影响行政执法效果，或者将损害社会公共利益、他人合法权益的；

（三）五年内重复发生相同类型违法违规行为的；

（四）相关违法违规行为发生后无法通过整改消除损害、不良影响的；

（五）当事人不认可违法违规事实的；

（六）存在不宜适用先行整改承诺的其他情形的。

第七十三条 中国人民银行分支机构收到当事人先行整改承诺申请的，应当提出是否适用先行整改承诺的意见，以行发文的形式逐级上报中国人民银行批准。

第四章 档案管理

第七十四条 中国人民银行及其分支机构对执法检查、行政处罚档案实施分类管理。

中国人民银行及其分支机构在执法检查、行政处罚过程中制作以及收到的各种文书、获取的证据材料等均应当作为档案保存。

执法检查、行政处罚档案在整理、保存时区分正卷和副卷。除涉及国家秘密、工作秘密、商业秘密、个人隐私和个人信息等应当依法予以保密的信息外，正卷不定密级，经被检查人、当事人或其代理人申请，本单位行长或者副行长（主任或者副主任）批准，可以查阅；副卷按照工作秘密或者内部材料管理，涉及国家秘密的，按照相关保密规定确定密级。

第七十五条　执法检查档案由牵头部门组织、协调相关执法职能部门整理，由牵头部门负责保存，或者移交本单位档案保管部门集中保存。

执法检查档案的正卷主要包括执法检查通知书、执法检查进场记录、执法对象权利义务告知书、执法检查退场会谈纪要、责令整改通知书等向被检查人印发的文书原件，执法检查中获取的证据，以及被检查人提交的整改报告。

执法检查档案的副卷主要包括执法检查立项审批表、检查方案、执法检查报告等内部文书材料。

第七十六条　行政处罚档案由行政处罚委员会办公室负责整理、保存。

行政处罚档案的正卷主要包括案件调查通知书、行政处罚意见告知书、行政处罚决定书、听证通知书等向当事人印发的文书原件，以及案件调查中获取的证据、陈述申辩和听证环节当事人提交的材料。

行政处罚档案的副卷主要包括行政处罚立案审批表、行政处罚建议、审理报告、行政处罚委员会会议记录和表决票、行政处罚委员会决议等内部文书材料。

第五章　附则

第七十七条　执法检查、案件调查过程中，依法收集、处理被检查人、当事人及其工作人员个人信息的，相关检查人员、调查人员应当按照《中华人民共和国个人信息保护法》第三十五条的规定履行告知义务。

第七十八条　中国人民银行及其分支机构根据《中国人民银行执法检查程序规定》第九条和《中国人民银行行政处罚程序规定》第二十二条的规定使用辅助人员的，应当选用与被检查人、当事人不存在利害关系的人员，并与辅助人员签署保密协议。

第七十九条　中国人民银行及其分支机构按照《行政执法机关移送涉嫌犯罪案件的规定》，以及《中国人民银行执法检查程序规定》第五十一条和《中国人民银行行政处罚程序规定》第四十四条的规定向公安机关移送线索的，原则上相关执法检查和行政处罚程序应当继续进行。

第八十条　中国人民银行及其分支机构执法职能部门在执法检查、案件调查过程应当注意发现被检查人的工作人员、当事人或其工作人员中被监察对象涉嫌违反党纪、职务违法或者职务犯罪等问题线索，并及时通过本单位法律事务部门，或者直接向本单位纪检监察部门移送。

法律事务部门在法制审核、案件审理过程中发现上述问题线索的，应当及时向本单位纪检监察部门移送。

第八十一条　中国人民银行及其分支机构应当定期组织开展行政执法评议、考核，不定期开展行政执法情况抽查，加强对下级行执法检查和行政处罚工作的监督，发现存在下列情形的，应当及时按照《中华人民共和国行政处罚法》及其他有关规定，采取责令改正、约谈、通报批评等处理措施：

（一）没有法定的行政处罚依据实施行政处罚，或者适用法律明显错误的；

（二）擅自改变行政处罚种类、幅度，或者不按照行政处罚裁量基准实施行政处罚的；

（三）违反执法检查、行政处罚程序开展执法检查、行政处罚的；

（四）发现违法违规行为不及时予以处理，或者对符合立案标准的案件不及时立案的；

（五）不履行相关程序减轻行政处罚、不予行政处罚，或者减轻行政处罚、不予行政处罚依据不充分的；

（六）对应当依法移交司法机关追究刑事责任的案件不移交的；

（七）不及时收缴罚款、没收违法所得的；

（八）未按规定及时公开行政处罚决定信息的；

（九）存在违反《中华人民共和国行政处罚法》等规定的其他情形的。

第八十二条 中国人民银行副省级城市中心支行以上分支机构应当于每年一月底前向中国人民银行报告辖区内执法检查和行政处罚工作开展情况。

第八十三条 对提交中国人民银行行政处罚委员会审议的外汇案件，按照《中国人民银行行政处罚程序规定》和本细则相关审议程序实施。

第八十四条 本细则由中国人民银行负责解释。

第八十五条 本细则自 2022 年 6 月 1 日起施行。

附：1. 执法检查立项审批表（略）

2. 函询通知书（略）

3. 执法检查通知书（略）

4. 执法检查进场记录（略）

5. 中国人民银行执法对象权利义务告知书（略）

6. 中国人民银行执法检查廉政纪律公示（略）

7. 执法检查调阅资料清单（略）

8. 执法检查工作底稿（略）（略）

9. 协助检查通知书（略）（略）

10. 执法检查事实认定书（略）

11. 执法检查询问笔录（略）

12. 执法检查退场会谈纪要（略）

13. 补充检查通知书（略）

14. 责令整改通知书（略）

15. 涉嫌犯罪案件移送书（略）

16. 问题线索移送函（略）

17. 行政处罚立案审批表（略）

18. 案件调查通知书（略）

19. 案件补充调查通知书（略）

20. 行政处罚意见告知书（单位）（略）

21. 行政处罚意见告知书（个人）（略）

22. 听证通知书（略）

23. 听证笔录（略）

24. 听证报告（略）

25. 行政处罚决定书（单位）（略）
26. 行政处罚决定书（个人）（略）
27. 当事人送达方式和地址确认书（略）
28. 送达回证（略）
29. 授权委托书（略）
30. 异地管辖告知书（略）
31. 指定管辖通知书（略）
32. 个人信息保护告知同意书（略）

中国人民银行办公厅
2022 年 5 月 9 日印发

中国人民银行办公厅关于进一步落实有关严格实施监管豁免要求的通知

（银办发〔2023〕148 号）

中国人民银行上海总部，各司局，各省、自治区、直辖市及计划单列市分行：

为了提升中国人民银行系统行政决策的科学性、合理性、合法性水平，中国人民银行 2022 年第 6 次行务会议专题研究了规范行政决策流程、严格实施监管豁免的相关措施，提出了具体工作部署。

从各单位各部门的工作情况看，相关要求已经在行政决策过程中发挥了积极作用。在总结前期工作经验的基础上，为进一步严格规范实施监管豁免、细化工作流程，现将《关于规范行政决策流程 严格实施监管豁免的暂行规定》印发给你们，请遵照执行。

附件：关于规范行政决策流程 严格实施监管豁免的暂行规定

中国人民银行办公厅

2023 年 11 月 27 日

关于规范行政决策流程 严格实施监管豁免的暂行规定

第一条 为进一步规范行政决策流程，严格实施监管豁免，提升中国人民银行系统行政决策的科学性、合理性、合法性水平，根据《中华人民共和国中国人民银行法》和《重大行政决策程序暂行条例》等法律法规，制定本规定。

第二条 中国人民银行及其分支机构作出行政决策，应当坚持和加强党的全面领导，遵循科学决策、民主决策、依法决策原则，遵守法定权限、履行法定程序，保证行政决策符合党中央文件，法律、行政法规、国务院决定和国务院文件，以及中国人民银行规章、规范性文件和内部管理制度等，严格规范实施监管豁免。

第三条 本规定所称监管豁免，是指中国人民银行及其分支机构在对监管对象作出行政决策时，调整适用中国人民银行规章、规范性文件和内部管理制度规定的条件、程序、裁量幅度等，直接或者间接增加监管对象权利，减少或者免除监管对象应当承担的法定义务，可能对监管对象的权利义务产生较大影响。

不得擅自调整适用党中央文件，法律、行政法规、国务院决定和国务院文件规定的条件、程序、裁量幅度实施监管豁免。因金融监管、防范和处置金融风险的实际需要，确需调整适用的，应当按照本规定严格履行各项程序后，逐级报有权机关同意。

中国人民银行各分支机构对监管对象作出行政决策时确需调整适用中国人民银行规章、规范性文件和内部管理制度的，应当在本级行负责同志集体审议通过后，逐级上报中国人民银行审查。

第四条　在金融监管、防范和处置金融风险工作中，执行现行制度要求可能无法实现政策目标或者导致其他严重后果的，在权限范围内严格按照本规定履行评估论证、征求意见和集体审议等程序后，可以实施监管豁免。

对存在类似情形的同类监管对象，实施监管豁免应当采用基本相同的方案；就同类情形多次实施监管豁免的，原则上应当及时修改相关制度，或者提出修改相关制度的建议。

第五条　本规定所称行政决策，包括：

（一）行政许可、执法检查、行政处罚、行政强制、监管评级等决定。

（二）发放用于特定目的的贷款的决定。

（三）作出监管对象接入中国人民银行及其直接管理的单位等建设、运营的信息化系统的决定。

（四）赋予监管对象特定资格的决定。

（五）为防范和处置金融风险采取的特定措施。

（六）其他可能对监管对象的权利或者义务产生较大实质性影响的措施。

第六条　中国人民银行及其分支机构牵头承办行政决策的部门（以下简称承办部门）承担行政决策的主体责任，负责对监管豁免进行排查、评估论证、征求意见、提请行领导集体审议，以及记录归档等。

承办部门应当不断完善本部门内部工作流程，强化权力监督与制衡。承办部门的主要负责同志是保障行政决策科学性、合理性、合法性，防范违法实施监管豁免的第一责任人。

第七条　承办部门应当结合工作实际，排查相关行政决策中是否存在监管豁免的事项。

第八条　中国人民银行规章、规范性文件和内部管理制度等已经要求相关行政决策履行评估论证、征求意见和集体审议等程序的，承办部门可以合并履行相关程序，但应当对监管豁免的事项进行单独说明。对实施监管豁免的程序另有规定的，从其规定。

第九条　承办部门应当对监管豁免的事项进行评估论证、逐项梳理，形成实施方案。实施方案应当包括下列内容：

（一）实施监管豁免的必要性、可行性和合理性。

（二）拟调整适用的法定条件、程序、裁量幅度等事项。

（三）拟采用的条件、程序、裁量幅度等事项。

承办部门可以在实施方案中提出有针对性的替代性监管措施。

第十条　承办部门应当客观、公正、科学地分析论证实施方案可能带来的法律风险、舆论风险、廉政风险，以及可能对金融监管、金融稳定和社会公众利益的负面影响，形成风险及影响分析报告。

承办部门可以根据工作需要，组织相关领域专家、专业机构以适当的形式参与分析论证。经分析论证，认为实施方案存在较大风险的，应当对风险进行评估。经评估认为风险可控的，承办部门应当制定风险应对预案，确保有序处置相关风险；经评估认为风险不可控的，承办部门不得继续实施监管豁免。

第十一条　承办部门应当将实施方案、风险及影响分析报告一并送相关部门征求意见，并请法律部门就是否已经履行本规定要求的程序进行审查。

承办部门应当认真听取相关部门的意见建议。相关部门对实施方案存在较大分歧的，承办部门应当对实施方案进行修改完善，尽可能达成一致；确实无法达成一致的，承办部门可以提出两个以上的实施方案或者将相关部门意见一并提请行领导集体审议。

第十二条　承办部门应当根据拟豁免事项的实际情况，按照规定选择提请行长专题会议、行长办公会议、行务会议、党委会议审议，或者以传签等形式书面集体审议。

相关事项较为紧急或者拟调整适用的内容较为简单，经评估认为风险可控的，可以由本级行主要负责同志或者经授权的分管负责同志批准。

承办部门应当在行领导集体审议时详细汇报评估论证、征求意见等情况；对集体审议决定情况应当如实记录，对不同意见应当如实载明。

第十三条　承办部门应当将履行本规定要求形成的材料及时完整归档。

第十四条　行政决策事项涉及国家秘密的，相关部门和人员应当严格依法履行保密义务，不得以保密为由规避本规定要求。

第十五条　本规定自印发之日起实施。

中国人民银行办公厅
2023 年 11 月 28 日印发

中国银保监会办公厅关于进一步做好银行业保险业反洗钱和反恐怖融资工作的通知

（银保监办发〔2019〕238 号）

各银保监局，各政策性银行、大型银行、股份制银行，邮储银行，外资银行，金融资产管理公司，保险公司，保险资产管理公司：

为加强银行业保险业反洗钱和反恐怖融资工作，提升银行保险机构反洗钱和反恐怖融资工作水平，现将有关事项通知如下：

一、银保监会及其派出机构应当按照相关法律、行政法规及规章的规定，做好银行保险机构市场准入环节的反洗钱和反恐怖融资审查工作，对于不符合条件的，不予批准。

二、银保监会及其派出机构应当将反洗钱和反恐怖融资工作情况纳入机构日常监管工作范围，督促银行保险机构建立健全反洗钱和反恐怖融资内部控制机制。

三、银保监会及其派出机构应当在现场检查工作中贯彻反洗钱和反恐怖融资监管要求，现场检查工作要重点对机构反洗钱和反恐怖融资内控制度建立和执行情况进行检查。

四、银保监会及其派出机构应当加强与人民银行及其分支机构的沟通协作，在规则制定、现场检查、非现场监管及行政处罚工作中加强沟通协调，推动形成监管合力。

五、银行保险机构应当强化组织保障，加大反洗钱和反恐怖融资资源投入，加强对从业人员的反洗钱和反恐怖融资培训，提高反洗钱和反恐怖融资工作能力。

六、各银行保险机构应当于每年度结束后 20 个工作日内，按照附件 1 规定的模板向银保监会或属地银保监局报送上年度反洗钱和反恐怖融资年度报告并填报相关附表。

法人机构的反洗钱和反恐怖融资年度报告内容应当覆盖本机构总部和全部分支机构；非法人机构的反洗钱和反恐怖融资年度报告内容应当覆盖本级机构及其所辖分支机构。

七、银行保险机构发生下列情况的，应当及时向银保监会或属地银保监局提交临时报告：

（一）主要反洗钱和反恐怖融资内部控制制度修订；

（二）反洗钱和反恐怖融资工作机构和岗位人员调整、联系方式变更；

（三）涉及本机构反洗钱和反恐怖融资工作的重大风险事项；

（四）洗钱风险自评估报告或其他相关风险分析材料；

（五）境外分支机构和附属机构受到当地监管部门或者司法部门与反洗钱和反恐怖融资相关的现场检查、行政处罚、刑事调查或者发生其他重大风险事项；

（六）其他需要报告的反洗钱和反恐怖融资工作情况。

其中，第五项境外机构工作情况由法人机构报送。

八、银行保险机构反洗钱和反恐怖融资年度报告和临时报告按照以下路径报送：

（一）各会管银行业金融机构向银保监会报送反洗钱和反恐怖融资工作材料，各地方法人银行业金融机构和会管银行业金融机构的分支机构向属地银保监局报送反洗钱和反恐怖融资工作材料。

（二）各保险公司、保险资产管理公司向银保监会报送反洗钱和反恐怖融资工作材料，各保险公司省级分支机构汇总本级及以下分支机构的反洗钱和反恐怖融资工作材料向属地银保监局报送。

九、各保险公司、保险资产管理公司法人机构应当于每季度结束后10个工作日内，按照附件2规定的模板通过互联网“保险监管专项数据采集平台”向银保监会报送协助查证洗钱案件信息。

十、各银保监局应当于每年3月31日前，按照附件3规定的模板向银保监会报送上年度反洗钱和反恐怖融资工作报告，并填报相关附表。

各银行保险机构2019年反洗钱和反恐怖融资年度报告请于2020年2月15日前报送。《关于加强保险业反洗钱工作信息报送的通知》（保监稽查〔2016〕273号）自本通知印发之日起废止。

附件：1. 银行保险机构反洗钱和反恐怖融资年度报告模板（略）
2. 保险公司、保险资产管理公司季度报告模板（略）
3. 银保监局反洗钱和反恐怖融资年度报告模板（略）

中国银保监会办公厅
2019年12月30日

第四部分

反洗钱局发文

关于客户身份识别有关问题的批复

（银反洗发〔2007〕14号）

深圳发展银行合规部：

你行《关于客户身份识别有关问题的请示》（深发银〔2007〕755号）收悉。经研究，现就有关问题批复如下：

一、《金融机构客户身份识别和客户身份资料及交易记录保存管理办法》（中国人民银行 中国银行业监督管理委员会 中国证券监督管理委员会 中国保险监督管理委员会令〔2007〕第2号，以下简称《管理办法》）第七条的“本机构”包括同一家金融机构内所有的网点和机构。同时考虑到通存通兑业务的实际情况，当客户通过其在境内其他银行业金融机构开立的账户或银行卡来你行办理业务时，你行对这类客户所提供的金融服务可不作为《管理办法》第七条所规定的“一次性金融服务”。

《管理办法》第七条所规定的“票据兑付”仅限于以现金方式进行票据兑付的业务。

二、对单位客户，《管理办法》第十九条所规定的“有效身份证件或身份证明文件”既包括可证明该客户依法设立或者可依法开展经营、社会活动的执照、证件或者文件，又包括组织机构代码证、税务登记证等。

如果单位客户的有效身份证件或身份证明文件未在法定期限内通过有关部门审查的，你行应按照《管理办法》第十九条中“身份证件或者身份证明文件已过有效期的”的相关要求办理。

你行按照《管理办法》第十九条的规定中止为客户办理业务时，可不终止与客户间的业务关系，但应在客户没有更新身份证件或者其他身份证明文件时暂停办理业务，相关结算业务也包括在内。

三、《管理办法》第七条、第八条、第十二至十四条中的“以上”均含本数。

四、你行在《管理办法》生效前登记的客户身份信息，如不满足第三十三条要求的，原则上不要求进行补登记。但如果你行在《管理办法》生效后为客户办理业务属于《管理办法》第七条、第十一条、第十二条、第十六条、第十九条、第二十二条规定的情形的，应进行信息的补登记。

二〇〇七年十二月六日

关于客户身份识别有关问题的批复

（银反洗发〔2011〕13号）

福州中支反洗钱处：

你处《关于反洗钱工作有关问题的请示》（福银反洗〔2011〕32号）收悉。经研究，现批复如下：

一、除证券期货业、保险业行业主管部门另有规定外，证券期货业、保险业金融机构在履行客户身份识别义务时，可参照中国人民银行有关银行业金融机构实名制证件种类、规格的规定，要求客户提供有效的身份证件或者身份证明文件。

二、金融机构可借助社会保障卡联网核查自然人的身份信息，以增强客户身份识别措施的有效性，但此项措施不能替代法定的其他客户尽职调查措施，也不得强制性推行。

三、对于申请办理保单借款的客户，金融机构应按照反洗钱法律对新客户的身份识别要求对其采取客户尽职调查措施。如果金融机构已在该客户投保时采取了法定的客户尽职调查措施，可简化相关客户尽职调查程序。

二〇一一年九月十四日

关于加强支付机构反洗钱监督管理工作的通知

（银反洗发〔2012〕8号）

上海总部金融服务二部，各分行、营业管理部，各省会（首府）城市中心支行，各副省级城市中心支行反洗钱处：

为防范支付机构洗钱风险，加强对支付机构的反洗钱监管，现就2012年支付机构反洗钱监督管理工作提出如下要求：

一、以法人为主体建立支付机构反洗钱监管档案

各分支行负责对在辖内注册的支付机构的反洗钱监管工作，确保支付机构按法人建立统一的反洗钱内控体系，并要求支付机构于6月30日前依照《中国人民银行关于印发〈支付机构反洗钱和反恐怖融资管理办法〉的通知》（银发〔2012〕54号）的规定，完成各类反洗钱内部控制制度和可疑交易监测标准的备案工作。

各分支行应建立支付机构反洗钱监管档案，内容包括支付机构的基本信息、业务范围、联系人员、各类反洗钱内部控制制度和可疑交易监测标准等。

二、加强对支付机构的政策辅导及风险提示

各分支行应在5月底前召集辖内支付机构，以《支付机构反洗钱和反恐怖融资管理办法》为重点，做好对支付机构高级管理人员和反洗钱工作人员的培训工作，提升支付机构反洗钱整体意识和工作水平；要求支付机构根据自身业务特点，积极向客户宣传反洗钱知识，配合履行反洗钱义务。

各分支行应针对今年举办欧洲杯、奥运会等事项，要求支付机构对可能出现的网络赌博、信用卡套现等风险保持高度警惕，强化客户身份持续识别和可疑交易监测。

三、组织开展对支付机构的反洗钱现场检查

反洗钱局将对支付机构集中的上海、广州、北京、浙江和深圳开展反洗钱专项现场检查，检查对象以网络支付为主，上述地区的分支行应对辖内支付机构开展风险评估，向反洗钱局提交检查对象备选建议名单。其他已将支付机构纳入今年现场检查计划的分支行应提前对检查对象的反洗钱内控制度、组织结构、业务特点以及洗钱风险薄弱环节等开展全面评估。反洗钱专项检查应以支付机构反洗钱内控体系和客户身份识别为重点。

专项现场检查由反洗钱局统一组织，并对检查人员集中进行专项业务培训。检查过程中，反洗钱局将对各地现场检查工作进行抽查。检查工作结束后，各检查组要分析支付机构反洗钱工作的问题和主要风险，总结检查方法，并提出改进支付机构反洗钱监管工作的政策建议。

四、平稳处理过渡期间的可疑交易报告工作

为确保支付机构可疑交易报告工作及时开展，在中国反洗钱监测分析中心电子化报告平台投入运行前，各处应收集支付机构可疑交易报告，并及时做好可疑交易报告的分析和移送工作。

五、全面系统地研究支付机构反洗钱工作

各分支行要按照风险为本的原则，参照国际标准和有关国家的监管实践，研究与不同支付产品洗钱风险水平匹配的差别化监管措施。对支付机构的创新产品，要熟悉其产品业务流程，分析洗钱风险薄弱环节，提出反洗钱监管的政策建议。

各分支行应在每年的反洗钱监管报告中，上报辖内支付机构的反洗钱监管情况。

二〇一二年五月十八日

关于客户身份识别相关问题请示的批复

（银反洗发〔2012〕17号）

南京分行反洗钱处：

你处《关于客户身份识别相关问题的请示》（南银反洗〔2012〕6号）收悉。经研究，现批复如下：

一、对于《金融机构客户身份识别和客户身份资料及交易记录保存管理办法》（以下简称《管理办法》）第十二条中“保险费金额人民币2万元以上或者外币等值2000美元以上且以现金形式缴纳的人身保险合同”或是“保险费金额人民币20万元以上或者外币等值2万美元以上且以转账形式缴纳的保险合同”等规定情形，保险公司依照单个被保险人的保险费金额或者分摊到每个被保险人的保险费金额计算保费金额。

二、无卡、无折存款不属于一次性金融业务，但银行在客户由他人代理办理人民币单笔5万元以上或者外币等值1万美元以上的存款又无法提供被代理人身份证件等规定情形下，可参照《管理办法》第七条所规定的“一次性金融服务”的要求开展客户身份识别工作。

三、当客户通过其在同城其他银行机构开立的账户或银行卡来银行机构办理“柜面通”（同城跨行存取款）业务时，银行对这类客户所提供的金融服务可不作为《管理办法》第七条所规定的“一次性金融服务”。

对于金融机构客户风险等级划分方面的问题，我局正在研究制定相关指引，请你处继续协助收集相关信息。

二〇一二年六月二十九日

关于执行《金融机构大额交易和可疑交易报告管理办法》有关问题请示的批复

（银反洗发〔2012〕22号）

华泰证券股份有限公司：

你公司《关于执行〈金融机构大额交易和可疑交易报告管理办法〉有关问题的请示》（华泰证字〔2012〕260号）收悉。经研究，现就相关问题批复如下：

一、《金融机构大额交易和可疑交易报告管理办法》（中国人民银行令〔2006〕第2号，以下简称《管理办法》）第十二条第（一）款“现金收付”的监测范围不包括已实现客户交易结算资金第三方存管账户。

上述异常交易报告标准所称的“接近于”是指低于大额现金交易标准的情形，具体比例可由你公司合理确定。如果你公司发现客户资金账户原因不明地频繁出现略高于大额现金交易标准的现金收付，也应加以关注，分析其是否存在疑点。

二、《管理办法》第十四条中“异常情形”泛指一切可能引发或应当引发金融机构产生合理怀疑的情形。对于任何异常情形，你公司都应当按照规定审查交易背景、交易目的、交易性质。如果有合理理由排除疑点或者没有合理理由怀疑该交易或客户涉及违法犯罪活动，则不能将所发现的异常交易作为可疑交易报告的内容，反之则可将其作为可疑交易报告的内容。

三、对于公安机关对其证券和证券交易结算资金进行查询、冻结、扣划的客户，你公司应审查客户的历史交易，如发现或有合理理由怀疑其涉及洗钱、恐怖融资的，应当按照规定向中国反洗钱监测分析中心和当地人民银行分支机构提交可疑交易报告。

此类可疑交易报告的报送可不受“在可疑交易发生后的10个工作日内”进行报告要求的限制。

对于上述可疑交易报告所涉及到的客户的风险等级，你公司可根据自定的客户风险等级分类标准确定。

二〇一二年七月四日

关于提示利用支付机构从事网络赌博有关资金交易风险的通知

（银反洗发〔2012〕24号）

上海总部金融服务二部、各分行、营业管理部、省会（首府）城市中心支行、副省级城市中心支行反洗钱处：

近期，公安部门发现有部分不法分子通过支付机构进行网络赌博有关资金交易等违法活动。随着伦敦奥运会临近，为加强支付机构反洗钱监管，促进非金融支付服务行业健康发展，现就提示支付机构识别网络赌博有关资金交易风险并采取有效应对措施等相关问题，通知如下：

一、关于支付机构识别网络赌博资金交易的风险点

（一）客户使用伪造身份证件或他人（机构）身份证件申请支付服务。

（二）资金交易呈现分散转入、集中转出和（或）集中转入、分散转出的特征。

（三）账户呈现过渡特征，大额资金当天到账当天转出，账户不留余额或少留余额。

（四）交易金额为一定金额的整数倍，或接近于一定金额的整数倍（如199元、201元等）。

（五）资金交易金额、频度与客户身份、财务状况、经营内容、经济行为等明显不符。

（六）资金交易呈现较明显的周期性，如每隔一段固定时间进行账户充值或转账等。

（七）短期内在少数POS机上出现大量借记卡交易。

（八）交易时间与体育彩票开奖时间、境外主要博彩机构开奖时间、重大体育赛事确定结果时间等具有高度关联性。

二、关于支付机构应对措施的建议

（一）支付机构应当认真落实《支付机构反洗钱和反恐怖融资管理办法》，建立健全反洗钱内控机制，加强对客户和特约商户的客户身份识别，强化可疑交易监测分析，提高工作人员反洗钱意识。

（二）支付机构应当严格审核特约商户经营业务，不得为涉嫌存在未经国家许可擅自发行彩票、以有奖销售（竞猜）为名非法发行或变相发行彩票、以可兑换的虚拟货币进行竞猜等违法问题的商户提供支付服务。

（三）支付机构发现特约商户存在下列情况的，应合理采取定期或不定期登录特约商户网站进行核查、调阅特约商户保存的订单记录、查验商品的物流信息、向相关金融机构提供涉及可疑交易的客户身份信息和交易记录等方式核实特约商户经营内容，加强交易监测分析：

1．特约商户网站建成时间短，制作粗糙，无公司介绍、联系方式等基本信息。

2．特约商户网站需注册登录后才能浏览商品或服务。

3. 未经审核批准，擅自变更网址、经营产品或服务项目。

4. 交易金额与产品或服务价格存在较大差异，经营产品无法下单交易。

请各分支行按本通知要求，对支付机构进行风险提示，并做好对支付机构的监督管理工作。

二〇一二年七月十日

关于众诚汽车保险股份有限公司反洗钱工作有关问题请示的批复

（银反洗发〔2012〕31号）

众诚汽车保险股份有限公司：

你公司《关于众诚保险反洗钱工作有关问题的请示》（众诚保险〔2012〕157号）收悉。经研究，现就相关问题批复如下：

一、《金融机构客户身份识别和客户身份资料及交易记录保存管理办法》（中国人民银行 中国银行业监督管理委员会 中国证券监督管理委员会 中国保险监督管理委员会令〔2007〕第2号，以下简称《管理办法》）第二十二条规定的重新识别对象为你公司已经按照《管理办法》第十二条、第十三条、第十四条、第十九条的规定采取过客户身份识别措施的客户。

二、当客户减保所致的退还金额达到《管理办法》第十三条规定的金额标准时，你公司应采取《管理办法》第十三条规定的客户身份识别措施。

二〇一二年七月二十七日

关于客户身份识别等相关问题请示的批复

（银反洗发〔2013〕5号）

南京分行反洗钱处：

你处《关于客户身份识别等相关问题的请示》（南银反洗〔2012〕13号）收悉。经研究，现批复如下：

一、财务公司需要制定客户洗钱风险等级标准。

二、如果财务公司集团成员内部转账的交易符合《金融机构大额交易和可疑交易报告管理办法》（中国人民银行令〔2006〕第2号）规定的大额或可疑交易标准，财务公司应向中国反洗钱监测分析中心报送此类交易。

三、对于达到规定识别金额的共保业务，在主承保公司已按规定采取了相关客户身份识别措施的情况下，分保公司可不再重复相关工作，但分保公司应确保可获得客户的身份资料信息，并承担相应的识别客户责任。

四、对于货物运输险的投保人为外籍进口商的，如果为对私客户，保险公司可要求该客户提供所在国家或地区的政府有权机关出具的能够证明其真实身份的证明文件，如果为对公客户，保险公司可要求该客户提供可证明其在所在国家或地区依法设立或者可依法开展经营、社会活动的执照、证件或者文件。

五、对于规定识别金额以上的被法院强制执行的车险理赔业务，保险公司如无法获得受益人的身份证件，可不留存受益人的有效身份证明文件或其他身份证明文件的复印件或者影印件，但应按照勤勉尽责的原则，确认受益人与投保人之间的关系，登记受益人身份基本信息。

六、证明投保人与被保险人、受益人关系的资料除了户口簿和结婚证外，还包括其他具有法律效力的证明文件。

七、保险中介公司收取投保人的现金保费后，集中转账至保险公司在开户银行的账户，对于保险公司而言，仍视为现金缴纳保费。

八、对于理赔模式为由医保中心从基本医疗保险统筹基金中先行垫付理赔款，再由保险公司将理赔款结算给医保中心的大病补充医疗保险业务，当理赔金额达到规定识别金额起点时，保险公司如无法获得客户（受益人）的身份证件，可不留存客户（受益人）的有效身份证明文件或其他身份证明文件的复印件或者影印件，但应按照勤勉尽责的原则，确认受益人与投保人之间的关系，登记受益人身份基本信息。

中国人民银行反洗钱局
2013年3月5日

关于第三方代付小额保费的可疑交易识别问题请示的批复

（银反洗发〔2013〕6号）

日本财产保险（中国）有限公司合规部：

你部《有关第三方代付小额保费的可疑交易识别问题的请示》（日财（中国）合规发〔2012〕48号）收悉。经研究，现批复如下：

一、对于购买你公司高尔夫球员综合保险的客户，你公司应按照《金融机构客户身份识别和客户身份资料及交易记录保存管理办法》（中国人民银行　中国银行业监督管理委员会　中国证券监督管理委员会　中国保险监督管理委员会令〔2007〕第2号）第十二条的规定识别客户身份。

二、对于涉及你公司高尔夫球员综合保险第三方代付的异常交易，你公司可按照风险为本的原则自行确定异常交易的分析识别流程，但应符合《中国人民银行关于进一步加强金融机构反洗钱工作的通知》（银发〔2008〕391号）和《中国人民银行关于明确可疑交易报告制度有关执行问题的通知》（银发〔2010〕48号）的相关反洗钱监管要求。

中国人民银行反洗钱局

2013年3月5日

关于边境地区受理境外边民办理金融业务的客户身份证件问题的复函

（银反洗发〔2013〕12号）

昆明中支反洗钱处：

你处《关于边境地区受理境外边民办理金融业务的客户身份证件问题的请示》（昆银反〔2013〕1号）收悉。经研究，现函复如下：

你辖内金融机构在按照反洗钱规定开展客户身份识别工作时，可参照《中国人民银行办公厅关于境外边贸企业和个人开立人民币银行结算账户有关问题的批复》（银办函〔2008〕26号）第二条有关境外边民开立境内银行结算账户所需身份证件或身份证明文件的要求执行。如果后续立法或证监会、保监会对此问题另有要求，则从其规定。

中国人民银行反洗钱局

2013年4月2日

关于满期给付和大病保险理赔客户身份识别工作请示的批复

银反洗发〔2013〕22号

中国人寿保险股份有限公司：

你公司《关于满期给付和大病保险理赔客户身份识别工作的请示》（国寿人险发〔2013〕220号）收悉。经研究，现批复如下：

一、在办理满期给付业务时，在确保客户身份证件信息未发生变更的情况下，你公司可不再重复核对被保险人或者受益人的有效身份证件或者其他身份证明文件，但应采取合理措施确认被保险人、受益人与投保人之间的关系，按规定留存资料信息，加强反洗钱监测，预防利用满期给付业务进行洗钱等违法犯罪活动。

二、在确认投保人为父母或祖父母，被保险人为其子女（孙子女）的情况下，你公司可允许投保人在提供被保险人身份证明复印件后办理满期给付或银行自动转账授权手续，但应注意分辨身份证明复印件所记载信息是否存在伪造、变造等可疑情形。

三、办理大病保险业务“一站式”即时理赔结算服务时，你公司应按照风险为本和勤勉尽责原则，委托医疗机构查询确认被保险人身份信息，不再重复登记被保险人身份信息，并加强反洗钱监测，预防利用此类业务进行洗钱、骗保等违法犯罪活动。

中国人民银行反洗钱局

2013年5月13日

关于农信社联社反洗钱工作职责的意见

（银反洗发〔2013〕40号）

呼和浩特中支反洗钱处：

你处《关于明确自治区联社反洗钱工作职责的请示》（蒙银反洗〔2013〕13号）收悉。经研究，现就农信社联社反洗钱工作职责提出如下意见：

一、农信社联社应按照《中华人民共和国反洗钱法》及其他法律规定，履行金融机构反洗钱义务。必要时，中国人民银行还可按照《中华人民共和国反洗钱法》第三十四条的规定，指定从事金融业务的其他机构作为应履行反洗钱义务的金融机构。

二、农信社联社应按照法律规定及农信社联社章程的要求，对社员社（行）履行反洗钱合规管理职责。

三、农信社联社应对自己开发、运营、管理、维护的大额和可疑交易报送系统负责，同时对社员社（行）的大额和可疑交易报告工作实施合规管理。

现有反洗钱规定未就农信社联社对社员社（行）拟报送的可疑交易进行再次识别、筛查作出强制性要求。

中国人民银行反洗钱局

2013年7月15日

关于客户身份识别相关问题的批复

（银反洗发〔2013〕51号）

中国平安财产保险股份有限公司：

你公司《关于客户身份识别相关问题的请示》（平保产发〔2013〕404号）收悉。经研究，现批复如下：

鉴于保险业现状及风险，你公司在履行《金融机构客户身份识别和客户身份资料及交易记录保存管理办法》（中国人民银行　中国银行业监督管理委员会　中国证券监督管理委员会　中国保险监督管理委员会令〔2007〕第2号，以下简称《管理办法》）规定的留存单位客户有效身份证件义务时，应至少留存证明单位客户依法设立或者可依法开展经营、社会活动的执照、证件或者文件，并登记税务登记证等证件号码。你公司所请示的其他问题，我局将在后续监管制度修改过程中予以考虑。

请人民银行上海总部金融服务二部、各分行、营业管理部、省会（首府）城市中心支行、副省级城市中心支行反洗钱处将本通知转发至总部注册地在辖区内的保险公司。

中国人民银行反洗钱局

2013年9月11日

关于保险业金融机构客户身份识别工作请示的批复

（银反洗发〔2013〕53号）

合肥中心支行反洗钱处：

你处《关于保险业金融机构客户身份识别工作的请示》（合银反洗〔2013〕17号）收悉。经研究，现批复如下：

一、如果投保标的（如车辆、房屋或机械设备等）为客户用银行或财务公司贷款所购买，且该贷款合同将银行或财务公司设定为保险第一受益人，保险公司确认贷款合同真实有效后，办理规定金额以上的承保业务时可不留存第一受益人（银行或财务公司）的有效身份证件，办理规定金额以上的理赔业务时可不留存投保人的有效身份证件。上述情形下，保险公司应核对贷款合同，并留存贷款合同的复印件或影印件。

二、如果车险投保人为运输公司、理赔受益方为挂靠该运输公司车辆的车主，保险公司确认运输公司的车辆挂靠协议的真实有效后，办理规定金额以上的承保业务时可不留存受益人的有效身份证件，办理规定金额以上理赔业务时可不留存投保人的有效身份证件。上述情形下，保险公司应核对车辆挂靠协议，并留存车辆挂靠协议的复印件或影印件。

三、如果车险理赔受益方为汽车修理公司，保险公司确认维修协议真实有效后，办理规定金额以上理赔业务时可不留存投保人的有效身份证件。上述情形下，保险公司应核对维修协议，并留存维修协议的复印件或影印件。

四、如果财产险投保人为市政部门、理赔受益方为市政设施维修公司，保险公司确认市政设施维修委托书真实有效后，办理规定金额以上的承保业务时可不留存受益人的有效身份证件，办理规定金额以上理赔业务时可不留存投保人的有效身份证件。上述情形下，保险公司应核对市政设施维修委托书，并留存市政设施维修委托书的复印件或影印件。

五、此类低风险业务由金融机构自主把控，在有效控制客户及交易真实性的前提下，以不留风险隐患为原则，可以采取简化的身份识别措施。

中国人民银行反洗钱局

2013年9月13日

关于广州分行反洗钱处对支付机构反洗钱工作相关请示的批复

（银反洗发〔2013〕59号）

广州分行反洗钱处：

你处《关于支付机构反洗钱工作相关问题的请示》（广州银反〔2013〕38号）收悉。经研究，现批复如下：

一、同意你处授权辖内地市级中心支行反洗钱部门协助开展支付机构反洗钱措施验收材料的初审和日常监管工作，但应由你处负责最终出具初审意见和实施现场检查立项。你处应加强对辖内地市级分支机构反洗钱部门的指导，研究探索支付机构洗钱风险评估指标和监管方法。辖内地市级中心支行反洗钱部门应积极落实风险为本的反洗钱监管方法，帮助支付机构完善内部控制制度，健全客户风险等级分类标准和可疑交易监测分析指标，及时上报支付机构反洗钱工作中的问题和难点。

二、联网核查公民身份信息系统是支付机构有效识别客户身份的充分条件，但非必要条件。支付机构应根据自身实际情况，采取合理措施落实反洗钱法律法规关于客户身份识别的要求。

三、支付机构应根据掌握的客户身份信息，依据自行制定的客户风险等级分类标准为全部客户合理划分风险等级，并采取相应的持续识别措施。你处应根据支付机构实际情况，参考《金融机构洗钱和恐怖融资风险评估及客户分类管理指引》（银发〔2013〕2号），指导支付机构建立自己的客户风险等级划分标准。

四、我局将积极研究支付机构洗钱和恐怖融资风险以及相关案例，不定期发布相关风险提示。你处应重点关注辖内支付机构面临的洗钱和恐怖融资风险、反洗钱工作中的问题和漏洞以及相关洗钱案例，及时形成报告上报我局。

中国人民银行反洗钱局

2013年11月6日

关于大额交易报告有关问题的批复

（银反洗发〔2014〕1号）

浙江稠州商业银行：

你行《关于大额交易报告有关问题的请示》（浙稠银〔2013〕1126号）收悉。经研究，现批复如下：

一、在已实现按客户管理的前提下，对于在同一金融机构同一户名下开立的不同账户间的交易，金融机构可免予报告大额交易。

二、对于客户申请开立银行本票、银行汇票的收款人不一定是最后持票人（提示付款人）的情形，在开出银行本票和银行汇票时，金融机构可不报送大额交易报告，仅需在实际兑付时报送大额交易报告。

三、如贷款核销仅作为你行内部对持有债权的处置方式，不涉及客户账户，你行可免报贷款核销涉及的大额交易。

四、对于银行卡发生的预授权业务和预授权撤销业务及其他未实际发生资金收付的业务，金融机构可免予报告该类业务涉及的大额交易。大额交易报告以实际资金收付发生为前提。

中国人民银行反洗钱局

2014年1月6日

关于做好反洗钱监管工作有关事项的通知

（银反洗发〔2016〕31号）

上海总部金融服务二部，各分行、营业管理部，各省会（首府）城市中心支行，各副省级城市中心支行反洗钱处：

为进一步加强对义务机构的反洗钱监管，落实风险为本方法和法人监管原则，解决监管实践中比较突出的操作性问题，现就反洗钱监管工作有关事项通知如下：

一、人民银行分支机构应当按照《中华人民共和国反洗钱法》等法律法规和现行反洗钱监管规定，全面梳理辖内反洗钱义务机构，合理确定监管分工，避免监管真空和重复监管。

（一）以落实《中国人民银行推广随机抽查实施方案》（银办发〔2015〕236号）为契机，人民银行分支机构按照银行、证券、保险、第三方支付、其他等行业类型，建立健全辖内义务机构名录库，并根据实际情况对义务机构名录库进行更新。副省级以上人民银行应当结合本地实际，明确所辖人民银行分支机构的监管分工，对每家义务机构确定其监管主体。

（二）义务机构总部（含总行、总公司，下同）注册地与实际经营地不一致的，原则上仍由实际经营地人民银行分支机构负责监管。注册地人民银行分支机构已经实施监管、建立档案，且义务机构总部未提出异议的，可以继续由注册地人民银行分支机构实施监管。人民银行分支机构之间对监管权有争议的，应当报请同一上级人民银行确定。

（三）监管分工发生变化的，相关人民银行分支机构应当采取适当方法及时完成监管工作衔接和档案交接，确保监管工作的连续性，防止监管工作信息泄露、损毁或丢失。人民银行分支机构可以通过业务网邮件系统或反洗钱管理信息系统进行反洗钱监管电子档案的移交；在条件允许的情况下，可以按照规定邮寄纸质档案；邮寄存在困难的，按照《中国人民银行反洗钱监督检查及案件协查档案管理办法（试行）》（银办发〔2006〕160号）归档管理。

二、人民银行分支机构应当积极研究落实法人监管原则，逐步实现以法人为单位及总部为重点的义务机构反洗钱监管体制、制度和方法，通过对义务机构总部及其分支机构的协同监管，提高义务机构整体反洗钱履职水平。

（一）副省级以上人民银行应当协助做好总行直管义务机构的监管。各地对总行直管义务机构分支机构开展监管，原则上应当由副省级以上人民银行在辖内统一组织安排。监管过程中发现总行直管义务机构在制度、流程和系统等方面存在重大违规问题、风险漏洞或者案件线索的，副省级以上人民银行应当梳理汇总，及时报告总行反洗钱局。

（二）负责义务机构总部及其分支机构监管的人民银行分支机构应当按照监管工作要求，积极主动履行各自监管责任，建立适当的监管信息共享机制，及时互相通报义务机构存在的突出违规问题或者重要案件线索。人民银行分支机构如需对义务机构开展跨区域监管的，应当报请同一上级人民银行统一协调安排。

三、人民银行分支机构应当加强支付机构及其分支机构反洗钱监管，堵塞支付机构及其分支机构跨区经营、规避设立实体机构、实际业务萎缩停滞等情况下可能存在的监管漏洞。副省级以上人民银行可以授权地市级人民银行对辖内支付机构的分支机构履行执法检查以外的其他监管职责。支付机构网络支付业务的执法检查，原则上由支付机构总部所在地副省级以上人民银行负责。

四、人民银行分支机构应当依法履行反洗钱监管职责，统筹安排、合理计划执法检查工作，严格遵守执法检查、行政处罚等规定，严肃限期整改要求，提高执法检查效果，落实廉政责任和要求。

（一）人民银行分支机构应当根据监管工作需要研究落实执法检查对象和检查人员“双随机”要求。坚持风险为本原则，结合机构类型、规模等实际和考核评级（分类评级）、风险评估、限期整改等情况，确定年度执法检查对象。建立执法检查人员库，加强执法检查人员分类储备和培养，避免因职能变更、人员变动等影响监管工作。

（二）副省级以上人民银行应当于每年 3 月底前汇总辖内执法检查计划（含综合执法检查，下同），编制《反洗钱执法检查计划表》（附表 1）。《反洗钱执法检查计划表》及其完成情况，或者执法检查计划发生变更的，应当经业务网邮箱及时向总行反洗钱局报备。

（三）副省级以上人民银行应当建立健全辖内执法检查监督机制，积极探索依托科技手段，建立辖内监督平台，综合现场或非现场方法，加强对辖内反洗钱执法检查工作的监督指导。

（四）总行反洗钱局建立执法检查“主查人”库，由副省级以上人民银行按年度推荐人选，遴选入库，逐年充实、更新。推荐人选应当至少具备 5 年以上反洗钱工作经验并担任执法检查主查人 2 次以上（含）。推荐人选信息（附表 2）经业务网邮箱报送总行反洗钱局。

五、人民银行按照合法、平等、互惠原则，加强与境外监管部门的合作交流，逐步完善跨境监管机制。人民银行分支机构应当密切关注辖内义务机构动态，配合做好有关工作；遇重要情况，应当及时报总行反洗钱局。

（一）副省级以上人民银行应当通过适当措施和手段，及时、完整地了解、掌握辖内外资义务机构受其母国反洗钱监管的情况。

人民银行分支机构应当告知辖内义务机构，母国监管部门拟在境内开展反洗钱跨境监管活动或要求跨境提供信息，涉及监管主权、客户隐私保护等问题的，必须事先得到人民银行的同意或许可。

（二）副省级以上人民银行应当要求义务机构总部按照《中国人民银行关于印发〈金融机构反洗钱监督管理办法（试行）〉的通知》（银发〔2016〕344 号）第十三条规定，及时报告与其境外分支机构有关的重大事项，例如：受驻在国家（地区）反洗钱监管、涉嫌重大洗钱案件、涉及重大舆论事件等。

六、人民银行分支机构可以结合当地监管工作实际，按照法律法规和人民银行有关规定，制定本地的反洗钱监管制度规定。

副省级以上人民银行应当经业务网邮箱向总行反洗钱局报备辖内印发的具有重大影响的反洗钱监管制度规定（附表 3）。报备时间为有关制度规定印发之日起 10 个工作日内。本通知之前印发的重要反洗钱监管制度规定请于 2016 年 12 月 31 日前汇总报送总行反洗钱局。

七、除反洗钱年度报告和即时报告外，人民银行分支机构开展风险评估、考核评级（分类评级）、监管走访、约见谈话等监管措施时，可以有针对性地向义务机构收集有关数据和资料。原则上不再下发制度性文件要求义务机构报送反洗钱报告和报表。

请将本通知转发至所辖人民银行。

附表 1：《反洗钱执法检查计划表》（略）

附表 2：《主持人资料报备表》（略）

附表 3：《监管制度报备表》（略）

中国人民银行反洗钱局

2016 年 10 月 27 日

关于处理涉嫌跨境电邮欺诈资金的批复

（银反洗发〔2016〕32号）

招商银行法律合规部：

你单位《关于处理涉嫌跨境电邮欺诈资金的请示》收悉。经研究，现批复如下：

一、你单位关于离岸账户境外开户行退汇电文中涉及欺诈信息的情况，账户及其资金划转存在可疑交易特征，应当参照中国人民银行《关于加强支付结算管理防范电信网络新型违法犯罪有关事项的通知》（银发〔2016〕261号）第十六条规定加强账户监测。

二、账户往来业务发生涉嫌欺诈等可疑交易特征，你单位应按照相关规定报送可疑交易报告或重点可疑交易报告，并采取适当方式与相关单位或个人核实交易情况。

如遇以下情况，应当暂停相关账户非柜面业务：

（一）始终无法联系到相关单位或个人；

（二）已与相关单位或个人取得联系，但其未能对交易情况做出合理说明或提供相关证明材料；

（三）经当面核实交易情况，仍然认定账户可疑的。

三、你单位应加强与境外合作机构的沟通协作，参照中国人民银行、工业和信息化部、公安部、工商总局《关于建立电信网络新型违法犯罪涉案账户紧急止付和快速冻结机制的通知》（银发〔2016〕86号）要求，通知被害人及时向我国公安机关报案或及时通过境外相关执法部门联系我国公安机关处理。

中国人民银行反洗钱局
2016年11月8日

中国人民银行反洗钱局关于做好打击骗取出口退税和虚开增值税专用发票专项工作期间反洗钱相关工作的通知

（银反洗发〔2017〕11号）

上海总部金融服务二部，各分行、营业管理部，各省会（首府）城市中心支行，各副省级城市中心支行反洗钱处：

为进一步强化打击骗取出口退税（以下简称骗税）和虚开增值税专用发票（以下简称虚开）违法犯罪活动的工作力度，国家税务总局、公安部、海关总署以及人民银行联合开展了“打击骗取出口退税和虚开增值税专用发票专项工作”。根据《国家税务总局 公安部 海关总署 中国人民银行关于2017年打击骗取出口退税和虚开增值税专用发票专项工作安排的通知》（税总发〔2017〕47号）要求，现将专项工作期间相关反洗钱工作要求通知如下：

一、提高思想认识，强化组织领导

各分支行要充分认识当前骗税和虚开违法犯罪活动的严峻形势，以及打击骗税和虚开专项行动对维护税收秩序、促进经济发展的重要作用。认真做好专项行动组织工作，遵照有关法律法规配合各地专项行动领导小组及办公室开展工作，在现有工作框架下开展反洗钱调查协查、线索移送、统计报告等工作。

二、加强线索分析、调查与移送工作

各分支行应当进一步加强对骗税、虚开相关可疑线索的分析、调查与移送工作。

对于专项行动协作部门的协查申请，应当按照反洗钱调查程序规定开展。对于跨区域的重大紧急线索，继续按照2016年线索分析专项申请机制，向反洗钱中心申请分析支持。经分析认为需要上报研判的相关线索，按照规定流程向总行线索审核小组上报。

经分析研判认为涉嫌违反税收征收管理规定的相关线索，可移交各地专项工作领导小组；经分析研判或反洗钱调查认定涉嫌犯罪的相关线索，应当按规定同时移送公安机关。

三、切实提升涉税可疑交易报告质量

各分支行在落实《金融机构大额交易与可疑交易报告管理办法》（中国人民银行令〔2016〕第3号）工作中，应当注重指导义务机构（特别是银行机构）不断完善骗税、虚开等涉税可疑交易监测标准和模型，强化人工分析研判，切实提升涉税可疑交易报告质量。

四、信息统计与报送

各分支行应按季度填报《打击骗税和虚开专项工作情况统计表》（附件1、附件2），于次季度前10个工作日内报送至反洗钱局（姚静怡业务网邮箱）和反洗钱中心（通过分支行交互平台“点对点”发送至“反洗钱中心专项工作”邮箱）。此外，各分支行还应深入剖析相关重点案件和典型案例，认真总结专项工作中的新情况、新问题和具体经验，重大问题与重要成果请及时上报。

附件：1．打击骗税和虚开专项工作情况统计表（可疑交易线索移送情况）（略）

2．打击骗税和虚开专项工作情况统计表（协查工作开展情况）（略）

中国人民银行反洗钱局

2017 年 6 月 14 日

中国人民银行反洗钱局关于印发《中国人民银行反洗钱系统工作人员履职纪律要求》的通知

（银反洗发〔2018〕10号）

上海总部金融服务二部，各分行、营业管理部，各省会（首府）城市中心支行，各副省级城市中心支行反洗钱处：

为深入贯彻党中央全面从严治党总体要求，促进依法、廉洁、公正和高效履职，根据相关国家法律和党内法规规定，总行反洗钱局制定了《中国人民银行反洗钱系统工作人员履职纪律要求》，请各级行反洗钱工作人员认真学习并严格遵照执行。

附件：中国人民银行反洗钱系统工作人员履职纪律要求

中国人民银行反洗钱局
2018年6月15日

中国人民银行反洗钱系统工作人员履职纪律要求

反洗钱系统工作人员应当切实遵守党纪国法，严格执行反洗钱法律法规和人民银行各项规章制度，恪守信念坚定、为民服务、勤政务实、敢于担当、清正廉洁标准，树立反洗钱队伍的良好形象，营造风清气正的工作氛围。

第一条 反洗钱系统工作人员应当严格遵守反洗钱工作制度和程序。认真执行反洗钱工作部署、决定和安排，严格遵照权限、程序开展监管、调查和协查等工作，落实重大事项请示报告制度。不得拖延、推诿工作任务；不得擅自增减、变更工作程序、标准或要求；未经批准，不得越权、越级或跨区开展监管、调查和协查；不得擅自实施、中止或终止监管、调查和协查；不得遗漏、缺失工作记录或工作底稿，违规制作、审批、送达和归档各类文书；不得瞒报、迟报、漏报或误报应当报告的工作事项；不得夸大、更改、隐瞒监管、调查和协查中发现的违法违规问题。

第二条 反洗钱系统工作人员应当严格遵守与反洗钱义务机构交往中的工作纪律和廉洁用权行为规则。按照规定程序接洽反洗钱义务机构开展公务活动。与反洗钱义务机构及其工作人员会见会谈应当在工作场所进行，一般不少于两人。监管、调查和协查等工作中，存在近亲属、利益或利害关系等可能影响公正履职情况的，应当主动申请或提出回避。严禁利用职务便利谋取利益或与反洗钱义务机构进行利益交易。不得接受反洗钱义务机构赠送的礼品、礼金、消费卡、土特产等或违规接受宴请、娱乐、健身、参观、旅游等活动；不得干预反洗钱义务机构的正常经营和内部管理；不得要求反洗钱义务机构就人员招录、岗位职务调整、借贷理财等私人事项提供帮助，或提供与履职工作无关的服务或承担费用；不得违规向反洗钱义务机构开展培训、授课等活动，不得收取规定之外的费用或酬劳；不得向反洗钱义务机构摊派、推销、推荐商业、服务或要求购买教材、书籍、报刊等。

第三条　反洗钱系统工作人员应当严格执行保密规定。严肃反洗钱工作保密纪律，按照规定处理监管、调查和协查等工作中获取、知悉的客户信息、交易信息。不得违规向反洗钱义务机构透露、提示或暗示监管、调查和协查等工作情况；不得违规披露、使用，或在社交平台交流反洗钱义务机构的商业秘密以及客户信息、交易信息；不得违规向任何单位和个人提供反洗钱信息，利用反洗钱信息牟利；不得违规查询、下载、携带、留存反洗钱信息。

第四条　反洗钱系统工作人员应当贯彻中央八项规定精神，主动提高服务意识和业务水平，公正规范文明履职。拟定制定制度规定，应当充分调研、论证、征求相关方面意见，按照规定开展必要性、可行性和合法性审查。不得印发或报送无实质内容的文件、报告和简报，组织召开无实质内容会议；未经批准，不得参加各类论坛、庆祝会、研讨会等；不得违规消极对待群众举报、投诉；不得违规拖延答复和处理政策咨询；对待反洗钱义务机构及其工作人员不得态度恶劣，作风粗暴。

第五条　反洗钱系统工作人员应当严格自我约束。不得发表与中央精神和总行政策相违背的观点言论；未经批准，不得擅自以单位或职务名义发表观点言论和文章文稿；不得违规或未经批准在其他单位、组织或团体兼职、工作或领取报酬；不得违规从事参与营利性活动；不得参与非法集资、高利贷等违法违规金融活动；不得做出有损国家利益、人民银行声誉和义务机构合法权益的活动或行为。

第六条　反洗钱系统工作人员应当遵守系统内工作交流沟通纪律。根据工作性质和任务，提倡采用电话或电子邮件等方式沟通，提高工作效率。系统内部不得相互赠送或接受各类礼品、礼金、消费卡、土特产等；不得违规开展公务接待和宴请；不得在系统内摊派教材、书籍、报刊等征订任务；开展评先评优或考核等工作期间，原则上不接待下级单位来访和工作汇报。

第七条　反洗钱系统工作人员应当按照规定处理国际合作交流和工作事项，严格遵守对外合作交往规章制度和外事会谈出访纪律。不得违规参与外事交流或开展外事合作；未按规定履行批准程序，不得擅自出境；处理涉外事务不得违反国家安全、信息安全等方面的规定。

关于印发《法人金融机构洗钱和恐怖融资风险管理指引（试行）》的通知

（银反洗发〔2018〕19 号）

中国人民银行上海总部金融服务二部，各分行、营业管理部，各省会（首府）城市中心支行，各副省级城市中心支行反洗钱处；各政策性银行、国有商业银行、股份制商业银行、中国邮政储蓄银行、中国银联、农信银资金清算中心、城市商业银行资金清算中心、中国人寿保险股份有限公司、中国人民财产保险股份有限公司、银河证券股份有限公司、中信证券股份有限公司反洗钱部门：

为引导法人金融机构深入实践风险为本方法，落实《国务院办公厅关于完善反洗钱、反恐怖融资、反逃税监管体制机制的意见》，加强法人金融机构反洗钱和反恐怖融资工作，有效预防洗钱及相关违法犯罪活动，根据《中华人民共和国反洗钱法》《中华人民共和国反恐怖主义法》《中华人民共和国中国人民银行法》等法律法规，中国人民银行反洗钱局制定了《法人金融机构洗钱和恐怖融资风险管理指引（试行）》（以下简称《指引》），现印发给你们，并就《指引》中有关事项通知如下，请遵照执行。

一、金融机构工作安排

（一）在 2018 年 12 月 31 日之前制定执行《指引》的工作方案，报中国人民银行反洗钱局或中国人民银行反洗钱局授权对该金融机构实施反洗钱监管的当地中国人民银行分支机构反洗钱部门。

（二）考虑到非银行支付机构反洗钱工作起步较晚，适当给予其一定时限的制度执行过渡期，但不应晚于 2019 年 7 月 1 日前执行。

二、监管工作要求

（一）中国人民银行反洗钱局及分支机构反洗钱部门收到金融机构提交的工作方案及相关报告后，如有不同意见，应在 30 个工作日内向金融机构反馈。

（二）中国人民银行反洗钱局及分支机构反洗钱部门应当将金融机构执行《指引》要求的完善风险治理架构、制定洗钱风险管理策略等情况，作为反洗钱监管重点。

请中国人民银行上海总部，各分行、营业管理部，各省会（首府）城市中心支行，各副省级城市中心支行反洗钱处将本通知转发至总部注册地在辖区内的各城市商业银行、农村商业银行、农村合作银行、城市信用社、农村信用社、村镇银行、证券公司、期货经纪公司、基金管理公司、保险公司、保险资产管理公司、保险专业代理公司、保险经纪公司、信托公司、金融资产管理公司、企业集团财务公司、金融租赁公司、汽车金融公司、消费金融公司、货币经纪公司等金融机构和非银行支付机构反洗钱部门。

附件：法人金融机构洗钱和恐怖融资风险管理指引（试行）

中国人民银行反洗钱局

2018 年 9 月 29 日

法人金融机构洗钱和恐怖融资风险管理指引（试行）

第一章　总　则

第一条　为引导法人金融机构深入实践风险为本方法，落实《关于完善反洗钱、反恐怖融资、反逃税监管体制机制的意见》，加强法人金融机构反洗钱和反恐怖融资工作，有效预防洗钱及相关违法犯罪活动，根据《中华人民共和国反洗钱法》《中华人民共和国反恐怖主义法》《中华人民共和国中国人民银行法》等法律法规，制定本指引。

第二条　本指引适用于在中华人民共和国境内依法设立的法人金融机构。

第三条　法人金融机构应当高度重视洗钱、恐怖融资和扩散融资风险（以下统称洗钱风险）管理，充分认识在开展业务和经营管理过程中可能被违法犯罪活动利用而面临的洗钱风险。任何洗钱风险事件或案件的发生都可能带来严重的声誉风险和法律风险，并导致客户流失、业务损失和财务损失。

第四条　有效的洗钱风险管理是法人金融机构安全、稳健运行的基础，法人金融机构及其全体员工应当勤勉尽责，牢固树立合规意识和风险意识，建立健全洗钱风险管理体系，按照风险为本方法，合理配置资源，对本机构洗钱风险进行持续识别、审慎评估、有效控制及全程管理，有效防范洗钱风险。

法人金融机构应当考虑洗钱风险与声誉、法律、流动性等风险之间的关联性和传导性，审慎评估洗钱风险对声誉、运营、财务等方面的影响，防范洗钱风险传导与扩散。

第五条　法人金融机构洗钱风险管理应当遵循以下主要原则：

（一）全面性原则。洗钱风险管理应当贯穿决策、执行和监督的全过程；覆盖各项业务活动和管理流程；覆盖所有境内外分支机构及相关附属机构，以及相关部门、岗位和人员。

（二）独立性原则。洗钱风险管理应当在组织架构、制度、流程、人员安排、报告路线等方面保持独立性，对业务经营和管理决策保持合理制衡。

（三）匹配性原则。洗钱风险管理资源投入应当与所处行业风险特征、管理模式、业务规模、产品复杂程度等因素相适应，并根据情况变化及时调整。

（四）有效性原则。洗钱风险管理应当融入日常业务和经营管理，根据实际风险情况采取有针对性的控制措施，将洗钱风险控制在自身风险管理能力范围内。

第六条　洗钱风险管理体系应当包括但不限于以下要素：

（一）风险管理架构；

（二）风险管理策略；

（三）风险管理政策和程序；

（四）信息系统、数据治理；

（五）内部检查、审计、绩效考核和奖惩机制。

第七条　法人金融机构应当积极建设洗钱风险管理文化，促进全体员工树立洗钱风险管理意识、坚持价值准则、恪守职业操守，营造主动管理、合规经营的良好文化氛围。

第八条　中国人民银行及其分支机构依法对法人金融机构洗钱风险管理工作实施监督管理。

第二章　风险管理架构

第九条　法人金融机构应当建立组织健全、结构完整、职责明确的洗钱风险管理架构，规范董事会、监事会、高级管理层、业务部门、反洗钱管理部门、内部审计部门、人力资源部门、信息科技部门、境内外分支机构和相关附属机构在洗钱风险管理中的职责分工，建立层次清晰、相互协调、有效配合的运行机制。

第十条　法人金融机构董事会承担洗钱风险管理的最终责任，主要履行以下职责：

（一）确立洗钱风险管理文化建设目标；

（二）审定洗钱风险管理策略；

（三）审批洗钱风险管理的政策和程序；

（四）授权高级管理人员牵头负责洗钱风险管理；

（五）定期审阅反洗钱工作报告，及时了解重大洗钱风险事件及处理情况；

（六）其他相关职责。

董事会可以授权下设的专业委员会履行其洗钱风险管理的部分职责。专业委员会负责向董事会提供洗钱风险管理专业意见。

第十一条　法人金融机构监事会承担洗钱风险管理的监督责任，负责监督董事会和高级管理层在洗钱风险管理方面的履职尽责情况并督促整改，对法人金融机构的洗钱风险管理提出建议和意见。

第十二条　法人金融机构高级管理层承担洗钱风险管理的实施责任，执行董事会决议，主要履行以下职责：

（一）推动洗钱风险管理文化建设；

（二）建立并及时调整洗钱风险管理组织架构，明确反洗钱管理部门、业务部门及其他部门在洗钱风险管理中的职责分工和协调机制；

（三）制定、调整洗钱风险管理策略及其执行机制；

（四）审核洗钱风险管理政策和程序；

（五）定期向董事会报告反洗钱工作情况，及时向董事会和监事会报告重大洗钱风险事件；

（六）组织落实反洗钱信息系统和数据治理；

（七）组织落实反洗钱绩效考核和奖惩机制；

（八）根据董事会授权对违反洗钱风险管理政策和程序的情况进行处理；

（九）其他相关职责。

第十三条　法人金融机构应当任命或授权一名高级管理人员牵头负责洗钱风险管理工作，其有权独立开展工作，直接向董事会报告洗钱风险管理情况。法人金融机构应当确保其能够充分获取履职所需的权限和资源，避免可能影响其有效履职的利益冲突。

牵头负责洗钱风险管理工作的高级管理人员应当具备较强的履职能力和职业操守同时具有五年以上合规或风险管理工作经历，或者具有所在行业十年以上工作经历。法人金融机构任命上述高级管理人员，应当按照规定向中国人民银行或当地人民银行备案。

第十四条　反洗钱管理部门牵头开展洗钱风险管理工作，推动落实各项反洗钱工作，主要履行以下职责：

（一）制定起草洗钱风险管理政策和程序；

（二）贯彻落实反洗钱法律法规和监管要求，建立健全反洗钱内部控制制度及内部检查机制；

（三）识别、评估、监测本机构的洗钱风险，提出控制洗钱风险的措施和建议，及时向高级管理层报告；

（四）持续检查洗钱风险管理策略及洗钱风险管理政策和程序的执行情况，对违反风险管理政策和程序的情况及时预警、报告并提出处理建议；

（五）建立反洗钱工作协调机制，指导业务部门开展洗钱风险管理工作；

（六）组织或协调各相关部门开展客户洗钱风险分类管理；

（七）组织落实交易监测和名单监控的相关要求，按照规定报告大额交易和可疑交易；

（八）牵头配合反洗钱监管，协调配合反洗钱行政调查；

（九）组织或协调相关部门开展反洗钱宣传和培训、建立健全反洗钱绩效考核和奖惩机制、建设完善反洗钱信息系统。

第十五条 业务部门承担洗钱风险管理的直接责任，主要履行以下职责：

（一）识别、评估、监测本业务条线的洗钱风险，及时向反洗钱管理部门报告；

（二）建立相应的工作机制，将洗钱风险管理要求嵌入产品研发、流程设计、业务管理和具体操作中；

（三）开展或配合开展客户身份识别和客户洗钱风险分类管理，采取针对性的风险应对措施；

（四）以业务（含产品、服务）的洗钱风险评估为基础，完善各项业务操作流程；

（五）完整并妥善保存客户身份资料及交易记录；

（六）开展或配合开展交易监测和名单监控，确保名单监控有效性，按照规定对相关资产和账户采取管控措施；

（七）配合反洗钱监管和反洗钱行政调查工作；

（八）开展本业务条线反洗钱工作检查；

（九）开展本业务条线反洗钱宣传和培训；

（十）配合反洗钱管理部门开展其他反洗钱工作。

第十六条 第十四条、第十五条所述反洗钱工作职责、事项，涉及运营管理、风险管理、法律事务、财务会计、安全保卫等其他部门的，法人金融机构应当就上述部门对相关工作的职责分工进行明确规定。

第十七条 内部审计部门负责对反洗钱法律法规和监管要求的执行情况、内部控制制度的有效性和执行情况、洗钱风险管理情况进行独立、客观的审计评价。

未设立审计部门的法人金融机构，应当明确相关工作由承担审计职能的其他部门承担，并保证相关工作的独立性。

第十八条 人力资源部门负责洗钱风险管理的人力资源保障，结合洗钱风险管理需求，合理配置洗钱风险管理职位、职级和职数，选用符合标准的人员，建立反洗钱绩效考核和奖惩机制，为反洗钱宣导和培训提供支持。

第十九条 信息科技部门负责反洗钱信息系统及相关系统的开发、日常维护及升级等工作，为洗钱风险管理提供必要的硬件设备和技术支持，根据相关数据安全和保密管理等监管要求，对客户、账户、交易信息及其他相关电子化信息进行保管和处理。

第二十条 法人金融机构应当加强对境内外分支机构和相关附属机构的管理指导和监督，采取必要措施保证洗钱风险管理政策和程序在境内外分支机构和相关附属机构得到充分理解与有效执行，保持洗钱风险管理的一致性和有效性。

对于在境外设有分支机构或相关附属机构的法人金融机构，如果本指引的要求比所驻国家或地区的相关规定更为严格，但所驻国家或地区法律禁止或限制境外分支机构和相关附属机构实施本指引，法人金融机构应当采取适当的其他措施应对洗钱风险，并向中国人民银行报告。如果其他措施无法有效控制风险，法人金融机构应当考虑在适当情况下关闭境外分支机构或相关附属机构。

第二十一条 金融控股公司（集团）应当在集团层面实施统一的洗钱风险管理政策和程序，结合各专业公司的业务和产品特点，以客户为单位，建立适用于集团层面的可疑交易监测体系，有效识别和应对跨市场、跨行业和跨机构的洗钱风险，防范洗钱风险在不同专业公司间的传导。

第二十二条 法人金融机构反洗钱资源配置应当与其业务发展相匹配，配备充足的洗钱风险管理人员，其中：反洗钱管理部门应当配备专职洗钱风险管理岗位（反洗钱岗位）人员，业务部门、境内外分支机构及相关附属机构应当根据业务实际和洗钱风险状况配备专职或兼职洗钱风险管理岗位（反洗钱岗位）人员。

法人金融机构应当从制度建设、业务审核、风险评估、系统建设、监测分析、合规制裁、案件管理等角度细分洗钱风险管理岗位（反洗钱岗位）。洗钱风险管理岗位（反洗钱岗位）职级不得低于法人金融机构其他风险管理岗位职级，不得将洗钱风险管理岗位（反洗钱岗位）简单设置为操作类岗位或外包。从事监测分析工作的人员配备应当与本机构的可疑交易甄别分析工作量相匹配。专职人员应当具有三年以上金融行业从业经历，专职人员和兼职人员均应当具备必要的履职能力和职业操守。

法人金融机构有条件配备专职人员的，不得以兼职人员替代专职人员。兼职人员占全部洗钱风险管理人员的比例不得高于 80%。

第二十三条 法人金融机构在聘用员工、任命或授权高级管理人员、选用洗钱风险管理人员、引入战略投资者或在主要股东和控股股东入股之前，应当对其是否涉及刑事犯罪、是否存在其他犯罪记录及过往履职经历等情况进行充分的背景调查，评估可能存在的洗钱风险。

第二十四条 法人金融机构应当赋予反洗钱管理部门、业务部门、审计部门等部门及洗钱风险管理人员充足的资源和授权，在组织架构、管理流程等方面确保其工作履职的独立性，保证其能够及时获得洗钱风险管理所需的数据和信息，满足履行洗钱风险管理职责的需要。

第二十五条 法人金融机构应当持续开展各类反洗钱宣传和培训，促进洗钱风险管理文化得到充分传导，全面提高全体员工的反洗钱知识、技能和意识，确保全体员工能够适应所在岗位的反洗钱履职需要。

第三章 风险管理策略

第二十六条 法人金融机构应当制定科学、清晰、可行的洗钱风险管理策略，完善相关制度和工作机制，合理配置、统筹安排人员、资金、系统等反洗钱资源，并定期评估其有效性。洗钱风险管理策略应当根据洗钱风险状况及市场变化及时进行调整。

第二十七条 法人金融机构应当在建设全面风险管理文化、制定全面风险管理策略、制定全面风险管理政策和程序时统筹考虑洗钱风险管理，将洗钱风险纳入全面风险管理体系。洗钱风险管理策略应当与其全面风险管理策略相适应。

第二十八条　法人金融机构应当按照风险为本方法制定洗钱风险管理策略，在识别和评估洗钱风险的基础上，针对风险较低的情形，采取简化的风险控制措施；针对风险较高的情形，采取强化的风险控制措施；超出机构风险控制能力的，不得与客户建立业务关系或进行交易，已经建立业务关系的，应当中止交易并考虑提交可疑交易报告，必要时终止业务关系。

第二十九条　法人金融机构应当积极开展普惠金融工作，根据本机构业务实际、客户的群体属性、洗钱风险评估结果和监管部门的要求，在有效管理洗钱风险的基础上，采取合理的客户身份识别措施，为社会不同群体提供差异化、有针对性的金融服务。

第四章　风险管理政策和程序——方法

第三十条　法人金融机构应当制定洗钱风险管理政策和程序，包括但不限于反洗钱内部控制制度（含流程、操作指引）；洗钱风险管理的方法；应急计划；反洗钱措施；信息保密和信息共享。

第三十一条　法人金融机构应当建立健全反洗钱内部控制制度，加强统一管理，规范制度制定和审批程序，明确发文种类、层级和对象。

反洗钱内部控制制度应当全面覆盖反洗钱法律法规和监管要求，并与本机构业务实际相适应。在反洗钱法律法规、监管要求或业务发展情况发生变化时，法人金融机构应当及时更新反洗钱内部控制制度。

第三十二条　洗钱风险识别与评估是有效的洗钱风险管理的基础。法人金融机构应当建立洗钱风险评估制度，对本机构内外部洗钱风险进行分析研判，评估本机构风险控制机制的有效性，查找风险漏洞和薄弱环节，有效运用评估结果，合理配置反洗钱资源，采取有针对性的风险控制措施。

评估结果的运用包括但不限于以下方面：调整经营策略、发布风险提示、完善制度流程、增强资源投入、加强账户管理和交易监测、强化名单监控、严格内部检查和审计等。

法人金融机构应当确保洗钱风险评估的流程具有可稽核性或可追溯性，并对洗钱风险评估的流程和方法进行定期审查和调整。

法人金融机构可以在充分论证可行性的基础上委托独立第三方开展风险评估。

第三十三条　法人金融机构在广泛收集信息的基础上，采取定性与定量分析相结合的方法，建立洗钱风险评估指标体系和模型对洗钱风险进行识别和评估。

第三十四条　法人金融机构应当根据风险评估需要，统筹确定各类信息的来源及其采集方法。信息来源应当考虑国家、行业、客户、地域、机构等方面，包括但不限于以下来源：

（一）金融行动特别工作组（FATF）、亚太反洗钱组织（APG）、欧亚反洗钱与反恐融资组织（EAG）、巴塞尔银行监管委员会（BIS）、国际证券监管委员会组织（IOSCO）、国际保险监督官协会（IAIS）等国际组织、国家和行业的风险评估报告、研究成果、形势分析、工作数据等；

（二）国家相关部门通报的上游犯罪形势、案例或监管信息；

（三）中国人民银行、银保监会、证监会、外汇局等金融监管部门发布的洗钱风险提示和业务风险提示；

（四）在与客户建立业务关系时和业务关系存续期间，客户披露的信息、客户经理或柜面人员工作记录、保存的交易记录、委托其他金融机构或第三方对客户进行尽职调查工作所获取的合法信息；

（五）内部管理或业务流程中获取的信息，包括内部审计结果。

法人金融机构应当将信息采集嵌入相应业务流程，由各业务条线工作人员依据岗位职责、权限设置等开展信息采集。必要时，通过问卷调查等方式，开展针对性的信息采集。

第三十五条 法人金融机构应当从国家／地域、客户及业务（含产品、服务）等维度进行综合考虑，确立风险因素，设置风险评估指标。

国家／地域风险因素应当考虑：1. 在高风险国家（地区）设立境外分支机构情况；2. 交易对手或对方金融机构涉及高风险国家（地区）情况；3. 境外分支机构数量及地域分布情况；4. 高风险国家（地区）经营收入占比等。

客户风险因素应当考虑：1. 非居民客户数量占比；2. 离岸客户数量占比；3. 政治公众人物客户数量占比；4. 使用不可核查证件开户客户数量占比；5. 职业不明确客户数量占比；6. 高风险职业（行业）客户数量占比；7. 由第三方代理建立业务关系客户数量占比；8. 来自高风险国家（地区）的客户情况；9. 被国家机关调查的客户情况等。

业务（含产品、服务）风险因素应当考虑：1. 现金交易情况；2. 非面对面交易情况；3. 跨境交易情况；4. 代理交易情况；5. 公转私交易情况；6. 私人银行业务情况；7. 特约商户业务情况；8. 一次性交易情况；9. 通道类资产管理业务情况；10. 场外交易情况；11. 大宗交易情况；12. 新三板协议转让业务；13. 场外衍生品业务；14. 保单贷款业务等。

法人金融机构应从制度体系、组织架构和洗钱风险管理文化的建设情况、洗钱风险管理策略、风险评估制度和风险控制措施的制定和执行情况等维度进行综合考虑，设置风险控制措施有效性的评估指标。

评估指标的具体比重及分值设置由法人金融机构根据有效的洗钱风险管理需要自主确定。

第三十六条 洗钱风险评估包括定期评估和不定期评估。

法人金融机构应当根据本机构实际和国家／区域洗钱风险评估需要，合理确定定期开展全系统洗钱风险评估的时间、周期或频率。

不定期评估包括对单项业务（含产品、服务）或特定客户的评估，以及在内部控制制度有重大调整、反洗钱监管政策发生重大变化、拓展新的销售或展业渠道、开发新产品或对现有产品使用新技术、拓展新的业务领域、设立新的境外机构、开展重大收购和投资等情况下对全系统或特定领域开展评估。

为有效开展洗钱风险评估工作，法人金融机构应当建立并维护业务（含产品、服务）类型清单和客户种类清单。

第三十七条 法人金融机构应当根据洗钱风险评估结果，结合客户身份识别、客户身份资料和交易记录保存、交易监测、大额交易和可疑交易报告、名单监控、资产冻结等反洗钱义务制定风险控制措施，并融入相关业务操作流程，有效控制洗钱风险。

第三十八条 法人金融机构应当建立内部不同层次的洗钱风险报告制度。境内外分支机构、相关附属机构应当及时向总部反洗钱管理部门报告洗钱风险情况；各业务条线、业务部门应当及时向反洗钱管理部门报告洗钱风险情况，包括风险调整变动情况、风险评估结果等；反洗钱管理部门应当及时向董事会和高级管理层报告洗钱风险情况，包括洗钱风险管理策略、政策、程序、风险评估制度、风险控制措施的制定和执行情况以及洗钱风险事件等。

第三十九条 法人金融机构应当制定应急计划，确保能够及时应对和处理重大洗钱风险事件、境内外有关反洗钱监管措施、重大洗钱负面新闻报道等紧急、危机情况，做好舆情监测，避免引发声誉风险。应急计划应当说明可能出现的重大风险情况及应当采取的措施。法人金融机构的应急计划应当涵盖对境内外分支机构和相关附属机构的应急安排。

第四十条　法人金融机构应当通过妥善方式记录开展洗钱风险管理的工作过程，采取必要的管理措施和技术手段保存工作资料，保存方式应当保证洗钱风险管理人员获取相关信息的便捷性。

第四十一条　法人金融机构应当健全内部控制机制，按照《中华人民共和国反洗钱法》《中华人民共和国国家安全法》《中华人民共和国网络安全法》和有关保密规定，严格保护反洗钱工作中获得的信息，非依法律规定，不得向任何单位和个人提供。

法人金融机构应当建立跨境信息保密保障措施，对于在开展跨境业务、应对跨境监管等过程中所涉的客户、账户和交易信息、可疑交易报告等信息，应当严格控制跨境信息知悉范围和程度，建立完善的内部跨境信息传递体系、风险控制流程和授权审批机制。

境外有关部门因反洗钱和反恐怖融资需要要求其提供客户、账户、交易信息及其他相关信息的，法人金融机构应当告知对方通过外交途径、司法协助途径或金融监管合作途径等提出请求，不得擅自提供。有关国内司法冻结、司法查询、可疑交易报告、行政机构反洗钱调查等信息不得对外提供。

境外清算代理行因反洗钱和反恐怖融资需要要求提供除汇款信息、单位客户注册信息等以外的客户身份信息、交易背景信息的，法人金融机构应当在获得客户授权同意后提供；客户不同意或未获得客户授权同意的，法人金融机构不得提供。

第四十二条　出于洗钱风险管理需要，法人金融机构应当建立内部信息共享制度和程序，根据信息敏感度及其与洗钱风险管理的相关性确定信息共享的范围和程度，制定适当的信息共享机制，明确信息安全和保密要求，建立健全信息共享保障措施，确保信息的及时、准确、完整传递。

法人金融机构反洗钱管理部门、审计部门等部门为履行反洗钱工作职责，有权要求境内外分支机构和相关附属机构提供客户、账户、交易信息及其他与洗钱风险管理相关的信息。

第五章　风险管理政策和程序——措施

第四十三条　法人金融机构按照反洗钱法律法规和监管要求所采取的客户身份识别、客户身份资料和交易记录保存、大额交易和可疑交易报告等措施是满足反洗钱合规性要求的最低标准，情节严重的违法行为将受到处罚。为有效管理洗钱风险，法人金融机构应当在此基础上，采取更有针对性、更严格、更有效的措施。

第四十四条　法人金融机构应当按照规定建立健全和执行客户身份识别制度，遵循“了解你的客户”的原则，针对具有不同洗钱风险的客户、业务关系或交易，采取相应的控制措施，通过可靠和来源独立的证明文件、数据信息和资料核实客户身份，了解客户建立、维持业务关系的目的及性质，了解实际控制客户的自然人和交易的实际受益人。

客户身份识别措施包括但不限于以下方面：在建立业务关系时的客户身份识别措施、在业务关系存续期间的持续识别和重新识别措施、非自然人客户受益所有人的识别措施、对特定自然人和特定类别业务的客户身份识别措施以及客户洗钱风险分类管理措施等。

在建立业务关系时，法人金融机构为不影响正常交易，可以在建立业务关系后完成对客户的身份核实，但应当建立相应的风险管理机制和程序，确保客户洗钱和恐怖融资风险可控。在业务关系存续期间，法人金融机构应详细审查保存的客户资料和交易，及时更新客户身份信息，确保当前进行的交易与客户身份背景相匹配。

第四十五条 法人金融机构应当按照规定建立客户身份资料和交易记录保存制度，强化内部管理措施，更新技术手段，逐步完善相关信息系统，统筹考虑保存范围、方式和期限，确保客户身份信息和交易记录完整准确。法人金融机构应当建立适当的授权机制，明确工作程序，按照规定将客户身份信息和交易记录迅速、便捷、准确地提供给监管机构、执法机构等部门。

第四十六条 法人金融机构应当构建以客户为基本单位的交易监测体系，交易监测范围应当覆盖全部客户和业务领域，包括客户的交易、企图进行的交易及客户身份识别的整个过程。

法人金融机构应当根据本行业、本机构反洗钱工作实践和真实数据，重点参考本行业发生的洗钱案件及风险信息，结合客户的身份特征、交易特征或行为特征，建立与其面临的洗钱风险相匹配的监测标准，并根据客户、业务（含产品、服务）和洗钱风险变化情况及时调整。

第四十七条 法人金融机构应当建立健全大额交易和可疑交易报告制度，按照规定及时、准确、完整地向中国反洗钱监测分析中心或中国人民银行及其分支机构提交大额交易和可疑交易报告。

法人金融机构应当结合实际探索符合本机构特点的可疑交易报告分析处理模式，运用信息系统与人工分析相结合的方式，完整记录可疑交易分析排除或上报的全过程，完善可疑交易报告流程，提高可疑交易报告质量。

法人金融机构在报送可疑交易报告后，应当根据中国人民银行的相关规定采取相应的后续风险控制措施，包括对可疑交易所涉客户及交易开展持续监控、提升客户风险等级、限制客户交易、拒绝提供服务、终止业务关系、向相关金融监管部门报告、向相关侦查机关报案等。

第四十八条 法人金融机构应当建立反洗钱和反恐怖融资监控名单库，并及时进行更新和维护。监控名单包括但不限于以下内容：

（一）公安部等我国有权部门发布的恐怖活动组织及恐怖活动人员名单；

（二）联合国发布的且得到我国承认的制裁决议名单；

（三）其他国际组织、其他国家（地区）发布的且得到我国承认的反洗钱和反恐怖融资监控名单；

（四）中国人民银行要求关注的其他反洗钱和反恐怖融资监控名单；

（五）洗钱风险管理工作中发现的其他需要监测关注的组织或人员名单。

第四十九条 法人金融机构应当对监控名单开展实时监测；涉及资金交易的应当在资金交易完成前开展监测，不涉及资金交易的应当在办理相关业务后尽快开展监测。在名单调整时，法人金融机构应当立即对存量客户以及上溯三年内的交易开展回溯性调查，并按规定提交可疑交易报告。

法人金融机构在洗钱风险管理工作中发现的其他需要监测关注的组织或人员名单，可以根据洗钱风险管理需要自主决定是否开展实时监测和回溯性调查。

实时监测和回溯性调查应当运用信息系统与人工分析相结合的方式，通过信息系统实现监控名单精准匹配的自动识别工作，或先通过信息系统实现监控名单模糊匹配的初步筛查，再通过人工分析完成监控名单模糊匹配的最终识别工作。交易的回溯性调查可以采取信息系统实时筛查与后台数据库检索查询相结合的方式开展。

第五十条 有合理理由怀疑客户或其交易对手、资金或其他资产与监控名单相关的，应当按照规定立即提交可疑交易报告。

客户与监控名单匹配的，应当立即采取相应措施并于当日将有关情况报告中国人民银行和其他相关部门。具体措施包括但不限于停止金融账户的开立、变更、撤销和使用，暂停金融交易，拒绝转移、转换金融资产，停止提供出口信贷、担保、保险等金融服务，依法冻结账户资产。暂时无法准确判断客户与监控名单是否相匹配的，法人金融机构应当按照风险管理原则，采取相应的风险控制措施并进行持续交易监控。

第五十一条　法人金融机构应当有效识别高风险业务（含产品、服务），并对其进行定期评估、动态调整。

对于高风险业务（含产品、服务），如建立账户代理行关系、提供资金或价值转移服务、办理电汇业务等，法人金融机构应按照相关法律法规的要求，开展进一步的强化尽职调查措施，并结合高风险业务（含产品、服务）典型风险特征及时发布风险提示。

第五十二条　法人金融机构应当制定并执行清晰的客户接纳政策和程序，明确禁止建立业务关系的客户范围，有效识别高风险客户或高风险账户，并对其进行定期评估、动态调整。

对于高风险客户或高风险账户持有人，包括客户属于政治公众人物、国际组织高级管理人员及其特定关系人或来自高风险国家（地区）的，法人金融机构应当在客户身份识别要求的基础上采取强化措施，包括但不限于进一步获取客户及其受益所有人身份信息，适当提高信息的收集或更新频率，深入了解客户经营活动状况、财产或资金来源，询问与核实交易的目的和动机，适度提高交易监测的频率及强度，提高审批层级等，并加强对其金融交易活动的跟踪监测和分析排查。

第六章　信息系统和反洗钱数据、信息

第五十三条　法人金融机构应当建立完善以客户为单位，覆盖所有业务（含产品、服务）和客户的反洗钱信息系统，及时、准确、完整采集和记录洗钱风险管理所需信息，对洗钱风险进行识别、评估、监测和报告，并根据洗钱风险管理需要持续优化升级系统。

第五十四条　反洗钱信息系统及相关系统应当包括但不限于以下主要功能，以支持洗钱风险管理的需要。

（一）支持洗钱风险评估，包括业务洗钱风险评估和客户洗钱风险分类管理；

（二）支持客户身份识别、客户身份资料及交易记录等反洗钱信息的登记、保存、查询和使用；

（三）支持反洗钱交易监测和分析；

（四）支持大额交易和可疑交易报告；

（五）支持名单实时监控和回溯性调查；

（六）支持反洗钱监管和反洗钱调查。

第五十五条　在保密原则基础上，法人金融机构应当根据工作职责合理配置本机构各业务条线、各境内外分支机构和相关附属机构、各岗位的信息系统使用权限，确保各级人员有效获取洗钱风险管理所需信息，满足实际工作需要。

第五十六条　法人金融机构应当加强数据治理，建立健全数据质量控制机制，积累真实、准确、连续、完整的内外部数据，用于洗钱风险识别、评估、监测和报告。反洗钱数据的存储和使用应当符合数据安全标准、满足保密管理要求。

法人金融机构不得违反规定设置信息壁垒，阻止或影响其他法人金融机构正常获取开展反洗钱工作所必需的信息和数据。

第七章　内部检查、审计、绩效考核和奖惩机制

第五十七条　法人金融机构应当对业务部门、境内外分支机构、相关附属机构开展定期或不定期的反洗钱工作检查，对检查结果进行分析，对发现的问题进行积极整改。检查结果与业务部门、境内外分支机构、相关附属机构绩效考核和管理授权挂钩。

第五十八条　法人金融机构应当通过内部审计开展洗钱风险管理的审计评价，检查和评价洗钱风险管理的合规性和有效性，确保各项业务自身管理与其洗钱风险管理工作相匹配，反洗钱内部控制有效。审计范围、方法和频率应当与洗钱风险状况相适应。反洗钱内部审计可以是专项审计或与其他审计项目结合进行。

法人金融机构应当确保反洗钱内部审计活动独立于业务经营、风险管理和合规管理，遵循独立性、客观性原则，不断提升内部审计人员的专业能力和职业操守。

反洗钱内部审计报告应当提交董事会或其授权的专门委员会。董事会或其授权的专门委员会应当针对内部审计发现的问题，督促高级管理层及时采取整改措施。内部审计部门应当跟踪检查整改措施的实施情况，涉及重大问题的整改情况，应及时向董事会或其授权的专门委员会提交有关报告。

第五十九条　法人金融机构委托外部审计机构对洗钱风险管理工作开展评价的，外部审计必须确保审计范围和方法科学合理，审计人员具有必要的专业知识和经验，审计工作应当满足反洗钱保密要求。

第六十条　法人金融机构应当将反洗钱工作评价纳入绩效考核体系，将董事、监事、高级管理人员、洗钱风险管理人员的洗钱风险管理履职情况和业务部门、境内外分支机构和相关附属机构的洗钱风险管理履职情况纳入绩效考核范围。

法人金融机构应当建立反洗钱奖惩机制，对于发现重大可疑交易线索或防范、遏止相关犯罪行为的员工给予适当的奖励或表扬；对于未有效履行反洗钱职责、受到反洗钱监管处罚、涉及洗钱犯罪的员工追究相关责任。

第八章　附则

第六十一条　未设立董事会和监事会的法人金融机构，由其高级管理层承担洗钱风险管理的最终责任，履行相应职责，并指定一个独立于反洗钱管理部门的内设部门承担洗钱风险管理的监督职责。

法人金融机构根据本机构业务实际对反洗钱信息系统及其他相关系统的开发、日常维护及升级等工作作出其他安排的，应当确保相关安排满足洗钱风险管理需要。

第六十二条　非银行支付机构、从事汇兑业务和基金销售业务的机构，以及银行卡清算机构、资金清算中心等从事清算业务的机构参照本指引开展洗钱风险管理。

第六十三条　本指引由中国人民银行负责解释。

第六十四条　本指引自 2019 年 1 月 1 日起施行。

关于印发《法人金融机构洗钱和恐怖融资风险评估管理办法（试行）》的通知

（银反洗发〔2018〕21号）

中国人民银行上海总部金融服务二部，各分行、营业管理部，各省会（首府）城市中心支行，各副省级城市中心支行反洗钱处：

为有效实施风险为本反洗钱监管，督促法人金融机构加强洗钱和恐怖融资风险管理，根据《中华人民共和国中国人民银行法》《中华人民共和国反洗钱法》《中华人民共和国反恐怖主义法》《金融机构反洗钱监督管理办法（试行）》等法律法规，中国人民银行反洗钱局制定了《法人金融机构洗钱和恐怖融资风险评估管理办法（试行）》（以下简称《管理办法》），现印发给你们，并就有关事项通知如下，请遵照执行。

一、中国人民银行及其分支机构按照本办法，从2019年起全面启动对辖内法人金融机构的洗钱和恐怖融资风险评估工作，统筹规划、分步推进，逐步实现对辖区不同行业、不同类型机构的全覆盖及动态管理。

二、中国人民银行反洗钱局根据本办法研究制定风险评估指标，并结合风险变化、监管政策和规则调整、金融业务发展等完善风险评估指标。中国人民银行副省级以上分支机构可以根据辖内风险特征及金融业务发展等，适当调整具体评估指标，合理确定相应的评分标准、阈值及权重，提升风险评估工作的针对性和有效性。

三、鼓励中国人民银行副省级以上分支机构积极探索通过信息技术、管理系统等采集、分析风险评估所需数据和信息，不断优化风险评估方法和工作流程，提高风险评估工作效率。

四、法人金融机构洗钱和恐怖融资风险评估工作的具体分工参照《中国人民银行办公厅关于落实〈金融机构反洗钱监督管理办法（试行）〉有关事项的通知》（银办发〔2014〕263号）的要求执行。

附件：法人金融机构洗钱和恐怖融资风险评估管理办法（试行）

中国人民银行反洗钱局

2018年12月29日

法人金融机构洗钱和恐怖融资风险管理指引（试行）

第一章　总　则

第一条　为有效实施风险为本反洗钱监管，合理配置监管资源，推动法人金融机构对洗钱、恐怖融资和扩散融资风险（以下统称洗钱和恐怖融资风险）加强识别、评估和管理，根据《中华人民共和国中国人民银行法》《中华人民共和国反洗钱法》《中华人民共和国反恐怖主义法》《金融机构反洗钱监督管理办法（试行）》等法律法规，制定本办法。

第二条　本办法适用于中国人民银行及其分支机构对依据中华人民共和国法律依法设立的法人金融机构开展洗钱和恐怖融资风险评估。

第三条　中国人民银行及其分支机构按照本办法对法人金融机构的洗钱和恐怖融资风险进行评估，以及时、准确掌握法人金融机构洗钱和恐怖融资风险，为开展行业、地区、国家等层面的洗钱和恐怖融资风险评估及优化配置反洗钱监管资源提供支持。

第四条　中国人民银行及其分支机构根据辖内法人金融机构数量、规模、风险分布等因素，合理确定洗钱和恐怖融资风险的评估对象和评估周期，确保及时、准确掌握不同行业、不同类型机构的洗钱和恐怖融资风险特征及变化情况。

中国人民银行及其分支机构根据风险为本监管需要，可以开展特定业务（含产品、服务）、新技术等领域的洗钱和恐怖融资风险评估。

中国人民银行及其分支机构应当采取合理措施，持续关注法人金融机构洗钱和恐怖融资风险变化情况，保持监管连续性。法人金融机构的管理运营出现重大事件或面临的洗钱和恐怖融资风险发生显著变化时，中国人民银行及其分支机构应当及时对其开展风险评估。

第五条　中国人民银行及其分支机构根据风险评估结果，确定对法人金融机构实施反洗钱监管的措施及其强度和频率。

风险评估发现洗钱和恐怖融资风险隐患较为突出、集中或普遍的，中国人民银行及其分支机构根据具体情况，单独或会同有关金融监督管理机构及其派出机构发布相关风险提示，并采取相应的监管措施。

第六条 洗钱和恐怖融资风险评估应当遵循以下原则：

1. 一致性原则。洗钱和恐怖融资风险评估应当考虑法人金融机构总体风险控制环境与经营策略，关注其洗钱和恐怖融资风险管理政策和程序是否与全面风险管理策略相适应。

2. 全面性原则。洗钱和恐怖融资风险评估应当覆盖法人金融机构各项业务活动和管理流程；覆盖所有境内外分支机构及相关附属机构，以及相关部门、岗位和人员；贯穿决策、执行和监督全部管理环节。

3. 有效性原则。洗钱和恐怖融资风险评估结果应当充分揭示洗钱和恐怖融资风险特征及分布，为有效实施反洗钱监管提供支持，推动法人金融机构建立与其自身风险状况相适应的洗钱和恐怖融资风险管理策略、政策和程序。

4. 动态管理原则。洗钱和恐怖融资风险评估方法和指标应当根据国家、地区或行业的洗钱和恐怖融资风险变化情况及时调整，以满足法人金融机构风险评估的实际需要。

第七条 中国人民银行及其分支机构对开展洗钱和恐怖融资风险评估获得或知悉的客户身份资料和交易信息，应当予以保密；非依法律规定，不得向任何单位和个人提供。

第二章 风险评估方法

第八条 法人金融机构洗钱和恐怖融资风险评估包括固有风险评估和控制措施有效性评估两项内容。

固有风险评估反映在不考虑控制措施情况下，法人金融机构被利用进行洗钱、恐怖融资的可能性。控制措施有效性评估反映法人金融机构所采取的控制措施对管理和缓释固有风险的有效程度。

第九条 中国人民银行从经营规模、国家／地域、客户（含职业、行业）、业务（含产品、服务及交付渠道）等维度综合考虑，确定风险因素，制定固有风险评估指标。

第十条 中国人民银行从风险管理策略和架构、风险识别机制、风险控制措施、反洗钱工作机制等维度综合考虑，确定评估因素，制定控制措施有效性评估指标。

第十一条 中国人民银行及副省级以上分支机构根据不同行业固有风险和控制措施的差异性，合理确定评估指标的评分标准、阈值和权重，并结合洗钱及恐怖融资风险变化、反洗钱监管政策和标准调整、金融业务发展特征等，适时进行调整。

第十二条 中国人民银行及其分支机构通过现场或非现场途径，获取法人金融机构风险指标数据、相关风险信息和反洗钱合规管理信息资料，包括但不限于：

（一）所属行业风险状况，主要包括中国人民银行及其分支机构、行业监管部门掌握的风险信息；

（二）法人金融机构洗钱和恐怖融资风险自评估方法、结论及所依据的信息资料；

（三）反洗钱系统和业务系统操作手册；

（四）高风险客户、高风险业务（含产品、服务）、客户风险等级分类、异常交易预警、可疑交易报告等方面的信息资料；

（五）其他能够反映法人金融机构开展反洗钱工作的信息资料。

第十三条 固有风险各风险因素评估分为五级，最高风险为 5 分、较高风险为 4 分、中风险为 3 分、较低风险为 2 分、低风险为 1 分。根据各风险因素评分及权重赋值，加权计算固有风险总分，分五档确定固有风险等级：高、较高、中、较低、低。

第十四条 控制措施有效性各评估因素评估分为五级，有效为 5 分，大致有效为 4 分，部分有效为 3 分，低效为 2 分，基本无效为 1 分。根据各评估因素评分及权重赋值，加权计算控制措施有效性总分，分五档确定控制措施的有效程度：强健、满意、一般、不充分、重大缺陷。

控制措施强健，表明控制措施能够有效管控、缓释固有风险；控制措施满意，表明控制措施能够管控、缓释固有风险，虽仍存在少数问题，但预计能够得到充分解决；控制措施一般，表明控制措施能在一定程度上管控、缓释固有风险，但仍存在较多问题需要解决；控制措施不充分，表明控制措施亟待改进以有效管控、缓释固有风险；控制措施重大缺陷，表明控制措施存在较大程度缺失，或控制措施无法缓释固有风险。

第十五条 中国人民银行及其分支机构综合固有风险和控制措施有效性评定结果，对照《风险评估结果计量矩阵》（见附表）得出法人金融机构洗钱和恐怖融资风险的评估结果。评估结果按照风险程度由低到高分为 A 级（低风险）、B 级（较低风险）、C 级（中风险）、D 级（较高风险）、E 级（高风险）五个等级。

第十六条 中国人民银行及其分支机构采取定性与定量分析相结合、同业比较、趋势分析等方法，灵活运用询问谈话、问卷调查、系统查看、穿行测试、数据分析等辅助手段，客观评估法人金融机构的风险状况。

第十七条 中国人民银行及其分支机构应当督导法人金融机构加强洗钱和恐怖融资风险管理，建立和完善相关工作机制，定期或不定期开展全系统或特定领域的洗钱和恐怖融资风险自评估，采取针对性的风险控制措施。

中国人民银行及其分支机构开展洗钱和恐怖融资风险评估，可以参考法人金融机构洗钱和恐怖融资风险自评估的方法、结论及相关证明材料；如对自评估结论及相关证明材料有疑问的，要求其进行解释说明或提供补充材料。

第十八条 中国人民银行及其分支机构应当充分考虑反洗钱分类评级与风险评估的衔接。在评估控制措施有效性时，适当援引或参考反洗钱分类评级对法人金融机构反洗钱工作合规性和有效性的评价结论。

第三章 风险评估流程

第十九条 中国人民银行及其分支机构应当至少考虑下列一项因素，合理确定洗钱和恐怖融资风险评估对象：

（一）是否涵盖主要金融行业及机构类型；

（二）是否代表某类金融行业的风险特征；

（三）是否反映新技术、新业务（含产品、服务）的发展趋势；

（四）因风险评估需要考虑的其他因素。

中国人民银行及其分支机构原则上于每年第一季度确定本年度风险评估对象。

第二十条 中国人民银行及其分支机构开展洗钱和恐怖融资风险评估，应当按照规定程序填制《反洗钱监管审批表》及《反洗钱监管通知书》，经本行（部）行长（主任）或主管副行长（副主任）批准后，至少提前 5 个工作日将《反洗钱监管通知书》送达被评估的法人金融机构。

第二十一条 中国人民银行及其分支机构可以要求被评估的法人金融机构提供必要的信息资料，也可以现场采集满足评估所需的必要信息。通过现场方式实施评估，中国人民银行及其分支机构的反洗钱工作人员不得少于 2 人，并出示《反洗钱监管通知书》及合法证件。

中国人民银行及其分支机构应当以适当方式要求评估对象对所提供信息资料的真实性、准确性和完整性进行承诺和负责。

第二十二条 中国人民银行及其分支机构应当在充分了解情况的基础上，客观评判法人金融机构的风险状况，得出评估结论，针对存在问题，提出指导性整改意见，形成《反洗钱监管意见书》。

《反洗钱监管意见书》的内容包括但不限于：

（一）固有风险状况。

（二）控制措施有效程度。

（三）风险评估结论及监管意见。

第四章　风险评估结果运用

第二十三条　中国人民银行及其分支机构根据法人金融机构洗钱和恐怖融资风险评估结果，采取质询、约见谈话、监管走访、现场检查等针对性监管措施。原则上对风险较高机构实施监管措施的频率和强度应当高于风险较低机构。

（一）质询。A 级、B 级机构可以采取电话或书面质询方式，C 级及以下机构应当采取书面质询方式。

（二）约见谈话。A 级、B 级机构可以仅约谈法人金融机构反洗钱主管部门负责人，C 级及以下机构应当约谈法人金融机构主要负责人或主管反洗钱工作高级管理人员。

（三）监管走访。C 级及以下机构通过监管走访方式督促或核实监管意见的落实。

（四）现场检查。风险较高机构被随机抽查的比例应当高于风险较低机构。在风险评估中发现法人金融机构涉嫌违反反洗钱规定且情节严重的，中国人民银行及其分支机构应当及时开展现场检查。

第二十四条　中国人民银行及其分支机构应当根据风险评估结果合理设定洗钱和恐怖融资风险的评估周期。原则上风险较高机构的评估周期应当短于风险较低机构。

第二十五条　中国人民银行及其分支机构应当将法人金融机构洗钱和恐怖融资风险评估结果和整改落实情况记入反洗钱监管档案，作为后续风险评估的参考，确保监管的连续性和严肃性。

第二十六条　中国人民银行及其分支机构对法人金融机构洗钱和恐怖融资风险评估结论与其风险自评估结论存在较大差异的，应当根据具体情况，及时调整、完善风险评估方法和指标等，或提示法人金融机构审视自评估方法、指标和流程，修正对风险的认知和风险控制措施等。

第二十七条　法人金融机构洗钱和恐怖融资风险评估结论仅限中国人民银行及其分支机构监管使用，不对外披露或用于其他目的，法律法规另有规定的除外。

中国人民银行及其分支机构应当严禁法人金融机构将评估结论对外披露或用于广告、宣传、营销等商业目的。

第五章　附　则

第二十八条　中国人民银行及其分支机构可以按照本办法对金融集团开展洗钱和恐怖融资风险评估，或通过对属于同一集团的法人金融机构分别开展风险评估，综合确定金融集团的整体风险水平。

第二十九条　对非银行支付机构、银行卡清算机构、资金清算中心等从事支付清算业务的机构及从事汇兑业务和基金销售业务的机构开展洗钱和恐怖融资风险评估适用本办法。

外资金融机构在中华人民共和国境内依法设立的最高层级机构不是法人的，视同法人金融机构适用本办法。

第三十条　固有风险评估指标和控制措施有效性评估指标由中国人民银行另行制定。

第三十一条　本办法由中国人民银行反洗钱局负责解释和修订。

第三十二条　本办法自印发之日起实施。本办法实施前有关规定与本办法规定不一致的，以本办法为准。

附表：

风险评估结果计量矩阵

根据固有风险和控制措施有效性的评估结果，结合风险矩阵得出总体洗钱风险评级结果，风险评级等级由低到高分为 A 级、B 级、C 级、D 级、E 级五个等级。

高	C	D	D	E	E
较高	C	C	D	D	E
中	B	C	C	D	D
较低	B	B	C	C	C
低	A	B	B	C	C
固有风险／控制措施有效性	强健	满意	一般	不充分	重大缺陷

关于印发《法人金融机构洗钱和恐怖融资风险评估指标（2019版）》的通知

（银反洗发〔2019〕1号）

中国人民银行上海总部金融服务二部，各分行、营业管理部，各省会（首府）城市中心支行，各副省级城市中心支行反洗钱处：

为落实《法人金融机构洗钱和恐怖融资风险评估管理办法（试行）》（银反洗发〔2018〕21号），反洗钱局研究制定了法人金融机构洗钱和恐怖融资风险评估指标（2019版），包括固有风险评估指标（详见附表1—7）和控制措施有效性评估指标（详见附表8）。现印发给你单位，请遵照执行。各副省级以上人民银行反洗钱部门开展风险评估，对风险评估指标进行调整或细化，或者遇重要政策和执行问题的，应当及时向反洗钱局报告。反洗钱局根据风险形势变化或监管工作需要，视情调整更新风险评估指标。

附件：1．《法人金融机构固有风险评估表（银行机构适用）》

2．《法人金融机构固有风险评估表（证券公司适用）》（略）

3．《法人金融机构固有风险评估表（期货公司适用）》（略）

4．《法人金融机构固有风险评估表（基金公司适用）》（略）

5．《法人金融机构固有风险评估表（寿险公司适用）》（略）

6．《法人金融机构固有风险评估表（财险公司适用）》（略）

7．《法人非银行支付机构固有风险评估表》（略）

8．《控制措施有效性评估表》（略）

中国人民银行反洗钱局

2019年2月2日

附表 1

法人金融机构固有风险评估表（银行机构适用）

被评估单位：						评估期限：		总分：	100
一级指标	一级指标权重	二级指标	三级指标	四级指标	数据特性	统计口径与说明	四级指标得分（固有风险评估采用五级分类法，最高风险评分为 5，较高风险评分为 4，中风险评分为 3，较低风险评分为 2，低风险评分为 1）	综合指标分值（综合指标分值 = 四级指标得分 × 四级指标权重 ×100/5）	评分依据
1. 经营环境与规模	20.00%	1.1 在高风险国家（地区）设立分支机构和附属子公司的情况	1.1.1 在高风险国家（地区）设立分支机构和附属子公司情况	1.1.1.1 在被联合国、其他国际组织或相关国家发布且得到我国承认的反洗钱和反恐怖融资高风险国家（地区）设立分支机构和附属子公司的数量	时点指标	统计口径：按照此类分支机构和附属子公司的实际数量进行填写。包括但不限于：FATF 指定的高风险国家（地区）等。	5		

续表

1. 经营环境与规模	20.00%	1.1 在高风险国家（地区）设立分支机构和附属子公司的情况	1.1.1 在高风险国家（地区）设立分支机构和附属子公司情况	1.1.1.2 在其他高风险国家（地区）设立分支机构和附属子公司的数量	时点指标	1. 统计口径：按照此类分支机构和附属子公司的实际数量进行填写。 2. 其他高风险国家（地区）包括但不限于： （1）我国有关部门以及 FATF 等国际组织公布的，存在较严重恐怖活动、大规模杀伤性武器扩散、走私、贩毒、跨境有组织犯罪、腐败、金融诈骗、人口贩运、海盗等犯罪活动的国家（地区）； （2）我国有权部门风险提示存在严重犯罪的国家（地区）； （3）中国人民银行和其他有权部门风险提示的国家（地区）； （4）避税型离岸金融中心； （5）机构自定义的高风险国家（地区）。 在实际评估时，可结合不同国家（地区）的风险程度进行赋分。 3. 说明：对于机构“自定义”的风险因素时，在评估时应考虑与控制措施有效性相关指标的衔接，避免产生负向激励效应，例如，风险偏好较松或管理水平偏低的机构可能自定义标准较为宽松等情形。下同。	5		

续表

1. 经营环境与规模	20.00%	1.1 在高风险国家（地区）设立分支机构和附属子公司的情况	1.1.2 金融机构在高风险国家（地区）分支机构的经营情况	1.1.2.1 金融机构在高风险国家（地区）分支机构的客户资产规模占比 = Σ 高风险经营地域客户资产规模 / 所有经营地域客户资产规模 ×100%	时点指标	高风险国家（地区）含 1.1.1.1 和 1.1.1.2 的所有地区。	5		
				1.1.2.2 金融机构在高风险国家（地区）分支机构的营业收入占比 = Σ 高风险经营地域营业收入 / 所有经营地域营业收入 ×100%	时期指标	如没有营业收入数据，也可用“交易金额占比”等其他代替。	5		
		1.2 与高风险国家（地区）相关的交易情况	1.2.1 客户来自高风险国家（地区）情况	1.2.1.1 来自被联合国、其他国际组织或相关国家发布且得到我国承认的反洗钱和反恐怖融资高风险国家（地区）的客户规模	时点指标	1. 国家 / 地区的统计口径同 1.1.1.1。 2. 客户指在金融机构开立账户以及虽然未开立账户、但按照规定应当开展 KYC 的自然人、实体，不含久悬类客户。 3. 包括但不限于自然人客户国籍、住所地或经常居住地；单位客户注册地、经营地，受益所有人地址等为高风险国家（地区）等情形。 4. 在统计“客户规模”时，可以结合实际情况，考虑从绝对数（如，期末客户数）、相对数（占比）、增长变化情况等维度设置具体指标。下同。	5		

续表

1. 经营环境与规模	20.00%	1.2 与高风险国家（地区）相关的交易情况		1.2.1.2 来自其他高风险国家（地区）的客户规模	时点指标	统计口径同 1.2.1.1，其中国家／地区的统计口径同 1.1.1.2。	5		
			1.2.2 交易对手或对方金融机构来自高风险国家（地区）情况	1.2.2.1 交易对手或对方金融机构来自被联合国、其他国际组织或相关国家发布且得到我国承认的反洗钱和反恐怖融资高风险国家（地区）的客户规模	时点指标	国家／地区的统计口径同 1.1.1.1。	5		
				1.2.2.2 交易对手或对方金融机构来自其他高风险国家（地区）的客户规模	时点指标	国家／地区的统计口径同 1.1.1.2。	5		
			1.2.3 涉及高风险国家（地区）的交易情况	1.2.3.1 涉及高风险国家（地区）的交易规模	时期指标	1. 统计评估期间客户、交易发起地、交易目的地或交易中转地、对方金融机构等涉及高风险国家（地区）的交易情况。统计数据来源包括但不限于：（1）客户来自高风险国家（地区）；（2）SWIFT 报文信息（汇款人、汇款行、中间行、收款行、收款人），国际收支申报中“对方国家和地区”信息；（3）交易背景涉及高风险国家（地区），例如，货物名称、原产地、船舶飞行器名称／编号、起运航、目的港等信息。	5		

续表

1. 经营环境与规模	20.00%	1.2 与高风险国家（地区）相关的交易情况	1.2.3 涉及高风险国家（地区）的交易情况	1.2.3.1 涉及高风险国家（地区）的交易规模	时期指标	2. 在统计“交易规模”时，可以结合实际情况，考虑从绝对数（交易总金额、交易总笔数）、相对数（占比）、同比增长等维度设置具体指标。 3. 高风险国家（地区）含1.1.1.1和1.1.1.2的所有地区。			
		1.3 金融机构经营规模	1.3.1 金融机构辖属营业分支机构数量	1.3.1.1 金融机构辖属营业分支机构数量	时点指标	包括自助银行、社区银行等在内的全部各级营业网点。自助银行包括所有自助终端，不论自助设备摆放地点是否在营业网点内。	5		
			1.3.2 金融机构交易规模	1.3.2.1 金融机构交易总量	时期指标	包括任何通过金融机构办理或由金融机构发起的交易，既涵盖银行账户交易，也包含一次性金融服务。“交易总量”指标，可作为其他指标计算相对数的基础数据。	5		
2. 客户特性风险	40%	2.1 客户规模	2.1.1 客户规模	2.1.1.1 金融机构期末客户总量	时点指标	客户指在金融机构开立账户以及虽然未开立账户、但按照规定应当开展KYC的自然人、实体，不含久悬类客户。“客户总量”指标，可作为其他指标计算相对数的基础数据。	5		

续表

2. 客户特性风险	40%	2.1 客户规模	2.1.2 客户稳定性	2.1.2.1 金融机构客户净增长率 =（期末存量客户总数 − 期初客户总数）/ 期初客户总数	时期指标	统计评估期间首次在金融机构开立账户的客户，不包括存量再次开立账户的客户。说明：拥有稳定客户群的机构，相对风险较低；拥有大量且增长的客户群的机构，相对风险较高。	5		
				2.1.2.2 金融机构客户波动率 =（期末存量客户总数 − 期初客户总数 + 退出客户数）/ 期末存量客户总数	时期指标	说明：如机构有稳定的客户增长但却有较高的客户流动率，机构对新建立业务关系的客户熟悉程度较低，可能面临额外的洗钱风险，建议波动性指标和净增长性指标权重相同。	5		
		2.2 客户性质	2.2.1 客户组合	2.2.1.1 客户总体风险等级率 =Σ 各类客户加权平均风险等级 / 客户风险等级数	时点指标	分子的加权平均风险等级以客户数进行加权，分母为客户风险等级总数。假设某家机构客户风险等级共有 5 级，客户 100 户，其中低风险客户 30 户，其对应的等级为 1；中低风险客户 30 户，其对应的等级为 2；中风险客户 20 户，其对应的等级为 3；中高风险客户 10 户，其对应的等级为 4；高风险客户 10 户，其对应的等级为 5。那么其分子的计算公式为 30/100 × 1+30/100 × 2+20/100 × 3+10/100 × 4+10/100 × 5=2.4，分母为 5，客户总体风险等级率 =2.4/5=48%。	5		

续表

2. 客户特性风险	40%	2.2 客户性质	2.2.1 客户组合	2.2.1.2 较高风险等级客户规模	时点指标	统计口径：风险等级为较高及以上的客户（例如，客户洗钱风险等级为5级的情况下，统计“最高”和“次高”的客户规模）。	5		
			2.2.2 特定风险类型客户	2.2.2.1 涉及境外政要人物、国际组织高级管理人员等特定自然人的客户规模	时点指标	银发〔2017〕235号文。包括但不限于：个人客户、单位客户的控股股东或者实际控制人、法定代表人、负责人、授权办理业务人员、受益所有人等涉及特定自然人的情形。	5		
				2.2.2.2 非居民客户规模	时点指标	包括但不限于：使用外国护照、港澳台来往大陆通行证等证明客户境外身份的证件开户的自然人，以及开立NRA、FTN、OSA等离岸账户或者使用境外证件开立人民币账户的实体。	5		
				2.2.2.3 代理行客户规模	时点指标	包括但不限于：代理境外金融机构开展清算／结算业务所涉及的境外金融机构、境外汇款公司等。	5		
				2.2.2.4 境外非政府组织代表机构客户规模	时点指标	指使用境外非政府组织代表机构登记证书开立账户的单位客户。	5		
				2.2.2.5 高净值客户规模	时点指标	例如，在本机构资产（包括存款、产品等）规模大于或者等于人民币等值600万元（可根据实际情况进行调整）的自然人客户。	5		

续表

2. 客户特性风险	40%	2.2 客户性质	2.2.2 特定风险类型客户	2.2.2.6 存在同一实际控制人风险的客户规模	时点指标	包括但不限于：相同联系方式；相同受益所有人、法定代表人或负责人、授权办理业务人员（或对账联系人）；相同IP、MAC地址；股权或控制权结构显示存在相互嵌套、互相出资、家族控制等情形；不包含客户为金融产品、受政府控制的企事业单位等情形。参数暂设置为5，可根据实际情况进行调整。按客户数汇总。	5		
		2.3 外部因素制约导致的客户身份识别风险	2.3.1 使用不可核查证件开户的客户	2.3.1.1 使用不可核查证件开户的客户规模	时点指标	统计使用非可核查证件的境内客户，包括自然人和非自然人。	5		
			2.3.2 职业不明确客户	2.3.2.1 职业信息不明确的客户规模	时点指标	例如：职业信息登记为“其他”且未有具体从事职业的补充说明。	5		
		2.4 职业／行业／控股类型企业特性	2.4.1 高风险职业客户	2.4.1.1 高风险职业客户规模	时点指标	机构自定义的高风险职业。	5		
			2.4.2 高风险行业的客户	2.4.2.1 高风险行业客户规模	时点指标	机构自定义的高风险行业。	5		

续表

2. 客户特性风险	40%	2.5 建立业务关系方式特性	2.5.1 代理开户的客户	2.5.1.1 代理开户的客户规模	时点指标		5		
			2.5.2 非柜面方式开户的客户	2.5.2.1 非柜面方式开户的客户规模	时点指标		5		
			2.5.3 依托第三方义务机构开展身份识别的客户	2.5.3.1 依托第三方义务机构开展身份识别的客户规模	时点指标	银办发〔2018〕130 号文。	5		
		2.6 被国家机关调查的客户情况	2.6.1 涉及人民银行反洗钱调查和风险提示的客户	2.6.1.1 涉及人民银行反洗钱调查、风险提示的客户规模	时点指标		5		
			2.6.2 涉及公安机关、检察院、法院刑事司法查询和冻结以及纪检监察机关调查的客户	2.6.2.1 涉及公安机关、检察院、法院刑事司法查询和冻结以及纪检监察机关调查的客户规模	时点指标	不包含民事诉讼导致的查询、冻结等情形。	5		

续表

3. 业务（包含产品／服务，以及交付的渠道）风险	40%	3.1 产品组合	3.1.1 产品／业务／服务总体风险等级率	3.1.1.1 产品／业务／服务总体风险等级率＝Σ 各类产品、业务或服务风险等级加权平均等级／产品、业务或服务的风险等级数	时点指标	计算方法同 2.2.1.1。	5		
			3.1.2 高风险产品／业务／服务交易情况	3.1.2.1 高风险产品／业务／服务的数量	时点指标	机构自定义的高风险产品／业务／服务。	5		
				3.1.2.2 高风险产品／业务／服务的交易规模	时期指标		5		
			3.1.3 新产品／业务／服务交易情况	3.1.3.1 评估期内新产品／业务／服务的数量	时期指标	评估期内新上线的产品／业务／服务，以及机构认为具有实质性变化的产品／业务／服务。	5		
				3.1.3.2 新产品／业务／服务的交易规模	时期指标		5		
		3.2 与洗钱风险高相关的业务	3.2.1 现金业务	3.2.1.1 柜面现金业务的交易规模	时期指标		5		
				3.2.1.2 境内非柜面现金业务的交易规模	时期指标	主要考虑到境内无卡无折存取款的风险。	5		
				3.2.1.3 境外非柜面现金业务的交易规模	时期指标	主要考虑到境外自助设备取现的风险。	5		

续表

3. 业务（包含产品/服务，以及交付的渠道）风险	40%	3.2 与洗钱风险高相关的业务	3.2.2 一次性交易	3.2.2.1 一次性交易规模	时期指标		5		
			3.2.3 非面对面渠道办理的业务	3.2.3.1 非面对面渠道办理业务的交易规模	时期指标	统计客户未与金融机构人员进行任何面对面接触即完成的交易。包括但不限于：电子银行（例如，网上银行、手机银行/电话银行、家居银行）、网络金融、自助设备、POS 机、支付机构渠道等。	5		
			3.2.4 代理交易	3.2.4.1 代理交易规模	时期指标		5		
			3.2.5 公转私交易	3.2.5.1 一般结算账户公转私交易规模	时期指标	指除代发工资、理财产品赎回、保险理赔等正常公转私业务以外的单位账户向自然人账户的转账业务。	5		
			3.2.6 第三方支付交易	3.2.6.1 涉及第三方支付机构的交易规模	时期指标		5		
		3.3 特定高风险业务	3.3.1 跨境业务	3.3.1.1 跨境业务的交易规模	时期指标		5		
				3.3.1.2 一次性跨境业务规模	时期指标		5		
			3.3.2 代理行业务	3.3.2.1 代理行业务交易规模	时期指标		5		
			3.3.3 私人银行业务	3.3.3.1 私人银行业务管理的客户资产规模	时点指标		5		
			3.3.4 特约商户业务	3.3.4.1 POS 业务交易规模	时期指标		5		
			3.3.5 贵金属业务	3.3.5.1 贵金属业务交易规模	时期指标	主要考虑到实物贵金属可以不记名转让。	5		

关于证券基金期货业反洗钱工作有关事项的通知

（银反洗发〔2019〕20 号）

中国人民银行上海总部金融服务二部、现场检查部，各分行、营业管理部，各省会（首府）城市中心支行，各副省级城市中心支行反洗钱处：

为切实贯彻风险为本反洗钱方法，推动证券期货业加强反洗钱和反恐怖融资（以下简称反洗钱）工作，在现有反洗钱法律规定基础上，结合反洗钱国际标准和我国证券基金期货业务实践，现就证券基金期货业客户身份识别有关问题通知如下：

一、关于存量客户身份证件过期的后续处理

对于身份证件或身份证明文件已过有效期的存量客户，证券基金期货经营机构应当及时提示客户并限定其在合理期限内更新身份信息。对于未在合理期限内更新且没有提出合理理由的客户，证券公司应当采取限制为其办理新业务、限制撤销指定交易、限制转托管及限制其资金转出等措施，基金管理公司应当采取限制为其办理认购、申购及限制基金份额转换等措施，期货公司应当采取限制为其办理新业务、限制其资金转出等措施。证券基金期货经营机构应勤勉尽责开展客户身份持续识别，按照风险为本和实质重于形式的原则，关注客户身份信息变化及其日常经营活动和金融交易情况，加强交易监测，并按规定留存相关工作记录。

二、关于基金产品代销模式下的客户身份识别

证券投资基金管理公司（以下简称基金管理公司）在采用第三方机构代为销售公募基金产品时，应当充分评估代销模式下公募基金产品洗钱风险，结合客户、业务、交易渠道等，制定合理的客户尽职调查措施，与基金代销机构签署符合法律规定和风险管理策略的代销协议。从事基金代销业务的金融机构应当识别、评估代销基金产品业务洗钱和恐怖融资风险，根据反洗钱相关法律法规的规定识别客户身份，在不违反相关保密规定的前提下，向基金管理公司在可疑交易监测分析、名单监控等方面提供必要的协助。

对于经评估认为某种代销模式洗钱风险相对较低且代销机构作为反洗钱义务主体已履行客户身份识别义务时，基金管理公司可根据客户风险状况采取适当简化的客户身份识别措施，例如在初次识别客户身份时，可先获取客户姓名、性别、职业、身份证件或身份证明文件的种类、号码和有效期限等身份信息，并合理运用已掌握的信息开展客户分类管理和交易监测。经评估认为客户风险水平相对较高，或者客户申购、赎回基金份额较大，或者认为客户或其交易与洗钱或恐怖融资等犯罪活动相关时，基金管理公司不得简化客户身份识别，而应当在完整获取客户身份基本信息基础上，进一步采取强化尽职调查措施。

对于经评估认为某种代销模式洗钱风险相对较高时，基金管理公司不得简化客户身份识别措施。

三、关于境外客户身份识别的问题

证券期货经营机构通过接受境外经纪机构（或境外中介机构）委托的方式，为境外经纪机构或其客户提供境内证券交易等金融服务时，应当至少采取以下措施：一是严格审查境外经纪机构反洗钱履职情况，审查该经纪机构所在国家洗钱或恐怖融资风险状况和反洗钱机制完善程度，充分收集该经纪机构的信息，了解其是否因洗钱或恐怖融资受到调查或其他监管活动，评估该经纪机构反洗钱内控机制是否健全等。二是建立委托代理业务关系前获得高级管理层的审批。三是在签署委托代理协议时，明确双方应当按照反洗钱要求履行客户身份识别、客户身份资料和交易记录保存、可疑交易报告、名单监控等反洗钱职责。

证券期货经营机构直接接受境外交易者委托，为其提供境内证券交易等金融服务的，应当严格按照反洗钱有关规定履行客户身份识别职责。

在执行过程中如遇新情况、新问题，证券期货机构要及时报告。

请上海总部金融服务二部，各分行、营业管理部，各省会（首府）城市中心支行，各副省级城市中心支行将本通知转发至辖内各级分支机构、各证券期货业义务机构。

中国人民银行反洗钱局

2019 年 9 月 26 日

抄送：证监会稽查局、机构部、期货部。

内部发送：制度处、监管处。

2019 年 9 月 27 日印发

中国人民银行反洗钱局关于进一步加强反洗钱信息安全保护工作的通知

（银反洗发〔2020〕12号）

中国人民银行上海总部金融服务二部，各分行、营业管理部，各省会（首府）城市中心支行，各副省级城市中心支行反洗钱处；国家开发银行，各政策性银行、国有商业银行、股份制商业银行，中国邮政储蓄银行，中国银联，银联国际，中国人寿保险股份有限公司，中国人民财产保险股份有限公司，银河证券股份有限公司，中信证券股份有限公司，支付宝（中国）网络技术有限公司，财付通支付科技有限公司反洗钱部门：

近期，全国多地发生义务机构反洗钱信息泄露事件，个别义务机构在履行反洗钱义务过程中，非法泄露客户洗钱风险等级以及可疑交易、反洗钱调查等反洗钱信息，甚至个别义务机构员工利用职务之便，登录反洗钱系统违规查询、下载和出售客户信息。为强化义务机构反洗钱履职过程中的保密意识，进一步做好反洗钱信息安全保护工作，现就有关事项通知如下：

一、全面落实反洗钱信息安全责任制

各义务机构要高度重视反洗钱信息安全保护工作，切实履行《中华人民共和国反洗钱法》及相关法律法规明确规定的反洗钱信息安全法定义务，切实增强反洗钱信息安全意识。义务机构的法定代表人或主要负责人是本机构反洗钱信息安全的第一责任人，对反洗钱信息安全负全面领导责任。义务机构应将反洗钱信息安全纳入本单位信息安全整体统一管理，指定工作部门具体承担反洗钱信息安全工作职责，对反洗钱信息安全负直接管理责任；明确内部涉及反洗钱信息处理不同岗位的安全职责，建立相应的内部制度，确保本机构各层级、各业务条线高效履行反洗钱信息安全保护职责。

二、切实推进反洗钱信息安全源头治理

各义务机构要前移反洗钱信息安全保护关口，推进源头预防治理。义务机构应将反洗钱信息安全要求纳入反洗钱相关系统开发、设计、测试、使用等各个阶段，在系统建设时对信息保护措施同步规划、同步建设和同步使用。义务机构在反洗钱法律和行政法规有新的要求并可能对信息安全带来重大影响时，或与反洗钱信息安全相关的业务模式、信息系统、运行环境发生重大变更时，应组织开展反洗钱信息安全影响评估，形成信息安全影响评估报告，并以此采取针对性措施，将反洗钱信息安全风险降低到可接受的水平。

三、持续优化反洗钱信息安全内部控制措施

各义务机构要定期梳理排查本机构反洗钱内控制度，排查反洗钱信息安全风险点，及时修订和完善内控制度，全面堵截内控制度漏洞。增强内部岗位制约，对反洗钱信息安全管理人员、数据操作人员、审计人员等进行岗位角色分离设置。强化流程控制和授权管理，完善反洗钱信息批量修改、拷贝、下载、对外传递等重要操作内部审批流程；设置严格的场景限制，除司法查询、反洗钱行政调查、执法检查以及其他必要的工作需要外，不得下载反洗钱信息。各义务机构要进一步优化反洗钱相关系统设置，提高反洗钱信息安全技术防护能力。强化反洗钱信息的去标识化脱敏处理，将可用于恢复识别个人身份的反洗钱信息与去标识化后的脱敏信息分开存储并加强访问和使用的权限管理。加强通过界面（如显示屏幕、纸面）展示反洗钱个人身份信息的管理，降低个人反洗钱身份信息在展示环节的泄露风险。

四、严格控制反洗钱信息知悉范围

各义务机构要整合反洗钱相关系统的数据资源，鼓励义务机构逐步探索并实现反洗钱信息统一保管。完善客户身份识别、可疑交易监测分析和线索移送的业务流程和闭环管理机制，严格控制各部门、各层级人员使用反洗钱相关系统的权限。义务机构应对依法履行客户身份识别、大额交易和可疑交易报告义务获得的客户身份资料和交易信息，对依法监测、分析、报告可疑交易和开展名单监控的有关情况，对配合人民银行反洗钱行政调查、采取临时冻结措施的有关情况予以保密，非依法律规定不得向任何单位和个人透露和提供。义务机构应明确由反洗钱牵头部门统一依法向中国反洗钱监测分析中心报送可疑交易报告，避免内部其他部门或机构对外报送可疑交易报告或相关信息。

五、强化反洗钱从业人员管理

各义务机构应与从事反洗钱信息处理岗位上的相关人员签署保密协议或约定保密条款，反洗钱信息处理岗位人员原则上应为义务机构正式员工，在调离岗位或终止劳动合同时，应继续履行保密义务。义务机构应与接触反洗钱信息的外部服务人员和机构签署保密协议或约定保密条款，并监督其严格遵守反洗钱信息安全规定。

六、加强反洗钱信息安全培训教育

各义务机构应定期对反洗钱相关部门和岗位人员进行反洗钱合规培训和保密教育。通过入职培训、集中宣传、警示教育及案例剖析等方式，不断强化员工的反洗钱合规意识、风险意识、信息安全保护意识，培养员工的底线思维，确保反洗钱岗位人员及相关业务操作人员熟悉反洗钱相关法律法规、业务系统操作流程，引导其遵循合规性操作要求开展各项工作，逐步建立健全合规文化，为反洗钱信息安全工作营造良好的企业文化氛围。

七、强化应急处置和报告

各义务机构要制定反洗钱信息安全事件应急预案，定期组织相关人员进行应急响应培训和应急演练，熟练掌握应急处置策略和规程。义务机构发生反洗钱信息安全事件后，应及时采取必要措施控制事态，消除隐患，评估事件影响，并按规定报告反洗钱行政主管部门及其属地分支机构。反洗钱信息安全事件涉及个人信息泄露的，应及时将事件相关情况以邮件、信函、电话、推送通知等方式告知客户，难以逐一告知的，应采取合理、有效的方式发布警示信息。

八、加大监督检查和问责考核力度

各义务机构要将反洗钱信息安全保护工作作为内部监督检查和审计的重要内容。对于监督检查和审计发现的用户异常行为，要逐一核实，发现存在非法查询、下载、出售反洗钱信息，或非法泄露客户洗钱风险等级、可疑交易、反洗钱调查等反洗钱信息的，要立即采取相关处置措施，严肃追究相关人员的责任，并向反洗钱行政主管部门及其属地分支机构报告；涉嫌犯罪的，依法移交司法机关处理。要进一步完善内部奖惩机制，将反洗钱信息安全的履职情况有机嵌入内部奖惩考核。

请人民银行上海总部，各分行、营业管理部，各省会（首府）中心支行，各副省级城市中心支行反洗钱处将本通知转发至辖内法人义务机构，加强对义务机构反洗钱信息安全工作的监督和管理，充分运用各种现场和非现场监管手段，指导和督促辖内法人义务机构做好反洗钱信息安全保护工作，对存在违法违规行为的义务机构要依法依规严肃处理。

中国人民银行反洗钱局
2020 年 11 月 12 日

关于印发《法人金融机构洗钱和恐怖融资风险自评估指引》的通知

（银反洗发〔2021〕1号）

中国人民银行上海总部金融服务二部，各分行、营业管理部，各省会（首府）城市中心支行，各副省级城市中心支行反洗钱处；国家开发银行，各政策性银行、大型商业银行、股份制商业银行，中国银联股份有限公司，银联国际有限公司，农信银资金清算中心，城市商业银行资金清算中心，中国人寿保险股份有限公司，中国人民财产保险股份有限公司，银河证券股份有限公司，中信证券股份有限公司反洗钱部门：

为指导法人金融机构落实有关洗钱和恐怖融资风险自评估工作要求，加快反洗钱工作向风险为本转型，提升金融体系反洗钱工作有效性，中国人民银行反洗钱局制定了《法人金融机构洗钱和恐怖融资风险自评估指引》（以下简称《指引》），现印发给你们，并就《指引》中有关事项通知如下，请遵照执行。

一、金融机构工作安排

（一）法人金融机构应于2021年12月31日前制定或更新本机构洗钱和恐怖融资风险自评估制度，以符合《指引》的总体要求，并于2022年12月31日前完成基于新制度的首次自评估。

（二）认定《指引》部分内容不适用本机构，需对评估方法、指标、流程或组织形式等作出重大调整的，应于2021年6月30日前向具有管辖权的人民银行总行或分支机构报告。

（三）《法人金融机构洗钱和恐怖融资风险管理指引》有关机构洗钱风险自评估内容与本《指引》不一致的，以本《指引》为准。

二、监管工作要求

（一）中国人民银行及分支机构反洗钱部门收到法人金融机构关于调整《指引》适用的报告后，如有不同意见，应在30个工作日内向金融机构反馈。

（二）中国人民银行及分支机构反洗钱部门应当将法人金融机构洗钱和恐怖融资自评估开展情况及结果运用情况作为反洗钱监管重点。

请中国人民银行上海总部，各分行、营业管理部，各省会（首府）城市中心支行，各副省级城市中心支行反洗钱处将本通知转发至总部注册于辖区内的各股份制商业银行、城市商业银行、农村商业银行、农村合作银行、农村信用社、村镇银行、证券公司、期货经纪公司、基金管理公司、保险公司、保险资产管理公司、信托公司、金融资产管理公司、企业集团财务公司、金融租赁公司、汽车金融公司、消费金融公司、货币经纪公司等金融机构和非银行支付机构、保险专业代理公司、保险经纪公司，以及汇兑、基金销售、网络小额贷款从业机构反洗钱部门。

附件：1．法人金融机构洗钱和恐怖融资风险自评估指引

2．法人金融机构洗钱和恐怖融资风险自评估模板

中国人民银行反洗钱局
2021 年 1 月 15 日

内部发送：制度处，监管处。

2021 年 1 月 18 日印发

法人金融机构洗钱和恐怖融资风险自评估指引

第一章　总体要求

第一条　为深入实践风险为本原则，指导法人金融机构落实《国务院办公厅关于完善反洗钱、反恐怖融资、反逃税监管体制机制的意见》，识别、评估洗钱和恐怖融资（以下统称洗钱）风险，优化反洗钱和反恐怖融资（以下统称反洗钱）资源配置，制定和实施与其风险相称的管理策略、政策和程序，提升反洗钱工作有效性，根据《中华人民共和国反洗钱法》《中华人民共和国反恐怖主义法》等法律法规，制定本指引。

第二条　本指引适用于在中国境内依法设立的法人金融机构和非银行支付机构（以下统称法人金融机构）。

第三条　法人金融机构开展洗钱风险自评估应当遵循以下原则：

（一）全面性原则。覆盖本机构所有经营地域、客户群体、产品业务（含服务）、交易或交付渠道；覆盖境内外所有与洗钱风险管理相关的分支机构及总部有关部门；充分考虑各方面风险因素，贯穿决策、执行和监督的全部管理环节。

（二）客观性原则。以客观公正的态度收集有关数据和资料，以充分完整的事实为依据，力求全面准确地揭示本机构面临的洗钱风险和管理漏洞。

（三）匹配性原则。洗钱风险自评估的性质与程度应当与法人金融机构自身经营的性质和规模相匹配，国家洗钱风险评估或中国人民银行认可的行业风险评估报告中认定为中等以下风险水平的行业机构，或经营规模较小、业务种类简单、客户数量较少的机构可适当简化评估流程与内容。

（四）灵活性原则。机构应根据经营管理、外部环境、监管法规、洗钱风险状况等因素的变化，及时调整自评估指标和方法。对于风险较高的领域，应当缩短自评估周期，提高自评估频率。

第四条　法人金融机构应当在本指引的基础上制定具体的洗钱风险自评估制度。

本指引所述部分内容不适用的，法人金融机构可以在充分考虑各项风险因素及本机构实际情况的基础上进行调整，并向对法人金融机构具有管辖权的人民银行总行或分支机构报告。有关调整及相应论证应有必要的书面记录。

第五条　洗钱风险自评估目的是为机构洗钱风险管理工作提供必要基础和依据，法人金融机构应充分运用风险自评估结果，确保反洗钱资源配置、洗钱风险管理策略、政策和程序与评估所识别的风险相适应。

第二章　评估内容

第六条　法人金融机构洗钱风险自评估包括固有风险评估、控制措施有效性评估、剩余风险评估。

固有风险评估反映在不考虑控制措施的情况下，法人金融机构被利用于洗钱和恐怖融资的可能性。控制措施有效性评估反映法人金融机构所采取的控制措施对管理和缓释固有风险的有效程度，进而对尚未得到有效管理和缓释的剩余风险进行评估。

法人金融机构应当建立与本机构经营规模与复杂程度相匹配的洗钱风险自评估指标和模型，确保有效识别风险管理漏洞，提高自评估结论的准确性和针对性。

第七条　法人金融机构固有风险评估应当考虑以下方面：

（一）地域环境；

（二）客户群体；

（三）产品业务（含服务）；

（四）渠道（含交易或交付渠道）。

法人金融机构应当设计科学、合理的固有风险指标，确保充分考虑各类风险因素。

第八条　法人金融机构在评估地域环境的固有风险时，应当全面考虑经营场所覆盖地域，分别评估境内各地区和境外各司法管辖区地域风险，境内地区划分原则上按经营地域范围内的下一级行政区划划分，如全国性机构按省划分，或按总部对分支机构管理结构划分。对于地理位置相近、经营情况类似的地域可合并评估。

对各地域的固有风险评估可考虑以下因素：

（一）当地洗钱、恐怖融资与（广义）上游犯罪形势，是否毗邻洗钱、恐怖融资或上游犯罪、恐怖主义活动活跃的境外国家和地区，或是否属于较高风险国家和地区（至少包括金融行动特别工作组呼吁采取行动的高风险国家、地区和应加强监控的国家、地区，也可参考国际组织有关避税天堂名单等，以下简称较高风险和地区）；

（二）接受司法机关刑事查询、冻结、扣划和监察机关、公安机关查询、冻结、扣划（以下简称刑事查冻扣）中涉及该地区的客户数量、交易金额、资产规模等；

（三）本机构上报的涉及当地的一般可疑交易和重点可疑交易报告数量及客户数量、交易金额；

（四）本机构在当地网点数量、客户数量、客户资产规模、交易金额及市场占有率水平。

第九条　法人金融机构在评估客户群体的固有风险时，应当全面考虑本机构服务客户群体范围和结构，分别评估各主要客户群体固有风险。客户群体划分可结合本机构对客户管理的分类，如个人客户、公司客户、机构客户等，有条件的机构可按照行业（职业）或主要办理业务、建立业务关系方式等角度进一步聚焦洗钱风险突出的群体。同时，也应对具有高风险特征的客户群体进行评估，如政治公众人物客户、非居民客户。

对各客户群体的固有风险评估可考虑以下因素：

（一）客户数量、资产规模、交易金额及相应占比；

（二）客户涉有权机关刑事查冻扣、涉人民银行调查的数量与比例；

（三）客户身份信息完整、丰富程度和对客户交易背景、目的了解程度；

（四）识别客户身份不同方式的分布，如当面核实身份、或采取可靠的技术手段核实身份、通过第三方机构识别身份的比例；

（五）客户风险等级划分的分布结构；

（六）非自然人客户的股权或控制权结构，存在同一控制人风险的情况；

（七）客户来自较高风险国家或地区的情况；

（八）客户办理高风险业务（如现金、跨境、高额价值转移等）的种类和相应的规模；

（九）客户涉可疑交易报告的数量及不同管控措施的比例；

（十）客户属于高风险行业或职业的数量、比例；

（十一）该类型客户是否属于洗钱或上游犯罪高风险群体；

（十二）客户群体涉联合国定向金融制裁名单及其他人民银行要求关注的反洗钱和反恐怖融资监控名单，或其交易对手涉以上名单的比例。

第十条　法人金融机构在评估产品业务的固有风险时，应当全面考虑本机构向客户提供的各类产品业务（或服务）。产品业务划分原则上应在本机构产品业务管理结构的基础上进一步细化，如私人银行业务、国际金融业务、个人银行卡、理财产品等。业务模式、性质相同且洗钱风险因素不存在重大差异的，可作为同一类产品业务进行评估。

对各类产品业务的固有风险评估可考虑以下因素：

（一）产品业务规模，如账户数量、管理资产总额，年度交易量等；

（二）是否属于已知存在洗钱案例、洗钱类型手法的产品业务；

（三）产品业务面向的主要客户群体，以及高风险客户数量和相应资产规模、交易金额和比例；

（四）产品业务销售、办理渠道及相应渠道的风险程度，是否允许他人代办或难以识别是否本人办理；

（五）产品业务记录跟踪资金来源、去向的程度，与现金的关联程度，现金交易金额和比例；

（六）产品业务是否可向他人转移价值，包括资产（合约）所有权、受益权转移，以及转移的便利程度，是否有额度限制，是否可跨境转移；

（七）产品业务是否可作为客户的资产（如储蓄存款、理财产品等），是否有额度限制，保值程度和流动性如何，是否可便利、快速转换为现金或活期存款；

（八）产品业务是否可作为收付款工具（如结算账户），使用范围、额度、便利性如何，是否可跨境使用；

（九）产品业务是否可作为其他业务的办理通道或身份认证手段，身份识别措施是否比原有通道和手段更为简化，是否有额度限制或使用范围限制；

（十）产品业务是否应用可能影响客户尽职调查和资金交易追踪的新技术。

第十一条　法人金融机构在评估渠道的固有风险时，应当全面考虑本机构自有或通过第三方与客户建立关系、提供服务的渠道。渠道可划分为机构自有实体经营场所、自有互联网渠道、自助设备与终端、第三方实体经营场所、第三方互联网渠道，银行业机构还应考虑代理行渠道。

对各类渠道的固有风险评估可考虑以下因素：

（一）渠道覆盖范围（线下网点数量与分布区域，线上可及地域范围）及相应地区（包括境外国家和地区）的风险程度；

（二）通过该渠道建立业务关系的客户数量和风险水平分布；

（三）通过该渠道办理业务的客户数量、交易笔数与金额，办理业务的主要类型和风险水平。

第十二条 法人金融机构应在分别评估不同地域、不同客户群体、不同产品业务、不同渠道固有风险的基础上，汇总得出机构地域、客户、产品业务、渠道四个维度的固有风险评估结果，最终得出对机构整体固有风险的判断。各层次评估应当包括对主要风险点的分析和总体风险的评价，并给出相应的风险评级，以便进行地域、客户群体、产品业务、渠道之间的横向对比和不同年度评估结果的纵向对比。

第十三条 法人金融机构在评估控制措施有效性时，既要从整体上评估机构反洗钱内部控制的基础与环境、洗钱风险管理机制有效性，也要按照固有风险评估环节的分类方法，分别对与各类地域、客户群体、产品业务、渠道相应的特殊控制措施进行评价。

第十四条 对反洗钱内部控制基础与环境的评价可以考虑以下因素：

（一）董事会与高级管理层对洗钱风险管理的重视程度，包括决策、监督跨部门反洗钱工作事项的情况；

（二）反洗钱管理层级与架构，管理机制运转情况；

（三）反洗钱管理部门的权限和资源，反洗钱工作主要负责人和工作团队的能力与经验；

（四）机构信息系统建设和数据整合情况，特别是获取、整合客户和交易信息的能力，以及对信息安全的保护措施；

（五）机构总部监督各部门、条线和各分支机构落实反洗钱政策的机制与力度，特别是是否将反洗钱纳入内部审计和检查工作范围、发现问题并提出整改意见；

（六）对董事会、高级管理层、总部和分支机构业务条线人员的培训机制。

第十五条 对法人金融机构整体洗钱风险管理机制有效性的评价，可以考虑以下因素：

（一）高级管理层、反洗钱管理部门和主要业务部门、分支机构了解机构洗钱风险（包括地域、客户、产品业务、渠道）和经营范围内国家或地区洗钱威胁的情况；

（二）机构洗钱风险管理政策制定情况，以及政策与所识别风险的匹配程度，如机构拓展业务范围，包括地域范围、业务范围、客户范围、渠道范围是否考虑相应的洗钱风险，并经过董事会、高级管理层或适当层级的审议决策；

（三）机构反洗钱内控制度与监管要求的匹配程度，是否得到及时更新，各条线业务操作规程和系统中内嵌洗钱风险管理措施的情况；

（四）集团层面洗钱风险管理的统一性及集团内信息共享情况（仅集团性机构、跨国机构适用）；

（五）反洗钱管理部门与业务部门、客户管理部门、渠道部门和各分支机构沟通机制和信息交流情况；

（六）客户尽职调查与客户风险等级划分和调整工作的覆盖面、及时性和质量，客户身份资料获取、保存和更新的完整性、准确性、及时性，客户风险等级划分指标的合理性（包括考虑地域、产品业务、渠道风险的情况），对风险较高客户采取强化尽职调查和其他管控措施的机制；

（七）大额和可疑交易监测分析与上报机制、流程的合理性，监测分析系统功能与对信息的获取，监测分析指标和模型设计合理性、修订及时性，监测分析中考虑地域、客户、产品业务、渠道风险的情况；

（八）交易记录保存完整性和查询、调阅便利性；

（九）名单筛查工作机制健全性，覆盖业务与客户范围的全面性，以及系统预警和回溯性筛查功能。

第十六条　对不同地域、客户群体、产品业务、渠道有特殊控制措施的，可以在评估时分别考虑以下因素：

（一）针对地域风险

1. 当地分支机构反洗钱合规管理部门设置与人员配备；

2. 当地分支机构执行总部反洗钱政策情况，内审和检查发现问题及整改情况；

3. 所在国或地区反洗钱监管要求与我国是否存在重要差异，是否有未满足当地监管要求或我国监管要求的情形；

4. 当地分支机构接受反洗钱监管检查、走访情况和后续整改工作；

5. 对涉当地线上客户、业务的管控措施；

6. 是否因洗钱风险而控制客户、业务规模，减缓或减少经营网点、限制或停止线上服务等。

（二）针对客户风险

对该客户群在建立业务管理、持续监测和退出环节的特殊管理措施，包括强化身份识别，交易额度、频次与渠道限制，提高审批层级等。

（三）针对产品业务风险

1. 在建立业务关系和后续使用过程中识别、核验客户身份的手段措施，可获取的客户身份（包括代办人）信息，了解客户交易性质、目的的程度；

2. 产品业务交易信息保存的全面性和透明度，可否便捷查询使用；

3. 是否纳入可疑交易监测和名单监测范围，或有强化监测情形；

4. 是否针对特定情形采取限制客户范围或交易金额、频率、渠道等措施。

（四）针对渠道风险

1. 渠道识别与核验客户身份的手段措施及准确性；

2. 渠道获取、保存和查询客户与交易信息的能力；

3. 与第三方机构、代理行之间客户尽职调查和反洗钱相关工作职责划分与监督情况；

4. 是否针对特定情形采取限制客户范围、产品业务种类、交易金额或频率等措施。

在评估过程中，可采取映射方式反映同一控制措施与不同固有风险之间的对应关系，实现对不同维度控制措施有效性和剩余风险的差别化评估。

第十七条　法人金融机构应在综合考虑反洗钱内部控制基础与环境、洗钱风险管理机制有效性和特殊控制措施基础上，得出对不同地域、客户群体、产品业务、渠道的风险控制措施有效性评级，再汇总得出地域、客户、产品业务、渠道四个维度的风险控制措施有效性评价和评级，最终得出对机构整体控制措施有效性的判断。

第十八条　法人金融机构应在整体固有风险评级基础上，考虑整体控制措施有效性，得出经反洗钱控制后的机构整体剩余风险评级。同时，对于地域、客户群体、产品业务、渠道维度及细分类别，也应在考虑固有风险与包括特殊控制措施在内的整体控制措施有效性的基础上，得出相应类别的剩余风险评级。

第十九条　法人金融机构应当合理划分固有风险、控制措施有效性以及剩余风险的等级。风险等级原则上应分为五级或更高。机构规模较小、业务类型单一的机构可简化至不少于三级。规模越大、结构越复杂的机构，其设定的风险等级应当越详细。

第二十条　法人金融机构可以通过固有风险与控制措施有效性二维矩阵方式（见下表，以固有风险和控制措施有效性均分为五级为例）对照计量机构整体及不同维度的剩余风险等级，或根据自身的实际情况确定依据固有风险和控制措施有效性情况计量剩余风险的方法。

表 1 矩阵对照计量剩余风险方法

控制措施有效性 / 固有风险	非常有效	较有效	一般有效	低效	无效
高风险	中风险	中高风险	中高风险	高风险	高风险
较高风险	中风险	中风险	中高风险	中高风险	高风险
中风险	中低风险	中风险	中风险	中高风险	中高风险
较低风险	中低风险	中低风险	中风险	中风险	中高风险
低风险	低风险	中低风险	中低风险	中风险	中风险

第三章　流程和方法

第二十一条　法人金融机构应当指定一名高级管理人员全面负责洗钱风险自评估工作，建立包括反洗钱牵头部门和业务部门、稽核与内审部门等在内的领导小组。领导小组应当组织协调自评估整体工作，指导相关业务条线、部门、分支机构按照评估方案承担本部门、本机构自评估职责，确保自评估的客观性与相对独立性。各条线、部门、分支机构应充分梳理和反映自身面临的洗钱风险和反洗钱工作存在的困难与脆弱性，提供自评估工作所必需的数据、信息和支持。

法人金融机构可聘请第三方专业机构协助进行评估方案、指标与方法的起草和内外部信息收集整理等辅助性工作，但评估过程中对各类固有风险、控制措施有效性及剩余风险的讨论、分析和判断应由领导小组、反洗钱牵头部门及各条线、部门、分支机构主导完成。不得将自评估工作完全委托或外包至第三方专业机构完成。

第二十二条　法人金融机构开展全面洗钱风险自评估，一般包括准备阶段、实施阶段和报告阶段。

第二十三条　法人金融机构应当结合本机构实际情况，充分做好自评估前的准备工作，包括成立评估工作组，配备相关评估人员和资源，制定评估工作方案，研究确定或更新评估指标和方法，认真梳理本机构经营地域、客户群体、产品业务、渠道种类，广泛收集自评估所需的各类信息等。

由于金融产品和业务种类繁多复杂，法人金融机构应当按照科学、合理的分类标准，认真梳理现有产品业务和渠道的种类。

第二十四条　法人金融机构收集自评估所需的各类信息，应当充分考虑内外部各方面来源，例如：

（一）金融行动特别工作组（FATF）、亚太反洗钱组织（APG）、欧亚反洗钱与反恐融资组织（EAG）发布的呼吁采取行动的高风险国家和应加强监控的国家名单、洗钱类型分析报告和相关行业指引，以及巴塞尔银行监管委员会（BCBS）、国际证券监管委员会组织（IOSCO）、国际保险监督官协会（IAIS）等国际组织发布的洗钱风险研究成果；

（二）国家相关部门通报的上游犯罪形势、破获的洗钱案例、洗钱类型分析报告，以及机构境外经营所在国家或地区洗钱风险评估报告或其他洗钱威胁情况；

（三）中国人民银行、银保监会、证监会、外汇局等金融管理部门发布的洗钱风险提示和业务风险提示，以及机构境外经营所在国家或地区监管部门风险提示、指引等；

（四）本机构的客户群体规模信息、特征分析数据，各类金融产品业务和渠道的发展规模状况、结构分析数据，客户洗钱和恐怖融资风险等级划分以及产品业务洗钱风险评估结果等；

（五）本机构反洗钱和相关业务制度、工作机制，信息系统建设、运行情况，内部审计情况，必要时查找和了解具体客户、业务、交易或反洗钱工作信息作为例证；

（六）反洗钱系统记录的各类异常交易排查分析资料，可疑交易报告信息，内部管理或业务操作中发现的各类风险事件信息；

（七）本机构依托开展客户尽职调查或有其他业务、客户合作的第三方机构在客户尽职调查、客户身份资料和交易记录保存方面的情况，以及双方信息传递权利义务划分与执行情况。

第二十五条　法人金融机构实施风险评估应当选取科学合理的评估方法，通过恰当的书面问卷、现场座谈、抽样调查等形式，定性或定量开展评估。

第二十六条　法人金融机构应当形成书面的自评估报告，经高级管理层审定后上报董事会或董事会下设的专业委员会审阅，并书面报告对法人机构具有管辖权的人民银行总行或分支机构。自评估报告应当记录自评估的方法、流程等情况，重点反映自评估发现的固有风险点、控制措施的薄弱环节和风险隐患，作出明确评估结论，指明应当予以重点关注的风险领域和拟采取的管控措施，提出有针对性的风险管理建议。同时，法人金融机构应当做好自评估的指标、方法和相关数据记录和保存。

第四章　结果运用和管理

第二十七条　法人金融机构应当以自评估报告和结论为基础，制定或持续调整、完善经高级管理层批准的洗钱风险管理政策、控制措施和程序，并关注控制措施的执行情况。

针对自评估发现的高风险或较高风险情形，或原有控制措施有效性存在不足时，应当采取以下一项或多项强化风险管理措施：

（一）根据洗钱风险自评估结论，确定反洗钱工作所需的资源配置和优先顺序，必要时调整经营策略，确保与风险管理相适应；

（二）根据评估发现的控制措施薄弱环节，加强内控制度建设、工作流程优化，完善工作机制，严格内部检查和审计；

（三）针对评估发现的高风险客户类型进行优先处理，采取从严的客户接纳政策或强化的尽职调查，提高对其信息更新的频率，或加强对其的交易监测和限制；

（四）针对评估发现的高风险业务类型采取强化控制措施，在业务准入、交易频率、交易金额等方面设置限制；

（五）调整和优化交易监测指标与名单监控，对评估发现的高风险业务活动，进行更频繁深入的审查；

（六）针对评估发现的问题，进行风险提示；

（七）强化信息系统功能建设，支持洗钱风险管理的需要；

（八）其他能够有效控制风险的措施。

法人金融机构制定的改进措施不改变当次洗钱风险自评估结论，其执行效果应在后续评估中予以考虑。

第二十八条 法人金融机构应当建立洗钱风险自评估成果共享机制，明确共享的内容、对象和方式，以及信息保密要求，确保相关条线、部门、分支机构知晓、理解与之相关的洗钱风险特征及程度，以推动洗钱风险管理措施在全系统的落地执行。

第二十九条 法人金融机构应当动态、持续关注风险变化情况，及时更新完善本机构的自评估指标及方法，特别是在机构可疑交易监测分析结果或接受外部协查情况与评估结果出现明显偏差时，应及时分析原因并调整风险评估方法或改进可疑交易监测模型等措施。

第三十条 法人金融机构应当定期开展本机构洗钱风险自评估，原则上自评估的周期应不超过 36 个月，机构固有风险或剩余风险处于较高及以上等级的，自评估周期应不超过 24 个月。

法人金融机构出现以下情形时应及时开展自评估工作：

（一）经济金融和反洗钱法律制度、监管政策作出重大调整，使机构经营环境或应当履行的反洗钱义务发生重大变化；

（二）公司实际控制人、受益所有人发生变化或公司治理结构发生重大调整；

（三）经营发展策略有重大调整；

（四）内外部风险状况发生显著变化，如出现重大洗钱风险事件；

（五）其他认为有必要评估风险的情形。

第三十一条 在两次自评估间期，法人金融机构应在拟作出以下调整或变化时，参照本指引第二章相关内容，对相应的地域、客户群体、产品业务、渠道或控制措施开展专项评估，并考虑其对机构整体风险的影响：

（一）在新的境外国家或地区开设分支机构或附属机构；

（二）面向新的客户群体提供产品业务或服务；

（三）开发新的产品业务类型，或在产品业务（包括已有产品业务和新产品新业务）中应用可能对洗钱风险产生重大影响的新技术；

（四）采用新的渠道类型与客户建立业务关系或提供服务；

（五）对洗钱风险管理的流程、方式、内部控制制度或信息系统等作出重要变更。

专项评估应由负责管理相应变化因素的部门与反洗钱工作牵头部门共同开展，于调整或变化实现前完成评估，并根据结果完善或强化洗钱风险控制措施，确保剩余风险水平处于机构洗钱风险接纳或管理能力范围内。法人金融机构应对调整后可能的客户、业务、交易等情况作出合理估计，并在评估后持续监测以上调整或变化实际发生后的风险状况，在 6 至 12 个月的期间内根据最新的客户、业务、交易等情况更新专项评估结果。

法人金融机构对新产品、新业务和产品业务中应用新技术有更详细、更严格评估机制的，可直接将该评估结果引用或映射至对新产品业务类型的专项评估当中。

第三十二条 法人金融机构应当积极加强自评估相关系统建设，建立并定期维护产品业务种类清单和客户类型清单，逐步实现通过系统准确提取自评估所需的各类数据信息，提高自评估工作效能。

第三十三条　在法人金融机构洗钱风险自评估及相关工作符合本指引前述要求的情况下，对于评估发现的低风险情形，可以采取适当的简化措施。但发现涉嫌洗钱和恐怖融资活动时，不得采取简化措施。

第五章　附则

第三十四条　境外金融机构在中国境内依法设立的最高层级分支机构（或被指定为境内报告行的分支机构），应参照本指引开展评估。

若境外金融机构的洗钱风险自评估已覆盖在我国境内分公司，且已充分考虑本指引要求的各项因素，特别是中国境内与跨境洗钱犯罪威胁形势和手法、中国境内分支机构客户群体与产品业务、渠道特色，能够实现对中国境内地域、客户群体、产品业务、渠道的洗钱风险评估和管理要求，境外金融机构在我国境内的分支机构可直接援引其总公司或集团的洗钱风险自评估结论。

具有关联关系的农村信用社、农村商业银行及农村信用联社可根据本机构实际情况，在确定的层级范围内开展统一的联合风险评估。

银行卡清算机构、资金清算中心等从事支付清算业务的机构，从事汇兑业务、基金销售业务、保险专业代理和保险经纪业务的机构，以及网络小额贷款公司等其他从事互联网金融业务的非金融机构开展洗钱风险自评估可参照本指引。

第三十五条　本指引由中国人民银行反洗钱局负责解释。

第三十六条　本指引自印发之日起实行。

附件：法人金融机构洗钱和恐怖融资风险自评估模板（略）[1]

1 因篇幅有限，附件省略，有需要电子表格的请与当地反洗钱部门或编者联系。

中国人民银行反洗钱局关于进一步规范对外移送可疑交易线索有关工作的通知

（银反洗发〔2021〕6号）

人民银行上海总部，各分行、营业管理部，省会（首府）城市中心支行，副省级城市中心支行反洗钱处：

为了进一步规范反洗钱调查工作，依法依规对外移送可疑交易线索，现就有关问题通知如下：

一、人民银行上海总部，各分行、营业管理部，省会（首府）城市中心支行、副省级城市中心支行（以下简称“各分支机构”）反洗钱处应进一步加强辖区内对外移送可疑交易线索的管理工作，规范对外移送可疑交易线索的操作规程，统一填制《可疑交易线索移送表》（见附件）。《可疑交易线索移送表》需由各分支机构反洗钱部门盖章或部门负责人签字。

二、各分支机构反洗钱处可根据可疑交易线索的实际情况，向监察机关、侦查机关等有权机关提供其他必要支持性材料，包括但不限于可疑交易基本情况、客户身份信息、账户交易信息等。

三、各分支机构反洗钱处应与监察机关、侦查机关等有权机关的相关部门在可疑交易线索联合分析、涉案资金交易协查等方面加强业务合作，持续提升对外移送可疑交易线索工作成效。

移送工作中如遇重大问题，请及时报告总行反洗钱局。

附件：可疑交易线索移送表（略）

中国人民银行反洗钱局

2021年4月6日

中国人民银行反洗钱局关于下发银行机构反洗钱执法检查发现典型问题与案例的通知

（银反洗发〔2021〕12号）

国家开发银行、进出口银行、农业发展银行、中国工商银行、中国农业银行、中国银行、中国建设银行、交通银行、中国邮政储蓄银行、中信银行、中国光大银行、华夏银行、中国民生银行、招商银行、兴业银行、广发银行、平安银行、浦发银行反洗钱部门：

为贯彻“风险为本”的反洗钱监管理念，促进银行机构进一步提高反洗钱工作有效性，我局对2020年度银行机构反洗钱执法检查中发现的典型问题及案例进行了分类汇总，现将相关情况下发给各机构。

从检查情况看，银行机构反洗钱工作机制进一步完善，基础合规工作较以往有显著改善，但“风险为本”的洗钱风险管理体系尚未完全建立。高管层统筹协调、洗钱风险评估、内控制度建设、客户尽职调查、交易监测与报告、信息系统支持等方面仍存在较多薄弱环节与风险漏洞。请各机构对照通报问题与案例深入开展自查，努力提升洗钱风险意识和识别能力，从健全机制、优化流程、完善信息系统等方面夯实反洗钱工作基础，进一步提升反洗钱工作成效。

工作中如有疑问，请及时向反洗钱局反映。

附件：银行机构反洗钱执法检查发现典型问题与案例

中国人民银行反洗钱局
2021年8月8日

银行机构反洗钱执法检查发现典型问题与案例

一、董事会和高级管理层对反洗钱／反恐怖融资工作的重要性认识不足，统筹、协调、监督机制均有待加强

（一）董、监、高参与洗钱风险管理的程度不足，未从顶层确立全行洗钱风险管理的正确理念和基调。主要表现在：董事会高管层主动参与反洗钱工作的意愿和程度不足，反洗钱工作职责过于原则，反洗钱履职“形式化”，甚至存在未有效履行既定工作职责的现象；监事会未切实承担对董事会、高级管理层履职的监督职责；全行对洗钱风险管理的认知存在偏差，反洗钱履职意识整体较为薄弱。

典型案例：

1. 某银行内控制度规定：监事会应“承担本集团洗钱与制裁风险管理的监督责任，在集团

洗钱与制裁风险管理方面负责监督董事会和高级管理层的履职尽责情况并督促整改，对本集团洗钱与制裁风险管理提出建议和意见”。但是，监事会对董事会和高管层的履职评价报告均未包含反洗钱内容。

2. 某银行在反洗钱工作报告等全行性工作文件中提及“洗钱风险”仍首要强调分支行受监管处罚的风险，将监管问责风险视同于洗钱风险，造成机构整体难以真正建立正确的洗钱风险管理意识。反洗钱工作边缘化，与业务部门没有形成协作配合的责任意识，甚至有的业务部门将洗钱高风险客户作为重点客户进行拓展。

（二）高管层推动反洗钱工作力度不足，未能充分发挥统筹、协调、决策支持作用。主要表现在：未建立经营目标与风险管理有机结合的文化和环境，业务部门缺乏主动履职意识；未对反洗钱管理部门、业务部门及其他部门在洗钱风险管理中的职责分工和协调机制予以清晰界定，反洗钱管理部门资源调配和统筹管理能力有限；未有效推动反洗钱管理部门和业务部门形成合力，反洗钱相关系统建设、数据整合等基础工作推进缓慢，基础数据质量不高，制约整体反洗钱工作质效；未投入与业务发展相匹配的反洗钱资源，反洗钱岗位人员数量与工作量极不相称，例如一人身兼多岗，可疑交易处理团队工作量超负荷，报告质量与及时性难以保障。

典型案例：

3. 某银行反洗钱领导小组履职形式化。近年来监管部门多次指出该行反洗钱系统在客户身份信息、交易信息采集方面存在较大缺陷，反洗钱数据基础薄弱。2018 年 2 月，反洗钱管理部门提出“开展全行客户信息数据质量”的方案，但直至 2019 年 6 月方案才正式印发。反洗钱领导小组推动问题解决的执行力不足。

4. 某银行反洗钱管理部门组织开展全行反洗钱工作自查，发现逾 500 个机制性问题，但总行各业务部门愿意认领的只有不到 10 个问题，绝大部分问题处于无人认领状态。高管层未参与和推动剩余问题的责任认定工作。

5. 某银行反洗钱人力资源投入与经营规模不相称，难以满足洗钱风险管理需要。反洗钱管理部门专职岗位人员数量较少，专业程度和稳定性均不足，难以切实承担起全行反洗钱工作的整体统筹、机制建设、督导落实等职责。由于缺少反洗钱专业人员，反洗钱管理部门一直未具体承担可疑交易监测分析等核心职责，缺乏实际履职经验，在贯彻落实监管政策要求时仅是简单转发，未能结合机构、客户和业务特性将政策细化，下级行难以操作落实。

二、反洗钱内控机制不健全，制度体系存在明显漏洞

（一）反洗钱内控制度不健全。主要表现在：制度条款明显不合理，制度制定与执行脱节；内控制度规定过于原则，照搬照抄政策规定，未结合业务情况进行细化，欠缺操作性；制度制定与风险管理脱节，未根据风险管理结果及时对内控制度进行修正；内控制度修订较为随意，未经过审慎论证和审议；内控制度时效性不足，未根据监管要求、内部组织架构调整等及时更新完善。

典型案例；

6. 某银行内控制度规定：“在持续业务关系中，如客户在过去三年内被报送三次可疑交易报告，应采取措施终止客户关系。”

该规定在实践中并未有效执行，检查发现有客户被报送 10 次以上可疑交易报告仍正常交易，相关内控制度缺乏科学性和严肃性。

7. 某银行未对查冻扣触发客户重新识别和风险等级调整的相关时限要求予以细化。内部审计已发现存在对查冻扣客户未落实尽职调查和调整风险等级要求的情况，但相关问题未得到足够重视，检查时仍普遍存在。

8. 某银行内控制度规定应对代理行账户开展持续尽职调查和监控，重点关注是否存在嵌套账户，但未建立能够落实上述要求的操作流程、人员岗位等具体工作机制。对于代理行客户，该行内控制度规定开展重检时应审查客户历史交易，确认客户交易与银行所掌握的客户身份、历史交易习惯、账户预期用途以及客户风险状况保持一致，但未对如何审查进行细化，导致实际执行存在明显不足。

9. 某银行洗钱类型分析报告显示“普通职员”“其他”等职业的风险程度较高，但是，在客户洗钱风险等级评定指标体系中，上述相关指标赋分偏低，制度设定与风险状况脱节。另一方面，该行内控制度对职业等身份信息采集的规定较为宽松，大量客户职业信息登记为“普通职员”“其他”等类型（经统计，新增客户中职业登记为“普通职员”占比超过 20%），实际影响了洗钱类型分析结论的准确性。该行未根据洗钱类型分析结果，对内控制度的合理性进行必要回顾。

10. 某银行客户风险等级分类管理制度不完善。例如，仅照搬《金融机构洗钱和恐怖融资风险评估及客户分类管理指引》（银发〔2013〕2 号）中高风险客户决定性因素，未明确具体标准（如“多次涉及可疑交易报告”中“多次”的数量），导致高风险客户评定执行尺度不一、个人主观判断倾向明显；未明确跨区域、跨网点客户的洗钱风险评估职责归属，同一客户跨区域存在多个不同风险等级；新客户和存量客户适用同一套评分指标体系，未考虑客户交易、风险变化情况，如无人工干预，客户将长期维持新开户时系统自动评定的风险等级（绝大多数为低风险）；未明确各参与部门或者环节的工作时限要求等。

11. 某银行未明确对拟上报可疑交易进行审定的具体时限，以及分行审核网点主动上报可疑交易的具体时限，难以保障可疑交易分析工作的时效性；未明确不同情形可疑交易报告应当采取的后续控制措施，相关规定较为宽泛。

12. 某银行未结合实际及监管要求及时修订反洗钱制度，例如内控制度规定对高风险客户应登录人行机构信用代码管理系统进行辅助查询，但人行机构信用代码管理系统已于 2020 年 5 月停用；未及时将非自然人客户受益所有人身份识别制度纳入客户身份识别制度体系等。

（二）业务条线管理制度、信息系统与反洗钱履职要求未有效衔接，缺乏指导性和可操作性。主要表现在：业务条线管理制度未结合业务、客户特点，将反洗钱工作要求内化于工作流程；业务流程设计、信息系统开发仅考虑业务办理需要，在业务凭证、系统字段设置等基础环节未考虑反洗钱履职需要，造成根源性缺陷，部分业务系统升级未充分考虑反洗钱工作需要，导致升级后的系统与反洗钱系统数据对接混乱；业务条线管理制度中援引的监管政策或反洗钱内控制度已不适用或废止。

典型案例：

13. 某银行在客户身份识别制度和客户风险分类管理制度中提出“具体操作请参照各业务部门的制度规定执行”“具体按照相关业务部门规定办理”“具体措施以各业务渠道要求为准”等，但是业务部门制定的反洗钱细则在重新识别措施、高风险客户强化尽职调查措施等方面直接照搬监管法规要求或反洗钱内控制度，未能对具体措施或操作流程进行细化，反洗钱工作要求无法有效落实。

14. 某银行个人外汇业务管理制度规定针对客户不同风险等级或名单命中情况，采取不同的业务策略或管控措施，但是未见对不同情形应具体采取的不同业务策略或管控措施的细化规定。

15. 某银行互联网联合贷款业务发展迅速，但未及时制定或修订互联网贷款业务条线内控制度或操作流程，未明确反洗钱工作具体要求。

16. 某银行网银交易额度管控未考虑洗钱风险管理需要。例如，客户临柜申请调高网银限额时，内控制度规定需对客户开展尽职调查，但查阅相关尽调记录，仅记录客户申请调高限额理由为“理财”“公司经营和往来”等简单表述，尽调工作的有效性不足。

（三）反洗钱内控制度未有效执行。

典型案例：

17. 某银行限制高风险客户办理业务的种类（如，明确规定某线上支付类业务禁止拓展洗钱高风险客户），但是实际未有效执行。检查发现该线上支付业务存量与新增客户中均包含本行认定的洗钱高风险客户。

18. 某银行存在未按内控制度评定高风险客户情形。例如，该行内控制度规定客户因涉嫌犯罪被司法查冻扣和涉及重点可疑交易专报的，应直接划分为高风险。但是检查发现有客户符合前述情形但未被评定为高风险，且未有对例外情形的分析、论证工作记录。

19. 某银行内控制度规定跨行代付业务开立前需事先开展尽职调查，深入了解客户代付资金来源和支付用途，但检查发现部分客户明显不具备批量代付业务背景。并且，该行2019年产品风险评估结论显示跨行代付业务属高风险，此后内部发文要求防范高风险客户入网，但截至2020年9月，该行才与高风险客户解除相关业务关系，其中不乏多次被报送可疑交易报告的高风险客户。

（四）反洗钱绩效考核等激励约束机制未发挥导向作用，反洗钱内部审计、内部检查未起到自我纠偏作用。主要表现在：反洗钱考核较其他风险管理领域弱化；考核机制表面化、形式化，如仅将监管处罚、出现重大风险事件作为扣分项，或对业务部门考核结果无法体现差异，实际削弱考核意义。反洗钱内部审计或检查的范围、频率和内容有限，尤其是业务条线开展的反洗钱内部检查有效性不足，未能发现问题或仅发现个别操作性问题，与外部监管检查结论形成鲜明对比；内部审计或检查发现问题未有效整改，尤其是涉及机制性、系统性层面的整改进展缓慢，未建立独立、有效的整改验证机制。

典型案例：

20. 某银行内控制度规定：机构洗钱风险评估工作应纳入常规检查范畴，各级机构应配合反洗钱管理部门组织的反洗钱专项检查，强化全行洗钱风险评估工作的能力和水平。但实际未见反洗钱管理部门对机构洗钱风险评估工作开展内部检查。

21. 某银行反洗钱审计和检查的力度不足，在统筹安排反洗钱专项审计计划时未考虑涵盖总行反洗钱工作领导小组成员部门；检查期限内仅对个别境内分行开展了反洗钱现场检查，检查覆盖面不足。

22. 某银行未考虑将量、监、高纳入反洗钱考核范畴。总行业务部门考核仅设置了“重大反洗钱风险事件”扣分项，未将各部门反洗钱履职要求及实际执行情况纳入考核体系。

23. 某银行总行层面开展的反洗钱内部审计未触及机制、系统等深层次原因，仅着眼于操作层面零散问题，未对本行反洗钱工作机制建设、运转效率等进行客观评价，也未从查找问题根源的角度提出整改建议。

24. 某银行设置了专业部门集中处理可疑交易监测分析、客户风险等级分类管理、名单监测等工作。但是，除因监管处罚进行追责外，该行对该专业部门无其他考核和约束机制。

25. 某银行内控制度规定“每个审计单位按照其风险级别决定其审计周期：高风险—至少每

年审计一次，中风险－至少每两年审计一次，低风险—至少每三年审计一次”，但 2017 至 2019 年期间该行实际未开展反洗钱工作审计。

（五）信息系统建设对反洗钱工作支持不足。主要体现在：客户尽职调查资料未实现系统化保存，不便于银行机构反洗钱工作开展，以及反洗钱调查和监督管理；客户洗钱风险等级评定、交易监测等信息系统功能存在设计缺陷。

典型案例：

26. 某银行反洗钱系统基于单一客户开展资金交易监测，系统无法自动关联多主体客户可疑交易情形，多主体客户可疑交易案例的识别和合并需要人工发起，不便于发现客户及交易存在复杂关联、跨区域、群体性等异常特征。

27. 某银行未通过系统方式集中、统一保存尽职调查工作记录，线下、分散保存重新识别工作记录，不利于客户尽职调查工作的持续性，也直接影响总行整体性了解和监督业务一线客户尽职调查工作质量。同时，业务条线（如私人银行、零售个贷、信用卡等）获取的客户身份、财务信息通常仅在业务子系统中保存仅供本条线业务管理使用，未从客户为单位角度加强客户身份信息的时效性、准确性管理。

28. 某银行客户洗钱风险等级评定系统逻辑和数据映射存在缺陷。例如，该行按照客户身份证号码判断客户归属地，但是系统规则未涵盖所有行政区划，导致相关指标评分时业务系统数据映射不完整，漏统计部分客户真实交易数据。

29. 某银行反洗钱系统功能存在设计缺陷。例如，该行反洗钱系统通过打分方式直接评定的高风险客户极少，大部分为人工根据风险事件（如司法查询、上报可疑交易报告等）调整，但是系统在开展定期审核时，系统重评结果自动覆盖原有的高风险评级，且系统推送人工复核的分支行与此前调高风险等级的分支行不一致，高风险客户风险等级管理混乱。又如，由于系统无法指定客户归属行，总行在开展名单回溯审查时，对命中客户无法获取详细开户资料等必要信息，导致名单回溯性排查工作任务大量积压，经统计检查时有逾 800 万个名单排查任务未能完成。

30. 某银行 2019 年改造上线了 19 个与客户身份信息采集、交易监测有关的业务系统，其中 16 个开发方式为外包。由于外包立项、审批、开发所需流程较长且该行对系统的升级改造缺乏主动权，加之验收机制不健全，系统实际上线后仍未解决反洗钱系统信息采集不完整、不准确的问题，例如不能通过反洗钱系统获取客户洗钱风险等级划分和调整的全部工作记录；交易对手姓名、交易对手账户开户行、交易 IP 地址等关键信息在交易流水记录中大量缺失。此外，该行各业务系统间数据相互割裂的问题长期持续，针对同一客户多个客户号情形，自 2015 年被监管方指出后至今未得到有效整改。

三、机构洗钱风险自评估基础薄弱，未能客观反映机构面临的洗钱风险状况

（一）机构自评估层面。

1. 自评估机制不完善。主要表现在：未建立自评估方法和指标的持续优化与完善机制；自评估工作由反洗钱管理部门唱“独角戏”，业务部门参与度不够，仅配合提供相关业务及产品数据，未充分认知本条线洗钱风险及防控薄弱环节；参与部门的职责分工不清晰，对由多部门共同开展评估的情形未明确协作机制；未有效运用自评估结果，自评估结果运用的规定较为原则，可操作性不强；未明确自评估工作记录的资料保存要求，无法对自评估工作进行回溯和检验。

典型案例：

31. 某银行对于需多部门协同开展评估的情形，未明确职责分工、工作衔接等具体措施，影响评估准确性。例如，按照评估工作流程，业务部门 A 和 B 应共同完成对某类产品业务客户尽职调查、交易监测与报告等控制措施有效性的评估，但是业务部门 B 实际未参与相关评估工作，导致业务部门 A 缺乏对业务产品的全面了解，评估结果与实际情况不符。

32. 某银行业务部门对机构洗钱风险评估的参与不足。洗钱风险自评估工作由反洗钱管理部门主要承担，业务部门仅配合提供相关产品或业务数据，未充分参与对所管理的产品／业务、所涉及客户等维度的洗钱风险因素分析和评价，洗钱风险评估的准确性不足。

2. 自评估方法和指标设计存在不足，难以充分、准确反映实际洗钱风险状况。主要表现在：风险评估直接套用人民银行分类评级指标，未建立从风险到控制的一贯性评估方法；未在全面认识风险因素的基础上建立固有风险评估指标体系，从风险因素到评估结论的过程不清晰，影响评估结论的客观性；控制措施有效性评估与固有风险评估未有机关联，未结合具体固有风险点的特殊控制措施进行综合评价；控制措施有效性评估仅关注合规层面，未考虑实质有效性；风险评估对洗钱风险管理的指导性不强，如虽形成机层面整体评估结论，但对地域、客户、产品、渠道等各维度的固有风险和控制措施有效性认识不足。

典型案例：

33. 某银行从业务条线维度开展风险评估，但风险特性因素分析不够，评估指标较为简单，仅从总量角度进行数据统计和分析，未针对每个条线风险进一步细分，对风险状况认识不清晰，评估结果无法反映各条线的风险差异性以及较高风险领域。

例如，在开展贸易金融条线风险评估时，该行仅对整个贸易金融类产品进行了统一评估，如产品规模只统计了贸易金融类产品的交易总量；控制措施有效性评估也基于整个贸易金融进行统一评估，未考虑具体产品之间的风险差异以及针对性控制措施的有效性。

34. 某银行未落实《法人金融机构洗钱和恐怖融资风险管理指引》（银反洗发〔2018〕19 号文）要求，未建立涵盖固有风险、控制措施有效性、剩余风险的评估思路和方法，未建立固有风险评估指标体系，洗钱风险自评估与监管部门分类评级工作混淆。

35. 某银行在开展产品维度风险评估时，设置了远程开户、现金、跨境等多项风险因素，但从评估过程无法看出各风险因素对评估结果的影响程度。

3. 自评估开展有效性不足，业务条线履职有待加强。主要表现在：固有风险评估取数规则和数据准确性不足；控制措施有效性评估过于简单，依据不充分；自评估工作统筹管理不足，培训、传导不到位，业务部门对风险评估相关指标含义和评估要求理解不到位。

典型案例：

36. 某银行自评估依据不充分，评估工作的客观性不足：定量指标的数据提取规则不明确，导致实际取数时各业务部门执行标准不统一；系统取数后进行了人工调整，但未见调整依据、数据验证等工作记录；部分评估指标的数据提取，直至自评估报告报出时，也未提交；定性“是／否”问题，作答未见必要证明材料支撑。如，该行在统计涉及高风险国家（地区）的交易规模时，有业务部门理解为注册地为高风险国家（地区）客户的交易规模，有业务部门理解为交易发起地、交易目的地等涉及高风险国家（地区）的交易规模。又如，在回答定性“是／否”问题，尽管均回答为“否”，但是评级结果却存在高、中、低之分，且未见相应评级理由。

4. 评估结论缺乏评估过程支持，评估结果与实际评估过程的关联性不足，自评估机制对风险管理的指导性欠缺。

典型案例：

37. 某银行对固有风险评估结果与评估指标的关联性不强。如，该行自评估结论显示清算业务产品具有较高的固有风险，主要原因是代理行业务关系，但在评估过程中未提及代理行风险因素。又如，该行自评估结论显示剩余风险主要集中在跨境汇款国际贸易融资、代理行等领域，但在评估过程中未对跨境汇款等领域的固有风险和控制措施薄弱环节开展评估，难以判断如何从评估过程得出剩余风险的评估结论。

（二）业务／产品层面。

1. 产品洗钱风险评估的机制不完善。主要表现在：未发挥业务部门在识别本条线产品洗钱风险的直接责任；未建立对产品风险评估方法和指标的持续优化和完善机制；未明确自评估工作记录的保存要求，如未记录评估理由，未见初评、复评、内部质量控制等工作记录，对评估过程不严谨、评估论证不充分、评估结论不准确等问题，难以及时发现和追溯。

典型案例：

38. 某银行产品洗钱风险评估机制不完善。例如，未根据业务风险评估需要，统筹确定各评估指标信息和数据的来源及采集方法；未对不同风险等级产品设定定期或不定期的评估期限、频率或触发条件；未明确信息技术部门对产品风险评估的技术支持职责等。

2. 洗钱风险评估的产品颗粒度划分标准有待改进。主要表现在：未建立并维护统一的产品类型清单；产品类型清单主要由反洗钱管理部门划分，业务部门参与度不足，或反洗钱管理部门对业务部门梳理产品清单缺少管理抓手，难以保证产品类型划分的完整性和科学性；未从洗钱风险因素存在实质差异的角度建立和维护产品类型清单。

典型案例：

39. 某银行未从洗钱风险特征发生实质变化的角度划分产品类型，产品颗粒度划分不够合理。如，该行对原有业务产品进行了创新，拓展了线上办理渠道，但未考虑新产品较原有产品在资金转移速度、交易背景审核等方面发生了实质性变化，将新产品并入原有业务产品统一评定为低风险，评估结果与机构可疑交易报告等客观事实存在偏差。

3. 产品洗钱风险评估指标和评估方法存在缺陷，评估客观性、准确性不足。主要表现在：未根据产品风险特点设置有针对性的风险评估指标；评估仅采用定性方法，无法客观、动态反映产品风险状况；业务部门与反洗钱管理部门未就产品洗钱风险评估指标的针对性和适用性进行充分沟通。

典型案例：

40. 某银行产品洗钱风险评估的指标基本为“是／否”的定性题，未考虑采取定性与定量相结合方法，亦未考虑产品的动态风险变化。个别具备量化性质的指标评估方式为粗略估计或经验判断。如，在评估产品业务面向的主要客户群体是否为较高风险客户群体时，定量依据为“粗略估计”，“较高风险客户群体”也未有清晰定义。

4. 产品洗钱风险评估时效性和准确性不足，评估结果与产品洗钱风险状况不符。

典型案例：

41. 某银行在评估某线上支付类产品洗钱风险时，将业务办理渠道错误评为面对面交付，与客观情况明显不符；也未采集内外部风险信息或数据作为指标评分依据，未结合该业务产品涉及多份可疑交易报告的事实，连续两年将其评为低风险，未能准确反映真实风险状况。

42. 某银行近年互联网贷款业务发展迅速，但未见在业务上线前开展洗钱风险评估并建立相应的风险控制措施。

43. 某银行2019年新推出金融业务均未在上线前开展洗钱风险评估。部分产品风险评估不准确，如针对收单业务的评估结论显示交易未纳入反洗钱系统监测，与实际情况不符。

5. 产品洗钱风险评估结果运用不足。

典型案例：

44. 某银行将某境外银团贷款类业务评为较高风险，制定的风险控制措施包括“对接反洗钱名单、风险评级系统，进行详细的客户身份识别，保存相关资料”，并要求将风险较高业务的典型特征提示相关业务条线和分支机构。但是，对接反洗钱名单系统、风险提示等工作要求实际均未能落实。

四、客户尽职调查和风险分类管理的有效性不足

（一）客户身份识别质量仍有待提高。主要表现在：客户身份基本信息要素登记存在缺失，尤其是在办理一次性金融业务、直销银行建立业务关系等环节；客户身份基本信息要素登记错误或无效，如身份证件有效期登记为永久、但客户年龄实际小于四十六周岁，客户联系方式或地址信息为空或不完整等。

（二）未按规定委托第三方开展客户身份识别。主要表现在：委托第三方开展客户身份识别，工作机制不完善，与第三方反洗钱责任的边界不清晰；委托第三方识别客户时无法立即获得客户身份信息，必要时无法获得客户有效身份证件、身份证明文件的复印件或影印件。

典型案例：

45. 某银行在委托外币代兑机构为非本行客户开展外币代兑业务时，对于达到客户身份识别标准的客户，代兑机构未按规定登记客户身份基本信息。

46. 某银行在委托第三方机构识别客户身份时，未能确认其按照反洗钱法律、行政法规要求，采取了客户身份识别及交易记录保存措施，且在需要时未能立即从第三方机构获取客户身份证明文件和其他相关资料的复印件或影印件。以某联合贷业务为例，检查组要求调阅该联合贷款业务客户的身份证明文件复印件或影印件，但该行无法提供。

（三）未理解持续尽职调查的内涵，未对客户实施系统性的全生命周期管理。主要表现在：持续识别停留在客户身份证件过期的浅层次，未对客户交易与预期不符，交易与身份背离等情况引起足够关注；简单照搬法规条款，未结合本机构业务、客户特点，梳理和细化需重新识别的具体标准或情形；实际开展重新识别的工作质量不高，如客户身份信息仍存在缺失、无效或不准确，受益所有人识别不完整、不准确等。

典型案例：

47. 某银行在开展代付、线下收单等业务时，未关注客户交易规模与身份、行业属性不符等情形（如，频繁发生大额个人代付交易，与客户经营规模明显不匹配；“快餐类”特约商户频繁发生大额收单交易），未开展持续尽调。

48. 某银行未对法规要求开展持续尽调的情形予以细化。以“客户身份资料的真实性、有效性存疑”为例，检查发现存在客户身份证件号码不符合编码规则、同一身份证件号码对应不同客户姓名等异常情形，但该行未引起关注并开展持续尽调。

49. 某银行内控制度规定可疑交易分析人员认为有必要时应发起尽调，但对尽调是否“应发尽发”缺乏约束条件。部分案例虽有历史尽调，但内容不完善，无法提供有效支撑；部分案例持续尽调不充分，内容不完整，未切实了解客户交易背景、资金来源及性质等。例如，针对系统预警客户，该行未关注客户职业与交易规模或频率明显不匹配的情况，未采取必要尽调措施。

50. 某银行对涉及司法机关查询的部分客户在反洗钱系统录入了风险事件并调整风险等级为“较高风险”，但未见重新识别工作记录，客户洗钱风险等级调整的依据不充分。

（四）未按规定划分、调整和审核客户洗钱风险等级。主要表现在：部分客户未纳入洗钱风险评定范畴；同一客户拥有多个客户号时，客户洗钱风险等级不唯一，未准确评定或适时调整具有较高风险因素客户的洗钱风险等级。

典型案例：

51. 某银行基于客户号开展洗钱风险等级评定和分类管理工作，对于未在本行开立结算账户的特约商户未分配客户号，导致该类客户未开展洗钱风险等级评定工作。

52. 某银行私人银行部门反洗钱管理制度规定私人银行客户洗钱风险等级不能为低或较低风险，抽查一段时期内该私人银行部门新准入的客户，发现其中 90% 被评为低或较低风险。经了解，该行私人银行部门客户风险等级评定工作由人工开展，但由于岗位人员未充分认识风险因素，导致具有较高风险因素的客户未准确评定洗钱风险等级。

53. 某银行采用了两套核心业务系统（传统核心系统 + 互联网金融平台）并行的模式，导致客户信息彼此割裂，未能以客户为单位实行管理，出现客户号不唯一、客户信息不统一的现象，进而导致同一客户洗钱风险等级不唯一的问题。

（五）未按规定对高风险客户采取强化尽调措施。主要表现在：未按法规要求和自定义标准评定高风险客户；高风险客户强化尽调无实质内容；高风险客户强化尽调流于形式，未能及时发现交易异常情形；无合理理由调低高风险客户风险等级，甚至存在检查进场前批量调降的情况；未根据客户风险状况，适时采取有针对性的风险管控措施等。

典型案例：

54. 某银行高风险客户强化尽调不充分，在客户风险特征未发生实质变化的情况下随意调低客户风险等级。如，某客户因涉赌被该行报送重点可疑交易报告，随即调整至高风险。同年，该行再次报送该客户涉赌的接续可疑交易报告。次年，该行对客户持续尽调的结论也确认客户交易存在异常，且当首次报送可疑交易报告至今客户交易异常特征未发生变化。但是，该行以客户“交易无异常”为由下调客户风险等级，未有充足理由。

55. 某银行未对跨境汇款公司客户划分洗钱风险等级，而法规明确要求为经营跨境汇款业务的境外机构提供服务或开展业务合作的，原则上应将其列为高风险客户。

56. 某银行未采取与高风险客户相称的强化尽调措施，为高风险客户提供无差别的金融服务。如，某客户因疑似集资收款被评为高风险。评为高风险后，该客户账户交易异常特征未发生变化，多次被系统预警并上报可疑交易报告。该行对客户的强化尽调无实质性内容，未对客户持续发生可疑交易的情形引起关注，在客户账户无主动交易后 5 个月才对账户采取了限制非柜面交易的控制措施，强化尽调的有效性不足。

57. 某银行反洗钱系统针对可疑交易报告累计报送 3 次以上客户，系统自动跑批初评为“高风险”，大部分经人工复评后调低至“较高风险”，人工复评理由模板化，未结合客户具体情况进行具体分析，其中不乏可疑交易被报送 10 次以上客户。

并且，该行高风险客户调整审核机制存在缺陷，未按照内控制度规定履行相应审核程序（如发起尽调、审批等），且审核人员未综合历史评级、风险因素进行合理判断，评定结论前后矛盾。

58. 某银行对高风险客户定期审核流于形式，未将定期审核作为持续尽调的契机。经排查，逾 50% 高风险客户定期审核仅限于在反洗钱系统评级界面点击确认，审核理由模板化。

（六）与身份不明的客户进行交易。主要表现在：个人客户身份存疑，姓名与身份证件号码联网核查不通过；单位客户在与银行建立业务关系前已在市场监督管理部门注销；单位客户在与银行建立业务关系后注销经营主体资格，银行在持续尽调、客户洗钱风险分类管理、交易预警排查等环节应主动发现但未发现，仍为其提供金融服务。

典型案例：

59. 某银行在开展个人客户身份信息专项治理时，未对客户身份证件号码不符合编码规则等情形开展重新识别，导致身份不明客户长期存续且账户持续交易。从检查情况看，批量开户、联合贷款等业务中客户身份信息真实性存疑的问题尤为突出。又如，该行在收单业务推广期间，未严格落实客户身份识别要求，部分特约商户在建立业务关系前已在市场监督管理部门注销经营资格。

60. 某银行具备主动发现单位客户已工商注销的契机，但未及时采取措施，仍为其提供账户结算服务，部分客户交易规模较大且多次触发交易预警。

五、客户身份资料和交易记录保存不完整、不准确，不利于开展资金交易监测

（一）未完整、准确保存交易记录。主要表现为：交易要素采集不完整或不准确；客户身份资料保存不完整。

典型案例：

61. 某银行存在通过现金交易实现转账目的的情况，割裂了真实上下游交易关系，影响交易监测的有效性。又如，某银行将客户通过他行银行账户向本行信用卡转账还款交易的业务类型登记为“现金”。

62. 某银行未完整保存客户身份资料。如，检查组抽查联网核查结果异常客户的开户资料和重新识别工作记录，该行无法提供其中近 15% 客户的上述资料。又如，该行在交易数据保存方面，存在转账交易的交易对手账号缺失、网上主动交易 IP 地址缺失、跨境交易对方所在国家（地区）缺失等情况，各类要素缺失占比超过 18%。

（二）业务系统与反洗钱系统数据映射错误问题较为突出。

典型案例：

63. 某银行代理国际汇款公司跨境交易中，真实交易对手名称在业务系统中均正常登记，但在反洗钱系统中被登记为国际汇款公司名称。

64. 某银行信用卡业务系统与反洗钱系统之间数据归集逻辑存在缺陷，信用卡客户的身份信息（如，客户身份证件有效期、职业、联系方式和联系地址等）与反洗钱系统中的该客户身份信息不一致。

六、交易监测存在系统性缺陷，交易监测的有效性普遍不足

（一）自定义监测模型存在系统性缺陷，导致异常交易未预警未报告。主要表现在：交易监测规则和逻辑设计存在缺陷，交易监测的有效性和精准度不足；预设交易监测规则无法通过系统有效实现。

典型案例：

65. 某银行交易监测规则设计逻辑不合理。例如，该行交易监测模型设定了“1 个月”的监测时间段，但反洗钱系统仅以自然月为单位开展筛查，一年期内仅开展 12 次筛查，未能实现滚动监测，遗漏对跨自然月交易的筛查和预警。

66. 某银行交易监测规则未通过系统有效实现。例如，该行设定了公转私相关交易监测规则，但检查发现存在符合该交易监测标准但系统未能预警的情形。经了解，在交易监测模型上线前，该行反洗钱管理部门未组织开展准确性校验，也未在上线后对监测标准开展定期评估，对交易监测标准能否有效实现疏于管理。

67. 某银行交易监测模型的精准度不足，一方面系统产生大量交易预警案例，但可疑交易上报率过低情况长期未得到关注；另一方面部分指标从未触发，如针对空壳公司的交易监测指标过于简单，不具备有效识别并防范空壳公司交易风险的能力。对于人民银行专题发布的风险提示，该行也未通过构建交易监测模型等方式予以落实。

（二）异常交易人工甄别分析不充分，排除或上报理由不充分。主要表现在：异常交易分析未充分结合客户身份背景和特征、历史交易监测及上报情况等进行综合判断分析；异常交易甄别分析形式化、模板化，未针对预警特征或突出风险点开展分析。

典型案例：

68. 某银行在开展交易甄别分析时，交易排除理由无实质性分析内容，如简单描述为“排除”“不可疑”；或排除理由模式化，如“客户有一定经济能力，洗钱风险程度不高，暂认定为不可疑”等，交易排除理由未结合客户身份信息开展分析，甚至存在排除理由与事实明显不符情况（如，对于系统预警交易金额超过监测阈值的情形，以“交易金额较小，暂不上报可疑”等简单理由予以排除）。

69. 某银行交易排除或上报理由具有明显的模板化倾向，通常为描述客户身份信息九要素、洗钱风险等级、交易笔数、交易金额、交易对手等信息后，以“资金用于生意往来”“资金为客户转款，不可疑”等简单理由即予以排除，或以客户风险等级较高、客户不接电话等理由即予以上报，对于系统预警提示的风险点未针对性开展分析，对于客户身份、交易或行为的异常特征分析不充分。

70. 某银行未勤勉尽责对异常交易进行人工甄别，分析理由模板化，未结合客户身份背景、历史尽调和排查分析记录等进行综合判断分析。部分可疑交易审核日期早于尽调反馈日期，分析人员实际未参考尽调意见。

71. 某银行多条异常交易排除理由雷同，部分人工甄别记录中关于交易背景、交易性质、交易目的、资金流向等内容分析的文字描述完全一致。

（三）未提交应上报的可疑交易报告。

典型案例：

72. 某银行在客户交易存在多项明显疑点的情况下（如，“交易对手多且涉及多省”“分散转入集中转出”“夜间交易频繁”“交易金额特殊”“小额测试”），未作持续尽职调查和审慎分析，轻率决定不上报可疑交易报告，后经司法调查证实客户账户涉案。

73. 某银行可疑交易监测主要针对单个客户，难以发现团伙性犯罪群体，交易甄别分析人员也未主动通过 IP 地址、共同交易对手信息等进行关联分析。经从已上报可疑交易报告主体的交易对手、相同 IP 地址等角度进行排查，该行存在多起涉嫌网络赌博等可疑交易未能上报。

例如，多名客户交易金额巨大、资金过渡迹象明显、交易对手重叠、共用赌博等犯罪高发的境外国家（地区） IP 地址等，团伙性质明显。在该行已上报的可疑交易报告中，部分主体与该上述客户存在共同交易对手、共用境外 IP 地址，但是，该行未能关注该风险因素，在系统多次预警的情况下（如部分客户被系统预警近 100 次）简单予以排除，未上报可疑交易报告。

（四）名单监测有效性不足。主要表现在：名单监测系统功能存在缺陷，导致符合监控规则的客户应预警未预警。

典型案例：

74. 某银行名单监控系统仅能收录姓名和身份证件号码均完整的名单信息。以公安部公布的第一批“东突”恐怖分子名单为例，由于该批名单信息不包含身份证件号码，系统无法保存并开展监测。检查发现存量客户中有客户姓名与第一批“东突”恐怖分子名单相同，但是系统未能预警，相应也未开展后续分析工作。

（五）“内部账户”切断了交易信息链条，影响交易监测的完整性和准确性。主要表现在：银行机构对于通过内部账户进行资金往来核算的交易，未还原为真实交易信息，交易监测的数据基础不完备。

典型案例：

75. 某银行交易监测基于客户动账交易，对于未在本行开立结算账户的客户及业务，如通过他行结算账户办理的个人代付业务、将贷款资金直接划至借款人约定的交易对手、使用他行银行卡通过 POS 刷卡购买贵金属、使用他行结算账户进行收单结算的特约商户类交易等，该行以内部账户实现资金结算，但是未将内部账户处理的交易还原为真实交易并纳入交易监测范围，导致交易监测范围不完整。

76. 某银行各类内部账户逾万户，对内部户的开立、使用、注销缺乏有效管理。由于上游系统数据来源不精确，反洗钱系统中登记的交易对手为内部账户，未能准确还原真实交易对手。并且，由于“内部户”模糊了真实交易场景，削弱交易监测和甄别分析的有效性，该行交易监测规则将涉及“内部户”的交易予以剔除，导致交易监测范围实际不完整。

（六）未全面、完整、准确采集业务系统客户和交易信息，影响交易监测的完整性和准确性。主要体现为：反洗钱系统未采集某类客户或某类交易的全部要素项，或业务源系统未向反洗钱系统推送某类客户或某类交易及其全部要素项。

典型案例：

77. 某银行在委托外币代兑机构为客户办理外币代兑业务时，客户明细交易信息由外币代兑机构以 excel 方式记录和保存未导入该行相关业务系统，导致该类交易整体未纳入资金监测范围。

78. 某银行未将通过代理渠道办理的汇兑类业务按照反洗钱标准进行客户和交易要素采集与管理，导致客户身份信息和交易信息存在根源性缺失。

79. 某银行未将部分特约商户收单交易、未开立本行银行账户的互联网贷款客户及交易推送至反洗钱系统，无法对相关交易开展监测。

80. 某银行直销银行二、三类账户数据，网贷产品数据，以及网络金融业务支付商户数据未接入反洗钱系统，上述三类客户及交易数据均未纳入交易监测范围。

中国人民银行反洗钱局关于加强保险业金融机构可疑交易类型分析提升防范打击洗钱犯罪有效性的通知

（银反洗发〔2022〕9 号）

中国人民银行上海总部金融服务二部，各分行、营业管理部，各省会（首府）城市中心支行，各副省级城市中心支行反洗钱处；中国人寿保险股份有限公司、中国人民财产保险股份有限公司反洗钱部门：

为加强保险业金融机构洗钱风险管理，提升可疑交易类型分析水平，增强风险防范能力，人民银行在总结分析近年各类型典型案例和洗钱风险的基础上，归纳了当前保险业金融机构面临的主要可疑交易类型，以及各类型可疑活动主体在身份信息、资金交易和行为上的主要特征，形成了保险业金融机构涉嫌洗钱的可疑交易类型和识别点对照表（见附件），现印发给你们，并就加强可疑交易类型分析、提升防范打击洗钱犯罪有效性相关事宜通知如下。

一、人民银行分支机构反洗钱部门要指导保险业金融机构在全面识别、评估自身面临的洗钱风险基础上，充分参考涉嫌洗钱可疑交易类型和识别点对照表，结合自身业务实际，及时评估、完善可疑交易自定义监测标准，更新优化可疑交易监测模型和指标，切实提升监测标准的有效性和风险覆盖面。

二、保险业金融机构要组织相关岗位人员在理解各类型可疑交易活动全流程交易模式和背景基础上，深入掌握各交易流程、各环节的可疑交易识别点，学习运用可疑交易三维度分析方法，结合客户身份、资金交易和行为特点，做好可疑交易监测、类型识别和研判工作。要避免机械照搬照抄可疑交易识别点或“一刀切”问题，切实提升可疑交易类型分析精确度，提高可疑交易报告撰写能力。

三、保险业金融机构要持续完善可疑交易类型分析机制，组织相关部门加大人工分析识别力度，避免单纯依赖监测模型预警结果。要将客户尽职调查和可疑交易类型分析工作有效贯通，在客户尽职调查过程中有意识地识别和发现可疑交易，在可疑交易分析工作中自觉运用客户尽职调查结果进行综合研判。要开展可疑交易全链条穿透性延伸分析，完善可疑交易报告证据链条，进一步提升可疑交易报告的情报价值，充分发挥反洗钱工作在打击洗钱及上游犯罪活动、支持国家专项行动、防范重大金融风险等方面的重要作用。

四、人民银行分支机构反洗钱部门要指导保险业金融机构以结果为导向，将可疑交易报告是否转化为案件线索作为评价反洗钱工作的重要指标，注重提升可疑交易类型分析成果运用价值，推动公安机关对可疑交易线索以洗钱罪立案，进一步提升打击洗钱犯罪的有效性。

请人民银行上海总部金融服务二部，各分行、营业管理部、省会（首府）城市中心支行、副省级城市中心支行反洗钱处将本通知转发至辖区内人民银行分支机构、保险业金融机构反洗钱部门。

附件：保险业金融机构可疑交易类型和识别点对照表（略）[1]

中国人民银行反洗钱局
2022 年 7 月 25 日

1 保险业金融机构可疑交易类型和识别点对照表（2022 年版）分析总结了通用识别点和 8 类涉嫌洗钱的常见可疑交易类型及其识别点，为人民银行分支机构和保险业金融机构可疑交易类型分析工作提供参考。保险业金融机构可疑交易类型和识别点对照表（2022 年版）已印发各保险业金融机构。按照保密要求，本手册将该表内容省略。金融机构若需要，请到本单位档案室查阅，或与作者联系。

中国人民银行反洗钱局关于加强非银行支付机构可疑交易类型分析提升防范打击洗钱犯罪有效性的通知

（银反洗发〔2022〕11 号）

中国人民银行上海总部金融服务二部，各分行、营业管理部，各省会（首府）城市中心支行，各副省级城市中心支行反洗钱处；支付宝（中国）网络技术有限公司、财付通支付科技有限公司反洗钱部门：

为加强非银行支付机构洗钱风险管理，提升可疑交易类型分析水平，增强风险防范能力，人民银行在总结分析近年各类型典型案例和洗钱风险的基础上，归纳了当前非银行支付机构面临的主要可疑交易类型，以及各类型可疑活动主体在身份信息、资金交易和行为上的主要特征，形成了非银行支付机构涉嫌洗钱可疑交易类型和识别点对照表（见附件），现印发给你们，并就加强可疑交易类型分析、提升防范打击洗钱犯罪有效性相关事宜通知如下。

一、人民银行分支机构反洗钱部门要指导非银行支付机构在全面识别、评估自身面临的洗钱风险基础上，充分参考涉嫌洗钱可疑交易类型和识别点对照表，结合自身业务实际，及时评估、完善可疑交易自定义监测标准，更新优化可疑交易监测模型和指标，切实提升监测标准的有效性和风险覆盖面。

二、非银行支付机构要组织相关岗位人员在理解各类型可疑交易活动全流程交易模式和背景基础上，深入掌握各交易流程、各环节的可疑交易识别点，学习运用可疑交易三维度分析方法，结合客户身份、资金交易和行为特点，做好可疑交易监测、类型识别和研判工作。要避免机械照搬照抄可疑交易识别点或“一刀切”问题，切实提升可疑交易类型分析精确度，提高可疑交易报告撰写能力。

三、非银行支付机构要持续完善可疑交易类型分析机制，组织相关部门加大人工分析识别力度，避免单纯依赖监测模型预警结果。要将客户尽职调查和可疑交易类型分析工作有效贯通，在客户尽职调查过程中有意识地识别和发现可疑交易，在可疑交易分析工作中自觉运用客户尽职调查结果进行综合研判。要开展可疑交易全链条穿透性延伸分析，完善可疑交易报告证据链条，进一步提升可疑交易报告的情报价值，充分发挥反洗钱工作在打击洗钱及上游犯罪活动、支持国家专项行动、防范重大金融风险等方面的重要作用。

四、人民银行分支机构反洗钱部门要指导非银行支付机构以结果为导向，将可疑交易报告是否转化为案件线索作为评价反洗钱工作的重要指标，注重提升可疑交易类型分析成果运用价值，推动公安机关对可疑交易线索以洗钱罪立案，进一步提升打击洗钱犯罪的有效性。

请人民银行上海总部金融服务二部，各分行、营业管理部、省会（首府）城市中心支行、副省级城市中心支行反洗钱处将本通知转发至辖区内人民银行分支机构、非银行支付机构反洗钱部门。

附件：非银行支付机构可疑交易类型和识别点对照表（略）[1]

中国人民银行反洗钱局
2022 年 7 月 29 日

1 非银行支付机构可疑交易类型和识别点对照表（2022 年版）分析总结了 7 类涉嫌洗钱的常见可疑交易类型和相对照识别点，为人民银行分支机构和非银行支付机构可疑交易类型分析工作提供参考。非银行支付机构可疑交易类型和识别点对照表（2022 年版）已印发各非银行支付机构。按照保密要求，本手册将该表内容省略。支付机构若需要，请到本单位档案室查阅，或与作者联系。

中国人民银行反洗钱局关于开展反洗钱“以案倒查”试点工作的通知

（银反洗发〔2022〕14 号）

中国人民银行上海总部金融服务二部反洗钱处、现场检查部检查二处，各分行、营业管理部，各省会（首府）城市中心支行，各副省级城市中心支行反洗钱处：

根据《打击治理洗钱违法犯罪三年行动计划（2022—2024 年）》（银发〔2022〕7 号）等有关要求，对于涉及重大洗钱案件的义务机构需适时开展“以案倒查”。为加强洗钱违法犯罪源头治理，搭建长效工作机制，现决定开展反洗钱“以案倒查”试点工作，结合各分支行前期“以案倒查”试点申请情况，综合考虑所上报的洗钱案件典型性及其社会影响，选取南京分行、济南分行、武汉分行、哈尔滨中支、杭州中支、福州中支、南昌中支、青岛市中支、深圳市中支共 9 家分支行，主要针对 10 宗洗钱罪案件（见附件）开展试点工作。

一、试点工作总体要求

（一）试点目标。

通过“以案倒查”实现“以案促改”，加强和深化源头治理，实现长效常治，是本次试点工作的出发点和落脚点。在“以案倒查”过程中，基于案件信息反映出的问题，深挖义务机构在洗钱风险预防和管理机制、内部控制制度、业务规则等方面存在的深层次缺陷，分析风险隐患，并指导义务机构及时整改。

（二）试点原则。

一是坚持问题导向，审慎认定。以案件信息所反映出义务机构可能存在的管理漏洞和风险隐患为导向，开展倒查工作，综合判断义务机构履行反洗钱义务是否“勤勉尽职”，就案件背后涉及的违法违规行为进行全面核查和审慎认定。但“以案倒查”不等同于“以案倒罚”，不以处罚为主要目的。

二是坚持依法依规，实事求是。分支行运用反洗钱监管措施开展“以案倒查”工作，应按照《金融机构反洗钱和反恐怖融资监督管理办法》（中国人民银行令〔2021〕第 3 号）等法规要求开展工作。涉及行政处罚的，应按照《中国人民银行行政处罚程序规定》（中国人民银行令〔2022〕第 3 号）处理。

（三）主要任务。

探索建立并优化“以案倒查”长效工作机制是本次试点工作的主要任务。拟通过本次试点工作，对“以案倒查”涉及案件信息的共享收集、受理分办、处理反馈等环节及工作流程进行全面梳理，明确相关部门职责分工，夯实长效机制。具体包括以下工作：

一是建立健全“以案倒查”信息共享收集机制。依托反洗钱联席会议制度，充分利用“三书一函”（包括司法建议书、检察建议书、监察建议书、公安提示函）机制，人民银行各级反洗钱调查部门应加强与监察、公安、检察院以及法院等部门的工作联动和信息共享，收集上述部门在办理洗钱和相关上游犯罪案件过程中所掌握的且在违法行为追溯期以内的案件信息，以及所反映出的反洗钱义务机构存在的管理漏洞和风险隐患等信息，并按照固定的要素格式（由反洗钱局另行下发）进行登记、整理。

二是搭建并规范“以案倒查”线索分办处理机制。人民银行各级反洗钱调查部门在对相关部门移交给人民银行的案件线索分析研判后，认为可能存在义务机构履职不到位情形的，应移交人民银行各级反洗钱监管部门处理。各级反洗钱监管部门通过约见谈话、监管走访等进行核实，视情况考虑纳入综合检查、专项检查等年度行政执法检查计划统筹安排，并事后将核实、查处情况反馈至反洗钱调查部门，由反洗钱调查部门将案件线索的最终办理结果反馈至提供案件的对口部门。

三是构建并优化“以案倒查”部门联动机制。人民银行各级分支行在开展倒查时，应加强与有权部门的信息共享、工作衔接，及时向其反馈最终办理结果，并协助其进一步做好涉案账户的后续排查、分析等工作。如通过各类反洗钱监管措施进行核实时，人民银行各级分支行可会同当地金融监督管理部门，根据各自的职能分工，合作开展“以案倒查”，当发现存在致使洗钱后果发生且情节特别严重的，可依法建议有关金融监督管理机构责令停业整顿或者吊销其经营许可证。

二、试点工作处理流程

针对试点分支行调查部门确定移交的案件，反洗钱监管部门开展“以案倒查”，若未发现义务机构存在违法违规行为的，结束监管行动；若发现存在违法违规行为的，但没有行政处罚依据或者超过追诉时效的，视情况采取相应的监管措施；若发现存在违法违规行为的，有行政处罚依据、符合立案程序和标准，依法予以查处。试点分支行反洗钱调查部门根据工作需要将最终办理结果反馈至对口部门。

在试点工作结束后，各试点分支行应及时将工作总结及相关建议等向反洗钱局报送。

附件：2022 年反洗钱“以案倒查”试点工作涉及洗钱犯罪案件情况一览表（略）

中国人民银行反洗钱局
2022 年 9 月 6 日

中国人民银行反洗钱局关于进一步规范执法检查数据提取和使用的通知

（银反洗发〔2022〕15 号）

中国人民银行上海总部金融服务二部反洗钱处、现场检查部检查二处，各分行、营业管理部，各省会（首府）城市中心支行，各副省级城市中心支行反洗钱处：

近期，有银行反映部分分支行在执法检查中存在数据提取流程不规范，提数要求及范围明显超出检查需要等问题。为严格落实执法检查的相关数据保密要求，增强执法检查数据提取、使用的规范意识，减少被查机构因多头数据提取所造成的工作负担，切实避免相关法律和道德风险，现强调和重申以下工作要求，请各分支行遵照执行。

一、执法检查数据规范提取的要求

在执法检查过程中，各检查组原则上应按照《中国人民银行关于印发〈银行业金融机构反洗钱现场检查数据接口规范（试行）〉的通知》（银发〔2017〕300 号）、《中国人民银行关于印发证券期货保险机构反洗钱执法检查数据提取接口规范的通知》（银发〔2019〕63 号）、《中国人民银行关于印发〈非银行支付机构反洗钱现场检查数据接口规范（试行）〉的通知》（银发〔2017〕301 号）（以下均简称“数据接口规范”）等文件规定的提数标准、要求及范围提取检查数据。

在对总行直管机构及其分支机构的执法检查（含总行和分支行立项的项目，下同）中，如需对数据接口规范中的字段进行调整或提取数据接口规范以外的执法检查数据，各检查组应加强统筹协调。其中，对于总行立项的执法检查项目，应由牵头行与被查机构总部对接，通过“总对总”的方式，明确数据提取标准、要求及范围，由被查机构总部统一提取数据后，再根据各延伸行检查组的检查范围对检查数据进行剥离。对于分支行立项的执法检查项目，由反洗钱局指定的统筹行对各检查组的提数需求进行规范指导，并将统一后的提数标准、要求及范围提供给被查机构总部。各检查组在向被查机构提取数据时原则上不应超出上述提数标准、要求及范围。此外，各检查组在后续检查过程中，如有额外或特殊的提数需求，应商牵头行或统筹行协调解决。

二、执法检查数据规范使用的要求

在对总行直管机构及其分支机构的执法检查项目中，各检查组应严格管理所提取的执法检查数据，非依法律规定不得向任何机构和个人提供或披露。执法检查数据原则上不得带离被检查机构现场，仅限于在反洗钱执法检查中使用。在进场前，如因数据校验、测试等原因，确需调取执法检查数据样本并带离现场的，应遵循必要性原则确定数据样本，并应由牵头行或统筹行提前通知被检查机构总部统一做好数据的脱敏处理工作（可参考附件）。在进场后，对于不作为证据的个人信息、数据，不得带离被检查机构现场。对于作为证据需带离执法检查现场的数据及资料，应严格按照《中国人民银行执法证据收集与使用规范（试行）》等文件的规定办理。

三、其他工作要求

各分支行在开展监管走访、风险评估等监管活动时，如需提取相关数据，原则上在进场前后，均不得将数据带离现场，并应参照上述数据提取及使用的有关要求，规范相关工作流程和措施。

请各分支行及时向辖内人民银行分支机构传达本工作通知要求，协助牵头行或统筹行规范辖内涉及总行直管机构及其分支机构执法检查项目的数据提取和使用。对于非总行直管机构及其分支机构的执法检查或其他监管措施，各分支行可参照本通知工作要求进行管理，做好辖内各项反洗钱数据提取的协调工作，明确数据规范使用的各项要求。

下一阶段，反洗钱局将探索构建统一的数据提取管理机制，进一步规范并改进现有的数据接口规范、提取流程以及工作要求。请各分支行认真总结数据规范提取、使用的有益方法和经验，及时上报我局。

附件：反洗钱数据脱敏处理参考示例

中国人民银行反洗钱局

2022 年 9 月 16 日

反洗钱数据脱敏处理参考示例

如需对执法检查数据进行脱敏，可建议被检查机构参考《信息安全技术—个人信息去标识化指南》附录 C（GB/T 37964—2019） 进行处理。常用示例如下：

1. 姓名的去标识化：姓 +*。

2. 身份证号的去标识化：前六位 +********+ 后四位。

3. 银行卡号的去标识化：删除或发行卡位 +*****+ 后四位。

4. 地址的去标识化：对省、市、县外的具体地址加 **。

5. 电话号码的去标识化：中间四位改为 ****。

中国人民银行反洗钱局关于加强证券期货基金业金融机构可疑交易类型分析提升防范打击洗钱犯罪有效性的通知

（银反洗发〔2022〕16 号）

中国人民银行上海总部金融服务二部，各分行、营业管理部，各省会（首府）城市中心支行，各副省级城市中心支行反洗钱处；银河证券股份有限公司、中信证券股份有限公司、财付通支付科技有限公司反洗钱部门：

为加强证券期货基金业金融机构洗钱风险管理，提升可疑交易类型分析水平，增强风险防范能力，人民银行在总结分析近年各类型典型案例和洗钱风险的基础上，归纳了当前证券期货基金业金融机构面临的主要可疑交易类型，以及各类型可疑活动主体在身份信息、资金交易和行为上的主要特征，形成了证券期货基金业金融机构涉嫌洗钱可疑交易类型和识别点对照表（见附件），现印发给你们，并就加强可疑交易类型分析、提升防范打击洗钱犯罪有效性相关事宜通知如下。

一、人民银行分支机构反洗钱部门要指导证券期货基金业金融机构在全面识别、评估自身面临的洗钱风险基础上，充分参考涉嫌洗钱可疑交易类型和识别点对照表，结合自身业务实际，及时评估、完善可疑交易自定义监测标准，更新优化可疑交易监测模型和指标，切实提升监测标准的有效性和风险覆盖面。

二、证券期货基金业金融机构要组织相关岗位人员在理解各类型可疑交易活动全流程交易模式和背景的基础上，深入掌握各交易流程、各环节的可疑交易识别点，学习运用可疑交易三维度分析方法，结合客户身份、资金交易和行为特点，做好可疑交易监测、类型识别和研判工作。要避免机械式照搬照抄可疑交易识别点或“一刀切”问题，切实提升可疑交易类型分析精确度，提高可疑交易报告撰写能力。

三、证券期货基金业金融机构要持续完善可疑交易类型分析机制，组织相关部门加大人工分析识别力度，避免单纯依赖监测模型预警结果。要将客户尽职调查和可疑交易类型分析工作有效结合，在客户尽职调查过程中有意识地识别和发现可疑交易，在可疑交易分析工作中自觉运用客户尽职调查结果进行综合研判。要开展可疑交易全链条穿透性延伸分析，完善可疑交易报告证据链条，进一步提升可疑交易报告的情报价值，充分发挥反洗钱工作在打击洗钱及上游犯罪活动、支持国家专项行动、防范重大金融风险等方面的重要作用。

四、人民银行分支机构反洗钱部门要指导证券期货基金业金融机构以结果为导向，将可疑交易报告是否转化为案件线索作为评价反洗钱工作的重要指标，注重提升可疑交易类型分析成果运用价值，推动公安机关对可疑交易线索以洗钱罪立案，进一步提升打击洗钱犯罪的有效性。

请人民银行上海总部金融服务二部，各分行、营业管理部、省会（首府）城市中心支行、副省级城市中心支行反洗钱处将本通知转发至辖区内人民银行分支机构、证券期货基金业金融机构反洗钱部门。

附件：1. 证券业金融机构可疑交易类型和识别点对照表[1]

2. 期货业金融机构可疑交易类型和识别点对照表[2]

3. 基金业金融机构可疑交易类型和识别点对照表[3]

中国人民银行反洗钱局

2022 年 9 月 16 日

1　证券业金融机构可疑交易类型和识别点对照表（2022 年版）分析总结了 6 类涉嫌洗钱的常见可疑交易类型和相对照识别点，为人民银行分支机构和证券业金融机构可疑交易类型分析工作提供参考。证券业金融机构可疑交易类型和识别点对照表（2022 年版）已印发各证券业金融机构。按照保密要求，本手册将该表内容省略。支付机构若需要，请到本单位档案室查阅，或与作者联系。

2　期货业金融机构可疑交易类型和识别点对照表（2022 年版）分析总结了 5 类涉嫌洗钱的常见可疑交易类型和相对照识别点，为人民银行分支机构和期货业金融机构可疑交易类型分析工作提供参考。期货业金融机构可疑交易类型和识别点对照表（2022 年版）已印发各期货业金融机构。按照保密要求，本手册将该表内容省略。支付机构若需要，请到本单位档案室查阅，或与作者联系。

3　基金业金融机构可疑交易类型和识别点对照表（2022 年版）分析总结了 4 类涉嫌洗钱的常见可疑交易类型和相对照识别点，为人民银行分支机构和基金业金融机构可疑交易类型分析工作提供参考。基金业金融机构可疑交易类型和识别点对照表（2022 年版）已印发各基金业金融机构。按照保密要求，本手册将该表内容省略。支付机构若需要，请到本单位档案室查阅，或与作者联系。

中国人民银行反洗钱局关于反洗钱信息安全风险提示的通知

（银反洗发〔2022〕18 号）

中国人民银行上海总部金融服务二部，各分行、营业管理部，各省会（首府）城市中心支行、各副省级城市中心支行反洗钱处；国家开发银行，各政策性银行、国有商业银行，中国邮政储蓄银行，股份制商业银行，中国银河证券股份有限公司、中信证券股份有限公司，中国人寿保险股份有限公司、中国人民财产保险股份有限公司，中国银联、银联国际，支付宝（中国）网络技术有限公司、财付通支付科技有限公司反洗钱部门：

近年来，各地反洗钱信息泄密事件时有发生，为加强义务机构反洗钱保密意识，有效防范金融信息泄密，中国人民银行反洗钱局发布了《关于进一步加强反洗钱信息安全保护工作的通知》（银反洗发〔2020〕12 号，以下简称《通知》）。近期，有个别银行工作人员利用从事反洗钱工作之便非法对外提供客户信息，帮助犯罪团伙实施诈骗，严重侵害了个人信息权益，给反洗钱工作带来负面影响。上述情况反映出部分义务机构未充分重视反洗钱信息安全保护工作，未能将相关工作要求落到实处。现就反洗钱信息安全风险提示及进一步做好相关工作通知如下：

一、风险事件概况

（一）事件 1。

2022 年 1 月，A 银行厦门分行信用卡部（以下简称“A 银行”）某员工因涉嫌侵犯公民个人信息被公安机关从单位带走协助调查。一周后，A 银行审批通过了该员工提出的离职申请。该员工从 2021 年 7 至 8 月开始与 QQ 群等网络平台上的代理人联系贩卖银行账户信息事宜。9 月底开始，接收非法平台提供的身份证号码，通过该行反洗钱系统匹配查询客户的手机号码、账号和余额信息，并采用手抄方式非法提供给外部人员，每条账户信息非法获利 200 至 300 元。

（二）事件 2。

B 银行吉林市分行某营业室员工，利用本人从事反洗钱工作之便，通过行内相关系统非法查询客户个人基本信息和财产信息，并转发给其同学，由后者贩卖牟利。该员工利用 B 银行员工身份查询、出售公民个人信息 6000 余条，非法获利 57 万余元。

二、风险问题提示

上述情况充分暴露出部分义务机构主体责任意识不强，员工管理不到位，反洗钱信息安全内部控制存在较大风险漏洞的问题。

（一）反洗钱信息安全工作要求执行不到位。一是责任意识不强，未建立应急处置和报告机制。上述有关银行在知悉反洗钱信息安全事件后，均未按照《通知》要求，主动报告当地人民银行反洗钱部门，也未采取必要的应急处置措施。B 银行发生泄密事件后，直至地方检察院发出起诉书，也未主动报告。二是以转发代替执行，文件执行流于形式。内控制度简单照搬照抄文件要求，未将反洗钱信息安全工作要求有机融入信息系统建设、业务流程和岗位职责。

（二）反洗钱系统流程控制存在缺陷。一是权限设置不合理。A 银行员工作为基层反洗钱兼职人员，通过反洗钱系统查询功能，在任务派送（如系统推送的风险等级评定、客户尽职调查任务）契机外，可不受任何限制查询该银行全系统所有客户信息。二是查询流程控制不完善。涉事义务机构未强化流程控制和授权管理，未设置查询次数限制，导致该银行员工频繁利用系统查询非履职所需的客户身份和账户信息。

（三）信息系统异常操作监测机制不完善。一是未有效建立违规查询预警机制。上述风险事件中义务机构均未能自主发现员工违规查询信息行为。A 银行员工违规查询非履职所需的账户信息持续 4 至 5 个月，相关信息系统均未发出查询频率可能超出正常履职所需的预警提示。二是未完整保存信息系统操作日志。风险排查中发现部分义务机构无法完整提供涉事员工相关信息系统历史操作记录，无法实现信息系统操作全过程留痕，系统设计存在较大漏洞。

（四）员工监督管理有效性不足。一是未有效关注员工异常行为。A 银行员工被公安机关从工作单位带走协助调查，该银行应已获知该员工存在异常情况，但仍审批通过该员工的离职申请，未了解员工离职的真实原因，也未主动排查可能存在的问题。二是日常培训有效性不足。A 银行员工按要求签署了反洗钱信息保密承诺书，并在任职期间多次参加客户信息保密培训，但上述机制未能有效防止该员工参与违法犯罪活动。

三、工作要求

有关单位和个人在履行反洗钱职责和义务过程中获得的客户身份资料和交易信息，属于受法律保护的个人隐私和商业秘密。《反洗钱法》第五条明确规定对此应当予以保密，非依法律规定，不得向任何单位和个人提供。各义务机构要进一步增强反洗钱信息安全保护意识，以既往风险事件为戒，严格落实《通知》有关要求，堵住风险漏洞。以加强反洗钱专兼职人员监督管理和完善反洗钱信息系统信息安全措施为重点，构建涵盖“事前、事中、事后”的反洗钱信息安全保护工作机制。

（一）落实主体责任，加强日常员工管理。一是提高反洗钱信息安全保护工作敏锐度，对已发生反洗钱泄密或可能涉及反洗钱信息泄露的风险事件，严格按照《通知》要求主动报告，杜绝侥幸心理。二是加强员工警示教育和保密培训。梳理收集典型案例，总结问题成因，以案说责。结合不同业务、岗位特点，提升员工保密培训的有效性，特别要强化基层员工、服务外包人员的反洗钱保密意识。三是明确员工管理责任部门。对于专兼职、垂管条线员工，应清晰界定归口管理部门，避免出现管理真空。

（二）强化事前评估，优化流程控制。一是合理设置流程权限。各义务机构应在反洗钱信息共享、反洗钱保密、金融消费者权益保护“合法、正当、必要”原则间妥善权衡，坚持“最小必要”原则，区分不同业务场景、岗位层级，合理设置信息获取流程控制和权限管理。二是优化权限审批流程。对于非信息系统推送任务、确有主动查询需求的，应建立授权、复核制度。三是实现信息系统操作全流程留痕。妥善保存系统查询日志，完整采集操作人员、操作时间、查询具体内容等信息，确保信息系统历史操作记录可追溯、可还原。

（三）强化事中控制，及时发现异常情况。一是建立客户信息异常查询预警机制。合理设置监测指标，定期开展系统监测，及早发现异常查询情况。二是关注员工异常行为，加强员工离职审查，防止“逃逸式”辞职。

（四）强化事后处置，最小化负面效应。一是健全完善反洗钱信息安全事件应急处置机制。各义务机构发现反洗钱信息安全案件或潜在风险事件后，应及时采取必要措施消除隐患，将事件产生的负面影响最小化。二是健全完善问责机制。对于反洗钱信息泄密，一经发现、严肃追责。

请中国人民银行上海总部，各分行、营业管理部，各省会（首府）城市中心支行，各副省级城市中心支行反洗钱处将本通知转发至辖内人民银行分支机构、法人义务机构反洗钱部门。未经允许，不得通过互联网等渠道公开发布本通知相关内容。

中国人民银行反洗钱局
2022 年 9 月 21 日

中国人民银行反洗钱局关于印发《风险为本反洗钱监管指引（试行）》的通知

（银反洗发〔2023〕15 号）

中国人民银行上海总部金融服务二部，各省、自治区、直辖市、计划单列市分行反洗钱处；上海总部现场检查部检查二处：

为落实《金融机构反洗钱和反恐怖融资监督管理办法》，建立健全风险为本反洗钱监管机制，强化法人监管、持续监管工作要求，切实提升反洗钱监管有效性，中国人民银行反洗钱局制定了《风险为本反洗钱监管指引（试行）》（以下简称《指引》，见附件 1），现印发各处，并就《指引》中有关事项通知如下，请遵照执行：

一、按照《指引》第三条的规定，梳理本级及地市分行监管的法人金融机构清单，并于 2024 年 3 月 31 日前上报。

二、按照《指引》第二十二条确定纳入持续监管范畴的同级非法人金融机构一并纳入清单管理并上报。

三、按照《指引》第十三条编制本级及地市分行监管的法人金融机构风险概览文件（模板见《指引》附件），并于 2024 年 6 月 30 日前上报。

四、执行过程中请注意总结梳理问题与经验，及时上报我局。

附件：风险为本反洗钱监管指引（试行）

中国人民银行反洗钱局

2023 年 12 月 26 日

风险为本反洗钱监管指引（试行）

第一章 总体要求

第一条 为进一步落实风险为本和法人监管原则，指导中国人民银行及其分行反洗钱部门采取与洗钱风险相适应的监督管理措施，根据《中华人民共和国反洗钱法》《金融机构反洗钱和反恐怖融资监督管理办法》《中国人民银行执法检查程序规定》等法律法规，制定本指引。

第二条 本指引适用于中国人民银行及其分行反洗钱部门对各类金融机构开展的反洗钱监督管理活动。

第二章　监管对象与安排

第三条　法人金融机构原则上由总部所在地中国人民银行分行实施反洗钱监管。法人金融机构总部注册地与经营地不一致的，以注册地为准。

中国人民银行及各省级分行反洗钱部门可以根据法人监管和属地管理原则，综合洗钱风险水平、机构规模、重要性程度、经营地域等因素，确定由本行负责反洗钱监管的全国性或本省法人金融机构。上级行已确定负责监管的法人金融机构，下级行不再将其纳入监管范围。两个或多个中国人民银行分行对同一法人金融机构监管权存在争议或确有必要调整的，应上报至共同上级行确定。

中国人民银行分行反洗钱部门应将本行负责监管的法人金融机构清单逐级上报。中国人民银行反洗钱局汇总维护全国法人金融机构清单并定期更新。

第四条　中国人民银行及其分行反洗钱部门应定期向同级金融监管部门了解，或通过公开、权威渠道获取法人金融机构设立、撤并、破产及取得、撤销、吊销金融业务行政许可等信息，及时更新由本行履行反洗钱监管职责的法人金融机构清单。对新设立和取得金融业务许可的法人金融机构，与金融监管部门做好监管衔接。

第五条　中国人民银行反洗钱局根据国家经济金融决策部署、国家反洗钱战略、国家洗钱风险评估、各行业洗钱风险评估、洗钱类型分析情况及相应监管资源，以五年为一周期统筹制定和调整全行反洗钱监管策略，明确周期内反洗钱监管目标与应重点监管的高风险行业、领域和反洗钱履职突出问题，调整和完善对法人金融机构洗钱风险评估方法。中国人民银行省级分行反洗钱部门可以在此基础上制定和调整本辖区的反洗钱监管策略。

第六条　中国人民银行及其分行反洗钱部门应根据以上监管策略和法人金融机构风险评估结果，按照本指引第十七条、第十八条、第十九条确定的方法明确监管周期内对所监管的各法人金融机构的持续性监管安排，并及时告知相应机构。法人金融机构风险评估结果发生变化的，按孰高原则确定监管周期内剩余期限的监管安排。

第七条　中国人民银行及其分行反洗钱部门应根据对各法人金融机构监管安排，以及按照本指引第二十二条确定的对非法人金融机构的监管需要，细化形成年度反洗钱监管计划，明确当年拟采取反洗钱监管措施的对象及相应措施。

中国人民银行分行反洗钱部门应将反洗钱监管计划逐级上报至中国人民银行反洗钱局。

第八条　中国人民银行及其分行反洗钱部门发现法人金融机构或非法人金融机构涉及洗钱案件或与洗钱有关的重大风险事件时，可在考虑重要性和紧迫性的基础上，在监管计划外安排对该机构采取监管走访、简易现场检查或现场检查措施，并依法进行后续处置。

第九条　在法人监管的基础上，中国人民银行及其分行反洗钱部门应统筹做好对金融集团的监管工作。集团内不同法人金融机构的监管行反洗钱部门应加强机构洗钱风险信息共享和监管协调，控股法人金融机构监管行反洗钱部门应在监管工作中重点关注该机构集团反洗钱内控措施和对被控股机构的反洗钱管理工作，被控股法人金融机构监管行反洗钱部门在监管中发现涉及控股法人金融机构反洗钱履职的问题应及时向其监管行反洗钱部门通报。必要时，可以由控股机构或集团内主要法人金融机构监管行统筹开展对金融集团内各法人金融机构的检查，该金融集团内其他法人金融机构监管行应予配合。

第十条 对省级农村信用合作联合社、农村商业联合银行（以下统称省联社）及其管理的农村商业银行、农村合作银行、农村信用社联合社、农村信用社等的监管，以及对村镇银行及主发起行的监管适用本指引第九条的规定。中国人民银行省级分行反洗钱部门应切实承担对省联社的监督管理，强化省联社反洗钱履职的基础性作用，并统筹做好全省、自治区由省联社管理的农村商业银行、农村合作银行、农村信用社联合社、农村信用社等的监管安排的制定与实施。

第十一条 根据有关法律法规要求，中国人民银行及其分行反洗钱部门在监管工作中发现涉及其他违规问题线索的，应及时向相应主管部门通报或移交。在符合法律法规的情况下，可与其他监管部门开展合作。

第三章　监管工具

第十二条 中国人民银行及其分行反洗钱部门应在每轮监管周期之初统一开展对法人金融机构的非现场洗钱风险评估。法人金融机构不配合提供非现场评估所需数据资料，或所提供数据资料全面性、真实性、准确性存疑，或与外部风险信息明显不符的，监管行反洗钱部门可对该法人金融机构开展现场风险评估。

中国人民银行及其分行反洗钱部门在对法人金融机构采取现场检查或监管走访措施时，应抽样核验近一次非现场风险评估数据资料，并根据监管过程中了解到的情况对风险评估结果予以确认或调整。

第十三条 中国人民银行及其分行反洗钱部门应根据法人金融机构基本状况、风险评估的最新结果、当前及上一监管周期采取的监管措施、机构整改计划和实施进展，以及从日常监管中了解到的履职情况和可疑交易报告情况、涉反洗钱投诉举报情况、从公安和司法机关等获取的洗钱及相关案件情况、从金融监管部门获取的有关金融监管和处罚情况、从公开渠道获知的风险信息等，编制形成法人金融机构洗钱风险概览文件并及时更新（见附件）。

法人金融机构洗钱风险概览文件用于中国人民银行及其分行内部使用，不对外公开。

第十四条 根据法人金融机构风险评估结果及对该机构的持续监管状况，中国人民银行及其分行反洗钱部门可在监管计划中选择采取以下监管诊断措施：

（一）按照《中国人民银行执法检查程序规定》实施现场检查；

（二）按照《中国人民银行执法检查程序规定》实施非现场检查；

（三）按照《金融机构反洗钱和反恐怖融资监督管理办法》实施监管走访；

（四）根据反洗钱日常监管工作需要，向法人金融机构收集书面资料，包括法人金融机构内部与反洗钱履职相关的制度文件、统计数据、工作报告、培训材料、操作手册等履职资料及相应情况说明等，并进行非现场审查。

其中，现场检查与监管走访属于现场监管措施。采取非现场审查措施的，应由监管行反洗钱部门书面通知法人金融机构，并列明所需书面资料。中国人民银行及其分行反洗钱部门在非现场检查和非现场审查措施中不得要求法人金融机构批量提供涉及客户身份和交易信息的数据，不得要求法人金融机构提供反洗钱相关信息系统的源代码。

根据监管目的、机构风险水平、监管资源等因素，中国人民银行及其分行反洗钱部门可对法人金融机构采取全面现场检查或重点现场检查。其中，全面现场检查是对法人金融机构反洗钱履职情况全方面的完整检查，重点现场检查是对法人金融机构反洗钱履职情况部分领域的深入检查。

中国人民银行及其分行反洗钱部门应结合对法人金融机构洗钱风险评估与该法人金融机构洗钱风险自评估结果所显示的高风险领域和有效性较低的控制措施，及对相关方面实施监管诊断的间隔、机构开展的新产品新业务、已发生的风险事件或外部风险信息等统筹确定监管诊断的范围、深入程度和资源投入。

对于具有行业普遍性的风险或履职问题，中国人民银行及其分行反洗钱部门可对所监管的同类型法人金融机构平行开展专题性监管诊断，并将监管诊断中发现的典型问题及时通报辖区内法人金融机构，督促开展自查自纠，相关通报应逐级上报至中国人民银行反洗钱局。

第十五条　根据以上监管诊断措施发现的反洗钱履职违规情节的严重程度、主观故意性、对风险的影响，以及义务机构有效整改的意愿和能力，中国人民银行及其分行反洗钱部门应依法采取适当程度的监管矫正措施，符合行政处罚立案标准的，反洗钱部门应按照程序申请立案并提出处罚建议。

对金融机构的矫正措施按照强度从低到高依次为出具监管提示函、约见部门负责人谈话、出具监管意见书、约见机构董事监事或高级管理人员谈话、出具警示函、出具责令整改通知书、罚款、建议责令停业整顿、建议吊销经营许可证；对个人的矫正措施按照强度从低到高依次为约见谈话、罚款、建议取消任职资格、建议禁止从事有关金融行业工作。以上对金融机构及个人的监管矫正措施可依法单独或组合使用。

中国人民银行及其分行反洗钱部门采取监管提示函、监管意见书、约见谈话、警示函、责令整改通知书措施的，应按照《金融机构反洗钱和反恐怖融资监督管理办法》或《中国人民银行执法检查程序规定》有关规定实施；采取其他行政处罚措施的，应按照《中国人民银行行政处罚程序规定》提出处罚建议。

法人金融机构在接受监管矫正措施后在合理期限内未有效整改的，中国人民银行及其分行反洗钱部门应采取强度更高的监管矫正措施。

第四章　监管实施

第十六条　中国人民银行及其分行反洗钱部门应在监管计划和监管安排中对不同风险等级的法人金融机构采取与风险水平相匹配的差异化监管措施，在本指引第十七条、第十八条的基础上，根据监管策略自行确定具体监管诊断频率与强度，但应确保任一风险等级的总体监管诊断频率和强度不低于更低风险等级，也不高于更高风险等级。

第十七条　中国人民银行及其分行反洗钱部门根据法人金融机构固有风险水平确定其监管诊断频率：

（一）固有风险处于高水平的法人金融机构，应在监管周期内以不低于平均 0.8 次／年的频率对其实施监管诊断措施；

（二）固有风险处于中高水平的法人金融机构，应在监管周期以不低于平均 0.6 次／年的频率对其实施监管诊断措施；

（三）固有风险处于中等水平的法人金融机构，应在监管周期以不低于平均 0.4 次／年的频率对其实施监管诊断措施；

（四）固有风险处于中低水平的法人金融机构，应在监管周期以不低于平均 0.2 次／年的频率对其实施监管诊断措施；

（五）固有风险处于低水平的法人金融机构，应在监管周期内随机抽取其中不少于 50% 的机构实施一次监管诊断措施。

第十八条 在根据本指引第十七条确定法人金融机构监管诊断频率的基础上，中国人民银行及其分行反洗钱部门在监管周期内对单一法人金融机构采取的监管诊断措施强度需同时满足以下条件：

（一）对国家洗钱风险评估确定为高或中高风险水平行业的法人金融机构，至少实施一次现场检查措施；

（二）对剩余风险处于高水平的法人金融机构，监管周期内实施现场监管占全部监管诊断措施的比例（以下简称现场监管占比）与执法检查占全部监管诊断措施的比例（以下简称执法检查占比）均不低于 65%，且两者之和不低于 160%；

（三）对剩余风险处于中高水平的法人金融机构，监管周期内现场监管占比与执法检查占比均不低于 50%，且两者之和不低于 130%；

（四）对剩余风险处于中等水平的法人金融机构，监管周期内现场监管占比与执法检查占比均不低于 30%，且两者之和不低于 120%；

（五）对剩余风险处于中低水平的法人金融机构，监管周期内现场监管占比与执法检查占比均不低于 25%，且两者之和不低于 100%；

（六）对剩余风险处于低水平的法人金融机构，监管周期内实施现场监管占比不低于 30%，且现场监管占比与执法检查占比之和不低于 50%。

第十九条 对于监管周期内未采取监管诊断措施的法人金融机构，中国人民银行及其分行反洗钱部门应定期向机构收集反洗钱履职信息，重点通过中国反洗钱监测分析中心通报、日常办理反洗钱调查协查和投诉举报、其他监管部门发布及其他公开信息来源监测机构风险状况。在发现其存在明显风险隐患时，可立即更新风险评估结果、提高监管强度。符合本指引第八条规定情形的，应立即采取简易现场检查或监管走访措施；发现金融机构存在违法违规行为，或者有违法违规行为确切线索的，应按照《中国人民银行行政处罚程序规定》有关规定处理。

第二十条 中国人民银行分行反洗钱部门如存在辖区内反洗钱监管资源不足或其他特殊情况的，可在向上级行反洗钱部门报告后适当降低以上监管诊断频率与强度，上级行应采取积极措施协调支持当地反洗钱监管诊断措施的实施。

第二十一条 中国人民银行及其分行反洗钱部门在对法人金融机构采取监管诊断措施、调整或确认机构风险评估结果后，发现该机构反洗钱履职存在重大系统性缺陷的，应通过责令整改通知书或监管意见书方式要求该机构采取全面整改措施并在 90 天内提交经监管行反洗钱部门审查同意的全面整改方案，启动整改工作。

自全面整改方案提交之日起，法人金融机构应每年报告整改进展。在全面整改期间，监管行反洗钱部门暂不按照本指引第十七条和第十八条确定对该机构的常规监管安排。整改期限原则上应不超过三年。因特殊原因无法在三年内完成整改的，经中国人民银行反洗钱局或上级行反洗钱部门同意后可延长一年。

监管行反洗钱部门应在整改期期中对整改进展情况开展监管走访，在整改期期末对整改落实情况开展重点现场检查。整改期在两年或两年以内的，监管行反洗钱部门可仅在整改期期末开展一次重点现场检查。

在整改期末或整改期内发现机构整改进展严重滞后或整改效果明显低于监管要求、机构反洗钱履职仍存在系统性缺陷的法人金融机构，反洗钱部门应根据监管发现的违法违规行为依法从重提出行政处罚建议。

第五章　非法人监管

第二十二条　中国人民银行分行反洗钱部门应合理统筹监管资源，在优先履行对辖区内法人金融机构监管职责的基础上，可参照本指引第三章和第四章的规定，将辖区内的同级非法人金融机构纳入持续监管范畴，统筹制定监管安排，并列入年度监管计划。中国人民银行省级分行可同时对省会（首府）城市同级非法人承担监管职责。

对于在辖区内设立非法人金融机构但无相应同级非法人金融机构予以管理的，中国人民银行分行反洗钱部门应与其建立工作联系，依法承担向其进行反洗钱调查、接收其重点可疑交易报告等职责，并适时向其转达、通报辖区内洗钱犯罪形势与反洗钱工作要求，在其涉及洗钱案件或出现与洗钱有关的重大风险事件时按照本指引第八条采取监管措施。中国人民银行省级分行在所在城市范围内承担以上职责。

第二十三条　中国人民银行分行反洗钱部门在制定对非法人金融机构的监管计划时，应告知该机构法人总部监管行反洗钱部门并向其了解该机构风险特征和应重点关注的履职情况。

中国人民银行分行反洗钱部门应重点从执行反洗钱内部制度的角度对非法人金融机构履行反洗钱义务的情况实施监督，发现涉及机构法人总部反洗钱履职问题的，应及时向该机构法人总部监管行反洗钱部门通报。法人金融机构监管行应将相关反馈信息纳入风险评估考虑因素，并在后续监管诊断措施中重点了解核实，必要时采取相应监管矫正措施。

第二十四条　法人金融机构监管行反洗钱部门对法人金融机构作出责令整改措施的，应将机构整改方案中涉及其分支机构落实的相关信息以适当方式在人民银行反洗钱部门内发布或共享，非法人金融机构所在地人民银行可在后续监管措施中配合开展核验。

第六章　附　则

第二十五条　新设立和取得金融业务许可、法律法规新纳入应履行反洗钱义务范围的法人金融机构，或法人金融机构发生合并、分立的，中国人民银行及其分行反洗钱部门应在以上事由发生至次年末内对该法人金融机构进行反洗钱监管辅导。在此期间，该法人金融机构暂不纳入风险评估和执法检查范围，监管工作原则上以培训、指导为主，可视情况采取监管走访措施，重点督促法人金融机构建立完善反洗钱内部制度和机制，但出现洗钱案件和重大洗钱风险事件的除外。

第二十六条　法人金融机构经营异常的，中国人民银行及其分行反洗钱部门应配合相关主管部门做好持续监测，不再将其纳入风险评估和监管计划。

法人金融机构被金融监管部门或其他主管部门接管的，中国人民银行及其分行反洗钱部门应配合接管工作需要采取相应措施，暂不主动采取监管措施。

法人金融机构经营异常状态或接管期结束至次年末，参照本指引第二十五条进行监管。

第二十七条　中国人民银行及其分行反洗钱部门应做好进入破产清算程序或拟被其他机构

吸收合并、拟撤销金融业务许可的法人金融机构的监管退出工作，不再将其纳入风险评估和监管计划。对于拟退出的法人金融机构，应指导机构按规定整理客户身份资料和交易记录并移交指定机构。

第二十八条 中国人民银行地市级分行反洗钱部门按照本指引有关规定需与非本省（自治区）人民银行反洗钱部门通报、征求意见或进行其他沟通的，应经过上级行反洗钱部门进行。

第二十九条 本指引所称金融机构指由《反洗钱法》确定的金融机构和中国人民银行依法确定应履行反洗钱义务的其他机构。

本指引所称同级非法人金融机构是指由法人金融机构按行政区划设立的，且管理或经营地域与该中国人民银行分行辖区基本一致的非法人金融机构。

第三十条 本指引由中国人民银行反洗钱局负责解释。

第三十一条 本指引自 2024 年 1 月 1 日起施行。

附件：金融机构洗钱风险概览（模板）（略）

第五部分

其 他 文 件

中国人民银行关于再保险公司客户身份识别有关事项的批复

（银函〔2013〕261号）

中国再保险（集团）股份有限公司：

你公司《关于再保险公司客户身份识别有关事项的请示》（中再发〔2013〕106号）收悉。经研究，现批复如下：

为履行反洗钱义务，再保险公司在办理再保险业务时，应要求客户出示其依法设立或可以依法经营保险业务的执照、证件或者其他文件，并留存相关执照、证件、文件的复印件或者影印件。

中国人民银行办公厅

2013年8月23日

中国人民银行办公厅关于执行《金融机构客户身份识别和客户身份资料及交易记录保存管理办法》和《反洗钱非现场监管办法（试行）》中有关问题的批复

（银办函〔2007〕562号）

中国人民银行天津分行：

你分行《关于执行〈金融机构客户身份识别和客户身份资料及交易记录保存管理办法〉和〈反洗钱非现场监管办法（试行）〉中有关问题的请示》（津银发〔2007〕160号）收悉。经研究，现批复如下：

一、《金融机构客户身份识别和客户身份资料及交易记录保存管理办法》（中国人民银行　中国银行业监督管理委员会　中国证券监督管理委员会　中国保险监督管理委员会令〔2007〕第2号）第七条和第八条规定中涉及的金额均包含本数。

二、关于《反洗钱非现场监管办法（试行）》（银发〔2007〕第254号文印发）附表5中下列数据项的说明：

（一）“新客户”统计原则上以与金融机构新建立业务的自然人、法人、其他组织和个体工商户为单位进行统计后填报。

（二）“离岸中心”指境外避税型离岸金融中心。避税型离岸金融中心的特点是：大量离岸公司出于避税、规避管制等方面的需要，在离岸金融中心注册，但并不在注册地开展实际经营活动，注册地监管当局对在当地注册的离岸公司不实施或者很少实施监管。常见的境外避税型离岸金融中心有英属维尔京群岛、开曼群岛等。你分行应根据境外避税型离岸金融中心的特点，对有关国家和地区的情况进行分析，确定其是否属于境外避税型离岸金融中心，以指导辖内金融机构办理相关业务。

（三）“行为异常”指金融机构在办理业务时，发现客户的行为与本人的身份、经济和经营状况、交易习惯、类似市场主体的惯常行为模式等情况不符，且可能涉及洗钱、恐怖融资或其他违法犯罪活动的行为。

（四）“跨境汇兑”指汇款人或收款人一方在境外的汇款业务。

（五）对于“受益人数”，保险公司、信托公司分别填写保险合同或信托合同所列的受益人数量，其他金融机构填写实际控制客户的自然人数和交易的实际受益人数。

中国人民银行办公厅

二〇〇七年十月二十四日

中国人民银行办公厅关于《金融机构客户身份识别和客户身份资料及交易记录保存管理办法》有关问题的批复

（银办函〔2008〕538号）

中国人民银行福州中心支行：

你中心支行《关于〈金融机构客户身份识别和客户身份资料及交易记录保存管理办法〉有关问题的请示》（福银〔2008〕200号）收悉。经研究，现批复如下：

一、对于期缴保费金额确定、缴费期限为终身的人寿保险合同，在满足下列任一条件时，采取客户身份识别措施：

（一）缴费期限按保险合同生效之日至被保险人达到我国人口平均预期寿命（以国家统计局公布的数据为准，男子为69岁，女子为73岁）的年限计算，应缴纳所有保费达到《金融机构客户身份识别和客户身份资料及交易记录保存管理办法》（中国人民银行　中国银行业监督管理委员会　中国证券监督管理委员会　中国保险监督管理委员会令〔2007〕第2号，以下简称《管理办法》）第十二条规定的起点金额；

（二）客户实际缴费金额达到《管理办法》第十二条规定的起点金额。

二、对于首期和续期缴纳保费方式分为现金、转账两种方式的保险合同，应按照现金缴纳方式规定的起点金额标准，采取客户身份识别措施。

三、保险公司根据保险合同上列明的缴费方式和金额，按照《管理办法》第十二条的规定进行客户身份识别。

中国人民银行办公厅

二〇〇八年十一月十二日

中国人民银行关于反洗钱和反恐融资黑名单问题的批复

（银复〔2006〕23号）

深圳发展银行：

《深圳发展银行关于反洗钱和反恐融资“黑名单”问题的请示》（深发银〔2006〕336号）收悉。现批复如下：

一、对于将“黑名单”系统的维护和更新交由专业公司处理，并由你行根据“黑名单”系统筛查持卡人身份信息的问题，在现行反洗钱法律制度尚未明确规定的情况下，由你行在符合其他法律、法规、规定的前提下自行决定。你行作为反洗钱工作的首要责任方，如将“黑名单”系统维护和更新业务外包，仍需按照有关法律法规的要求，严格履行反洗钱义务，切实做好反洗钱工作。

二、根据现行法律和政策，我国有义务执行联合国安理会公布的制裁名单，故你行需按照有关部门提出的具体要求，不向其发卡或取消已发行信用卡。对其他国际组织和国家公布的制裁名单，由你行在遵守我国法律、法规和相关规定的前提下，自行决定是否不向其发卡或取消已发行信用卡。

三、根据《中华人民共和国商业银行法》《金融机构反洗钱规定》和《金融机构大额和可疑外汇资金交易报告管理办法》的规定，除其他法律或行政法规另有规定外，我国境内的金融机构不得将与客户有关的反洗钱信息及资料向其他任何机构提供。你行在业务处理中应严格遵守这一规定。

中国人民银行关于《金融机构大额交易和可疑交易报告管理办法》有关问题的批复

（银复〔2007〕8号）

深圳发展银行：

深圳发展银行《关于〈金融机构大额交易和可疑交易报告管理办法〉有关问题的请示》（深发银〔2007〕112号）收悉。现就有关问题批复如下：

一、《金融机构大额交易和可疑交易报告管理办法（中国人民银行令〔2006〕第2号印发，以下简称《办法》）第五条规定的“金融机构”包括金融机构的总部及其各级分支机构。

二、《办法》第八条规定的“可疑交易发生后的10个工作日”是从构成可疑交易的最后一笔交易发生之日起计算。

三、《办法》第九条中的“现金汇款”包括以现金方式解付汇款和以现金方式汇出款项。

按照《办法》第九条第（二）项的规定，在以客户为单位进行累计计算时，应将某一客户在同一金融机构的不同营业网点开立的所有账户发生的交易累计计算。考虑到金融机构对相关系统开发的实际情况，金融机构在执行此款规定时，可以在合理的期限内逐步将累计范围从按单一账户累计逐步过渡到某一客户在同一金融机构的不同营业网点开立的所有账户。

四、客户的交易对象为金融机构的大额交易和可疑交易，属于《办法》规定的报告范围。

五、按照《办法》第十一条的规定，如需对交易金额进行累计计算，除第（一）（四）（十六）项规定的可疑交易外，都应以客户为单位进行累计计算。

六、《办法》第十一条第（一）项规定的“资金分散转入、集中转出”是指从多个账户向一个账户转入资金后，又将与所转入资金累计金额大致相当的资金转向另一个账户；“集中转入分散转出”是指向某一账户转入资金后，又在短期内分多次将与所转入资金金额大致相当的资金转往其他多个账户。为增强反洗钱工作的有效性，该款可疑交易的起报金额可参考《办法》第九条第（二）（三）项的有关规定。

《办法》第十一条第（二）项规定的可疑交易不包括收付款人为同一人的情况，交易金额应按某一方客户资金的收入或付出情况单边累计计算。

《办法》第十一条第（三）项规定的“汇款”无金额起报点。

《办法》第十一条第（四）项规定的可疑交易可理解为两种类型：

一是长期闲置的账户原因不明地突然启用，且短期内出现大量资金收付的；

二是平常资金流量小的账户突然有异常资金流入，且短期内出现大量资金收付的。

《办法》第十一条第（五）项规定的“地区”应由金融机构从自身开展经营活动的实际出发，根据我国政府、司法机关以及联合国等国际组织发布的相关信息进行综合判断。

《办法》第十一条第（六）项规定的“多头开户、销户”可从账户数量方面进行判断。

请人民银行上海总部、各分支行将本批复转发至辖区各相关外资银行。

二〇〇七年四月二日

中国人民银行关于证券业、期货业和保险业金融机构反洗钱管辖问题的批复

（银复〔2007〕17号）

中国人民银行西安分行：

你分行《关于总部设在西安的证券业、期货业和保险业金融机构的反洗钱管辖问题的请示》（西银发〔2007〕133号）收悉。现就有关问题批复如下：

对金融机构总部的反洗钱监管原则上由人民银行总行负责，但鉴于你分行反映的实际情况，现授权你分行负责位于你分行辖区内的金融机构总部的反洗钱日常监管工作。你分行除参加总行直接组织的反洗钱现场检查外，还应根据实际需要对辖区内金融机构总部进行反洗钱现场检查和非现场监管。由你分行自行组织开展的对金融机构总部的反洗钱现场检查纳入你分行年度反洗钱工作计划，并报总行备案。相应地，你分行辖区内金融机构总部的反洗钱非现场监管信息资料也由你分行收集，并按规定上报总行。

你分行在监管辖区内金融机构总部时，发现该金融机构辖外分支机构涉嫌违反反洗钱规定的，应移交人民银行当地分支机构处理。涉及与人民银行异地省级分支机构协调和政策问题的，应通过总行进行。你分行认为辖区内金融机构总部执行反洗钱规定的行为有重大社会影响的，可向总行建议对该金融机构总部实施现场检查。必要时，总行将直接对你辖区内金融机构总部实施现场检查。

人民银行上海总部，各分行、营业管理部，省会（首府）城市中心支行，大连、青岛、宁波、厦门、深圳市中心支行应按照上述原则对金融机构总部实施反洗钱监管，并请将本批复转发至辖区内各金融机构总部。

二〇〇七年八月七日

中国人民银行关于执行《金融机构大额交易和可疑交易报告管理办法》有关问题的批复

（银复〔2007〕18 号）

中国人民银行营业管理部：

你部《关于辖内银行业金融机构在执行〈金融机构大额交易和可疑交易报告管理办法〉中有关问题的请示（银管文〔2007〕77 号）收悉。现批复如下：

一、“现金结售汇”、“现钞兑换”指资金不在银行账户之间流动的结售汇交易或外币兑换交易。

二、《金融机构大额交易和可疑交易报告管理办法》（中国人民银行令〔2007〕第 2 号，以下简称《管理办法》）第十一条第（十）项所规定的交易既适用于对公客户发生的交易，又适用于对私客户发生的交易。

三、国际速汇金公司西联国际汇款公司尚未在境内设立营业性机构，不属于《管理办法》规定的义务主体，相关交易由办理国际汇兑业务的银行业金融机构（以下简称“银行”）报告。

四、银行应按照《管理办法》第九条和第十六条的规定，报告客户收到境外汇入款并直接结汇或者客户购汇后直接汇出境外过程中发生的大额交易。

五、银行应按照《管理办法》第九条、第十条、第十一条、第十四条、第十五条和第十六条的规定，报告再融资款汇入第三方账户过程中发生的大额交易和可疑交易。

六、《管理办法》第九条第一款第（三）项，既适用于境内交易又适用于跨境交易。

七、按照《管理办法》第九条、第十条的规定，除由银行发起的利息支付不属于大额交易报告的范围外，银行向客户支付利息过程中发生的其他交易和客户向银行缴纳手续费或支付利息过程中发生的交易如单笔或者与同向交易当日累计达到《管理办法》规定的大额交易标准的，银行应提交大额交易报告。银行向客户支付利息或者客户向银行缴纳手续费过程中发生的交易如符合《管理办法》第十一条、第十四条、第十五条规定的可疑交易标准，银行应提交可疑交易报告。

八、银行应按照《管理办法》第九条的规定，报告企业实盘外汇买卖过程中发生的大额交易。

九、银行应按照《管理办法》第九条、第十条、第十一条、第十四条、第十五条和第十六条的规定，报告为客户办理国际贸易项下的出口收汇业务过程中发生的大额交易或可疑交易。

十、客户要求将贷款划转至客户在其他银行的账户时，银行应按照《管理办法》第九条第二款的规定，分别按照放贷至客户贷款户、贷款由贷款户转往其他银行账户两类交易报告大额交易。同理，客户从其他银行的账户向发放贷款的银行归还贷款时，银行按照从其他银行转账到本行贷款户、从本行贷款户提取还贷资金两类交易报告大额交易。

如客户要求将贷款划转至客户在其他银行的账户过程中发生的交易，或者客户从其他银行的账户向发放贷款的银行归还贷款过程中发生的交易，符合《管理办法》第十一条、第十四条和第十五条规定的可疑交易标准，银行应提交可疑交易报告，具体报告内容视可疑特征而定。

附件：关于辖内银行业金融机构在执行《金融机构大额交易和可疑交易报告管理办法》中有关问题的请示（银管文〔2007〕77号）

二〇〇七年八月八日

关于辖内银行业金融机构在执行《金融机构大额交易和可疑交易报告管理办法》中有关问题的请示

（银管文〔2007〕77号）

总行：

《金融机构大额交易和可疑交易报告管理办法》（以下简称《办法》）颁布后，一些金融机构向我营业管理部反映了执行中存在的问题。为能够及时全面地了解相关问题，我营业管理部又向辖内各银行业金融机构广泛征求了意见。现将有关问题汇总请示如下：

一、需明确一些基本概念

1. 第九条（一）中的“现金结售汇”、“现钞兑换”。

2. 第十一条（十）中的规定：“客户经常存入境外开立的旅行支票或者外币汇票存款，与其经营状况不符”，是否指对公客户。

二、需明确的报告主体

国际速汇金公司、西联国际汇款公司通过在华银行、邮政储汇机构办理的国际汇款业务，应由谁负责报告大额和可疑交易。

三、需明确的报告内容和报送方式

1. 对于客户收到境外汇入款并直接结汇或者客户购汇后直接汇出境外的交易应如何报告大额交易。

2. 境内金融机构向另一金融机构提供进口贸易再融资、出口贸易再融资等业务时，如融资款根据资金融入行的指令汇至其指定的第三方账户，此种业务是否需要报告，应如何报告。

3. 第九条（三）是否只适用于境内交易，不适用于跨境交易。

4. 银行收取的手续费和客户利息（如贷款利息）是否属于上报范畴。虽然单笔交易很少达到大额交易报告的标准，但在与其他同方向的交易累计的情况下可能会符合上报要求，此时手续费和利息是否属于报告范畴。

5. 企业实盘外汇买卖是否需要报告大额交易，应如何报送。

6. 国际贸易项下的出口收汇业务，托收行收到付款行的款项再原币转付给客户开户行，或结汇后汇出时，应如何报告。

7. 当银行为客户发放贷款，并且客户要求将贷款划转至客户在其他银行的账户时，发贷行是否应先报告一笔发放贷款至客户的贷款户交易，再报告一笔资金划转出的交易。另外，客户从其在其他银行的账户归还贷款至发贷行时是否同理进行报告。

请批示。

中国人民银行营业管理部

二〇〇七年七月二日

中国人民银行关于处理反恐怖融资有关问题的批复

（银复〔2007〕24号）

上海浦东发展银行：

上海浦东发展银行关于涉嫌恐怖融资、制裁等有关问题处理的请示（浦银发〔2007〕412号）收悉。现批复如下：

一、关于可否为怀疑类客户（或其交易对手与有关涉恐名单相关）继续办理业务问题

《金融机构报告涉嫌恐怖融资的可疑交易管理办法》（中国人民银行令〔2007〕第1号）第九条所列的名单涉及两类，一类名单是由我国司法机关、国务院有关部门和机构发布的（不含转发的）联合国安理会决议所确定的名单，另一类名单是联合国安理会的决议确定的。

如果发现或者有合理理由怀疑客户或者其交易对手与第一类名单相关，金融机构在按规定向中国反洗钱监测分析中心和中国人民银行当地分支机构提交可疑交易报告的同时，可继续办理业务。我国法律和行政法规规定或者司法机关、国务院有关部门和机构依法要求金融机构不得继续办理业务的除外。

如果发现或者有合理理由怀疑客户或者其交易对手与第二类名单相关，应在按规定向中国反洗钱监测分析中心和中国人民银行当地分支机构提交可疑交易报告的同时，按照我国法律和有权部门为执行联合国安理会决议所作安排的要求采取适当措施。

二、关于冻结恐怖组织和恐怖分子财产资金问题

如需对联合国安理会有关制裁决议中所列的恐怖组织和恐怖分子的账户资金实施冻结的，应由我国司法机关、国务院有关部门和机构依法作出决定，金融机构按照相关冻结通知的要求采取措施。

三、关于客户身份识别问题

你行应采取《金融机构客户身份识别和客户身份资料及交易记录保存管理办法》（中国人民银行 中国银行业监督管理委员会 中国证券监督管理委员会 中国保险监督管理委员会令〔2007〕第2号）第二十三条规定的措施识别居民或非居民客户身份。对于非居民客户提供的身份证件或身份证明文件，你行可按照第二十三条第（一）项的要求，请非居民客户提供由客户所在国家或地区认可的机构出具的公证证明或经我国驻该国使馆、领馆出具的认证证明。另外，你行还可请求境外代理行协助识别非居民客户身份。有关客户或其交易对手是否为联合国安理会有关制裁决议中所列的恐怖组织和恐怖分子，你行可查询联合国相关文件。

四、关于如何对待被有关国家、国际组织列入制裁名单，但超出我国制裁名单的客户及其交易对手、境外代理行问题

如你行客户及其交易对手、你行境外代理行被某个国家或者国际组织列入制裁对象，但该制裁名单超出我国承认的制裁名单范围，你行应自行评估风险，采取恰当的应对措施。

请人民银行上海总部，各分行、营业管理部，各省会（首府）城市中心支行，大连、青岛、宁波、厦门、深圳市中心支行将本批复内容转告辖内的城市商业银行、农村商业银行、农村合作银行、外资银行、城乡信用社。

二〇〇七年九月三日

中国人民银行关于法人金融机构异地经营管辖问题的批复

（银复〔2007〕27号）

中国人民银行重庆营业管理部：

《中国人民银行重庆营业管理部关于辖内法人金融机构异地经营管辖问题的请示》（渝银发〔2007〕118号）收悉。批复如下：

金融机构反洗钱监管工作应由金融机构注册地的人民银行分支机构负责。你营业管理部反映的问题涉及金融机构住所变更事宜。根据《中华人民共和国公司登记管理条例》的规定，公司的住所是公司主要办事机构所在地，应当在其公司登记机关辖区内。公司变更住所跨公司登记机关辖区的，应当在迁入新住所前向迁入地公司登记机关申请变更登记。你营业管理部在反洗钱执法中如果发现金融机构注册地与住所不一致的情况，应及时与工商行政执法部门、金融监督管理部门等监管部门沟通。

人民银行上海总部，各分行、营业管理部，省会（首府）城市中心支行，大连、青岛、宁波、厦门、深圳市中心支行应按照上述原则确定对金融机构实施反洗钱监管的管辖范围，并请将上述原则转告辖区内各金融机构总部。

中国人民银行关于《金融机构客户身份识别和客户身份资料及交易记录保存管理办法》相关问题的批复

（银复〔2007〕28 号）

交通银行：

你行《关于〈金融机构客户身份识别和客户身份资料及交易记录保存管理办法〉相关问题的请示》（交银〔2007〕148 号）收悉。现批复如下：

一、关于客户身份资料留存问题

在为已与你行建立业务关系的客户开户时，你行可不再重复留存客户的身份资料或信息，但应确保已保存的客户身份资料、信息符合《金融机构客户身份识别和客户身份资料及交易记录保存管理办法》（中国人民银行　中国银行业监督管理委员会　中国证券监督管理委员会　中国保险监督管理委员会令〔2007〕第 2 号，以下简称《管理办法》）的规定。

二、关于高级管理层人员范围界定问题

你行可依照交通银行章程或其他内部管理规定，以书面形式确定你行总部及分支机构高级管理层人员的范围，并报中国人民银行总行及中国人民银行当地分支机构备案。

三、关于跨境汇款业务中的客户身份识别问题

（一）你行在办理跨境汇入款业务时，如因有关信息缺失不能完整登记《管理办法》第十条规定信息的，可先将汇款入账，再向境外金融机构要求补充信息。

（二）如下列境外金融机构未向你行提供《管理办法》第十条规定的汇款人账号、汇款人住所等信息的，你行可直接登记业务标识号、境外金融机构所在地等替代性信息，不再要求境外金融机构逐笔补充信息。1. 已加入金融行动特别工作组（以下简称 FATF）的国家（地区）的金融机构。2. 未加入 FATF 但承诺严格执行 FATF“40+9”项反洗钱及反恐怖融资标准的国家（地区）的金融机构。

四、关于客户风险等级分类问题

按照《管理办法》第十八条的规定，你行可以将我国相关政府部门印发的黑名单中的客户、外国政要、在一定时期内频繁办理一次性业务的客户、在日常交易监控中被报送可疑交易的客户定为高风险等级客户。除此以外，你行在制定客户风险等级分类标准时还应按照《管理办法》第十八条的规定，全面考虑地域、业务、行业等其他各种风险因素。

五、关于客户更新身份证件或身份证明文件的合理期限问题

考虑到各个客户在办理新的有效身份证件或证明文件时所面临的客观情况各不相同，你行在执行《管理办法》第十九条时，应针对每个具体个案，合理确定某个客户能够及时更新有效身份证件或身份证明文件的期限，而不宜将客户应更新有效身份证件或证明文件的期限统一确定为证件或证明文件到期后的“三个月”或其他固定的时限。

六、关于代理存取款业务中客户身份识别问题

对于代他人取款的，应严格按照《管理办法》第二十条的规定，同时识别代取款人和账户（含银行卡，下同）户主的身份。对于代他人存款的，可按照《管理办法》第七条中有关一次性金融服务的客户身份识别规定，只对代存款人采取相关客户身份识别措施，核对有效身份证件或者其他身份证明文件，登记身份基本信息，并留存有效身份证件或者其他身份证明文件的复印件或影印件。

中国人民银行关于对单位银行结算账户进行分类管理事宜的批复

（银复〔2008〕6号）

中国工商银行：

你行《关于对长期不动单位银行结算账户进行分类管理的请示》（工银报〔2008〕12号）收悉。经研究，现批复如下：

一、同意你行对一年未发生收付活动且未欠开户银行债务的单位银行结算账户进行分类管理。

二、对分类为“长期不动户”的单位银行结算账户，你行应当及时按照中国人民银行的有关规定列出久悬银行结算账户清单，并提交至人民币银行结算账户管理系统，对此类账户加注久悬银行结算账户标识。

存款人有久悬银行结算账户的，你行应按照《中国人民银行关于规范人民币银行结算账户管理有关问题的通知》（银发〔2006〕71号）的规定，不得为其办理其他银行结算账户的开立和变更业务。

中国人民银行关于反洗钱数据报送有关问题的批复

（银复〔2008〕11 号）

中国光大银行：

《中国光大银行关于反洗钱数据报送中有关问题的请示》（光银发〔2008〕35 号）收悉。根据《金融机构大额交易和可疑交易报告管理办法》（中国人民银行令〔2006〕第 2 号发布）等规定，现就有关问题批复如下：

一、在同一金融机构、同一户名下多个活期账户间转存资金的业务，不属于大额交易免报范围。

二、下列交易可不计入客户当日累计大额交易的范围：

（一）办理汇兑业务支付手续费；

（二）办理贴现业务支付手续费；

（三）购买凭证（转账支票、现金支票、进账单、信电汇凭证等）支付手续费；

（四）补制回单、对账单支付手续费；

（五）开立存款证明支付手续费；

（六）挂失、补办银行卡支付手续费；

（七）购买网上银行密钥支付手续费；

（八）开具业务征询函支付手续费；

（九）办理保函、保理、担保业务支付手续费；

（十）办理借记卡、信用卡（包括贷记卡及准贷记卡）支付工本费、年费及挂失费。

三、商业银行根据代收代付协议替付款人（或收款人），包括自来水公司、燃气公司、通信公司等缴纳（或收取）水费、电费、燃气费、固定电话和手机资费所产生的交易，可不计入付款人（或收款人）当日累计大额交易的范围。

四、同意你行在对个人办理一次性业务中，在无法获取客户号的情况下，使用客户有效身份证件号码代替大额交易和可疑交易报告中的客户号。

请人民银行上海总部，各分行、营业管理部，各省会（首府）城市中心支行，大连、青岛、宁波、厦门、深圳市中心支行将本批复转发至辖区内各城市商业银行、农村商业银行、农村合作银行、外资银行和城乡信用社。

二〇〇八年五月十三日

中国人民银行关于执行《金融机构客户身份识别和客户身份资料及交易记录保存管理办法》等规定的批复

（银复〔2008〕16号）

招商银行：

《招商银行关于执行〈金融机构客户身份识别和客户身份资料及交易记录保存管理办法〉等规定有关问题的请示》（招银发〔2007〕798号）收悉。现批复如下：

一、关于与集体开户业务有关的客户身份识别问题

单位集中代员工申请开立工资账户、养老金账户时，你行除按照《金融机构客户身份识别和客户身份资料及交易记录保存管理办法》（中国人民银行　中国银行业监督管理委员会　中国证券监督管理委员会　中国保险监督管理委员会令〔2007〕第2号，以下简称《管理办法》）等规定，采取核对客户有效身份证件、登记客户身份基本信息、留存客户身份证件复印件或影印件等反洗钱措施外，还应执行《中国人民银行关于进一步落实个人人民币银行存款账户实名制的通知》（银发〔2008〕191号）的相关规定，要求单位在为员工代理开户前征得员工同意，不得妨碍员工行使可以选择任一银行营业网点开立个人银行账户的权利，不得变相为员工指定开户银行。

二、关于办理代理存取款业务的客户身份识别问题

对前来你行办理存取款业务的人员，无论其存取款的金额是否达到《管理办法》第八条规定的限额，你行都应按照《管理办法》第二十条的规定，采取合理方式确认其是否代他人办理存取款业务。确为代理存取款的，当存取款的金额达到《管理办法》第八条规定的限额时，你行还应按照《管理办法》第二十条的规定，核对代理人和被代理人的有效身份证件或身份证明文件，登记代理人的相关信息。

三、关于"非现场监管报表5"（以下简称表5）的填写问题

（一）关于"跨境汇兑"、"一次性交易"项下数据的统计标准问题。表5反映的是金融机构履行客户身份识别义务的情况，相应的该表"跨境汇兑"、"一次性交易"项下的数据应反映金融机构已识别的客户的家数，而非金融机构办理业务的次数。

（二）关于"与离岸中心有关的"项下的数据填报问题。同意你行对"离岸中心"概念的理解，"与离岸中心有关的"项下数据应反映你行在办理与反洗钱监管薄弱的境外避税型离岸金融中心（不含香港特别行政区）的相关业务时，履行客户身份识别义务的情况。

（三）关于"新客户"的范围问题。表5中的"新客户"包括所有来你行开立账户的客户，无论其是否已通过开立账户等方式与你行建立了业务关系。

（四）关于"受益人数"的填报问题。你行在填写表5"受益人数"项下数据时，对客户已披露的控股股东人数、一次性交易或跨境汇兑的业务单据中“受益人”项已明示出的客户的人数，不需要填报。

二〇〇八年八月二日

关于对《金融机构客户身份识别和客户身份资料及交易记录保存管理办法》有关问题的复函

（局函〔2007〕324号）

中国银行股份有限公司法律与合规部：

你部《关于对〈金融机构客户身份识别和客户身份资料及交易记录保存管理办法〉相关问题的请示》（中银法文〔2007〕69号）收悉。经研究，现就相关问题函复如下：

一、《金融机构客户身份识别和客户身份资料及交易记录保存管理办法》（以下简称《管理办法》）第五条第三款所称“相关要求”不包括第二十六条规定的可疑交易报告要求。

二、“外国政要”指外国现任的或者离任的履行重要公共职能的人员，如国家元首、政府首脑、高层政要，重要的政府、司法或者军事高级官员，国有企业高管、政党要员。因为外国政要的家庭成员或者与外国政要存在密切关系的人员，存在与外国政要类似的风险，所以金融机构对这些人员也应采取相应的客户身份识别措施。

三、《管理办法》第十条第二款规定的“相关信息”指用以确定某笔汇款的唯一标识号，如交易流水号等。

四、按照持续识别客户的要求，已开户客户在利用非柜台方式办理业务时，金融机构仍应强化内部管理规程，识别客户身份。

五、只有当客户有业务需要办理时，才存在金融机构中止为客户办理业务的问题。而当银行无法取得与客户的联系时，客户自然也无法请求银行为其办理业务。

银行可依法自行决定是否终止与客户的业务关系。

六、《管理办法》第二十一条规定的“应当了解”指金融机构依据有关法律规定负有了解相关情况的义务，或者按照勤勉尽责的要求能够了解相关情况。

七、《管理办法》第十八条规定的风险等级划分标准应由金融机构自行制定。

八、你行分支机构可以以纸质形式向人民银行当地分支机构报告规定的可疑交易，并在传输渠道允许的情况下报送该可疑交易的电子文本，具体报表格式另行确定。

另暂无英文版的《管理办法》可提供。

中国人民银行反洗钱局

二〇〇七年七月十六日

关于对《金融机构客户身份识别和客户身份资料及交易记录保存管理办法》相关问题的复函

（局函〔2007〕416号）

中国银行股份有限公司法律与合规部：

你部《关于对〈金融机构客户身份识别和客户身份资料及交易记录保存管理办法〉相关问题的再请示》（中银法便〔2007〕645号）收悉。经研究，现就相关问题函复如下：

一、《金融机构客户身份识别和客户身份资料及交易记录保存管理办法》（以下简称《管理办法》）第十九条第三款中规定的对公客户的身份证明文件包含组织机构代码证、税务登记证等。

如果对公客户的控股股东或者实际控制人、法定代表人、负责人和授权办理业务人员的身份证件或者身份证明文件已过有效期的，且没有在合理期限内更新且没有提出合理理由的，金融机构应中止为客户办理业务。

二、《管理办法》适用于金融机构办理与企业年金账户的相关业务。

三、《管理办法》于2007年8月1日生效，同时人民银行会在反洗钱监管中根据实际情况给予金融机构必要的准备时间，以完成系统开发等工作。

中国人民银行反洗钱局

二〇〇七年七月三十日

关于对《金融机构客户身份识别和客户身份资料及交易记录保存管理办法》有关问题的复函

（局函〔2007〕437号）

上海总部金融服务二部：

你部《关于对〈金融机构客户身份识别和客户身份资料及交易记录保存管理办法〉有关问题的请示》收悉。经研究，现就相关问题函复如下：

一、外资金融机构可以通过境外母公司收集境外金融机构的相关信息。但境内的外资金融机构必须对境外母公司提供的信息进行审核分析，并按照《金融机构客户身份识别和客户身份资料及交易记录保存管理办法》（以下简称《管理办法》）第六条的规定，评估境外金融机构接受反洗钱监管的情况和反洗钱、反恐怖融资措施的健全性和有效性。

境外母公司收集的相关信息可由境外母公司代为保管，但是境内的外资金融机构应保证在需要时，可及时获得相关信息或资料。

二、"外国政要"指外国现任的或者离任的履行重要公共职能的人员，如国家元首、政府首脑、高层政要，重要的政府、司法或者军事高级官员，国有企业高管、政党要员。因为外国政要的家庭成员或者与外国政要存在密切关系的人员，存在与外国政要类似的风险，所以金融机构对这些人员也应采取相应的客户身份识别措施。

目前我国的法律制度尚未对金融机构获得外国政要名单的渠道作出强制性规定。

三、考虑到金融机构的实际情况，金融机构制定客户或账户风险划分标准的工作，原则上应在2007年底前完成。

总部在境内的金融机构应由其总部统一制定并向人民银行总行报送风险划分标准，没有总部或者总部在境外的境内金融机构应自行制定并向当地人民银行报送风险划分标准。对于总部在境内的金融机构分支机构是否根据当地情况制定风险划分标准的问题，由金融机构自行决定。如果总部在境内的金融机构分支机构根据当地情况制定了风险划分标准，应报送当地人民银行。

总行暂无发布金融机构客户或账户风险划分标准的计划。

四、《管理办法》第十九条第三款所称的"合理期限"并非一个固定的期限要求，应根据当时的具体情况合理确定。

客户身份证件或身份证明文件过期后，客户之前的业务委托依然有效，但如果客户没有在合理期限内更新且没有提出合理理由的，金融机构应中止办理新业务。

对私客户的身份证件或身份证明文件指政府部门颁发的能够确认其身份且附有本人照片的身份证件，或者政府有权机关出具的能够证明其真实身份的证明文件。对公客户的身份证件或身份证明文件指可证明该客户依法设立或者可依法开展经营、社会活动的执照、证件或者文件。对公客户的身份证件或身份证明文件包含营业执照、组织机构代码证和税务登记证。

五、交易币种为外币时，金融机构按照外汇局按月公布的内部折算率折算成美元。

六、金融机构已登记的客户身份基本信息不满足《管理办法》第三十三条要求的，原则上不要求金融机构进行补登记。但如果金融机构在《管理办法》生效后为客户办理业务或建立新的业务关系属于《管理办法》第七条、第十一条、第十二条、第十四条、第十五条、第十六条规定的情形的，金融机构应进行信息的补登记。

原则上，身份基本信息包含的项目属于必须登记项目，但客户不适用该项目的除外。如对政府机关、事业单位客户，不要求登记“控股股东或者实际控制人”。

中国人民银行反洗钱局

二〇〇七年七月三十日

关于对可疑交易报告相关问题的复函

（局函〔2007〕438号）

中国银行法律与合规部：

你部《关于对可疑交易报告相关问题的请示》收悉。经研究，现就相关问题函复如下：

一、按照《金融机构大额交易和可疑交易报告管理办法》（中国人民银行令〔2006〕第2号）第十五条、《金融机构报告涉嫌恐怖融资的可疑交易管理办法》（中国人民银行令〔2007〕第1号）第九条和《金融机构客户身份识别和客户身份资料及交易记录保存管理办法》（中国人民银行 中国银行业监督管理委员会 中国证券监督管理委员会 中国保险监督管理委员会令〔2007〕第2号）第二十六条的规定，金融机构应将规定范围内的可疑交易报告中国反洗钱监测分析中心的同时，报告当地人民银行分支机构。据此人民银行负责接收可疑交易报告的分支机构包括从县级到省级的各级分支机构。你行总行机构的相关可疑交易报告报送到人民银行营业管理部。

二、金融机构应向人民银行分支机构报告可疑交易的情形包括：

（一）根据《金融机构反洗钱规定》第十三条的规定，金融机构在履行反洗钱义务过程中发现涉嫌犯罪的。

（二）根据《金融机构大额交易和可疑交易报告管理办法》第十五条的规定，金融机构在按照该办法第十一条、第十二条、第十三条、第十四条的规定向中国反洗钱监测分析中心提交可疑交易报告后，应对所涉及的交易进行分析、识别，有合理理由认为该交易或者客户与洗钱、恐怖主义活动及其他违法犯罪活动有关的。

（三）根据《金融机构报告涉嫌恐怖融资的可疑交易管理办法》第九条的规定，金融机构发现或者有合理理由怀疑客户或者其交易对手与规定名单中的个人和机构相关的。

（四）根据《金融机构客户身份识别和客户身份资料及交易记录保存管理办法》第二十六条的规定，报告在履行客户身份识别义务过程中发现的特定范围的可疑行为。

上述报告要求既涉及金融机构确定客户与洗钱等违法犯罪活动有关的情形，也涉及金融机构发现或者有合理理由怀疑客户、交易对手和交易涉及违法犯罪活动的情形，还包括客户拒绝提供有效身份证件或者其他身份证明文件等特定的客观情形。

三、你行分支机构可以纸质形式向人民银行当地分支机构报告规定的可疑交易，并在传输渠道允许的情况下报送该可疑交易的电子文本，具体报表格式另行确定。

中国人民银行反洗钱局

二〇〇七年八月二十九日

关于对《金融机构客户身份识别和客户身份资料及交易记录保存管理办法》相关问题的确认的复函

（局函〔2007〕439号）

三菱东京日联银行（中国）有限公司北京分行：

你行《关于对〈金融机构客户身份识别和客户身份资料及交易记录保存管理办法〉相关问题的确认》收悉。经研究，现就相关问题函复如下：

一、《金融机构客户身份识别和客户身份资料及交易记录保存管理办法》（以下简称《管理办法》）第四条所称的"定期"没有强制性的时间期限要求，建议你行所确定的期限不超过一年。

二、外资法人银行可通过境外母行收集并保存有关境外金融机构的信息资料，但外资法人银行应履行资料信息的审查义务，并确保及时获取并使用相关信息。

如果你行与境外金融机构不存在代理行关系，单纯因为SWIFT系统资金汇划渠道的原因而与境外金融机构发生业务联系的，不适用《管理办法》第六条有关境内银行与境外金融机构建立代理行或类似业务关系的规定。

你行可向境外金融机构提供反洗钱内部控制制度等文件资料，但不得违反法律规定提供有关客户身份信息、交易记录。

《管理办法》第六条不适用于境内金融机构间建立的代理行关系或类似业务关系。

三、"外国政要"指外国现任的或者离任的履行重要公共职能的人员，如国家元首、政府首脑、高层政要，重要的政府、司法或者军事高级官员，国有企业高管、政党要员。因为外国政要的家庭成员或者与外国政要存在密切关系的人员，存在与外国政要类似的风险，所以金融机构对这些人员也应采取相应的客户身份识别措施。

四、外币交易金额按外汇局公布的当月内部折算汇率计算，外币现金业务包括使用旅行支票提取或兑换外币现金的交易。

五、风险划分标准原则上应在2007年年底前备案。

六、《管理办法》第十九条第三款所称的"合理期限"并非一个固定的期限要求，应根据当时的具体情况合理确定。

客户身份证件或身份证明文件过期后，客户之前的业务委托依然有效，但如果客户没有在合理期限内更新且没有提出合理理由的，金融机构应中止办理新业务。

七、《管理办法》第二十条所称的"合理方式"应按照勤勉尽职的要求，根据当时的具体情况合理确定，除审查客户身份证件与开户人信息是否相符、主动询问、联网查询公民身份证信息等。除对公客户外，对私客户的代理协议可不限于书面合同，但高风险客户或高风险业务除外。

客户手持被代理证件可作为代理关系存在的证据之一，金融机构在确认代理关系存在时，还是应当按照勤勉尽职的要求，切实履行客户身份识别义务。

无论是对公客户，还是对私客户，金融机构都应按照《管理办法》第二十条的规定履行相关客户身份识别义务，登记所要求的信息。如代理方本身为单位，还应同时登记业务办理人信息。

八、对于银团贷款业务，在牵头行已经按规定采取了相关客户身份识别措施的情况下，参加行可不再重复相关工作，但参加行应确保可获得客户的身份资料信息，并承担相应的识别客户责任。参加行和牵头行均负有大额和可疑交易报告职责。

九、金融机构可将交易记录保存在境外，但应符合我国法律规定中有关保密的规定。

金融机构保存的交易数据应足以完全重现交易。

十、如果对公客户的业务经办人员信息未登记的，你行应在登记业务经办人员身份信息后，再办理相关业务。

十一、对于“买方贴现”业务，你行除按相关业务规范认真审核各类单据、凭证和客户资信状况外，还应按照勤勉尽责的要求，了解买卖双方交易的目的、性质。如果卖方不在你行开户的，你行区别不同情形，履行对卖方的身份识别义务：一是如果卖方要求将资金划转到卖方在其他银行开立的同名账户的，你行应登记卖方的姓名或名称、有效身份证件或身份证明的文件的名称和号码、开户银行名称和开户银行账户。二是如果卖方要求以其他方式取得资金的，你行应按照《管理办法》第七条有关一次性业务中客户身份识别的规定执行。

中国人民银行反洗钱局
二〇〇七年七月三十一日

关于对《金融机构客户身份识别和客户身份资料及交易记录保存管理办法》的几点反馈意见和建议的复函

（局函〔2007〕454号）

渣打银行（中国）有限公司：

你行《关于对〈金融机构客户身份识别和客户身份资料及交易记录保存管理办法〉的几点反馈意见和建议》收悉。对于你行提出的建议，我局将进一步研究后在开展反洗钱监管和完善相关制度时予以考虑。现就你行提出的相关问题函复如下：

一、《金融机构客户身份识别和客户身份资料及交易记录保存管理办法》第六条适用于2007年8月1日以后新建立的代理行关系和已到期代理行协议的续约。

二、在境外汇入机构补充信息到达之前，境内银行可入账。

如果汇款信息明确标明汇款人没有在汇款行开立账户的，你行可不再要求境外汇款行补充信息。

如果汇款人住所不明确的，你行可登记资金汇出地。

中国人民银行反洗钱局

二〇〇七年八月七日

关于对《金融机构客户身份识别和客户身份资料及交易记录保存管理办法》实施中若干问题的复函

（局函〔2007〕468号）

美国友邦保险有限公司上海分公司：

你公司《关于〈金融机构客户身份识别和客户身份资料及交易记录保存管理办法〉实施中若干问题的请示》收悉。经研究，现就相关问题函复如下：

一、对于《金融机构客户身份识别和客户身份资料及交易记录保存管理办法》（以下简称《管理办法》）第十二条中“保险费金额人民币2万元以上或者外币等值2000美元以上且以现金形式缴纳的人身保险合同”，或是“保险费金额人民币20万元以上或者外币等值2万美元以上且以转账形式缴纳的保险合同”等规定情形，保险公司识别人身保险（含团险）客户的起点金额依照单个保险人的保险金额或者分摊到每个保险人的保险金额计算。

二、理赔赔款、年金、满期金和生存年金均属于《管理办法》第十四条所规定的“保险金”。

中国人民银行反洗钱局

二〇〇七年八月十五日

关于客户身份识别制度有关问题的复函

（局函〔2007〕524号）

中国农业银行保卫部：

你部《关于客户身份识别制度有关问题的请示》收悉。经研究，现就相关问题函复如下：

一、金融机构应按照勤勉尽责的要求，采取合理的手段和措施了解实际控制客户的自然人和交易的实际受益人。

二、《金融机构客户身份识别和客户身份资料及交易记录保存管理办法》（以下简称《管理办法》）适用于各类客户、账户和业务。

三、能够跟踪稽核某笔汇款的唯一标识号可作为《管理办法》第十条所称的“相关信息”，如交易流水号、业务编码等。

对于缺失三项必要信息的，银行可先入账后查询。

如果没有客户住所信息，银行可登记境外金融机构所在城市的名称。

如果对方金融机构为FATF成员国，或者其他已经承诺严格遵守FATF反洗钱及反恐怖融资标准国家的且受到严格监管的银行业金融机构，银行可直接填写替代性信息。

四、跨境汇款业务不限于电汇业务。

五、对于已在你行开了账户的客户，如你行已按照《管理办法》的规定获得并保存了相关身份资料、信息的，且该客户的身份信息没有发生变化的，你行可不再重复复制相同的身份资料、信息。

六、对于非柜台业务，你行应按照《管理办法》第十七条的要求通过加强管理、完善技术手段等方式，及时中止为没有在合理期限内更新且没有提出合理理由的客户办理业务。

七、对于无卡、无折存款业务，可比照一次性业务的客户身份识别要求办理。

中国人民银行反洗钱局

二〇〇七年八月三十日

关于对《金融机构客户身份识别和客户身份资料及交易记录保存管理办法》有关问题和建议的复函

（局函〔2007〕637号）

中国建设银行合规部：

你部《关于执行〈金融机构客户身份识别和客户身份资料及交易记录保存管理办法〉有关问题和建议的函》收悉。对你部所提建议，我局将做进一步深入研究。现就你部所提问题函复如下：

一、在为已与你行建立业务关系的客户开户时，你行可不再重复留存客户的身份资料或信息，但应确保已保存的客户身份资料、信息符合《金融机构客户身份识别和客户身份资料及交易记录保存管理办法》（中国人民银行　中国银行业监督管理委员会　中国证券监督管理委员会　中国保险监督管理委员会令〔2007〕第2号，以下简称《管理办法》）的规定。

二、对于持境内银行账户或银行卡办理业务的客户所办理的异地存款业务，可不作为《管理办法》第七条所规定的一次性金融服务对待。

三、你行应按照勤勉尽责的原则，采取合理手段了解实际控制客户的自然人和交易的实际受益人。

四、在执行《管理办法》第七条时，你行可依照你行章程或者其他内部管理规定，以书面形式确定你行总部及其分支机构高级管理层人员的范围，并报中国人民银行总行及中国人民银行当地分支机构备案。

五、如下列境外金融机构未向你行提供《管理办法》第十条规定的汇款人账号、汇款人住所等信息的，你行可直接登记业务标识号、境外金融机构所在地等替代性信息，不再逐笔要求境外金融机构逐笔补充信息：

1. 已加入金融行动特别工作组（以下简称“FATF”）的国家（地区）的金融机构。

2. 未加入FATF但承诺严格执行FATF“40+9”项反洗钱及反恐怖融资标准的国家（地区）的银行业金融机构。

六、你行应按照持续开展客户身份识别的要求，审查客户身份信息资料，即使客户没有来柜台办理业务，也应对其身份信息资料进行审查。

七、考虑到各个客户在办理新的有效身份证件或证明文件时所面临的客观情况各不相同，你行在执行《管理办法》第十九条时，应针对每个具体个案，合理确定某个客户能够及时更新有效身份证件或身份证明文件的期限，而不宜将所有客户应更新有效身份证件或证明文件的期限统一确定为一个固定的时限。

八、除非某项信息不适用于某个具体客户的，所有的客户身份基本信息项目原则上都应登记。

中国人民银行反洗钱局

二〇〇七年十月二十五日

关于对《金融机构客户身份识别和客户身份资料及交易记录保存管理办法》有关问题的复函

（局函〔2007〕638号）

澳大利亚和新西兰银行集团有限公司上海分行：

你行《关于〈金融机构客户身份识别和客户身份资料及交易记录保存管理办法〉有关问题的咨询》收悉。现就你行所提问题函复如下：

一、按照你行来函所描述的业务种类及其运作模式，来函所列的信用证开立等业务可不作为《金融机构客户身份识别和客户身份资料及交易记录保存管理办法》（中国人民银行中国银行业监督管理委员会 中国证券监督管理委员会 中国保险监督管理委员会令〔2007〕第2号，以下简称《管理办法》）第七条所规定的一次性金融服务对待。

二、在执行《管理办法》第十条的规定时，如不能获得有关汇款人账户和汇款人住所的信息，但能够登记相关替代性信息的，你行可不按照《管理办法》第二十六条第（二）项的规定提交可疑交易报告。

三、如下列境外金融机构未向你行提供《管理办法》第十条规定的汇款人账号、汇款人住所等信息的，你行可直接登记业务标识号、境外金融机构所在地等替代性信息，不再逐笔要求境外金融机构补充信息：

（一）已加入金融行动特别工作组（以下简称“FATF”）的国家（地区）的金融机构。

（二）未加入FATF但承诺严格执行FATF“40+9”项反洗钱及反恐怖融资标准的国家（地区）的银行业金融机构。

四、你行可以通过境外母公司收集境外金融机构的相关信息。但境内的外资金融机构必须对境外母公司提供的信息进行审核分析，并按照《管理办法》第六条的规定，评估境外金融机构接受反洗钱监管的情况和反洗钱、反恐怖融资措施的健全性和有效性。

中国人民银行反洗钱局

二〇〇七年十月二十五日

关于确定大额和可疑交易数据报送时限的复函

（局函〔2007〕693号）

广东发展银行合规部：

你部《关于确定大额和可疑交易数据报送时限的请示》（广发银合字〔2007〕5号）收悉。经研究，现回复如下：

《金融机构大额交易和可疑交易报告管理办法》（中国人民银行令〔2006〕第2号）第七条、第八条所规定的“工作日”不包括国家法定假日和公休日。

中国人民银行反洗钱局

二〇〇七年十一月十六日

关于对保险公司客户身份识别有关问题的批复

（局函〔2007〕700号）

沈阳分行反洗钱处：

你处《关于〈金融机构客户身份识别和客户身份资料及交易记录保存管理办法〉相关问题的请示》（沈银反洗钱字〔2007〕17号，以下简称《请示》）收悉，经研究，现批复如下：

一、《请示》所称“保障金”如为投保人交付给保险公司的款项，应视为《金融机构客户身份识别和客户身份资料及交易记录保存管理办法》（以下简称《管理办法》）第十二条所称的“保险费”；如为保险公司给投保人的赔偿限额，则不是该条所称的“保险费”。

按《请示》所描述的情形，即使“保障金”可视为“保险费”，但由于单份保单的保费金额没有达到第十二条规定的最低限额，并不能强制性要求保险公司在与客户签订《请示》所列的保险合同时执行第十二条的规定。

二、客户本人将保险费以现金形式存入银行的，不能视为保险公司直接以现金收取保费。

三、按照《管理办法》第二十四、二十五条的规定，保险公司委托金融机构和其他第三方代为签订保险合同的，仍然要承担《管理办法》第十二条所规定的客户身份识别责任。

中国人民银行反洗钱局

二〇〇七年十一月二十二日

关于对执行《金融机构客户身份识别和客户身份资料及交易记录保存管理办法》相关问题的复函

（局函〔2007〕745 号）

中国银行法律与合规部：

你部《关于执行〈金融机构客户身份识别和客户身份资料及交易记录保存管理办法〉相关问题的请示》（中银法便〔2007〕1058 号）收悉。经研究，现就相关问题函复如下：

一、“实际控制客户的自然人和交易的实际受益人”主要针对不主动披露以代理人身份从事交易活动的客户，但被代理人以外的人仍有可能控制代理人的交易或者享有交易的最终利益。

二、我局赞赏你部为识别实际控制客户的自然人和交易的实际受益人而拟采取的要求客户声明的措施，并认为这有助于履行勤勉尽职义务。请及时向我局反馈实施该项措施的情况。

中国人民银行反洗钱局

二〇〇七年十二月十七日

关于对《金融机构客户身份识别和客户身份资料及交易记录保存管理办法》和《反洗钱非现场监管办法（试行）》有关问题的请示的复函

（局函〔2008〕41号）

中国人民银行上海总部金融服务二部：

你部“关于执行《中国人民银行办公厅关于执行〈金融机构客户身份识别和客户身份资料及交易记录保存管理办理〉和〈反洗钱非现场监管办法（试行）〉中有关问题的批复》有关问题的请示”收悉，现函复如下：

一、申银万国证券公司通过开设资金账户与客户建立业务关系后，在办理《金融机构客户身份识别和客户身份资料及交易记录保存管理办法》（中国人民银行　中国银行业监督管理委员会　中国证券监督管理委员会　中国保险监督管理委员会令〔2007〕第2号，以下简称《管理办法》）第十一条规定的其他业务时，可不再重复留存客户的身份资料或信息，但应确保已保存的客户身份资料、信息符合《管理办法》的规定。

二、鉴于各个客户在办理新的有效身份证件或证明文件时所面临的客观情况各不相同，申银万国证券公司在执行《管理办法》第十九条时，应针对每个具体个案，合理确定某个客户能够及时更新有效身份证件或身份证明文件的期限，而不应通过系统分类设定客户身份证件到期后更新的期限。

中国人民银行反洗钱局

二〇〇八年一月二十五日

关于客户授权代理人办理业务有关问题的复函

（局函〔2008〕219 号）

招商银行法律与合规部：

你部《关于客户授权代理人办理业务有关问题的请示》（招银法文〔2008〕1 号）收悉，现函复如下：

一、满足以下条件时，代理人无需出示客户本人身份证明原件，就可办理金融业务（开户等建立新业务关系的情形除外）：

（一）你行已按照《金融机构客户身份识别和客户身份资料及交易记录保存管理办法》（以下简称《管理办法》）第七条的规定，对该客户采取了相关客户身份识别措施；

（二）客户与你行面签了《授权委托书》；

（三）公证机关对《授权委托书》进行了公证；

（四）按照《管理办法》的第二十条的规定，对代理人采取了客户身份识别措施。

二、《管理办法》第二十五条所称的“第三方”是指金融机构以外的组织和个人。

关于对《金融机构客户身份识别和客户身份资料及交易记录保存管理办法》相关问题的请示的复函

（局函〔2008〕494号）

中国人民银行南昌中心支行反洗钱处：

你处《关于〈金融机构客户身份识别和客户身份资料及交易记录保存管理办法〉相关问题的请示》收悉，现函复如下：

一、《金融机构客户身份识别和客户身份资料及交易记录保存管理办法》（中国人民银行　中国银行业监督管理委员会　中国证券监督管理委员会　中国保险监督管理委员会令〔2007〕第2号，以下简称《管理办法》）第十一条所规定的"有效身份证件或者其他身份证明文件"，对自然人客户而言，包括身份证、户口簿、军人身份证件、武装警察身份证件、港澳居民往来内地通行证、台湾居民来往大陆通行证或者其他有效旅行证件、护照及有关法律、法规规定的其他身份证件；对单位客户而言，既包括可证明该客户依法设立或者可依法开展经营、社会活动的执照、证件或者文件，又包括组织机构代码证和税务登记证等，且只需留存证明该客户依法设立或者可依法开展经营、社会活动的执照、证件或者文件即可。

二、证券公司、期货公司、基金管理公司以及其他从事基金销售业务的机构通过开户与客户建立业务关系后，在办理《管理办法》第十一条规定的其他业务时，可不再重复留存客户的身份资料或信息，但应确保已保存的客户身份资料、信息符合《管理办法》的规定。

中国人民银行反洗钱局

二〇〇八年九月十九日

关于反洗钱工作有关问题的复函

（局函〔2008〕560号）

中国平安财产保险股份有限公司法律合规部：

你司《关于反洗钱工作有关问题的请示》收悉。经研究，现回复如下：

一、以下情形可不作为《金融机构大额交易和可疑交易报告管理办法》第十三条第十七项规定的可疑交易：

（一）保险事故发生后，保险人依据被保险人的授权委托书，将保险金作为已出险的保险标的的修理费支付给修理厂家或已代垫费用的保险标的使用人，或是作为被保险人的医药费支付给医院。

（二）保险人对责任保险的被保险人给第三者造成的损害，依照法律的规定或者合同的约定，直接向该第三者赔偿保险金。

（三）保险公司依照与其他保险公司的合同约定，向主承保公司支付应分摊的赔款。

（四）根据人民法院的调解、判决或协助执行通知书，保险人直接向第三方支付赔款的。

上述情形可排除在《金融机构大额交易和可疑交易报告管理办法》第十三条第十七项所确定的可疑交易之外，但是客户在上述情形下，如出现其他方面的可疑迹象或者你公司有合理理由怀疑其涉及洗钱等违法犯罪活动的，你公司应按照反洗钱法律规定的其他条款的要求，提交可疑交易报告。

二、《金融机构客户身份识别和客户身份资料及交易记录保存管理办法》所称的有效身份证件或者其他身份证明文件的“影印件”，包括证件或者证明文件的扫描件或数码照片。

三、对于曾经与你公司建立过业务关系的客户，如你公司已经按照《金融机构客户身份识别和客户身份资料及交易记录保存管理办法》的规定获得并保存着相关身份资料的，且该客户的身份信息没有发生变化的，当按照反洗钱法律规定应保存该客户身份资料的情形再次出现时，你公司可不再重复保存相同的身份资料，但要采取必要的管理措施和技术手段，确保业务办理人员能在业务办理时立即查询到该客户已留存的身份资料，确保能按照监管部门要求立即提供客户已留存的身份资料。

对于团险客户，你公司还应关注客户有效身份证明文件的年检情况。

关于对大额交易报告和反洗钱非现场监管信息报告有关问题的请示的复函

（局函〔2008〕568号）

华泰证券股份有限公司：

你公司《关于对大额交易报告和反洗钱非现场监管信息报告有关问题的请示》收悉。经研究，现函复如下：

一、根据《金融机构大额交易和可疑交易报告管理办法》（〔2006〕第2号令）第九条的规定，客户与你公司进行金融交易，如B股交易和第三方存管下开展的交易，通过银行账户划转款项的，由商业银行、城市信用合作社、农村信用合作社、邮政储汇机构、政策性银行按规定履行大额交易报告义务。

二、关于《反洗钱非现场监管办法（试行）》（银发〔2007〕第254号文印发）附表5中下列数据项的说明：

（一）“对公客户”指证券公司的机构客户，包括法人、其他组织和个体工商户。

（二）“对私客户”指证券公司的自然人客户。

（三）“新客户”指与证券公司新建立业务关系的客户，以自然人、法人、其他组织和个体工商户为单位进行统计后填报。

（四）“通过第三方识别数”指通过金融机构以外的第三方识别的客户数（只统计通过非金融机构进行识别的客户数）。

（五）“离岸中心有关的”指来自（或注册在）离岸中心或与离岸中心有业务、资金等关系的客户数。境外避税型离岸金融中心的特点是：大量离岸公司出于避税、规避管制等方面的需要，在离岸金融中心注册，但并不在注册地开展实际经营活动，注册地监管当局对在当地注册的离岸公司不实施或者很少实施监管。常见的境外避税型离岸金融中心有英属维尔京群岛、开曼群岛等。该项下数据应反映你公司在办理与反洗钱监管薄弱的境外避税型离岸金融中心（不含香港特别行政区）相关业务时，履行客户身份识别义务的情况。

（六）“受益人数”指实际控制客户的自然人数和交易的实际受益人数。

（七）“涉及受益人的”指由于变更重要信息、行为异常等原因重新识别客户时，涉及实际控制客户的自然人数和交易的实际受益人数。

中国人民银行反洗钱局

二〇〇八年九月二十四日

关于征求对银行批复的意见函

（局函〔2008〕589号）

花旗银行：

你行《关于反洗钱数据报送有关问题的请示》收悉，经征求中国反洗钱监测分析中心等相关部门意见，现答复如下：

该请示中涉及的相关费用，可参照《中国人民银行关于反洗钱数据报送有关问题的批复》（银复〔2008〕11号）的有关要求，不计入客户当日累计大额交易范围；但你行在办理业务时，如发现客户利用银行服务转移资金且不计交易成本等异常情况的，应酌情提交可疑交易报告。

关于对《金融机构客户身份识别和客户身份资料及交易记录保存管理办法》有关问题的请示的复函

（局函〔2008〕708号）

华泰证券股份有限公司：

你公司《关于〈金融机构客户身份识别和客户身份资料及交易记录保存管理办法〉有关问题的请示》（华泰证字〔2008〕334号）收悉。经研究，现函复如下：

一、自然人客户的“住所地”指客户的经常居住地。

二、自然人客户的职业分类可参照《中华人民共和国职业分类大典》的标准进行划分并登记。

三、只需要登记对公客户营业执照的有效期限，即经营期限，如无明确经营期限则不做登记。

四、经过年检，对公客户营业执照的基本情况发生变化，应当重新识别客户。

五、营业执照的号码指营业执照上的“注册号”。

六、如法人、其他组织和个体工商户的控股股东或者实际控制人、法定代表人、负责人不是同一人，则需分别登记姓名、身份证件或身份证明文件的种类、号码、有效期限，无需留存控股股东或者实际控制人、法定代表人、负责人和授权办理业务人员的身份证件或者其他身份证明文件的复印件或影印件。

七、在确保身份信息完整准确的前提下，从身份证识别仪中打印的客户身份证件可以作为复印件或者影印件进行留存。

八、根据《金融机构报告涉嫌恐怖融资的可疑交易管理办法》（中国人民银行令〔2007〕第1号）第九条的规定，关注相关部门发布的下列名单：

（一）国务院有关部门、机构发布的恐怖组织、恐怖分子名单。

（二）司法机关发布的恐怖组织、恐怖分子名单。

（三）联合国安理会决议中所列的恐怖组织、恐怖分子。

（四）中国人民银行要求关注的其他恐怖组织、恐怖分子嫌疑人名单。

关于对变更营业执照注册号的客户开展客户身份识别工作的复函

（局函〔2008〕764号）

日本三井住友银行股份有限公司上海分行：

你行来函收悉。经研究，现函复如下：

客户按照《国家工商行政管理总局关于下发执行〈工商行政管理注册号编制规则〉的通知》（工商办字〔2007〕79号）的要求，获得符合《工商行政管理注册号编制规则》的工商注册号后，来你行要求变更其营业执照号的，你行可不按照《金融机构客户身份识别和客户身份资料及交易记录保存管理办法》第二十二条第一项中有关客户要求变更“身份证件号码”时的身份识别要求开展相关工作。

中国人民银行反洗钱局

二〇〇八年十二月十日

关于信用卡柜台还款客户身份识别的复函

（局函〔2008〕769号）

广东发展银行法律合规部：

你行《关于我行信用卡柜台还款客户身份识别问题的请示》（广发银合〔2008〕25号）收悉。经研究，现函复如下：

对于信用卡柜台还款客户，反洗钱法律没有免除金融机构对其开展客户身份识别的义务。从反洗钱监管实践看，利用信用卡非法套现、利用多张信用卡循环使用规避监测等手段进行违法犯罪活动的情况时有发生，你行应教育员工预防相关风险。

关于反洗钱可疑交易有关问题的请示的复函

（局函〔2008〕789号）

东京海上日动火灾保险（中国）有限公司：

你公司《关于反洗钱可疑交易有关问题的请示》收悉。经研究，现回复如下：

以下情形可不作为《金融机构大额交易和可疑交易报告管理办法》（中国人民银行令〔2006〕2号）第十三条第十七项规定的可疑交易：

（一）在货运险保单中，保险利益随着保险标的所有权的转移而转移，依照相关法律的规定，保险人向申请理赔的保单的持有者赔偿保险金。

（二）保险人对责任保险的被保险人给第三者造成的损害，依照法律的规定或者合同的约定，直接向该第三者赔偿保险金。客户在上述情形中，如出现其他方面的可疑迹象或者你公司有合理理由怀疑其涉及洗钱等违法犯罪活动的，你公司应按照反洗钱法律规定的其他条款的要求，提交可疑交易报告。

关于反洗钱数据报送有关问题请示的复函

（局函〔2009〕145号）

南京银行：

你行《关于反洗钱数据报送有关问题的请示》（宁银发〔2009〕69号）收悉。经研究，现函复如下：

一、根据《金融机构大额交易和可疑交易报告管理办法》（中国人民银行令〔2006〕第2号，以下简称《管理办法》）第十条第三项的规定，如大额交易的一方为行政机关下属的事业单位，该大额交易不属于免报范围。

二、《管理办法》第九条第二项“法人、其他组织和个体工商户账户之间”和第三项“自然人银行账户之间，以及自然人与法人、其他组织和个体工商户银行账户之间”，所指交易对象之间是指一对多的交易对象。累计交易金额以单一客户为单位，按资金收入或者付出的情况，单边累计并报告。

关于报告银行自营业务大额交易问题的复函

（局函〔2009〕180号）

摩根斯坦利国际银行（中国）有限公司：

你司来函《关于是否报告银行大额自营交易的请示》收悉，经研究，现函复如下：

银行在银行间外汇市场所进行的外汇交易等自营业务，不在《金融机构大额交易和可疑交易报告管理办法》所规定应报告大额交易的业务范围内。

关于反洗钱有关问题请示的复函

（局函〔2009〕190号）

东京海上日动火灾保险（中国）有限公司：

你公司《关于反洗钱有关问题的请示》（TMNCHPB〔2009〕004号）收悉。经研究，现函复如下：

一、如赔偿金依据被保险人的请求和授权直接支付给被保险人以外的第三人，即实际收款人，你公司应对实际收款人进行身份识别。

二、如理赔申请人为海外公司，你公司无法前往海外进行核赔，你公司可委托海外理赔代理机构识别客户身份，但是须符合《金融机构客户身份识别和客户身份资料及交易记录保存管理办法》（中国人民银行 中国银行业监督管理委员会 中国证券监督管理委员会 中国保险监督管理委员会令〔2007〕第2号，以下简称《管理办法》）第二十五条的规定。

三、你公司应当按照《管理办法》的相关规定，切实履行客户身份识别义务。

关于客户身份识别有关问题的复函

（局函〔2009〕195 号）

海康人寿保险公司：

你司来函收悉，经研究，现函复如下：

《金融机构客户身份识别和客户身份资料及交易记录保存管理办法》第十二条所规定的相关起点金额按照每个保险人在单一保险合同中所涉及的保险费计算。

如果在短期内有多份保险合同涉及同一被保险人的，且该被保险人在这些合同中涉及到的累计保险费达到或超过第十二条所规定的起点金额，而从单个保险合同看，该被保险人在全部或其中大部分保险合同中所涉及的保险费又没有超过第十二条所规定的起点金额的，你司应加强分析判断，发现可疑情况的，及时向当地人民银行和中国反洗钱监测分析中心提交可疑交易报告。

关于明确客户身份识别及风险等级划分相关要求的复函

（局函〔2009〕203号）

中国人民财产保险股份有限公司：

你司来函收悉，经研究，现函复如下：

一、《中国人民银行关于进一步加强金融机构反洗钱工作的通知》（银发〔2008〕391号，以下简称《通知》）第二条第（一）项所要求的客户身份识别工作只针对出现了以下情形的客户：客户或交易出现了《金融机构客户身份识别和客户身份资料及交易记录保存管理办法》（中国人民银行　中国银行业监督管理委员会　中国证券监督管理委员会　中国保险监督管理委员会令〔2007〕第2号）所规定的金融机构应当核对客户身份证件或身份证明文件的情形。

二、《通知》第二条第（二）项所要求的客户风险等级划分工作只针对你公司仍负有保险责任的客户。

关于客户洗钱风险等级划分问题的复函

（局函〔2009〕245号）

阳光人寿保险股份有限公司：

你司来函收悉，经研究，现函复如下：

你司应同时对投保人、被保险人、法定继承人以外的指定受益人进行风险等级划分。如果依照相关风险分类标准，出现此三类客户风险等级不同的情况，属正常现象。

关于客户身份基本信息证明文件有关问题的复函

（局函〔2009〕279号）

花旗银行（中国）有限公司：

你司来函收悉，经研究，现函复如下：

是否要求合格境外机构投资者、在受到严格监管的证券市场上市的公司、金融机构、国家机关、国有企业等客户，提供其控股股东、实际控制人、法定代表人、负责人等人员的身份证件或身份证明文件，你行可依照实际风险酌情确定。

现行反洗钱规定中有关客户控股股东和实际控制人的客户身份识别要求，对境内的国家机关和国有企业不适用。

关于中止客户交易有关问题的复函

（局函〔2009〕342 号）

海康人寿保险有限公司：

你司来函收悉，经研究，现函复如下：

对于没有在合理期限内更新身份证件且没有提出合理理由的客户，你司应依法承担保险责任，并按照《金融机构客户身份识别和客户身份资料及交易记录保存管理办法》的规定，在客户提出新的业务办理要求时，暂停提供金融服务。

关于明确委托金融机构以外第三方进行客户身份识别有关规定的请示的复函

（局函〔2009〕518号）

广东发展银行：

你行《关于明确委托金融机构以外第三方进行客户身份识别有关规定的请示》收悉。经研究，现函复如下：

一、在银行开立银行结算账户的法人、其他组织和个体工商户客户属于金融机构以外的第三方。

二、银行办理代发工资业务代理批量开户时，可参照《金融机构客户身份识别和客户身份资料及交易记录保存管理办法》（中国人民银行 中国银行业监督管理委员会 中国证券监督管理委员会 中国保险监督管理委员会令〔2007〕第2号）第二十五条的规定，委托代理开户单位对其员工进行客户身份识别。

三、你行应积极采取措施确保第三方客户身份识别和身份资料保存措施的合法、合规性。

四、同意你行在办理代发工资业务代理批量开户时，采取的客户身份识别措施。此外，你行还应执行《中国人民银行关于执行〈金融机构客户身份识别和客户身份资料及交易记录保存管理办法〉等规定的批复》（银复〔2008〕16号）中关于与集体开户业务有关的客户身份识别问题的相关要求。

关于以合成电子影像替代纸质身份证复印件问题的复函

（局函〔2009〕533号）

招商银行：

你行《关于留存第二代身份证阅读仪合成电子影像替代纸质身份证复印件的请示》（招银发〔2009〕437号）收悉，经研究，现函复如下：

按照《中国人民银行办公厅关于农业银行重庆市分行试行留存二代身份证电子影像的批复》（银办函〔2009〕41号）的精神，同意你行在核对客户所出示的第二代身份证的基础上，将第二代身份证阅读仪合成的电子影像作为客户有效身份证件的影印件进行留存。

关于可疑交易报告相关问题请示的复函

（局函〔2009〕621号）

三井住友海上火灾保险（中国）有限公司：

你公司《关于可疑交易报告相关问题的请示》（三井住友保发〔2009〕241号）收悉。经研究，现函复如下：

一、对于来函所述非本单位账户支付保费的情形，你公司应结合客户尽职调查情况，进一步分析、审核和判断，有合理理由排除疑点，或者没有合理理由怀疑该交易或客户涉及违法犯罪活动，则不能将所述交易作为可疑交易报告的内容。

二、对于投保人为企业法人，由经办人办理业务的情形，你公司应要求经办人同时提供企业法人的身份信息和其本人的身份证明文件。

关于执行《金融机构大额交易和可疑交易报告管理办法》有关问题请示的复函

（局函〔2009〕693号）

福州中心支行：

你行《关于执行〈金融机构大额交易和可疑交易报告管理办法〉有关问题的请示》（福银反洗〔2009〕36号）收悉。经研究，现函复如下：

一、关于部分可疑交易报告的量化标准认定问题

（一）《金融机构大额交易和可疑交易报告管理办法》（中国人民银行令〔2006〕第2号，以下简称《办法》）第十三条第四款中的“大额”参照《办法》第九条的“大额交易”标准，根据客户缴费方式（现金缴纳或转账缴纳）的不同对应《办法》第九条不同的大额交易标准。

（二）《办法》第十三条第八款中的“大额保费”参照《办法》第九条的“大额交易”标准，“大额保费”以合同约定客户应缴纳的保险费来计算，并根据客户缴费方式（现金缴纳或转账缴纳）的不同对应《办法》第九条不同的大额交易标准。

（三）《办法》第十三条第九款“较大金钱损失”和第十款“明显超额”的金额标准由金融机构结合客户尽职调查措施，根据客户的交易背景、交易记录、经济状况或者经营状况等信息自行确定。

二、关于合理解释权的行使问题

《办法》第十三条第一款、第九款和第十二款的“不能合理解释原因”，其合理解释权由金融机构结合客户尽职调查措施，根据客户的交易背景、交易记录、经济状况或者经营状况等信息做出判断。

关于对未成年人客户证券交易分析报告有关问题的答复

（局函〔2009〕707号）

广州分行反洗钱处：

你处《关于未成年人客户证券交易分析报告有关问题的请示》(广州银反〔2009〕42号)收悉，现就有关问题答复如下：

证券类金融机构应严格按照《金融机构客户身份识别和客户身份资料及交易记录保存管理办法》（中国人民银行令〔2007〕第2号印发）的规定，遵循“了解你的客户”的原则，认真识别未成年人客户的身份，采取合理方式确认代理关系的存在，了解未成年人账户的实际控制人和证券交易的实际受益人。

对未成年人客户的交易或者行为，符合有关反洗钱法律和规章规定的可疑交易标准的，应作为可疑交易进行报告。

关于就基金公司在客户身份识别方面问题征求意见的复函

（局函〔2010〕110号）

证监会稽查局：

你局《关于就基金管理公司在客户身份识别方面问题征求意见的函》（稽查局函〔2010〕84号）收悉。经研究，现函复如下：

一、基金管理公司委托其他代销金融机构向客户销售金融产品时，应与代销金融机构在识别客户身份方面相互间提供必要的协助，相应采取有效的客户身份识别措施。

在日常监管中，我局亦会要求代销金融机构遵守相关法律规定，履行有关反洗钱义务。

二、基金管理公司应按照《管理办法》第十八条的规定和《中国人民银行关于进一步加强金融机构反洗钱工作的通知》（银发〔2008〕391号）的相关要求开展客户风险等级划分工作。

三、基金管理公司应按照《中国人民银行关于印发银行业　证券期货业　保险业大额交易和可疑交易报告数据报送接口规范的通知》（银发〔2008〕248号）的要求，认真填写可疑交易报告的相关要素。基金管理公司可与代销金融机构进行协商，明确双方在提供可疑交易报告相关要素方面的职责。

关于社保卡批量开户资料填写内容请示的复函

（局函〔2010〕149 号）

广东发展银行：

你行《关于确认社保卡批量开户资料填写内容的请示》（广东银报〔2010〕7 号）收悉。经研究，现函复如下：

对于你行来文所述社保卡业务客户在批量开户时无法留存代办人信息的情况，分以下两种情况进行处理：

一、对于由客户直接来你行领取社保卡的情形，领卡人非客户本人的，你行可将该领卡人作为代办人，并应按照《金融机构客户身份识别和客户身份资料及交易记录保存管理办法》（中国人民银行　中国银行业监督管理委员会　中国证券监督管理委员会　中国保险监督管理委员会令〔2007〕第 2 号）第二十条的规定对代办人采取客户身份识别措施。

二、对于由社保部门统一代理客户领取社保卡的情形，你行可在系统的代办人信息中登记社保部门或其经办人的基本身份信息。

关于客户身份识别工作有关问题请示的复函

（局函〔2010〕241 号）

光大永明人寿保险有限公司：

你公司《关于客户身份识别工作有关问题的请示》收悉，经研究，现函复如下：

一、你公司按核保相关规程中的行业类别划分中填写的“职业”信息已满足《金融机构客户身份识别和客户身份资料及交易记录保存管理办法》（中国人民银行　中国银行业监督管理委员会　中国证券监督管理委员会　中国保险监督管理委员会令〔2007〕第 2 号，以下简称《管理办法》）第三十三条中对“职业”信息的要求。你公司收集到的客户其他职业信息可视为补充性信息。

二、对于保险费金额达到《管理办法》第十二条规定标准的团体保险的被保险人，你公司应按《管理办法》第三十三条规定的要素登记其身份基本信息。

三、除军队职工证外，军官证、武警警官证、士兵证、军队文职干部证可视为现役军人（含武装警察）的身份证明文件。对于军人、武装警察尚未申领居民身份证的，你公司可将上述军人（含武装警察）身份证件视为客户有效身份证件。

四、在未成年人尚未办理户籍登记的情况下，未成年人父母的身份证加未成年人的出生证可视为未成年人的身份证明文件。

五、你公司可将影像系统留存的身份证明文件的扫描件视为“影印件”，代替纸质版本的复印件进行留存。

关于第三方付费项下反洗钱工作问题的复函

（局函〔2010〕279号）

海口中支反洗钱处：

你处《关于投保时由第三方付费情况下反洗钱义务履行问题的请示》（琼银反洗〔2010〕11号）收悉。经研究，现就有关问题答复如下：

对于保险业务人员代投保单位刷卡付费的交易，保险公司应按照《中国人民银行关于明确可疑交易报告制度有关执行问题的通知》规定，审查交易背景、交易目的、交易性质，发现或怀疑其涉嫌洗钱、恐怖融资及其他违法犯罪活动的，应提交可疑交易报告，并保存涉及审查异常交易、识别分析可疑交易、内部处理可疑交易报告信息等方面工作情况的记录。

由于保险业相关监管制度，已对保险业务人员可代收保费的情形作了严格的限制。

无论保险公司是否已提交了可疑交易报告，你处如发现保险业务人员超过规定金额或违反其他规定代投保单位刷卡付费的，应立即责令保险公司立即采取措施，纠正错误，并按照有关规定向保险业监管部门通报保险公司的相关违规情况。

关于对华夏银行使用合成电子影像打印件替代纸质身份证件复印件请示的批复

（局函〔2010〕292号）

华夏银行会计部：

《关于使用合成电子影像打印件替代纸质身份证件复印件的请示》（华银发〔2010〕381号）收悉。经研究，同意你行使用合成电子影像打印件替代纸质身份证件复印件。

你行应按照有关反洗钱法律法规的要求，严格开展客户身份识别工作，确保合成电子影像信息与身份证原件信息完全一致，并做好有关客户身份资料的保存工作。

特此批复。

关于对保险业反洗钱客户身份识别有关问题的请示的复函

（局函〔2011〕94号）

中国人寿保险股份有限公司：

你公司《关于保险业反洗钱客户身份识别有关问题的请示》（国寿人险发〔2010〕623号）收悉，经研究，现函复如下：

一、为了及时发现可疑线索，达到预防洗钱活动的目的，你公司应按照《金融机构客户身份识别和客户身份资料及交易记录保存管理办法》（中国人民银行　中国银行业监督管理委员会　中国证券监督管理委员会　中国保险监督管理委员会令〔2007〕第2号，以下简称《管理办法》）第十二条的规定，在订立保险合同时，对法定继承人以外的指定受益人进行客户身份识别。

二、在客户身份识别过程中，登记客户身份基本信息与留存身份证复印件或影印件不是互为替代的环节。你公司应按照《管理办法》第十二、十四条的规定，分别完成客户身份基本信息登记、身份证复印件或影印件留存工作。

关于对采用第二代身份证阅读仪合成电子影像替代纸质身份证复印件的请示的复函

（局函〔2011〕118号）

中国农业银行内控合规部：

你部《关于采用第二代身份证阅读仪合成电子影像替代纸质身份证复印件的请示》（农银合〔2011〕9号）收悉，经研究，现函复如下：

同意你行采取使用公安部指定的设备读取客户身份证信息并合成电子图像存档的方式留存客户身份证信息。电子图像应与居民身份证原件的实物图像一致，并确保居民身份证信息不可修改且不可被下载。

关于现金存取业务联网核查问题的复函

（局函〔2011〕434号）

西安分行反洗钱处：

你处《关于〈金融机构客户身份识别和客户身份资料及交易记录保存管理办法〉执行中有关问题的请示》（西银反洗〔2011〕11号）收悉，经研究，批复如下：

按照《中国人民银行关于进一步加强金融机构反洗钱工作的通知》（银发〔2008〕391号）的规定，金融机构在办理大额现金存取时，如无异常情况或其他应当联网核查公民身份信息情况出现，可不要求金融机构进行联网核查。

中国人民银行反洗钱局

2011年9月21日

关于代理转账业务身份识别问题的复函

（局函〔2012〕143 号）

招商银行：

你行《关于代理转账业务身份识别问题的请示》（招银法文〔2012〕1 号）收悉，经研究，现函复如下。

按照《金融机构客户身份识别和客户身份资料及交易记录保存管理办法》（中国人民银行　中国银行业监督管理委员会　中国证券监督管理委员会　中国保险监督管理委员会令〔2007〕第 2 号，以下简称管理办法），第二十条的规定，在出现管理办法第七条、第八条、第二十二条的规定情形时，银行应同时核对客户及其代理人的有效身份证件，或者其他身份证明文件。除此以外，现有反洗钱制度没有明确要求，银行应同时核对客户及其代理人的有效身份证件，或者其他身份证明文件。

2012 年 4 月 5 日

关于单位客户留存证件问题的复函

（局函〔2012〕162号）

日本财产保险中国有限公司：

你司《关于单位客户留存证件问题的请示》（日财（中国）合规发〔2012〕07号）收悉，经研究，现函复如下。

《金融机构客户身份识别和客户身份资料及交易记录保存管理办法》（中国人民银行 中国银行业监督管理委员会 中国证券业监督管理委员会 中国保险监督管理委员会令〔2007〕第2号），未对金融机构需留存单位客户法人代表的个人身份证件复印件提出强制性要求。

2012年4月12日

关于对《关于征求对银行批复的意见函》的复函

（中心便函〔2008〕167号）

反洗钱局：

你局《关于征求对银行批复的意见函》（局函〔2008〕534号）收悉。经研究，现回复如下。

参照《中华人民共和国商业银行法》和《商业银行服务价格管理暂行办法》（中国银行业监督管理委员会 国家发展和改革委员会令2003年第3号）的有关规定，我中心认为花旗银行（中国）有限公司函中所列收费项目应视为银行服务收费，可不计入客户当日累计大额交易范围，但商业银行在办理这些业务时如发现客户缴费金额过大或利用银行服务完成资金转移且不计成本等异常情况时，应提交可疑交易报告。

中国反洗钱监测分析中心关于开展可疑交易线索共享工作的通知

（银反洗中心发〔2017〕5号）

上海总部金融服务二部，各分行、营业管理部，各省会（首府）城市中心支行，各副省级城市中心支行反洗钱处：

人民银行分支机构对外移送的可疑交易线索（以下简称线索）是国家反洗钱数据库的重要组成部分，是反洗钱监测分析工作的重要成果，涉及类型多样、情报价值较高。为促进反洗钱监测分析工作协同发展，增强反洗钱监测分析合力，反洗钱中心决定开展线索共享工作。现将有关事项通知如下：

一、合理确定线索共享范围

各分支机构应在满足保密要求的前提下，结合辖区内实际情况，合理确定线索共享范围，提高线索共享程度，加强重点类型、风险预警效果突出、交易跨区域等线索的共享。对侦查机关反馈已处理完结、移送时间较长且无新反馈等敏感程度较低线索，原则上可以共享。

二、积极开展线索共享工作

各分支机构应按照相关文件要求，通过交互平台及时上报对外移送线索，确保线索内容详实、准确。线索共享功能已在交互平台部署上线，操作手册已发送至点对点邮箱。各分支机构应在今年3 月底前完成已上报线索的梳理工作，及时修改在共享范围内线索的共享状态，并对线索共享状态进行动态管理。

反洗钱中心将定期统计各分支机构上报、共享线索数量，引导各分支机构积极开展此项工作。

三、完善内部管理制度

各分支机构应按照《中国人民银行办公厅关于印发〈中国人民银行分支机构反洗钱可疑交易报告数据查询操作规程（试行）〉的通知》（银办发〔2008〕130号）、《中国人民银行办公厅关于规范分支机构上报辖区内重点可疑交易研判线索工作的通知》（银办发〔2012〕140号）等文件要求，进一步完善内部管理制度，确保线索共享工作有序开展、合规操作、风险可控。请将可疑交易报告处理、交互平台管理等相关制度，通过点对点邮箱在今年10月底前向反洗钱中心报备，收件人选择“协查二处”。

中国反洗钱监测分析中心

2017年3月2日

中国反洗钱监测分析中心关于印发《金融机构大额交易和可疑交易报告数据报送接口规范》的通知

（银反洗中心发〔2017〕19号）

中国人民银行上海总部，各分行、营业管理部，各省会（首府）城市中心支行、副省级城市中心支行反洗钱处；各政策性银行、国有商业银行、股份制商业银行，中国邮政储蓄银行，各证券公司、期货经纪公司、基金管理公司，各保险公司、保险专业代理公司、保险经纪公司：

为贯彻落实《金融机构大额交易和可疑交易报告管理办法》（中国人民银行令〔2016〕第3号发布）关于反洗钱大额交易和可疑交易数据报送相关规定，遵照《中国人民银行关于大额交易和可疑交易报告要素及释义的通知》（银发〔2017〕98号）要求，中国反洗钱监测分析中心制定了《金融机构大额交易和可疑交易报告数据报送接口规范（V1.0）》（见附件，以下简称新版接口规范），现通过大额交易和可疑交易报告数据报送接收平台发布，并就有关事项通知如下：

一、报告机构应根据新版接口规范的要求开展系统改造等工作，做好按照新版接口规范规定的数据报文格式和报送流程进行数据报送的准备。

二、完成准备工作的报告机构应按照新版接口规范进行试报送。在准备阶段和试报送期间，大额交易和可疑交易报告的报送按现行数据报送接口规范执行。

附件：金融机构大额交易和可疑交易报告数据报送接口规范（V1.0）（略）

中国反洗钱监测分析中心

2017年5月31日

中国反洗钱监测分析中心关于发布《反洗钱数据报送常见问题解答》的通知

（银反洗中心发〔2017〕22号）

中国人民银行上海总部，各分行、营业管理部，各省会（首府）城市中心支行，各副省级城市中心支行反洗钱处：

根据中国人民银行落实“3号令”专项工作小组统一部署，为落实《金融机构大额交易和可疑交易报告管理办法》（中国人民银行令〔2016〕第3号发布）及《中国人民银行办公厅关于做好〈金融机构大额交易和可疑交易报告管理办法〉实施有关工作的通知》（银办发〔2017〕61号）、《中国人民银行关于大额交易和可疑交易报告要素及释义的通知》（银发〔2017〕98号）和《中国人民银行关于〈金融机构大额交易和可疑交易报告管理办法〉有关执行要求的通知》（银发〔2017〕99号）等文件要求，中国反洗钱监测分析中心对近期人民银行分支机构和报告机构咨询较多的反洗钱数据报送问题进行梳理，编写了《反洗钱数据报送常见问题解答》，请人民银行分支机构指导辖区内报告机构做好数据报送工作。

针对辖区内报告机构在报送过程中遇到的其他问题，人民银行分支行可及时向中国反洗钱监测分析中心汇总反映。

附件：反洗钱数据报送常见问题解答

中国反洗钱监测分析中心
2017年6月29日

附件：

反洗钱数据报送常见问题解答

（2017-6-28，V1.0）

遵照《金融机构大额交易和可疑交易报告管理办法》（中国人民银行令〔2016〕第3号发布，以下简称“3号令”）关于大额交易和可疑交易报告的规定，各报告机构应从2017年7月1日起按照新的规定要求向中国反洗钱监测分析中心报送数据。

一、关于对报送工作的指导范围

根据《中国人民银行办公厅关于做好〈金融机构大额交易和可疑交易报告管理办法〉实施

有关工作的通知》（银办发〔2017〕61 号）和《中国人民银行关于大额交易和可疑交易报告要素及释义的通知》（银发〔2017〕98 号，以下简称 98 号文件）等文件规定要求，中国反洗钱监测分析中心和人民银行分支机构对报告机构开展数据报送工作进行指导的分工如下：

（一）中国反洗钱监测分析中心负责指导 24 家全国性法人金融机构（名单参见 98 号文件附件 6）的数据报送工作。

（二）人民银行分支机构负责指导辖区内其他法人金融机构的数据报送工作。

二、关于报送内容的要求为贯彻落实“3 号令”及配套文件对反洗钱数据报送的要求，报告机构应在报送内容上作如下调整：

（一）按照“3 号令”第 5 条规定的大额交易报告标准报送大额交易报告；

（二）自主建立交易监测标准，对筛查出的异常交易经过人工分析后提交可疑交易报告。

三、关于报送申请的受理

（一）除严格落实“3 号令”及配套文件相关要求外，人民银行分支机构在受理报告机构落实“3 号令”报送申请时，应要求报告机构提交以下文件资料，并要求其对相关资料的真实性和准确性负责：

1. 设置数据报送工作岗位的说明。

2. 反洗钱系统改造情况说明，包括并不限于：

（1）大额交易和可疑交易监测分析覆盖本机构各业务条线和业务环节的情况；

（2）以客户为单位开展监测分析的情况；

（3）大额交易报告标准调整的情况；

（4）自定义交易监测标准的情况。

3. 报告机构信息表》（见附件 1）。

4. 可疑交易特征代码与交易监测标准对照表》（见附件 2）。

（二）报告机构在获得中国反洗钱监测分析系统（以下简称“监测分析系统”）用户身份后，通过监测分析系统向中国反洗钱监测分析中心提交《可疑交易特征代码与交易监测标准对照表》。具体填报要求如下：

1. 每家法人报告机构每次只能提交一份《可疑交易特征代码与交易监测标准对照表》电子文件，格式为 xls 文件，包含可疑交易特征、监测标准和技术指标 3 个 sheet。

2. 文件名统一为：对照表—机构代码—报告机构名称—报送日期—版本号 .xls。其中：

（1）机构代码：填写中国反洗钱监测分析中心分配的 15 位报告机构代码。如无此代码，该部分填写 NA。

（2）报告机构名称：填写机构印鉴名称。

（3）报送日期：提交数据当天的日期，填写 8 位年月日 YYYYMMDD。

（4）版本号：2 位，从 01 开始编号。

（三）人民银行分支机构收集辖区内所有法人报告机构（上述 24 家全国性法人金融机构除外）提交的《报告机构信息表》，按照《报告机构信息汇总表》（见附件 3）的格式汇总后，通过点对点数据传输系统转交中国反洗钱监测分析中心，收件人为“反洗钱中心收集处”。

四、关于新增行业报送的管理

（一）消费金融公司和贷款公司应通过填写《通用可疑交易报告电子模板》（见附件 4），上传监测分析系统或寄送光盘方式向中国反洗钱监测分析中心提交可疑交易报告。

（二）保险专业代理公司和保险经纪公司按照现行保险业其他机构的接口规范和报送方式提交大额交易和可疑交易报告。

五、关于其他问题的解答

（一）银行业、证券期货业、保险业、信托公司、金融资产管理公司、财务公司、金融租赁公司、汽车金融公司、货币经纪公司、支付机构、银行卡组织和资金清算中心等报告机构仍应按照现行数据报送接口规范提交大额交易和可疑交易报告。

（二）消费金融公司、贷款公司、保险专业代理公司和保险经纪公司应向人民银行分支机构申请 USBKey 和数字证书，有关管理要求参照《反洗钱数据报送工作数字证书管理规程》（银发〔2016〕163 号）。

（三）人民银行分支机构应指定一至二名工作联系人，负责就落实“3 号令”数据报送要求相关与中国反洗钱监测分析中心进行联系。请将工作联系人姓名、职务、联系电话、手机、所属分支机构通过办公网邮件系统向中国反洗钱监测分析中心报备（办公网 Notes 邮件：$ 中国反洗钱监测分析中心收集处 @PBC）。

人民银行分支机构在落实“3 号令”有关要求、督导辖区内报告机构做好数据报送时，如遇问题，请及时与中国反洗钱监测分析中心联系。

附：1. 报告机构信息表

2. 可疑交易特征代码与交易监测标准对照表

3. 报告机构信息汇总表

4. 通用可疑交易报告电子模板

附 1

报告机构信息表

报告机构名称	□ 财务公司		
金融机构编码			
报告机构代码			
所属地区		属地行政区划代码	
所属人民银行分支机构		所属行业	
工作联系人		联系人电话	
计划报送日期			

表格填写要求：

1. 机构名称：填写机构印鉴名称。

2. 金融机构编码：填写 14 位金融机构编码（参见《JRT 0124—2014 金融机构编码规范》，银发〔2014〕277 号），如果暂时没有该代码，该项留空。

3. 报告机构代码：已开展反洗钱数据报送的银行业、证券期货业、保险公司、信托公司、财务公司、金融租赁公司、金融资产管理公司、货币经纪公司、汽车金融公司、财务公司和保险资产管理公司，填写中国反洗钱监测分析中心分配的 15 位报告机构代码；新近成立的机构、暂未获得该代码的，该项留空。

4. 所属行业：分为政策性银行、商业银行、农村合作银行、农村信用社、村镇银行、证券公司、期货公司、基金管理公司、保险公司、保险资产管理公司、保险专业代理公司、保险经纪公司、信托公司、财务公司、金融租赁公司、金融资产管理公司、货币经纪公司、汽车金融公司、财务公司、银行卡组织、资金清算中心、支付机构、消费金融公司、贷款公司或其他机构，选择一类填写。

5. 所属地区：机构所属地区名称，精确到区县。

6. 属地行政区划代码：6 位行政区划代码。

7. 所属人民银行分支机构：填写报告机构所属人民银行分支机构简称，例如：济南分行、杭州中支、深圳市中支等。

8. 计划报送日期：按照“3 号令”要求开始报送反洗钱数据的日期，最早为 2017 年 7 月 1 日。银行卡组织、资金清算中心和支付机构该项不填。

9. 工作联系人：本机构反洗钱工作联系人姓名。

10. 联系人电话：本机构反洗钱工作联系人电话或手机号码。

11. 上述各项信息如发生变化，请及时更新后再次报送。

附 2

可疑交易特征代码与交易监测标准对照表

可疑交易特征

<table>
<tr><td>可疑交易特征代码</td><td>可疑交易特征说明</td><td>涉罪类型代码</td><td>监测标准／技术指标</td><td>可疑交易特征产生方法</td><td>其他说明</td></tr>
<tr><td></td><td></td><td></td><td></td><td></td><td></td></tr>
<tr><td colspan="6">填写说明</td></tr>
<tr><td colspan="6">1. 可疑交易特征应与报告机构自身建立的可疑交易监测模型相对应，对特定洗钱类型或上游犯罪行为有较强的指向性，各可疑交易特征的代码应保持长度和格式一致，例如代码为“STR0001”的可疑交易特征，对应的可疑交易特征说明为“非法集资”，与非法集资类可疑交易监测模型相对应；2. “涉罪类型代码”应按照中国反洗钱监测分析中心发布的涉罪类型代码表（中心发〔2012〕21 号）填写，如果一项可疑交易特征对应多个涉罪类型，应列出全部可能涉及的涉罪类型，不同涉罪类型代码之间使用“|”分开；3. “监测标准”指与某一特定可疑交易特征相关的具有典型代表性、规律性或普遍适用性的异常交易行为识别和监测规则，例如对于可疑交易特征“非法集资”，相关的监测标准可能包括“交易金额具有特定数额特征”、“交易发生在特定地域”、“资金分散转入集中转出”等；4. “技术指标”指除了已列举出的监测标准外，其他与可疑交易特征相关的客户和资金交易基本属性，例如对于可疑交易特征“非法集资”，除了已列举出的监测标准外，其相关的技术指标可能还包括“单日交易发生次数”等；5. “监测标准／技术指标”一栏应填写监测标准表和技术指标表中列出的监测标准代码和技术指标代码，某一可疑交易特征对应多个监测标准和技术指标的，不同代码之间使用“|”分开；6. “可疑交易特征产生方法”指以相关监测标准和技术指标为基础，建立可疑交易监测模型，形成特定可疑交易特征的算法或方式。</td></tr>
<tr><td colspan="6">填写示例</td></tr>
<tr><td>可疑交易特征代码</td><td>可疑交易特征说明</td><td>涉罪类型代码</td><td>监测标准／技术指标</td><td>可疑交易特征产生方法</td><td>其他说明</td></tr>
<tr><td>STR0001</td><td>非法集资</td><td>0603|0606|0701</td><td>R0001|R0002|R0003|P0010</td><td>算法简要描述</td><td></td></tr>
</table>

监测标准

<table>
<tr><td>监测标准代码</td><td>监测标准说明</td><td>相关技术指标</td><td>监测标准形成算法</td><td>其他说明</td></tr>
<tr><td></td><td></td><td></td><td></td><td></td></tr>
<tr><td colspan="5">填写规则</td></tr>
<tr><td colspan="5">1. 监测标准指具有典型代表性、规律性或普遍适用性的异常交易行为识别和监测规则，各监测标准的代码应保持长度和格式一致。例如监测标准代码为“R0001”，对应的监测标准说明为“资金分散转入集中转出”。2. “相关技术指标”指与某一特定监测标准相关的客户和资金交易基本属性，例如对于监测标准“资金分散转入集中转出”，对应的技术指标可能有“一定时期内账户转入次数”、“一定时期内账户转出次数”、“单笔交易金额”等。此栏应填写技术指标表中给定的技术指标代码，一条监测标准对应多条技术指标的，不同技术指标代码之间使用“|”分开。3. “监测标准形成算法”指通过若干技术指标，形成预警规则的方法和逻辑。</td></tr>
<tr><td colspan="5">填写示例</td></tr>
<tr><td>监测标准代码</td><td>监测标准说明</td><td>相关技术指标</td><td>监测标准形成算法</td><td>其他说明</td></tr>
<tr><td>R0001</td><td>资金分散转入集中转出</td><td>P0001|P0002|P0003</td><td>算法简要描述</td><td></td></tr>
</table>

技术指标

<table>
<tr><td>技术指标代码</td><td>技术指标说明</td><td>其他说明</td></tr>
<tr><td></td><td></td><td></td></tr>
<tr><td>填写说明</td><td></td><td></td></tr>
<tr><td colspan="3">技术指标是对客户和资金交易基本属性的描述，不同技术指标的代码应保持长度和格式一致。例如技术指标代码为“P0001”，对应的技术指标说明为“一定时期内账户转入次数”。</td></tr>
<tr><td>填写示例</td><td></td><td></td></tr>
<tr><td>技术指标代码</td><td>技术指标说明</td><td>其他说明</td></tr>
<tr><td>P0001</td><td>一定时期内账户转入次数</td><td></td></tr>
</table>

附 3

报告机构信息汇总表

机构名称	金融机构编码	报告机构代码	所属行业	所属地区	属地行政	区划代码	所属分支机构	计划报送日期	工作联系人	联系人电话

表格填写要求：

1. 机构名称：填写机构印鉴名称。

2. 金融机构编码：填写 14 位金融机构编码（参见《JRT 0124—2014 金融机构编码规范》，银发〔2014〕277 号），如果暂时没有该代码，该项留空。

3. 报告机构代码：已开展反洗钱数据报送的银行业、证券期货业、保险公司、信托公司、财务公司、金融租赁公司、金融资产管理公司、货币经纪公司、汽车金融公司、财务公司和保险资产管理公司，填写中国反洗钱监测分析中心分配的 15 位报告机构代码；新近成立的机构、暂未获得该代码的，该项留空。

4. 所属行业：分为政策性银行、商业银行、农村合作银行、农村信用社、村镇银行、证券公司、期货公司、基金管理公司、保险公司、保险资产管理公司、保险专业代理公司、保险经纪公司、信托公司、财务公司、金融租赁公司、金融资产管理公司、货币经纪公司、汽车金融公司、财务公司、银行卡组织、资金清算中心、支付机构、消费金融公司、贷款公司或其他机构，选择一类填写。

5. 所属地区：机构所属地区名称，精确到区县。

6. 属地行政区划代码：6 位行政区划代码。

7. 所属分支机构：填写报告机构所属人民银行分支机构简称，例如：济南分行、杭州中支、深圳市中支等。

8. 计划报送日期：按照“3 号令”要求开始报送反洗钱数据的日期，最早为 2017 年 7 月 1 日。银行卡组织、资金清算中心和支付机构该项不填。

9. 工作联系人：本机构反洗钱工作联系人姓名。

10. 联系人电话：本机构反洗钱工作联系人电话或手机号码。

11. 上述各项信息如发生变化，请及时更新后再次报送。

12. 报送汇总表时，文件格式为 xls，文件名为：机构信息汇总表—人民银行分支机构简称—报送月份 .xls。例如：深圳市中心支行报送 2017 年 8 月的汇总表，文件名为“机构信息汇总表—深圳市中支—201708.xls”。

附 4. 通用可疑交易报告电子模板

报告基本信息

编号	字段含义	字段长度	填写规则	字段内容
1	报告机构编码	字符型，16 位	人民银行发放的《金融机构代码证》上载明的金融机构代码，如果尚未取得金融机构代码，则经申请后由中国反洗钱监测分析中心分配报告机构编码。	
2	网点代码	字符型，16 位	有金融机构代码的网点应使用金融机构代码，暂时没有该代码的网点可自行编制内部唯一代码。报告机构向反洗钱中心报送交易报告前，应在系统中报备其内部网点代码对照表，并在发生变化后及时更新。	
3	报告机构行业类别	字符型，2 位	请从下拉菜单中选择： 01：信托公司； 02：金融资产管理公司； 03：财务公司； 04：金融租赁公司； 05：汽车金融公司； 06：货币经纪公司； 07：消费金融公司； 08：贷款公司； 09：保险专业代理公司； 10：保险经纪公司； 99：其他行业（若选择此项，报告机构应在字段 4“其他报告机构行业类别中”对行业类别做进一步说明）。	
4	其他报告机构行业类别	字符型，32 位	如字段 3“报告机构行业类别”选择了“99”，则需要在此填写具体的行业类别，否则为空。	
5	报告紧急程度	字符型，2 位	请从下拉菜单中选择： 01：非特别紧急； 02：特别紧急。	

续表

6	报送次数标志	字符型，4 位	初次报送填写 1，然后逐次累加，最大填写 9999，如果超过 9999 则该部分填写 0000。	
7	报送方向	字符型，2 位	请从下拉菜单中选择： 01：报告中国反洗钱监测分析中心； 02：报告中国反洗钱监测分析中心和人民银行当地分支机构； 03：报告中国反洗钱监测分析中心和当地公安机关； 04：报告中国反洗钱监测分析中心、人民银行当地分支机构和当地公安机关； 99：报告中国反洗钱监测分析中心和其他机构（若选择此项，报告机构应在字段 8“其他报送方向”对“其他机构”做进一步说明）。	
8	其他报送方向	字符型，32 位	如字段 7“报送方向”选择了“99”，则需要在此对所报送的其他机构做详细说明，否则为空。	
9	可疑交易报告触发点	字符型，2 位	请从下拉菜单中选择： 01：模型筛选； 02：执法部门指令（公安、纪检、安全等部门的境内冻结、协查等）； 03：监管部门指令（如央行、证监会、交易所等部门的警示或协查等）； 04：金融机构内部案件（机构内部违规违法行为等）； 05：社会舆情； 06：金融机构从业人员发现的身份、行为等异常状况； 99：其他（若选择此项，报告机构应在字段 10“其他可疑交易报告触发点”对其触发点做进一步说明）。	
10	其他可疑交易报告触发点	字符型，2000 位	如字段 9“可疑交易报告触发点”选择了“99”，则需要在此填写具体的触发点，否则为空。	
11	资金交易及客户行为情况	字符型，10000 位		
12	疑点分析	字符型，10000 位		

续表

13	疑似涉罪类型	字符型，4 位	按照疑似涉罪类型代码表填写，如果可疑交易行为涉嫌多个疑似涉罪类型，须从本行 E 列开始，从左至右逐列填写，每个单元格填写一个 4 位的疑似涉罪类型代码。	
14	可疑交易特征代码	字符型，32 位	1. 填写可疑交易报告所符合的报告机构自主定义的可疑交易监测标准代码，报告机构应事先将本机构自主定义的可疑交易监测标准代码表报备中国反洗钱监测分析中心； 2. 如果可疑交易行为符合多个可疑交易特征，须从本行 E 列开始，从左至右逐列填写，每个单元格填写一个可疑交易特征代码。	
15	可疑交易／事件起始日期	字符型，8 位	如果是在一天发生的可疑交易或事件，则“可疑交易／事件起始日期”和“可疑交易／事件结束日期”内容相同，按照年年年年月月日日的格式，规范填写。	
16	可疑交易／事件结束日期	字符型，8 位		
17	交易信息备注 1	字符型，64 位	备用字段，暂时为空。	
18	交易信息备注 2	字符型，64 位	备用字段，暂时为空。	

可疑主体信息 1

编号	字段含义	字段长度	释义及填写规则	字段内容
1	可疑主体姓名／名称	字符型，512 位		

续表

2	可疑主体证件类型	字符型，6位	按照身份证件和证明文件代码表选择相关代码，如需特殊说明，请在字段3中填写。	
3	可疑主体其他证件类型	字符型，32位	如字段2选择了119999、129999、619999或629999，则需在此进行进一步说明，否则为空。	
4	可疑主体证件号码	字符型，128位	1. 居民身份证号长度应为15位或者18位； 2. 组织机构代码长度应为9位（如为10位则去掉最后一位校验码前的连接符“–”）； 3. 如果报告机构掌握可疑主体多个身份证件，则应从2–5行的E列开始，从左向右逐列填写，每一列对应一种身份证件信息（从第2行到第5行依次填写可疑主体姓名／名称、可疑主体证件类型、可疑主体其他证件类型和可疑主体证件号码）。	
5	可疑主体所在银行账号	字符型，64位		
6	可疑主体所在银行名称	字符型，32位		
7	可疑主体职业（对私）或行业（对公）	字符型，32位	按照GB/T 4754–2011 国民经济行业分类与代码标准填写，可根据实际情况填写客户职业或行业的“门类”、“大类”、“中类”或“小类”。	
8	可疑主体联系方式	字符型，500位	包括联系电话、常住（邮寄）地址和其他联系方式，不同联系方式用“，”分割。	
9	可疑主体法定代表人姓名	字符型，128位		
10	可疑主体法定代表人身份证件类型	字符型，6位	按照身份证件和证明文件代码表选择相关代码，如需特殊说明，请在字段11中填写。	
11	可疑主体法定代表人其他身份证件类型	字符型，32位	如字段10选择了119999、129999、619999或629999，则需在此进行进一步说明，否则为空。	

续表

12	可疑主体法定代表人身份证件号码	字符型，128 位	1. 居民身份证号长度应为 15 位或者 18 位； 2. 组织机构代码长度应为 9 位（如为 10 位则去掉最后一位校验码前的连接符“–”）。	
13	可疑主体控股股东或实际控制人名称	字符型，512 位		
14	可疑主体控股股东或实际控制人身份证件／证明文件类型	字符型，6 位	按照身份证件和证明文件代码表选择相关代码，如需特殊说明，请在字段 15 中填写。	
15	可疑主体控股股东或实际控制人其他身份证件／证明文件类型	字符型，32 位	如字段 14 选择了 119999、129999、619999 或 629999，则需在此进行进一步说明，否则为空。	
16	可疑主体控股股东或实际控制人身份证件／证明文件号码	字符型，128 位		
17	可疑主体国籍	字符型，3 位	按照 GB/T　2659–2000　国家／地区代码标准填写 3 位字符国家／地区编码。如果可疑主体有多个国籍的，须从本行 E 列开始，从左至右逐列填写，每个单元格填写一个 3 位国家／地区代码。	

注：如果可疑报告涉及的可疑主体超过 1 个，则须设置多个可疑主体信息工作簿，每个工作簿的命名格式为“可疑主体信息”+“可疑主体编号”，可疑主体编号从 1 开始递增。

身份证件和证明文件代码

代码	对应证件类型
110001	居民身份证

续表

110003	临时居民身份证
110005	户口簿
110007	中国人民解放军军人身份证件
110009	中国人民武装警察身份证件
110011	离休干部荣誉证
110013	军官退休证
110015	文职干部退休证
110017	军事院校学员证
110019	港澳居民往来内地通行证
110021	台湾居民来往大陆通行证
110023	中华人民共和国因私护照
110025	中华人民共和国因公护照
110027	外国护照
110029	外国人永久居留证
119998	系统使用的个人证件识别标识，在现实中不存在
119999	其他类境内个人身份有效证件（若选择此项，报告机构应对其个人证件类型做进一步说明）
129999	其他类境外个人身份有效证件（若选择此项，报告机构应对其个人证件类型做进一步说明）
610001	全国组织机构代码
610003	银行机构代码
610005	企业法人营业执照号码
610007	国税登记证号码
610009	金融许可证号码
610011	基本存款账户开户登记证号码
610013	政府人事部门批文号码
610015	编制委员会批文号码
610017	政府人事部门登记证书号码
610019	编制委员会登记证书号码
610021	军队、武警财务部门开户证明号码
610023	社会团体登记证书号码

续表

610025	民办非企业登记证书号码
610027	外地常设机构驻在地政府主管部门批文号码
610029	国家主管部门颁外国驻华机构批文号码
610031	国家登记机关颁外资企业驻华代表、办事处登记证号码
610033	主管部门颁居民、村民、社区委员会批文号码
610035	独立核算的附属机构批文号码
610037	主管部门批文号码
610039	财政部门证明号码
610041	证券投资业务许可证号码
610043	临时经营地工商行政管理部门批文号码
610045	企业名称预先核准通知书号码
610047	企业营业执照号码
610049	个体工商户营业执照号码
610051	地税登记证号码
610053	宗教事务管理部门的批文或证明号码
610055	借款合同号码
610057	国家外汇管理部门的批复文件号码
610059	主管部门许可证号码
610061	建筑施工及安装合同号码
610099	统一社会信用代码（五证合一号码）
619999	其他类境内机构代码（若选择此项，报告机构应对其证件类型做进一步说明）
629999	其他类境外机构代码（若选择此项，报告机构应对其证件类型做进一步说明）

疑似涉罪类型代码表

涉罪类型		涉罪可疑交易行为	涉罪可疑交易行为代码
洗钱上游犯罪	毒品犯罪	涉嫌与毒品犯罪相关的可疑交易行为	0101
	黑社会性质的组织犯罪	涉嫌与黑社会性质组织犯罪相关的可疑交易行为	0201
	恐怖活动犯罪	涉嫌与恐怖主义活动犯罪相关的可疑交易行为	0301
	走私犯罪	涉嫌与走私犯罪相关的可疑交易行为	0401
	贪污贿赂罪	涉嫌行贿、受贿的可疑交易行为	0501
		涉嫌从事与其公职人员或其亲属身份不符的可疑交易行为	0502
	破坏金融管理秩序犯罪	涉嫌非国家工作人员商业贿赂的可疑交易行为	0601
		涉嫌非法关联经营的可疑交易行为	0602
		涉嫌组织或参与经营非法金融机构的可疑交易行为	0603
		涉嫌高利转贷的可疑交易行为	0604
		涉嫌非法套取金融机构资金的可疑交易行为	0605
		涉嫌非法吸收公众存款的可疑交易行为	0606
		涉嫌擅自发行股票、公司、企业债券的可疑交易行为	0607
		涉嫌内幕交易、操纵股价等证券类洗钱行为的可疑交易行为	0608
		涉嫌非法挪用、拆借资金的可疑交易行为	0609
		涉嫌非法跨境转移资金（例如逃汇）的可疑交易行为	0610

续表

洗钱上游犯罪	金融诈骗罪	涉嫌集资诈骗的可疑交易行为	0701
		涉嫌骗贷、信用证诈骗、票券诈骗等银行诈骗的可疑交易行为	0702
		涉嫌有价证券诈骗的可疑交易行为	0703
		涉嫌信用卡诈骗的可疑交易行为	0704
		涉嫌保险诈骗的可疑交易行为	0705
洗钱罪		涉嫌明知有七类洗钱上游犯罪的掩饰、隐瞒犯罪所得、犯罪收益的可疑交易行为	0801
		涉嫌明知有其他上游犯罪的掩饰、隐瞒犯罪所得、犯罪收益的可疑交易行为	0802
其他上游犯罪	妨害对公司、企业的管理秩序罪	涉嫌虚假注、验资的可疑交易行为	0901
		涉嫌虚假出资、抽逃出资的可疑交易行为	0902
		涉嫌欺诈发行股票、债券的可疑交易行为	0903
	危害税收征管罪	涉嫌逃税、避税、骗税等的可疑交易行为	1001
	扰乱市场秩序罪	涉嫌组织、领导传销活动的可疑交易行为	1101
		涉嫌非法经营（例如地下钱庄、非法买卖外汇、POS 机套现及其他套现等）的可疑交易行为	1102
	侵犯财产罪	涉嫌诈骗（例如电信诈骗）的可疑交易行为	1201
		涉嫌职务侵占的可疑交易行为	1202
		涉嫌挪用资金、物资的可疑交易行为	1203
	扰乱公共秩序罪	涉嫌伪造、变造、买卖国家机关公文、证件、印章（例如骗购外汇）的可疑交易行为	1301
		涉嫌组织经营赌博或为其转移资金的可疑交易行为	1302
	其他犯罪	司法机构或行政调查已介入的可疑交易行为	1401
		涉嫌其他犯罪的可疑交易行为	1402

中国反洗钱监测分析中心关于报告机构通过数据接收平台报备电子文件的通知

（银反洗中心发〔2017〕25号）

银行业、证券期货业、保险业机构，信托公司、金融资产管理公司、企业集团财务公司、金融租赁公司、汽车金融公司、消费金融公司、货币经纪公司、贷款公司反洗钱工作部门：

为落实《金融机构大额交易和可疑交易报告管理办法》（中国人民银行令〔2016〕第3号）关于金融机构自主制定交易监测标准的要求，指导报告机构提高可疑交易报告质量，准确理解可疑交易报告内容，提高监测分析工作效率，根据《中国人民银行关于大额交易和可疑交易报告要素及释义的通知》（银发〔2017〕98号），报告机构应通过数据接收平台报送《可疑交易特征代码与交易监测标准对照表》。同时，为便于消费金融公司和贷款公司报送电子模板形式的可疑交易报告，数据接收平台报送提供了专门的数据报送通道。现就报告机构通过数据接收平台报送《可疑交易特征代码与交易监测标准对照表》和通用可疑交易报告两类电子文件的有关要求通知如下：

一、适用范围

（一）上传《可疑交易特征代码与交易监测标准对照表》适用于银行业、证券期货业、保险业、信托公司、金融资产管理公司、企业集团财务公司、金融租赁公司、汽车金融公司、消费金融公司、货币经纪公司、贷款公司。

（二）上传《通用可疑交易报告》适用于消费金融公司和贷款公司。

二、操作步骤

（一）登录系统

银行业报告机构登录“银行业大额交易和可疑交易报告数据接收平台”，证券期货业、保险业、信托公司、金融资产管理公司、企业集团财务公司、金融租赁公司、汽车金融公司、消费金融公司、货币经纪公司、贷款公司登录“大额交易和可疑交易报告互联网接收平台”。

（二）上传文件

依次点击菜单“业务管理”和“文件传输查询”，进入文件传输查询页面，可进行以下操作：

1．上传新文件。点击“文件上传”，在弹出窗口中选择上传类别、指定本地文件路径后，点击“导入”。上传成功后，可下载一份副本存档。

上传类别分为两类：（1）可疑交易特征与监测标准对照表；（2）通用可疑交易报告。

2．查询本机构以往上传记录。输入“上传时间”，点击“查询”，可查询到本机构以往上传记录。

3．下载以往上传文件。选中查询结果，点击“下载”，即可下载以往上传成功的文件。

三、工作要求

（一）中国反洗钱监测分析中心负责督促指导全国性法人金融机构报送《可疑交易特征代码与交易监测标准对照表》；人民银行各分支机构反洗钱部门负责督促辖区内其他法人报告机构

按照本通知要求落实《可疑交易特征代码与交易监测标准对照表》和通用可疑交易报告的报送工作。

（二）报告机构应根据《反洗钱数据报送常见问题解答》（银反洗中心发〔2017〕23号）文件要求，填写附件中提供的电子模板，生成《可疑交易特征代码与交易监测标准对照表》和通用可疑交易报告，按照指定的格式命名、上传文件，并做好版本管理。

（三）自即日起，报告机构不再通过邮寄光盘形式向中国反洗钱监测分析中心报送《可疑交易特征代码与交易监测标准对照表》和通用可疑交易报告。

（四）数据接收平台提供了《文件传输功能操作手册》，报告机构可登录系统后在“通知公告”栏目中查询并下载。报告机构报送电子文件时如遇问题，请及时与中国反洗钱监测分析中心联系。

中国反洗钱监测分析中心

2017年8月24日

中国反洗钱监测分析中心关于进一步明确大额交易和可疑交易报告数据报送要求的通知

（银反洗中心发〔2018〕13号）

上海总部金融服务二部，各分行、营业管理部，各省会（首府）城市中心支行、副省级城市中心支行反洗钱处；国家开发银行、各政策性银行、国有商业银行、股份制商业银行，中国邮政储蓄银行，中信证券股份有限公司、中国银河证券股份有限公司，中国人寿保险股份有限公司、中国人民财产保险股份有限公司反洗钱部门：

中国反洗钱监测分析二代系统（以下简称“二代系统”）将于2018年11月陆续上线，现就有关事项通知如下。

一、数据报送接口规范执行标准

（一）根据反洗钱监测工作实际需要，中国反洗钱监测分析中心（以下简称“反洗钱中心”）对《金融机构大额交易和可疑交易报告数据报送接口规范（V1.0）》（银反洗中心发〔2017〕19号文附件）做了进一步完善和明确（详见附件1），请银行业、证券期货业、保险业（保险资产管理公司除外）金融机构遵照执行。

（二）反洗钱中心依据《通用可疑交易报告要素及释义（2017）》（银发〔2017〕98号文附件4）要求，制定了《通用可疑交易报告数据报送接口规范（V1.0）》（详见附件2），作为各保险资产管理公司、信托公司、金融资产管理公司、企业集团财务公司、金融租赁公司、汽车金融公司、消费金融公司、货币经纪公司、贷款公司以及房地产开发企业、房地产中介机构、贵金属交易场所、贵金属交易商、社会组织、会计师事务所、律师事务所、公证机构、公司服务提供商等报告机构可疑交易报告报送的接口标准。请上述报告机构根据本机构实际情况自主选择在线填写、页面加载或消息中间件传输报文三种报送模式。

（三）请银行卡组织、资金清算中心、非银行支付机构按现行接口规范进行数据报送。

二、消息中间件使用说明

为提高数据报送和接收效率，反洗钱中心通过二代系统为通过金融城域网进行数据报送的报告机构提供了消息中间件自动化报送方式，请报告机构根据实际业务情况自行选择是否选取此种报送方式。若使用消息中间件模式进行数据报送，报告机构需提前在本机构部署消息中间件，并确保与反洗钱中心端消息中间件软件版本型号（东方通TongLINK/QV8.1）兼容。关于反洗钱数据报送消息中间件的交互规范，反洗钱中心将另行通知。

试报送及正式报送工作安排为方便各报告机构适应二代系统报送流程，反洗钱中心拟定于2018年11月开通二代系统试报送平台，2019年1月开通二代系统正式报送平台。报告机构根据反洗钱中心工作安排，分批切换至二代系统正式报送平台，2019年4月底完成全部系统切换工作，详细安排反洗钱中心将另行通知。请报告机构自行使用试报送平台报送测试数据，熟悉报送平台相关操作，大额交易和可疑交易报送情况以在正式报送平台的操作为准。

请人民银行上海总部，各分行、营业管理部，各省会（首府）城市中心支行，各副省级城市中心支行将本通知转发至辖区内有关商业银行、农村合作银行、农村信用社、村镇银行、证券公司、期货公司、基金管理公司、保险公司、保险资产管理公司、保险专业代理公司、保险经纪公司、信托公司、金融资产管理公司、企业集团财务公司、金融租赁公司、汽车金融公司、消费金融公司、货币经纪公司、贷款公司以及房地产开发企业、房地产中介机构、贵金属交易场所、贵金属交易商、社会组织、会计师事务所、律师事务所、公证机构、公司服务提供商等报告机构和非银行支付机构。

附件：1．关于金融机构大额交易和可疑交易报告数据报送接口规范的补充说明（略）

2．通用可疑交易报告接口规范（略）

中国反洗钱监测分析中心

2018 年 10 月 9 日

中国反洗钱监测分析中心关于做好网络小额贷款从业机构大额交易和可疑交易报告报送工作的通知

（银反洗中心发〔2021〕3号）

上海总部金融服务二部，各分行、营业管理部，各省会（首府）城市中心支行，各副省级城市中心支行反洗钱处：

为落实《中国人民银行反洗钱局关于印发〈网络小额贷款从业机构反洗钱监管工作实施方案〉的通知》（银反洗发〔2020〕9号）要求，结合网络小额贷款从业机构（以下简称网贷机构）业务实际情况，中国反洗钱监测分析中心（以下简称反洗钱中心）将分步开展网贷机构大额交易和可疑交易报告接收工作。现就有关事项通知如下。

一、工作安排

（一）2021年2月20日前，人民银行济南分行、成都分行、西安分行、总行营管部、重庆营管部、深圳市中支作为试点机构，确定辖区内开展报送工作的网贷机构名单，并将名单通过反洗钱数据报送系统“文件公函——工作报告”渠道报备反洗钱中心。

（二）2021年2月26日起，反洗钱中心通过反洗钱数据报送系统向试点分支行发送大额交易和可疑交易报告离线填报工具软件，试点分支行将该软件转发至辖区已报备名单的网贷机构，并汇总网贷机构使用该软件填写的大额交易和可疑交易报告后，通过反洗钱数据报送系统“文件公函——工作报告”渠道转报反洗钱中心。

（三）2021年4月26日起，反洗钱中心通过反洗钱数据报送系统向人民银行各分支行发送大额交易和可疑交易报告离线填报工具软件，并在该系统上线“代报功能”。分支行通过“代报功能”管理辖区内开展报送工作网贷机构名单，并转报网贷机构使用离线软件填写的大额交易和可疑交易报告。

（四）反洗钱中心和人民银行分支行将根据报送工作实际情况，逐步指导报送量较大且满足监管要求的网贷机构注册反洗钱数据报送系统主体资格，实现系统直报。

二、工作要求

请人民银行分支行指导辖内参与报告工作的网贷机构做好下列工作：

（一）按照大额交易和可疑交易报告离线填报工具软件要求，全面、完整、准确地填报报告信息。

（二）对于系统反馈报送未成功的交易，请人民银行分支行将回执转发网贷机构，网贷机构应根据回执修改报告，并重新提交人民银行分支行。

（三）加强数据安全管理。网贷机构要增强安全保密意识，确保数据存储、使用、传输防护安全。

请人民银行上海总部金融服务二部，各分行、营业管理部，各省会（首府）城市中心支行、各副省级城市中心支行反洗钱处将本通知转发至辖区内的网贷机构，并组织网贷机构按要求做好相关工作。

中国反洗钱监测分析中心

2021 年 2 月 4 日